庆祝首都师范大学建校六十周年

中国古代史论文选萃

（下卷）

郝春文　李华瑞　主编

中国社会科学出版社

目　录

（下卷）

从踏歌看唐代中外娱乐风俗*

王永平

“踏歌”是一种非常古老的群众性自娱自乐歌舞活动。它曾在古代社会的许多国家和地区风靡一时，从西方的拂菻（即拜占庭帝国），到中东的阿拉伯世界，再到东亚的唐宋帝国、朝鲜半岛、日本等地，乃至北方的游牧民族和南方的少数民族地区都广泛流行，对世界各地人民的精神文化娱乐生活产生了较大影响；直到今天，在许多民族的传统歌舞娱乐活动中仍然能经常看到其影子。然而，就是这样一项重要的歌舞娱乐活动，国内学术界对它的专门研究却很少见，仅在一些音乐舞蹈史的著作中有较简略的介绍①，这就使得我们对于它的研究显得非常必要。本文试图对唐代“踏歌”的由来、发展脉络以及在世界各地的流行状况等问题进行深入的探讨，以此来说明：正是由于当时中外文化的频繁交流与互动，才促进了世界各地“踏歌”活动的广泛传播与盛行。

一　踏歌的起源及其在唐代的盛行

踏歌，又名跳歌、打歌等②，是一种历史非常悠久的民间传统歌舞娱乐形式。关于踏歌的起源是一个非常复杂的问题，学术界大都将其上溯到原始社会。在世界各地的早期人类和原始人群中，都曾流行过载歌载舞的集体舞蹈形式，其中“用踏步以应歌拍，乃歌舞中之一种基本动作”③。可见踏歌的起源非常之早。

---

* 本文为北京市哲学社会科学“十二五”规划项目：“从‘天下’到‘世界’——汉唐时期的域外探索及其对世界的认知”（项目编号为 11LSB013）和教育部哲学社会科学重大课题攻关项目“世界历史进程中多元文明互动与共生研究”（项目批准号 08JZD0037，合同号 08JZDH037）的研究成果之一。

① 任半塘先生在《唐声诗》上编第五章中专门列有“踏歌”一节进行了介绍，在下编中又对五言六句、五言八句和七言四句式的《踏歌辞》进行了研究（上海古籍出版社 2006 年版）。王克芬先生《中国舞蹈史》（隋唐五代部分）第三章第一节中曾对“唐代节日的《踏歌》”进行了介绍（文化艺术出版社 1987 年版），其后又在《中国舞蹈发展史》第六章第一节的“节日歌舞游乐”中再次对《踏歌》进行了简单的叙述（上海人民出版社 1989 年版）。

② 《中国大百科全书·音乐、舞蹈卷》王耕夫“踏歌”条，中国大百科全书出版社 1983 年版，第 631 页。

③ 任半塘：《唐声诗》上编，上海古籍出版社 2006 年版，第 308 页。

1973年秋，在青海省大通县上孙家寨出土了一件新石器时代的“舞蹈纹彩陶盆”，上面绘有手挽手的三组舞人，每组5人[①]，常任侠先生认为，这就是表现的“连臂踏歌”的情景[②]；王克芬先生还由此进一步推断出：“原始时代氏族所有成员，人人都可参加的自娱歌舞，应是《踏歌》渊源。”[③] 这个观点无疑是很有见地的。但她同时又说，《踏歌》的名称，“是从唐代才开始的”，不过有相关的资料显示，至晚在南朝刘宋时期，画家袁倩就曾创作过一幅《吴楚夜踏歌图》[④]。至于对踏歌的描写，则更早在汉代就已经出现了。据《西京杂记》卷三“戚夫人侍儿言宫中乐事”条说：汉宫女以“十月十五日，共入灵女庙，以豚黍乐神，吹笛击筑，歌《上灵》之曲。既而相与联臂，踏地为节，歌《赤凤凰来》。”戚夫人为汉高祖刘邦的宠姬。由此可见，踏歌早在汉初就已经在宫中开始流行了，只不过早期的踏歌大概主要是一种用于祭神祈福的歌舞娱乐活动。

魏晋南北朝时期，踏歌在南北方都很流行。北朝宫廷经常举行踏歌活动，据《南史》卷六三《王神念传附杨华传》载：“（杨）华本名白花，武都仇池人。父大眼，为魏名将。华少有勇力，容貌瑰伟，魏胡太后逼幸之。华惧祸，及大眼死，拥部曲，载父尸，改名华，来降。胡太后追思不已，为作《杨白花》歌辞，使宫人昼夜连臂踏蹄歌之，声甚凄断。”《隋书》卷二二《五行志上》也载：“周宣帝与宫人夜中连臂蹋蹀而歌曰：‘自知身命促，把烛夜行游。’”在这两个例子中提到的“连臂踏蹄（蹀）”，都是指踏歌。南朝朝野也十分喜好踏歌活动，并以之来愉情逸兴。梁武帝曾写有一首《江南弄》曲词曰：“众花杂色满上林，舒芳耀绿垂轻阴。连手躞蹀舞春心。舞春心，临岁腴，中人望独踌躇。”[⑤] 在垂柳绿荫之下“连手躞蹀”而舞，显然也是踏歌。南朝还流行一种主要以是舞曲为主的《西曲》歌，其中有两首《江陵乐》曲词写道：

不复蹋踶人，踶地地欲穿。盆隘欢绳断，蹋坏绛罗裙。
不复出场戏，踶场生青草。试作两三回，踶场方就好。[⑥]

“蹋踶人”即踏歌者，“踶场”是专门的踏歌戏场。歌词说“蹋踶人”之所以不想再踏歌，主要是因为“踶场”不够宽敞，狂欢的人群好像要将“踶场”蹋陷，周围的挡绳挤断，甚至连衣裳都被蹋坏了；虽然说“蹋踶人”不想再出场踏歌嬉戏，以致“踶场”都长出了青草，但只要踏上两三回，“踶场”就又完好如初了。这两首歌词实际上为我们描绘出了一幅江南踏歌狂欢图，这说明踏歌在南方社会已非常普及。

① 见青海省文物管理处考古队发掘报告《青海大通县上孙家寨出土的舞蹈纹彩陶盆》，《文物》1978年第3期。
② 常任侠：《中国舞蹈史话》，上海文艺出版社1983年版，第5页。
③ 王克芬：《中国舞蹈发展史》，文化艺术出版社1987年版，第174页。
④ （唐）张彦远：《历代名画记》卷六，见《丛书集成初编》本，中华书局1985年版，第216页。
⑤ （宋）郭茂倩：《乐府诗集》卷五〇《清商曲辞七·江南弄上》，中华书局1979年版，第726页。
⑥ （宋）郭茂倩：《乐府诗集》卷四九《清商曲辞六·西曲歌下》，第710页。

到唐代，踏歌活动盛极一时。不管是在朝廷组织的各种庆祝活动中，还是在民间举行的娱乐活动中，经常能够听到和看到这种自娱歌舞的活动形式。

唐代宫廷经常组织规模庞大的踏歌活动。尤其是唐玄宗和唐宣宗都是“妙解音律”的两个风流皇帝，他们在位期间分别是唐朝前、后期，社会比较安定，国力相对较为强盛的两个时期，他们对踏歌这种歌舞娱乐形式似乎都是情有独钟。唐玄宗即位以后不久，就在元宵节期间组织了一次大型的踏歌表演活动。据唐人张鷟《朝野佥载》卷三记载：

> 先天二年正月十五、十六夜，于京师安福门外作灯轮，高二十丈，衣以锦绮，饰以金玉，燃五万盏灯，簇之如花树。宫女千数，衣罗绮，曳锦绣，耀珠翠，施香粉。一花冠、一巾帔皆万钱，装束一妓女皆至三百贯。妙简长安、万年少女妇千余人，衣服、花钗、媚子亦称是，于灯轮下踏歌三日夜。欢乐之极，未始有之。①

先天二年（713）是唐玄宗即位的次年，这时距他登基还不到半年时间。其后，每年的正月十五都要举行这种盛大的歌舞晚会。据唐人郑处诲《明皇杂录》卷下记载：“每正月望夜，又御勤政楼，观作乐。贵臣戚里，官设看楼。夜阑，即遣宫女于楼前歌舞以娱之。”元宵踏歌活动似乎已经成为惯例。唐玄宗还曾在东都洛阳，“大酺于五凤楼下，命三百里县令、刺史率其声乐来赴阙者，或谓令较其胜负而赏罚焉。时河内郡守令乐工数百人于车上，皆衣以锦绣，伏厢之牛，蒙以虎皮，及为犀象形状，观者骇目。时元鲁山遣乐工数十人，联袂歌《于芀》。”② 元鲁山，即元德秀，时为鲁山县（今河南鲁山）令，为官以清正廉洁而著称③。这里所提到的鲁山县乐工所表演的节目也应当是踏歌。

唐宣宗大中年间（847—859），朝廷也经常组织踏歌表演。据宋人王谠《唐语林》卷七记载：

---

① 又据《旧唐书》卷七《睿宗纪》载：“（先天）二年春正月，……上元日夜，上皇（睿宗）御安福门观灯，出内人连袂踏歌，纵百僚观之，一夜方罢。……初，有僧婆陀请夜开门然灯百千炬，三日三夜。皇帝（玄宗）御延喜门观灯纵乐，凡三日夜。左拾遗严挺之上疏谏之，乃止。”同书卷九十九《严挺之传》也载：“睿宗好乐，听之忘倦，玄宗又善音律。先天二年正月望，胡僧婆陀请夜开门燃百千灯，睿宗御延喜门观乐，凡经四日。又追作先天元年大酺，睿宗御安福门楼观百司酺宴，以夜继昼，经月余日。挺之上疏谏。……上纳其言而止。”似乎这次上元张灯踏歌活动延续的时间长达一个多月。

② （唐）郑处诲：《明皇杂录》卷下，中华书局 1994 年版，第 26 页。郑书并没有记载这次“大酺”的时间，而据《资治通鉴》卷二一四唐玄宗开元二十三年正月乙亥条也记载了此事，似乎是元宵节前后的三日大酺。中华书局 1956 年版，第 6810 页。

③ 《新唐书》卷一九四《卓行·元德秀传》载：“李华兄事德秀，而友萧颖士、刘迅。及（元德秀）卒，华谥曰文行先生。天下高其行，不名，谓之元鲁山。”中华书局 1975 年版，第 5565 页。

旧制：三二岁，必于春时，内殿赐宴宰辅及百官，备太常诸乐，设鱼龙曼衍之戏，连三日，抵暮方罢。宣宗妙于音律，每赐宴前，必制新曲，俾宫婢习之。至日，出数百人，衣以珠翠缇绣，分行列队，连袂而歌，其声清怨，殆不类人间。其曲有曰《播皇猷》者，率高冠方履，褒衣博带，趋赴俯仰，皆合规矩；有曰《葱岭西》者，士女踏歌为队，其词大率言葱岭之士，乐河湟故地，归国而复为唐民也。……如是者数十曲。教坊曲工遂写其曲，奏于外，往往传于人间。

这是经过专门排练加工的《踏歌》，其队形整齐划一，动作协调，进退俯仰，快慢合拍，乐声清越，歌声悠扬。这种主要用于内殿赐宴的踏歌表演，意在达到一种“君臣同乐”的政治目的；这与盛唐时期的踏歌主要是为了显示一种“与民同乐”的宏大气派还稍有所不同。

唐代民间的踏歌活动更加盛行。唐人有许多描写踏歌的诗作，如李白曾作过一首脍炙人口的留别诗《赠汪伦》：“李白乘舟将欲行，忽闻岸上踏歌声。桃花潭水深千尺，不及汪伦送我情。”[①] 诗人选取了友人为他踏歌送行的这样一段情景，仿佛让人们看到了那依依惜别的动人场面，这说明踏歌在民间还被用于送别客人。储光羲的《蔷薇》诗描写了几个少女结伴春游时踏歌的欢乐场面：“秦家女儿爱芳菲，画眉相伴采葳蕤。……连袂踏歌从此去，风吹香气逐人归。”[②] 顾况《听山鹧鸪》诗描写了山村踏歌的情景：“夜宿桃花村，踏歌接天晓。”[③] 诗人夜宿在一个桃花盛开的村庄，被村民们通宵达旦地踏歌娱乐场面深深地感染了。李廓《长安少年行》诗中有“歌人踏月起”句[④]，描写了大都市中乐伎的踏歌表演。温庭筠《秘书刘尚书挽歌词》也曰：“京口贵公子，襄阳诸女儿。折花兼踏月，多唱柳郎词。”[⑤] 也反映了江南一带的民间踏歌习俗。刘禹锡《踏歌词》也描写道：“春江月出大堤平，堤上女郎连袂行。……桃蹊柳陌好经过，灯下妆成月下歌。”[⑥] 在月夜平坦的大堤上，盛妆女郎们手挽着手，边舞边歌，直到月落日出，三春花尽。这是一幅多么欢腾热烈的民间踏歌风情图啊！

唐代民间踏歌经常出现在各种祝节活动当中。如新年是一年当中最盛大的民间节日，敦煌民间就有在新春之际“踏舞”纳吉之俗，据 P.3272 号文书载：“伏以今月一日，……定兴郎君踏舞来，白羊羯壹口，未蒙判凭，伏请处分。丙寅年正月。”踏舞即踏歌。这是牧羊人呈报给州府的牒状，正月初一定兴郎君率领一群人来踏舞，赏赐白羯羊一只。二月八日是佛祖释迦牟尼出家成道之日，在此期间敦煌道场中还以“踏舞”

① (唐) 李白著，瞿蜕园、朱金城校注：《李白集校注》卷一二，上海古籍出版社 1980 年版，第 820 页。

② 《全唐诗》卷一三八，中华书局 1960 年版，第 1408 页。

③ 《全唐诗》卷二六七，第 2959 页。

④ 《全唐诗》卷二四，第 328 页。

⑤ (唐) 温庭筠著，(清) 曾益等笺注：《温飞卿诗集》卷三，上海古籍出版社 1998 年版，第 73 页。

⑥ (唐) 刘禹锡著，瞿蜕园笺证：《刘禹锡集笺证》卷二六“乐府上”，上海古籍出版社 1989 年版，第 815—816 页。

助兴，据 P.4909 号文书曰："二月七日踏道场粟三斗。"又据 S.1053 背戊辰年（908）寺院破历："粟三斗，二月八日郎君踏悉磨遮用。"这是用粟来换酒给参加"踏舞"的青年男女饮用。寒食节也有踏歌活动，S.4705"寺院残帖"曰："寒食踏歌羊价麦玖斗、麻肆斗……又音声麦粟贰斗。"这是在寒食节寺院举行踏歌，以麦粟充羊价犒劳之[①]。寒食踏歌风俗在徐铉的《寒食成判官垂访因赠》诗中也有描写："远巷蹋歌深夜月，隔墙吹管数枝花。"[②] 反映了诗人在节日期间看到在遥远偏僻的村巷，民众在月光下踏歌的情景。踏歌也是中秋时节娱乐活动的重要内容，《宣和书谱》卷五《正书三·女仙吴彩鸾》记载："女仙吴彩鸾，自言西山吴真君之女。大中中，进士文萧客寓钟陵。南方风俗，中秋夜妇人相持踏歌，婆娑月影中，最为盛集，萧往观焉。而彩鸾在歌场中，作调弄语以戏萧。萧心悦之，伺歌罢，蹑踪其后。"遂成一段千古传诵的佳话。

在唐人小说中也有许多描写踏歌的场面。如戴孚《广异记》就载：士人裴郎曾"见长筵美馔，歌乐欢洽。……群婢连臂踏歌，词曰：'柏堂新成乐未央，回来回去绕裴郎。'"[③] 这个故事情节就生动地反映了当时现实生活中流行踏歌的情形。

概言之，踏歌作为一种简单的自娱性歌舞娱乐形式，早在远古时期就已经萌芽出现了，不过从汉代宫人在每年的十月十五日共入灵女庙踏歌的情形来看，早期踏歌大概主要还是用于祭神祈福活动。南北朝时期，踏歌的娱乐性大大增强，它不仅被用来追思情人，而且还成为宫廷和民间都很流行的歌舞娱乐活动。到唐代，踏歌活动大盛，除了朝廷经常组织规模庞大的踏歌活动外，踏歌在民间也是一种非常受欢迎的歌舞娱乐形式，在春节、元宵节、佛成道日、寒食节、中秋节等各种祝节狂欢活动中，都能见到群众性踏歌活动；另外，踏歌还常出现在朋友话别、结伴春游、宴饮聚会、乡村娱乐等场合中，这说明踏歌已经成为唐代社会上非常普及的一种歌舞娱乐游戏风俗。

二 踏歌在周边少数民族地区的流行

中华文化自古以来就是由各民族共同缔造的多元复合型文化。在我国北方辽阔的草原地带曾经先后兴起过匈奴、鲜卑、突厥、契丹、蒙古等许多游牧民族，而在南方广大地区则长期生活着蛮、夷等少数民族。当中原农耕民族开始流行踏歌活动时，这种载歌载舞的娱乐形式在周边少数民族地区也广为喜闻乐见。

踏歌在北方草原地区的出现很早。在内蒙古阴山山脉西段的狼山岩画中就有一幅四人列队舞蹈图，舞者"勾肩搭臂，连成一排，均双腿微曲，正是古籍记载中'顿足踏地，连臂歌舞'的形象"。另外，还有一幅十几个人的集体舞蹈图，虽然其动作、队

① 谭蝉雪：《敦煌民俗——丝路明珠传风情》，甘肃教育出版社 2006 年版，第 42、61、64、74 页。

② 《全唐诗》卷七五三，第 8568 页。

③ 《太平广记》卷三三五《浚仪王氏》引，中华书局 1961 年版，第 2658 页。

形并不整齐划一，但舞者也是手拉着手而舞蹈①。这些岩画内容反映了北方游牧民族早期踏歌活动的原始形态。

在北方游牧民族中最早出现踏歌记载的是匈奴。蔡文姬在《胡笳十八拍》之第十二拍中有“羌胡踏舞兮共讴歌”句②，描写的就是东汉末年踏歌在匈奴中流行的情景。

魏晋南北朝时期，北方胡族对踏歌这种歌舞娱乐形式也很熟悉。在云冈石窟9窟前室就有连臂踏歌的人群形象③，反映了在鲜卑民族中也流行这种歌舞娱乐形式。又据《北史》卷四八《尔朱荣传》载：秀荣川（今山西忻州境）契胡首领尔朱荣，好歌舞，“日暮罢归，便与左右连手蹋地，唱《回波乐》而出。”《资治通鉴》卷一五二梁武帝大通二年五月条下亦载此事，胡注曰：“此所谓踏歌也。”《回波乐》有固定的曲调和格式，歌词以“回波尔时”四字作为开篇，其余皆可根据需要临时自编，这种灵活简易的形式很适应当时文化素养不高的胡族士兵，深为他们所喜爱④，所以可用作踏歌曲调。

踏歌在突厥中也很流行。据唐人张鷟《朝野佥载》卷四记载：“周春官尚书阎知微，庸琐驽怯，使入蕃（突厥），受默啜封为汉可汗。贼入恒、定，遣知微先往赵州招慰。将军陈令英等守城，……不答。知微城下连手踏歌，称《万岁乐》。令英曰：‘尚书国家八座，受委非轻，翻为贼踏歌，无惭也?’知微仍唱曰：‘万岁乐，万岁年，不自由，万岁乐。’时人鄙之。”由此可见，踏歌这种娱乐形式也为突厥人所熟知。

契丹风俗，每年过年时都要聚会作乐，流行跳一种称为“踏锤”的自娱性民间舞蹈。据《文献通考》卷一四八《乐考·夷部乐·北狄》载：“大辽，有八部。其渤海俗，每岁时聚会作乐，先命善歌舞者数辈前行，士女随之，更相唱和，回旋宛转，号曰‘踏锤’焉。”这种“踏锤”舞蹈，董锡玖先生就认为“是一种近似于唐宋踏歌的自娱性舞蹈”⑤。

党项似乎也有踏歌。据《旧五代史》卷一三八《外国传·党项》载：后唐明宗时，“其每至京师，明宗为御殿见之，劳以酒食，既醉，连袂歌呼，道其土风以为乐。”“连袂歌呼”正是踏歌的舞蹈特征之一。

古代蒙古族也广泛流行踏歌⑥。《蒙古秘史》卷一就记载了蒙古族在举行庆典活动时跳踏舞的热烈场面：“蒙古之庆典，则舞蹈筵宴以庆也，既举忽图剌为合罕，于豁儿豁纳黑川，绕篷松茂树而舞蹈，直踏出没肋之蹊，没膝之尘矣。”这种庆典舞蹈，蒙古

---

① 盖山林：《内蒙阴山山脉狼山地区岩画》，《文物》1980年第6期；孙景琛：《中国舞蹈史》（先秦部分），文化艺术出版社1983年版，第15—16页。

② （宋）郭茂倩：《乐府诗集》卷五九“琴曲歌辞”，第863页。

③ 《中国大百科全书·音乐、舞蹈卷》李治国、王克芬《云岗石窟中的舞蹈形象》条，第838页。

④ 吕一飞：《胡族习俗与隋唐风韵——魏晋北朝北方少数民族社会风俗及其对隋唐的影响》，书目文献出版社1994年版，第180—182页。

⑤ 《中国大百科全书·音乐、舞蹈卷》董锡玖《辽—西夏—金舞蹈》条，第389页。

⑥ 内蒙古社会科学院历史所：《蒙古族通史》，民族出版社1991年版，第391页。

语称之为“迭卜先”，即踏歌之意，舞蹈的基本动作就是踏足。到了元朝，踏歌之舞仍然广为蒙古族所喜好，如张宪在《白翎雀》诗中说：“九龙殿高紫帐暖，踏歌声里欢如雷”[①]；贡师泰有一首名为《上京大宴和樊时中侍御》的诗歌也有关于踏歌的描写：“齐声才起和，顿足复分曹”[②]；迺贤在《塞上曲》诗中说：“踏歌尽醉营盘晚，鞭鼓声中按海青”[③]；袁桷《客舍书事》八首之三曰：“日斜看不足，踏舞共扶携。”[④] 这些诗句都描述了蒙古民族的踏歌风俗。直到近现代，在蒙古族民间还流行一种称之为“安代”（亦和查干额利叶）的古老舞蹈形式，其踏地为节的舞蹈特点仍然保留着蒙古族古代广泛流行的踏舞特征。

在南方和西南地区，自古以来就生活着许多少数民族，有巴人、俚人、獠人、爨人、濮人、武陵夷、哀牢夷、廪君蛮、板楯蛮、南平蛮、牂牁蛮、松外诸蛮等，统称为“蛮夷”。在这些少数民族地区也很早以来就流行踏歌。在云南沧源佤族自治县的深山密林中发现的崖画中就有一幅5人围圈扬臂提足舞蹈图[⑤]，证明在西南少数民族地区踏歌的起源也极早。

在巴东、湖湘一带，分布有巴人、武陵夷、廪君蛮等少数民族，这里的踏歌之风特别盛行。唐人《岳阳风土记》载：“荆湖民俗：岁时会集或祷祠，多击鼓，令男女踏歌，谓之‘歌场’。”刘禹锡在《武陵书怀五十韵》中就说：“照山畬火动，踏月俚歌喧。”[⑥] 这是作者在湘西朗州（今湖南常德）时所作。朗州为武陵蛮聚居的区域，诗作描写了当地民间跳月踏歌的风俗。他还作有《阳山庙观赛神》诗曰：“汉家都尉旧征蛮，血食如今配此山。曲盖幽深苍桧下，洞箫愁绝翠屏间。荆巫脉脉传神语，野老娑娑起醉颜。日落风生庙门外，几人连蹋《竹歌》还。”诗题曰“梁松南征至此，遂为其神，在朗州”[⑦] 这首诗描写了当地民众祭祀时的踏歌风俗。由于作者长期生活在这里，对当地的民风非常熟悉，据此他还创作了许多词曲，对当地的民歌产生了很大的影响。夔州是巴人和廪君蛮聚居区，当地民间也非常流行踏歌。关于巴人踏歌，早在南朝时期就有反映，《西曲歌》中有一首《女儿子》曲词曰：“巴东三峡猿鸣悲，夜鸣三声泪沾衣。我欲上蜀蜀水难，蹋蹀珂头腰环环。”[⑧] 末句非常形象生动地描写了巴人踏歌的舞姿和动作。另外，唐人樊绰辑录的有关廪君蛮的史料中也说：“按《夔城图经》云：‘夷事道，蛮事鬼。’……俗传正月初夜，鸣鼓连腰以歌，为踏蹄之戏。”[⑨] 唐人诗作中也有许多描写巴人夜唱《竹枝》踏歌的情景，如顾况《竹枝曲》：“帝子苍梧不复归，

① （元）陶宗仪撰，武克忠、尹贵友校点：《南村辍耕录》卷二〇“白翎雀”，齐鲁书社2007年版，第273页。
② （元）贡师泰：《玩斋集》卷五，见《四库全书》，上海古籍出版社1987年版，第1215册，第582页。
③ （元）迺贤：《金台集》卷二，见《四库全书》，第1215册，第289页。
④ （元）袁桷：《清容居士集》卷一六，见《四库全书》，第1203册，第218页。
⑤ 王克芬：《中国舞蹈发展史》图版①、②。
⑥ （唐）刘禹锡著，瞿蜕园笺证：《刘禹锡集笺证》卷二二“五言今体诗”，第606页。
⑦ （唐）刘禹锡著，瞿蜕园笺证：《刘禹锡集笺证》卷二四“七言诗”，第672页。
⑧ （宋）郭茂倩：《乐府诗集》卷四九《清商曲词六·西曲歌下》，第713页。
⑨ （唐）樊绰著，赵吕甫校释：《云南志校释》附录二，中国社会科学出版社1985年版，第363页。

洞庭叶下荆云飞。巴人夜唱《竹枝》后，肠断晓猿声渐稀。”① 白居易《竹枝词》：“《竹枝》苦怨怨何人，夜静山空歇又闻。蛮儿巴女齐声唱，愁杀江楼病使君。”刘禹锡《竹枝词》也说：“楚水巴山江雨多，巴人能唱本乡歌”；“桥东桥西好杨柳，人来人去唱歌行”②。南宋大诗人陆游在《老学庵笔记》卷四中还描写到湘西一带少数民族的踏歌风俗：“辰、沅、靖州蛮有犵狑，有犵獠，有犵榄，有犵偻，有山猺，俗亦土著。……醉则男女聚而踏歌。农隙时至一二百人为曹，手相握而歌，数人吹笙在前导之。……至三日未厌，则五日，或七日方散归。……其歌有曰：‘小娘子，叶底花，无事出来吃盏茶。’盖《竹枝》之类也。”辰（今湖南沅陵）、沅（今湖南芷江）、靖（今湖南靖州）三州地处湘西，一直到今天仍然是土家、苗、瑶、侗等少数民族聚居的区域。

在云南、贵州和四川南部一带生活着乌蛮、白蛮等许多少数民族，这里流行吹葫芦笙伴奏“跳月”踏歌。曹树翘《滇南杂志》卷一八云：“按滇黔夷歌，俱以一人捧芦笙吹于前，而男妇拍手顿足，倚笙而和之，盖古联袂踏歌之遗也。……苗人跳月求偶，皆吹芦笙也，俗呼跌足笙。”清人桂馥《札朴》十“踏歌”条也云：“夷俗男女相会，一人吹笛，一人吹芦笙，数十人环绕，踏地而歌，谓之‘蹋歌’，……蹋歌真西南夷歌也。”牂牁蛮是贵州境内的一个古老的少数民族，这个民族非常能歌善舞，《宋史》卷四九六《牂牁蛮传》载：至道元年（995），“西南牂牁诸蛮来贡方物，……上因令作本国歌舞。一人吹瓢笙如蚊蚋声，良久，数十人连袂宛转而舞，以足顿地为节。询其曲，则名曰《水曲》。”瓢笙即芦笙。罗蕃生活在川滇黔的交界处，大约就是今大小凉山一带彝族的祖先，这个民族也以芦笙为踏歌的伴奏乐器，据《文献通考》卷一四八《乐考·夷部乐·南蛮》载：罗蕃人，凡遇祭飨，聚集于“平川坡野间”作乐，“吹葫芦笙，乐人踏舞”。直到今天在这里还保留着吹葫芦笙“跳月”的风俗。唐代云南境内最大的少数民族政权南诏属于乌蛮，其俗：“少年子弟暮夜游行闾巷，吹壶芦笙，或吹树叶，声韵之中，皆寄情言，用相呼召。”③ 壶，即葫，这说明吹葫芦笙舞蹈在西南少数民族中有着非常悠久的历史。此外，像东谢蛮，则有击铜鼓舞蹈的风俗，据《旧唐书》卷一九七《南蛮、西南蛮传》载：“东谢蛮，其地在黔州之西数百里，……宴聚则击铜鼓，吹大角，歌舞以为乐。”这种击铜鼓、吹大角伴奏的舞蹈往往也是即兴而舞的踏歌类舞蹈。又如磨些蛮，属于乌蛮种类，“俗好饮酒歌舞”④。元人李京《云南志略》云：“末（磨）些蛮在大理北，与吐蕃接界，临金沙江。……惟正月十五登山祭天，极严洁。男女动百数，各执其手，团旋歌舞以为乐。”⑤ 这种手牵着手围成圆圈跳动的歌舞正是踏歌的形式。

① 《全唐诗》卷二六七，第2970页。

② （唐）刘禹锡著，瞿蜕园笺证：《刘禹锡集笺证》卷二七“乐府下”，第853、868页。

③ （唐）樊绰著，赵吕甫校释：《云南志校释》卷八《蛮夷风俗》，第290页。

④ 《新唐书》卷二二二上《南蛮传上》作“磨蛮、些蛮”，第6276页。

⑤ （明）陶宗仪：《说郛》卷三六，见《说郛三种》，上海古籍出版社1988年版，第624—625页。

在流求（今台湾）的土著民族中也流行踏歌风俗。据《隋书》卷八一《东夷·流求国传》载："歌呼蹋蹄，一人唱，众皆和，音颇哀怨。"所谓"歌呼蹋蹄"，就是类似于踏歌一类的民间歌舞。

虽然不同民族和地区流行的"踏歌"动作、姿态和曲调各不相同，但其载歌载舞的娱乐形式却受到各族人民的共同喜爱，至今在国内许多少数民族中仍然保存着这种古老的歌舞娱乐风俗。

三 古代世界各地的踏歌风俗

任半塘先生曾经说过："唐代踏歌，不仅盛行于中土，且遍于四裔各民族。"[①] 的确，踏歌作为原始先民们最早的歌舞娱乐形式，不独为我国的考古和文献资料所证明，而且也为世界上许多国家和民族中的文物古迹所证实。据《不列颠百科全书》（14版）说：

> 节奏不仅使个人成为整体，而且也用共同的感情把个体的舞蹈者们联系起来。当舞者们手拉手地成链条形或者成圆形跳舞的时候，这种联系就大大地加强了：一条舞蹈者组成的锁链或者跳舞的歌唱者们的会唱，乃是人类历史上最古老的舞蹈形式之一。最古老的一些链条形的舞蹈，被画在公元前四千年的埃及卢克索附近的露天岩石上；还有一些可以在公元前三千年左右的巴比伦东部的古埃拉姆地方找到。在古希腊，链形舞蹈经常被刻在瓶子上，或用黏土做成人形，围成一个环形。

以上论述恰好与我国所发现的舞蹈纹彩陶盆相印证，这说明踏歌这种古老的舞蹈娱乐形式在古埃及、古巴比伦和古希腊等许多文明古国都曾流行。

在东亚地区，由于受中华文化的强大影响，踏歌很早就传入朝鲜半岛和日本等地。朝鲜半岛早在东汉时期就开始流行踏歌，当时半岛的南部有马韩、辰韩、弁韩三部，其中马韩最大，统领三韩。半岛居民大多能歌善舞，据《后汉书》卷八五《东夷传》载：马韩，俗信鬼神，"常以五月田竟祭鬼神，昼夜酒食，群聚歌舞，舞辄数十人相随蹋地为节。十月农功毕，亦复如之。诸国邑各以一人主祭天神，号为'天君'。"当时东北亚地区的濊、沃沮、高句丽，"本皆朝鲜之地也"，其风俗与三韩大致相同。濊，"常用十月祭天，昼夜饮酒歌舞，名之为'舞天'"；高句丽也有"十月祭天大会"的风俗，其人好歌舞，"暮夜辄男女群聚为倡乐"[②]。由此可见，半岛早期的踏歌是一种农事祭神娱乐活动。在吉林集安高句丽舞踊墓壁画中有一幅《广袖长舞演练图》，5位舞者，"动作整齐划一，甩起长袖，迈开轻盈的脚步，翩翩起舞"，有人认为这幅壁画中所表现

① 任半塘：《唐声诗》下编，第403页。

② 《后汉书》卷八五《东夷·濊传》，中华书局1965年版，第2817页。

的舞人舞姿与敦煌第156窟的唐代壁画《踏歌行》中的画面非常相似①。后来，踏歌也逐渐被改造成为高丽宫廷歌舞，《高丽史·乐志》就记载有《金殿乐》，注曰："踏歌唱"②。

日本的踏歌是在隋唐时期或更早时传入的③，它保留了踏歌主要是在元宵节期间举行的风俗，并且形成了独具本民族特色的踏歌节，称为"踏歌之节"或"踏歌节会"。"踏歌节会"是日本古代正月最重要的三大节会之一④。据《日本书纪》卷三〇载：持统天皇七年（693）正月十五日，"汉人等奏踏歌"；八年（694）正月十七日，"汉人奏踏歌"；十九日，"唐人奏踏歌"。"汉人"、"唐人"是当时日本人对中国人的称呼。由此可见，踏歌最初大约是由东渡扶桑的中国人传入的。到了奈良时代，踏歌在宫廷之中已经比较常见，每年的元宵节期间大都要举行踏歌表演，如：

> 圣武天皇天平二年（730）正月十六日夜，天皇行幸皇后宫，"百官主典已上陪从踏歌，且奏且行，引入宫里，以赐酒食。"⑤
>
> 孝谦天皇天平胜宝三年（751）正月十八日，"天皇出御大极殿南院，召集百官主典以上举行宴会。……分别授予踏歌音头取女濡忍海伊太须、锦部河内外从五位下。"⑥
>
> 淳仁天皇天平宝字三年（759）正月十八日，"帝临轩，……飨五位已上及蕃客并主典已上于朝堂。作女乐于舞台，奏内教坊踏歌于庭。"⑦

参加者除了专门的舞人，朝廷百官有时也陪同助兴。进入平安时代，踏歌在日本社会已经相当流行。桓武天皇迁都平安京之后的第二年，即延历十四年（795）正月十六日，在新皇宫举行踏歌。这次踏歌还留存下来了四首踏歌歌词，全都采用的是七言四句式，其中：

> 新年正月北辰来，满宇韶光风处开。丽质佳人伴春色，分行连袂舞皇垓。
>
> 卑高泳泽洽欢情，中外含和满颂声。今日新京太平乐，年年长奉我皇庭。⑧

---

① 吴广孝：《集安高句丽壁画》，山东画报出版社2006年版，第111　113页。

② ［朝鲜］郑麟趾撰：《高丽史》卷七一《乐志二》，见《四库全书存目丛书》，齐鲁书社1996年版，史部第160册，第701页下。

③ 关于日本踏歌的传入及其相关问题的研究见赵维平《奈良、平安期的日本是如何接受、同化中国踏歌的?》(《中日音乐比较研究国际学术会议论文集》1997年版，第7—17页)，刘晓峰《中日踏歌考——兼论古代正月十五节俗及其对日本的影响》(《文史》2007年第3辑，第63—86页）等。

④ 三大节会分别为正月初一的元日节会、正月初七的白马节会和正月十六的踏歌节会。

⑤ 《续日本纪》卷一〇，吉川弘文馆1968年版，第121页。

⑥ 《续日本纪》卷一八，第194页。

⑦ 《续日本纪》卷二二，第259页。

⑧ 《日本后纪》延历十四年正月乙酉条。

这些歌词与唐人所创作的踏歌词，在内容和形式上都非常相似。另外，在每首歌词的结尾处还都有一句“新京乐，平安乐土，万年春”，类似于曲终之时众人齐声唱呼的和词，显示出日本踏歌的欢腾热烈情景。后来，大约是在清和天皇时期，踏歌作为宫廷仪礼的一个重要组成部分被确定下来，在每年的正月十六都要举行踏歌节会。如清和天皇贞观四年（862）正月十六日，“踏歌之节。天皇御前殿，宴于侍臣。踏歌如常仪，赐禄各有差。”[①] 有人曾统计，在《六国史》中总共记载有 59 次踏歌，而实际上举办的踏歌节会当不止此数[②]。

此外，踏歌之风在日本民间也很盛行。不过，基于男女混杂、有伤风化的考虑，踏歌曾数度被禁止。如称德天皇天平神护二年（766）曾下令“禁断两京畿内踏歌事”，就是因为“里中踏歌”，屡禁不止，故而申令“严加禁断”[③]。在《延喜式·弹正四十一》中也规定弹正台的职能之一，就是“凡京都踏歌，一切禁断”[④]。所以踏歌在平安时期就被分为男踏歌和女踏歌，男踏歌一般是在正月十四，女踏歌一般是在正月十六的夜里举行。到平安后期的圆融天皇永观元年（983），男踏歌最后被禁绝，只有女踏歌还继续举行。直到室町时代的《建武年中行事》中[⑤]，女踏歌作为正月三大节会之一，仍然在宫廷节会中占有重要地位。不过，由于战乱频仍，踏歌被迫中断。进入江户时代之后，踏歌虽然曾在灵元天皇天和二年（1682）和孝明天皇嘉永四年（1851）正月十六举行过两次，但是到明治时代最终衰亡。然而，在日本民间，特别是在一些寺院、神宫、神社等处，踏歌一直到近现代还有留存。

踏歌在南亚和东南亚一带也很流行。据唐人樊绰《蛮书》卷一〇《南蛮疆界接连诸番夷国名》载：

> 弥诺国、弥臣国，皆边海国也。……俗好音乐，楼两头置鼓，饮酒即击鼓，男女携手楼中，蹈舞为乐。

尽管关于弥诺国和弥臣国的具体地点有不同说法，但这两个古国无疑都应在今缅甸境内[⑥]。“蹈舞”，又作“踏舞”[⑦]，也即“踏歌”。此种舞蹈形式在古代缅甸乐舞中十分常见，《唐会要》卷三三《南蛮诸国乐》在描述《骠国乐》舞时说：“每为曲皆齐声唱，

---

① 《日本三代实录》卷六，第 86—87 页。

② 赵维平：《奈良、平安期的日本是如何接受、同化中国踏歌的?》。《六国史》是日本人对最早由官方编撰的《日本书纪》、《续日本纪》、《日本后纪》、《续日本后记》、《日本文德天皇实录》、《日本三代实录》等六种正史的总称。

③ 《类聚三代格·禁断事》天平神护二年正月十四日，吉川弘文馆 1965 年版，第 589 页。

④ 《延喜式》于醍醐天皇延长五年（927）十二月完成。延喜（901—922）为醍醐天皇的年号。

⑤ 建武（1334—1335）为后醍醐的年号。

⑥ （唐）樊绰著，赵吕甫校释：《云南志校释》卷一〇《南蛮疆界接连诸番夷国名》，第 311—312 页。

⑦ 据《太平御览》卷七八九《四夷部·南蛮·弥诺国、弥臣国》引《南夷志》及《文献通考》卷一四八《乐考·夷部乐》南蛮弥臣条皆作“踏舞”。《南夷志》即《蛮书》。

各以两手十指，齐开齐敛，为赴节之状，一低一昂，未尝不相对。……其西别有弥臣国，乐舞亦与骠国同，多习此伎以乐。”从弥臣国与骠国乐舞基本相近、其乐舞大多仿学自骠国乐舞这一点来看，骠国宫廷乐舞中也较多地保留了踏歌乐舞的元素，其伴随着音乐节奏载歌载舞的舞姿动作正是踏歌形式的体现。

三佛齐是位于印度尼西亚苏门答腊岛的一个古国，唐代称室利佛逝。据《文献通考》卷一四八《乐考·夷部乐·南蛮》载：“三佛齐，其乐有小琴、小鼓，昆仑奴踏曲为乐。”“踏曲”即“踏歌”。任半塘先生说：“唐有‘踏歌’、‘踏曲’、‘踏谣’诸名，其义则一。”[①]“昆仑奴”是指南海诸国与南亚一带分布的黑色或棕色人种[②]。由此可见，踏歌在这里是一种广为人们所熟知的自娱性歌舞活动。

踏歌在西亚地区的阿拉伯世界也很流行。叙利亚首都大马士革曾是阿拉伯倭马亚哈里发帝国（661—750）的首都，其舞蹈艺术在西亚地区占有重要的地位，产生了很大影响。叙利亚有一种称为“戴别克”的民间舞蹈。据《中国大百科全书·音乐、舞蹈卷》“叙利亚舞蹈”条叙述：

> 戴别克，又称“踏歌舞”。它产生于古老的农业劳动和高原游牧生活，广泛流传于叙利亚各地。每逢喜庆佳节，人们便群集跳“戴别克”。其表演队形一般按人的高低一字排开，队首男子手持绢帕，高举挥旋。舞蹈动作粗犷有力，敏捷灵活，多集中于腿、脚部，上身松弛，并有蹦跳和下蹲、前俯后仰等大幅度动作。男性舞者动作激烈，风度英武；女性舞者动作轻盈含蓄。生活在沙漠地带的贝都因人跳“戴别克”，具有格斗气氛。伴唱的歌词多为以方言传咏的阿拉伯口头文学，世代相传，现已有文字记录。……伴奏乐器为鼓、手鼓、唢呐、笛子、双管笛子、四弦提琴和坦布拉等阿拉伯民间乐器。根据戴别克创作的舞蹈还有《棉花丰收舞》、《盾牌舞》、《圆圈舞》等。

阿拉伯人跳的“踏歌舞”，无论是从队形，还是领舞者以及动作，都具有浓厚的西亚民族的特色，而与东亚流行的踏歌稍有不同。但是由于踏歌本身就是一种较原始的简单舞蹈形式，对动作的要求并没有特别固定的规范，只要符合以脚踏地应节而舞的基本动作，就可以即兴歌舞，随意发挥。

另外，任半塘先生还曾提到唐代有一首可用于踏歌的乐曲《穆护砂》，又名《穆护歌》。据他考证：“‘穆护’乃古波斯语，或译为‘摩古’，意即传教师。”该曲“原为祆教《穆护》曲之煞尾”，故名。”[③] 它是随着西亚祆教的东传而入华的。唐人张鷟《朝野

---

① 任半塘：《唐声诗》上编，上海古籍出版社 2006 年版，第 308 页。

② 关于昆仑奴的来源有不同说法，今据葛承雍的观点（见《唐韵胡音与外来文明》民族篇《唐长安黑人来源寻踪》，中华书局 2006 年版，第 100 页）。

③ 任半塘：《唐声诗》下编，第 118—122 页。

佥载》卷三记载："河南府立德坊及南市西坊，皆有胡祆神庙。每岁商胡祈福，烹猪羊。琵琶、鼓、笛，酣歌醉舞。"《穆护砂》抑或就是这些从西亚来的胡人在祭祀"胡天"时踏歌所唱的歌曲。

踏歌在西方的拜占庭帝国也有流行。这里有在每年庆祝葡萄丰收时举行自娱性歌舞活动的风俗，据《文献通考》卷一四八《乐考·夷部乐·西戎》记载："拂菻，其国每岁蒲桃熟时，造酒肆筵，弹胡琴，打偏鼓，拍手歌舞以为乐焉。"拂菻，即拜占庭帝国。其"拍手歌舞"的动作也是一种类似于踏歌的舞蹈形式。值得一提的是，在敦煌地区还有在节日期间流行"踏悉磨遮"的民间踏舞活动，如 S.1053 背戊辰年（908）寺院破历就提到："粟叁斗，二月八日郎君踏悉磨遮用。"[①]"悉磨遮"即"苏摩遮"，或作"苏莫遮"，是从西域传来的一种假面乐舞。至迟从北周开始到唐前期，在内地曾流行一种《泼寒胡戏》的群众性歌舞娱乐活动，其特点是人们在鼓乐声中，互相追逐泼水，歌舞跳跃，十分热闹。《苏摩遮》通常被认为是在《泼寒胡戏》中所唱的歌曲。关于《苏摩遮》究竟来源于何处，有许多种不同说法。诗人张说曾依据其原曲填写有五首歌词，其中一首云：

> 摩遮本出海西胡，琉璃宝服紫髯胡。闻道皇恩遍宇宙，来时歌舞助欢娱。[②]

诗中提到的"海西"即大秦，据《后汉书》卷八八《西域传》载："大秦，一名黎鞬，以在海西，亦云海西国。"同书卷八十六《南蛮、西南夷传》也载：东汉安帝永宁元年（120），掸国"献乐及幻人。……自言我海西人。海西即大秦也，掸国西南通大秦。"大秦，即东罗马帝国，亦称拜占庭帝国。《苏摩遮》这种乐舞风俗正是沿着"丝绸之路"传到康国、龟兹、高昌，以至中原，并结合各地的风俗民情，发生了某些变化。这首乐舞歌曲不仅被用于《泼寒胡戏》，而且从敦煌民俗来看，还用于"踏舞"。这一点从新疆库车出土的唐代舍利子盒上的舞蹈图像中也可得到印证，其上有一组戴着各种面具的舞人像，他们手牵着手，正扬袂踏足，作踏舞状[③]。这表明《苏莫遮》也是一首"踏舞"曲，而踏舞《苏莫遮》可能正是《泼寒胡戏》的一个重要组成部分。著名舞蹈史研究专家王克芬先生就指出："泼水与歌舞是组成《泼寒胡戏》的两种主要活动。"[④] 可见《泼寒胡戏》除了有追逐泼水、鼓舞跳跃等一系列动作之外，还应该有一个"踏舞"环节。这从张说《苏摩遮》歌词的形式也可得到进一步的推知，其词为七言四句段式，在每段之后还有"亿岁乐"三字和声。这和前引日本留存下来的踏歌词的形式基本相同。这种颂歌形式的歌词，不应该是在一片乱哄哄的追逐泼水过程中

---

① 郝春文主编：《英藏敦煌社会历史文献释录》第五卷，社会科学文献出版社 2006 年版，第 44 页。
② 《全唐诗》卷二八张说《苏摩遮》，第 415 页。
③ 王克芬：《中国舞蹈发展史》图版 46。
④ 王克芬：《中国舞蹈史》（隋唐五代部分），第 186—187 页。

所唱和的，而应该是在皇帝亲临观赏时，由多人一边舞蹈，一边歌唱，接着是众人齐声唱和的形式来完成的。这样一种形式只能说明在《泼寒胡戏》结束前还应有一个“踏舞”的环节。

由此可见，踏歌作为人类最早产生的最原始、最质朴的歌舞娱乐活动形式，不仅在中华各民族中广泛流行，而且也风靡于世界各地。从欧洲到亚洲，再到非洲的许多地区都可以见到这种载歌载舞的娱乐习俗，对世界各地人民的精神文化娱乐生活产生了较大影响。

四　踏歌的形式及其特点

踏歌是对以脚踏地为节、载歌载舞的群众性自娱自乐歌舞活动的一种通称。由于其动作简单，即兴歌舞，娱乐性极强，同时又是一种重要的社交手段，所以深受社会各阶层人们的普遍喜爱。踏歌的形式主要有集体性舞蹈和单人舞蹈两种，其中尤以前者最为常见。

集体性踏歌的主要特点是参加者不限人数多寡，连手而歌，一边踏足舞蹈，一边应和传唱，非常热闹。一般来说，由朝廷出面组织的踏歌表演活动场面极为壮观。如先天二年举行的那次上元踏歌活动的参加者多达数千人，除了宫女之外，还有从民间选调来的妇女。她们身着华丽精致的装束，跳着优美淳朴的舞姿，真可谓盛况空前！开元年间进士尉迟匡曾作有《观内人楼上踏歌》诗以记其盛①，中唐诗人张祜在《正月十五夜灯》诗中也写道：

千门开锁万灯明，正月中旬动帝京。三百内人连袖舞，一时天上著词声。②

该诗追忆了盛唐时期元宵之夜，“内人”在灯下集体踏歌的欢乐场面，所谓“三百”之数，乃为泛指，极言参加踏歌者人数众多。唐后期，国力虽然大不如从前，但由朝廷组织的踏歌表演活动仍然规模很大。大中年间，唐宣宗在宴集群臣时，参加踏歌表演的“女伶”也常常多达“数十百人”③。

民间踏歌的随意性较强，有时参加的人数较多，以至于一次踏歌表演活动下来，能在现场捡拾到许多妇女掉落的装饰品，刘禹锡《踏歌词》就说：“月落乌啼云雨散，游童陌上拾花钿。”④ 有时踏歌仅有两人参加，薛鱼思《河东记》载：“长庆中，有人于

---

① （唐）范摅撰，阳羡生校点：《云溪友议》卷中“李右座”条，见《唐五代笔记小说大观》，上海古籍出版社 2000 年版，第 1285 页。

② 《全唐诗》卷五一一，第 5838 页。

③ 《新唐书》卷二二《礼乐志十二》，第 478 页。

④ （唐）刘禹锡著，瞿蜕园笺证：《刘禹锡集笺证》卷二六“乐府上”，第 816 页。

河中舜城北鹳鹊楼下见二鬼，各长三丈许，青衫白袴，连臂踏歌曰：‘河水流溷溷，山头种荞麦。两个胡孙门底来，东家阿嫂决一百。’言毕而没。”[①] 白日见鬼的事情显然是无稽之谈，但这个故事却说明了在集体性踏歌活动中，即使参加者只有两人，也照样能够“连臂踏歌”。

单人踏歌似乎是从唐代才开始出现的，此前不见于历史记载。李白在《赠汪伦》诗中提到的踏歌就好像是单人踏歌。此外，罗虬在《比红儿诗》中也咏道：“楼上娇歌袅夜霜，近来休数踏歌娘。红儿谩唱伊州遍，认取轻敲玉韵长。”[②] 罗虬为晚唐诗人，曾任鄜州从事。“广明庚子乱后，……时雕阴籍中有妓杜红儿，善歌舞，姿色殊绝，……虬久慕之，至是请红儿歌，赠以缯彩。”[③] 由此可见，这位被称为“踏歌娘”的舞妓杜红儿也经常表演单人踏歌。又据五代人沈汾《续仙传》卷上载：“蓝采和，不知何许人也。常衣破蓝衫，……每行歌于城市乞索，持大拍板，长三尺余，常醉踏歌，老少皆随看之。机捷谐谑，人问，应声答之，笑皆绝倒。似狂非狂，行则振靴唱踏歌曰：‘踏踏歌，蓝采和，世界能几何？红颜一椿树，流年一掷梭。古人混混去不返，今人纷纷来更多。朝骑鸾凤到碧落，暮见桑田生白波。长景明晖在空际，金银宫阙高嵯峨。’……后踏歌于濠梁间酒楼。”[④] 这个“行歌”乞讨的“神仙”蓝采和表演的也是单人踏歌，他除了边歌边舞之外，手里还拿着三尺多长的“大拍板”，打着节奏。

踏歌舞蹈动作的基本特点是：“相与联臂踏地为节”，也即由一群人，手牵着手，结队而歌，以脚踏地，应节而舞。一般来说，由朝廷组织的踏歌表演活动，都是经过事先排练，“分行列队，连袂而歌”。崔液《踏歌词》中就有“歌响舞分行，艳色动流光”的描写[⑤]，顾况《宫词》也有“步舞分行踏锦筵”句[⑥]，说明踏歌队形是随着舞蹈而有所变化和移动的；这与民间流行的自娱自乐性质的踏歌，大多围圈歌舞，还是有些不同的。此外，踏歌舞蹈还有拂袖、倾鬟、低头、弓腰、转身等舞姿，所谓“趋走俯仰”指的就是这些动作。唐诗中有许多描写踏歌舞姿的诗句，如“振袖倾鬟风露前”[⑦]，“罗袖拂寒轻”[⑧]，“倩看飘飖雪，何如舞袖回”，“风带舒还卷，簪花举复低”[⑨]等，可见踏歌有时还有轻盈曼妙的舞袖、转身等动作，头部时低时昂，衣带亦随舞姿的变化而随风卷扬舒展。唐人段成式在《酉阳杂俎》卷一四“诺皋记”上记载了一个画中人踏歌的离奇故事，其中也描写了弓腰动作：元和（806—820）初，有一士人醉

---

① 《太平广记》卷三四六《踏歌鬼》引《河东记》，第2739页。

② 《全唐诗》卷六六六，第7631页。

③ （元）辛文房著，王大安校订：《唐才子传》卷九《罗虬传》，黑龙江人民出版社1986年版，第182页。

④ 《太平广记》卷二二“蓝采和”条引作：“踏歌、踏歌蓝采和”，第151页。又据《全唐诗》卷八六一蓝采和《踏歌》曰：“踏歌踏歌蓝采和，世界能几何。红颜三春树，流年一掷梭。”第9738页。

⑤ 《全唐诗》卷五四，第667页。

⑥ 《全唐诗》卷二六七，第2966页。

⑦ （唐）刘禹锡著，瞿蜕园笺证：《刘禹锡集笺证》卷二六《蹋歌词》，第816页。

⑧ 崔液：《踏歌词》，见《全唐诗》卷五四，第667页。

⑨ 谢偃：《踏歌词》，见《全唐诗》卷三八，第492页。

卧厅中，“见古屏上妇人等，悉于床前踏歌，歌曰：‘长安女儿踏《春阳》，无处《春阳》不断肠。无袖弓腰浑忘却，蛾眉空带九秋霜。’其中双鬟者问曰：‘如何是弓腰?’歌者笑曰：‘汝不见我作弓腰乎?’乃反首髻及地，腰势如规焉。”这个故事所描写的弓腰动作幅度很大，甩头弯腰，几成圆形。

踏歌的唱词和曲调灵活多变，可即兴创作。现知最早的一首踏歌为汉代宫女唱的《赤凤凰来》，可惜这首踏歌只留下了歌名，其歌词早已失传，后人已很难窥见其庐山真面目。北魏胡太后创作的《杨白花》是现存最早最完整的一首踏歌词：

> 阳春二三月，杨柳齐作花。春风一夜入闺闼，杨花飘荡落南家。含情出户脚无力，拾得杨花泪沾臆。秋去春还双燕子，愿衔杨花入窠里[①]。

这首踏歌词采用了长短句相结合的形式，全篇共八句，前两句为五言，后六句变成七言。全词委婉而深情，唱腔凄凉而悲伤，极具有艺术感染力，产生了深远的影响。像北周宣帝宇文赟创作的踏歌词虽然只留下来了开篇两句，但也是五言，大概就是延续了胡作的风格。

唐代民间踏歌唱词也受到这种风格的影响，而又有所发展。如《河东记》中提到的“二鬼”踏歌词虽然仅有短短的四句，但前两句为五言，后两句为七言，显然就是继承了北魏《杨白花》词的调式。至于蓝采和所唱的踏歌词，全篇共十句，开头一句被改造成为三言句式，其后三句为五言式，后六句则为七言式，基本上也属于这种类型，而又稍有所变化。

唐代文人士大夫们也创作了不少踏歌词，虽然长短不一，但都属于五言或七言调式。如谢偃创作的三首《踏歌词》为五言八句，崔液的两首《踏歌词》则为五言六句，张说和陈去疾各有两首《踏歌词》，又都是七言四句。这些《踏歌词》大都描写了唐代朝廷组织的踏歌活动的盛大豪华场景。

踏歌被加工改造成为宫廷歌舞之后，还出现了《缭踏歌》、《队踏子》、《踏金莲》[②]等形式的宫廷踏歌。李商隐《隋宫守岁》诗就有“不《踏金莲》不肯来”的描写[③]，平康里妓楚儿也吟有“未应教我《踏金莲》”句[④]。可见《踏金莲》等宫廷踏歌大约主要是由教坊乐人或伎人表演时所用。

刘禹锡创作的四首《踏歌词》也是七言四句式，但其内容描写的却是江南一带的民间踏歌风俗。其中有“自从雪里唱新曲，直到三春花尽时”、“唱尽新词欢不见，红

① 《乐府诗集》卷七三“杂曲歌辞”，第1040页。

② （唐）崔令钦：《教坊记》“曲名”，见《中国古典戏曲论著集成》（一），中国戏剧出版社1959年版，第15、17页。

③ （唐）李商隐著，（清）冯浩笺注，蒋凡标点：《玉溪生诗集笺注》，上海古籍出版社1998年版，第423页。

④ （唐）孙棨：《北里志》“楚儿”条，第3页，见《丛书集成初编》本，中华书局1985年版。

霞映树鹧鸪鸣”以及“新词宛转递相传”等句，可知唐代民间踏歌的唱词大约都是即兴填词，相互应和，反复传唱，能从冬天下雪一直唱到三春花尽，从月照大堤唱到朝霞映树，虽然有些夸张，但能够使人强烈地感受到民间踏歌的欢乐热闹情景。

唐代民间踏歌的曲调很多，除了前面提到的《杨白花》、《春阳曲》（又名《阳春曲》）①、《山鹧鸪》等之外，常见的还有《纥那曲》、《杨柳枝》、《竹枝调》、《采莲曲》、《采菱歌》、《春江曲》、《还乡曲》等。刘禹锡曾作有《纥那曲》两首：

> 《杨柳》郁青青，《竹枝》无限情。周郎一回顾，听唱《纥那》声。
>
> 蹋曲兴无穷，调同词不同。愿郎千万寿，长作主人翁。②

这说明民间踏歌经常借用《纥那歌》、《杨柳枝》、《竹枝调》等民谣曲调，它们有一个共同的特点就是都比较悠扬宛转。《纥那曲》，又名《得体歌》，《新唐书》卷五三《食货志》三载：“先时民间唱俚歌曰‘得体纥那邪’。”据流传下来的一首《得体歌》可知，其开头曰：“得体纥那也，纥囊得体耶！”③ 大约相当于歌唱时的感叹应和之声，没有什么实际意思。刘禹锡在一首《竹枝词》中写道：“楚水巴山江雨多，巴人能唱本乡歌。今朝北客思归去，回入《纥那》披绿罗。”④ 可见《纥那曲》与《竹枝调》都是属于同一类型的民谣。至于《竹枝词》和《杨柳枝词》，则是唐人广为熟悉的一些曲调，当时的文人骚客们曾创作了许多首这种类型的歌词，尤其是以白居易和刘禹锡最为突出。刘禹锡在《蹋歌词》中说：“日暮江南闻《竹枝》，南人行乐北人悲。”说的是江南民间踏歌用《竹枝调》。白居易也有“歌蹋《柳枝》春暗来”、“新歌蹋《柳枝》”、“《柳枝》慢蹋试双袖”等描写踏《杨柳枝》的诗句⑤，薛能《杨柳枝》词也说：“数首新词带恨成”，“试踏吹声作唱声”⑥。讲得都是蹋《杨柳枝》。路德延《小儿诗》：“合调歌《杨柳》，齐声踏《采莲》。”⑦ 除了提到踏《杨柳枝》外，还提到踏《采莲曲》。和凝《宫词》有“竞绕盆池蹋《采莲》”句⑧，可见《采莲曲》也经常被用作踏歌。《春江曲》和《采菱曲》用于踏歌见骆宾王的《畴昔篇》：“共踏《春江曲》，俱唱《采菱歌》。”⑨

---

① 《全唐诗》卷八六八“梦”类载有病狂人《歌》曰：“踏《阳春》，人间三月雨和尘。《阳春》踏，秋风起，肠断人间白发人。”这首歌中提到的“踏《阳春》”，就是指《春阳曲》。又同书卷八七八“谣”类载《周显德中齐州谣》曰：“蹋《阳春》，人间二月雨和尘。《阳春》蹋尽西风起，肠断人间白发人。”与前者稍异。

② （唐）刘禹锡著，瞿蜕园笺证：《刘禹锡集笺证》卷二七“乐府下”，第869页。

③ 《乐府诗集》卷八六“杂歌谣辞”，第1215页。

④ （唐）刘禹锡著，瞿蜕园笺证：《刘禹锡集笺证》卷二七“乐府下”，第868页。

⑤ （唐）白居易著，朱金城笺注：《白居易集笺校》卷三一《蓝田刘明府携酌相过与皇甫郎中卯时同饮醉后赠之》，卷三十二《杨柳枝二十韵》、《刘苏州寄酿酒糯米李浙东寄杨柳枝舞衫偶因尝酒试衫辄成长句寄谢之》，上海古籍出版社1988年版，第2146、2200、2225页。

⑥ 《全唐诗》卷二八，第401页。

⑦ 《全唐诗》卷七一九，第8255页。

⑧ 《全唐诗》卷七三五，第8396页。

⑨ 《全唐诗》卷七七，第836页。

刘禹锡《采菱行》也有"醉踏大堤相应歌"，描写的也是《采菱》踏歌[①]。《还乡曲》用于踏歌，见王建的《田侍郎归镇》诗曰："家家尽踏《还乡曲》，明月街中不绝人。"[②]由此可见，在民间踏歌中许多词曲都是可以用来踏舞唱和的。

五　踏歌与唐代中外文化交流

踏歌从本质上来说属于人类游戏活动的内容；而游戏作为一种非常古老的社会文化现象，具有非常鲜明的"文化性格"，即它可以"跨越人类不同的历史发展阶段和不同的'文化圈'而普遍存在"[③]。踏歌正是由于其动作简单、即兴歌舞的游戏特征，所以在古代各文明区域大都独立出现并形成了踏歌娱乐的风俗。任半塘先生就曾说过："夫踏歌本属原始伎艺，任何民族皆善为之。"[④] 这从世界各地发现的早期人类岩画和有关的文字记载中都可得到证实。然而，在中古时期，踏歌之所以在世界范围内能够得到广泛的流行与传播，却与各地文化的交流与互动有密切的关系。

踏歌的基本形式是以脚踏地为节、载歌载舞，灵活多变，无论是舞姿动作，还是歌词曲调，都可以随意发挥创作，应用于其中，这样就因各地环境、习惯、语言以及思维方式的不同，而形成了各具地域和民族特色的踏歌娱乐风俗。汉唐时期，由于对外交通渠道的空前畅通，中外文化交流日益频繁，有力地促进了踏歌活动的兴盛与繁荣。

中国的踏歌习俗源远流长，历史悠久，影响深远。汉唐以来，随着中华文化的辐射力越来越大，中国踏歌极大地推动了周边地区，尤其是对东亚民族踏歌习俗的形成与开展。

踏歌习俗在汉地开始形成之时，在北方诸胡族中也有流行。长期以来，由于地理上的亲缘关系，以及中原农耕民族与北方游牧民族之间的密切接触，使得双方的人员往来与流动非常频繁，文化上的交流也因此在各个领域得以全方位展开。汉末天下大乱之时，蔡文姬流落匈奴，"在胡中十二年"，她创作的《胡笳十八拍》曾对匈奴的"踏舞"习俗有过描写，像她这样一位博学多才而"又妙于音律"的才女[⑤]，将汉地的踏歌习俗介绍到匈奴是一点也不奇怪的。北朝时纷纷涌入中原的北方诸胡族，由于钦慕先进的农耕文化而大都主动走上汉化的进程，像踏歌这样的汉地传统风俗当然也是他们学习和效仿的内容。由鲜卑人建立起来的北魏和北周王朝的宫廷中就经常举行踏歌活动，他们一边踏舞、一边唱着哀婉的汉歌，而这种简易灵活的踏歌形式在胡族的

① （唐）刘禹锡著，瞿蜕园笺证：《刘禹锡集笺证》卷二六"乐府上"，第810页。

② 《全唐诗》卷三〇一，第3436页。

③ 刘焱：《儿童游戏通论》，北京师范大学出版社2004年版，第1页。

④ 任半塘：《唐戏弄》上册，上海古籍出版社2006年版，第522页。

⑤ 《后汉书》卷八四《列女传》，第2800页。

下层士兵中也相当流行。汉地踏歌也早已为突厥人所熟知，武周时春官尚书阎知微出使突厥，曾与突厥人连手踏《万岁乐》[①]。《万岁乐》是隋朝乐正白明达编创的一首乐曲[②]，可见突厥踏歌中也吸收有汉地踏歌的元素。

南方诸蛮、夷等少数民族，虽然也在很早以来就形成了踏歌习俗，但因为他们与汉族长期处于杂居融合的状态，所以汉地踏歌风俗也通过各种途径浸润糅合于其中。最著名的事例就是唐后期大诗人刘禹锡，在流隅湖湘、巴蜀期间，结合当地蛮、夷风俗，创作了大量的踏歌词，对当地的土风民俗产生了深远的影响。《旧唐书》卷一六〇《刘禹锡传》载："（朗州）地居西南夷，土风僻陋，举目殊俗，……蛮俗好巫，每淫祠鼓舞，必歌俚辞。禹锡或从事于其间，乃依骚人之作，为新辞以教巫祝。故武陵溪洞间夷歌，率多禹锡之辞也。"后来，他又出任夔州刺史，当地巴人非常流行踏歌。他在《竹枝词》九首引言中就说："岁正月，余来建平，里中儿联歌《竹枝》，吹短笛击鼓以赴节。歌者扬袂睢舞，以曲多为贤。……故余亦作《竹枝词》九篇，俾善歌者扬之。附于末，后之聆巴歈，知变风之自焉。"建平，即夔州。他在诗中描写道："山上层层桃李花，云间烟火是人家。银钏金钗来负水，长刀短笠去烧畬。"[③]"烧畬"反映了当地少数民族还处于较为原始落后的刀耕火种阶段。唐五代时人顾况、白居易、李涉、孙光宪等都作有大量的《竹枝词》，描写了巴人夜唱《竹枝》踏歌的情景。

东亚地区，如朝鲜、日本等地的踏歌习俗，也明显受到中国文化的影响。关于朝鲜的踏歌习俗，至晚在东汉时期就已见诸于记载，在半岛居民马韩中就已经形成了"常以五月田竟祭鬼神"和"十月农功毕"祭天神举行踏歌活动的习俗[④]，这是农耕民族为了庆祝春种秋获而举行的一种隆重的祭祀庆典活动。人类学的研究认为，游戏起源于原始的祭祀活动和社会生产劳动实践活动，"被现代人看作是'游戏'的活动在远古时代往往并不具有现代意义上的'游戏'意义，而是有着某种神秘性和神圣性的、与部落生存相关的巫术祭奠活动。……（一些游戏）并不是在任何时候和任何场合下都被允许举行的，只有在一些特定的、与部族庆典有关的场合下才能举行。'游戏'是作为'神圣的'仪式的组成部分而存在的"[⑤]。所以游戏活动的目的最初不是为了"自娱"而是"娱神"的。踏歌就是属于这样一种游戏活动。这种游戏在具有悠久农耕文明传统的汉地起源更早。西汉初年，宫中就流行于十月中旬，"共入灵女庙，以豚黍乐神"，踏歌祭祀的风俗[⑥]。这一风俗当与大陆的农耕生活有密切的关系，它反映了早在汉初内地就流行以歌舞乐神、祈求农桑的习俗。在东北亚地区的濊、沃沮、高句丽等

① 《资治通鉴》卷二六〇则天后圣历元年（698）九月条，第6533页。

② 《隋书》卷一五《音乐志下》，中华书局1973年版，第379页。

③ （唐）刘禹锡著，瞿蜕园笺证：《刘禹锡集笺证》卷二七"乐府下"，第852—853页。

④ 《后汉书》卷八五《东夷传》，第2819页。

⑤ 刘焱：《儿童游戏通论》，北京师范大学出版社2004年版，第4—7页。

⑥ （汉）刘歆撰，（晋）葛洪集，王根林校点：《西京杂记》卷三"戚夫人侍儿言宫中乐事"条，见《汉魏六朝笔记小说大观》，上海古籍出版社1999年版，第97—98页。

地，也有“十月祭天”的风俗[①]。这些地区与马韩一样都是受到汉地踏歌风俗的影响。

关于日本踏歌，学术界公认是来源于中国。但在踏歌传入日本之前，在日本古代曾有一种类似于踏歌的民间传统集体舞蹈“歌垣”，一般是在每年的春秋两季举行，参加者在舞蹈时前后连臂踏地而歌。从“歌垣”举行的时间及舞蹈的性质来看，与汉代和东北亚地区流行的十月踏歌迎神以祈农桑的习俗紧密关联，应当是从大陆传来的古俗，这也是古代日本接受唐人踏歌的基础。踏歌传入日本之后，保留了在元宵节期间举行的风俗，并且形成了独具本民族特色的踏歌节，还成为宫廷仪礼的一个重要组成部分[②]。后来，在称德天皇和醍醐天皇禁断民间踏歌时，也是仿效中国唐朝实行的整顿朝廷仪式、矫正社会风化的举措之一[③]。可见无论是日本古代的“歌垣”，还是踏歌，都受到来自中国大陆习俗的影响。

中国的踏歌习俗虽然起源很早，但在其后的发展过程中，也不断地受到来自国内各少数民族以及域外踏歌习俗的影响。

首先，汉地踏歌吸收了国内各少数民族，如匈奴、鲜卑、突厥、党项等北方胡族和南方蛮、夷等民族的踏歌元素。像北魏胡太后创作的《杨白花》、契胡酋长尔朱荣踏唱的《回波乐》在唐代已经非常深入人心。唐代民间踏歌中有《杨白花》调，李绅《闻里谣效古歌》中有“齐和《杨花》踏春草”句[④]，《杨花》是《杨白花》的简称。唐代大文豪柳宗元还曾仿作过一首杂曲歌词《杨白花》，其词曰：

> 杨白花，风吹度江水。坐令宫树无颜色，摇荡春光千万里。茫茫晓日下长秋，哀歌未断城鸦起。[⑤]

这首歌词是以胡太后与杨白花的故事为意境创作的，其写作手法也明显继承了胡作，而又有所创新。与胡作相比，整个篇章较短，仅有六句，但变化却更加丰富，首句为三言句式，第二句为五言，后四句变为七言，显然是为了方便歌唱的需要。《回波乐》，又名《下兵词》，原为“虏歌”，而且是“兵歌”，其曲调和格式是固定的，歌词以“回波尔时”四字作为开篇，其余都可以根据情况临时自编，填入曲中反复歌唱。这种简单灵活的形式，深受社会各阶层人们的喜爱，不但适应对文化素养要求不高的群众性自娱自乐踏歌活动，而且还为文人士大夫们娱乐时所乐用。景龙（707—710）年间，唐中宗经常宴集大臣，参加者争相自编《回波乐》词，且歌且舞，乘机邀求官

---

① 《后汉书》卷八五《东夷·濊传》，第2813—2818页。

② 刘晓峰：《中日踏歌考——兼论古代正月十五节俗及其对日本的影响》，《文史》2007年第3辑，第63—86页。

③ ［日］山尾幸久：《古代国家与庶民的习俗》，收入田正昭编《古代的日本与东亚》，小学馆1991年版，第93—114页。

④ 《全唐诗》卷四八〇，第5466页。

⑤ （唐）柳宗元著：《柳宗元集》卷四三“古今诗”，中华书局1979年版，第1251页。

爵，沈佺期词曰："回波尔时佺期，流向岭外生归。身名已蒙齿录，袍笏未复牙绯。"[①]给事中李景伯亦起舞唱歌讽谏道："回波尔时酒卮，兵儿职在箴规。侍宴既过三爵，喧哗窃恐非仪。"[②] 此外，杨廷玉以及佚名优人亦作有《回波乐》词，都是遵循的六言四句格式。但在敦煌文书中留存下来的一首题名为王梵志的《回波乐》词，虽然也是六言体，且以"回波尔时"起句，却是12句式[③]。到盛唐时期，《回波乐》已经名列宫廷教坊乐曲，属于软舞[④]。在南方和西南地区的广大少数民族中也非常流行踏歌，唐德宗贞元十六年（800），在剑南西川节度使韦皋的主持下，吸收了南诏及其他少数民族的乐舞，编制而成的《南诏奉圣乐》，到长安献演，其中就有"舞者分左右蹈舞"、拍手顿足等踏歌动作[⑤]。此外，像党项在后唐时，牂牁蛮在宋初，都曾在朝廷之上公开献演踏歌，这些都是中原王朝与周边少数民族直接进行文化交流的实例。类似的情况应当还有不少，在史籍中经常可以见到少数民族向内地进贡乐舞艺人的记载，这些专业艺人必定精通本民族的乐舞风俗，他们的到来也会将自己民族的踏歌习俗介绍和传播到汉地作出贡献。

其次，汉地踏歌还注入了传自域外的踏歌因子。在拜占庭帝国流行的踏歌是以"拍手歌舞"为特征的，但在沿着"丝绸之路"不断传播的过程中，显然也会结合各地的风俗民情而发生某些变化，如来自拜占庭的《苏莫遮》在西域的龟兹、库车一带是以假面乐舞的形式出现的，到敦煌地区民间仍然流行这种假面"踏舞"，敦煌文书P.4640庚申年衙府纸破历："二月七日支与悉磨遮粗纸叁拾张。"就是"踏舞"时用来制作假面具的。内地虽然很早以来就形成了踏歌的传统，但在外来的《泼寒胡戏》中，"踏舞"《苏莫遮》可能也是其中的一个重要环节。从西亚波斯一带随祆教徒传来的踏歌曲《穆护砂》，在盛唐时期也成为宫廷大曲之一，唐人崔令钦《教坊记》"曲名"中就载有《穆护子》，指的就是此曲。在古代缅甸的弥诺国、弥臣国和骠国都流行"踏舞"，唐德宗贞元十八年（802），骠国王雍羌派遣其弟悉利移城主舒难陀带来《骠国乐》，到长安演出，引起了极大的轰动，在这种乐舞中也可以看到踏歌乐舞的痕迹[⑥]。当时，演奏《骠国乐》的乐工都是来自东南亚一带的昆仑奴[⑦]，而位于印尼苏门答腊岛的古国三佛齐（又称室利佛逝）传来的乐舞，也是以"昆仑奴踏曲为乐"的踏歌舞[⑧]。

另外，还应值得注意的是，在唐代元宵踏歌习俗中，还有一些来自域外的元素，为这种盛大欢乐的场面增添了别样的风情。如在许多记载中都提到了舞者在"灯轮"

① （唐）沈佺期撰，陶敏、易淑琼校注：《沈佺期集校注》卷三，中华书局2001年版，第145页。

② （唐）刘悚撰，程毅中点校：《隋唐嘉话》卷下，中华书局1979年版，第41页。

③ 曾昭岷等编著：《全唐五代词》副编卷二"敦煌作品"，中华书局1999年版，第1269页。

④ （唐）崔令钦：《教坊记》"曲名"，见《中国古典戏曲论著集成》（一），第12页。

⑤ 《新唐书》卷二二二下《南蛮传下》，第6309页。

⑥ 《唐会要》卷三三《南蛮诸国乐》，第723—724页。

⑦ 《新唐书》卷二二二下《南蛮传下》，第6314页。

⑧ 《文献通考》卷一四八《乐考·夷部乐·南蛮》，中华书局1986年版，第1295页中。

(或灯树)下彻夜踏舞的情节,《朝野佥载》卷三就说:宫女数千人“于灯轮下踏歌三日夜”,这个巨型“灯轮”,“高二十丈,衣以锦绮,饰以金玉,燃五万盏灯,簇之如花树”。所以“灯轮”,又称“灯树”,也作“火树”。张说曾有《十五日夜御前口号踏歌词》二首描写到:“龙衔火树千重(一作灯)焰,鸡踏莲花万岁(一作树)春。”“西域灯轮千影合,东华金阙万重开。”① 向达先生认为张诗吟咏的就是这次灯节踏歌的情景,张鷟书中的所谓“灯轮”,“当即(张)说诗之西域灯轮也。”② 此外,唐后期诗人陈去疾《踏歌行》:“夭矫翔龙衔火树,飞来瑞凤散芳春。”③ 也提到了“灯树”。许多学者都注意到了“灯树”是从西域流布到中原的一种外来文明元素,如《唐会要》卷九九“吐火罗”就记载:“麟德二年(665),遣其弟祖纥多献玛瑙灯树两具,高三尺余。”元宵节在灯树下踏歌的习俗也是“由古代西域的新年节日逐步发展而来的。”④ 隋炀帝《正月十五日于通衢建灯夜升南楼诗》就曰:“法轮天上转,梵声天上来。灯树千光照,花焰七枝开。”⑤ 这说明至晚到隋朝,这种明显带有异域风情的燃灯踏歌习俗就已经传入了中原地区,并使内地的传统元宵娱乐活动染上了浓重的外来文化色彩。

总之,踏歌作为一种极其古老的群众性歌舞娱乐习俗,起源于早期人类的游戏活动之中。后来,随着中外文明的不断接触与交流,日益加深了世界各地对踏歌习俗的相互了解、吸纳与影响,这不但为各地的踏歌习俗注入了新的元素,而且也带动了各地踏歌习俗的持续发展与创新,从而形成了各地踏歌习俗你中有我、我中有你的多元互动与共生发展的格局,对世界游戏文化的发展也产生了积极而深远的影响。可惜的是,就是这样一种具有重要社交意义的歌舞游戏娱乐活动,却在唐宋以后的我国广大的汉族地区逐渐衰落以至消失,这与礼教的束缚日益严重以及社会风气的日趋保守有重大的关系。

原载于《河北学刊》2010 年第 5 期

---

① 《全唐诗》卷八九,第 982 页。

② 向达:《唐代长安与西域文明》,生活·读书·新知三联书店 1957 年版,第 52 页。

③ 《全唐诗》卷四九〇,第 5553 页。

④ [美]谢弗:《唐代的外来文明》,吴玉贵译,中国社会科学出版社 1995 年版,第 568 页。

⑤ 《隋诗》卷三,见逯钦立辑校《先秦汉魏晋南北朝诗》,中华书局 1983 年版,第 2671 页。

敦煌本“灵宝经目录”研究*

刘屹

一 研究史概述

早在1940年前后，马伯乐（Henri Maspero）就指出伯希和所获敦煌道书残卷（P. 2861）中，包含有一份唐代所抄写的目录，里面确切记载了已佚的陆修静有关灵宝经的目录，由此得知了24种古灵宝经的经名①。但他没有来得及对这份珍贵残卷做专门研究就去世了。

1960年，大渊忍尔率先研究了P. 3001敦煌写卷，将其定名为《宋法师十二部义》，指出此书是《玄门大义》的蓝本，而《道教义枢》又是以《玄门大义》为基础②。足见宋法师这部作品的重要性。但他当时还没有将这“十二部义”与灵宝经目录结合起来考察③。1974年，大渊将P. 2861的第二部分与P. 2256缀合起来，将原卷的定名修订为宋文明《通门论》卷下。认为卷中引用了陆修静在437年所作的一份“古灵宝经”目录，宋文明在这份陆氏目录之后又作疏解，形成了《通门论》④。大渊这一成果，使道教研究者得以从浩繁的《道藏》中辨识出一批晋宋时代的“古灵宝经”，意义重大，故长期以来备受学界推崇。1978年，大渊在对敦煌道经做全面著录时，同时著录了

---

* 本文为教育部“新世纪优秀人才支持计划”（NCET-07-0567）成果之一。

① 此据アンリ・マスペロ著，川胜义雄译《道教》，平凡社1978年版，第94页。并参见Henri Maspero, Translated by Frank A. Kierman, Jr., *Taoism and Chinese Religion*（Amherst：The University of Massachusetts Press，1981），p. 315。

② 大渊忍尔：《敦煌残简三则》，《福井博士颂寿记念东洋思想论集》，早稻田大学福井博士颂寿记念论文集刊行会1960年版，第109—127页，特别是第114—121页。现已修订收入氏著《道教とその经典》，创文社1997年版，第591—606页，特别是第596—600页。在其修订稿中，大渊改以内容相同而所存篇幅更长的P. 2861+2256为考察对象，亦改称为“宋文明通门论卷下”。

③ 大渊忍尔：《敦煌道经目录》，法藏馆1960年版，第87页，只著录了P. 3001一件，书中没有著录P. 2861. 2和P. 2256。

④ ŌFUCHI Ninji, “On Ku Ling-pao-ching”, *Acta Asiatica* 27，(1974)：33—56. 并参见刘波译，王承文审校《论古灵宝经》，《道家文化研究》13辑，生活·读书·新知三联书店1998年版，第485—506页。

P. 2861. 2、P. 2256 与 P. 3001 这三件写卷，都定名为“《通门论》卷下”[①]。1979 年，他公布了 P. 2861. 2+2256 的图版[②]。

1983 年，柏夷（Stephen R. Bokenkamp）采纳了大渊关于敦煌本“灵宝经目录”的研究成果，进行了他对灵宝经的卓越研究。他讨论了灵宝经的来源问题，认为葛巢甫造作这批灵宝经时，不仅对葛洪时代道教传统有所继承，还对上清传统和佛教思想多有借鉴。文章附录中详列了这部陆氏的目录，并给出其中每部灵宝经的简明提要[③]。

20 世纪 80 年代，小林正美已有系列论文讨论灵宝经的问题。到 1990 年，他将这些论文结集，并加入新的研究，形成一部至今在东西方道教学界都还争议不断的著作[④]。在书中，小林对这份“灵宝经目录”提出了几点新的看法：第一，他认为敦煌本目录根据的应该是陆修静在 471 年而非 437 年的目录。第二，他认为不一定目录中所有的“元始旧经”都比“仙公新经”更早被作成，至少有三种现在被归入“元始旧经”的灵宝经，原本应该属于“仙公新经”。第三，他对所有“古灵宝经”都是在公元 400 年左右被葛巢甫造出的传统认识提出了挑战，认为葛巢甫只造出了《灵宝赤书五篇真文》，其他灵宝经都是在佛教大乘主义传入中国后的 420 年左右才形成的[⑤]。1990 年，柏夷在介绍了小林在 20 世纪 80 年代的系列论文后，对小林有关灵宝经不都是出自葛巢甫之手的看法并不表示认同，但却没有展开论证[⑥]。1995 年，尾崎正治几乎复述了小林正美关于灵宝经研究的所有重要观点[⑦]。可见小林的观点在当时具有令人耳目一新的感觉，服膺其说者大有人在。1997 年，柏夷在对“古灵宝经”之一的《度人经》作译注时，批评了小林的观点，坚持认为敦煌本所见的目录就是陆氏 437 年而非 471 年的目录[⑧]。

---

① 大渊忍尔：《敦煌道经·目录编》，福武书店 1978 年版，第 332 页。

② 大渊忍尔：《敦煌道经·图录编》，福武书店 1979 年版，第 725—734 页。

③ Stephen R. Bokenkamp，“Sources of the Ling - pao Scriptures”，in *Tantric and Taoist Studies In Honour of R. A. Stein*，ed. by Michel Strickmann，Vol. 2（Brussels：Institute Belge des Hautes études Chinoises，1983），pp. 434—486.

④ 直到此书出版 14 年后，还可见到针对小林的点名批判，如祁泰履（Terry Kleeman），“Reconstructing China’s Religion Past：Textual Criticism and Intellectual History”，*Journal of Chinese Religion*，32（2004）：29—45，esp. 29—36. 不过，祁氏在文中所援引的索纨写《太上玄元道德经》，已被中国敦煌学界证明是伪卷，不足为凭。

⑤ 小林正美：《六朝道教史研究》，创文社 1990 年版；此据李庆中译本，四川人民出版社 2001 年版，第 129—175 页。

⑥ Stephen R. Bokenkamp，“Stages of Transcendence：The *Bhūmi* Concept in Taoist Scripture”，in Robert E. Buswell，Jr. ed.，*Chinese Buddhist Apocrypha*（Honolulu：University of Hawaii Press，1990），p. 140，n. 12.

⑦ OZAKI Masaharu，“The History of Evolution of Taoist Scriptures”，*Acta Asiatica* 68（1995）：47—49.

⑧ Stephen R. Bokenkamp，*Early Dasoist Scriptures*（Berkeley：University of California Press，1997），pp. 396—397，n. 17—18. 值得注意的是，柯恩（Livia Kohn）在对柏夷此书的书评中，显然赞同小林关于葛巢甫并非所有灵宝经作者的看法，见 *Journal of the American Academy of Religion* 66/3 Fall (1998)，p. 653。而蔡雾溪 (Angelika Cedzich) 在对柏夷大著的研究书评中认为：小林的观点并非没有一点道理，柏夷在两条注释中对小林的反驳，其实并没有能够驳倒小林。见 *Journal of Chinese Religion* 28（2000），p. 175。

1997年，大渊忍尔在对敦煌本“灵宝经目”和《道藏》本灵宝经做了更为细致和全面的研究后，再度重申敦煌本所见为陆氏437年目录。但他承认“元始系”由葛巢甫在405—410年造作，而“仙公系”则是在葛巢甫之后、陆修静437年目录之前被造作出来。这等于部分地认同了小林对葛巢甫造作全部灵宝经的传统说法的怀疑。但大渊对小林关于灵宝经在佛教“大乘主义”影响下才全面造作的说法，仍提出了有力的批评①。1998年，小林在自己的新著中，针对大渊的批评又做了一些驳论②。

1998年，王承文在研究“仙公新经”之一的《太极左仙公请问经》时，认同大渊和柏夷的观点，即敦煌本目录是陆氏437年目录，而“元始旧经”的作成早于“仙公新经”③。这大概是中国学者第一次对国际道教学界热议多时的问题所做的正面响应。

同年，王卡对敦煌本“灵宝经目”重新做了录校，补出了原卷残缺部分的文字，对大渊1974年文中的一些句读提出商榷，并对此卷的定名提供了新的考察线索④。

2000年，姜伯勤整理释录了敦煌道书中的宋文明作品，采纳了小林的观点，认为敦煌本所收陆氏目录应该是其471年目录而非437年目录，并指出陆氏对灵宝经的结构提出了“十二部”经教的学说，是受到鸠摩罗什《大智度论》中“佛所说十二部经”的刺激，其后宋文明又在陆氏基础上有所发展⑤。

同年，山田利明在概述“灵宝派”时，也重点讨论了这份“灵宝经目录”，他显然是赞同小林的观点，认为这是陆氏471年的目录。但他也因断句错误而“发明”出“宗竟鲜”这个子虚乌有的灵宝经传承人物⑥。

2001年，黎志添研究了“古灵宝经”传承中的重要人物葛仙公葛玄，他基本认同大渊和柏夷对“灵宝经目录”的看法。而他在对小林的批评中提出：为何葛巢甫率先造作的“元始旧经”竟然没有他的祖先葛仙公的位置，反而是后出的“仙公新经”突出尊崇葛仙公⑦？这其实不仅是小林的问题，也是大渊和柏夷所要面对的问题。可惜现在似乎还没有人对此问题有更多考虑。

---

① 大渊忍尔：《道教とその经典》，创文社1997年版，第73—218页。

② 小林正美：《中国の道教》，创文社1998年版，第342—346页。

③ 王承文：《敦煌本〈太极左仙公请问经〉考论》，《道家文化研究》第13辑，第156—199页。后收入氏著《敦煌古灵宝经与晋唐道教》，中华书局2002年版，第86—158页。

④ 王卡：《灵宝经目再校读》，《道家文化研究》第13辑，第118—129页。他在《中华道藏》中将此定名为《灵宝经义疏》（拟）。本文所讨论的“灵宝经目录”只是P.2861.2＋2256的前半部分内容。关于此敦煌本全卷的定名，我有《敦煌本“通门论卷下”（P.2861.2＋2256）定名再议》，《文献》2009年4期，第47—55页，认为此卷并非宋文明的《通门论》或《灵宝经义疏》，而是宋文明之后、《玄门大义》之前的某位佚名作者的作品。

⑤ 姜伯勤：《敦煌本宋文明道教佚书研究》，《庆祝吴其昱先生八秩华诞敦煌学特刊》，文津出版社2000年版，第65—105页。

⑥ YAMADA Toshiaki, “The Lingbao School”, in Livia Kohn ed., *Daoism Handbook* (Leiden: Brill, 2000), pp. 231—238.

⑦ 黎志添：《从葛玄神仙形象看中古世纪道教与地方神仙传说》，《中国文化研究所学报》2001年第10期，第491—510页。

2002年，王承文关于“古灵宝经”研究的大著出版，他对敦煌本“灵宝经目”的观点，散见在各篇章中，但仍可看出，他始终是以柏夷和大渊对于“灵宝经目录”的基本观点为自己研究的基础和前提的[①]。

2003年，吕鹏志在讨论灵宝经的天书观念时，搜集介绍了大批有关“古灵宝经”研究的情况。不过，他认为小林关于敦煌本所载是陆氏471年目录而非437年目录的看法，是“几乎很少有人赞同”的“异说”，这个评价未免武断和有失公允[②]。

2004年，柏夷继续就关于葛巢甫是否是全部灵宝经的作者，以及灵宝经是否只可能在鸠摩罗什译经之后才会具有“大乘”的特点等论题，发表与小林不同的看法[③]。

2005年，马承玉试图证明大渊对宋文明《通门论》卷下的定名有误，但他更多是延续王卡提出的问题而没有能够彻底解决[④]。

2008年，李小荣根据《通门论》后半部分的内容探讨道教文体学，所依据的仍然是大渊忍尔的定名[⑤]。同年，萧登福在研究六朝灵宝派时说也试图分析从葛巢甫到陆修静之间灵宝经出世演化的经过，但他对“灵宝经目”的定名和释读也都遵循大渊的看法[⑥]。

2008年，我从“元始天尊”何时在“古灵宝经”中出现的角度，对“元始系”和“仙公系”的先后问题提出了自己的看法，也涉及对敦煌本“灵宝经目录”的讨论[⑦]。此外，我还针对“古灵宝经”中的一个具体个案——见于敦煌本“灵宝经目录”的《升玄步虚章》的演变做出了探讨，目的是为说明“古灵宝经”并不是从造出之后一成不变的，而是处在不断地变化之中，我们必须从不断变化的角度去理解“古灵宝经”的造作与集成问题[⑧]。

敦煌本“灵宝经目录”是研究六朝“古灵宝经”的基础性文献，也是国际道教

---

① 王承文：《敦煌古灵宝经与晋唐道教》，中华书局2002年版。还可参见王承文《敦煌古灵宝经与陆修静“三洞学说的来源”》，黎志添主编《道教研究与中国宗教文化》，香港中华书局2003年版，第72—102页。

② 吕鹏志：《早期灵宝经的天书观》，收入郭武主编《道教教义与现代社会》，上海古籍出版社2003年版，第571—597页。

③ Stephen R. Bokenkamp, “The Silkworm and the Bodhi Tree: The Lingbao Attempt to Replace Buddhism in China and Our Attempt to Place Lingbao Daoism”, in John Lagerwey ed., *Religion and Chinese Society*, Volume Ⅰ: *Ancient and Medieval China* (Hong Kong: The Chinese University Press, 2004), pp. 317—339. 并参见 Stephen R. Bokenkamp, “The Prehistory of Laozi: His Prior Career as a Woman in the Lingbao Scriptures”, *Cahiers d' Extrême—Asie* 14 (2004): 403—421。

④ 马承玉：《敦煌本古灵宝经作者质疑》，《宗教学研究》2005年第1期，第1—2页。

⑤ 李小荣：《从敦煌本〈通门论〉看道经文体分类的文化渊源及其影响》，《普门学报》2008年第43期。收入氏著《敦煌道教文学研究》，巴蜀书社2009年版，第1—48页。

⑥ 萧登福：《六朝道教灵宝派研究》，新文丰出版公司2008年版，第29—191页。

⑦ 刘屹：《“元始系”和“仙公系”灵宝经的先后问题——以“古灵宝经”中的“天尊”和“元始天尊”为中心》，《敦煌学》27辑，乐学书局2008年版，第275—291页。在此文中，我为了与陆修静437年所作的《灵宝经目》相区别，称敦煌本所载为“灵宝经目录”。

⑧ 刘屹：《论古灵宝经〈升玄步虚章〉的演变》，Florian C. Reiter ed., *Foundations of Daoist Ritual: A Berlin Symposium*, Harrassowitz Verlag, 2009, pp. 189—205。

学界近二三十年来形成的一个学术热点问题。从以上未必完备的研究史概述可知，这么多的争论，焦点就在小林正美所提出的三个问题。对此，大渊和柏夷各有与之不同的看法。因而围绕这个问题的争论，实际主要就是这三位学者的不同观点。但国内的道教学者多年来对此却没有更多的关注，既有的一些相关研究，明显是在缺乏对文本本身基础研究的情况下，就轻易认同了争论中某一方的观点，而把另一方观点中的可取之处也彻底抹杀。我并不想出于为这段"公案"定谳的目的来做研究，但是在这些基本问题上，以中文为母语的学者本是完全可以凭借对原始文本的语言和理解优势，得出自己的认识，继续推进对这些问题深入研究的。有鉴于此，不揣陋昧，特撰此文。

二　敦煌本"灵宝经目录"所著录的"古灵宝经"

为便于说明问题，兹先将 P. 2861. 2＋2256 所载的这份"灵宝经目录"以列表的形式表现出来。在以往的研究中，有过大渊、小林等学者对这份目录的列表[①]，本文的表格内容与他们的侧重点有所不同。本表将尽可能多地展示原卷所含的信息。表分为两部分，第一部分即所谓"元始旧经"36 卷，第二部分即"仙公新经"11 卷。第一部分表中的"紫微金格目"是指所谓"元始旧经紫微金格目"载录的藏于天宫的原始目录，亦即所谓"旧目"[②]。"卷数"则是《紫微金格目》所载的卷数和实际出世的卷数，"→"表示两者之间变化的情况，如"1→2"即原本为 1 卷，出世时变为 2 卷。"3→2"则表示原本是三卷，却只有 2 卷已出世。"出否"是根据原卷标明的"已出"和"未出"。"卷目"是在原卷屡次出现的用法[③]，"卷目"所载的经名一般要比《紫微金格目》所载的要正式和完整。"参考经目"主要是指《三洞奉道科诫营始》所载的《灵宝中盟经目》和南宋蒋叔舆编《无上黄箓大斋立成仪》卷一所载的《斋坛安镇经目》。这是两个可与敦煌本目录相对照的晚出经目，其功用主要有两个：一是可据之大体推断出原卷中残缺、错漏的地方；二是可看到多种在敦煌本目录尚属"未出"的经典，到后来就基本上都出世了。其中，大部分经名在两种参考经目中都同时具备，有个别的只在一种参考经目中出现，故后面分别以"灵"和"斋"来表示。"篇目"则是出现在原卷的用法，后面都有宋文明的按语。表中的"?"，是因为原卷有残缺，学者根据其他经目推补的经名和卷数。第二部分不属于《紫微金格目》，不存在"已出"或"未出"的问题，故只有卷名和卷数。下面先重点讨论第一部分。

---

① 小林的《灵宝经分类表》，见《六朝道教史研究》，中译本，第 172—175 页。大渊的表格见《道教とその経典》，第 76—80 页。

② 关于此"旧目"，见小林《六朝道教史研究》，中译本，第 138—142 页。

③ 大渊 1974 年文，第 43 页，讨论了"卷目"的问题，认为"卷目"目前还是无法详考的。不过他注意到"卷目"的特征是专指那些"已出"的经典。换句话说，只有"已出"的经典，才会有"卷目"所载的名称。

（一）第一部分："元始旧经"

紫微金格目	卷数	出否	卷目	参考经目	篇目
真文赤书?	2?	已出?	?	太上洞玄灵宝五篇真文赤书上下二卷（灵） 太上灵宝元始五老赤书玉篇真文天书经（斋）	第一篇目，3卷，明应化源本？
赤书玉诀?	1→2?	已出	?	太上洞玄灵宝玉诀上下二卷（灵） 洞玄灵宝赤书玉诀妙经（斋）	
大小劫	2?	未出		洞玄灵宝运度大劫经（斋）、洞玄灵宝丹水飞术运度小劫经（斋）	第二篇目，3卷，明运会始终
天地运度	1	未出		洞玄灵宝天地运度自然妙经（斋）	
空洞灵章	1	已出	太上洞玄灵宝空洞灵章	太上洞玄灵宝空洞灵章一卷（灵） 洞玄灵宝空洞灵章（斋）	第三篇目，3卷，明天功广被
升玄步虚章	1	已出	太上说太上玄都玉京山经	太上洞玄灵宝升玄步虚章一卷（灵） 洞玄灵宝空洞灵章（斋）	
九天生神章	1	已出	太上洞玄灵宝自然至真九天生神章	太上洞玄灵宝九天生神章经一卷（灵） 洞玄灵宝自然九天生神章（斋）	
自然五称文	1	已出	太上洞玄灵宝大道无极自然真一五称符上经	太上灵宝自然五胜文一卷（灵） 洞玄灵宝无极大道自然真一五称符经（斋）	第四篇目，3卷，明圣德威风
诸天内音玉字	1→2	已出	太上洞玄灵宝诸天内音玉字上、太上洞玄灵宝诸天内音自然玉字下	太上洞玄灵宝诸天内音玉字上下二卷（灵） 洞玄灵宝诸天内音自然玉字（斋）	
八威召龙经	1	未出		洞玄灵宝八威召龙妙经（斋）	
智慧上品三戒	3→2	已出	太上洞玄灵宝智慧罪根上品二卷，	太上洞玄灵宝上品大诫罪根经一卷（灵） 洞玄灵宝智慧罪根上品诫经（斋）	第五篇目，6卷，明戒律差品
	1?	未出一卷?	太上洞玄灵宝智慧上品大戒	太上洞玄灵宝智慧上品大诫经一卷（灵） 洞玄灵宝智慧上品大诫经（斋）	
威仪自然	2	已出	太上洞玄灵宝金箓简文三元威仪自然真一经	洞玄灵宝三元威仪自然真经（斋）	
?	1	已出	太上灵宝长夜九幽府玉匮明真科	太上洞玄灵宝长夜府九幽玉匮明真科经一卷（灵） 洞玄灵宝长夜之府九幽玉匮明真科（斋）	
智慧定志通微	1	已出	太上洞玄灵宝智慧定志通微经	太上洞玄灵宝智慧定志通微妙经一卷（灵） 洞玄灵宝智慧定志通微妙经（斋）	
本业上品	1	已出	太上洞玄灵宝真文度人本行妙经	太上灵宝本业上品一卷（灵） 洞玄灵宝金真法轮诫业本行上品妙经（斋）	第六篇目，3卷，明行业由从
法轮罪福	1	已出	太上洞玄灵宝真文一劝诫法轮妙经	太上洞玄灵宝玄一三真劝诫罪福法轮妙经一卷（灵） 洞玄灵宝玄一三真劝诫法轮妙经（斋）	

续表

紫微金格目	卷数	出否	卷目	参考经目	篇目
无量度人上品	1	已出	太上洞玄灵宝无量度人上品妙经	太上洞玄灵宝无量度人上品妙经一卷（灵） 洞玄灵宝无量度人上品妙经（斋）	
诸天灵书度命	1	已出	?	太上洞玄灵宝诸天灵书度命妙经一卷（灵） 洞玄灵宝诸天灵书度命妙经（斋）	第七篇目，3卷，明济物弘远
?	1	已出	太上洞玄灵宝灭度五炼生尸妙经	太上洞玄灵宝灭度五炼生尸妙经一卷（灵） 洞玄灵宝灭度五炼生尸妙经（斋）	
三元戒品	1	已出	太上洞玄灵宝三元品诫	太上洞玄灵宝三元品诫经一卷（灵） 洞玄灵宝三元品戒功德轻重经（斋）	第八篇目，5卷，明因果途迹
宿命因缘	1	未出		洞玄灵宝宿命因缘妙经（斋）	
众圣难	3	未出			
导引□□□星	1	未出		洞玄灵宝道引三光妙经（斋）	
二十四生图	1	已出	太上洞玄灵宝二十四生图三部八景自然神真箓仪	太上洞玄灵宝二十四生图三部八景自然至真上经一卷（灵） 洞玄灵宝三部八景神仙二十四生图经（斋）	第九篇目，4卷，明修行方法
飞行三界通微内思	2	未出		洞玄灵宝飞行三界通微内思妙经（斋）	
药品	1	未出		洞玄灵宝药品（斋）	
芝品	1	未出		洞玄灵宝芝品（斋）	第十篇目，3卷，明治身体用
变化空洞	1	未出		洞玄灵宝变化空洞妙经（斋）	

敦煌本在“第十篇目”之后，有一段对“元始旧经”的总结：

> 右“元始旧经”《紫微金格目》三十六卷，二十一卷已出，今分成二十三卷；十五卷未出。十部妙经三十六卷，皆克金为字，书于玉简之上，题其篇目于紫微宫南轩。太玄都玉京山亦具记文。诸天大圣众，依格斋月日，上诣玉京，烧香旋行，诵经礼天文也。

说明所谓的“元始旧经”在天宫时共分10部，总数是36卷，但在“今”时却只有21卷已出，被分成23卷，还有15卷未出。为了便于说明问题，还需要将这份目录所涉及的几组卷数逐一列明、计算。

最容易确认的是所谓“未出”的15卷，即：《大小劫》2卷，《天地运度》1卷，《八威召龙经》1卷，《智慧上品大戒》1卷，《宿命因缘》1卷，《众圣难》

3卷[①],《导引□□□星》1卷,《飞行三界通微内思》2卷,《药品》1卷,《芝品》1卷,《变化空洞》1卷。到《斋坛安镇经目》时,除了《众圣难》3卷始终未出,其他12卷都从"未出"变成了"已出"。这些晚出的"古灵宝经"并非本文关注的重点。而"已出二十一卷,今分成二十三卷",才是对我们研究晋宋时代道教最为关键的一部分经典。这"二十一卷"是《紫微金格目》所载的原始卷数,与前述的"十五卷未出"正合为"三十六卷"。但由于敦煌本卷首残缺,又有抄写错漏之处,故要确认这21卷的具体情况,并不是件易事。

1."篇目"所载卷数的意义

如果说"卷目"只反映了陆氏所鉴定的"已出"经典情况,则《紫微金格目》所载36卷经书分为10部,以及各部各有多少卷的原始情况,可以借助所谓的"篇目"来了解。敦煌本屡次出现"篇目"一词:"第一篇目"的内容已残缺不全,第二至第十篇目中都明确说道:"右一部若干卷,第几篇目……合若干卷"云云。"右一部"的说法共出现10次,亦即共10部,"篇目"也共10个。因此,每一"篇目"实即"十部妙经"中的"一部",因而10篇目的总卷数,也应该是36卷。故可推算出"第一篇目"应该有3卷。P.2861.2的卷首残缺部分,学者已根据《灵宝中盟经目》和《斋坛安镇经目》,补出卷首残缺的"第一篇目"经名为《五篇真文赤书》和《赤书玉诀妙经》,并认为这两种道经应该各是2卷,其中《赤书玉诀妙经》是从原本1卷分为2卷的[②]。第二篇目"合三卷",即《大小劫》和《天地运度》这两种在当时都"未出"的经典。第三篇目的"合三卷"则是三种各1卷的"已出"经典。由此可知:第四篇目的"合三卷"是指《紫微金格目》所载的《自然五称文》、《诸天内音玉字》、《八威召龙经》各1卷,而非仅指"已出"的《自然五称文》1卷和《诸天内音玉字》从1卷分成的2卷。亦即说"篇目"是基本按照《紫微金格目》的原始分部和卷数的,并不反映"已出"、"未出"及个别"已出"经书一分为二的卷数变化。更有上引文中"题其篇目为紫微宫南轩",证明所谓"篇目"就是灵宝经在天宫的目录,但与所谓"旧目"是否就是同一个目录,现在还难下定论。因此可以说,敦煌本中的"篇目"情况,在一定程度上反映了《紫微金格目》的原貌。但如果"篇目"完全就是《紫微金格目》的翻版,

---

① 值得注意的是,在后面讨论的第二部分即"仙公新经"中,有《仙公请问本行因缘众圣难经》1卷,其中的"众圣"指纪法成等葛仙公的弟子,而答疑解难的则是葛仙公。如果按照"元始旧经"先出,"仙公新经"后出的传统认识,"元始旧经"目录中明明有"众圣难"3卷未出——应该是元始天尊或太上道君为众仙真答疑解难——而"仙公新经"却造出1卷葛仙公答"众圣难",还不将其列入"元始旧经",岂不有些奇怪?相反,如果包括了《仙公请问众圣难经》的"仙公新经"先出,"元始旧经"目录和经典后出,本是预留了3卷的元始系的"众圣难",但却一直没有造作出来。似乎更顺理成章一些。

② 见小林《六朝道教史研究》,中译本,第119、173页。大渊《道教とその经典》,第125—128页。王卡前揭1998年文,第126—127页。并参见《灵宝经义疏(拟)》,《中华道藏》第5册,华夏出版社2003年版,第509页。不过,小林和王卡都直接用《赤书玉诀妙经》2卷作为"灵宝经目"残缺的内容,但大渊认为《赤书玉诀妙经》从1卷被分为2卷,应该是在《无上秘要》编纂时才完成的,见前揭1974年文,第46页。他在1997年大著中也认为"第一篇目"实际出世的只有3卷,亦即说《赤书玉诀妙经》当时只有1卷。那么陆修静和宋文明时代的《赤书玉诀妙经》到底是1卷还是2卷?这是个并非无关紧要的问题。

似乎又多此一举。两者还有细微的差别，留待下文讨论。根据这个原始的 36 卷目录，还可列出下表：

十部“元始旧经”的原始卷数、已出、未出卷数和实际卷数对照表①

篇目	第一	第二	第三	第四	第五	第六	第七	第八	第九	第十	总计
原始	3	3	3	3	6	3	3	5	4	3	36
已出	3	0	3	2	5	3	3	1	1	0	21
未出	0	3	0	1	1	0	0	4	3	3	15
实际	4	0	3	3	5	3	3	1	1	0	23

上表中大部分的数字都是从敦煌本可直接得到的，只有“第一篇目”和“第五篇目”的相关卷数有待进一步讨论，故涉及这两个篇目卷数尚不确定的地方，表中用不同字体表示。前已述，根据完整无缺的第二至第十篇目的卷数，可以推出残缺的“第一篇目”所载的《真文赤书》和《赤书玉诀》应该在《紫微金格目》中原本只有 3 卷，且它们都是“已出”，故“第一篇目”的“原始”和“已出”两项卷数都应该是 3 卷。但“第一篇目”实际出世的是 3 卷还是 4 卷？亦即说原始目录中著录《真文赤书》和《赤书玉诀》总共才 3 卷，到底哪一种是 2 卷，哪一种是 1 卷的？又是在何时，那个 1 卷本也分成了 2 卷本？因为原卷的残缺，不能做出更进一步的推算。其他篇目的数字都很明确和固定，只有“第五篇目”似乎因为抄写错漏而容易引起不同的理解②。而确定“第一篇目”的实际卷数之前，需要搞清“第五篇目”的卷数。

2. “第五篇目”再研读

“第五篇目”的原文如下：

智慧上品三戒三卷二卷已出卷目云太上洞玄灵宝智慧罪根上品二卷未出一卷篇目云太上洞玄灵宝智慧上品大戒威仪自然二卷已出一卷目云太上洞玄灵宝金箓简文三元威仪自然真一经一卷目云太上灵宝长夜九幽府玉匮明真科右一部六卷第五篇目皆金简书文宋法师云合六卷明戒律之差品

对这部分文字，大渊、小林和王卡的断句、标点都不同。

① 大渊早在前揭 1974 年文，第 42 页，就认为敦煌本目录所载实际“未出”的有 16 卷。在其 1997 年书，第 84 页，有一个《元始旧经卷目表》，列出了经数、卷数、已出经数、已出卷数、未出经数、未出卷数和分卷数等几项。其表的结论是：元始系 10 部 36 卷，共 30 种经，已出 19 种经 20 卷，未出 11 种经 16 卷，分卷有 2 卷。这样的结论明显违背了敦煌本所言 21 卷已出，后分为 23 卷的原始著录。如果认为敦煌本连这两个基本数字都抄错的话，就无法继续探讨敦煌本的价值。有的学者正是无条件地接受大渊的结论，也认同所谓已出 21 卷只有 20 卷之说。实际上，这错误是大渊自己造成的，并不是敦煌本的错误。

② 王卡前揭 1998 年文，主要是就第一和第五篇目与大渊 1974 年的释读商榷。小林也说：第五篇目和其他篇目相比，误字、脱字、衍字特别多；卷目经典名之后卷数和附有已出、未出卷数的部分，和其他篇目的体裁不同；篇目的总卷数为 6 卷，但各卷数的总计为 7 卷等。见《六朝道教史研究》中译本，第 139 页。

大渊在1974年和1997年先后两次的研究中，对“第五篇目”的理解也是不同的。1974年，他认为这里共出现四种在《紫微金格目》上所载的天书，即a.《智慧上品大戒》3卷，其中2卷已出，传世经名为《太上洞玄灵宝智慧罪根上品》2卷，但这2卷中尚有1卷未出，实际出1卷；b.“旧目”名漏抄，出世名为《太上洞玄灵宝智慧上品大戒威仪自然》2卷，只出1卷。c.“旧目”名漏抄，出世名为《太上洞玄灵宝金箓简文三元威仪自然真经》1卷；d.“旧目”名漏抄，出世名为《太上灵宝长夜九幽府玉匮明真科》，也应是1卷。如此，“篇目”所载的原始卷数应该是3＋2＋1＋1＝7卷，而实际出世的则是1＋1＋1＋1＝4卷①。

1997年，他转而承认“第五篇目”的原始总数是6卷，已出仍为4卷。不过此时，他认为原卷的“智慧上品大戒三卷，二卷已出”与其后的“智慧罪根上品二卷，一卷未出”不符，是前者抄错了，故认为“智慧上品大戒”原本只有2卷②。而“未出一卷”四字，意指《智慧上品大戒》2卷之中，还有1卷未出，故《智慧上品大戒》只有1卷“已出”。这样，“第五篇目”原始卷数是2＋2＋1＋1＝6卷，实际出世的是1＋1＋1＋1＝4卷③。如果“第五篇目”实际出世的只有4卷，“第一篇目”实际出世的卷数，按照大渊的理解也只有3卷，故他得出的结论是全部“已出”的只有20卷而非21卷，有了分卷之后，也才有22卷而已。

小林认为“第五篇目”共四种经书，即a.《智慧上品大戒》，3卷，其中2卷以《太上洞玄灵宝智慧罪根上品》之名行世；b.“旧目”名漏抄，传世名为《太上洞玄灵宝智慧上品大戒威仪自然》2卷，已出1卷；c.“旧目”名漏抄，以《太上洞玄灵宝金箓简文三元威仪自然真一经》1卷传世；d.“旧目”名漏抄，以《太上灵宝长夜九幽府玉匮明真科》之名传世，应为1卷。这样，“篇目”所载的原始卷数是3＋2＋1＋1＝7卷，而实际出世的则是2＋1＋1＋1＝5卷④。虽然实际出世的卷数符合21卷或23卷之数，但原始卷数却超出宋法师明言的“合六卷”之数，总卷数更多达37卷。

大渊和小林都把自己计算的卷数不合敦煌本的原因，归结为是原卷抄写有误。按照敦煌本“灵宝经目录”的体例，每部著录的经书都含有这样几个要素：a.给出一个在《紫微金格目》所载的比较短的经名和卷数，b.说明此经是否出世，c.出世后的正式和完整的经名，d.出世的卷数如果有变化就说明，没有变化则不再列明卷数。如“第三篇目”云：“《九天生神章》一卷，已出。《卷目》云：《太上洞玄灵宝自然至真九天生神章》。”此经原本一卷，出世后还是1卷，故没有再重复其出世后的卷数。而“《诸天内音玉字》，一卷，已出。今分为二卷。上，《卷目》云：《太上洞玄灵宝诸天内音自然玉字》上；下，《卷目》云：《太上洞玄灵宝诸天内音自然玉字》下”。因为此经

---

① 大渊1974年文，第42页。

② 大渊1997年书，第120页。

③ 同上书，第81—82、84页。

④ 小林：《六朝道教史研究》中译本，第132页。

从1卷变成2卷，故对其出世后的经名和卷数、卷次有所交代。而在表示“已出”卷数时，敦煌本通常是用“某经，几卷，已出或未出”这样的体例，也有“《智慧上品大戒》，三卷，二卷已出”这样的特例，却不会有“某经，几卷，已出几卷”之类的说法。《卷目》著录的都是已出经典，更不会在著录了《智慧罪根上品经》已出2卷后，又说这2卷中“未出一卷”。故大渊、小林断句出的“已出一卷”、“卷目云某经一卷”这样的表达，也是不符合其他篇目体例的。

对“第五篇目”的识读做出巨大贡献的是王卡。他认为这里包含四种经文，即《智慧罪根上品》3卷、《智慧上品大戒》1卷、《金箓简文三元威仪自然真经》1卷和《明真科》1卷，合为6卷，符合篇目卷数。特别是，大渊、柏夷、小林等都把“太上洞玄灵宝智慧上品大戒自然威仪”读作一种经书，王卡则将《太上洞玄灵宝智慧上品大戒》认作是在“《智慧上品大戒》三卷”之后，单独的一种经书，1卷。“《威仪自然》二卷，已出”，则分别是指《金箓简文三元威仪自然真经》1卷和《明真科》1卷。这样，依王卡的读法，“篇目”所载的原始卷数是3＋1＋2＝6卷，实际出世则是2＋1＋1＋1＝5卷[①]。若“第五篇目”实际传世的是5卷，则“第一篇目”实际传世的就只能是4卷，才能符合21卷已出并分成23卷之数。

但是，王卡的处理可能还有未当之处。因为他把《智慧罪根上品》2卷与《智慧上品大戒》1卷分开处理，认为前者对应的是《紫微金格目》中的《智慧上品大戒》3卷，而后者却找不到与《紫微金格目》对应的原始经名。所以他认为“《太上洞玄灵宝智能上品大戒》”之前应该阙漏了一些文字。对原卷的怀疑还不止如此。“第五篇目”共出现了3个“卷目”，1个“篇目”字样。大渊、小林和王卡都认为这个“篇目”是“卷目”的误写。与10个“篇目”出现在每一部的小结部分相比，这个“篇目”确实显得有些突兀。但是，我认为不一定非要将其看作是“卷目”的误写。因为《智慧上品大戒》原本3卷，在陆修静整理灵宝经时，其中的2卷已出，即《卷目》所载的《太上洞玄灵宝智慧罪根上品》2卷，所对应的《道藏》本是《太上洞玄灵宝智慧罪根上品大戒经》上、下两卷，这点没有疑义。3卷中未出的1卷情况又是如何？大渊、小林和王卡等都把“未出一卷”上属，意即补充说明3卷中已出2卷，还有1卷未出。但前面既已说明“《智能上品大戒》三卷，二卷已出。”又有什么必要在列举了《卷目》所载已出2卷经典之后，再说一遍“未出一卷”？这也与原卷其他各部“已出”、“未出”经典的表达方式很不一致。我认为“未出一卷”应该与下文连读，而敦煌本这里语义原本很通顺，并没有阙漏：“未出一卷，《篇目》云：《太上洞玄灵宝智慧上品大戒》。”即在“已出”的2卷之外，说明“未出”的1卷就是《太上洞玄灵宝智慧上品大戒》。此经在《道藏》中也能找到对应的经典，只不过《道藏》本经题误作《太上洞真智慧上品大诫》。亦即说，“已出”的《智慧罪根上品大戒》2卷与“未出”的《智慧

① 王卡1998年文，第128页；《中华道藏》第5册，第509页。

上品大戒》1卷，都应该属于《紫微金格目》所载的“《智慧上品大戒》，三卷”之列。这样，无论从经名的相似性和内在关联性，还是从卷数上看，都是讲得通的。

但是，原卷其他地方凡是“未出”的经典，都是没有这样一个正规完整的经名的，为何这一卷“未出”的经典，不仅有正式完整的经名，还偏偏是“篇目”所载？敦煌本原卷中还有一句重要的话，通常认为是宋法师所云[①]：

> 陆先生就此十部灵宝经，正文有三十六卷，其二十二卷见行于世，余十四卷犹隐天官。

亦即说陆修静时，36卷元始旧经，“已出”21卷，分为23卷；“未出”15卷。到宋文明时，36卷中“已出”22卷，“未出”14卷。其间从“未出”变成“已出”的1卷，小林曾力证是《洞玄灵宝天地运度自然妙经》，大渊对此表示怀疑[②]。我现在认为所差的这1卷，就应该是这里出现的“篇目”所载的《太上洞玄灵宝智慧上品大戒》[③]。因为此卷在陆修静目录中属于明确标为“未出”的1卷，而敦煌本应该是宋文明的后学在陆修静目录基础上做的说明，因此，不能直接把陆氏原本标明“未出”的改作“已出”，只能将此经在陆氏之后“已出”的情况，即此经传世的全名记录在“篇目”中。敦煌本目录的特点即：只有传世的经书才有这样正式和完整的经名。因此，“篇目”所载的《太上洞玄灵宝智慧上品大戒》肯定是已经行世的作品，本来在“卷目”中还是“未出一卷”，在“篇目”中就成了已出的一卷。而“篇目”就很可能是敦煌本的作者自己解释十部妙经的某部作品的简称。它既忠实于《紫微金格目》的著录，又反映了陆修静之后灵宝经的新发展。

若以上的理解不误，则“第五篇目”首先著录的《紫微金格目》所载《智慧上品三戒》[④] 原本3卷，陆修静时已出了2卷，宋文明之前又出1卷。其后则是“《威仪自然》二卷”。《智慧上品三戒》是戒律，《威仪自然》是威仪，这是两类不同的经典。在敦煌本原卷中，陆修静讲明戒律是“罪福科目”，威仪则是“法宪仪序，斋谢品格。”所以王卡将“太上洞玄灵宝智慧上品大戒自然威仪”分开来读，既是完全正确的，也是解开这里释读混乱的关键。但他继而认为“《威仪自然》二卷”具体就是指《太上洞玄灵宝金箓简文三元威仪自然真一经》1卷和《太上灵宝长夜九幽府玉匮明真科》1卷，这可能还有讨

---

① 王承文前揭2003年文，第78页，认为这是陆修静的话。但陆修静不应该在前面说“已出”21卷，“未出”15卷，后面又说“已出”22卷，“未出”14卷。

② 小林的意见参见《六朝道教史研究》中译本，第92页。大渊的意见参见《道教とその经典》，第557—589页。小林对大渊的驳论，见《中国の道教》，第355—356页。

③ 对此问题的详细论证，见拙稿《古灵宝经“未出一卷”研究》，《中华文史论丛》2010年第4期，第81—103页。

④ 原卷作“三戒”，自大渊开始，学者多认为是“大戒”的误写。其实看来原卷如果是“三戒”，也正好符合三卷戒律之书。

论的必要。问题在于,《长夜九幽府玉匮明真科》是否属于“威仪自然”之一?

《明真科》的经名中没有任何“威仪自然”的痕迹,而其内容上也是侧重各种救度死者和解除困厄的仪式,乃至投龙简等仪式。关于《三元威仪自然真一经》,大渊、王承文、王卡和我都有专门的研究[①],指出此经是由上元金箓简文、中元玉箓简文和下元黄箓简文这三篇合成的。明《道藏》仅存一部《洞玄灵宝玉箓简文三元威仪自然真经》。但大渊和王卡都怀疑这传世的一卷“中元”经,并不属于晋宋“古灵宝经”,而是后来道士续作的。王卡还从敦煌道书中发现了《洞玄灵宝上元金箓简文威仪经》和《洞玄灵宝下元黄箓简文威仪经》的佚文,并将其复原出大部分,功不可没。在敦煌本“灵宝经目录”中,可看到陆修静和宋文明讲述“灵宝六斋”时,都没有提及有所谓“玉箓斋”,却提及了“金箓斋”、“黄箓斋”、“明真斋”等。陆修静作《太上洞玄灵宝授度仪》时,自称引用了“金、黄二箓,明真玉诀。”[②] 金、黄二箓对应的就是《三元威仪自然真经》中的《金箓简文》和《黄箓简文》,陆氏并没有说他参考了《玉箓简文》。所以,“中元玉箓简文”的确不应是晋宋时代就有的。当时应该有了“上元金箓简文”和“下元黄箓简文”这两种威仪经。而这正符合“第五篇目”所言的“《威仪自然》二卷,已出”的情况[③]。其后只列出《卷目》所载的《太上洞玄灵宝金箓简文三元威仪自然真经》,却很可能遗漏了《太上洞玄灵宝黄箓简文三元威仪自然真经》。我这样的理解还可在《灵宝中盟经目》和《斋坛安镇经目》找到旁证。

《斋坛安镇经目》中与“第五篇目”相关的诸经作:

> 《洞玄灵宝智慧上品大诫经》、《洞玄灵宝智慧罪根上品大诫经》、《洞玄灵宝三元威仪自然真经》、《洞玄灵宝长夜之府九幽玉匮明真科》[④]。

《斋坛安镇经目》没有记载诸经的卷数,其中前两者实际上都是从“智能上品大戒”中分出来的。《三元威仪自然真经》则对应“威仪自然”,《明真科》是单独的另一种经书。

《灵宝中盟经目》著录灵宝经的次序与卷数都与敦煌本基本相同,其中与“第五篇目”相关的诸经作:

> 《太上洞玄灵宝智慧上品大诫经》一卷、《太上洞玄灵宝上品大诫罪根经》一

① 分别见大渊 1997 年书,第 158—163 页。王承文:《敦煌古灵宝经与晋唐道教》,中华书局 2002 年版,第 449—457 页;王卡:《敦煌本〈三元威仪真经〉校补记》,收入氏著《道教经史论丛》,巴蜀书社 2007 年版,第 366—407 页;刘屹:《向达先生摹抄本〈上元金箓简文〉残卷重识》,《敦煌文献·考古·艺术综合研究——纪念向达先生诞辰 110 周年国际学术研讨会论文集》,中华书局 2011 年版,第 535—548 页。

② 《道藏》第 9 册,文物出版社、上海书店出版社、天津古籍出版社 1988 年版,第 840 页上栏。

③ 大渊 1997 年书,第 85 页,已指出“第五篇目”的“金箓简文三元威仪经”到《灵宝中盟经目》就分成了“金箓简文”和“黄箓简文”两种。

④ 《道藏》第 9 册,第 379 页中栏。

卷、《太上洞玄灵宝长夜府九幽玉匮明真科经》一卷，……《灵宝上元金箓简文》一卷，《灵宝下元黄箓简文》一卷。

与敦煌本不同的是，《罪根品经》应该是2卷，而《中盟经目》作1卷。且《罪根品经》之后，直接是《明真科》，而不是像敦煌本一样把《威仪自然》2卷放在《明真科》之前。《灵宝中盟经目》把《威仪自然》2卷安置在全部“元始系”和“仙公系”经典之后，与一系列斋仪、券仪等仪式类经典放在一起。如果“威仪自然”是指《三元威仪》和《明真科》这两种，为何《三元威仪》被移开，而《明真科》还保留原来位置？所以，如果将“上元”和“下元”这2卷《三元威仪自然真经》放置在《罪根品经》与《明真科》之间，我相信这基本上就是敦煌本“第五篇目”的复原结果了。

因此，我尝试对“第五篇目”的文字句读如下：

《智慧上品三戒》三卷，二卷已出。《卷目》云：《太上洞玄灵宝智慧罪根上品》二卷。未出一卷，《篇目》云：《太上洞玄灵宝智慧上品大戒》。《威仪自然》二卷，已出。一《卷目》云：《太上洞玄灵宝金箓简文三元威仪自然真一经》。一《卷目》云：《太上洞玄灵宝黄箓简文三元威仪自然真一经》(中有缺文)。《太上灵宝长夜九幽府玉匮明真科》。右一部六卷，第五篇目，皆金简书文。宋法师云：合六卷，明戒律之差品。

这样，《紫微金格目》的《威仪自然》2卷，《卷目》只列出1卷。而《明真科》在《紫微金格目》中的原始经名也被抄漏了。据此可推算出“第五篇目”共著录了3种经书，其原始卷数是3＋2＋1＝6卷，在陆修静时代实际出世的是2＋2＋1＝5卷，宋文明时代已问世的是3＋2＋1＝6卷。如果在陆修静时代“第五篇目”只有5卷出世，那么同时“第一篇目”中实际出世的经卷就应为4卷。

如此，陆修静作此“灵宝经目录”时，《紫微金格目》中“出世”的21卷原始经题和卷数应该是：《真文赤书》和《赤书玉诀》共3卷、《空洞灵章》1卷、《升玄步虚章》1卷、《九天生神章》1卷、《自然五称文》1卷、《诸天内音玉字》1卷、《智慧罪根上品》2卷、《威仪自然》2卷、《明真科》1卷、《智慧定志通微》1卷、《本业上品》1卷、《法轮罪福》1卷、《无量度人上品》1卷、《诸天灵书度命》1卷、《五炼生尸》1卷、《三元戒品》1卷、《二十四生图》1卷。

这21卷“出世”后又变为23卷，是因为《赤书玉诀》和《诸天内音玉字》在实际流传中，都从1卷变成2卷[①]。但“十部妙经三十六卷”的“已出”与“未出”比例为21∶15，却并没有因此而改变。直到宋文明时代，《智慧上品三戒》3卷中未出的1

① 这种分卷的变化，大渊认为主要是由于抄写过程中，书写字体变大导致篇幅膨胀，而非在内容上有增删。见其1997年书，第119—120页。

卷也出世了。这时的“已出”与“未出”比例轻微改变为22∶14。

（二）第二部分：“仙公新经”

敦煌本在前引“元始旧经紫微金格目”那段文字之后，开始对“仙公新经”的介绍。其内容在此以表格的第二部分表现如下：

卷名	卷数	参考卷目
太上洞玄灵宝天文五符经序	1→2、3	太上洞玄灵宝五符序经一卷（灵）
太上玉经太极隐注宝经诀	1	太极隐诀一卷（灵）
太上洞玄灵宝真文要解上卷	1	太上洞玄灵宝真文要解经上一卷（灵） 洞玄灵宝真文要解经（斋）
太上太极太虚上真人演太上灵宝威仪洞玄真一自然经诀上卷	1	太上洞玄灵宝自然经上一卷（灵）
太极真人敷灵宝文斋戒威仪诸要解经诀下	1	太上洞玄灵宝敷斋威仪经一卷（灵） 洞玄灵宝太极真人敷灵宝经文斋戒威仪诸要经诀（斋）
太上消魔宝身安志智慧本愿大戒上品	1	太上洞玄灵宝安志本愿大诫上品消魔经一卷（灵） 洞玄灵宝消魔宝真安志智慧本愿大戒上品妙经（斋）
太极左仙公请问经上 仙公请问经下	2	仙公请问经上下二卷（灵） 洞玄灵宝仙公请问经（斋）
仙公请问本行因缘众圣难	1	众圣难经一卷（灵） 洞玄灵宝仙人请问本行因缘众圣难经（斋）
太极左仙公神仙本起内传	1	
太极左仙公起居经	1	

在上列经题之后，敦煌本云：

> 右十一卷，葛仙公所受教戒诀要及说行业新经，都合前元始新旧经见已出者，三十二卷真正之文，今为三十五卷，或为三十六卷。陆先生所撰记出也。后有三十五卷伪目，仍在陆《源流》卷末，不录入此也。

所谓“元始新旧经”，是指《紫微金格目》所载简短的原始经名与《卷目》所载的正规完整的经名[①]。与“元始旧经”一样，这里所说的“右十一卷”，是指从《灵宝五符经序》至《仙公起居经》这10种经书原初的卷数是11卷，而非仙公系诸经实际流传时的卷数。因为《灵宝五符经》在流传中已经分为2卷或3卷，若按实际卷数相加就不止11卷了。但《真文要解》和《真一自然经诀》都只有上卷，《敷灵宝斋戒威仪》又只有下卷。如此，这三种经书原本应该各自至少有2卷或3卷才可分别有上卷、下

① 这种理解，是我在提交2007年柏林会议论文中率先提出的。此前学者都认为这里的“新旧经”是指“元始旧经”和“仙公新经”这两组道经。如果按照后一种理解，就会总觉得这里有脱字或衍字。

卷之分，为何这份目录只把它们其中的一卷当作原初的卷数？为何不像“元始旧经”那样注明“已出”和“未出”？这都是耐人寻味而现在恐怕还无法回答的问题。

这11卷“仙公新经”与前述“元始旧经”已传世的总卷数是“三十二卷”，即由21+11=32，是单指原始卷数而言。至于“今为三十五卷，或为三十六卷”，前已述“元始旧经”在陆修静时代实际传世的是23卷，“仙公新经”中的《灵宝五符序》有的作2卷，则“仙公新经”是12卷，故总数是23+12=35卷；《灵宝五符序》若是3卷，“仙公新经”就是13卷，则总数就成了23+13=36卷。如果按照“元始旧经”实际为24卷（即《智慧上品大戒》1卷已出世）来看，总数就会是36卷或37卷了。因此，这段话应该是反映陆修静时代还没有增加出《智慧上品大戒》1卷时的情况。最后揭出的陆修静时代所辨定为“伪目”的共35卷，而“真正之文”有32卷，则真伪灵宝经共67卷，这是一个很重要的数字，下文还将提到。《源流》应该是陆氏所撰的辨析灵宝经源流的著作，今已不存。

三　“元嘉目”还是“泰始目”?

据现知史料，陆修静一共留下两个关于灵宝经的目录。一是元嘉十四年（437）的《灵宝经目》(简称“元嘉目”)，目前只有《灵宝经目序》保存在《云笈七签》中，没有留下灵宝经的具体经名和卷数①。二是泰始七年（471）的《三洞经书目录》（简称“泰始目”)，其中有关于洞玄灵宝经部分，目前只存“元始旧经”中“已出”和“未出”的总卷数，也没有留下具体经名②。敦煌本“灵宝经目录”则既有经名又有卷数。但敦煌本到底是符合“元嘉目”还是“泰始目”？抑或“元嘉目”和“泰始目”有关灵宝经的内容原本就是相同的？

大渊最早认为敦煌本反映的是陆氏的“元嘉目”，他也因此将敦煌本“灵宝经目录”直接认作是陆氏的《灵宝经目》。其理由是：敦煌本载陆氏言“真正之文，今为三十五卷，或为三十六卷”。而陆氏在《太上洞玄灵宝授度仪》中也提到：“元始旧经并仙公所禀，臣据信者，合三十五卷。”③ 故敦煌本在可信真经的总卷数上与《授度仪》非常接近。而《授度仪》的作成时间，大渊又认为离“元嘉目”不远④。至于敦煌本所

① 《云笈七签》卷四《道教经法传授部》，此据李永晟点校本，中华书局2003年版，第51—53页。

② 这份目录所载的卷数，见于甄鸾《笑道论》、释法琳《辩正论》、释道世《法苑珠林》的征引，下文还将详论。此目录的正名则见于孟安排《道教义枢》所谓“陆先生《三洞经书目》”，《道藏》第24册，第812页下栏。彭清深《道教〈三洞经书目录〉考述》，《文献》1997年第1期，第171—180页，虽然专论此目录，但并未提供任何对本文所论有价值的新信息。

③ 《道藏》第9册，第839页下栏。

④ 大渊忍尔：《道教史の研究》，冈山大学共济会1964年版，第268—274页。在1997年新著中，他进一步考订《授度仪》作于公元444年左右，见《道教とその经典》，第69—71页注2。关于《授度仪》的作成时间，小林认为在453年左右，见《六朝道教史研究》中译本，第170页注3。小林认为《授度仪》中的“叨窃”一词，是指陆修静成为道士，而大渊则认为是指陆氏领受灵宝五符的时间，所以两人考证出来的时间不同。

言21卷已出，15卷未出的情况，大渊承认这与佛教方面征引的《三洞经书目录》所见相同，但他由于认定在“元嘉目”时就已经有可信真经35卷，因而“泰始目”只是再次指出了与“元嘉目”相同的卷数。故他认为“元嘉目”与“泰始目”对灵宝经卷数的著录是一致的[①]。

小林认为敦煌本反映的是“泰始目”，而非“元嘉目”。理由有两个：一是敦煌本已出21卷，未出15卷的情况，正与《三洞经书目录》的情况相符。据释法琳《辩正论》卷八云：

> 按玄都观道士等所上《一切经目》云：取宋人陆修静所撰之者，依而写送。检修静旧《目》，注上清经有一百八十六卷，其一百一十七卷，已行于世。从始清以下有四十部，合六十九卷，未行于世。检今《经目》，并云“见在”。修静《经目》又云：洞玄经有三十六卷，其二十一卷，已行于世。其《大小劫》已下有十一部，合一十五卷，犹隐天宫未出。检今《经目》，并注云“见在”。陆修静者，宋明帝时人也。以太始七年，因勅上此经目。修静注云“隐在天宫，未出于世。”从此以来二百许年，不闻天人下降，又不见道士升天，不知此经何因而来[②]？

释法琳见到北周玄都观道士所作的经目，是以陆修静471年奉敕所撰《三洞经书目录》为基础作成的。但较之陆氏的“泰始目”，玄都观道士们把陆氏定为“未出”的上清经和灵宝经全都造出来。故释法琳讥讽道士们：既然道书是天书，陆氏之后200年未见天人交接之事，陆氏定为“未出”的天书是如何被凑齐的？抛开佛教的责难不谈，不仅这里的“二十一卷，已行于世”与敦煌本相符，且“《大小劫》以下有十一部，合一十五卷，犹隐天宫未出”之说，也正符合敦煌本注明有11种15卷未出的情况[③]。

小林的第二个理由是：“元嘉目”说：“十部旧目，出者三分。”即在437年，陆氏只承认36卷中的3/10（即10或11卷）已出，7/10（即25或26卷）未出，这显然与敦煌本的情况不符。对小林的这种解读，柏夷和大渊都不认同，他们不约而同地认为“元嘉目”的“出者三分”，应是“出者六分”或“未出者三分”的误写[④]。可这样的解释，显然是不能令人信服的。

《云笈七签》本《灵宝经目序》是经过北宋官方组织编纂的传世文献，其文字的整齐规范程度要大大超过敦煌写本。而敦煌本“灵宝经目录”则系开元二年（715）敦煌

---

① 大渊前揭1974年文，第42—43页。

② 《大正藏》第52卷，第545页中栏。

③ 小林的论述，见《六朝道教史研究》中译本，第135—136页。敦煌本原文、《辩正论》卷八和《云笈七签》卷六《三洞经教部》之《三洞品格》引《灵宝疏释》，都明确无疑地表明陆修静时代的灵宝经，“未出”有11种15卷，但前述大渊却推算出有11种16卷未出，他的结论显然是不可信的。

④ 柏夷前揭书1997年，第396—397页。大渊前揭书1997年，第87—88页。

当地道士索洞玄抄写，其中难免有明显的错漏之处。《灵宝经目序》目前只有一两处可以被认为是错字，即“似非相乱”的“似”字，我觉得或许可改作“是”。而“学士宗竞，鲜有甄别”的“竞”字，小林已经按照周一良先生的意见，将此字改为“禀”[①]。除此之外，并没有读起来明显不连贯或容易引起歧义的地方。因此我认为，除非能找到别本证据来参校，否则无法让人相信“出者六分”或“未出者三分”才是正本。而如果“出者三分”不误，则这两个目录的“已出”、“未出”卷数就肯定是不同的。

事实上，有证据表明“元嘉目”与“泰始目”对灵宝经著录的卷数和基本认识都是不同的。为便于说明问题，先将《灵宝经目序》的重要段落分析如下。陆修静先讲述所谓“元始系”灵宝经的来历云：

> 夫《灵宝》之文，始于龙汉。龙汉之前，莫之追记。延康长劫，混沌无期，道之隐沦，宝经不彰。赤明革运，灵文兴焉。诸天宗奉，各有科典。一劫交周，又复改运。遂积五劫，迨于开皇以后，上皇元年，元始下教，大法流行，众圣演畅，修集杂要，以备十部三十六帙，引导后学，救度天人。上皇之后，六天运行，众圣幽升，经还大罗。自兹以来，回绝元法。虽高辛招云舆之校，大禹获钟山之书，老君降真于天师，仙公授文于天台，斯皆由勋感太上，指成圣业，岂非扬芳于世，普宣一切也[②]。

陆氏所谓的“灵宝经”是在龙汉劫期之前就已经自然而生的天文宝经，在龙汉至上皇的每个劫期，都出世度人。而由元始天尊传教的“十部三十六卷”灵宝经，则是形成于上皇劫期。在我们所处的这个劫期开始的时候，灵宝经已经回归天宫，将在适当时候伺机再度降世。就在灵宝经在此劫重新出世之前，已有过四次天上的仙真向人间披露灵宝天文的事件。即 a. 九天真王向帝喾高辛传授灵宝经，高辛在死前将其封存在钟山；b. 之后由大禹在钟山获得灵宝五符；c. 老君向汉末张天师传授，以及 d. 太极真人等向葛仙公的传授[③]。值得注意的是，灵宝经的传统中屡次提及从黄帝以来，古帝王皆曾领受天真降授的灵宝经，但却没有提及张天师也在致真降授之列[④]。所以，把

---

① 见小林《六朝道教史研究》中译本，第 172 页注 15。

② 《云笈七签》卷四，第 51—52 页。

③ 我在前揭《“元始系”与“仙公系”灵宝经的先后问题》中征引这段文字时，并没有意识到陆修静在此列举这四次仙真降授，都应该是有关降授灵宝经的事件。当时没有理解“高辛招云舆之校”的真正含义。而据《太上灵宝五符序》，九天真王“乘宝盖玄车而御九龙，策云马而发”，向帝喾传授《九天真灵经》、《三天真宝符》、《九天真金文》等，见《道藏》第 6 册，第 315 页下栏。而《云笈七签》卷六，第 94 页所载：帝喾高辛时有“九天真王驾九龙之舆，降牧德之台，授帝喾此法（《洞玄经》），帝后封之于钟山。”则“云舆”即九天真王所驾的“九龙之舆”。但《太上灵宝五符序》的作者并未说明九天真王所传就是灵宝经。而在陆修静眼中，九天真王所传的当然就是灵宝经。

④ 如《云笈七签》卷三《灵宝略纪》，第 39—41 页、卷六所引《四极盟科》，第 89—90、93—95 页所记灵宝经的传承，都未提及天师道的张天师。

张天师和老君拉进灵宝经传授历史的人，应该就是陆修静。陆氏强调说：高辛、大禹、天师和仙公，他们都是因为个人诚心修道，感动太上，招致上真降临，传授灵宝真经。而他们得受的灵宝经，都是适用于其个人成就圣业的，并不适宜在人世间普宣广布。真正适合于广布世间救度众生的，是元始天尊所传的“十部三十六秩”灵宝经。而这部分灵宝经的出世，则是在特定的历史背景下：

> 按经言：承唐之后四十六丁亥，其间先后庚子之年，歼子续党于禹口，乱群填尸于越川。强臣称霸，弱主西播。龙精之后，续祚之君，罢除伪主，退翦逆民。众道势讫，此经当行。推数考实，莫不信然。期运既至，大法方隆。但经始兴，未尽显行。十部旧目，出者三分。虽玄蕴未倾，然法轮已遍于八方，自非时交运会，孰能若斯之盛哉[①]！

“承唐之后四十六丁亥”、“庚子之年”、“禹口”、“越川”、“龙精之后”、“续祚之君”等，都是陆氏转引自上清经的说法[②]。这里提及的“丁亥”，应是公元387年或447年。“庚子之年”，则是公元400年，指的是孙恩、卢循之乱。“龙精之后，续祚之君”则是指刘裕。陆氏根据上清经中的预言，认为在尧帝陶唐氏之后的46×60＝2760年后，即在刘宋皇帝统治下，就该到了“元始十部三十六卷”灵宝经出世的时候了。不过，由于元始诸经“始兴，未尽显行”，故“十部旧目，出者三分”。而世上流传的灵宝经却不止这个数字，于是出现了真伪混杂的情况。陆氏接着说：

> 顷者以来，经文纷互，似（是）非相乱，或是旧目所载，或自篇章所见，新旧五十五卷，学士宗竟（禀），鲜有甄别。余先未悉，亦是求者一人。既加寻览，甫悟参差。或删破上清，或采搏余经，或造立序说，或回换篇目，裨益句章，作其符图。或以充旧典，或别置盟戒。文字僻左，音韵不属，辞趣烦猥，义味浅鄙，颠倒舛错，事无次序。……今条旧目已出，并仙公所授，事批注意，疑者略云尔[③]。

讲明他作此《灵宝经目》的目的，即对真伪混杂的灵宝经做一番甄别，去伪存真。这里的“旧目所载”、“旧目已出”，自然是指《紫微金格目》所载的全部36卷，以及当时“已出”的卷数。但“新旧五十五卷”又该如何理解？小林认为是“元始旧经”与“仙公新经”总数是55卷，而“元始系”36卷，“仙公系”就应该有19卷[④]。但

---

① 《云笈七签》卷四，第52页。

② 小林和柏夷等都指出陆氏此段话引自《上清三天正法经》。

③ 《云笈七签》卷四，第52—53页。

④ 小林《六朝道教史研究》中译本，第158—159页。

"仙公系"的卷数，除了敦煌本提到有11、12、13卷之外，几乎再无其他材料的记载。据此而推测"仙公系"经典原来有19卷，实无凭据。且36卷是"旧目"原始的总卷数，并非实际传世的卷数。陆氏要甄别的是已经流传于世的灵宝经内容的真假，把那些"未出"的卷数也考虑进去，对他的甄别工作并没有多大的意义[①]。因此，我并不认同小林的解释。

我认为这里的"新旧五十五卷"，首先是指陆氏当时所见实际流传的经典总数，因为《灵宝经目序》中"经文纷互，是非相乱"、"鲜有甄别"、"精粗糅杂，真伪混行"等语，都可表明这55卷是未经甄别的所有流传于世的灵宝经卷数，而非理论上"元始系"和"仙公系"两组灵宝真经的总和。除了"新旧五十五卷"，敦煌本"灵宝经目"中还说到有"三十五卷伪目，仍在陆《源流》卷末"。这35卷伪目，是谁在何时甄别出的结果呢?"新旧"55卷和"伪目"35卷之间应有怎样的关联?这是以往学者基本未作讨论的问题[②]。

35卷"伪目"的具体情况今已无从得知。但这个卷数对我们判定敦煌本所依据的是陆氏的"元嘉目"还是"泰始目"却具有重要的参考价值。首先，这些伪经的鉴定者只能是陆修静，因为陆氏在437年工作的主旨就是甄别灵宝经的真伪。因此，我认为敦煌本提到的35卷伪目，就应该是陆修静437年甄别真伪的结果。而一旦被陆氏鉴定为"伪目"，并被作为真经目录的附录而打入另册，就要保存很长一段时间，才能起到警示作用，杜绝它们再被人误以为真。这个"伪目"很可能在"元嘉目"和"泰始目"中都有，且内容是相同的。因为既然437年已认定这35卷为伪，同时也确定了《紫微金格目》所列的是真经，就不会再有大量的、新的伪经见世，从而还需要新的甄别。故作"泰始目"时，陆氏已不需要再重新甄别已被自己定为伪卷的35卷。陆氏在471年所做的工作，应该主要是从437年"未出"的某些经典中确认又有哪些变成了"已出"。在陆氏437年的甄别后100多年间，由于陆氏在道教中的声望和影响，道士们只有遵循陆氏的鉴定结果，不太可能再造作大量新的伪经，而这35卷也永远不会再被认为是真经。所以到宋文明或敦煌本"灵宝经目录"作者的时代，这35卷伪经几乎已不会再有世间流传的机会了，道教后学才觉得可以不再转录它们。因此，把"伪目"35卷看作是陆氏437年甄别的结果，可能性是最大的[③]。

又知陆氏437年所见的真伪灵宝经总数是55卷，这是由"元始系"、"仙公所授"和"伪目"三部分构成的。如果437年"元始系"是"出者三分"，即只有10卷或11卷"元始系"的真经，另有伪经35卷，则"仙公系"真经应在9卷或10卷。有可能是

① 大渊1997年书，第116—117页指出：陆氏是通过"求之于心"、"即理而断"的主观评估和比较文字音韵和文章义理等方法来辨别这55卷灵宝经的真伪的，而非根据某个现成的目录和分类来做甄别。

② 这里有两个35卷之数，一是敦煌本和《授度仪》中所言经陆氏甄别后"臣据信者"有35卷；二是敦煌本的作者说还有35卷"伪目"。此前学者们讨论较多的是可信的35卷，很少有人关注过"伪目"的35卷。

③ 对此，王承文在前揭2003年文78页的理解与我不同："道门中人仍把陆修静时代到宋文明之前所出的伪灵宝经的经目编集在一起，共35卷，并附在陆氏《灵宝经目》之后。然而宋文明加以整理时则完全删削。"

与大禹有关的《太上灵宝五符序》，在当时并没有算在“仙公所授”之列。假如 437 年“元始系”是“未出者三分”，即已出了 21 卷（23 卷），则“仙公所授”又有 11—13 卷，虽然基本符合《授度仪》所说的“臣据信者合三十五卷”，但当时陆氏甄别出的伪卷就只能有 20 卷，而这个卷数是目前无法证实的[①]。因此，两相比较，437 年“出者三分”之说应该是更可靠的。

进而，在 437 年时，陆氏一方面认为“元始系”中只有“出者三分”（10 卷或 11 卷），另一方面他却看到有 55 卷实际流传于世，他必然会甄别出有 45 卷或 44 卷是不属于“出者三分”之列的。而《灵宝经目序》最后说是要将“旧目所出并仙公所授”都列出来，则在“元始系”10 卷或 11 卷之外，剩余的 45 卷或 44 卷中还应包括“仙公所授”的若干卷数。这时“仙公所传”的经典应该在 10 卷左右，这与敦煌本所见对“仙公系”的著录情况是相符的。说明“仙公系”从 437 年到 471 年的情况，应该没有明显的改变。“伪目”35 卷也不应该再有变化，产生变化的只能是“元始系”中原来注明“未出”的部分经典变为“已出”。

前文已述，敦煌本说灵宝经的真正之文和“伪目”的总卷数是 32＋35＝67 卷，这个数字与《灵宝经目》所说 55 卷的真伪经总数不合。两者所差的 12 卷之数，或许就应该是“元始系”从“元嘉目”的 10 卷或 11 卷，变为“泰始目”的 21 卷，以及把《灵宝五符序》也算在仙公所传之列的结果。所以，将 35 卷“伪目”考虑在内，也有助于判断敦煌本反映的究竟是“元嘉目”还是“泰始目”。

此外，陆氏在“元嘉目”中并未明确指出全部灵宝经是由“元始旧经”和“仙公新经”两部分组成的。这并不是因为他在文中没有明确出现这样的用法，而是因为他显然还没有形成这样的观念。在前述的 55 卷总数之中，又有“新旧”之分。但当时的“新旧”之分并不一定是“仙公新经”与“元始旧经”的区分。因为从敦煌本可见，“元始系”诸经有“旧目”，即《紫微金格目》上的简短经名；也有“新名”，即《卷目》所载的较长和完整的经名。因此，“元始系”诸经本身就有“新旧”之分。当时陆氏面对的是真伪混杂的 55 卷，如果“元始旧经”和“仙公新经”的分组和目录都是明确的，则不属于这两部分的经书毫无疑问就是伪卷，也就无须陆氏费力去甄别了。陆氏《灵宝经目序》重点讲的是 36 卷元始经的来历、重要性、应运出世以及出世后面临的真伪混杂问题，而仙公所传经典的真伪问题，并不在他考虑的范围之内。那时陆氏眼中的葛仙公，还是与高辛、大禹、张天师一样，都是靠“勋感太上”才得到仙真下降传经。而仙公所得的经典，虽然也是灵宝经，却不是应运出世要广度天人的“十部三十六秩”那部分，这就在两者之间有了高下之分。元始诸经是带着取代一切先出经典的独尊性和优越性的目的而被造作出来的，这部分经典本身就形成一个相对封闭而完善的体系。这点可从敦煌本“灵宝经目”后面载有陆修静对十部灵宝经“总括体用，

① 柏夷前揭书 1997 年，第 397 页，即认为陆氏在 55 卷中甄别出 35 卷可信者。如果当时有 35 卷可信，35 卷伪目，则总数就不会是 55 卷。

分别条贯，合有十二种”的概述中可以看到，而十部灵宝经并不包括仙公所传经典。为何陆修静不搜集高辛、大禹和张天师所得的灵宝经，而只在甄别“元始系”的同时记录了仙公所传诸经？因为在现实中，托名葛仙公所传的经典还在流传着，而这就很可能是所谓“葛氏道”和葛巢甫等人率先造作的一部分灵宝经①。这是陆修静不能回避的现实。故而他要把经过甄别后的“旧目已出”和仙公所授的灵宝经，一并罗列作成《灵宝经目》。

还有一个现象很可能更突出反映了这两个目录的不同。“元嘉目”是把元始天尊所传 36 部灵宝经与仙公所授部分明确区分开来的，因为葛玄是三国吴人，道经说仙公领受灵宝经发生在吴赤乌年间（238—250），而元始诸经的出世则是在东晋末刘宋初年。故仙公所传的经典当然不应该被列入元始诸经，而元始诸经也绝对不应该出现葛仙公。这两组灵宝经无论在出世的时间还是道法的高下方面，都是有明显差别的。但敦煌本“灵宝经目录”所载的“元始旧经”中，至少有《升玄步虚章》、《自然五称文》、《法轮罪福经》这三种，都是以葛仙公的授受为主要内容的②。这就和“元始旧经”本是上皇劫期中产生的天书概念相矛盾，难道在三国吴时活动的葛仙公，早在上皇劫期中就领受过元始天尊所传的灵宝经？所以，从敦煌本“灵宝经目录”所看到的“元始旧经”与“仙公所授”发生混杂的情况，不应该是“元嘉目”的反映，而应该是“泰始目”的结果。从这个角度或许也可以说，在《灵宝经目序》中，“旧目”所载和仙公所传部分，还没有被当作一个完整的经教体系来看待。而柏夷十分强调的是：至少到 471 年，“元始旧经”和“仙公新经”在陆修静眼中是作为一个整体的③。

按常理而言，如果陆氏一前一后两个关于灵宝经的目录内容是不同的，必定是因为在陆氏早年甄别之后，灵宝经又有新的发展，需要再编新目来反映。而敦煌本“灵宝经目录”的作者肯定是要按照陆氏晚出的那个目录来转引，因为那才能反映灵宝经出世的最新情况。因此，我倾向于认为，敦煌本“灵宝经目录”反映的是陆修静 471 年的“泰始目”。假定陆氏这两个目录原本内容就是相同的，那就等于说在 437—471 年，灵宝经的情况基本没有什么大的变化。所以，问题的关键在于，是否“元始系”灵宝经在陆修静时代一出世就是 21 卷，以后一直到宋文明时才又增加了 1 卷？这关系到考察“古灵宝经”历史时，研究者是应该以静止孤立的视角，还是以动态发展的眼光去观察？以上只是根据有限的材料，特别是几组相关的卷数推算的结果，当然还不是解决问题的根本之道。要彻底解决“元嘉目”、“泰始目”和敦煌本“灵宝经目录”的问题，还需要深入“古灵宝经”内部，去探寻“元始系”与“仙公系”之间，以及

① 这或许可以解答黎志添的疑问：为何葛巢甫率先造作的“元始系”灵宝经不推崇葛仙公？事实上，葛巢甫造作的应该是出世时间早于“元始系”的仙公所授诸经才对。当然，这是另一个需要论证的重要问题。

② 小林认为这三种原本属于“仙公系”，后被“移变”人“元始系”，见《六朝道教史研究》中译本，第 159—160 页。我在前揭文已对《升玄步虚章》做了专门探讨。大渊也承认：以上三种都属于“元始旧经”，但它们都不以元始天尊为最高主神，这与其他“元始旧经”形成鲜明的对照。见大渊 1997 年，第 114 页。

③ Bokenkamp, “The Silkworm and the Bodhi Tree”, pp. 323—324.

每种灵宝经之间的复杂关系。

四　结语

围绕敦煌本“灵宝经目录”所产生的争议，几乎牵涉“古灵宝经”研究的方方面面，也关系到六朝道教史的很多重要问题。本文所要尝试解决的，只是有关敦煌本“灵宝经目录”的两个最基本问题：第一是对原卷的识读，主要是对“第五篇目”提出了一种新的解读。不仅解决了长期困扰学者的“第五篇目”实际卷数与“旧目”卷数不符的问题，还利用敦煌本的原文解决了“未出”经典从15卷变为14卷的关键。第二是对敦煌本反映的是陆修静的“元嘉目”还是“泰始目”的问题给出了自己的答案。通过对几种卷数的计算，和对《灵宝经目序》的解读，我倾向于认为敦煌本反映的是陆氏的“泰始目”而非“元嘉目”。解决这两个基本问题，就可引发一系列对“古灵宝经”和六朝道教史的新思考。

例如，从大渊首开其端以来，学者们已经可以从浩繁的明《道藏》中找出这一批作成于六朝前期的“古灵宝经”。但大渊等学者认为这批灵宝经出世后，在经文内容方面没有什么大的变动[①]。我则希望找出它们在不同时期不断发展变化的线索。本文所论陆氏437年和471年两个目录对灵宝经的不同著录，正反映了刘宋时期道教以“元始旧经”为依托，逐步建构自己经教体系的努力。而与此相关的另一个重要问题即“元始旧经”和“仙公新经”的先后问题，我最近也有系列论文加以探讨。随着研究的深入，应该可以在这一批“古灵宝经”中，再分辨出哪些是汉晋道术道教传统的产物，哪些是晋宋经教道教传统的产物；以及哪些是东晋末年所作，哪些是刘宋初年所作。做到这些，或许可以对今后的灵宝经和六朝道教史研究推进一大步。

原载于《文史》2009年第二辑，中华书局2009年版，第49—72页。

① 如大渊在1974年文，第45页，认为除了一些较长的经文如《洞渊神咒经》、较为流行的经文如《度人经》、较为特殊的经文如《老子道德经序诀》等，其他经文一经形成，在流传过程中并没有什么大的变化。虽会有一些轻微的改变，但主要是由抄录所引起的。

唐代的灵宝五方镇墓石研究

——以大唐西市博物馆藏"唐李义珪五方镇墓石"为线索*

刘　屹

一　"唐李义珪五方镇墓石"的基本情况

2006年7月，在长安县西出土了一套"唐李义珪五方镇墓石"，共五方，为尺寸基本相同的正方形底石。2009年，王建荣先生率先公布了这套五方镇墓石的拓片图版，并做了释录和初步解读[①]。2011年2月，西安的大唐西市博物馆购入了这套五方镇墓石的原石，我也因此获得拓片图版。

在表彰王建荣先生首揭之功的同时，也要指出他文中的几点不足。第一，这五方石不应该定名为"五岳镇墓刻石"，因为起到镇墓作用的并不是五岳，五岳在这里是与五方、五帝、五色这些文化符号共同构成一套固定的文化标识，不应单独突出五岳的镇墓作用。第二，这五方镇墓石分为内区秘篆文和外区敕告文，内区的秘篆文并不是"女青文"，而是六朝道教古灵宝经所谓的"天文"，传世文献中所见女青文的文字，与此并不相符。第三，王先生将这五方石以中、东、西、南、北为序，实际应以东、南、中、西、北为序。第四，王先生只将五方石每方四周环刻的敕告文楷体字释录出来，内区的秘篆文则没有释读。其实这些秘篆文都是有经典文本为依据，都是可以识别的。以下是我对这五方石的释录，除了环刻的外区敕告文外，还包括内区中的秘篆文所对应的楷体字。敕告文的个别文字与王先生释录略有不同。

（一）*唐李义珪五方镇墓石之一（东方）*

A. 外区敕告文：

---

* 本文为教育部人文社会科学重点研究基地北京大学中国古代史研究中心和西安大唐西市博物馆共同主持的"《大唐西市博物馆藏墓志》整理与研究"项目成果之一；文中所引大唐西市博物馆藏墓志的录文、点校等工作，皆属于该项目的集体研究成果。本文也是教育部全国优秀博士学位论文作者专项资金资助项目"鬼与怪——中古中国的信仰与社会"（批准号：200912）的子课题成果之一。初稿完成后，承蒙沈睿文、郭桂坤学兄提出具体的修改意见，特此致谢。

① 王建荣：《唐女青文五岳镇墓刻石考释》，《碑林集刊》第15辑，三秦出版社2009年版，第84—88页。

东方九炁青天承元始符命，告下东方无极世界土府神乡诸灵官：今有京兆府长安县东明观上清三洞三景弟子李义珪，灭度五仙，托尸太阴，今于京兆府长安县务道乡马祖元（原）界，安宫立室，庇形后土，明承正法。安慰抚恤，青灵哺饴，九炁朝华，精光充溢，练饬形骸，骨芳肉香，亿劫不灰。东岳太山明开长夜九幽之府，出义珪魂神，沐浴冠带，迁上南宫，供给衣食，长在光明，魔无干犯，一切神灵，侍卫安镇，悉如元始明真旧典女青之文。

B. 内区秘篆文对应楷体字①：

亶娄阿会，无惒观音。须蓮明首，法览菩昙。稼那阿弈，忽诃流吟。华都曲丽，鲜苔育臻。答落大梵，散烟庆云。飞洒玉都，明魔上门。无行上首，回跖流玄。阿陁龙罗，四象吁员。

（二）唐李义珪五方镇墓石之二（南方）

A. 外区敕告文：

南方三炁丹天承元始符命，告下南方无极世界土府神乡诸灵官：今有东明观上清三洞三景弟子李义珪，灭度五仙，托尸太阴，今于京兆府长安县务道乡马祖原界，安宫立室，庇形后土，明承正法，安慰抚恤，赤灵哺饴。三炁丹池，精光充溢，练饬形骸，骨芳肉香，亿劫不灰。南岳霍山明开长夜九幽之府，出义珪魂神，沐浴冠带，迁上南宫，供给衣食，长在光明。魔无干犯，一切神灵，侍卫安镇，悉如明真旧典女青之文。

B. 内区秘篆文对应楷体字：

南焰洞浮，玉眸诜诜。梵形落空，九灵推前，泽落菩台，绿罗大千。眇莽九丑，韶谣缘亶，云上九都，飞生自骞。那育都馥，摩罗法轮，霐持无镜，览资运容。馥朗廓弈，神缨自宫。

（三）唐李义珪五方镇墓石之三（中央）

A. 外区敕告文：

① 秘篆文对应的楷体字，在不同道教经典之间、敦煌本和《道藏》本之间，都稍有差异。本文不详论秘篆文的内容和含义，故暂且忽略这种轻微的差异。此处东、西、南、北四方的秘篆文释文，依据的是敦煌本《太上洞玄灵宝无量度人上品妙经》（P. 2606）中《元始灵书中篇》的释文。中央秘篆文的释文，则依据杜光庭《太上黄箓斋仪》卷五七，《道藏》，文物出版社、上海书店出版社、天津古籍出版社 1988 年版，第 374 页。

中央黄天承元始符命告下中央九垒土府洞极神乡四统诸灵官：今有东明观上清三洞三景弟子李义珪，灭度五仙，托尸太阴，今于京兆府长安县务道乡马祖原界，安宫立室，庇形后土，明承正法，安慰抚恤，黄元哺饴，流注澧潒，练饬形骸，骨芳肉香，亿劫不灰。中岳嵩山明开长夜九幽之府，出义珪魂神，沐浴冠带，迁上南宫，供给衣食，长在光明。魔无干犯，一切神灵，侍卫安镇，悉如元始明真旧典女青文。

B. 内区秘篆文对应楷体字：

黄中总气，统摄无穷。镇星吐辉，流炼神官。

(四) 唐李义珪五方镇墓石之四（西方）

A. 外区敕告文：

西方七炁素天承元始符命告下西方无极世界土府神乡诸灵官：今有东明观上清三洞三景弟子李义珪，灭度五仙，托尸太阴，今于京兆府长安县务道乡马祖原界，安宫立室，庇形后土，明承正法，安慰抚恤，素灵哺饴。七炁青华，精光充溢，练饬形骸，骨芳肉香，亿劫不灰。西岳华山明开长夜九幽之府，出义珪魂神，沐浴冠带，迁上南宫，供给衣食，长在光明。魔无干犯，一切神灵，侍卫安镇，悉如明真旧典女青文。

B. 内区秘篆文对应楷体字：

刀利禅猷，婆泥各通。宛薮涤色，大眇之堂。流罗梵萌，景蔚萧嵎。易邈无寂，宛首少都。阿滥郁竺，华汉莛由。九开自辩，阿那品首。无量扶盖，浮罗合神。玉诞长桑，栢空度仙。

(五) 唐李义珪五方镇墓石之五（北方）

A. 外区敕告文：

北方玄天承元始符命告下北方无极世界土府神乡诸灵官：今有东明观上清三洞三景弟子李义珪，灭度五仙，托尸太阴，今于京兆府长安县务道乡马祖原界，安宫立室，庇形后土，明承正法，安慰抚恤，玄灵哺饴，五炁玉滋，精光充溢，练饬形骸，骨芳肉香，亿劫不灰。北岳恒山明开长夜九幽之府，出义珪魂神，沐浴冠带，迁上南宫，供给衣食，长在光明。魔无干犯，一切神灵，侍卫安镇，悉如明真旧典女青文。

B. 内区秘篆文对应楷体字：

玃无自育，九日导干。巛母束覆，形摄上玄。阤罗育邈，眇炁合云。飞天大丑，捻监上天。沙阤劫量，龙汉瑛鲜。碧落浮黎，空歌保珎。恶弈无品，洞妙自真。元梵恢漠，幽寂度人。

五方石各自环刻的敕告文，除了五方、五帝、五色[①]和五岳因方位不同而有所差异外，其他内容基本相同。墓主人李义珪，生前是长安东明观的道士，临终时的法位是“上清三洞三景弟子”。东明观是唐高宗为纪念太宗和文德皇后，仿照长安西明寺的规模敕建的，位于长安城的普宁坊，规模和等级都可称唐初长安著名道观之一[②]。直到9世纪初，还有一定规模和影响[③]。而“上清三洞三景弟子”之称，并不见于传世的有关唐代道教法位制度的规定。与之相近的法位是“上清大洞三景弟子”，其上是“上清大洞三景法师”，如唐金仙公主的镇墓石就称金仙公主为“上清大洞三景法师”，这是唐代道士法位中的最高等级。李义珪的这个法位称号，可能表明他还没有达到“大洞”的层级和“法师”的位阶，或者暗示了这是在“上清大洞三景弟子”或“上清大洞三景法师”之称还没有固定化之前使用的一种法位称号。

两唐书中出现过两个“（李）义珪”，一为高宗之子泽王李上金之子，一为赵州别驾李希彦之子。后者见于赵郡李氏在唐以前的世系[④]，可舍却不论。李上金是高宗第三子，载初元年（690）在武后党羽迫害下自杀。《旧唐书》说其“子义珍、义玫、义璋、义环、义瑾、义璲七人并配流显州而死。神龙初，追复上金官爵，封庶子义珣为嗣泽王。”但因义珣的身份引起争议，一度又被削爵流放。直到开元十二年（724），才由玉真公主出面证明，义珣正式袭爵[⑤]。《旧唐书》说上金七子遭流放，但只记了六子的名字。《新唐书》本传中只言“七子并流死显州”，未及七子之名。《新唐书·宗室世系表》中则记上金有九子：长平王义瑜、义琎、义琛、义珍、义现、义玮、义玫、义珪

① 五色并不仅仅体现在敕告文的文字中。承张全民先生赐告，李义珪五方镇墓石刚出土时，五石原本分别是五种颜色的石块。但后来经过拓片制作，现在原色已经很难看出。相信这种情况在其他五方石中也存在。

② 东明观的建立时间，《唐会要》说是显庆元年（656），《历代崇道记》说是乾封元年（666）。详见李健超《增订唐两京城坊考（修订版）》，三秦出版社2006年版，第244—245页。并参见孙昌武《唐代长安道观及其社会文化活动》，此据氏著《道教与唐代文学》，人民文学出版社2001年版，第411—412页。

③ 如有柳宗元撰《东明张先生墓志》，称志主张因生于天宝，讫贞元乙酉岁（805）卒，曾“居东明观三十余年”。此据《全唐文》卷五九〇，中华书局1983年版，第5967页。杜光庭《道教灵验记》卷二《宫观灵验》载“刘将军取东明观土验”，记述隶职右神策军的刘将军“居近东明观”，取东明观土修筑私宅遭报应的故事。可证东明观在唐晚期已转衰落，故为刘将军所侵夺。见《道藏》第10册，第807页。

④ 《新唐书》卷七二上《宰相世系表》二上，第2576页。

⑤ 《旧唐书》卷八六《高宗中宗诸子·泽王上金》，第2825—2826页。

和庶子袭爵的义珣[①]。本文讨论的这五方镇墓石的主人"李义珪",是否就是上金之子"义珪"?

新旧唐书两相对照,只有义珍、义玫、义珣这三子的名字可直接对应,另有字形相近而混的情况,如"璋"和"玮","璲"和"琎",也可认为是同一个人。但至少说明上金这七子的名字在唐宋人那里就已经搞不太清楚了。上金七子在武后掌权时期流死他乡,乃至中宗复辟后寻找上金嫡系后裔袭爵时,还要颇费一番周折,这恐怕都是不争之实。所以,我认为《新唐书表》中的"义珪"二字,是否上金之子的原名,还需要其他证据来支持。即便此"义珪"真是上金之子,但他为何会不在流死七子之列?武则天党羽为何会单单任由他入道解脱以全其身?王建荣先生在文中指出,这五方石补充了史籍缺载的唐长安城的一个乡聚(务道乡)和一座古原(马祖原)的名字。李义珪死后葬于务道乡马祖原[②],并没有归葬于李氏皇家墓地,这似乎也暗示了其身份未必就是上金之子。总之,要想认证此"李义珪"就是泽王之后,恐怕要比认为他不是上金之子,需要更多、更曲折的证明和想象。

退一步讲,即便此李义珪真是上金之子,他死时在镇墓石上已自表身份是"上清三洞三景弟子",而不是什么"高宗天皇大帝之孙"。金仙公主的镇墓石写道"今有上清大洞三景法师故金仙观女官金仙公主李无上道",道教的法位和其法名之外,仍要提示其皇族公主的身份。李义珪如果是皇族身份,也不应该在镇墓石上没有一点反映。一个有皇家血统的人,如果坚持以道士身份入葬,我们该将其当作是位普通道士还是显赫的皇族?由于目前只知道李义珪墓出土的这五方镇墓石,还没有发现其墓志,对其家世渊源和卒年、葬年等都还不能知晓。仅从东明观和其法位称号来看,暂且推测此李义珪是一位普通道士,其活动的时间为7世纪中期到9世纪,都有可能。今后若能发现其随葬的墓志,一切都可真相大白。五方镇墓石上面的敕告文和秘篆文,大都是程序化的语言,只有将李义珪这五方镇墓石,与其他已经被著录、发现或研究的五方镇墓石放在一起来讨论,才能准确地认知大唐西市博物馆收藏的这套五方镇墓石的意义和价值。

二 唐代五方镇墓石的著录、考古发现与研究

近代以来,唐代的五方镇墓石已有多套出土,学界也给予过一些关注。较早的著录见叶昌炽于1901年初步写成的《语石》卷五《符箓》类中,提及他本人藏有四本唐

---

① 《新唐书》卷八一《三宗诸子·泽王上金》,第3586—3587页。《新唐书》卷七〇下《宗室世系表》下,第2129—2130页。

② 贾梅:《唐〈东明观孙思墓志〉考释》,《碑林集刊》第10辑,陕西人民美术出版社2004年版,第50—56页。公布先天二年(713)去世的东明观法师孙思墓志,也说此孙法师葬于"长安马祖原"。马祖原或有东明观道士死后固定的墓地。

代镇墓石刻的拓本，分别出自“顺天皇后考酆王墓”、金仙公主墓；还有两本的墓主人不明，原石分别为渭南赵元中（字乾生）和端方所藏。此后，柯昌泗在《语石异同评》中也提及新出土的“唐故公士颖爱墓”中所出的五方镇墓石[①]。1909年出版的端方《匋斋藏石记》，则著录其收藏的中央黄帝和北方黑帝两石[②]。

叶昌炽所谓的“顺天皇后考酆王墓”所出镇墓石拓本，实际上是中宗皇后韦氏之父酆王的王妃崔氏的镇墓石，最早只发现西方白帝一石，原石已于1952年由张伯英捐藏西安碑林[③]。金仙公主墓所出的镇墓石，为北方黑帝一石，原石现藏于蒲城县博物馆[④]。

《语石》记述赵元中和端方所藏的两石云：

> 此外二刻，并无题名。中一刻亦藏赵氏。符文居中八行，行皆八字。首行题“灵宝黑帝，练度五仙，安灵镇神，五炁天文”。其文四面环刻于边际，小字真书，略似古镜，但变圆为方耳。一石浭阳制帅藏，其制略同。惟首行“帝”字上“灵宝黑”三字已蚀，不知有无异同。其文首云：东方五炁元天，承元始符命，告示北方无极世界，土府神乡诸灵“诸灵”二字泐，以酆王刻互证得之。官，今有大洞弟子，云云。其末则云，如元始明真旧典女青文。酆王一刻皆同，惟改“东方五炁元天”为“西方七炁素天”，下“北方”亦作“西方”。此外惟“大洞弟子”，改“顺天皇后先考”云云。金仙公主同。余略无小异[⑤]。

赵氏所藏的北方黑帝一石，特点是：符文居中，共64字，符文前有首行题“灵宝黑帝练度五仙安灵镇神五炁天文”，四周边际还有小字敕告文环刻。至于端方藏石，叶氏先说此石首行原本也该是“灵宝黑帝”，黑帝对应北方，数为五，正好与其下的“五炁元天”、“北方无极世界”等相对应。但叶氏录文的文首却作“东方五炁元天”，或是叶氏笔误，或是原石误刻“北方”为“东方”。总之，《语石》所载端方这一石，原本也该是北方黑帝镇墓石，形制和内容与赵氏所藏无异，差别主要在墓主人身份的不同，一是酆王妃，二是“大洞弟子”。“大洞弟子”这一石，首行也应该题“灵宝黑帝练度五仙安灵镇神五炁天文”，其后是64字秘篆文，四周环刻小字。而所谓“东方（北方）

---

① 此据叶昌炽撰，柯昌泗评《语石 语石异同评》，中华书局1994年版，第371—373页。

② 端方：《匋斋藏石记》卷三七，叶十四至十五，此据《石刻史料新编》第11册，新文丰出版公司1977年版，第8367—8368页。为陈述方便，本文统一用“某方某帝”来表示五方镇墓石中的方位。

③ 拓片见《隋唐五代墓志汇编·北京卷附辽宁卷》第2册，天津古籍出版社1991年版，第164页。又见高峡主编《西安碑林全集》卷九三，广东经济出版社1999年版，第4485—4491页。

④ 释文和介绍，见尹夏清、呼林贵《陕西发现的唐代镇墓石初步探索》，《碑林集刊》第11辑，陕西人民美术出版社2005年版，第297页。加地有定《中国唐代镇墓石の研究：死者の再生と昆仑山への升仙》，大阪：株式会社かんぽうサービス，2005年，164页。《书法丛刊》2007年第1期，第50页有此石清晰拓片。可惜最下面一行字没有拓上。现在原石旁的说明文字作“1974年出土”。

⑤ 叶昌炽撰，柯昌泗评：《语石 语石异同评》，第372页。

五炁元天，承元始符命”云云，就是来自四周环刻的敕告文的内容。

王育成先生 1991 年曾公布国家博物馆所藏的四纸五方镇墓石拓片，分别是中央黄帝、南方赤帝、西方白帝和北方黑帝[①]。这四纸拓片的镇墓石符文样式不统一，显然原来并不是同出一墓的一套。1996 年，他又将其中的中央黄帝（国博馆藏编号 13155）和南方赤帝（国博编号 13156）两件，与国家图书馆所藏的三纸五方镇墓石的拓片——国图 5069 为北方黑帝、5068 为西方白帝，5072 为东方青帝——凑成一套完整的五方镇墓石予以展示[②]。王先生此举是为了向读者展现完整的五方镇墓石的秘篆文内容，也没有将其认作是同一套镇墓石。从他这两篇文章中，可知国博和国图至少有 7 纸并不重复的唐代五方镇墓石的拓片。但这 7 纸拓片几乎都没有留下墓主人的姓名。国博收藏品中有来自端方的旧藏品，因而加地有定氏推测王育成 1991 年文中公布的国博中央黄帝和北方黑帝两石拓片就是《匋斋藏石记》中端方自己著录的那两石[③]。张勋燎、白彬也认为叶昌炽在《语石》中提及的那块北方黑帝石，就是端方自己著录的那一件，并推测王育成公布的国博藏中央黄帝一石，或许也就是端方原藏的那件中央黄帝拓片；而国图 5068 号则可能是叶昌炽所言的赵元中旧藏拓片[④]。我觉得尚不能做出这样的推论。

《匋斋藏石记》的著录非常简单，只提到那些程序化的文字，对于最关键的地方却是“符文不录”。即便如此，我们从叶昌炽的描述可知，端方所藏的这块北方黑帝石的拓片，应该是与赵元中所藏形制一样，即应该都有敕告文环刻四周，并且“灵宝黑”三字已蚀。但我们看到王育成先生公布的国博这件北方黑帝石的拓片，四周是没有环刻文字的，起首三字似也未蚀。而中央黄帝一件，四周有纹饰，左下角残缺。这样明显的特征，《匋斋藏石记》里都没有提到。端方藏品的确有部分辗转收藏于国博，但除非能将国博藏品系统地清查，否则难以确认国博是否就只有两块五方石，而且又都恰好是端方的旧藏[⑤]。国博和国图的这 7 纸五方镇墓石拓片，不能排除是清末民国以来的收藏，它们和端方、叶昌炽书中提到的那六七种五方镇墓石，并不都能一对一地对应比定。明确这一点，意在说明：第一，仅从上面提及的非常有限的收藏家或一两个馆藏的五方镇墓石拓片，数量就有 10 多件。第二，在专业考古发掘收获之前，这种五方

---

① 王育成：《唐宋道教秘篆文释例》，《中国历史博物馆馆刊》1991 年第 15、16 期，第 82—94、46 页，特别是第 83 页。此文中的图二和图三标号应互换。

② 王育成：《文物所见中国古代道符述论》，《道家文化研究》第 9 辑，上海古籍出版社 1996 年版，第 267—301 页，特别是第 292—297 页。

③ 加地有定：《中国唐代镇墓石の研究》，第 28 页。

④ 张勋燎、白彬：《中国道教考古》第 5 册，线装书局 2006 年版，第 1556 页。实际上，端方的描述中没有提及他收藏的中央镇墓石四周有纹饰，而国博 13155 周围却有明显的花纹饰图。况且，国图 5068 号是西方白帝镇墓石，与《语石》所言的赵元中旧藏不符，国图 5069 号才是北方黑帝镇墓石。

⑤ 我为此拜托国家博物馆的李翎博士，按照王育成先生公布的编号向国博保管部调查，得到的答复是：中央黄帝一件编号无误，可查到是国博于 1965 年从琉璃厂一家名叫庆云堂（又称碑帖门市部）的店购进的。另一件则无法查证。

镇墓石在文物收藏家手中应该并不罕见。但在此前的研究中，恰恰对这部分未经考古发掘的五方镇墓石，关注度远远不够。

近70年间，又陆续发现了一些唐代的五方镇墓石，其中颇有经过考古发掘所获几例，因而引起学界的关注。大约在1943年，在蒲城县桥陵御道旁发现唐睿宗昭成皇后窦氏的南方赤帝一石，有盖，有底，现藏蒲城县博物馆①。1974年，于桥陵的西门外北侧石狮背后发现了同墓的西方白帝一石，盖和底均全，也入藏蒲城县博物馆②。近年，又有同墓出土的中央黄帝一石，盖和底皆全，经西安的文物爱好者收藏后，捐赠给西安博物院③。

1958年，李子春撰文介绍了出土时间不明、出土于咸阳北原唐顺陵周围的武三思墓中五方镇墓石中南方赤帝一石的盖和底④，原石入藏咸阳博物馆。同年，考古工作者在清理西安庞留村唐清源县主墓时，发现了镇墓石的盖和底相对完备的一套五合，唯东方一石缺底⑤。

1963年，徐苹芳先生率先指出：武三思和清源县主的五方镇墓石上的文字，就是敦煌所见的《太上洞玄灵宝灭度五炼生尸经》中安灵镇神的天文⑥。可惜很长时间都没有人再沿着他指出的路向继续探究。

20世纪60年代，在咸阳周陵镇西汉成帝延陵旁的平地，出土一块被命名为“延陵镇墓石”的“太上清信弟子怀道”墓中的中央黄天镇墓石，现藏咸阳博物馆⑦。

20世纪80年代，在长安韦曲北塬韦氏家族墓地，出土了几方镇墓石，包括韦洞的中央黄天、韦滔的中央黄天、东方青帝，资料现存陕西省考古研究所⑧。2003年，又出土了韦滔的西方白帝镇墓石，现藏陕西省西安市长安区博物馆⑨。

1993年，西安东郊田家湾唐墓出土咸通十三年（872）曹用之（号玄济先生）墓志，志盖篆书“唐故玄济先生玄堂铭”，同墓出土五方真文刻石，皆带盖，盖为楷书，分别为“东方真文”、“西方真文”、“南方真文”、“北方真文”、“中央真文”⑩。现收藏于西安市文物保护考古所。2011年9月，张全民先生在一篇会议论文中，专门讨论了

---

① 这块南方镇墓石发现的时间，有1943年、1953年、1963年等不同的说法，目前通常采用1943年说。

② 详见王世和、楼宇栋《唐桥陵勘查记》，《考古与文物》1980年第4期，第54—61、69页。《书法丛刊》2007年第1期，第48—49页，有南方和西方两石的拓片和敕告文的释录。

③ 惠毅：《西安新发现大唐睿宗黄天真文镇墓刻石》，《西北大学学报》2008年第1期，第47页、封三。

④ 李子春：《唐武三思之镇墓石》，《人文杂志》1958年第2期，第109、87页。

⑤ 陕西省文物管理委员会：《西安南郊庞留村的唐墓》，《文物参考资料》1958年第10期，第40—43页。

⑥ 徐苹芳：《唐宋墓葬中的“明器神煞”与“墓仪”制度——读〈大汉原陵秘葬经〉札记》，1963年初刊，此据氏著《中国历史考古学论丛》，允晨文化1994年版，第277—314页，特别是第296—297页。“五炼生尸”的“炼”，还有写作“练”，本文统一写作“炼”。

⑦ 张弘杰：《咸阳碑石》，三秦出版社1990年版，第59—60页。

⑧ 见姜捷《关于定陵陵制的几个新因素》，《考古与文物》2003年第1期，第74页。

⑨ 加地有定：《中国唐代镇墓石の研究》，第26页。

⑩ 张达宏、王自力：《西安东郊田家湾唐墓》，《中国考古学年鉴·1995》，文物出版社1997年版，第250—251页。

曹用之墓志中反映的晚唐道教历史问题，但没有讨论五方镇墓石[①]。此墓为道士墓，既有墓志，又有五方镇墓石，说明五方镇墓石一般应与墓志配套使用。由此也更增强我们对李义珪墓志出土可能性的期待。

20世纪后期，在定陵陵园的东神门外，发现中宗李旦的两方镇墓石，分别为中央黄天和东方青帝[②]。值得注意的是，同为中宗定陵的五方镇墓石，两石的形制却不一样。中央黄天一石是中央16个大大的秘篆文，而四周环刻很小的敕告文。东方青帝石则分为上下两区，上区为64字秘篆文，下区是敕告文字。

20世纪90年代，发掘出了原为赵元中所藏鄮王妃崔氏同墓中所出的北方黑帝镇墓石一合，现藏西安市长安区博物馆[③]。

2009年，西安一位拾荒老人捐献了两块出自唐玄宗女儿普康公主墓中石刻，其中一块是有64字秘篆文的北方黑帝镇墓石，现藏于西安市文物保护考古所[④]。

2010年，气贺泽保规先生公布了明治大学东亚石刻文物研究收藏的一套"东京大安国观故观主彭尊师"墓志铭和东、南、西、北四方镇墓石的拓片和释文[⑤]。他还透露了近年在西安东郊发现唐玉真观女道士尊师董真墓出土开元二十四年（736）镇墓石，很可能也是五方俱全[⑥]。

此外，《隋唐五代墓志汇编·河南卷》中载有洛阳女道士李某的西方白帝镇墓石[⑦]。《邙洛碑志三百种》中公布一件南方赤帝镇墓石[⑧]。《河洛墓刻拾零》中又公布中央黄帝镇墓石一方[⑨]。

据不完全统计，以上经金石学家著录和考古发掘所获的唐代五方镇墓石，至少已有40件（一方按一件计）。这个数字超过以往研究者的统计，而且还会有所增加[⑩]。面对这么多出自唐代墓葬中的五方镇墓石，学术界最初的研究只限于介绍，将其定性为

---

① 张全民：《唐玄济先生墓志铭与有关道教问题考略》，《"新出土唐墓志与唐史研究"国际学术研讨会论文汇编》，河南洛阳，2011年9月，第118—123页。

② 姜捷：《关于定陵陵制的几个新因素》，《考古与文物》2003年第1期，第69—74、82页，特别是第72—74页。

③ 尹夏清、呼林贵：《陕西发现的唐代镇墓石初步探索》，第296页。

④ 中国新闻网2009年4月29日新闻，http://www.chinanews.com/cul/news/2009/04-29/1670482.shtml。此条信息系郭桂坤学兄提供，特此致谢。

⑤ 气贺泽保规编：《明大寄托新收の中国北朝・唐代の墓志石刻资料集——その绍介と解说》，明治大学东アジア石刻文物研究所2010年版，第20—31页。并参氏著《新发现的彭尊师墓志及其镇墓石——兼谈日本明治大学所藏墓志石刻》，见前揭《"新出土唐墓志与唐史研究"国际学术研讨会论文汇编》，第79—88页。

⑥ 气贺泽氏文中说董尊师这套五方石现藏西安市文物保护考古所，但我在2011年11月9日参访该所时，并未得到证实。

⑦ 《隋唐五代墓志汇编·河南卷》，天津古籍出版社1991年版，第136页。此石只有敕告文而无秘篆文。

⑧ 赵君平编：《邙洛碑志三百种》，中华书局2004年版，第363页。

⑨ 赵君平、赵文成编：《河洛墓刻拾零》，北京图书馆出版社2007年版，第651页。此件1997年在洛阳市出土，前有"中央黄帝安灵镇神文"九字，其后是16字秘篆文。

⑩ 张勋燎、白彬：《中国道教考古》第5册，第1609页的补记中，提示了几例洛阳和西安地区私家收藏或是考古简报尚未公布的唐代五方镇墓石刻资料。2011年11月8日，我在参访陕西考古研究院泾渭基地时，工作人员告诉我他们这里也有尚未整理的五方石。说明此类出土资料应该远不止本文提到的这些。

道家或道教的迷信之物，是唐人为了辟邪和安魂之用。由于学者们长期没有找到识读镇墓石上秘篆文的途径，所以也就无从讨论这些东西怎么使用，以及其背后反映了怎样的生死观念。

1984年，四川成都东郊发现了北宋张确夫妇墓，考古简报称墓中出土四方“墓券”[①]，其中只有一方是买地券，另外三方分别是五方镇墓石中的南方、北方和中央镇墓石。保存比较完好的中央和北方两方镇墓石，除了有秘篆文（简报称“符体字”）之外，还有与之相应的楷体译文。简报作者从字数和排列方式上推测，这些楷体字应该和符体字是相对应的，从而为揭开五方镇墓石上的秘篆文的奥秘，提供了难得的考古实物资料。

王育成先生前揭1991年大作，可以说为五方镇墓石的研究带来了重要转折。他在张确夫妇墓出土符文与汉字对应的镇墓石基础上，结合《太上洞玄灵宝度人无量妙经》等道教经典，比照了国博馆藏的唐代五方镇墓石拓片，再次确认了镇墓石上的秘篆文都是有道教经典为依据的。依照道典，这些秘篆文的识读问题就可迎刃而解。但他的研究还只限于释读出这些前人不识的秘篆文，基本没有涉及这些镇墓石反映的思想、信仰和社会历史的信息。通过他的研究可以发现，这些秘篆文的写法和对应的楷体字，有着令人惊讶的统一性和固定的传承性。虽然我们看到的是唐代五方镇墓石，但其经典的依据来自六朝南方的灵宝经，而其余波影响所及，则一直到两宋墓葬。

此后，通过这些五方镇墓石材料来探讨其所蕴含的思想信仰和社会历史信息的研究成果，主要有：

1996年，茅甘（Carole Morgan）正式将五方镇墓石文字与道经《太上洞玄灵宝灭度五炼生尸经》（以下简称《五炼经》）联系起来讨论，而《五炼经》的敦煌本与《道藏》本之间的差异，也成为其讨论的重要内容之一。她的关注点在于道教怎样在死亡观念上对佛教的思想有所回应，文中探讨了唐代镇墓石与汉代五方石之间的关系，并指出宋代是如何继承和改造了汉唐以来的传统。但其讨论的对象仅限于20世纪50年代经中国考古工作者公布的武三思、昭成皇后和清源县主三座墓葬中所出的7块五方镇墓石[②]。在文中，她提出唐代五方镇墓石主要是由皇族和外戚等上层人物使用的，到宋代则转而开始由庶民阶层接受和使用。并认为唐代五方镇墓石的作用主要不是为了镇墓，而是希望死者能够转生；到宋代，冀望死者转生的意义淡化了，才又转而强调镇墓驱邪的作用。

2005年，尹夏清、呼林贵先生整理了他们通过实地调查所得的陕西各博物馆收藏

---

① 翁善良、罗伟先：《成都东郊北宋张确夫妇墓》，《文物》1990年第3期，第1—13页。

② Carole Morgan, "Inscribed Stones: A Note on A Tang and Song Dynasty Burial Rite", *T' oung Pao*, Vol. 82, 1996, pp. 317—318. 杨民中译文《论唐宋的墓葬刻石》，《法国汉学》第5辑，中华书局2000年版，第150—186页。

唐代五方镇墓石的情况，逐一公布了释文，并对相关问题做了有益探讨①。文中值得注意的讨论有：镇墓石盖的文字花纹处理方式、镇墓石的外观，都与同期的墓志极其相似；镇墓石的放置方式具有多样性；而五方的顺序应该以其对应的数字为序，即东九、西七、南五、北三、中一为序；唐代五方镇墓石是从汉代的“五石”或“五色石”基础上发展而来的，等等。

2005 年，加地有定先生出版了迄今为止唯一一部研究唐代五方镇墓石的专书②。此书所关注的镇墓石材料相对较新，有些还是以前没有发表而由作者亲自实地调查和拍照，但也仅限于 20 世纪 50 年代以来的考古发掘所获诸例。书中也认为镇墓石在唐代只是皇族贵戚之家丧事时才能使用的东西，到宋代则变得庶民化。而且认为镇墓石有对非正常死亡者安镇怨灵的作用，镇墓石中“托尸”、“托质”和“托灵”的用法，分别对应死者不同的死亡形式，有着不同的含义。还把镇墓石所反映的死者转生的观念，归结为从马王堆汉墓帛画所反映出的昆仑升仙思想等等。需要指出的是：本书作者也承认自己是非专业的研究者，本书只是作者因对中国唐代镇墓石感兴趣而做的个人探索，并不是一部严谨的学术著作，里面有很多似是而非，或是实无凭据的大胆推论。我们对唐代五方镇墓石的认知，并不能以这部书的论述为出发点③。

2006 年，张勋燎、白彬先生网罗了此前发表过的各种有关镇墓石的资料，尽量提供了释文和图版，并逐一做了探讨④。他们工作的优长在于收集资料较全，将五方镇墓石放在各种不同类型的镇墓石刻中来考察，视野相对要开阔得多。而且作者本身对道教历史和道教典籍都相对以前的研究者要熟悉得多，能够充分利用道典材料与镇墓石的内容相对照。但是，作者最终将唐代五方镇墓石的研究，导向了探讨道教上清派或灵宝派流行与传播的范畴，这仍然没有跳出传统道教史研究的窠臼，也就不能充分地认识和利用这些五方镇墓石来反映唐代思想和信仰世界。

2006 年，Patrick Sigwalt 在茅甘研究的基础上，重新讨论了《五炼经》文本的问题，并讨论了《五炼经》所规定的斋仪程序，与考古发现的这些五方镇墓石的具体运用之间的关系⑤。

前贤的研究当然为这个论题做出巨大的贡献，但也存在两点明显的不足。一是考察材料的范围有限，最多也只搜集了 20 多例唐代的材料。二是欠缺综合性的视角，有些论断也下得太过草率。五方镇墓石涉及考古、历史、宗教、礼俗等多领域，如果只

---

① 尹夏清、呼林贵：《陕西发现的唐代镇墓石初步探索》，第 295—302 页。

② 加地有定：《中国唐代镇墓石の研究：死者の再生と昆仑山への升仙》，2005 年。沈睿文书评见《唐研究》第 12 卷，北京大学出版社 2006 年版，第 575—581 页。

③ 之所以这样说，并不是有意贬低加地先生的贡献，恰恰是因为他的观点似乎已成为近来考察五方镇墓石的固定出发点，乃至使人一看到五方镇墓石，就怀疑死者属于非正常死亡，背后一定有什么隐情。其实完全没有必要做这样的猜想。

④ 《中国道教考古》第 5 册，第 1451—1609 页。

⑤ Patrick Sigwalt, “Le Rite Funéraire Lingbao à Travers le Wulian Shengshi Jing (Ve Siècle)”, *T' oung Pao*, Vol. 92, 2006, pp. 324—372.

关注一个方面，将难以充分发掘其中更多有价值的历史信息。有鉴于此，本文将沿着李义珪镇墓石所连带出来的问题，对此类镇墓石刻的一些基础性问题略陈己见。

三 唐代五方镇墓石的源流与命名

要探究唐代五方镇墓石的渊源，首先要明确对这种镇墓石的准确命名。徐苹芳先生最早将这种五方镇墓石命名为“五方五精石”[①]，这种看法影响了其后的一批学者。张勋燎、白彬先生则认为这一命名并不适用于本文讨论的这类唐代五方镇墓石，但没有说明理由[②]。因为恰当的命名直接关系到追寻唐代五方镇墓石的源流，故有必要加以澄清。

徐先生命名“五方五精石”的依据，首先是金元时期作成的《大汉原陵秘葬经》中规定：天子和亲王墓中，直接用五方帝的形象来镇五方；公侯卿相墓中，用“五精石镇五方，折五星”；大夫以下至庶人的墓中，“镇墓五方五精石，镇五方”[③]。但据《宋会要辑稿》记载，在筹划宋真宗的墓葬礼仪时，“内降镇墓法，五精石镇墓法”[④]。其次，北宋王洙等奉敕撰、金代张谦重校正图解的《地理新书》中也提到了“五精石”：

> 其埏道布如埏道长短，贵者加以璧玉东方苍玉，西方白玉，南方赤玉，中央黄玉，北方黑玉。无璧玉，以五精石代之东方用璧青，南方用丹砂，中央用雄黄，西方用白石，北方用磁石。其斤或两，亦依本方生成数。令长已下用五色石代之。斩草讫，依方埋之[⑤]。

可见这里埋入墓中的五方石，分为五精石和五色石两种，五精石是五种不同的矿物材料，在斩草仪式结束后，就要埋入墓中。如果墓主人身份不高，只用五色石就可以了。其后，同书中又提到了在墓中使用五色石镇墓的方法。《重校正地理新书》卷一四“镇墓法”云：

> 镇墓古法，有以竹为六尺弓度之者，亦有用尺量者。今但以五色石镇之于冢堂内。东北角安青石，东南角安赤石，西南角安白石，西北角安黑石，中央安黄石。皆须完净，大小等，不限轻重。置讫，当中央黄石，南祝之曰：五星入北，

---

① 徐苹芳：《中国历史考古学论丛》，第296—297页。

② 《中国道教考古》第5册，第1494页。

③ 《大汉原陵秘葬经·盟器神煞篇》，此据《永乐大典》卷八一九九《陵》所收，中华书局1986年版，第3828、3829页。

④ 《宋会要辑稿》卷七三四七《礼》二，中华书局1957年版，第1076页上栏。

⑤ 《图解校正地理新书》卷一四，集文书局1975年版，第453—454页。

神精保佑。岁星居左，太白居右。荧惑在前，辰星立后。镇星守中，辟除殃咎。妖异灾变，五星摄授。亡人安宁，生者福寿。急急如律令![①]

结合《地理新书》前后这两处关于墓中使用五色石或五精石的记载，可知宋元时代墓中的所谓"五精石"或"五色石"，只是石头本身，基本上没有附加五帝神格的意义。《秘葬经》所言的"五方五精石"是否就是指《地理新书》所说的没有五帝神格意义的五色石和五精石？是否意味着在天子和亲王级别的墓葬中，一般直接使用五帝的形象而非五方石来镇墓？这可能需要更多宋元时期的考古材料来加以说明。

在利用《地理新书》和《秘葬经》中关于五方镇墓石的材料前，或许应该注意到：这两种传世的宋元时期丧葬制度专书，基本上是在国家礼典允许的范围内，对上起皇家，下至庶民丧礼的规范。其编撰的原则纵不能完全归结为是儒家的观点，至少也是从唐到宋元时期官方一贯的立场[②]。但本文所讨论的五方镇墓石，从其来源上讲，是在道教特有的宗教观念下的产物。这就决定了使用这样一批五方镇墓石的镇墓方式，不可能完全被国家礼典的仪程所接纳。因为从本质上说，儒家文化为核心的国家礼典是不会全盘接受道教的葬礼仪轨的。国家礼典也并不是只有道教的五方镇墓石这一种五方镇墓的观念和仪程可供选择。五方镇墓的观念最晚在汉代就已有实物留存，如山东庄氏原藏熹平二年（173）刻石[③]，以及出自安徽寿县年代不明的刘君冢所出的"西岳神符"[④]。而本文讨论的五方镇墓石，则是六朝道教对汉魏镇墓传统继承和发展的产物。唐宋元时期国家礼典中的五方镇墓方式，同样也是对汉代以降传统镇墓观念和实践的规范与完善。理论和实践的出发点不同，对仪式赋予的文化内涵也不同。国家礼典讲五方镇墓，道教也讲五方镇墓，二者同出一源，却呈现平行发展的态势。

从以上两部宋元时代葬书记载来看，五方五精石、五色石与本文讨论的唐代五方镇墓石，至少有三点明显的不同：第一，《地理新书》强调的是五方各安放不同颜色的五石，用石头本身来起到镇墓的作用，并没有涉及石上是否刻有秘篆文或敕告文。李义珪五方石原本是各有五色的，这是汉魏的传统，而其上的秘篆文和敕告文，则是其道教信仰内涵的独特体现。第二，《地理新书》说宋代的五色石被放置在冢堂的四个角落和中央，而唐代的五方镇墓石则不限于冢堂之内，如桥陵御道旁和定陵神门外都出土过唐代帝陵的镇墓石，而曹用之的镇墓石则出自其墓内。第三，祝辞的内容与道教经典所载这五方镇墓石施用时的祝辞不符。所以，《地理新书》和《秘葬经》所载的五方五精石，虽然也是五方镇墓石，但与唐代五方镇墓石并不是一回事。《地理新书》和

① 此据《图解校正地理新书》卷一四，第457页。

② 《地理新书》的编撰者提到其继承了唐初吕才编撰《阴阳书》的传统，但却几乎没有提及道教葬仪的传统。

③ 罗振玉：《石交录》卷一，二一叶；此据《贞松老人遗稿（甲集）》，《民国丛书》第5编，上海书店出版社1989年版。

④ 同上书，第二二叶。

《秘葬经》这里所说的镇墓法，与本文所论的唐代五方镇墓石，仅仅在“五方镇墓”这一基本观念上有渊源关系，但却处在不同的发展分脉上。

因此，我赞同张勋燎、白彬先生的看法：“五方五精石”并不是本文所讨论的这类五方镇墓石的恰当名称。但对于二位先生将此类五方镇墓石称作“炼度真文刻石”①，我觉得也不一定妥当。首先，在目前可以看到的唐宋墓葬发现的此类镇墓石实例中，原石上刻写的名目很不统一，如唐代五方石的命名，主要可从盖石上的刻字和底石上的标题行可以看出。有的称作“真文”，如曹用之墓五块镇墓石的盖石分别作“某方真文”；更多称作“天文”的，如清源县主墓所出，盖石上称“灵宝某帝某气天文”；或简称作“某方天文”，如新公布的彭尊师墓所出。至于底石，并不是都有标题行，前举几例有标题行的，一般称作“灵宝某帝炼度五仙安灵镇神某气天文”。宋代墓葬所出，多见五方五帝“炼度真文”、“安灵真文”、“荐拔真文”、“安灵荐拔真文”、“安墓真文”、“镇墓真文”、“安尸真文”、“镇山真文”等②。从目前材料来看，唐代以“某方天文”居多，宋代以“某某真文”居多。如果统称为“炼度真文”，则容易忽略唐宋时代的不同。此外，张、白二位先生并没有说明为何在原石众多的名目当中，只选用“炼度真文”，而不用“镇墓真文”、“安灵真文”或其他的名称？“炼度”是个具有鲜明道教色彩的词汇，并非所有使用此种镇墓石的人都信服道教的“炼度说”。相对而言，“镇墓”才应是道教之外的唐人使用这种五方石最主要目的。

其次，不宜笼统地将此类五方石上的文字都叫做“真文”或“天文”。所谓“真文”或“天文”，在道教中是有特指的，就是指秘篆文或其对应的楷体字，而不应该包括涉及墓主人身份和葬地的敕告文字。从目前掌握的情况看，原石上凡有“炼度真文”、“安尸真文”、“某帝炼度五仙安灵镇神某气天文”、“某方天文”标题的，其内容所指都是限定在秘篆文及其译文的。而宋墓所出的镇墓石，或是秘篆文及其译文，大都单独有个“真文”的标题；或是秘篆文与敕告文之间用线条分隔开来，真文是真文，敕告文是敕告文。宋代墓葬的五方镇墓石，可能有相对于唐代来说变异和简化的情况，不排除个别案例会有与此不尽相符的情况。但唐代的情况还是基本符合这一观察的。在唐代，这五方石上的“某某真文”或“某某天文”之称，只能对应原石上的秘篆文及其译文部分，不应该包含秘篆文之外的内容。如彭尊师墓所出的四方“天文”，都是只有秘篆文而无敕告文。像彭尊师墓等所出没有敕告文的五方石，可以称为“真（天）文刻石”；但像李义珪墓所出的秘篆文和敕告文同在一石的情况，就不宜称为“真（天）文刻石”了。

---

① 《中国道教考古》第5册，第1534—1535页。另外，张、白二先生专门讨论了唐代的另一种“五精石”镇墓石刻，与《地理新书》和《秘葬经》所说的五方五精石恐怕也不是一回事。见同上书，第1484—1494页。这正说明，在唐代，并非只有本文讨论的这一种五方镇墓石。

② 个别有称“天文”者，如四川原道文化博物馆收藏的北宋刘六一娘墓出土镇墓石，见徐菲《道教镇墓中央真文的文化分析》，《中华文化论坛》2008年第3期，第93—97页；同氏《〈灵宝赤帝炼度五仙安灵镇神三炁天文〉简析》，《宗教学研究》2010年第3期，第179—182页。

在目前所掌握的材料中，至少有两例唐代的五方镇墓石明确指向了这种镇墓石的施用，如曹用之墓志说："备五炼，饰仪卫"；洛阳彭尊师墓志中说："以灵宝镇符，刊于贞石。""备五炼"也有可能是指举行五炼生尸的仪式，因为"五炼石"的叫法似乎还没有其他的佐证。而"灵宝镇符"则比较明确地指向了五方石。考虑到这种道教的五方镇墓石极易与国家礼典所认可的传统的五方镇墓石相混淆，我建议使用"灵宝五方镇墓石"来称呼这类石刻。因为此类五方石的主要特色是秘篆文，而这秘篆文又是来自道教的灵宝经，所以这一命名既突出了其形式上的特点，也涵盖了其宗教信仰的内涵，还可有效地区分此类五方石与五精石或其他形式五方镇墓石。

四 灵宝五方镇墓石的理论依据

毫无疑问，灵宝五方镇墓石最早的渊源在汉代的五方镇墓石，但其之所以在唐代成为一种独具特色且施用范围较广的镇墓方式，是因为六朝道教对汉魏传统的五方镇墓观念做出了重要的改造。这种改造的主要标志有两个：第一，汉代号令五方五帝镇墓的最高神是天帝，而六朝道教将其改成了道教主神元始天尊，即灵宝五方石敕告文中的"元始"。第二，汉代五方镇墓的观念只保证死者在地下世界能够得到五方天帝诸神的护佑，得以平安地继续在地下世界"生存"。而灵宝五方石则指给死者一个新的期盼——"五炼生尸"，经过五方的炼度，最后使死者的尸体上升到天上仙宫，保持既有的身形重生。由元始天尊下令五方五帝镇墓，并保护死者"五炼生尸"的观念，最直接而完整地体现在所谓"元始旧经"之一的《太上洞玄灵宝灭度五炼生尸经》中。唐代灵宝五方镇墓石的理论和文本依据，都来自这部六朝道经。

《太上洞玄灵宝灭度五炼生尸经》，目前已知有三个版本。其一是敦煌本 P. 2865 和 S. 298，都是一卷本。两件写本中，P. 2865 较长，卷首残缺，有中题"灵宝炼度五仙安灵镇神黄章法"，无尾题；S. 298 较短，有尾题①。其二是正统《道藏》本，此经被分作两部经典：前半部分以《太上洞玄灵宝灭度五炼生尸妙经》为题，入《洞玄部·本文类》；后半部分以《灵宝炼度五仙安灵镇神黄缯章法》为题，入《正一部》②。其三是收在《永乐大典》卷九一一的《洞玄灵宝灭度五炼生尸经》③，除了没有收五方秘篆文外，其他内容与敦煌本的内容基本一致，也是一卷本。从敦煌本和《永乐大典》本的情况，可知此经原本就是一卷本，"黄缯章法"本来是经中的后半部分。但正统《道藏》编纂时，误把前后两部分成两种经典。《中华道藏》依据正统《道藏》本把此经分

---

① 分别见《法藏敦煌西域文献》第 19 册，上海古籍出版社 2001 年版，第 181—189 页；《英藏敦煌文献》第 1 册，四川人民出版社 1990 年版，第 114—116 页。

② 分别见《道藏》第 6 册，第 259—265 页；第 32 册，第 732—734 页。

③ 《永乐大典》卷九一一，见《永乐大典》第 9 册，第 8625—8628 页。复收入《藏外道书》第 1 册，巴蜀书社 1992 年版，第 268—271 页。

作上下卷[①]，这样的处理也欠妥当。因为如果《五炼经》成了两卷本，就会与《灵宝经目录》对其“一卷”的著录不符[②]，从而影响到古灵宝经卷数的计算。故本文依照敦煌本和《永乐大典》本，将其仍视作一卷本来考察。

关于此经作成的时间，以往的研究认为，包括《五炼经》在内的21卷“元始旧经”，都是葛巢甫一人在公元400年左右作成的。但我认为葛巢甫只制作了“仙公新经”，而“元始旧经”不可能由一个人在很短的时间内作成，应是陆续成书的。第一批“元始旧经”大约10卷或11卷，应该是在420年刘宋建立以后，到437年陆修静作《太上洞玄灵宝授度仪》之间正式出现的[③]。第二批“元始旧经”是在471年陆修静的《三洞经书目录》之前作成的。在这第一批“元始旧经”中，可以确定有《太上洞玄灵宝长夜之府九幽玉匮明真科经》，因为在《授度仪》中已明确出现了“《明真》”的名称并引用其内容。《明真科》与《五炼经》的关联也比较密切。首先，两经的主旨和话头颇为相近，都是以上智童子向元始天尊询问如何救度地狱中的受苦的众生为开端，《明真科》涉及的灾厄更多更广，《五炼经》则主要关注如何救度死者。其次，在《五炼经》中明确提到了“《明真科品》云云”，其内容虽然不完全见于《明真科》，但也是相关的，这说明《五炼经》的作成很可能晚于《明真科》。我现在认为《五炼经》应属于在437—471年作成的第二批“元始旧经”之列。

将这部5世纪中期道经的内容，与唐代灵宝五方镇墓石对照，可以解决如下一些问题。

第一，可确定灵宝五方石的方位次序。《五炼经》先后三处出现了五方的方位次序，第一处是有关三十二天帝各命飞天神人告五方五帝五岳土府灵官，在三十二天帝的系统中，原本只有东、南、西、北四方，每方有八天，这是一个原本没有中央的四方天帝系统。但为了与五方五帝相应，就在东南西北之后，加了中央黄帝，形成了东、南、西、北、中的次序。第二处是五方五帝安灵镇神天文，分别是东方青帝九气、南方赤帝三气、中央黄帝中元、西方白帝七气、北方黑帝五气。这里出现的秘篆文，基本上就是在唐宋五方镇墓石上所见的秘篆文了。此后还有五方各方飞天神人的告词，也是按照东、南、中、西、北的次序。第三处是在“安灵镇神黄章法”中，依然是按照东、南、中、西、北的次序告请五方五帝镇墓。考古所见的灵宝五方镇墓石上的文字，基本上与《五炼经》后两处所见相同，因而东、南、中、西、北的顺序，应该成为我们为唐代灵宝五方镇墓石排序的依凭。

第二，可找到这五方秘篆文的来源与依据。除了个别字形、笔画上的差异，《五炼

---

① 《中华道藏》第3册，第753—762页。

② 在P.2256灵宝经目录中，《五炼生尸经》与《度人经》和《诸天灵书度命妙经》同属第七篇目。原卷在《诸天灵书度命妙经》和《五炼生尸经》之间有明显的缺文，而后面记录第七篇目只有三卷，因而只能是这三部经典各一卷。

③ 刘屹：《古灵宝经出世论》，《敦煌吐鲁番研究》第12卷，上海古籍出版社2011年版，第157—178页。

经》中的秘篆文几乎是被原封不动地摹刻在唐代灵宝五方镇墓石上，但《五炼经》并不是这些秘篆文的最早出处，这些秘篆文也不是所谓“灵宝五篇真文”，而是所谓的“天文”秘篆文。《五炼经》这五方秘篆文中，除了中央以外，按东、南、西、北四方为序排列，每方各64字秘篆文。这四方秘篆文的配置，在另两部“元始旧经”——《太上洞玄灵宝诸天内音自然玉字》和《太上洞玄灵宝无量度人上品妙经》都出现过。所谓“音”，实即这些秘篆文的汉字读音。但《度人经》的《诸天中大梵隐语无量音》，只有四方各64字秘篆文的楷体字，没有秘篆文本身。《诸天内音》的《大梵隐语无量洞章玉诀》，则既有秘篆文，又有汉字音译。因此，《五炼经》的秘篆文应该来自《诸天内音》，而非《度人经》。《诸天内音》在《授度仪》中也已被征引到，故它也应属于最早一批“元始旧经”之列。《度人经》在《授度仪》中则没有明显被征引的痕迹。但《诸天内音》原本只有四方三十二天帝的大梵隐语自然之文，《五炼经》不仅照搬了这256字秘篆文，还额外增加了中央这一方。张勋燎、白彬先生正确地指出灵宝五方镇墓石的中央一方的秘篆文（只有16字，其他四方各64字），肯定是在东南西北这四方之外新增的[①]。我对此十分认同。不过，他们将中央这一方的16字秘篆文，追溯到陆修静《授度仪》中五方“卫灵神咒”的中方卫灵神咒，我觉得还可以再向前追溯到属于“仙公新经”之列的《太上洞玄灵宝真文要解上经》。与此相关的问题，我将另撰文讨论[②]。

被认为是古灵宝经第一经的《元始五老赤书玉篇真文天书经》，本来就有“五篇真文”的秘篆文字形。紧随其后的《太上洞玄灵宝赤书玉诀妙经》又将这些秘篆文译成了楷体字。不同之处在于，《天书经》中的“灵宝五篇真文”五方，分别有：东120字、南152字、中144字、西136字、北120字，总计672字。《赤书玉诀妙经》认为南方应有148字而非152字，因此《玉诀妙经》的五方真文是668字[③]。既然有现成的五方真文秘篆文，为何《五炼经》还要在原本的东、西、南、北四方之外，单加中央来凑成一套新的五方天文？“灵宝五篇真文”被分成了四套不同用途的真文，各配置于五方。其中，本来是有专为制摄鬼魔的真文，即所谓“摄制酆都，馘断六天，群魔降伏，鬼妖灭爽”云云，但对地府和冥界的针对性并不突出。四套真文所反映的思想观念，有很多还带有早期上清经的痕迹。这可能说明现存于古灵宝经中的“五篇真文”制作时，受到了上清经的影响——准确说是因为与上清经同处江东地区，因而还带有

① 《中国道教考古》第5册，第1574—1578页。

② 详见拙稿《真文与天文——古灵宝经中的两种秘篆文系统》，2011年12月提交泉州华侨大学主办的“饶宗颐与华学”国际学术研讨会，将收入会议论文集。

③ 小林正美和吕鹏志等都注意到这种差异，详见Lü Pengzhi, “The Jade Instructions on the Red Writings for Summoning Ghosts and Demons of the Northern Feng Mountain and the Five Lingbao True Writs”, in Florian C. Reiter ed., *Exorcism in Daoism: A Berlin Symposium*, Harrassowitz Verelag, 2011, pp. 31—49, esp. 41—44。并参见中文稿《摄召北酆鬼魔赤书玉诀与灵宝五篇真文——〈太上洞玄灵宝赤书玉诀妙经〉校读拾遗》，《宗教学研究》2010年第4期，第20—30页。

明显的地域信仰特色。因为造作的时间相对较早，所以对佛教模仿的痕迹还不明显。但古灵宝经不是出自一人之手，《诸天内音》等经四方三十二天的思想就明显来自佛教的影响。因为这三十二天的名称，以及与之对应的内音，有很多是模仿佛教梵文音译而造作出的“伪梵文”[①]。如果说“五篇真文”的楷体字译文，还可按照汉语语法读出一些具有特定意义的内容，如“敕摄北帝，遏塞鬼门，剪除不祥，莫有当前。”很像是道术道教的咒语法令之类。而所谓“诸天内音”则几乎只是“伪梵文”的音译，如“亶娄阿会，无恕观音。须延明首，法揽菩昙”，很难读出前后文字之间的语法关联。所以这明显是两套来源和用途都不相同的秘篆文。《五炼经》不采用较早形成的“五篇真文”秘篆文，而以“诸天内音”为基础新造出一套秘篆文，盖因“诸天内音”这套秘篆文借着佛教梵文的神秘性而自重其神圣性，因而对信众更有吸引力，也具有更广阔的施用空间。

第三，《五炼经》的主题是“五炼生尸”，意思是信道者在死后，经过五方的炼度，可以让尸体死而复生。其中两个关键的环节，即敕告文所谓的“托尸太阴”和“迁上南宫”[②]。“太阴”在中国古典中有北方北极、月亮、地下幽暗之所、太岁别称等不同的用法。六朝道教习见的“太阴”一词，在早于灵宝经的上清经系统已经出现。如《真诰·运象篇》第四中记载小茅君对许翙说：

> 许子遂能委形冥化，从张镇南之夜解也。所以养魂太阴，藏魄于地，四灵守精，五老保藏，复十六年，殆睹我于东华矣[③]。

“张镇南”即张鲁，关于他的死事，一般认为《真诰》的记载最为可信，即在降曹后的第二年，公元216年就去世了，道教中人则认为他是尸解成仙而去。这里的“四灵”即青龙、白虎、朱雀、玄武四相。上清经的脉系似乎偏重四灵镇墓的传统，从《真诰》的记载到陶弘景墓中的墓砖，都有四灵镇墓观念的体现[④]。这种对四灵的偏好，与灵宝经对五方五帝的强调形成鲜明的对照。这里的“五老”也并非是古灵宝经中的五老帝君，而是上清经中的五老仙伯。养魂的“太阴”与藏魄的“地”相对而言，似

---

① 关于“伪梵文”，见许理和（Erik Zürcher），“Buddhist Influence on Early Taoism：A Survey of Scriptural Evidence”，*T' oung Pao*，Vol. 66，1980，pp. 84—147，esp. 109—112。关于古灵宝经为何会对这些伪梵文感兴趣，见谢世维《圣典与传译——六朝道教经典中的“翻译”》，《中国文哲研究集刊》2007年第31期。收入氏著《天界之文：魏晋南北朝灵宝经典研究》，台湾商务印书馆2010年版，第63—124页。

② 对古灵宝经中死亡观念的讨论，见柏夷（Stephen R. Bokenkamp），“Death and Ascent in Ling - pao Taoism”，*Taoist Resources*，Vol. 1，No. 2，1989，pp. 1—20，esp. 8—13. “Stages of Transcendence：The *Bhūmi* Concept in Taoist Scripture”，in Robert E. Buswell，Jr.（ed.），*Chinese Buddhist Apocrypha*，Honolulu：University of Hawaii Press，1990，pp. 119—147，esp. 128—129。

③ 《道藏》第20册，第514页。

④ 陈世华：《陶弘景书墓砖铭文发现及考证》，《东南文化》1987年第3期。麦谷邦夫：《梁天监十八年纪年有铭墓砖和天监年间的陶弘景》，1993年日文初刊，此据孙路易译文，载《日本东方学》第1辑，中华书局2007年版，第80—97页。

乎有所区别。小茅君告诉许翙说：如果你能像张鲁那样夜解，魂魄分别在太阴和地下保藏修炼，历经十六年，就可在东华天宫重生成仙，与我相见。《真诰》同卷又云：

> 若其人蹔死适太阴，权过三官者，肉既灰烂，血沉脉散者，而犹五藏自生，白骨如玉，七魄营侍，三魂守宅，三元权息，太神内闭。或三十年、二十年，或十年、三年，随意而出。当生之时，即更收血育肉，生津成液，复质成形，乃胜于昔未死之容也。真人"炼形于太阴，易貌于三官"者，此之谓也。天帝曰："太阴炼身形，胜服九转丹。形容端且严，面色似灵云。上登太极阙，受书为真人。"[①]

据陶弘景说，这段话是出自许谧当年留下的手笔。意思是说修道之人死后，要在太阴停留，经过三年至三十年的炼度，就可血肉筋骨重生，成为得道的真人。这是与"尸解"观念密切相关的一种成仙途径，但又是对尸解成仙观念的一种新发展[②]。修道者往往因无法回避的死亡而导致修道活动终止，而这种观念却让人相信：死亡也是修道过程中的一个环节，有道者最终会通过太阴炼形而达致成仙的终极目的，即所谓真人"炼形于太阴"。

"太阴炼形"说还见于《老子想尔注》，敦煌本《想尔注》先后两次出现"太阴"。第十六章"没身不殆"句，注云：

> 太阴道积，炼形之宫也。世有不可处，贤者避去托死，过太阴中，而复一边生缘，没而不殆也。俗人不能积善行，死便真死，属地官去也。

第三十三章"死而不亡者寿"句，注云：

> 道人行备，道神归之，避世托死，过太阴中，复生去为不亡，故寿也。俗人无善功，死者属地官，便为亡矣[③]。

---

① 《道藏》第20册，第515页。

② 关于道教的尸解，参见贺碧来（Isabelle Robinet），"Metamorphosis and Deliverance from the Corpse in Taoism"，*History of Religions*，Vol. 19，No. 1. 1979，pp. 37—70。索安（Anna K. Seidel），"Post－Mortem Immortality or：The Taoist Resurrection of the Body"，*Essays on Transformation*，*Revolution and Permanence in the History of Religions. Dedicated to R. J. Zwi Werblowsky*，eds.，S. Shaked，D. Shulman，and G. G. Stroumsa，Leiden E. J. Brill，1987，pp. 223—237。蔡雾溪（Ursula－Angelika Cedzich），"Corpse Deliverance，Substitute Bodies，Name Change，and Feigned Death：Aspects of Metamorphosis and Immortality in Early Medieval China"，*Journal of Chinese Religions*，No. 29，2001，pp. 1—68。

③ 分别见饶宗颐《〈老子想尔注〉校证》，上海古籍出版社1991年版，第21、43页。《想尔注》已有如此明确的"太阴炼形"观念，但张鲁本人却被认为是"夜解"而去的。夜解与太阴炼形，有时代先后和观念演进之区分，这应是不利于张鲁作《想尔注》之说的一个细节。

显然，《想尔注》的“太阴炼形”说与《真诰》所言的意思是非常接近的。《想尔注》更进一步说明：俗人因为没有善功，所以他们的死亡是真死；一旦死亡，就直接去地下世界找地官去了。而贤者是所谓的“托死”，并非真的死亡。由此可知，“真死”之人是要进地府的，这是汉代以来的传统观念。而“托死”之人只是“过太阴中”。《五炼经》和五方镇墓石都说死者要“于某界安宫立室，庇形后土”云云，表明“托死”者暂居的太阴宫，也还是在地下世界，只是与一般地下世界不同。依《想尔注》之说，并非所有的死者都有机会经历“太阴炼形”。所谓“贤者”，是天师道经典中常见的虔心信道但还没有正式成为道士的信徒。《想尔注》说太阴是“炼形之宫”，是一特定的宫所，而非传统的地府世界。“太阴”本有北方和极北之意，《真诰》记载 4 世纪中期，上清经创始人观念中的死者所聚之地为罗酆山，在北方癸地的北海之中[①]。因此，“太阴”也应该位处北方。循着六朝时期“北斗主死，南斗主生”传统观念，与之相对的“南宫”就应是南方主生的天宫[②]。

《真诰》多处提到“炼质南宫，受化胎仙”、“南宫受化”、“南宫为仙”等，都是说南宫是让人成仙之所。《度人经》也出现了“飞升南宫”、“度上南宫”、“度品南宫”、“名度南宫”等。但《真诰》和《度人经》都没有形成“南宫”与“太阴”固定成组的情况。《度人经》中与“南宫”相对的是“北都罗酆”、“北都寒池”，显然还是来自上清经的传统。“太阴”和“南宫”这两个概念虽然都是出自上清经，但原本并不直接相关。比较明确地将“太阴”与“南宫”相对而言的用法，就是在《五炼经》中才出现的。可以说正是因为有了“五炼生尸”的观念，将“托尸太阴”、“迁上南宫”这两个环节紧扣在一起，“太阴”和“南宫”才有了固定的搭配。因此，灵宝五方镇墓石上敕告文的内容，也是因为《五炼经》的独特观念才固定下来的。

第四，《五炼经》记载了五方镇墓石施用时，要有一套完整的道教仪式。在此无须展开讨论这些程序的细节，但却说明我们今天所见的五方镇墓石，特别是那些道教中人在使用这些五方石下葬之时，原本都应该伴有一整套道教的丧礼仪程。

至于《五炼经》所载的“五炼生尸法”实际应用情况，最早的材料见于 570 年甄鸾《笑道论》对道教“五炼生尸”说的嘲笑：

> 《五炼经》云：灭度者用色缯，天子一匹，公王一丈，庶民五尺。上金五两，而作一龙；庶民用铁。五色石五枚，以书玉文。通夜露埋，深三尺。《女青文》曰：九祖幽魂，即出长夜，入光明天。供其厨饭，三十二年。还其故形，而更生矣。

---

① 《道藏》第 20 册，第 579 页。

② “南宫”的具体所指，在后世道教科仪文本中指明是“南昌朱陵宫”。但如上所述，上清经和灵宝经之间，灵宝经相互之间关于“南宫”的理解，都并非一成不变。根据《五炼经》，“南宫”或许应该是指“太极上宫南轩”。“南昌朱陵宫”应是比较晚近才固定的说法。

臣笑曰：《三元品》中：天、地、大水，三官九府，九宫一百二十曹，罪福功行，考官书之，无有差错。善者益寿，恶者夺算。岂有不因业行，直用五尺缯，而令九祖幽魂，入光明天，三十二年，还故形耶？不然之谈，于斯可见。计五练之文，出天地未分之前，至今亦应用者，则三十二年后，穿冢而出也。耳目所知，何为羲皇已来，不闻道士死尸、九祖从地出者耶？不然之状，又可笑也。今郊野古冢，亦有穴开焉。非道士祖父更生之处乎？亦可启齿①。

《三元品》是另一部“元始旧经”《太上洞玄灵宝三元品戒经》。甄鸾在此用这两部灵宝经的相互矛盾之处来嘲笑道教的“五炼生尸说”：《三元品戒经》认为人的罪福功行，都由天曹记录，根据人的善恶行为来决定其益寿或夺算，而《五炼经》却说仅凭五尺缯就可以让道士的祖先死而复生。两部同为“元始旧经”的灵宝经，在甄鸾看来，也是顾此失彼，自相矛盾的。甄鸾“笑道”的很多内容，都是他年轻学道时亲身所经历的。所以根据《五炼经》来镇墓的实际应用，当然也不仅仅是在570年才开始的。甄鸾引用《五炼经》的内容，基本可在完整的《五炼经》中找到经典依据。显示出6世纪北方行用的《五炼经》，与其在5世纪时在江东地区作成时相比，文本变化并不明显。这也说明出自南方的灵宝经在北传中原和北方地区后，得到了忠实地尊奉和遵行。

到8世纪初，道士朱法满（卒于720年）作《道士吉凶仪》，就特意讲到：道士“终，依五炼生尸法”。送葬时，“若是大德名人，可依镇经《五炼生尸经》，预书五石，一依经法”②。朱法满此书是在齐梁时代道教凶仪的基础上结合唐代的情况作成的。结合甄鸾“笑道”的内容，可知“依五炼生尸法”的葬仪，很可能就是来自南北朝道教的传统，而且一直到唐代仍在道教中使用。

五　唐代灵宝五方镇墓石施用的几个问题

通过分析灵宝五方镇墓石的理论依据《五炼经》，再结合甄鸾和朱法满关于“五炼生尸法”施用的记述，可知此类五方石原本是5世纪中期的道教中人改造汉魏时代既有的五方镇墓传统，新加入“五炼生尸”这一道教特有的观念之后形成的一种全新的五方镇墓法。在《五炼经》的思想背景下，虽然也提到了告示“土府神乡诸灵官”，也有要求地府神灵对死者“安慰抚恤”或“侍卫安镇”的话，但显然，在汉魏传统的地府神灵护卫死者的观念之上，“生尸”这一极具六朝道教宗教意涵的观念，才是其经典的主旨和终极目的。对于道教信徒来说，“镇墓”并不是最终的目的，因为道教信徒死后并不想始终待在墓中，镇墓只是为了在“五炼”的过程中不受地下世界邪鬼恶灵的

① 释道宣：《广弘明集》卷九《辩惑篇》，《大正藏》第52卷，此据CBETA2009年版，第146a—b页。

② 《道藏》第6册，第1001页。并参见王三庆《三洞道士朱法满编〈道士吉凶仪并序〉初探》，《第五届唐代文化学术研讨会论文集》，丽文文化事业股份有限公司2001年版，第17—43页。

侵扰，最终的目的是要升天去“生尸”。因此，我们在唐代灵宝五方镇墓石中看到金仙公主、彭尊师、女道士李、曹用之和李义珪等这么多有明确道士或女冠身份的人，也就不足为奇了，因为这套东西原本就是道门中人的发明和专利。虔诚的道教信徒毫无疑问地应该是施用此类五方镇墓石的主要人群之一。

由此，首先应该修正以往学者认为在唐代只有皇亲贵戚才有资格使用这种五方镇墓石的观点。不可否认，目前掌握的唐代材料中，的确有相当一部分是出自皇亲贵戚的墓葬，说明这部分人群也的确是五方镇墓石的另一主要施用人群。不过，唐代皇亲贵戚墓中使用灵宝五方镇墓石的原因，也不能一概而论。不能简单地认为唐人用它是就为了重生，宋人用它就是为了镇墓。在唐代，不能排除有部分人是希望自己像道教徒那样通过“五炼生尸”来使自己死后还能上升天宫成仙。与佛教关于人死后要投胎转世说相比，生前荣华富贵的人可能更希望死后不要转世投胎重新来过，如果能以现有的身形继续享乐，那是最好不过了。包括唐中宗、睿宗的墓中使用这种五方镇墓石，也是因为李唐皇室一贯崇道信道，对于道教的“五炼生尸”说也比较熟悉和热衷。有皇帝的示范，那些皇亲贵戚自然也就争相效仿。但有些人的墓中使用这类石刻，就不一定是为了“生尸”的目的。如武三思，其生前与佛教的关系更密切一些，其镇墓石的盖石上写明是“大唐景龙元年岁次丁未十一月乙未朔八日壬寅谨为梁王镇”，其“镇墓”的意味就远大于“生尸”。像武三思、昭成皇后等这些未得善终或突然死亡的皇亲贵戚，他们的丧事并不是由其在生前指定的，而是在死后完全由别人来操办。是否使用这类五方镇墓石，几乎与其生前的信仰或希求关系不大。因此，唐代使用灵宝五方镇墓石的人，并不限于皇亲贵戚，也不都是因为相信“五炼生尸”的宗教说教才施用此类刻石。在有的墓中是为了让死者“生尸”，在有的墓中则只是为了起到镇墓的作用。

如果考虑到宋代四川地区的灵宝五方镇墓石已经明显的庶民化，则在唐代似乎也不能说除了虔诚道教徒和皇亲贵戚之外，就一定不会有第三种身份的人群也在使用此类镇墓石。柯昌泗在《语石异同评》中提及“唐故公士颖君爱”镇墓石时说：

> 新出有唐故公士颖君爱墓中天帝告文，四侧刻四神图像。灵宝黄帝炼度五仙安灵镇神中元天符四行，文一行。安灵镇神五炁天文符八行。文刻符之四周①。

由于没有找到该石拓片，详细的情况难以确知。但可以推测此石应形如李义珪中央镇墓石的情状：如果四周各有两行，正好是 8 行敕告文的文字，环绕 4 行中央黄帝的 16 字秘篆文。而“故公士颖君爱”则表明墓主人的身份既不是道士，也不是贵戚。况且，在目前所知的唐代五方镇墓石材料中，还有相当一部分是没有标明墓主人的姓

① 叶昌炽撰，柯昌泗评：《语石 语石异同评》，第 373 页。

名和身份的，不应现在就将使用这种镇墓方式的人群限定于皇亲贵戚和部分道士、女冠。当然，灵宝五方镇墓石也不是普通人家随便就能用得起的。五方镇墓石文字虽然大体相同，但也有石块的大小、石质的优劣、等级的高低等不同，这无疑也是墓主人生前的社会地位和财富多寡的反映。

现在能看到唐代有明确纪年的灵宝五方镇墓石最晚使用的例子，就是曹用之咸通十三年（872）墓中所用的五方石。这说明此类五方石的使用在唐代具有一定的普遍性和广泛性，既非限定在特殊的人群，也非限定在特殊的时期使用，更不是专门为那些在武则天至唐玄宗时期死于非命的皇亲国戚使用的。加地氏关于五方镇墓石是用来震慑或抚慰怨灵的看法，包括他认为“托质”、“托灵”、“托尸”分别表示不同的死亡方式的问题，在我看来也都值得怀疑。因为从《五炼经》和《想尔注》等道教经典来看，强调的是只有信道者才可以“五炼生尸”，不信道者死后直接到地下世界，并没有强调不同的死亡方式应该各自适应何种“五炼生尸法”。是否使用灵宝五方镇墓石，应该与死者的死亡方式没有关系，而是与死者是否有“生尸”或镇墓的需求有关。镇墓也不是为了震慑死者的怨灵，敕告文说得很清楚，是让五方五帝诸神来护卫死者的魂灵不受其他恶鬼邪神的侵扰。这样的观念与汉代特别害怕死者会从墓中出来危害生人，已经有了很大的不同。关于使用五方镇墓石的最终目的是为了让死者昆仑升仙的说法，也同样欠妥。昆仑升仙基本上是属于先秦汉魏时代传统仙道思想的范畴，到古灵宝经产生的晋宋时代，特别是到唐宋时期，道教的成仙思想早已发生了历史转变，昆仑山已不再是道教追求成仙的最高仙界的代称。况且，《五炼经》早已说明，暂过太阴之后，死者的尸形可以在南宫直接转生成仙。这南宫是在南方天上的仙宫，并不是昆仑山。

此外，对于虔诚的道教信徒而言，是否使用某种镇墓方式的人就一定是某派的道士？例如，本文所讨论的使用五方镇墓石的道教信仰者，金仙公主、李义珪、怀道和女道士李，他们都是唐代灵宝派的法师或道士、女冠？这些人的道教法位表明：他们都是在囊括了灵宝和上清在内的经教道教法位阶梯制度下的道教信仰者，早已没有了上清和灵宝之间的派别区分。以金仙公主为例，她是“上清大洞三景法师”，获得这个法位，就意味着她已经通晓并掌握了从正一法位至上清法位，包括灵宝经戒法箓在内的所有经戒法箓。她既不是灵宝派的法师，也不是上清派的法师，而是唐代经教道教体制中的一位最高阶位的法师。同样地，对于那些皇亲国戚而言，使用灵宝五方镇墓石是否就意味着他们受到灵宝派的影响而具有灵宝派信仰？情况似乎并不是如此简单。

澄清这些关于唐代灵宝五方镇墓石的基本看法，可能会有助于日后系统而全面地梳理和解读此类材料在整个唐代墓葬刻石资料体系中的意义和影响。

六 结语

镇墓的信仰是中国本土早有的传统，是基于古人对死后世界的朴素认知。例如死后世界一定有各种神鬼存在，其中的恶者会危害死者，善者可以保护死者，但需要借助高级神格的威力来命令地下世界的神灵来护卫死者。在汉代，通常是要借助天帝的权威来敕令地府神灵，以达到镇墓的目的。镇墓既是为震慑地下的邪鬼恶灵，也有震慑死者的魂灵不要返回人间作恶的用意。这时的镇墓信仰，不应该属于道教信仰的范畴。

到六朝时期，经教道教继承了镇墓的传统，先将天帝换成了元始天尊，又以全新的一种带有神秘色彩的秘篆文符号来象征神格的力量。反映在《五炼经》中的五方镇墓信仰，是道教对本土信仰传统的吸收和再造的结果。汉魏原有的镇墓信仰只关注到死者进入地下世界，而灵宝经的造作者新创造了可以“暂过太阴”，最终上升南宫成仙的宗教信仰。能否享受到这种死后的特权，完全要看死者生前对道教信仰的虔诚度。这是只适用于特定信仰人群的典型宗教信仰。

在唐代，镇墓石上的符文与《五炼经》高度一致，这也可看作是唐代文化对南朝文化继承的一个侧面。此时使用五方镇墓石的人群，已扩展到道教之外，甚至有未必信奉道教的人也使用这套东西。正因为灵宝五方的秘篆文具有神秘性和神圣性，所以较之传统的五方石镇墓法，更容易吸引世俗人效仿。上至皇帝，下至公士，或为“生尸”，或为“镇墓”，各取所需，不一而足。而一旦这种道教镇墓的形式作为一种世人可自由选择的丧葬礼仪资源，就不可避免地开始具有习俗化或民俗化的性质，而不再纯为道教信仰的产物。

至宋代，六朝灵宝经教在很大程度上已经被宋代的道教所弱化，但宋代却仍然是五方镇墓石行用的一个高峰期，这只能说明宋人使用五方镇墓石时，已经超越了其原来的道教属性，而重又将其视作是镇墓的手段之一而已。宋代的五方镇墓石，多数情况下未必还具有道教的属性。由此，我们看到在“镇墓”这一中国本土信仰亘古不变的主题上，中古经教道教虽有自己的贡献，但却不能改变镇墓信仰一直沿着其固有的属性和轨迹在发展。特别是官方系统的《地理新书》和《秘葬经》，虽然都不反对五方镇墓法，但却都不采用灵宝五方镇墓法，从中或可看出传统信仰与道教信仰之间一个千年不变的隐性分际。

时至今日，仍有学者对凡涉鬼神的事物一概以“道教”论之，也确有专业研究者将汉代至唐宋之间所有镇墓信仰的材料，都视作道教的遗物。本文除了想澄清有关唐代灵宝五方镇墓石的一些基本认识之外，也有通过这些讨论尝试区分“道教”与传统信仰之间界限的意图。

本文原载于《唐研究》第十七卷，北京大学出版社 2011 年版，第 7—38 页。

敦煌本《大云经疏》新论

——以武则天称帝为中心

金滢坤　刘永海

近年来关于武则天的研究，是学术界的一个热点①，但关于武则天称帝与祥瑞关系的探讨，由于受历史唯物主义的影响，学界在这方面的研究有点不足。仅有牛来颖《唐代祥瑞与王朝政治》、介永强《武则天与祥瑞》、李俊《初唐时期的祥瑞与雅颂文学》等文②，从不同角度探讨了祥瑞和唐代政治、文学的问题，但所使用的资料和论证内容都很有限。随着20世纪初，敦煌本《大云经疏》的发现，通过对《大云经疏》的研究，为我们更加深入探讨武则天称帝与祥瑞的关系提供了新的重要资料。

此前，学界一般认为《大云经疏》就是武则天命薛怀义等对《大云经》的注疏，为她称帝进行舆论宣传③。由于后代统治者对其实行了禁断，所以并未流传于世。直至20世纪初敦煌文书的发现，人们才得以重新了解其中的奥妙。自《大云经疏》被发现以来④，矢吹庆辉、狩野直喜、王国维、陈寅恪、福安敦、汤用彤、萧登福等很多著名

---

① 王双怀：《本世纪以来的武则天研究》，《中国史研究动态》1997年第3期；胡戟等主编：《二十世纪唐研究》，中国社会科学出版社2002年版，第35—42页。

② 郑学檬、冷敏述主编：《唐文化研究论文集》，上海人民出版社1994年版，第535—545页；赵文润、李玉明主编：《武则天研究论文集》，山西古籍出版社1981年版，第160—167页；《中国青年政治学院学报》2005年第5期。

③ 《新唐书》卷七六《则天武皇后传》载："拜薛怀义辅国大将军，封鄂国公，令与群浮屠作《大云经》，言神皇受命事。"（中华书局1975年版，第3481页）《旧唐书》卷六《则天皇后本纪》载：载初元年"秋七月，杀豫章王亶，迁其父舒王元名于和州。有沙门十人伪撰《大云经》，表上之，盛言神皇受命之事。制颁于天下，令诸州各置大云寺，总度僧千人"（中华书局1975年版，第121页）。同书卷一三三《武承嗣传附薛怀义传》载："怀义与法明等造《大云经》，陈符命，言则天是弥勒下生，作阎浮提主，唐氏合微。故则天革命称周，怀义与法明等九人并封县公，赐物有差，皆赐紫袈裟、银龟袋。"（第4742页）《大云经》，《大藏经》今存两种译本，一为北凉昙无谶译《大方等无想经》，一为姚秦竺佛念译《大云无想经》。

④ 在敦煌文书中共发现两个抄本《大云经疏》，分别为S.2658和S.6502，见黄永武主编《敦煌宝藏》第22册（第45—54页）、第47册（第498—506页），新文丰出版公司1982年版。两个抄本内容大致相同，均有残缺，S.6502号相对保存完整，兹主要依据S.6502号，并参考S.2658号。

学者都对其进行过研究[①]，主要集中在《大云经疏》的性质、撰疏人及写作年代等问题的研究，但对其涉及的祥瑞和图谶对武则天称帝相关问题研究较为有限。尽管陈先生在《武瞾与佛教》一文中也对这一问题作了简要的概括："其经典教义可供女主符命附会之利用，要为一主因。"[②] 但其他学者对这一问题的认识也无出其右，多是对其观点的进一步发挥。近年来，林世田先生对《大云经疏》的研究颇为深入，连续发表了多篇相关论文[③]。林先生运用结构分析的方法，打破了现存经疏文本结构的限制，成功地复原了《大云经疏》的初稿，又将其重新归类整合，并把疏中所涉及的祥瑞、图谶剥离了出来。此外，萧登福《敦煌写卷〈唐太宗人冥记〉之撰写年代及其影响》也论及了武则天倚重《大云经疏》为其革命作舆论宣传问题[④]，颇为重要。本文在前人研究的基础上，以《大云经疏》所涉及的图谶、祥瑞为切入点，对该疏在武氏称帝过程中所发挥的具体作用做进一步的探讨。

武则天选择《大云经》作为自己称帝舆论宣传工具的原因，陈先生在《武瞾与佛教》一文中已有论断，此处不再赘述。从林先生所复原的《大云经疏》初稿情况来看，其初稿的疏是对《大云经》经义的解释，尚缺乏祥瑞和图谶，内容空洞，缺乏神秘性、通俗性和说服力。这样的初稿对急于称帝的武则天来说，既起不到广为流传、鼓动人心的作用，也无法承担宣扬"应天命"而称帝的重任。因此，武则天授意薛怀义等对《大云经》进行注疏的目的是进一步发挥《大云经》中净光天女的事迹等，并补充大量的祥瑞和图谶，来证明武则天是弥勒佛的化身，点化女身当王、武姓立国的问题，使其称帝更加神秘化，从而充斥"应天命"的色彩。于是，武则天对其倍加称赞："《大云》阐奥，明王国之祯符……爰开革命之阶，方启惟新之运。"[⑤] 显然，武则天还有一

① [日] 矢吹庆辉：《三阶教の研究》，岩波书店 1927 年版，第 686—747 页。王国维《唐写本大云经跋》一文为狩野直喜博士所录《大云经疏》定性、定名，同时认为法明等重译《大云经》，并将其与《大云经疏》同颁于天下（《观堂林集》第 4 册，中华书局 1959 年版，第 1016—1018 页）。陈寅恪《武曌与佛教》认为以女身称王是大乘佛教中所有，武则天时代没有重译《大云经》，颁行天下的当是薛怀义等拿旧本参以新疏的《大云经疏》（《金明馆丛稿二编》，上海古籍出版社 1980 年版，第 137—155 页）。アントニーノ・フオルテ《〈大云经疏〉なめぐつて》，《讲座敦煌（七）・敦煌と中国佛教》对《大云经疏》的性质和名称进行讨论，同时又对其写作年代和著者进行了探究（大东出版社 1984 年版，第 173—203 页）。福安敦《七世纪末中国的政治宣传和思想意识》，Italian school of Eastasian studies，1976。汤用彤《隋唐佛教史稿》认为，武氏称帝之前《大云经》已有不止一种译本，并且其中均有女主之文，于是薛怀义等把《大云经》改造了一番，将其上表。他还进一步认为英国伦敦博物馆所藏 S. 6502 号文书就是《东域录》中所载《大云经神皇授记义疏》（中华书局 1982 年版，第 198—199 页）。萧登福：《敦煌俗文学论丛》，（台湾）商务印书馆 1988 年版，第 86—131 页；《谶纬与道教》，文津出版社 2000 年版，第 552—553 页。

② 陈寅恪：《武曌与佛教》，《陈寅恪史学论文选集》，上海古籍出版社 1992 年版。

③ 林世田：《〈大云经疏〉初步研究》，《文献》2002 年第 4 期，林世田：《〈大云经疏〉结构分析》，郑炳林、花平宁主编《麦积山石窟艺术论文集》下册，兰州大学出版社 2004 年版，第 175—196 页；林世田《武则天称帝与图谶祥瑞——以 S. 6502〈大云经疏〉为中心》，《敦煌学辑刊》2002 年第 2 期；林世田《敦煌所出〈普贤菩萨说证明经〉及〈大云经疏〉考略——附〈普贤菩萨说证明经〉校录》，收入《文津学志》第一辑，中国国家图书馆 2003 年版，第 165—190 页。林先生的这几篇文章对《大云经疏》进行多角度的分析，从结构、著者、写作年代及其写作意图等方面进行了较为深入的研究。

④ 收入萧登福：《敦煌俗文学论丛》，（台湾）商务印书馆 1988 年版，第 86—131 页。

⑤ （清）董诰：《全唐文》卷九五《释教在道法上制》，中华书局 1983 年版，第 981 页。

个明显的用意，就是用《大云经疏》中大量的图谶祥瑞来“泄露”“应天命”的天机。正如敦煌写本S.6502号《大云经疏》云：

然此《大云经》一部，有卌七犍度。言犍度者，乃是梵音，此云法聚也。故今叙而释之云尔。大云者，广覆十方，周遍一切，布慈荫于有识，洒慧泽于无边。既布大云，必澍甘雨。窃惟云者，即是武姓。此明如来说《大云经》，本属神皇母临万国，子育兆人，犹如大云以一□□泽及中外，无远不沾，故曰大云者也。[①]

显然该疏的主旨明确表明：“窃惟云者，既是武姓”和“本属神皇母临万国，子育兆人”。十分露骨地以如来佛的名义让武姓“神皇”称帝、“母临万国”。该疏名为佛教经疏，实则是武则天对《大云经》中有利于其称帝的内容进行了政治发挥，以便进行政治说教，从而用佛理来证明其以皇后身份称帝是“应天命”的，不可抗拒的。在当时武则天掌控朝政之后，作为女性、皇后身份，要想称帝所面临的两个最大问题：女身问题和姓氏问题。《大云经疏》的编撰主要目的就在于解决这两个方面的问题，其编撰者利用大量的祥瑞、图谶对《大云经》进一步解释，为女身称帝、变更国姓，找寻“应天命”的依据。

一 《大云经疏》与武则天以女身称帝的相关问题

女身称帝，在唐代以前尚未有先河，因此，武则天称帝必然要面临“牝鸡之晨，惟家之索”的挑战[②]。佛教经典《大云经》中宣扬的“女王受记”可以转圣王的思想，无疑为武则天称帝找到了理论出口。正如陈寅恪先生所说：“末流至于大乘急进派之经典，其中乃有以女身受记为转轮圣王成佛之教义……武曌颁行天下以为受命符谶之《大云经》，即属于此大乘急进派之经典。其原本实出自天竺，非支那所伪造也。”[③]但是，不管《大云经》中所说的净光天女也好，还是弥勒佛也好，均出自佛经，源自天竺，非我中华之有，纯属舶来品，尚不适应唐代政治斗争的需要。另一方面，单纯通过正统的佛经进行说教，未免牵强，其传播也很受限制，也很难融入中土政治文化中。因此，用图谶、祥瑞等传统文化因素来改造《大云经》，使其本土化，实现通俗化、大众化和神秘化，从而融入中国文化，把武则天称帝所需的女身可以当国、武姓将要当王的“天机”大为传播、光大，以便在理论上支持其以女身称帝、改易国姓、国号。

中国古代以男权主导的皇帝制度，其社会意识形态是建立在天命论基础之上的，

① 《敦煌宝藏》第47册，第498页下。

② （汉）孔氏传，（唐）孔颖达疏：《尚书正义》卷一一《周书·牧誓》，《十三经注疏》，中华书局1980年版，第183页。

③ 陈寅恪：《武曌与佛教》。

皇帝是代天行事，以“天子”自居。因此，在其框架下，祥瑞或图谶往往昭示“天意”，天意是不可抗拒的，任何人都不能违背。《大云经疏》的使命就是要把印度佛教的“经义”转化为中国的“天命”。一旦转化成功，性别问题也就随之迎刃而解，那些原来不利的因素也会随之发生根本性的转变，称帝之路遂之畅通无阻。武则天正是清楚地认识到这一点，才命人在《大云经疏》中大量地使用祥瑞、图谶，用中国的“天命”来附会天竺佛教经义，借天竺佛教经典来宣扬中国的“天命”。下文主要对《大云经疏》中宣传“天命”的神秘谶语进行分类分析，以观察《大云经疏》如何利用谶语和祥瑞来扫除女身称帝、改易国姓障碍，及武则天熟练运用祥瑞和谶语的手段。从《大云经疏》谶语的性质来看，大致可以分为扫除女身称帝、改易国姓两类谶语和祥瑞。

《大云经疏》中以解决女身称帝为主的谶语共有五个[①]。

第一，证明因缘谶。谶曰：“尊者白弥勒世尊出世时，疗除诸秽恶，若有逋慢者，我遣天童子，手把金杖，刑害此人。水东值明主，得见明法王，尊者愿弥勒，为我造化城，上有白银柱，下有万世铭。天女着天衣，柱上悬金铃，召我诸法子，一时入化城。谨按弥勒者，即神皇应也。”这是一个佛教谶语，用佛教暗语，说明弥勒佛“现受女身”，“乃是方便之身，非实女身”，来暗示武则天就是弥勒佛的化身，并以“化庭”（暗指明堂）、白银柱（暗指天枢）、万世铭（暗指广武铭）三件事作为佐证。最后一语点破“弥勒”，“神皇应也”，武则天就是弥勒佛化身的“天女”。

第二，无名歌谶。歌曰：“非旧非新……交七为身……傍山之下，到（倒）出圣人。”从内容来看，它前面是一句暗语，后面是一个字谜。《大云经疏》解作：“非旧非新，旧者，言神皇非旧君临也。非新者，明神皇先已母育，又非新也。”[②]很明显，这些都暗指武则天的政治经历：“非旧”者，言武则天将以“皇后”身份君临李唐天下，预示着她要改朝换代，将要变易国姓李姓为武姓，改唐为周，建立一个新的王朝；而且当时武则天已为皇后，母仪天下，同高宗并称“二圣”，共决国事[③]，故言“非新”。经疏对这一谜语进一步解释：“交七为身者，谓女字也。傍山之下，到（倒）出圣人者，傍山谓‘妇’边‘帚’子（字）。上傍安‘山’字也。到（倒）出谓‘帚’字之下到

① 以下五个谶语分别参见《敦煌宝藏》第47册，第499页上、500页下、501页上、501页下、502页上。

② S.6502，《敦煌宝藏》第47册，第500页下。

③ 《资治通鉴》卷二〇一唐高宗麟德元年十月条载：“（诛杀上官仪后）自是上每视事，则后垂帘于后，政无大小，皆与闻之。天下大权，悉归中宫，黜陟、杀生，决于其口，天子拱手而已，中外谓之二圣。”（中华书局1956年版，第6343页）《旧唐书》卷五《高宗本纪下》载：“自诛上官仪后，上每视朝，天后垂帘于御座后，政事大小皆预闻之，内外称为‘二圣’。”（第100页）同书卷六《则天皇后本纪》载：“永徽六年（655），废王皇后而立武宸妃为皇后。高宗称天皇，武后亦称天后……帝自显庆已后（656），多苦风疾，百司表奏，皆委天后详决。自此内辅国政数十年，威势与帝无异，当时称为‘二圣’。”（第115页）《新唐书》卷四《则天皇后本纪》载：“上元元年（674），高宗号天皇，皇后亦号天后，天下之人谓之‘二圣’。”（第81页）同书卷七六《则天武皇后传》载：“及仪见诛，则政归房帷，天子拱手矣。群臣朝、四方奏章，皆曰‘二圣’。”（第3475—3476页）谨按上述史料，武则天在诛杀上官仪，即644年后，开始垂帘听政，权势迅速膨胀，至永徽六年（655）废王皇后，地位正式得到巩固。显庆（656）以后，高宗病重，武则天开始大权独揽，至上元元年（674）她与高宗一人称“天皇”，一人称“天后”，并称“二圣”。此时距法明等于载初元年（689）上《大云经疏》相隔大约尚有15年。

(倒) 作‘出’字。”最终指出谜底“即‘妇’字也”，并进一步强调：“此乃重显神皇圣德也。”[①] 显然，此谶中使用多重证据证明皇后武则天以“妇”身称帝，乃是顺应天意。

第三，孔子谶。谶云：“天生圣人草中者。”经疏云：“非男之称，此乃隐言，预记神皇临驭天下。”“草”对应“非男”，《周易集解》卷四《上经否》云：“巽为草木，阳爻为木，阴爻为草。”[②] 又《周易正义》卷二《需》云：“巽是阴，柔性，又和顺。”[③] 故草属阴，阴为女性，女和男相对，非男为女，故“草”为“非男”。从字形上来看，“草”上部“艹”与“非”字形相似，下部“早”与“男”字形相似，故“草”字上下部分开即为“非男”，所以经疏又云：“此乃隐言。”“天生圣人草中”便成了“天生圣人”为女子，点明这位顺天命而生的圣人是女性，从而得出“预记神皇临驭天下”的结论。

第四，龙吐图谶。谶云：“戊子母圣帝，千年基明唐，一合天地心，安令李更长。”经疏解释的意向更加明确：“窃惟明堂制度，千载寂寥，神皇于垂拱之年，肇兴阳馆。戊子之岁，崇构毕功。”这里暗指武则天于垂拱四年（688，即戊子岁）“二月，庚午，毁干元殿，于其地作明堂”[④]，十二月“辛亥，明堂成”之事[⑤]，不足一年的时间建成工程浩大的明堂，来显示此千载伟业的完成得到了天助，暗示武则天是按天意行事。“言母圣帝者，谨按：‘察道者，帝。’此显圣母明于正道，君临之义也。‘一合天地心’，一者……侯王得一以为天下正，此明神皇以至道化人，合于天地之心也。‘安令李更长’，李者，皇家姓也，言神皇安宗社，使国祚长远之义也。斯乃幽显合符古今悬应，此即明神皇圣寿无疆，宝历长远也。”显然经疏有意以“戊子母圣帝”来证明捶拱四年（688）武后加尊号“圣母神皇”之事是天意，暗示武后取代李唐将是“以至道化人，合于天地之心也”。

第五，天授圣图。谶曰：“圣母临人，永昌帝业。永者，长也。昌者，盛也。”此“圣图”之事，实际上是武承嗣所伪造。为此，武则天曾举行了一次隆重的“拜洛受图”仪式。关于这一图谶的情况，前人已有深入的研究，兹不赘述[⑥]。

在利用和制造祥瑞的同时，武则天还积极打破对其不利的传统观念，将一些人们熟知的灾异类图谶祥瑞化，并对登帝有利的祥瑞赋予新的神秘性和神圣性，来保证她称帝是应天命和合法性。最显著的例子，就是将人们通常认为不祥的地震和鸡祸，转换成其登帝的瑞兆，充分地显示了武则天的政治才华和谋略。

第一，将地震转变成称帝的瑞兆。地震在古人眼里是阴盛阳衰的表现，是一种凶兆。一般史籍都将其放在灾异类，往往用地震来警示皇权出现的危机，甚至将地震作为女人干政的不祥之兆。因此，“阴盛而反常则地震，故其占为臣强，为后妃专恣”的

① S. 6502，《敦煌宝藏》第 47 册，第 500 页下。

② （唐）李鼎祚：《周易集解》卷四《上经否》，中华书局 1984 年版，第 5 页。

③ （唐）孔颖达：《周易正义》卷二《需》，《十三经注疏》，第 26 页下。

④ 《资治通鉴》卷二〇四“唐则天顺圣后垂拱四年二月”条，第 6447 页。

⑤ 同上书，第 6454 页。

⑥ 参见赵文润、王双环：《武则天评传》，三秦出版社 2001 年版，第 189—196 页。

观念为世人熟知[①]。武后的聪明之处，不是刻意地回避地震，即女人干政的既成事实，反而借助地震来强化自己称帝是天地感应，是天地的预示。因此，武后在称帝之前，大力搜索全国地震的报告，显然地震已经被祥瑞化，为其所用。本文利用两《唐书》和相关史籍，参考今人相关唐前期地震次数研究成果，制成唐前期地震次数统计表。

表1　　唐前期地震次数统计表

资料来源	高祖	太宗	高宗	武后	中宗	睿宗	玄宗
两《唐书》②	2③	4④	9⑤	6⑥	2⑦	1⑧	5⑨
唐代地震灾害时空分布初探⑩	2	6	13	5	1	2	5
中国历代天灾人祸表⑪	1	2	0	0	0	0	1
中国地震资料年表⑫	1	11	2	7	1	1	4
中国古代自然灾异相关性年表总汇⑬	1	0	2	1	0	1	1

① 《新唐书》卷三五《五行志二》，第906页。

② 见《旧唐书》卷一—一〇《诸帝本纪》，第1—238页；《旧唐书》卷三七《五行志》，第1345—1382页；《新唐书》卷一—五《诸帝本纪》，第1—154页；《新唐书》卷三五《五行志二》，第897—925页。

③ 高祖朝地震：武德二年（619）九月京师地震（《旧唐书》卷一，《高祖本纪》第9页；《新唐书》卷一《高祖本纪》，第10页记载相同，《新唐书》卷三五《五行志》第906页误作十月乙未日）、武德七年（624）七月嶲州地震（《旧唐书》卷一《高祖本纪》，第15页；《新唐书》卷一《高祖本纪》，第17页），共计为2次。

④ 太宗朝地震：贞观十二年（638）正月乙未丛州地震、正月癸卯松州地震，贞观二十年（646）九月灵州地震（《旧唐书》卷三《太宗本纪》，第49页；《新唐书》卷二《太宗本纪》，第34、37、45页记载同），贞观七年（633）十月，京师地震（《新唐书》卷三五《五行志》第906页），总计为4次。

⑤ 高宗朝地震：贞观二十三年（649）八月河东地震、十一月晋州地震，永徽元年（650）四月晋州地震、六月晋州地震，永徽二年（651）十月晋州地震、十一月忻州（定襄）地震，咸亨二年（671）九月东都地震，仪凤二年（677）正月京师地震，永淳元年（682）十月京师地震（《旧唐书》卷四—五《高宗本纪》，第67—69、96、102、110页；《新唐书》卷三《高宗本纪》，第52—53、69、74、78页略同），总计9次。

⑥ 武则天统治时期的地震：垂拱三年（687）七月京师地震，垂拱四年（688）七月京师地震、八月神都地震，延载元年（694）四月常州地震，大足元年（701）七月乙亥扬、楚、常、润、苏五州同时地震，长安二年（702）八月剑南六州地震（《新唐书》卷四《则天皇后本纪》，第86—87、94、102页），共计6次。《旧唐书》没有记载武则天时期的地震，大概是刘昫等在编撰《旧唐书》时，认为武则天当权时期有关地震的记载纯粹是武则天借地震之名为其女身称帝制造舆论，与史实不符，故不予记载；而欧阳修等在编撰《新唐书》时，理学已经兴起，欧阳修等似乎有意用正统的观念以地震来警示女主干政不祥之兆，故将武则天伪造的地震也收入其中。

⑦ 中宗朝地震：景龙二年（708）七月台州地震（《旧唐书》卷七《中宗本纪》，第146页）、景龙四年（710）五月剡县地震（《新唐书》卷三五《五行志二》，第907页），共计2条。

⑧ 睿宗朝地震：景云三年（712）正月并、汾、绛三州同时地震（《旧唐书》卷七《睿宗本纪》，第158页、《新唐书》卷五《睿宗本纪》，第119页略同）。

⑨ 玄宗朝地震：开元十七年（729）四月蓝田地震、开元二十二年（734）二月秦州地震、开元二十四年（736）十月京师地震和同年十一月东都地震、开元二十六年（738）三月京师地震（《旧唐书》卷八—九《玄宗本纪》，第193、200、208页，《新唐书》卷五《玄宗本纪》，第138、140页），玄宗朝地震共计5次。开元十七年四月、开元二十四年十月和十一月三次地震，《旧唐书》未载。

⑩ 参见童圣江：《唐代地震灾害时空分布初探》，《中国历史地理论丛》2002年第4期。

⑪ 参见陈高佣：《中国历代天灾人祸表》，上海书店出版社1986年版，第455—549页。

⑫ 参见中国科学院地震工作委员会历史组：《中国地震资料年表》，科学出版社1956年版，第21、86—187、363、447、578、683、818、940、1173页。

⑬ 参见宋正海：《中国古代自然灾异相关性年表总汇》，安徽教育出版社2002年版，第20、45、93、278页。

表 2 高宗、武后朝地震分布地区与次数统计表

资料源	晋州	长安	洛阳	其他
两《唐书》	5	2	3	5
唐代地震灾害时空分布初探	5	2	4	7
中国历代天灾人祸表	0	0	0	0
中国地震资料年表	0	3	2	4
中国古代自然灾异相关性年表总汇	2	1	0	0

从表 1 的统计资料来看，在唐前期总共地震 29 次，两《唐书》中地震次数最多的记载集中在高宗朝，地震记录高达 9 次，占唐前期总数的 31%；其次是武周朝，共 6 次，占总数的 21%。在唐前期的 139 年中，高宗和武后共在位 55 年，不足总数的 40%，却占了唐前期全部地震记录的 54%。更加可疑的是武则天称帝的前两年（687—688）连续有 3 次地震记录，占唐前期总数的 11%，约是唐前期平均地震率（约每年 0.2 次）的 14 倍。显然，有关高宗、武后朝地震次数的记载存在很大水分。

《唐代地震灾害时空分布初探》、《中国历代天灾人祸表》、《中国地震资料年表》、《中国古代自然灾异相关性年表总汇》四种统计资料，虽各有侧重，统计资料存在一定的差距，但也很能说明问题。从表 2 显示两《唐书》记载高宗、武后朝地震的地区分布情况来看，有很明显的政治暗示味，地震发生最多的是晋州，共 5 次；其次是洛阳，共 3 次；最少的是长安，共 2 次。仔细考察其发生的时间，很能说明问题。发生在晋州的五次地震时间分别为：贞观二十三年（649）八月、贞观二十三年十一月、永徽元年（650）夏四月、永徽元年六月和永徽二年（651）十月，这些发生的时间密集点正好处在太宗和高宗交替之际，恐怕除了真实发生的自然地震记载之外，不排除编造的"人为"地震，有意用来预示皇权统治不稳和皇位易人的征兆。长安发生的两次地震的时间，在高宗仪凤二年（677）十月和永淳元年（682）正月，恰好处于武则天称"天后"（674）与高宗病逝（683 年 12 月）前后，显然这两次地震的记载跟武后权势增长有直接关系，令人不得不怀疑武则天是否有意用"地震"来作为自己当权的瑞兆。最露骨的应该是洛阳的 3 次地震时间，分别为垂拱三年（687）七月、垂拱四年（688）七月和八月，恰恰就在武周革命前的一年多的时间内。这些数字和时间并不是巧合，而是武则天刻意制造的结果。这一点，在《大云经疏》引用的"证明因缘谶"中说得很清楚："谨按《易》云：帝出于震，震在东。此明神皇出震周临，又王在神都，即是水东也。"显然，武则天明确地将地震作为其称帝、定都、更改国名的祥瑞，是天地与人事的感应。这几个地区在唐朝具有非同一般的政治意义，十分敏感，武则天正是利用晋州和两京地区的地震，来预示李唐皇室的不稳固，以及女皇将于洛阳兴起的预兆。故《新唐书》卷三五《五行志二》云：高宗"初即位而地屡震，天下将由帝而动摇象也"①。

① 第 907 页。此条记载也说明，《新唐书》记载的地震材料未必可信，很可能就是武后蓄意伪造的。

随着武则天的专权，及其势力的继续膨胀，地震原本警示灾异的功能被武则天所利用，成为她以女身当国的祥瑞。

显然，天下州郡奏报地震的目的，纯粹是为了欷歔武后，特别是武后准备称帝之前，各地奏报数量骤增。《大云经疏》中记载得很明确，就将“新丰庆山”直接视作武后称帝的祥瑞。关于新丰庆山之事，的确发生在垂拱二年（686）九月已巳[①]。《旧唐书》记载得非常详细：“则天时，新丰县东南露台乡，因大风雨雹震，有山踊出，高二百尺，有池周三顷，池中有龙凤之形、禾麦之异。则天以为休征，名为庆山。”[②]《新唐书》亦云：“新丰有山因震突出，太后以为美祥，赦其县，更名庆山。”[③] 从“有山涌出”、“因震突出”、“大风雨雹震”等这样的描述来看，则天皇后堂而皇之地将自然地震导致的造山现象，视作“美祥”，并将新丰县改为“庆山”县，足见其政治意图明矣。武则天对这次自然灾异的一些特殊现象，曲意视为己瑞，大肆宣扬，以示天意的举措，却招来不识时务者的质疑。江陵人俞文俊上书云：“天气不和而寒暑并，人气不和而疣赘生，地气不和而塠阜出。今陛下以女主处阳位，反易刚柔，故地气塞隔而山变为灾。陛下谓之庆山，臣以为非庆也。臣愚以为宜侧身修德以答天谴；不然，殃祸至矣!”[④] 显然，俞文俊“知义而不识时务”，公然揭穿了武后的“皇帝新衣”。对此，则天皇后大怒，将他“流于岭外”，随后又密令将其杀死，以泄痛恨。武后对此事当机立断，起到了杀鸡儆猴的效果，加之她向来残酷地打击异己的淫威，很快百官纷纷上表附和与武后有关的祥瑞，于是朝野纷纷上《为留守作贺崛山表》、《为留守奏羊乳獐表》、《为留守奏嘉禾表》[⑤] 等，竞献祥瑞，从而出现了一片“祥和气氛”的记载。受武则天导演的“新丰庆山”祥瑞的影响，各地类似“庆山”祥瑞的奏报层出不穷，崔融的《为泾州李使君贺庆山表》和张说的《为留守奏庆山醴泉表》[⑥] 等文，便是迎合事务的欷歔之作。万年县令郑国忠也上状云：“言县界内霸陵乡新出庆山南之醴泉。”[⑦] 武则天导演的“新丰庆山”祥瑞事件，不仅扫除了传统观念对地震警示妇人干政的障碍，而且通过此事检验了百官的政治立场和民心，巧妙地剪除了异己，成功地扫除阻挠称帝的政治势力。

第二，变鸡祸为瑞兆。所谓的鸡祸，用现代的眼光看，其实就是由于鸡体内分泌的性激素失调而引起鸡的性别转变现象，属于自然正常现象[⑧]。但鸡祸和地震一样，中

---

① 《资治通鉴》卷二〇三“唐则天顺圣皇后垂拱二年九月”条，第 6442 页。

② 《旧唐书》卷三七《五行志》，第 1350 页。

③ 《新唐书》卷七六《则天武皇后传》，第 3479 页；（唐）刘肃：《大唐新语》卷一三《记异》略同，中华书局 1984 年版，第 193 页。

④ 《资治通鉴》卷二〇三“唐则天顺圣皇后垂拱二年九月”条，第 6442 页。

⑤ 《全唐文》卷二二二，第 2242—2244 页。

⑥ 《全唐文》卷二一八《为泾州李使君贺庆山表》，第 2200 页；《全唐文》卷二二二《为留守奏庆山醴泉表》，第 2241 页。

⑦ 《全唐文》卷二二二《为留守奏瑞禾杏表》，第 2242 页。

⑧ 参见施佩璜、尹慧道《鸡的性别控制》一文用实验的方法，证明鸡体内雌性激素和雄性激素比例可以变化，能够引起鸡性别的转变（《安徽大学学报（自然科学版）》1979 年第 1 期）。

国古人往往将其视作妇人干政的预兆。然而武则天充分利用鸡祸中为雌鸡变为雄鸡的现象来显示自己女身称帝的天意，一改传统的鸡祸概念。据《新唐书》卷三四《五行志一》载："垂拱三年（687）七月，冀州雌鸡化为雄……永昌元年（689）正月，明州雌鸡化为雄。八月，松州雌鸡化为雄。"① 值得一提的是整个唐代有确切记载的三次雌鸡化雄的事均发生在距离载初元年（689）九月武则天称帝的两年之内，最近者仅差一个月。这就不得不令人怀疑，小小的"雌鸡化雄"的自然现象，何须州县纷纷奏报，搞得举国而知，天下昭然，其目的就是武则天为称帝进行舆论宣传，制造女身称帝的神秘气氛。其实，唐人张鷟就道出了其中的奥妙："文明以后，天下诸州进雌鸡，变为雄者多。或半已化，半未化。乃则天正位之兆。"② 显然，天下纷纷进奏雌鸡化雄，已经将其视作武后"正位之兆"。

以上主要探讨了武则天通过《大云经疏》如何利用祥瑞和谶语来解决以女身称帝问题，并巧妙地转换地震和鸡祸为祥瑞的策略进行了深入分析。下面主要分析《大云经疏》如何利用祥瑞和图谶来解决武则天称帝，变更皇姓和更改国都、国号的相关事宜。

二　《大云经疏》与武则天变更皇姓的相关问题

薛怀义等编撰《大云经疏》的一个重要任务就是利用祥瑞、谶语解决变更国姓，由"武"姓替代国姓的问题。其实，《大云经疏》开宗名义云："大云者，广覆十方，周遍一切，布慈荫于有识，洒慧泽于无边……窃惟云者，既是武姓。"③ 直接道出了《大云经疏》编撰的目的就是宣扬"武"姓之女"应天命"称帝的天机。下文从分析《大云经疏》征引的11个图谶来看，大致可以分为"止戈为武"字谜谶和与"武"字相关的动物谶两类。

《大云经疏》征引图谶中有七个内容都是有关"止戈为武"的字谜谶：

1. 瑞石：止一女，万方吉……一人圣万八千……女主千千……我女一人千千年。

2. 中岳马先生谶：牵三来，就水台，更徽号，二九共和明，止戈合天道，圣妇佐明夫，率土怀恩造。

3. 《推背图》曰：大蓄八月，圣明运翔。止戈昌女主，立正起唐唐。佞人去朝龙来防，化清四海，整齐八方。

4. 宜同师记：自赟无贝止竖长戈，打文却武，从寅上来，乘坤入帝阁。月色

---

① 第880页；《新唐书》卷四《则天皇后本纪》略同，第115页。

② （唐）张鷟：《朝野佥载》卷四，中华书局1979年版，第99页。

③ 《敦煌宝藏》第47册，第498页下。

明天路，与圣同明乐。京师城里道超超（迢迢），洛阳城中光烁烁。光明遍洛川，龙飞直上天。显圣临朝开万国，端坐乘王受千年。四面猖狂无一物，唯有此武独昌延。

5. 紫微夫人玉策天成纬曰：太上还玉京，界乱妖魔行。地上成血泥，众生无愿生。会待承唐年，中国息刀兵。李子五六后，止戈升太平。本是太虚真，济难须交争。一起青童子，倏欻陵三清。尔能勤正法，朱官度尔形。宣法在尔身，天下自安宁。

6. 西岳道士于仙掌得仙人石记云：六合将万国，咸集止戈天，升中镇和气，得受万亿年。

7. 嵩岳道士寇谦之铭：吾算后卜筮，王天下者，木子受太平，善为大圣主，忠孝治国，大王难言，乃为歌曰：龟言吉，筮言从。火德王，王在止戈龙。万岁无为化，三王治圣官。李复李，代代不移宗。欲知长命所，中顶显真容。得吾斯文者，当得圣君封。歌不尽意，又为颂曰：天道无亲，唯德是真。德合忠孝，乃王圣人。善为文化，字育实懃，武兴圣教，国之大珎。欲知始终，王在天中。三阳之处，可建仙官。圣君当王，福祚永隆。长生万岁，无为道冲。[①]

关于“止戈为武”的由来，学界已经有很多研究，一般认为楚庄王最早说过“止戈为武”的话[②]，许慎的《说文解字》释“武”为：“武，楚庄王曰：‘夫武，定功戢兵，故止戈为武。”[③] 说明“止戈为武”的解释早已被唐人熟知，因此，“止戈”的字谜谶，就等同“武”字，“止戈合天道”，就是“武”姓代李姓合天道。第一个谶语曰：“止一女，万方吉”，《大云经疏》释作：“止者，止戈也；一女者，神皇也。”此谶语有一石二鸟之效，即说明神皇的性别，又说明了“神皇”的姓氏“止戈也”。中岳马先生谶中有“就水台”一语，“水台者，高宗讳也”，水解作“氵”，配以“台”字，乃高宗之名“治”。“更徽号”，显然是附会高宗即帝位，改年号为永徽之事。“二九共和明”，“九”在中国古代是帝王的代名词，“二九”即“二圣”，“共和明”再次点明二圣共同治理天下。但这个谶语的重点在“止戈合天道”，强调只有武则天称帝才合天意。与此类似，推背图中有“止戈昌女主”，宜同师记的“自赟无贝止竖长，戈打文却武从寅”，紫微夫人玉策天成纬的“止戈升太平”，西岳道士于仙掌得仙人石上亦曰：“咸集止戈天。”嵩岳道士寇谦之铭亦云：“王在止戈龙。”这些谶纬铭文的出处都十分神秘，不是来自瑞石、仙人石等仙界，就来自中岳、西岳、嵩岳等佛教、道教和传说中的圣地。

---

① S. 6502，《敦煌宝藏》第47册，第501页下、503页下、503页上、504页上、504页下、505页下、505页上。参见林世田：《武则天称帝与图谶祥瑞——以S. 6502〈大云经疏〉为中心》，《敦煌学辑刊》2002年第2期；雷闻：《道教徒马元贞与武周革命》，《中国史研究》2004年第1期。

② 参阅向学春：《“止戈为武”之我见》，《重庆三峡学院学报》2003年第5期。

③ （东汉）许慎：《说文解字》，中华书局1963年版，第266页下。

神秘的出处加上字谜的隐秘性，使得本来很平常的“止戈为武”变得神秘莫测。这种神秘的隐语，为“武”姓当国，赋予了天人合一的色彩，便成了天意的象征。

《大云经疏》中意会“武”字的动物谶。这种动物谶基本上采用形近字、同音字和谐音字来，意会“武”字。如以下四种：[①]

1. 七字谶：“东海跃六传书鱼，西山飞一能言鸟，鱼鸟相依同一家，鼓鳞奋翼膺而号。”

2. 五字谶甲：“戴冠鹦鹉子，真成不得欺……二九一百八十年，天下太平高枕眠。”

3. 五字谶乙：“陇头一丛李，枝叶欲雕疏，风吹几欲倒，赖逢鹦鹉扶。”

4. 元嵩谶：“两角麒麟儿，世民皆不识，长大威仪成，献者得官职。贤忠今在朝，竖子去君侧，能善作分别，永隆安社稷。”

前三个谶语均以鹦鹉作为对象，鹦鹉在古代是一种吉祥物，谐“英武”音，代表英名神武；鹦鹉又名“能言鸟”，会学人说话，因此古人也认为鹦鹉具有灵性，是一种神鸟。《大云经疏》充分利用了鹦鹉既是一种传统的祥瑞，又是一种神鸟的光环，将鹦鹉之“鹉”与武则天的“武”字联系在一起，无疑给武则天的“应天命”增加了神秘感。如《大云经疏》曰：“鹦鹉应圣氏也”，“鹦鹉者，属神皇之姓也”。其疏以鹦鹉意会“武则天”的祥瑞，就连武则天本人也有几分笃信，武则天称帝后在立皇储以何姓之时，“谓仁杰曰：‘朕梦大鹦鹉两翅皆折，何也?’对曰：‘武者，陛下之姓，两翼，二子也。陛下起二子，则两翼振矣。’太后由是无立承嗣、三思之意。”[②] 由此可见，鹦鹉谶也就自然成为武则天称帝的最为重要依据之一。又《大云经疏》云：“惟神皇外氏，杨也，羊有两角，故曰两角麒麟儿。”显然，由于武则天为杨氏所生，所以《大云经疏》以“羊”与“杨”谐音，来用隐语指代武则天。元嵩谶实际上是利用古人将麒麟视作祥瑞的观念，用“两角麒麟儿”指代武则天，暗示“贤忠今在朝”，武后将“永隆安社稷”。

最值得探讨的是《广武铭》中的动物谶与“武”姓的关系。谶云：“离（狸）猫为你守四方……三六年少唱唐唐……次第还歌武媚娘。”《大云经疏》对此这样解释：“易曰：离者，明也，位在南方，又是中女，属神皇南面而临天下，又是文明之应也。”“中女”一词，并非一般意义上的中年妇女[③]。那究竟该如何解释才对呢？查《易经》

---

① S.6502，《敦煌宝藏》第47册，第498—506页；参见林世田：《武则天称帝与图谶祥瑞——以S.6502〈大云经疏〉为中心》，《敦煌学辑刊》2002年第2期。

② 《资治通鉴》卷二〇六“唐则天顺圣皇后圣历元年二月”条，第6526页。

③ 林世田先生在《武则天称帝与图谶祥瑞——以S.6502〈大云经疏〉为中心》一文中，曾就此问题指出此时的武则天已是“年过六旬的十足‘老妪’了”。对中年妇女这一说法也曾提出疑问，但并没有将其具体考证。

云："乾，天也，故称乎父。坤，地也，故称乎母。震一索而得男，故谓之长男。巽一索而得女，故谓之长女。坎再索而得男，故谓之中男。离再索而得女，故谓之中女。艮三索而得男，故谓之少男。兑三索而得女，故谓之少女。"[①] 此处"中女"和"长男""长女"、"中男"、"少男"、"少女"并列出现，前有"父"和"母"，此处，"中女"之"中"应是兄弟姐妹之间的排行第二[②]。中国古代"中"字表示行第的用法很常见，多冠于"男"或"女"之前，称"中男"、"中女"。因此，《大云经疏》中"又是中女"一语，应该理解为武则天是武士彟第二女的行第。据《旧唐书》卷一八三《武承嗣传》载："初，士彟……又娶杨氏，生三女：长适越王府功曹贺兰越石，次则天，次适郭氏。"[③]《新唐书》卷二〇六《武士彟传》载："士彟……又娶杨氏，生三女。元女妻贺兰氏，早寡。季女妻郭氏，不显。士彟卒后……后立，封杨代国夫人，进为荣国，后姊韩国夫人。"[④]《新唐书》卷七六《则天武皇后传》载："始，士彟……又娶杨氏，生三女：伯嫁贺兰越石，蚤寡，封韩国夫人；仲即后；季嫁郭孝慎，前死。"[⑤]《资治通鉴》载："初，武士彟……又娶杨氏，生三女，长适越王府法曹贺兰越石，次皇后，次适郭孝慎。"[⑥] 显然，武则天在杨氏所生三女中排行第二，应无异议。因此，《大云经疏》所云"中女"之"中"，就是指武则天。

"离猫"一词，可谓一语双关，"离"字除了上述特指"中女"、"文明"年号之外，还与"狸"字谐音，"狸猫"又隐含"武"字的避讳。《大云经疏》又云："猫者，武之象，武属皇氏。"猫为何是武之象？除了猫与虎貌似，传说有兄弟之相外，还与唐代以"武"字避"虎"字讳有关。唐朝避为李虎之讳，取音近，以"武"避"虎"字。如《太平御览》卷一五八转引《穆天子传》："天子射鸟，有兽在葭中，七萃之士高贲戎擒之以献。天子命畜之东虞，曰虎牢。"又并注曰："唐讳虎，故改武，其后又名成皋。"[⑦] 可见唐代将虎牢改作武牢。唐人陆广微在地理文献《吴地记》中也有相似记载："虎丘山，避唐太祖讳改为武丘，又名海涌山。"[⑧] 因此，疏中故意用猫有"虎之象"，来突出"武之象"，用避讳文化来附会武后称帝的"天意"。可见薛怀义巧妙地用"狸猫"来暗示"武氏第二女"，就是武后（参见：示意图一）。

此外，《广武铭》云："非豹非狼。"《大云经疏》释作："武也。"这个也暗含了一个谶语，所谓的"武"，为"虎"的避讳字，因此，实际上也是以"狸猫"暗示"武"。

---

① 《周易正义》卷九《说卦》，《十三经注疏》，中华书局 1980 年版，第 94 页。

② 此说得到赵和平先生的指点，特此感谢。

③ 《旧唐书》卷一八三《武承嗣传》，第 4727 页。

④ 《新唐书》卷二〇六《武士彟传》，第 5836 页。

⑤ 《新唐书》卷七六《则天武皇后传》，第 3476 页。

⑥ 《资治通鉴》卷二〇一"唐高宗天皇大圣大弘孝皇帝乾封元年八月"条，第 6349 页。

⑦ （宋）李昉等：《太平御览》卷一五八《州郡部·西京河南府·河南道上》，中华书局影印本 1960 年版，第 770 页。

⑧ （唐）陆广微：《吴地记》，收入（清）永瑢：《文渊阁四库全书》第 587 册，上海古籍出版社 1987 年版，第 60 页。

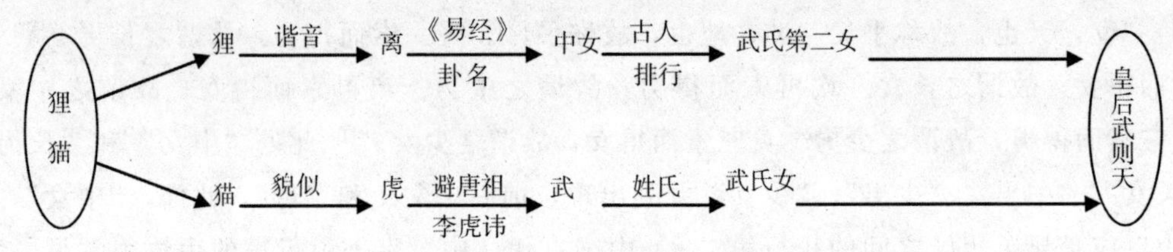

示意图一　《大云经疏》中狸猫与武则天的联系示意图

唐宋时期，世人往往将豹、豺、狼、虎、狸猫并列在一起，归入凶猛的动物类。如唐释道世撰《法苑珠林》卷八五《业因篇卷七十八之余》云："为人好于美食，恐害众生无有善者，前身从犲狼、狸猫中来。"[①]《夷坚志》中也有狸猫化乳虎的故事[②]，充分证实"非豹非狼"实际上指的就是"狸猫"，"狸猫"又可以化作虎，虎又可以指代"武"，最终指向武则天。

既然猫和鹦鹉都被武则天视为己瑞，若是猫与鹦鹉能平安相处，自然更是神奇，"应天命"的说教更是事半功倍。于是，武则天在称帝后的长寿元年（692）五月上演了一场政治秀，"太后习猫，使与鹦鹉共处，出示百官。传观未遍，猫饥，搏鹦鹉食之，太后甚惭"[③]。虽然武则天费尽心机，调教猫的习性，企图让猫和鹦鹉和谐共处，借此来证明自己称帝的正当性和神圣性，然顽猫本性难移，没给武则天面子，当着群臣的面搏杀了鹦鹉。武则天虽然弄巧成拙，但其用意足以说明《广武铭》中的狸猫和鹦鹉的相关谶语都是经过精心设计的，而且深得武则天的喜好。

《广武铭》谶在用"狸猫"指明武则天将要改易天命之后，还用"次第还歌《武媚娘》"的民间音乐，来进一步强调武媚娘就是武则天。这显然是薛怀义等人汲取了现实中与武则天相关联的一些素材，来衬托谶语的神秘性和先验性。其实，《武媚娘歌》在武则天之前就已经存在，除了名称相同之外，本身没有任何关联。《旧唐书》载："隋开皇末，为太子洗马。皇太子勇尝以岁首宴宫臣，左庶子唐令则自请奏琵琶，又歌《武媚娘》之曲。"[④]《资治通鉴》云："勇尝宴宫臣，唐令则自弹琵琶，歌《妩媚娘》。"[⑤]由此可推断《武媚娘歌》的出现应该不晚于隋朝开皇末。该曲在武则天时期也是相当流行，《教坊记》中有曲名"《武媚娘》"[⑥]。《朝野佥载》载："永徽后，天下唱《武媚娘歌》，后立武氏为皇后。大帝崩，则天临朝，改号大周。"[⑦]《新唐书》卷三五《五行志二》亦云："永徽后，民歌《武媚娘曲》。"[⑧] 韦后当政时，迦叶志忠为了劝韦后受命，

① 收入《文渊阁四库全书》第1050册，第382页上。

② （宋）洪迈：《夷坚志·支景》卷一《阳台虎精》，中华书局1981年版，第880—881页。

③ 《资治通鉴》卷二〇五"唐则天顺圣皇后长寿元年五月"条，第6484页。

④ 《旧唐书》卷六二《李纲传》，第2373页。

⑤ 《资治通鉴》卷一七九"唐高祖文皇帝开皇二十年十月"条，第5583页。

⑥ （唐）崔令钦：《教坊记》，《唐五代笔记小说大观》上册，上海古籍出版社2000年版，第125页。

⑦ 《朝野佥载》卷一，第12页。

⑧ 《新唐书》卷三五《五行志二》，第918页。

进《桑条歌表》云："天后未受命时，天下歌《武媚娘》。"① 正因为《武媚娘歌》与武则天之后宫赐号"武媚"相同，等同武则天的标签，在当时武则天急需找到某种与其有密切联系的事来渲染其受天命的形势下，《武媚娘歌》便顺理成章地成为武则天称帝最直接的瑞兆之一了。于是，《大云经疏》进一步将原本普通的《武媚娘歌》赋予了天命的色彩，解释作："此明三圣之后，即神皇临御天下也。"明确告谕天下，继唐高祖、唐太宗、唐高宗，即所谓"三圣"之后，武媚娘当君临天下，此人就是武后。

在《大云经疏》的最后，对武则天将"驭四天下"而产生的祥瑞，作了一个综合的概述：

> 神皇化迹，阎浮未知有何祥瑞。答曰：窃惟圣德超前，神兽冠。昔羲农未获之瑞，屡呈垂拱之年，轩昊不记之祥，频应载初之日，加复日抱戴、月重光、庆云浮、佳气满、日月如合璧、五星若连珠、德星常守宫掖，此天应也。武德纪号，垂拱标年，此则年号之应也……山称武当，则山名之应也。至若武功、武陟、武水、武昌、武仙、武力、武康、武强，则州郡之应也。河出图、洛出书、醴泉涌、神池见，水之应也……嘉禾秀、芝草生、异木同心、连理呈瑞，草木之应也。又文明年内，怀州于黄河中忽有五色云起，云上有人自称玄女。云：天使送九转神丹，进皇太后。当时，有萧延休等同见。又宝图每出，必降祯符，抱戴庆云，不可胜记，新丰庆山之瑞，显崇峻于昌基，岚州□□□□□也，表灵长于景▭②

这段材料中称有关武后称帝的祥瑞数量"不可胜计"，抛开祥瑞的真假不论，仅就上奏中央的祥瑞数量来说，此言不虚。如敦煌文书 P.2005 号《沙州都督府图经残卷》中就找到佐证③，该卷记载了从后凉吕光麟佳（文书底卷作"麟庆"）元年（389）至武周天授二年（691）300 余年间敦煌出现的祥瑞清单，共计 20 种，而武则天当政时期的祥瑞就占 9 种，其中垂拱四年（688）有甘露和野谷生于野 2 种；天授二年（691）有五色鸟、日扬光、庆云、蒲昌海五色、白狼 5 种之多。除此之外，还有一首《歌谣》，这首歌谣也是盛称武氏称帝④。在地处边陲的弹丸之地的敦煌，奏报祥瑞竟有如此表现，那么天下诸州上奏中央之祥瑞真可谓"不可胜计"。按照《唐六典》的分类标准，《大云经疏》记载的祥瑞大多为大瑞⑤，并将含"武"字的年号、山名、地名的平常之事，视作武后应天地之祥瑞的证据，无疑旨在为"武"姓当国服务，更显示了武则天称帝顺乎天意、合乎民心的不可抗拒性。从《大云经疏》所记和相关史料记载情况来

---

① 《全唐文》卷二七六迦叶志忠《进桑条歌表》，第 2805 页。

② 《敦煌宝藏》第 47 册，第 506 页。

③ 参见上海古籍出版社、法国国家图书馆：《法藏敦煌西域文献》第 1 册，上海古籍出版社 1995 年版，第 43—64 页。

④ 参见唐耕耦、陆宏基：《敦煌社会经济文献真迹释录》第 1 辑，书目文献出版社 1986 年版，第 17—23 页。

⑤ 参见《唐六典》卷四《尚书礼部》，中华书局 1992 年版，第 114—115 页。

看，武则天利用大量的祥瑞和谶语为其称帝作了广泛的舆论宣传，不仅意在散布“应天命”、革唐命的意图，而且通过这些看似荒诞之事，直接检验了当朝百官和民间百姓对其称帝的政治态度，在高举“应天命”的旗帜，积极准备登基的同时扫除异己。如《资治通鉴》载：“襄州人胡庆以丹漆书龟腹曰：‘天子万万年。’诣阙献之。昭德以刀刮尽，奏请付法。太后曰：‘此心亦无恶。’命释之。”[①] 按唐律，“诸诈为瑞应者，徒二年。”[②] 对如此曲意伪造祥瑞的行为，按律应当惩罚，然而武后不但不罚，反而以一句“此心亦无恶”，轻描淡写，便加以释放。其纵容之心，溢于言表，而有“冥顽不化”斗胆揭穿武后的心思者，必将触怒龙颜，惹火烧身。

三 结论

综上所述，《大云经疏》是武则天纠集薛怀义等御用僧徒，利于用佛道相关经义和谶语，来阐明其“应天命”称帝的说教宝典。它解决了武则天称帝的两个重要问题，即武则天的性别和姓氏问题。本文重点对武则天如何通过《大云经疏》，巧妙地利用祥瑞和谶语进行了深入分析，发现武则天不仅善于利用和制造有利自己的祥瑞和谶语，来证明称帝是“应天命”的天意，而且善于积极打破对其不利的旧的传统观念，将一些人们熟知的灾异类图谶祥瑞化，赋予对其登帝的神秘性和神圣性，来保证她称帝的合法性。最显著的例子，就是将人们通常认为不祥的地震和鸡祸，转换成其登帝的瑞兆，充分地显示了武则天的政治才华和谋略。《大云经疏》不仅是武后称帝说教宝典，还是检验百官和民意的工具。武则天正是通过《大云经疏》的舆论宣传和充分的政治准备，有力地镇压了抵制武后称帝势力，制造自己“应天命”的神秘气息，终于在《大云经疏》推出两个月后，正式称帝，并得以顺利控制朝政。本文还对《大云经疏》中的一些具体的祥瑞和谶语进行了新的解释，如“离猫”之“离”字除了特指“中女”即武则天之外，还与“狸”字谐音，“狸猫”又隐含“武”字的避“虎”，因此有“猫者，武之象，武属皇氏”的说法。“非豹非狼”，实际上就是指虎，虎又可以指代“武”，直指武则天。

原载于《文史》2009 年第 4 辑

① 《资治通鉴》卷二〇五“唐则天顺圣皇后长寿元年五月”条，第 6484 页。

② 刘俊文：《唐律疏议笺解》卷二五《诈伪》，中华书局 1996 年版，第 1741 页。

试论中晚唐制举试策与士大夫的社会意识

——以“子大夫”的社会意识为中心

金滢坤

“士大夫”问题是近年来学术界探讨的一个热点[①]。最近，黄正建先生《唐代“士大夫”的特色及其变化——以两〈唐书〉用词为中心》一文在前人的基础上，对唐代“士大夫”一词，及其意义进行了深入探讨，认为士大夫在唐代并没有形成一个有固定特色的阶级，社会对他们还没有比较统一的认识和要求，社会舆论的主要担当者是“士君子”。到宋代，“士大夫”不再指门阀士族，甚至成了士族的对立面。宋代的“士大夫”具备了唐代“士君子”所具有的操守和左右舆论的能力，成为一个成熟的有自己固定特质的阶级[②]。关于唐代“士大夫”特色和含义的探讨，目前以黄先生的论点最为深入，但黄先生对唐代“士大夫”的认识是建立在两《唐书》记载基础之上，似乎受两《唐书》编撰者观念的影响较大，尚有讨论之处。其实这一点黄先生在论文中已经提到，并仔细对比了相同史实两书记载的不同，不过，两《唐书》并不能全面反映唐人的士大夫概念。

要谈唐代“士大夫”的概念或特征，不能将其与宋代“士大夫”的概念和特征相割裂。关于宋代“士大夫”，王水照先生曾指出：“宋代士人的身份有个与唐代不同的特点，即大都是集官僚、文士、学者三位于一身的复合型人才，其知识结构一般比唐人渊博，格局宏大”，“政治家、文章家、经术家三位一体，是宋代士大夫之学的有机构成”[③]。沈松勤先生的《北宋文人与党争》和郭学信先生的《试论宋代士大夫的社会

---

① 阎步克在《士大夫政治演生史稿》一书中认为“士大夫”就是“官僚与知识分子这两种角色的结合”，指出在中古时期，士人、士大夫“几乎成了士族的同义语”，“随着士族的衰微和社会流动的活跃，科举制度破土而出”，“士大夫官僚政治仍然是演进的最终定局，并且发展到更成熟的形态”。（北京大学出版社 1996 年版，第 4、476—479 页）包弼德《斯文：唐宋思想的转型》一书则认为：在 7—12 世纪这六个世纪中，“那些自称‘士’、‘士人’或‘士大夫’的人支配了中国的政治与社会”，“然而，士的身份随时代而变化。在 7 世纪，士是家世显赫的高门大族所左右的精英群体；在 10 和 11 世纪，士是官僚；最后，在南宋，士是为数更多而家世不太显赫的地方精英家族”。（刘宁译，江苏人民出版社 2001 年版，第 4 页。）

② 黄正建：《唐代“士大夫”的特色及其变化——以两〈唐书〉用词为中心》，《中国史研究》2005 年第 3 期。

③ 王水照：《宋代文学通论》，河南大学出版社 1997 年版，第 27 页。

角色》都有类似看法①。陈峰先生认为宋代以前士大夫主要局限于特权阶层，“庶族出身的普通文官与读书人基本上处于依附的地位，很难跻身于权力中心，在通常情况下也自然不能被视作士大夫”②。此外，张培锋《论中国古代“士大夫”概念的演变与界定》也都探讨过“士大夫”在不同时期的概念③。下文将在前贤的讨论基础上，充分利用唐代制举策问和对策内容的相关史料，以“子大夫”为例，从唐宋“士大夫”充当的社会角色、社会意识等层面，来探讨中晚唐“士大夫”的含义，及其社会群体意识的形成，以及相关历史原因。

一 制举对策与士大夫群体意识形成的关系

（一）制举考试与“士大夫”的关系

唐代制举考试促进了以“子大夫”为主体的士大夫群体意识的产生。唐代制举策问往往把应相考制举的举人称为“子大夫”，并逐渐作为制举举人的专称，无形中增强了举人对“子大夫”称谓的认同感，促进了其社会群体责任感的形成。制举考试中称考生为“子大夫”，由来已久，在西汉武帝察举考试策问中就已经称应举者为“子大夫”。西汉元光元年（前134）五月，汉武帝诏贤良曰：“朕之不敏，不能远德，此子大夫之所睹闻也。贤良明于古今王事之体，受策察问，咸以书对，著之于篇，朕亲览焉。”④ 此后“子大夫”多被指代参加察举和制举考试之人。就笔者所见，“子大夫”一词在唐代制举考试中最早出现的时间是在载初元年（690），张说词标文苑科策问第二道云：“子大夫等学富三冬，才高十室，刑政之要，寔所明闲，倾此虚襟，伫闻良说。”⑤ 此后，长寿三年（694），临难不顾徇节宁邦科策问：“圣皇提象膺符，顺天革命……子大夫博古强学，见贤思齐，一善或同，千载相遇。”⑥ 神龙三年（705），贤良方正科策问：“朕闻处域中之……子大夫讲圣人之高议，明王事之大纲，蓄愤谋忠，历年载矣，何施而反本于古?”⑦ 开元二年（714），贤良方正科策问：“朕闻理国莫尚乎任贤……子大夫光我弓旌，应斯扬择，为政作法，岂无前范，安人济时，亦有令躅。”⑧ 在建中以前制举策问中“子大夫”一词出现的次数不是很多，显然“子大夫”专指制举举人的意向还不明显。但是到建中以后，几乎现存的每篇制举策问都把制举举人群

① 沈松勤：《北宋文人与党争》，人民出版社1998年版，第115页；郭学信：《试论宋代士大夫的社会角色》，《山东师范大学学报》（人文社会科学版）2007年第6期（总第215期）。

② 陈峰：《政治选择与宋代文官士大夫的政治角色——以宋朝治国方略及处理文武关系方面探究为中心》，《河南大学学报》（社会科学版）2007年第1期。

③ 张培锋：《论中国古代“士大夫”概念的演变与界定》，《天津大学学报》（社会科学版）2006年第1期。

④ （汉）班固：《汉书》卷六《武帝本纪》，中华书局1962年版，第160—161页。

⑤ 《文苑英华》卷四七七《策·词标文苑策科策（问）》，第2435页。

⑥ 《文苑英华》卷四七九《策·临难不顾徇节宁邦科策第一道（问）》，第2443页。

⑦ 《文苑英华》卷四八〇《策·贤良方正科第一道（问）》，第2450页。

⑧ 《文苑英华》卷四八三《策·贤良方正策七道（问）》，第2464页。

体称为“子大夫”。如建中元年（780），直言极谏科策问：“子大夫戢翼藏器，思奋俟时。”[①] 贞元元年（785），贤良方正能直言极谏科策问：“子大夫蕴畜才器，通明古今，副我虚求，森然就列。匡朕之寡昧，拯时之难灾。毕志直书，无有所隐。”[②] 贞元八年（792），博通坟典达于教化科策问：“今子大夫博习坟典，深明教化，褒然充举，咸造于庭。其极思精心，以喻朕之未寤。”[③] 贞元二十一年（805），茂才异等科策问：“子大夫志行修洁，学术通赡，储思于天下之际，研精于大道之极。”[④] 元和元年（806），才识兼茂明于体用科策问：“子大夫得不勉思朕言而茂明之？”[⑤] 元和三年（808），贤良方正直言极谏科策问：“至若穷神知化，以盛其德，经纬文武，以大其业，考古会极，通教化之源，明目达聪，周视听之表，斯夙夜之所志也，子大夫将何以匡逮（建）而致之乎？”[⑥] 长庆元年（821），贤良方正能直言极谏科策问云：“子大夫是宜发所蕴畜，沃予虚怀。极意正词，勿有所隐……子大夫其勉之。”[⑦] 宝历元年（825），贤良方正直言极谏科策问云：“子大夫皆蕴器应荐，愤愤悱悱，思所以奋者，于日久矣。当极其虑，开予郁滞。”[⑧] 大和二年（828），贤良方正直言极谏科策问云：“子大夫皆识达古今，志在康济。造庭待问，副朕虚怀。必当箴主之阙，辨政之疵。”[⑨] 皇帝宣布举行制举考试的制敕，也多以“子大夫”指代应试的举人。如宪宗《试制科举人制》云：“子大夫等藏器斯久，贲然而来，白驹就维，洪钟待扣，膺兹献纳，朕甚嘉之。”[⑩] 穆宗《御宣政殿试制科举人制》云：“子大夫覃思于六经，驰骛于百氏，得不讲求至论，以沃朕心。”[⑪] 敬宗《试制举人敕》云：“子大夫庭列俨然，各应其品……当竭诚虑，无有蕴藏，宜坐食讫就试。”[⑫] 文宗《试制举人诏》云：“子大夫达学通识，俨然来思，操觚濡翰，条诲宿滞，慰我虚伫，必宏嘉猷。”[⑬] 从上述情况来看，绝大多数制举策问、试制举制诏中都把参加制举的考生称为“子大夫”，特别是建中以后，所见每科策问都将其称为“子大夫”，说明“子大夫”的称谓已被强化，“子大夫”成为制举举人相对固定的尊称，这有助于其群体意识的形成和社会责任感的增强，在一定程度上反映了士大夫阶层的兴起。

由于制举考试主要面向已经取得入仕资格的中低级官员，所以“子大夫”也涵盖

---

① 《文苑英华》卷四九一《策·直言极谏策（问）》，第 2512 页。
② （唐）陆贽：《陆贽集》卷六《策问贤良方正能直言极谏科》，中华书局 2006 年版，第 188 页。
③ 《陆贽集》卷六《策问博通坟典达于教化科》，第 190 页。
④ 《文苑英华》卷四九一《策·茂才异等策（问）》，第 2513 页。
⑤ 《文苑英华》卷四八七《策·才识兼茂明于体用策第二道（问）》，第 2483 页。
⑥ 《文苑英华》卷四八九《策·贤良方正直言极谏策（问）》，第 2498 页。
⑦ 《文苑英华》卷四九〇《策·贤良方正能直言极谏策（问）》，第 2508—2509 页。
⑧ 《文苑英华》卷四九〇《策·贤良方正直言极谏策（问）》，第 2504 页。
⑨ 《文苑英华》卷四九三《策·直言贤良方正直言极谏（问）》，第 2521 页。
⑩ 《全唐文》卷五六，第 606—607 页。
⑪ 《全唐文》卷六四，第 684 页。
⑫ 《全唐文》卷六八，第 716 页。
⑬ 《全唐文》卷七一，第 745 页。

了这些人，并不是专指进入考场参加考试的那些人，而是指整个中低级的官员。那么“子大夫”与“士大夫”的关系又怎样呢？唐代《汉书》颜师古注对“子大夫”有个比较清楚的解释，云：“子者，人之嘉称。大夫，举官称也。志在优贤，故谓之子大夫也。”[①] 显然，“子大夫”就是嘉官，即“贤大夫”，这与士大夫的含义非常接近，是士大夫的主干力量。颜师古对汉代“子大夫”的解释，也包含了唐人对当朝“子大夫”含义的界定。唐代“子大夫”也是可以称作“贤士大夫”的，贞元八年（792），陆贽在《策问博通坟典达于教化科》中将应举者称作“贤士大夫”、“子大夫”[②]，显然两者只是对考生的不同称谓，说明二者含义差别不大。既然士大夫包括有文化的官员，唐代制举考生又是以广大中低级官员为对象，那么“子大夫”自然就是士大夫阶层的主要组成部分，甚至是主干力量。显然以广大士大夫为招考对象的制举考试，无疑加强了士大夫群体的稳固，进而促进了士大夫群体意识的加强。既然，“子大夫”是“贤大夫”，即士大夫的主干力量，因此，制举试策中所反映“子大夫”的社会思想意识，在很大程度上就代表了唐代士大夫的社会思想意识。“子大夫”在参加试策考试过程中，逐渐培养起来的社会责任心、使命感及群体意识，随着时间的推移，无疑也会扩大到整个士大夫阶层。

（二）制举考试与士大夫群体意识的增强

1. 制举考试促进了士大夫“以天下为忧”意识的形成

制举考试促进了士大夫的“天下者，为天下之天下”的群体意识形成。随着中晚唐制举对策直言极谏风气的形成，举人不畏汤镬之险、直书时弊、诚献良策，希祈皇帝采用其谏言的意识逐渐增强。独孤郁便声称：“陛下不能用臣言，不当问也；谓臣不能言其事，不当来也。既来矣，陛下问状，宜直其辞；既问矣，微臣尽忠，宜采其策。”该对策当然不仅仅是停留在表达举人是否尽忠、敢于直言极谏的层面上，而是希望圣上能够重视广大举人的忠言，并能采纳对策。他强调广大举人的这种参政议政意识一旦受到伤害，便会觉得自己“忠未见尽，直必有吝”[③]，甚至伤害到整个士大夫对圣上的忠心和进谏的热忱。即便如此，他还是呼吁广大的士大夫应该“以天下为忧”，“内不疑其身，外不疑于人，忧君而不顾其己，济物而不求其利者，孰肯悃悃款款，出于骨髓，发于肝膈，如此其切于天下乎”？正是在广大士大夫这种积极参与治理社会责任感和使命感的驱动下，独孤郁才在制举对策中大胆地提倡“夫天下者，为天下之天下”的观念，明确了士大夫的国家认同感和社会责任感，也体现了士大夫为国君分忧的使命感。

中晚唐所谓的“子大夫”社会责任感和自觉意识的增强，无疑提升了整个士大夫群体的社会责任意识。这一观念经历了唐末五代士大夫的进一步发展，到了宋代，士大夫

① 《汉书》卷六《武帝本纪》，第162页。

② 《陆贽集》卷六《策问博通坟典达于教化科》，第190页。

③ 《文苑英华》卷四八八《策·对才识兼茂明于体用策（独孤郁）》，第2492页。

的社会责任感又得到了进一步升华，士大夫更加勇于承担社会责任，产生了强烈的国家认同感，进而发展为文彦博向宋神宗提出的“为与士大夫治天下”的观念[①]。显然，晚唐子大夫着意提倡“夫天下者，天下之天下”的观念，是东晋士大夫“王与马共天下”观念形成之后的又一次重大转变[②]，为宋代“为与士大夫治天下”观念的提出，起到承上启下的作用。中晚唐士大夫已经认识到只有“天下安，微臣得保其生；不安，微臣不保其死”[③]，视“天下者，为天下之天下”，君安则臣安，显示了以举人为代表的士大夫社会责任感明显加强。这种也为宋代士大夫为“先天下而忧”观念的出现提供了思想基础。

中晚唐制举对策中还体现了士大夫为国君分忧的使命感和责任意识。特别是元和元年（806），独孤郁制举对策中提出了“是以怀其效，以天下为忧；不怀其身，以天下为念”的观念[④]，这种舍弃小我，实现大我的精神，无疑为士大夫以天下为己任观念的形成提出了一个响亮的口号，这在中晚唐有着非常积极的意义，对号召士大夫拥护、辅佐岌岌可危的皇权有着重要现实意义。他们还倡导“知所以责难于君者，宜尽忠言；知所以尽忠于已者，宜及天下”[⑤]。这种自觉的社会责任心意义重大，为士大夫群体“自觉精神”的出现提供了思想基础。正如钱穆所说：“宋朝的时代……一种自觉的精神，亦终于在士大夫社会中渐渐萌茁。所谓‘自觉精神’者，正是那辈读书人渐渐自已从内心深处涌现出一种感觉，觉得他们应该起来担负着天下的重任。”[⑥] 显然，这种“自觉精神”在中晚唐制举对策中已经出现，而且很有代表性，说明制举对策在很大程度上促成了士大夫群体意识的形成。这种“以天下为忧”、“以天下为念”的观念，被宋代士大夫所继承，范仲淹只不过是其中的典型代表。他以天下为已任的责任意识，在宋代优礼当朝文士政策的激发下，更加增强了“兼济天下”之志[⑦]。晚年他写下了“先天下之忧而忧，后天下之乐而乐”的千古绝唱[⑧]，成为宋代士大夫的最高追求，从而大大提升了宋代士大夫以天下为已任的社会责任意识以及对社会现实关注的热情。

中晚唐士大夫“以天下为已忧”的意识还体现在呼吁国君治国忧患意识方面。中晚唐制举考试中，子大夫提出的圣明君主应该具备“以天下为已忧，而未以位为乐”的社会意识，尤为重要。这实际上是士大夫社会意识增强的一个重要标志，在中国专制主义皇权制度下，士大夫的社会意识和责任感离开缺乏社会责任意识的皇帝是无论

---

① 李焘：《续资治通鉴长编》卷二二一，中华书局 2004 年版，第 5370 页。

② 田余庆：《论东晋门阀政治》，《北京大学学报》1987 年第 2 期。

③ 《文苑英华》卷四八八《策·对才识兼茂明于体用策（独孤郁）》，第 2492 页。

④ 同上。

⑤ 同上。“宜尽忠言，知所以尽忠于已者”，《全唐文》卷六八三独孤郁《对才识兼茂明于体用策》，作“所以怀其身，所以怀其身者”，第 6986 页。

⑥ 钱穆：《国史大纲》，商务印书馆 1996 年版，第 558 页。

⑦ 郭学信：《试论宋代士大夫的社会角色》，《山东师范大学学报》（人文社会科学版）2007 年第 6 期（总第 215 期）。

⑧ （宋）范仲淹：《范文正公集》卷七《岳阳楼记》，张元济：《四部丛刊初编·集部》第 135 册，上海古籍出版社 1989 年版，第 4 页。

如何也无法实现的。因此，皇帝是否勤勉、有责任心，实际上是士大夫推行其社会理想的先决条件。元和三年（808），贤良方正直言极谏科策问曰："盖闻古之令王，体上圣之姿，御大宁之时，犹惧理之未至也；求贤以致用，犹惧动之不中也；咨谏以闻过，矧惟寡昧，膺受多福，思负荷之重，警风波之虞，求贤咨谏……子大夫将何以匡逮而致之乎?"皇甫湜对策云："此陛下之忧勤如此。臣闻尧舜以有天下为己之累，而不以位为乐也。"[①] 此句，《全唐文》作"臣闻尧舜以天下为己忧，而未以位为乐也"[②]。皇甫湜首次提出了贤明国君必须具备"以天下为己忧，而未以位为乐也"的忧患意识和社会责任感，比当时宰相杜黄裳所说的"王者上承天地宗庙，下抚百姓四夷"的天命观更为进步，在很大程度上反映了当时士大夫在增强自身社会忧患意识和社会责任感的同时，也在有意地呼吁皇帝也应增强社会责任感和忧患意识。这一思想意识在当时子大夫心中带有普遍性。如宝历元年（825），舒元褒《对贤良方正直言极谏策》云：

> 臣闻三代之理，以义化天下……虽负至圣之姿，常若不足，在求贤以辅，张谏以规，忧天下之忧，乐天下之乐，未尝枉一物而私其功也。三代之后……既不知其苦，必轻用其人……上之用无节，则有转死沟壑之患，生于无节，足以为生人之刀锯也。[③]

舒元褒把国君的社会责任感和忧患意识更加明确、具体化，大胆地提出国君应该具有"忧天下之忧，乐天下之乐"意识的理念。显然在士大夫的眼中，君王"忧天下之忧，乐天下之乐"是盛世的根本，一旦君王缺乏忧患意识便会出现用度无节制，使百姓转死沟壑。他认为"今陛下欲追踪乎三代，则莫若用三代之理"。只有君王具有"忧天下之忧，乐天下之乐"的忧患意识，才会"以其德理天下，则思求贤以广其覆载；以贞明并日月，则思纳谏以助其照临"，从而做到"无使有求恩之名，无使有得幸之号；无使内干外政，无使中夺外权；无垂饰喜之赏，无行迁怒之罚；无求悦目之华，无好荡心之巧"[④]。相反，国君缺乏忧患意识，距离亡国之时就不远了。又如大和二年（828），刘蕡在制举对策中尽管承认文宗皇帝的确"诚忧劳之至"，但他认为"不宜忧而忧者国必衰，宜忧而不忧者国必危"。在他看来，当时最应该忧虑的是"宫闱将变，社稷将危，天下将倾，海内将乱"的问题，而要解决这些问题，须"委用贤士，亲近正人"[⑤]。但当时的情况却是"纪纲日紊，国祚日衰，奸凶日强，黎元日困"，他深刻认

---

① （唐）皇甫湜：《皇甫持正文集》卷三《对贤良方正直言极谏策》，张元济：《四部丛刊初编·集部》第119册，上海古籍出版社1989年版，第3页。《文苑英华》卷四八九《策·贤良方正直言极谏策（皇甫湜）》，第2499页。

② 《全唐文》卷六八五《皇甫湜·对贤良方正直言极谏策》，第7014页。

③ 《文苑英华》卷四九〇《策·贤良方正直言极谏策（舒元褒）》，第2505页。

④ 同上。

⑤ 《文苑英华》卷四九三《策·直言贤良方正直言极谏（刘蕡）》，第2522页。

识到文宗可忧患之事多矣[①]！其对策反映了士大夫阶层对中晚唐宦官专政不断增强现象的担忧，皇帝被宦官等奸佞之臣包围，值此危机之时，国君的忧患意识最为可贵，若皇帝能举忠贤，日日与公卿大夫讲论政事的意义就非同一般，这在当时有非常的现实意义。制举对策中“子大夫”提出君王的“忧天下之忧，乐天下之乐”忧患意识，无疑在很大程度上反映了这一时期士大夫的社会忧患和责任意识的增强。

2. 增强了士大夫群体的社会责任意识

中晚唐士大夫群体社会责任意识的增强，主要体现在士大夫参与国家事务的强烈社会责任感、要求君臣职责明晰、君臣以礼相待等方面。中晚唐制举对策还体现了士大夫勇于为君分忧、承担社会责任的群体意识。贞元元年（785），穆贽在《对贤良方正能直言极谏策》中尖锐地指出：“陛下一则罪己，二则罪己。若然者，复何用宰相乎？何用有司乎？”[②]穆贽大胆地提出了天下大事、国家事务不是天子一人之事的重要观念，而应该由天子与百官、有司即士大夫共同分担。皇帝与百官、有司各司其职，也就意味着明确各自的社会责任。子大夫这种强烈的参与国家社会事务的责任感，无疑对士大夫群体社会意识的增强起了促进作用。

而要求君臣以礼相待、各司其职的观念，也是士大夫社会意识增强的一个具体表现。杜元颖在制举对策中提出“子骄者不志孝，臣骄者不志忠”，只要皇帝“下训将帅以礼，示师徒以义，则伏节犯难者”，使其尽忠尽责，从而实现“朝有济理之士，边有死难之臣”[③]。制举考试便是一种通过皇帝策问、考生对策的形式，“使上获其益，下输其情”，君臣上下不仅得到了有效沟通，效仿大禹和汉武帝等盛世明君所奉行的“大道”，从而实现君臣之间的各得其所，使“君臣之间，欢然相与”[④]。

士大夫社会责任意识的增强还体现在子大夫对策中有关君臣各就其位、各司其职观念的日渐成熟上。独孤郁在制举对策中还借用《周易》卦相，说：“乾为君，坤为臣。君意下降，臣诚上达，则是天地交，泰之时也；君意不下降，臣诚不上达，则是天地不交，否之时也。”[⑤]从而以天命的角度密切了君臣之间的关系，有意让皇帝明白即便像太宗这样圣明的皇帝，也“每一视朝，未尝不从容问群臣政之得失”，“是以无遗才，无阙政，巍巍荡荡，与天无穷者，上下交泰也”[⑥]。因此，他建议宪宗“上法天，下法地，中法太宗，每坐朝宣旨，使群臣各有所陈”；“言语侍从之臣，得以奉其职”；“谏诤之官，与闻其政而献替之”[⑦]；这样国家就达到上下交泰的盛世。其观点的核心就是认为皇帝的职责在于远小人，亲贤臣，选拔天下贤能，调动广大士大夫参政、议政

---

① 《文苑英华》卷四九三《策·直言贤良方正直言极谏（刘蕡）》，第2524页。

② 《文苑英华》卷四八六《策》，第2480页。

③ 《文苑英华》卷四九一《策·对茂才异等策（杜元颖）》，第2516页。

④ 《文苑英华》卷四八八《策·才识兼茂明于体用策（独孤郁）》，第2490页。

⑤ 同上。

⑥ 同上。

⑦ 同上。

的责任心和使命感，使其充分参加国家事务的管理。元和元年（806），白居易在制举对策中对这一观念的分析更为明晰，他认为国君专权过度和臣下擅权都会败坏了政体，主张："夫委下而用私，专上而无效者。"他认为君臣各就其位，贵在各尽其责，不应相互侵权，君臣"上下异位，君臣殊道，盖大者简者，君道也，小者繁者，臣道也。臣道者，百职小而众，万事细而繁，诚非人君一聪所能偏察，一明所能周览也。故人君之道，但择其人而任之，举其要而执之而已矣"。如果能做到这一点的话，"君得君之道，虽专之于上，而下自有以展其效矣；臣得臣之道，虽委于下，而人亦无以用其私矣"[①]。这种要求皇帝放权，加强百官职责，使整个社会发挥更高效益的观念，充分显示了士大夫社会责任意识的增强。

士大夫要求君臣各就其位、各司其职意识的提高，还反映在"子大夫"对策中要求君臣之间以礼相待上。他们疾呼天子"若以得人为务，社稷之计为心，则不宜待之如是也。夫王者，其道如天，其威如神，以聘问先之，以礼貌接之，造膝而言，虚心以受，犹恐惧陨越，而不得有尽其所怀，况乎坐之阶庭，试以文字，拳曲俯偻，承问而上对乎"[②]？要求皇帝"以礼貌接之，造膝而言"，这不仅容易使君臣之间彼此增近信任和了解，而且体现了士大夫对其群体以天下为己任的责任感和积极参与国家社会事务意识的增强，希望得到应有的尊重。在当时宦官专政日趋严重，皇帝被宦官掌控，与朝臣日渐隔绝的情况下，这些"子大夫"的呼声正好反映了士大夫的心声，很有现实意义。

二　制举对策批评时政风气促进了士大夫群体意识的增长

中晚唐正处在唐朝由盛转衰的转折时期，朝廷上下弊病丛生，内忧外患不断，虽然历任皇帝都力图革除陈弊、振兴江山，但新皇帝往往年纪尚轻，缺乏政事经验和能力，加之中晚唐国家官僚机构日趋败坏，选举贤能就成为这些皇帝新政的首要任务和希望，制举考试便肩负了这一使命。中晚唐制举策问和对策都十分注重现实问题，而且都非常尖锐、具体，集中地反映了这一时期朝野上下锐意求变、重振盛世的思潮和使命，充分体现了相对开明的政治风气，为"子大夫"直言极谏提供了一个大的环境，从而出现了"子大夫"对策敢于直言、批评时政的风气，一定程度上助长了士大夫群体责任意识的增长。下文主要从以下两个方面进行探讨。

（一）制举策问注重时政与鼓励批判时弊

中晚唐的多数皇帝力图革新，希望通过制举考试倾听民意现象的形成，是由当时的专制主义中央集权的皇帝制度造成的。由于这些年轻的皇帝从小"长于深宫，涉道

---

① 《白居易集》卷四七《试策问制诰·才识兼茂明于体用策一道》，第990—991页。

② 《皇甫持正文集》卷三《对贤良方正直言极谏策》，第2页；《文苑英华》卷四八九《策·对贤良方正直言极谏策（皇甫湜）》，第2499页。

日浅”，不黯政务，等到“继列圣之鸿绪，抚万宇之烝人”时，往往缺乏治国经验。即便是这些皇帝“夙夜严恭，不敢有懈”，也“实惧烛理未究，省躬未明”。加之这一时期，由于宦官专政和党争等问题[①]，使君臣、君民沟通渠道被堵塞，国君往往不能体恤民情。面对“宰相卿士，未有转时之对”；“加之千门之深，羽卫之隔，则堂上之远，岂止于千里哉”的情况，即便皇帝“雄杰聪明，极思虑而忧天下”，也无可奈何，以至于“法吏之舞文，权臣之弄柄，朋党连结，货贿公行；以中外重位，出入迭居”[②]。所以制举策问便成了皇帝“详求谠言，以辅不逮”的一个重要途径。特别是随着中晚唐宦官专政的日益加深，皇帝纳谏渠道的日益闭塞，这些锐意进取的子大夫，秉直对策就尤为重要。而制举对策通过天子亲试的形式，可以直接了解士大夫的心声，起到了沟通皇帝与朝官及士大夫阶层的重要作用。于是，新即位的皇帝在策问之时，所说的“子大夫是宜发所蕴蓄，沃予虚怀；极意正词，勿有隐讳”之语[③]，就绝对不是虚美之词了，有着社会现实意义。所谓的“子大夫”在对策时，也对皇帝充满了期待，往往在策尾不忘对皇帝亲试再三表达感激之情：“伏惟陛下留神独听，无惑于左右，则四海九州幸甚!”[④] 显然，奸佞当道，皇帝要做到如此，实在很困难。即便如此，中晚唐策问中“询求过阙，咨访谟猷”的话语绝不是套话[⑤]，某种程度上说明了制举的目的，兼有选才和献策两种功能。于是，这种子大夫希望的“进谏者词旨恳切，陛下既嘉其忠，亦允其请”的观念，无疑促成了士大夫社会群体意识的觉醒。

中晚唐制举策问较之前期促请举人直言、极谏的语气十分诚恳，鼓励举人关注社会、时政、时弊，为举人敢于直言极谏和批评时政，提供了较为宽松的社会环境。中晚唐策问鼓励举人对策的直言、极谏风气主要体现在以下两个方面。

一是，策问鼓励举人直言极谏，敢于评论朝政弊端。制举考试中皇帝亲试以待“非常之才”的特点，理论上是由皇帝亲自策问，或者以皇帝的口气发问，即便是考策官代考，形式上也是代表皇帝。在中晚唐皇帝求新思变的情况下，制举策问注重时务就成了形势所在，直言极谏不再是官样“虚策”，而是“废虚文之无用者，奖至言之斥己者”的实际需要[⑥]，也表达了皇帝的真实意愿。如长庆二年（822）制策问曰：“至于朝廷之阙，四方之弊，详延而至，可得直书。退有后言，朕所不取。”显然，此类策问不能简单地当作制举试题，也不是政治作秀，而是有很强的现实意义，与当时藩镇割据再度失控有着密切联系。穆宗不仅可以通过策问，“垂问以朝廷之阙，四方之弊”，以期“跻人于善道，补政之阙遗”，而且可以获得“取士任贤”，“任贤于上，待人于

① 陈寅恪撰，唐振常导读：《唐代政治史述论稿》，上海古籍出版社 1997 年版，第 49—124 页；胡如雷：《唐代牛李党争研究》，《隋唐政治史论集》，河北教育出版社 1997 年版，第 331—352 页。

② 《文苑英华》卷四九〇《策·贤良方正直言极谏策（舒元褒）》，第 2508 页。

③ 《文苑英华》卷四九二《策·贤良方正直言极谏策（问）》，第 2508 页。

④ 《文苑英华》卷四九〇《策·贤良方正直言极谏策（舒元褒）》，第 2508 页。

⑤ 《文苑英华》卷四九三《策·直言贤良方正直言极谏（刘蕡）》，第 2521 页。

⑥ 《白居易集》卷四七《试策问制诰·才识兼茂明于体用策》，第 987 页。

下”的效果，还使朝廷之阙、四方之弊得到及时修补[①]，吸引社会的关注和讨论。从而使朝政“既往者且追救于弊后，将来者宜早防于事先”，达到“保邦恒在于未危，恭己常居于无过”的目的[②]。中晚唐制举不常设，往往在大赦、灾疫频发、更改年号等特殊时期，有时新皇帝甚至选择嗣位之日下制举行制举考试，通过“首以直言极谏，征夫贤良方正之士，而虚心以问”的方式，激发举人对策的使命感和热情[③]。因此，制举皇帝亲试和不常设的特点，也有助于培养举人的使命感和对策谠直之风。对“天路甚高，无由上达”的举人来讲，无不把握难得的时机，“愿就汤镬之诛，愿尽吐成败利害之根，愿解天下元元倒悬之急也，亦不枝蔓藻饰以为言，上缘圣问，下切人情”，“昧死上言”[④]。皇帝策问要求举人直言的语气也极为至诚，一旦皇帝下制、诏宣告举行制举考试，举人往往对圣恩的感激之情无以言表，“私自快喜”，非常珍惜应举对策的机会。正如庞严所说：“今蒙陛下亲策于赤墀之下，惧所以烛理未究，省躬未明，乃使臣极意正词，勿有隐讳。臣其敢不直不极，而有阙陋哉！臣生三十年，实沐唐化，恨无以自效于日月之下。乃逢昌运，获进狂言，愿增天高，以益地厚。恳迫激切，不知所裁。谨昧死上对。”[⑤] 此类记载很多，虽然有时是出于对策文体需要的溢美之词，但这种敢于批评朝政的直言极谏精神是不可否认的。

二是，策问多针对重要的时政问题。中晚唐制举考试针对时政、时弊策问的情况明显增强，鼓励举人直言极谏，无形中不仅助长了举人针砭时弊、直言极谏的风气，而且很好地引导包括举人在内的广大士大夫关注民生、时政。中晚唐多数皇帝和宰相比较开明，锐意革新的意图比较明显，制举策问便充分体现了这一点。元和元年（806），宪宗制举策问曰：“朕观古之王者……靡不思贤能以济其理，求谠直以闻其过……朕所以叹息郁悼，思索其真，是用发恳恻之诚，咨体用之要，庶乎言之可行，行之不倦。”从而达到“上获其益，下输其情，君臣之间，确然相与”的效果。而制举考试的主要对象“子大夫”，多来自中下级官员，其中不乏一些“褐衣小臣”，他们对制举考试充满了信心，认为制举考试“有匡国致君之术，无位而不得行；有犯颜敢谏之心，无路而不得达”，要想实现自己的政治理想，应举对策无疑是最佳的选择。因此，所谓的“子大夫”不但在对策之时，满怀对圣上的崇敬之情，“沐浴斋戒”，极为郑重；而且他们在社会历练、观察思考的基础上，对重要的社会问题都有较为深刻的认识和见解，在很大程度上弥补了君民之间沟通不足的状况。

“子大夫”非常关注现实问题，平常练习对策时，就思索现实弊病，“固已揣摩，必穷利病”，对策时往往是“明征末失之渐，具陈兴盛之暮”[⑥]。他们甚至“常欲与庶人

① 《文苑英华》卷四九〇《策·对贤良方正能直言极谏策（庞严）》，第2511页。

② 《白居易集》卷四七《试策问制诰·才识兼茂明于体用策》，第992页。

③ 《文苑英华》卷四九〇《策·贤良方正直言极谏策（舒元褒）》，第2504页。

④ 同上。

⑤ 《文苑英华》卷四九〇《策·贤良方正能直言极谏策（庞严）》，第2509页。

⑥ （唐）沈亚之：《沈下贤集》卷一〇《贤良方正直言极谏策（长庆元年）》，上海古籍出版社1994年版，第61页。

议于道，商旅谤于市”，可以说他们深入社会各个阶层，广泛探讨社会问题和时弊，在一定程度上代表了民间的呼声和民意。如白居易《策林》就是其平时学习和思考的练习之作。这些有志之士往往是“少从师学，讲论载籍，为皇为帝为王为霸之所行，理乱兴衰之所由起”。加之这些子大夫正当壮年，虽“以身处穷贱”，但思想都比较成熟，社会阅历丰富，“又得农桑工贾之利病，人情风俗之厚薄，思愿一发于明天子之前，郁抑于中无因自致”①。因此，多数制举对策的确是高水准的政论文，对君王之道有很大的帮助。他们如此倾注心血而完成的对策，若能“得通上听”，自然会“一悟主心”。即使“虽被妖言之罪，无所悔焉”②；“举直言，而直言未得上达，举之不得其人也”③，也不言弃。此外，制举考试由皇帝亲试，以待非常之才，中晚唐制举出身授官往往高于诸色出身，一般都授予左补阙、右拾遗等次清官，为将来卿相的后备人选。从德宗到宣宗的宰相中有制举科名者占宰相总数的20.5%④。这也鼓舞了举人对策的信心，以至于中晚唐“贵族并应制举，用为男子荣进”⑤。甚至入卿相者，非“进士出身、制策不入”，“同僚迁拜，或以此更相讥弄”⑥。

制举策问最后还不忘消除举人的担忧，往往以类似“兴自朕躬，无悼后害”的语句结束，举人因此往往备受鼓舞，荣幸至极，信誓旦旦。白居易就在对策中声称：“臣生也得为唐人，当陛下临御之时，观陛下升平之始，斯则臣朝闻而夕死足矣!”以至于誓言：“今所以极千虑，昧万死，当盛时，献过言者，此诚微臣喜朝闻甘夕死之志也。不然，何轻肆狂瞽，不避斧锧，若此之容易焉？伏惟少垂意而览之，则臣生死幸甚。生死幸甚。谨对。”⑦ 总之，制策提问多与时政有关，有助于举人关注时政，思考解决现实问题的对策，培养了子大夫阶层观关时政、参与政治的意识。

（二）朝政革新风气对举人对策的影响

中晚唐朝政革新的风气不断，相对开明的风气，为“子大夫”对策提供了相对宽松的环境，激发了“子大夫”对策的激切之情，逐渐形成了对策谠直、敢于批评时政的社会风气，从而促进了士大夫群体社会责任意识的增强。之所以出现这一风气，是由当时朝野政治风气决定的。元和初，谏官地位的提高及直谏和纳谏的开明风气，助长了举人对策的直言、激切，进而促使整个士大夫阶层的群体意识的发展。如皇甫湜元和三年（808）对策就对当时的政治弊病进行了犀利剖析，并逐一提出了对策。针对

---

① 《文苑英华》卷四九〇《策·贤良方正能直言极谏策（庞严）》，第2509页。

② 《文苑英华》卷四九三《策·直言贤良方正直言极谏（刘蕡）》，第2521页。

③ 《文苑英华》卷四八六《策·贤良方正能直言极谏策（穆贽）》，第2481页。

④ 宰相名单来源于《唐会要》卷一《帝号》，有多次入相者按一次计算。（清）徐松撰，孟二冬补正：《〈登科记考〉补正》，北京燕山出版社2003年版。

⑤ 《唐诗纪事》卷三七《元稹》，第536页。

⑥ （唐）封演撰，赵贞信校注：《封氏闻见记校注》卷三《制科》，中华书局1958年版，第16—17页；《唐语林校正》卷八《补遗》，第277页。

⑦ 《白居易集》卷四七《试策问制诰·才识兼茂明于体用策》，第986—987、992页。

宪宗朝谏官和宰相的权力受宦官专权和党争的干扰，其职能大受影响的情况[①]。皇甫湜在对策中便大胆地指出："今宰相之进见亦有数，侍从之臣皆失其职。""今职备而不举，法具而不行，谏诤之臣备员，不闻直声，弹察之臣塞路，未尝直指。"[②]在他看来像左右补阙、拾遗等侍从之臣是"惟正之供，必有知法者，必有知礼者，坐（出）使足以尽情伪，居常足以助听览。左右之臣既如是矣，而又日以公卿大夫讲论政事，史书其举，官箴其阙，以至于百工庶人，莫不谏而谤焉，济济多士，为之股肱"。一旦宰相失职，便会出现朝中进奏、皇帝诏敕出纳、重大决策无人负责的局面；侍从左右之臣失职，就会出现无人朝夕侍皇帝起居，"从游豫，与之论臣下之是非，赏罚之臧否者"的情况；最终的结果必然是"股肱不得而接，何疾如之；爪牙不足以卫，其危甚矣"[③]！这些认识可谓入木三分，非常犀利，与当时的情形十分相符[④]，充分体现了制举对策的激切和谠直之风。

皇甫湜对策中有关宪宗初谏官失职的论述也非常准确[⑤]。元和初，宪宗在清除二王集团和征讨藩镇叛乱之时，往往与宦官、翰林学士独断，在决策方面未能顾及宰相的意见，更不用说考虑谏官的意见了。左右拾遗、左右补阙、左右散骑常侍、谏议大夫等谏官形同虚设，从宪宗即位到元和元年（806）四月，宪宗一次都未召见谏官[⑥]。引起了谏官的极度不满，是月辛酉日刚刚制举登科的元稹授左拾遗之后，意气风发，上疏论述了谏官的作用和皇帝纳谏的意义。其疏云：

昔太宗以王珪、魏徵为谏官，宴游寝食未尝不在左右，又命三品以上入议大政，必遣谏官一人随之，以参得失，故天下大理。今之谏官，大不得豫召见，次不得参时政，排行就列，朝谒而已。近年以来，正牙不奏事，庶官罢巡对，谏官能举职者，独诰命有不便则上封事耳。君臣之际，讽谕于未形，筹画于至密，尚不能回至尊之盛意，况于既行之诰令，已命之除授，而欲以咫尺之书收丝纶之诏，诚亦难矣。愿陛下时于延英召对，使尽所怀，岂可置于其位而屏弃疏贱之哉！[⑦]

---

① 宪宗自永贞元年（805）七月二十八日在宦官俱文珍等拥立下，掌握大权后便任命杜黄裳、袁滋为宰相；八月正式即位，任命郑余庆、郑絪为宰相；元和二年又以武元衡为宰相，这些人都是支持或拥立宪宗的有功之人。这些宰相的确在建树方面较少，唯有杜黄裳、李吉甫在削藩等诸多方面对宪宗劝谏有加。李天石：《唐宪宗》，吉林文史出版社1994年版，第60—72页。

② 《皇甫持正文集》卷三《对贤良方正直言极谏策》，第7页；《文苑英华》卷四八九《策·对贤良方正直言极谏策（皇甫湜）》，第2500、2503页。

③ 《皇甫持正文集》卷三《对贤良方正直言极谏策》，第3页；《文苑英华》卷四八九《策·对贤良方正直言极谏策（皇甫湜）》，第2500页。

④ 李天石：《唐宪宗》，吉林文史出版社1994年版，第72页

⑤ 同上书，第69—89页。

⑥ （唐）元稹著，冀勤注：《元稹集》卷三二《献事表》，中华书局1982年版，第370页。

⑦ （宋）司马光编著，（元）胡三省音注：《资治通鉴》卷二三七"唐宪宗元和元年四月"条，中华书局1956年版，第7631页。

元稹以太宗之圣明，尚以谏官随身侍从，“以参得失”为例，说明了谏官在圣明皇帝成就“天下大理”中的重要性。他还指出宪宗自即位以来一度出现长期不见谏官，使得谏官不能参与政事，形同虚位，于是出现重大筹划有失缜密、诰令疏失的情况都很难补救，有失国家设置谏官的本意。稍后，元稹又上疏云：

> 自古人君即位之初，必有敢言之士，人君苟受而赏之，则君子乐行其道，竞为忠谠；小人亦贪得其利，不为回邪矣。如是，则上下之志通，幽远之情达，欲无理得乎！苟拒而罪之，则君子卷怀括囊以保其身，小人阿意迎合以窃其位矣。如是，则十步之事，皆可欺也，欲无乱得乎……陛下践祚，今已周岁，未闻有受伏伽之赏者。臣等备位谏列，旷日弥年，不得召见，每就列位，屏气鞠躬，不敢仰视，又安暇议得失，献可否哉！供奉官尚尔，况疏远之臣乎！此盖群下因循之罪也。①

显然，元稹进一步论证了谏官进言和皇帝纳谏的重要性及意义所在。他认为皇帝是否敢于听取忠言、善于纳谏是新皇帝稳固皇权的关键，如果皇帝广开言路、善于纳谏，则君子乐于施展政治才华，小人自然有所顾忌，君臣之间志通、情达，国家自然治理有方。若皇帝偏信谗言，君子不敢直言以求自保，小人因阿谀奉承而得位，国家败亡，将是迟早的事。因此，元稹感慨，朝廷虚设谏官，而不得召见，以致即便谏官在位也不敢谏言，朝廷理乱就在所难免了。后来，元稹又向宪宗条奏十事，其中有“无时召宰相以讲庶政”、“序次对百辟以广聪明”、“复正衙奏事以示躬亲”、“许方幅纠弹以慑奸佞”四条，都是建言广开君臣之间进言、纳谏，相互沟通的渠道，使皇帝能够充分地听取百官意见，以确保皇帝能够纳正言。还声称：“使言之而是，是而见用，非臣之福也，天下之福也。”② 应该说元稹的建议，无疑为急于思考如何成为贤明之君的宪宗提供了很好的建议。于是宪宗很快接受了元稹的建议，开始重视求谏和纳谏。自元和元年（806）以后，宪宗大力提倡、鼓励百官积极进谏，并在制度上恢复了正牙奏事制度，及时听取谏官的意见。在元和三年（808）制举考试之前，已经出现了类似贞观、开元年间比较开明的风气，出现了像李绛、元稹、裴垍、白居易、裴度、李吉甫等敢于直谏的一大批朝臣③。于是元和元年以后，不仅进谏的数量逐渐增多，而且言辞也比较尖锐，有时让宪宗都觉得很委屈。如元和二年（807）十一月，宪宗就问李绛：“谏官多谤讪朝政，皆无事实，朕欲谪其尤者一二人以儆其余，何如?”李绛对曰：“此殆非陛下之意，必有邪臣欲壅蔽陛下之聪明者。人臣死生，系人主喜怒，敢发口谏者有几！就有谏者皆昼度夜思，朝删暮减，比得上达，什无二三。故人主孜孜求谏，

---

① 《资治通鉴》卷二三七“唐宪宗元和元年四月”条，第7631—7632页。

② 《元稹集》卷三二《献事表》，第373页。

③ 李天石：《唐宪宗》，吉林文史出版社1994年版，第76—89页。

犹惧不至，况罪之乎！如此，杜天下之口，非社稷之福也。”[①] 结果，李绛的言论让宪宗欣然释怀。正是元和初君臣之间形成的这种良好、开明的进谏与纳谏关系，促成了元和三年（808）制举对策中举人敢于苦诋时弊，评议时政的结果。不过，皇甫湜所批驳谏官失职情况，在宪宗初的确存在，但在其对策时已经有很大的改观，这或许就是宪宗鼓励进谏和纳谏的风气所致。

中晚唐制举考试的选才标准助长了举人对策言辞激切、苦诋时政的风气。考官也非常中意对策谠直急切之人，如贞元十年（794）十月制举考试时，中书舍人权德舆、吏部郎中相君、右补阙崔君为试策官，有许进士对策激切，以至于众考官因相顾曰：“直言者方讥切吾党，其可舍诸?”结果是权德舆“抚手贺之，以为得隽”，诏下及第，授校书郎[②]。显然，举人之所以言辞激切是因为他们“以为词不切，志不激，则不能回君听，感君心”，就无法得到皇帝和考官的赏识，更不可能获得名第，这种风气也激励了举人的谠直和真切。因此，这一时期，举人在对策时往往砥砺名节，言辞激切，“昧死上对”[③]。如元稹、白居易在应制举时，无不“指病危言，不顾成败，意在决求高等”[④]。元和三年（808），诏举贤良，皇甫湜、牛僧孺、李宗闵对策便是以“其言激切”，“苦诋时政”[⑤]，不畏权势，敢于指斥权贵，因此“恩奖登科”。虽然考策官杨于陵、韦贯之，覆策官裴垍、王涯及相关官员卢坦、王播先后因此事被贬；但此事引起了士大夫阶层的极度不满，“上自朝廷，下至衢路，众心汹汹，惊惧不安，直道者疚心，直言者杜口”。究其原因，主要是宦官贵幸和宰相李吉甫利用落第举人的不满，妄加指斥考官试策不公[⑥]。此次制举考试中的举人以苦诋时政而登第，虽然连累了考官，但最终导致了当朝宰相的出阁，以考官裴垍入相而结束，充分说明了制举考试中子大夫直言极谏的风气得到了社会舆论的肯定。在这种朝野崇尚谠直、直言风气的情况下，即便是因举人对策谠直落第，也会受到时誉的称赞，如大和二年（828），刘蕡也因参加制举考试指斥权贵，而且由此声名大振。

虽然很多举人对策对中晚唐的社会问题剖析得很透彻，提出了不少好的解决方案，但是随着当时朝政的日渐败坏，就决定了即便是好的方案也很难得到实行。元稹在对策中就已指出：

> 我唐列圣君临，策天下之士者多矣。异时莫不光扬其名声，宠绥其爵禄。然

① 《资治通鉴》卷二三七“唐宪宗元和二年十一月”条，第 7643 页。

② （唐）权德舆著，霍旭东校点：《权德舆文集》卷二八《送许协律判官赴西川序》，甘肃人民出版社 1999 年版，第 393 页。

③ 《白居易集》卷四七《试策问制诰·才识兼茂明于体用策》，第 987 页。

④ 《元稹集》卷一〇《酬翰林白学士代书一百韵》，第 117 页。

⑤ 《旧唐书》卷一四八《裴垍传》，第 3990 页。

⑥ 岑仲勉：《隋唐史》下册，中华书局 1982 年版，第 430 页；唐长孺：《山居存稿》，中华书局 1989 年版，第 212—216 页；程奇立：《元和制举案辨正——兼与岑仲勉、傅璇琮先生商榷》，《烟台师范学院学报》（哲学社会科学版）1990 年第 1 期。

而曾不闻天下之人曰："某日天子降某问，得某士，行某策，济某功。"抑不知直言之诏屡下，直言之士不出耶？[①]

从元稹的对策来看，真正采纳制举对策的情况还是比较少的。这与制举对策自身的局限性也有一定关系。一方面，是举人对策本身有很大局限性，"天下之事，虽一二以疏"，举人往往很难全面、深入地解决策问提出的问题，而且也很难符合考官的心意，"举臣所当言，又有非臣下所宜闻知"。另一方面，虽然多数皇帝希望举人直言极谏，而权贵并非乐意，正所谓"清问所不说，又郁而不得发，强附之于篇，考视者必以为余烦，又摈而不得通矣"。虽然，偶有举人希望皇帝能够亲试，"于冕旒之前"，当面应答，"可采则行之，无用则罢之"[②]，但是随着中晚唐朝政日趋败坏，皇帝真正能做到这一点实在不容易。因此即便有非常好的对策，在宦官专政和党争不断的情况下，也很难得到皇帝的亲览，更不用说赏识和重用了。

虽然中晚唐许多制举对策中的优秀政见没被采纳，但很少有因言辞激烈而受到处罚的。正如元稹对策所云："伏愿陛下以臣此策，委之有司，苟或可观，施之天下……则臣始终之愿毕矣。如或言不适用，策不便时，则臣有瞽圣欺天之罪，将寘于典刑，陛下固不得而宥之矣，亦臣之所甘心焉。"[③] 这反映了中晚唐中央以皇帝为核心的统治集团对制举对策，是相当宽容的。不管举人对策再尖锐，中晚唐制举考试一般也不会处罚举人，往往是因举人对策激切而中第，这无形中减轻了举人对直言、激切的顾虑，促进了制举对策直言、批判时弊的社会风气，也增强了士大夫阶层的社会意识和责任感。如贞元元年（785），"德宗皇帝初即位年，亦征天下直言极谏之士，亲自临试，问以天旱。穆质对以两汉故事，三公当免，卜式著议，宏羊可烹。此皆指言当时在权位而有恩宠者。德宗深嘉之，自第四等拔为第三等，自畿尉擢为左补阙，书之国史，以示子孙"[④]。尽管现实与皇帝诏书所说的内容往往相差甚远，但是真正因举人在对策中敢于抨击时政的原因而落第的是少数。有籍可考者，仅有元和元年（806）王适等少数人因对策太直而落[⑤]。因此，即便中晚唐屡屡出现过制举对策有激切之语，触怒权贵的情况，但也未能改变制举对策谠直、激切的风气。如元和三年（808）皇甫湜、牛僧孺等对策，"其语激切"，"苦诋时政"，名震一时。虽然招致贵幸泣诉于宪宗，宪宗不得已，贬相关考官和复核官杨于陵、韦贯之，罢翰林学士裴垍；但幸好"宪宗知垍好直，信任弥厚"，李吉甫罢相后，遂拜其为宰相[⑥]。这充分说明了当时谠直之风深受宪宗的

① 《元稹集》卷二八《才识兼茂明于体用策一道》，第332页。

② 《皇甫持正文集》卷三《对贤良方正直言极谏策》，第2页；《文苑英华》卷四八九《策·贤良方正直言极谏策（皇甫湜）》，第2499页。

③ 《元稹集》卷二八《对才识兼茂明于体用策》，第333页。

④ 《白居易集》卷五八《奏状·论制科人状》，第1231页。

⑤ 《唐摭言》卷一二《自负》，第137页。

⑥ 《旧唐书》卷一四八《裴垍传》，第3990页。

肯定，考策官之贬谪，仅仅是处于政治需要的权宜之计，无疑助长了制举对策的谠直之风。只是到了晚唐，特别是文宗以后宦官专权日益严重，便出现了考策官畏惧宦官，不敢放抨击宦官的举人及第的情况。如《通鉴》卷二四二唐文宗太和二年三月条云：

> 自元和之末，宦官益横，建置天子在其掌握，威权出人主之右，人莫敢言。上亲策制举人，贤良方正昌平刘蕡对策，极言其祸，其略曰："陛下宜先尤者，宫闱将变、社稷将危、天下将倾、海内将乱。"……又曰："忠贤无腹心之寄，阍寺持废立之权，陷先君不得正其终，致陛下不得正其始。"①

这次制举考试中刘蕡批判宦官专政之祸直言不讳，可以说切中政局要害，虽然考官左散骑常侍冯宿等非常叹服刘蕡的对策，但因畏惧宦官竟不敢取②。这件事对当时朝野振动很大，对策中提出的宦官问题、纲纪败坏、藩镇问题、赋税苛重，都是中晚唐最为重要的社会问题，虽然刘蕡未能中第，但得到了广大士大夫的支持和共鸣③。后来的"甘露之变"等重大政治事件的起因都是为了解决这些问题，这与刘蕡的对策内容不无耦合之处，不能不说举人对策在剖析和解决政局弊端方面，都提出了很好的政见。

以上种种开明风气，无疑激发了举人关注现实、勇于批判时弊的社会风气。参加制举考试的"子大夫"对策往往以激切、谠直为务，无不以"敢爱一身之死，而不直乎"为荣④，"言无所不直，直不惧于罪也，若谏无不极者"⑤。

综上所论，中晚唐正处在唐朝由盛转衰的转折时期，朝廷上下弊病丛生，内忧外患不断，选举贤能就成为皇帝新政的首要任务和希望，从而出现了一个相对开明的社会风气，为"子大夫"对策敢于直言极谏提供了一个大环境。唐代制举考试主要面向全国中低级官员即所谓的"子大夫"，"子大夫"成为制举考生的比较固定的称谓，无形中增强了其群体的认同感，促进了其社会群体责任感的形成，在一定程度上反映了以"子大夫"为主干的士大夫阶层的兴起。因此，制举试策中所反映的"子大夫"的社会思想意识，在很多程度上就代表了唐代士大夫的社会意识。"子大夫"在参加试策考试过程中，逐渐培养起来的社会责任心、使命感，随着时间的推移，逐渐扩大到整个士大夫阶层。由于中晚唐制举策问多针对时务策问，所以"子大夫"非常关注现实问题，"固已揣摩，必穷利病"，甚至"常欲与庶人议于道，商旅谤于市"，在一定程度上代表了民间的呼声和民意。制举对策中着重提倡"天下者，为天下之天下"的观念，明确了士大夫对国家的认同感和社会的责任感，也体现了士大夫为国君分忧的使命感。

---

① 《资治通鉴》卷二四二"唐文宗太和二年三月"条，第7856页；《旧唐书》卷一九〇下《文苑传下·刘蕡传》，第5067—5068页。

② 《旧唐书》卷一九〇下《文苑传下·刘蕡传》，第5077页。

③ 《新唐书》卷一七八《刘蕡传》，第5306页。

④ 《文苑英华》卷四九〇《策·贤良方正直言极谏策（舒元褒）》，第2508页。

⑤ 《沈下贤集》卷一〇《贤良方正能直言极谏策（长庆元年）》，第67页。

这一观念，是东晋士大夫“王与马共天下”观念形成之后的又一重大转变，为宋代士大夫“为与士大夫治天下”观念的出现，起到了承上启下的作用。中晚唐独孤郁制举对策中提出的“是以怀其效，以天下为忧；不怀其身，以天下为念”，舍弃小我，实现大我的观念，无疑为士大夫以天下为己任观念的形成提出了一个响亮的口号。这在中晚唐有着非常积极的意义，对号召士大夫拥护、辅助岌岌可危的皇权有着重要的现实意义。这种自觉的社会责任心逐渐萌芽的意义重大，为士大夫群体“自觉精神”的出现提供了思想目标。“以天下为忧”、“以天下为念”的观念，无疑被宋代士大夫所继承，范仲淹提出的“先天下之忧而忧，后天下之乐而乐”的千古绝唱，成为宋代士大夫的最高追求，从而大大提升了宋代士大夫的社会责任意识和对社会现实关注的热情。中晚唐制举考试中，子大夫提出的圣明君主应该具备“天下为己之累，而不以位为乐”的社会责任意识，尤为重要。这实际上是士大夫社会群体责任意识增强的一个重要标志，在中国专制主义皇权制度下，士大夫的社会责任意识和群体感离开缺乏社会责任意识的皇帝是无论如何也无法实现的，因此，这一观念的提出，实际上是士大夫推行其社会理想和意识的先决条件。显然在士大夫的眼中，君王“忧天下之忧，乐天下之乐”是盛世的根本，一旦君王没有这种忧患意识，便会出现用度无节，使百姓转死沟壑，距离亡国之时就不远了。因此，“子大夫”在制举对策中，还体现了勇于为君分忧、承担社会责任的群体意识。子大夫这种强烈的参与国家事务的社会责任感，无疑对士大夫群体社会意识的增强起了促进作用。而要求君臣以礼相待、各司其职的观念，也是士大夫社会意识增强的一个具体表现。

原载于《学术月刊》2010 年第 12 期

墨诏、墨敕与唐五代的政务运行

游自勇

一　引言

唐代政治制度的一个突出特点是通过律令格式使得政务处理高度程式化[①]，前辈学者对此多有论述。借助于敦煌文书和石刻资料，近年来对于唐代制敕的研究大有进展[②]。但国内学者的研究基本是围绕"王言之制"[③]而展开的，对七种王言之外的制敕鲜有探讨，墨诏和墨敕就属于这样的一种制敕，就笔者所见，仅有日本学者中村裕一先生给予足够的关注[④]。

墨诏、墨敕是唐五代一种不经过正规颁诏程序，由禁中直接发出的诏令[⑤]，它或者由皇帝直接发出，或者是对臣下表状的批答。武则天时为避讳，改"诏"为"制"，实际应用中"制"和"诏"经常混用，因而墨诏也称墨制。

中村裕一的《唐代制敕研究》涉及范围很广，不但重新讨论人们都很熟悉的"墨敕斜封"，而且探讨了学者很少注意的一些墨敕使用情况，比如宫殿城诸门的开闭、皇帝对臣下奏状的批答、在论事敕书中的使用、唐末的墨敕除官等，大大拓宽了这方面的研究（第2章第5节、第3章第8节、第5章附节Ⅷ）。不过，正如刘后滨所指出的，

---

① 参见吴宗国主编：《盛唐政治制度研究·绪论》，上海辞书出版社2003年版，第5页。

② 国内学者的成果主要有李锦绣：《唐"王言之制"初探》，李铮、蒋忠新主编：《季羡林教授八十华诞纪念论文集》，江西人民出版社1991年版；祁德贵：《论唐代给事中的主要职掌》，《中国史研究》1995年第1期；雷闻：《从S.11287看唐代论事敕书的成立过程》，荣新江主编：《唐研究》第1卷，北京大学出版社1995年版；刘后滨：《从敕牒的特性看唐代中书门下体制》，《唐研究》第6卷，2000年；刘后滨：《敕后起请的应用与唐代政务裁决机制》，《中国史研究》2001年第1期；刘后滨：《隋与唐前期的中书省》，《盛唐政治制度研究》；刘后滨：《唐代中书门下体制研究——公文形态·政务运行与制度变迁》，齐鲁书社2004年版。

③ 李林甫等：《唐六典》卷九《中书省》，"中书令"条列"王言之制"有七：册书、制书、慰劳制书、发日敕、敕旨、论事敕书、敕牒。陈仲夫点校，中华书局1992年版，第273页。

④ ［日］中村裕一：《唐代制敕研究》，汲古书院1991年版，为讨论方便，以下凡引自该书，随文标注章节页码。该书的修订本以《隋唐王言の研究》为名出版，汲古书院2003年版。

⑤ 笔者此处借用了胡三省的解释："墨敕出于禁中，不由中书门下"，见《资治通鉴》卷二〇八，"唐纪，中宗神龙元年四月"条，中华书局1956年版，第6589页。

中村裕一的研究“主要集中在文书的具体形态上，尚未将文书形态的变化与整体政治体制的演变结合起来”[①]，反映在墨诏、墨敕上也是如此，整个研究比较分散，缺乏统属，不少论断尚需补充和商榷。尽管《隋唐王言の研究》在体系化方面作了很大努力，但论断并无改变，而且作者使用的材料及论证过程都大幅简化，尤其不可理解的是删去了墨敕与门阙制度的关系这部分。因此，本文将在中村裕一《唐代制敕研究》的基础上，分别讨论墨诏、墨敕的出现及其应用范围，它在唐五代政务运行中的作用，最后探讨这种制敕的特性。

二 墨诏、墨敕的出现及其在门阙制度上的应用

现所见最早的墨诏出现在北魏孝文帝时期：

> 先是诸曹奏事，多有疑请，又口传诏敕，或致矫擅。于是事无大小，皆令据律正名，不得疑奏。合则制可，失衷则弹诘之，尽从中墨诏。自是事咸精详，下莫敢相罔。[②]

孝文帝为了整肃中央传诏、奏请的混乱情况，规定臣下的奏请必须符合律令，皇帝的意见则通过墨诏下达，避免“口传诏敕，或致矫擅”的情况。可见，墨诏最初是为了保证皇帝的政令准确无误地下达而出现的，承载着皇帝的权威，它的效力从一开始就不容置疑。

墨敕在刘宋及唐代门阙制度中的使用强化了这种意义。中村裕一是最早揭示出墨敕与唐代门阙制度之间关系的学者，但只是对具体史料的逐条分析，使用的材料也有限，基本是一种平面的描述，且未能探讨这种关系的渊源（第696—698页）。现存史料中最早将墨敕与宫城门的开闭联系在一起的是《宋书·王昙首传》：

> 元嘉四年，车驾出北堂，尝使三更竟开广莫门，南台云：“应须白虎幡，银字棨。”不肯开门。尚书左丞羊玄保奏免御史中丞傅隆以下，昙首继启曰：“既无墨敕，又阙幡棨，虽称上旨，不异单刺。元嘉元年、二年，虽有再开门例，此乃前事之违，今之守旧，未为非礼。但既据旧史，应有疑却本末，曾无此状，犹宜反咎其不请白虎幡、银字棨，致门不时开，由尚书相承之失，亦合纠正。”上（文帝）特无所问，更立科条。[③]

---

① 刘后滨：《敕后起请的应用与唐代政务裁决机制》，第53页。

② 《魏书》卷一一一《刑罚志》，中华书局1974年版，第2876页。

③ 《宋书》卷六三《王昙首传》，中华书局1974年版，第1679页。

王昙首的回答说明，在刘宋文帝以前的门阙制度里就有规定，开启宫门需要墨敕或者白虎幡、银字棨（幡棨），前者的信用度高于后者。可能这项制度当时尚处于创制初期，执行起来还不严格，所以有元嘉元年（424）、二年（425）开门的前事，甚至于羊玄保还要罢免官员。这件事后，文帝“更立科条”，逐渐完备了门阙制度。三十年后，类似的事情也发生在宋孝武帝身上：

> 于时世祖出行，夜还，敕开门，（谢）庄居守，以棨信或虚，执不奉旨，须墨诏乃开。上后因酒谦从容曰：“卿欲效郅君章邪?”对曰：“臣闻蒐巡有度，郊祀有节，盘于游田，著之前诫。陛下今蒙犯尘露，晨往宵归，容恐不逞之徒，妄生矫诈。臣是以伏须神笔，乃敢开门耳。”①

宋孝武帝虽然有“棨信”，谢庄仍然要求出示墨敕才能开门，因为“棨信”可以是虚假的，但作为“神笔”的墨敕乃是皇帝亲笔书写，不可能有假。宋文帝时，没有墨敕尚能使用棨信，到孝武帝时棨信的信用度已经大大降低，非要墨敕才能开门，表明在开启宫门的诸项手续中，墨敕居于了核心地位。《宋书》还记载了太子监国的仪注，内有“皇太子夜开诸门，墨令，银字棨传令信”一条②，正可以从侧面证明皇帝当国时使用的是墨敕。至于细节，由于史料阙如，我们无法得知。

唐代在夜间开启宫殿门时也需要墨敕，这与刘宋的制度相仿，很可能源自刘宋。按照规定，进出宫殿门的官员事先都要编订门籍，由本部门负责登记送达。流内官记录官爵、姓名，流外官则记录年齿、状貌，每月重新编订一次门籍，非迁解不除。门籍至少有两份，一份送刑部，一份送监门卫③。但门籍只是官员进出宫门和殿门的基本条件。唐代门禁制度严格，不管是城门、宫殿门还是坊门都有开闭时间限制。晚间宫殿诸门关闭以后，如果有人要进出，则需要皇帝特敕才行。《唐律疏议》对此有很明确的规定：

> 诸奉敕以合符夜开宫殿门，符虽合，不勘而开者，徒三年；若勘符不合而为开者，流二千里；其不承敕而擅开闭者，绞。
>
> 【疏】议曰：“奉敕以合符夜开宫殿门”，依《监门式》：“受敕人具录须开之门并入出人帐，宣敕送中书，中书宣送门下。其宫内诸门，城门郎与见直诸卫及监门大将军、将军、中郎将、郎将、折冲、果毅内各一人，俱诣阁覆奏。御注听，即请合符门钥。监门官司先严门仗，所开之门内外并立队，燃炬火，对勘符合，然

① 《宋书》卷八五《谢庄传》，第2176页。

② 《宋书》卷一五《礼志二》，第384页。

③ 《旧唐书》卷四四《职官志三》，中华书局1975年版，第1902页；《唐会要》卷七一《十二卫·左右监门卫》，中华书局1955年版，第1285页；《新唐书》卷四六《百官志一》，中华书局1975年版，第1200页。

后开之。”符虽合，不勘而开者，徒三年。若勘符不合，即合执奏。不奏而为开者，流二千里。其不承敕而擅开闭者，俱合绞罪。①

《新唐书》在提及司门郎中员外郎的执掌时也说：

凡有召者，降墨敕，勘铜鱼、木契然后入。②

中村裕一对《唐律疏议》的这条材料有很好的分析（第697—698页）。笔者此处仅补充解释一些程序的细节。受敕人“宣敕送中书，中书送门下”，这是因为宫殿诸门的钥匙归门下省的城门郎掌管③，但受敕人不能直接向城门郎宣敕，而要通过中书省下到门下省，再由门下省长官下达给城门郎。然后相关部门、责任者聚集在一起验看敕并覆奏，等到皇帝颁下墨敕，对先前的敕予以确认之后，才能勘合通行。

以上是夜间进出宫殿门的情况。除此之外，还有两种情况也必须使用墨敕。一种是太子进出宫殿。武则天时，太子詹事崔神庆有一道上疏：

臣伏思五品以上，所以带龟者，比为别勅征召，恐有诈妄，内出龟合，然后应命。况太子元良国本，万方所瞻，古来征召，皆用玉契，此诚重慎之极，防萌之虑。臣昨见缘突厥使见，太子合入朝参，直有文符下宫，曾不降勅处分。太子当时又报臣云：“昨日至晚侍奉，不见圣人谕及遣来。今者直准台符入朝，事得安否？”臣又思《周礼》仪注，例皆奏闻，台符所下，必将非妄。臣又自到朝堂，审知是实，所以太子遽往。当今人禀淳化，内外同心，然古人虑事于未萌之前，所以长无悔吝之咎。臣愚见，太子既与陛下异宫，伏望召太子，先报来日，非朔望朝参，应须宣唤，伏望降墨勅及玉契，以符重慎之道。④

武则天“甚然之”⑤。这道奏疏很能说明问题。官员进出宫殿诸门，除了事先已经在门籍上登记外，还要随身携带“符”以便勘合，相当于刘宋时期的“棨信”，五品以上用龟符，太子用玉符。但这些都不是最关键的。虽然有“文符”下到太子处请他入宫，但没有“降敕处分”，以至于太子不敢进宫，只能彻夜等候。从奏疏的上下文可以明显地看出，这里的“敕”是指墨敕，墨敕才是进出宫殿诸门的关键。

---

① 刘俊文：《唐律疏议笺解》卷七《卫禁·奉勅夜开宫殿门》，中华书局1996年版，第593—594页。

② 《新唐书》卷四六《百官志一》，第1200页。

③ 《旧唐书》卷四三《职官志二》：“城门郎掌京城皇城宫殿诸门启闭之节，奉出纳管钥。……若非其时而有命启闭，则诣阁覆奏。”第1846页。

④ 《唐会要》卷四《储君·杂录》，第45页；《全唐文》卷二三四《请定宣召太子仪注表》，中华书局1983年版，第2363页下。

⑤ 《旧唐书》卷七七《崔义玄附崔神庆传》，第2690页。

另外一种情况是北衙禁军到南衙执行公务。《唐六典》记载：

> 凡飞骑每月番上者，皆据其名历而配于所职。其飞骑仗或有敕上南衙者，则大将军、将军承墨敕白移于金吾引驾仗，引驾仗官与监门奏覆，又降墨敕，后得入。①

前后出现两个墨敕，中村裕一并未加以辨别。唐代禁军有南、北衙兵，南衙是卫兵，在宫城南面；北衙是禁军，处宫城北面②。皇帝有敕北军飞骑仗上南衙，这道"敕"是下到左右羽林大将军、将军手中的，所以说"大将军、将军承墨敕"，由此可见，这道"敕"实际是墨敕。大将军向南衙的金吾卫引驾仗出示墨敕，引驾仗官员和监门的官员一起验看墨敕并上报皇帝，由皇帝再下一道墨敕予以确认真伪，然后才能通行。

至于墨敕是否加盖玺印，我们可以从皇太子的墨令中得到旁证。中宗年间，姚珽曾上书进谏节愍太子，内中提到：

> 臣闻银牓铜楼，宫闱严秘，门阁来往，皆有簿历。殿下时有所须，唯门司宣令，或恐奸伪之辈，因此妄为增减，脱有文状舛错，事理便即差违。且近日吕升之便乃代署宣敕，伏赖殿下睿敏，当即觉其奸伪，自余臣下庸浅，岂能深辨真虚？望墨令及覆事行下，并用内印印画署之后，冀得免有诈假，乃是长久规模。③

为了确保墨令的真实性，姚珽建议要加盖"内印"，但建议还没来得及施行，节愍太子就死于叛乱中。而从北军飞骑仗上南衙过程中需要勘验墨敕的情况来看，很可能墨敕不盖玺印。

由上述讨论我们可以得出这样的结论：唐代对进出宫殿诸门有严格的制度。一般情况下，官员事先造册、登记在门籍，进出时携带与各自官品相合的"符"。但一些特殊情形下，还必须有皇帝的墨敕，即使太子也不例外。经过监门官和引仗官（夜间还有城门郎）的核对，上报皇帝，皇帝再发下墨敕确认后才能通行。

三　墨诏、墨敕与唐代的政务运行

（一）皇帝自主决断政务

有些墨诏、墨敕是皇帝用来与高僧的私谊往来。唐代不少皇帝都信奉佛教，因此

---

① 《唐六典》卷二五《诸卫府》，"左右羽林军大将军·将军"条，第643页。《旧唐书》卷四四《职官志三》（第1903页）和《新唐书》卷四九上《百官志四上》（第1289页）的记载大致相同。

② 《新唐书》卷五〇《兵志》，第1330页。

③ 《旧唐书》卷八九《姚琫附姚珽传》，第2906页。

和僧人的关系密切，墨诏、墨敕往往成为高僧游历天下的通行证。武则天曾召高僧洪昉入禁中供养，洪昉离开时，她赐墨敕："昉所行之处，修造功德，无得遏止。"① 肃宗曾赐大光和尚墨诏，"许天下名寺意往者住持"②，李绅给大光写碑铭时干脆就将名字题作《墨诏持经大德神异碑铭》③。灵坦是神会弟子，大历五年（770）他礼觐惟忠和尚，后欲出关，经惟忠奏请，代宗"勅赐号曰大悲，兼赍墨勅"④。僧人有缘从小就得到宣宗的青睐，"后身披布褐，手执墨勅，海内游行"⑤。

有些墨诏、墨敕是皇帝发给个别人执行的，不需要宣示朝廷。唐太宗为得到《兰亭序》，派萧翼设法和辨才和尚接近并取得信任，萧翼设计得到《兰亭序》后立即赴永安驿：

> 告驿长陵愬曰："我是御史，奉敕来此。今有墨敕，可报汝都督知。"都督齐善行闻之，驰来拜谒。萧翼因宣示敕旨，具告所由。善行走使人召辨才……萧翼报云，奉敕来取《兰亭》，《兰亭》今已得矣，故唤师来别。⑥

萧翼身上带着太宗发给的墨敕，从都督齐善行的举动来看，他事先没有接到朝廷的任何指示，显然墨敕没有通过三省程序颁下。尽管如此，齐善行"驰来拜谒"并配合萧翼完成了任务，而萧翼口口声声"奉敕"，则在朝廷官员眼中，墨敕也是敕书，效力是一样的。

武则天时期，曾"分走使者，赐墨诏，尉安流人，实命杀之"⑦，这实际带有密旨的意味。开元时，张敬忠上奏：

> 伏奉闰十二月十一日墨勅：蜀州青城先有常道观，其观所置，元在青城山中，闻有飞赴寺僧夺以为寺，州既在卿节度，检校勿令相侵，观还道家，寺依山外旧所，使道佛两所各有区分者。臣差判官宣义郎彭州司仓参军杨璹往青城山准勅处置，其飞赴寺佛事及僧徒等，以今月九日并移于山外旧所安置讫。又得常道观三纲甘道荣等状称，奉勅移飞赴寺依山外旧所，观还道家，今蒙使司对州县官及僧等准勅勒还观讫，更无相侵者。……谨附采药使内品官毛怀景奏状以闻。⑧

---

① 《太平广记》卷九五《异僧九·洪昉禅师》引《纪闻》，中华书局1961年版，第635页。

② 赞宁：《宋高僧传》卷二四《唐湖州法华寺大光传》，范祥雍点校，中华书局1987年版，第623页。

③ 《全唐文》卷六九四《墨诏持经大德神异碑铭》，第7126页下—7128页上。

④ 《宋高僧传》卷一〇《唐扬州华林寺灵坦传》，第225页。

⑤ 《宋高僧传》卷一二《唐缙云连云院有缘传》，第285页。

⑥ 《太平广记》卷二〇八《书三·购兰亭序》引《法书要录》，第1590页。

⑦ 《新唐书》卷一一七《裴炎附裴伷先传》，第4249—4250页。

⑧ 《全唐文》卷二七七《准勅勘复蜀州青城山常道观奏》，第2812页。

分析这份上奏可知，玄宗先给了张敬忠一道墨敕，要他处理青城山的寺观争端；张敬忠派人“准敕处置”后再把处理结果报告给玄宗，中间的联络人是内品官毛怀景，也没有通过三省的程式化途径。

还有些墨诏、墨敕是用于对臣下的慰劳、恩赐。这种情况可以在臣下的谢表得见，如李峤《谢腊日赐腊脂口脂表》云：

> 臣某等言：品官刘阿道至，奉墨勅，赐臣等腊脂、口脂等物。

郑细《谢赐神刀食金等状》云：

> 右。今日中使某至，奉某月日墨诏，赐臣前件神刀，及食金五挺，并合子锁等。

崔沔《代河南裴尹谢墨勅赐衣物表》云：

> 臣某言：今月日，进瓷器官某郎行河南尹巩县主簿蒋清还，伏奉墨勅，仍赐臣衣一副，瑞锦一端。

令狐楚《为人谢诏书问疾兼赐药方等状》云：

> 右。臣奏事官高荣朝回，伏奉墨诏，问臣所疾，并奉宣口勅，赐臣药方者。①

这些墨诏、墨敕都不经过尚书省下发，或者是皇帝直接派“中使”把诏敕送达本人，或者由地方来京的官员带回。

(二) 批答与墨诏、墨敕

上举臣子的谢表中得见墨诏、墨敕的使用情况只是一个方面，是皇帝先赐给墨诏、墨敕，然后臣子上表致谢；更为大量的情况是，臣子先上表状，然后皇帝赐给墨诏、墨敕，最后臣子再上谢表，这就意味着皇帝的墨诏、墨敕是对表状的回复，是政务运行的一个阶段。中村裕一研究的一个重要成果是把文献中出现的墨诏和墨敕材料排列在一起，通过相关资料的排比，认定墨诏是皇帝在表状上所作的亲笔批答，并得出墨诏即手诏的结论（第 352—361 页）。笔者基本赞同中村裕一的观点，需要进一步讨论的是批答、墨诏和墨敕、敕书三者之间的关系。

现所见与墨诏、墨敕有关的表状里，大多数是皇帝对贺表、谢表、让官表状和上

---

① 分见《全唐文》卷二四六，第 2492 页下；卷五一一，第 5193 页下；卷二七三，第 2770 页上；卷五四一，第 5493 页下。

尊号表的批答。唐人文集如张说、张九龄、刘禹锡、白居易等的文集的表状后，保存了大量皇帝的批复，称“批”、“批答”、“御批”或“答制”。下面试举几例：

> 对张说《集贤院贺太阳不亏表》的答制：“降休将或畴人未洽，媿无一言之善，而同三舍之庆。循省来章，用增励惕。”①
>
> 对刘禹锡《裴相公让官第一表》的批答：“省表具知。夫爵位崇高，以酬勋德……忽览章奏，退让官荣……其所陈乞，非朕意焉。”
>
> 对《同州谢上表》的批答：“省表具知。卿任居三辅，职奉六条……所谢知。”②
>
> 对张九龄《贺祈雨有应状》的御批：“朕每念元元，无忘夙夜……请付史馆者依。”③

仔细考察这些批答的用词，就会发现里面有很大的差别。第一例是对贺表的批答，用语谨慎，表示了自谦之意，没有一点处理政务的语气。第二、三例分别是对让官表和谢表的典型批答，在这之后臣子的再上表中一般就把皇帝的批答称作“墨诏”、“墨制”或“墨敕”。第四例末尾的用词显然是同意臣下的建议，类似的用语还有“所请者依”、“依所请”等，是处理政务的语气，这种情况下，臣子就会按照批答的意思制成制敕颁行。

刘后滨的研究表明，唐前期中央的政务运作中“最核心的公文书是奏抄，而非制敕文书”，最初的表状主要是贺表、谢状之类礼节性的文书，以及建议性文书，这些都不需要皇帝当即批示，有的表状皇帝作了“批答”，有的则无须批复。自高宗武后以来，由于国家统治形势和任务的变化，表状大量增加，安史之乱以后，“成为政务申报中的主要公文”，因此需要皇帝进行批复④。批复之后，皇帝下发制敕处理，形式可以是发日敕、敕旨和论事敕书⑤。这些都属于程式化的处理方式，都要经过三省颁诏程序。那么，在这个过程中，墨诏、墨敕扮演了什么角色呢？由于现在见到的制敕实物多属于“王言之制”内的七种，这里笔者的认识只能是一种推测。当表状进呈到皇帝面前时，皇帝根据情况进行批答，批答也就是皇帝对政务处理的初步意见。对于一般的贺表、谢状、让官表，皇帝批答后直接从禁中发给本人，或是由使者带回，无须使用正式的制敕文书；臣下接到批答后再以某种形式上表，一般使用“墨诏”、“墨制”、“墨敕”或者“墨诏批答”、“墨敕批答”的字眼，是为了表示对批答的尊敬；有些表

---

① 张说：《张说之文集》卷一五，四部丛刊本，叶4。

② 分见刘禹锡著，瞿蜕园笺证：《刘禹锡集笺证》卷一五（第381页）、卷一六（第403—404页），上海古籍出版社1989年版。

③ 张九龄：《唐丞相曲江张先生文集》卷一四，四部丛刊本，叶11a。

④ 刘后滨：《唐代中书门下制度研究》，第89—97、148—155、263—270页。

⑤ 同上书，第325—333页；李锦绣：《唐“王言之制”初探》，第277—284页；雷闻：《从S.11287看唐代论事敕书的成立过程》，第326—327页。

状，皇帝批答后，以各种敕书形式发出，这要经过三省颁诏程序。也就是说，批答是政务运行的第一个步骤，之后分两途：一种经由三省程序颁布制敕文书；一种不经正规程序，而是以墨诏、墨敕的形式由皇帝中使直接发给个人，或是由地方来使带回。

必须指出的是，中村裕一坚信墨诏、墨敕和手诏是皇帝亲笔书写的，其实并不一定。在唐人文集中可以看到很多批答是臣下代写的。刘禹锡的文集里有一篇《谢手诏表》，题目后有一行小字"诏后批云：朕自书"[①]，正是因为存在手诏不由皇帝亲笔书写的情况，皇帝才会在这里特别加以说明。

(三) 墨诏、墨敕的文书形态

玄宗以后，批答表疏成为翰林学士的重要职能之一。《翰林学士院旧规·书诏样》里有一些具体规定：

> 如是自奏事，回书即言"具悉"。若因人奏事，赐书诏即不言"具悉"，诏内呼"卿"，后定"故兹诏示，想宜知悉"。
>
> 赐节度使及三军将士敕书，云：敕某乙将士等宣慰事。意其除授节使或发兵，尾云：专遣某乙便令慰谕，想宜知悉，时候卿与将士各得平安好，参佐官僧道耆寿百姓并存问之。遣书，指不多及。[②]

从上述两部分的论述可知，墨诏、墨敕的应用场合很广，其职能和论事敕书、发日敕、敕旨多有重合，因此其文书形态也非单一。所以，《翰林学士院旧规·书诏样》的这些规定可以看作是墨诏、墨敕的一些文书格式。除了在任命官员时有固定的文书格式外（详见下文），其他用途的墨诏、墨敕的文书格式主要是参照论事敕书、发日敕、敕旨的样式。下面以论事敕书为例来说明墨诏、墨敕的文书形态。

有些墨诏、墨敕用于对臣下的慰劳、恩赐，中村裕一推测可能是论事敕书（第701—702页）。他推测的主要根据是敕书的意思，而非格式，有点草率。代宗、德宗时期的高僧圆照编有《代宗朝赠司空大辨正广智三藏和上表制集》（以下简称《表制集》)，内有手诏两首，引录如下：

《大历五年七月十三日与三藏手诏一首》

> 敕大广智三藏和上：久修定慧早契瑜伽，远访灵山躬祈圣道，至灵必应玄感遂通，青莲喻心了证斯在。秋景余热善加珍卫也。遣书，指不多及。
>
> 十三日

《大历五年九月四日又赐手诏一首》

① 《刘禹锡集笺证》卷一一，第287页。

② 杨钜：《翰林学士院旧规》，洪遵编：《翰苑群书》卷五，上海古籍出版社据台湾商务印书馆影印文渊阁四库全书本影印（缩印本）1987年版，第595册，第357页。

敕大广智三藏和上：深契道源远寻灵迹，慈悲妙力当示真宗，五蕴既空如如斯在，秋冷和上比平安好。遣书，指不多及。

四日[①]

参照雷闻复原的论事敕书式：

敕某（姓名等）云云（想宜知悉。时候。卿比平安好。遣书。指不多及。）

勅

年月御画日中书令具官封臣姓名　宣

中书侍郎具官封臣姓名　奉

中书舍人具官封臣姓名　行

年月日

侍中具官封名

黄门侍郎具官封名

给事中具官封名[②]

不难发现，代宗的手诏套用了论事敕书的格式，但没有中书、门下官员的签署。《表制集》的批答、制敕是按照原文抄录，这从所收其他制敕格式的完整性和文字的平阙可以看出，因此手诏中不存在把中书、门下官员的签署删去的问题。这正说明手诏没有经过中书、门下的颁诏程序，是皇帝自己发出的。中村裕一认为墨诏即手诏，墨诏、墨敕既然也用于慰问臣下，套用论事敕书的格式就不足为奇了，但它没有通过正规程序发布，在法律地位上自然不是论事敕书。

大量的墨诏、墨敕是对表状的批答。玄奘为请太宗给新翻译的经书作序而上表，太宗批答：

省书具悉来意。……朕学浅心拙，在物犹迷，况佛教幽微，岂孰能仰测？请为经题，非己所闻。又云新撰《西域记》者，当自披览。敕奘和尚内出与玄奘法师。[③]

玄奘上《请入嵩丘表》，太宗批答：

① 圆照编：《代宗朝赠司空大辨正广智三藏和上表制集》卷二，大藏经刊行会编：《大正新修大藏经》第52册，史传部四，（台北）新文丰出版公司影印1983年版，第837页下。

② 雷闻：《从S.11287看唐代论事敕书的成立过程》，第330—331页。

③ 佚名编：《寺沙门玄奘上表记·请太宗文皇帝作经序并题经表》，《大正新修大藏经》第52册，史传部四，第818页下—819页上。

省表。……幸戢来言，勿复陈请。则市朝大隐，不独贵于昔贤；见闻弘益，更可珍于即代。敕内与出(当是"出与")玄奘法师。①

这两道墨敕在最后都有一个“敕”字。宋代《淳化阁帖》收录的六道唐太宗、高宗和玄宗的亲笔敕书的末尾也有“敕”字，中村裕一推定六道敕书也是墨敕（第707—709页）。这就必须回答一个重要的问题：墨敕的末尾肯定要画“敕”字吗？

宋敏求《春明退朝录》记载：

然自隋、唐以来，除改百官，必有告敕，而从敕字。予家有景龙年敕，其制盖须由中书门下省。……唐时，政事堂在门下省，而除拟百官，必中书令宣，侍郎奉，舍人行，进入画敕字，此所以为敕也。然后政事堂出牒布于外，所以云牒奉敕云云也。②

陆游也说：“自唐至本朝，中书门下出勅，其勅字皆平正浑厚。”③ 按照宋敏求的说法，唐前期除改官员的制敕上皇帝要画“敕”，陆游则语焉不详。除官的制敕要经过画“敕”这道程序，现所见唐代告身以及学者的研究都无法提供证据，孰是孰非，姑且存疑；敕旨和敕牒都无需御画④；论事敕书有画“敕”程序则是被敦煌文书证明了的⑤。而从上引的材料至少可以确定唐前期墨敕是要画“敕”字的。

唐后期的情况比较模糊。我们知道，编辑文集时一般的原则是只收录文辞部分，删去套语格式，考虑到这一点，唐人文集中的批答对于本问题的探讨价值不是很大。相对唐人文集来说更为可靠的是前引圆照的《表制集》，里面收录了三件“请降墨敕”的表状，现按照原来格式略引如下（表状中的“依奏”原文有，笔者用宋体加黑标出）：

1.《请于兴善寺置灌顶道场状一首　并墨敕》

请大兴善寺修灌顶道场

右臣窃观度灾御难之法不过秘密大乘……谨献愚诚，倍增战汗。如　允臣所奏，请降　墨敕　**依奏**

乾元三年闰四月十四日宫苑都巡使御侮校尉右内率府率员外置同正员赐紫金鱼袋内飞龙驱使臣史元琮状进

① 《寺沙门玄奘上表记·皇帝报玄奘法师请入嵩岳表敕书》，第826页上。
② 宋敏求：《春明退朝录》卷下，诚刚点校，中华书局1980年版，第47页。
③ 陆游：《老学庵笔记》卷八，李剑雄、刘德权点校，中华书局1979年版，第101页。
④ 刘后滨：《唐代中书门下体制研究》，第107、129、134页。
⑤ 雷闻：《从S.11287看唐代论事敕书的成立过程》，第328、330—331页。

2.《请置灌顶道场 墨敕一首》

大兴善寺三藏沙门不空

请为 国置灌顶道场

右不空闻……谨诣右银台门，奉状陈请以闻。天恩允许请降 墨敕 **依奏**

广德元年十一月十四日

大兴善寺三藏沙门不空状进

3.《请惠林法师于保寿寺讲表一首》

沙门不空言……不空今奉为国请于保寿寺为道俗敷演真经，庶宗庙圣祚历大劫，而斋年苍生福田拔须弥而作寿。如

天恩允许请降

墨敕**依奏**

大历六年二月二日

特进试鸿胪卿三藏沙门大广智不空上表[①]

前已提及《表制集》的编排原则是按照制敕原文抄录，不空在表状中请皇帝降墨敕，皇帝在“墨敕”旁只批上“依奏”两字，没有“敕”字，前引代宗的两首手诏也没有画“敕”。当然也可能是因为“敕”字太大（如敦煌出土景云年间的文书 S. 11287）在印刷时被省去了。笔者以为这种可能性不大，因为皇帝在画日画可时，一般都是别笔，字体要大过制敕上的其他文字，《表制集》在编派时仍旧照录，未作特殊处理，也就没有理由单单省去了“敕”字。

《表制集》的材料只能说明代宗一朝的情况，它能否适用于整个唐后期，是一个有待进一步研究的问题。

四 从墨敕斜封、墨敕除官到墨制授官

（一）中村裕一对“墨敕斜封”的再检讨

以往学界对墨敕的印象主要是基于对“墨敕斜封”的认识，后来的多数学者凡是遇到墨敕、墨制，一律与墨敕斜封联系起来[②]，中村裕一对此已经进行了很细致的检讨，驳正了传统观点的片面之处（第 354—355、692—696 页）。他的基本观点是：开

① 分见《表制集》，第 829 页中—下、830 页上、838 页上。

② 如清代钱大昕在给乙速孤行俨碑所作的跋里就说：“‘墨制’犹云‘墨勅’，不由中书、门下，而出自禁中者也。中宗之世，政出多门，后宫贵戚，墨勅斜封。凡员外同正、试摄检校、判知官，大都以贿得之。（乙速孤）行俨殆亦以贿进欤？”见钱大昕：《潜研堂金石文跋尾》卷六《右武卫将军乙速孤行俨碑》，陈文和主编：《嘉定钱大昕全集》第 6 卷，祝竹点校，江苏古籍出版社 1997 年版，第 152 页。清代袁枚也说：“墨制者，即斜封墨敕之谓，盖不由中书门下而出自禁中者也。”见袁枚：《随园随笔》卷五《金石类·墨制授官碑文不讳》，王英志主编：《袁枚全集》第 5 册，赵新德校点，江苏古籍出版社 1993 年版，第 71 页。

元以前六品以下官员由吏部注拟，再上报皇帝批准，而不是由皇帝直接任命，中宗睿宗时期皇帝不通过宰相，直接以墨敕斜封的形式任命官员是对这项制度的破坏；尽管如此，墨敕还是必须“斜封付中书”执行，经由中书、门下发出正式告身，也就是说，墨敕不等于告身，它是告身式的制、敕词部分，墨敕斜封并没有完全偏离三省颁诏程序。

（二）“墨敕除官”及其文书形态

中村裕一还考察了唐末“墨敕除官”的现象，认为这与唐初官员“便宜行事”、“便宜从事”不一样，与中宗朝的墨敕斜封也不一样，唐朝皇帝把官员的任命权力交给了藩镇，最终走向灭亡（第938—945页）。在他之前，中国学者谢元鲁从地方决策权力膨胀的角度已经注意到这个现象了[①]，俞鹿年完全承袭了谢元鲁的看法，但没有展开讨论[②]。三位先生的观点都很有启发性，但如前所述，中村裕一的研究偏重于文书的具体形态，俞鹿年只是给出一个结论，二者都缺乏对墨敕除官的政治史考察。

在隋唐五代关于官员任命的史料中，我们会看到“承制”两个字。隋初尉迟迥与杨坚对峙，“乃自称大总管，承制署官司”[③]；唐初，皇甫无逸持节巡抚益州，“承制除授”[④]；安史之乱中，李忠臣杀敌有功，“防河招讨使李铣承制以忠臣为德州刺史”[⑤]。显然，“承制”是承受制旨的简称，是承皇帝的旨意授官。这种承制除官的情况一般出现在非常时期，一旦中央政权稳固，必然将官员的任命权收回。唐末五代，承制授官重新出现，愈演愈烈，最终导致唐朝廷用人权的丧失。

广明元年（880），黄巢大军攻入长安，僖宗仓皇出逃成都，第二年（881）二月九日下诏：“应诸州有功刺史及大将军等，如要劝奖者，从监察御史至常侍，便可墨勅授讫，分析闻奏。”[⑥] 僖宗寄希望于淮南节度使高骈，但高骈始终不出兵。三月，以郑畋为京城四面诸军行营都统，赐畋诏：“凡蕃、汉将士赴难有功者，并听以墨敕除官。”[⑦] 当时长安周围还有几万散兵，郑畋“承制招谕，诸镇将校皆萃岐阳。畋分财以结其心，与之盟誓，期匡王室”[⑧]。这是唐末墨敕除官的开始，是非常时期下唐朝皇帝给予藩镇的特权，希望以官爵来激发藩镇及将士的斗志。

崔致远曾为高骈写过一封上僖宗的《谢诏止行墨勅状》，包含了墨敕除官的许多重要信息，略引如下：

---

① 谢元鲁：《唐代中央政权决策研究》，文津出版社1992年版，第122—124页。该书是作者1987年的博士论文，出版时没有修改。

② 白钢主编，俞鹿年著：《中国政治制度通史》第5卷《隋唐五代》，人民出版社1996年版，第144页。

③ 《全唐文》卷三九五《周太师蜀国公尉迟公祠庙碑》，第4027页上。

④ 《旧唐书》卷六二《皇甫无逸传》，第2385页。

⑤ 《旧唐书》卷一四五《李忠臣传》，第3940页。

⑥ 崔致远：《桂苑笔耕集》卷一三《行墨勅授散骑常侍牒词》，四部丛刊本，叶67。按：《资治通鉴》将该诏书系于中和元年正月（第8246页），误，参见中村裕一：《唐代制敕研究》，第943页。

⑦ 《资治通鉴》卷二五四，“唐纪，僖宗中和元年三月辛酉”条，第8247页。

⑧ 《旧唐书》卷一七八《郑畋传》，第4634页。《旧唐书》此处系年月有误，从《资治通鉴》。

右。臣伏奉诏旨，去春权降诏命，许诸道承制除官，已两度降勅止绝，自今后，凡有要甄奖者，并于急递奏闻，不得更议承制者。……伏遇陛下远事宸游，虑防爵赏，遂降无私之泽，遍资诸道之权。不料人人而兢弄笔端，处处而皆夸墨勅。……臣前年虽奉诏旨，未欲施行，却缘亲率军兵，远期征讨，此时久屯南浦，将泛西江，忽被镇海节度使周宝，欲感军情，潜施巧计，便以无功将吏，悉皆超授官荣。臣所领士卒既多，将校不少，彼安座者犹为甄奖，此远行者岂免怨嗟。递口声传，从头愤激。臣若不依周宝，必恐事生，遂准诏书得行军赏，已曾一一具事由申奏讫。自奉前年十一月一日勅旨，仰遵成命，静守常规，至于近日所招贼徒，只与往时先赐官告，曾无僭越，岂可隐藏。[①]

首先要确定这件状的写作年代。文中既有“去春”，又有“前年”，造成了年代上的混乱，以至于中村裕一对把时间定在中和二年（882）不敢肯定（第940页）。其实“去春”是僖宗诏旨上的话，“前年”是崔致远代拟高骈的口气。文集中虽然没有署上文章的写作时间，但一般是按照时间先后顺序编排，这件状之后是《谢除钟传充江西观察使状》，钟传于中和二年五月逐江西观察使高茂卿，高骈为之请节钺，七月诏以钟传为江西观察使[②]。《谢除钟传充江西观察使状》是在接到任命钟传的诏书后写的，应该是在中和二年，则这件状的时间下限是中和二年。状上说“臣前年虽奉诏旨，意未欲施行”，根据上下文可以知道指的是“去春权降诏命，许诸道承制除官”事，这应该就是广明二年二月九日僖宗许藩镇墨敕除官的诏书；状上所说前年与周宝的冲突，发生在广明二年五月到九月间[③]。据此推断，这件状的写作时间是中和二年。由此可以得出几点认识：第一，承制除官也就是墨敕除官，即朝廷赋予藩镇任命属官的权力，藩镇除官前无须上报朝廷同意，等授官之后再报告，然后朝廷发给正式告身（有时可能是事先发给空白告身）；第二，各藩镇纷纷承制除官，滥授私恩，僖宗曾两次下敕收回权力，其中有一次是在中和元年（881）十一月一日，到中和二年第三次下诏“不得更议承制者”；第三，接到十一月一日的诏书后，高骈还在除官，给予“往时先赐官告”。可见，朝廷虽然努力想把官员的任命权控制在手中，但形势和唐前期已经有了天壤之别，中央已经显得力不从心。

其实唐朝廷想彻底消除墨敕除官的决心并不是很强。为了争取藩镇的支持，借用他们的力量，承制除官成为唐朝廷经常使用的一种办法。中和元年十一月一日已经有敕旨禁止承制除官，但中和二年僖宗以王铎为诸道行营都统时，却“听王铎自辟将

① 崔致远：《桂苑笔耕集》卷三《谢诏止行墨敕状》，叶16。

② 《资治通鉴》卷二五五，“唐纪，僖宗中和二年五月、七月”条，第8269、8272页。

③ 《资治通鉴》卷二五四，“唐纪，僖宗中和元年五月、八月”条，第8251、8257—8258页。按：该年七月改元中和。

佐”[①]（《旧唐书》卷一九下《僖宗本纪》作“许王铎以便宜从事”）。在这之后，王铎承制授予了不少官职。如孟方立，王铎“墨制假方立检校左散骑常侍兼御史大夫知邢州事”[②]。如沙陀李克用，王铎先是“以墨敕召李克用”，后“承制以克用为东北面行营都统”，又“承制授武皇雁门节度使、检校尚书左仆射”[③]。还有朱温、王敬武等人[④]。天复中为了对抗朱全忠，昭宗“书御札赐杨行密，拜行密东面行营都统、中书令、吴王，以讨朱全忠。……淮南、宣歙、湖南等道立功将士，听用都统牒承制迁补，然后表闻”[⑤]。其他如李克用、王审知等，昭宗都曾许其承制除官[⑥]。然而此时的唐朝廷已经是风雨飘摇，承制除官的缺口一旦打开便无法收拢，各地不管是有没有朝廷的授权都在自行任命官吏，所谓“纷纷墨勅除官日，处处红旗打贼时”[⑦]，到光启元年（885），藩镇“皆自擅兵赋，迭相吞噬，朝廷不能制”，以致史臣慨叹“大约郡将自擅，常赋殆绝，藩侯废置，不自朝廷，王业于是荡然”[⑧]。

关于墨敕除官的文书形态，中村裕一检索出了实物史料（第941—945页），但没有复原一般形式，也没有指出它与其他的授官有何区别。现根据他检索的实物史料及《桂苑笔耕集》的牒词，复原如下：

[敕某藩镇] 牒

某某

[右。可某官。]

牒。奉（准）月日诏（敕）：云云（许行墨敕）。[准诏] 授某官。仍具 [事] 申奏，并牒如右（牒知者，牒举者）。故牒。

年月日 [牒]

藩镇具官 [某押]

这种文书式不同与制授和敕授告身式。首先是文书的起草与签署。中村裕一检索出的实物史料里，文书都是由藩镇的幕僚起草，由藩镇签署，与三省和中书门下毫无

① 《资治通鉴》卷二五四，“唐纪，僖宗中和二年正月辛亥”条，第8262页。

② 《新唐书》卷一八七《孟方立传》，第5448页。

③ 分见《资治通鉴》卷二五五，“唐纪，僖宗中和二年十月”条，第8277页；“中和三年正月己巳”条，第8287页；《旧五代史》卷二五《唐书·武皇本纪一》，中华书局1976年版，第337页。

④ 分见《资治通鉴》卷二五五，“唐纪，僖宗中和二年九月”条，第8274页；《新唐书》卷一八七《王敬武传》，第5445页。

⑤ 《资治通鉴》卷二六三，“唐纪，昭宗天复二年三月”条，第8573页。

⑥ 分见《资治通鉴》卷二六六，后梁纪，太祖开平二年五月条，第8696页；《新唐书》卷一九〇《王潮传》，第5492页。

⑦ 《全唐诗》卷七〇五《寓题》，中华书局1960年版，第8115页。

⑧ 《旧唐书》卷一九下《僖宗本纪》，第720页。关于广明以后藩镇的跋扈情况，可参看日野开三郎：《支那中世纪の军阀》第5章第2部分的论述，收入《日野开三郎东洋史学论集》第1卷《唐代藩镇の支配体制》，三一书房1980年版，第156—163页。

关系。其次，是文书下发的责任人。刘后滨把敕授告身分为发日敕和敕旨两种，结句是“可依前件”的告身是敕旨告身，是对奏状的批准；结句是“可某官”的应是发日敕，是出自皇帝自己的旨意[①]。参照这个标准，墨敕除官文书下发的责任人应是皇帝，但实际上却是藩镇。为了协调这个矛盾并且保证皇帝的权威，文书使用了“敕某藩镇”的词语，而且要“具［事］申奏”，这样即使是藩镇授官，也是因为皇帝赐予的权力，藩镇授官后必须上报朝廷。最后，文书的定性。中村裕一复原了敕牒文书的一般形式[②]：

某某之事

右。某奏，云云。

中书门下牒　某

牒。奉敕：云云（宜依，依奏，余依）。牒至准　敕。故牒。

年月日　牒

宰相具官姓名

比较墨敕除官文书与敕牒文书，我们会发现二者很相近。上引天复年间的材料中，昭宗给予杨行密的任官权力是“听用都统牒承制迁补”，可见墨敕除官文书也是一种牒。因为墨敕除官不是通过三省程序进行的，所以不能用敕书形式；但藩镇是承制而授官，因此文书中又有皇帝的制敕。据此，墨敕除官文书是一定历史条件下敕和牒的特殊糅合。

（三）五代的“墨制”授官

中央和藩镇共享官员的任命权后，“墨制”、“承制”就成为除官的一个专有词语了，迄五代不改。当天祐四年（907）朱全忠代唐自立，建立起后梁政权时，“墨制”、“承制”的使用就更具有政治意味了。几处割据势力如蜀王王建、吴王杨行密杨渥父子、秦王李茂贞、晋王李克用等都不承认后梁政权，还在使用唐天祐年号，如岑仲勉所论：“此非唐之犹有遗爱也，彼辈既不愿低首下心于梁，乃求所以抵抗及藉口之术，否则自视基础未固，暂取观望态度而已。”[③] 唐朝已灭，自己还没有称帝，又不愿臣服于后梁，那么管内的官员任命该以什么名义？这几处的割据者不约而同地选择了“墨制”。所谓墨制，孟知祥在向后唐明宗的上表中有一个解释：“亦自朝廷之成命，委藩翰以奉宣，凡有施行，后当闻奏。”[④] 可见，墨制与承制其实是一样的，只不过墨制在文体上更为庄重正式一些。

---

① 刘后滨：《唐代中书门下体制研究》，第334—336页。

② ［日］中村裕一：《唐代制敕研究》，第513、529页。

③ 岑仲勉：《隋唐史》，河北教育出版社2000年版，第453页。

④ 《宋本册府元龟》卷一七八《帝王部·姑息第二》，中华书局1989年版，第438页下。

五代割据北方，自命为正朔，新朝一旦建立，就止行墨制、承制，期以将官员任命权收归中央。而南方各种割据势力表面上奉事北方诸政权，在官员任命上依旧自行承制拜授。朱温建立后梁时，与晋王李克用、李存勖父子的战争持续不断，李氏父子既不承认后梁的统治，乃自行墨制授官。等到后唐建立，李存勖父子也开始整顿铨选。同光二年（924）三月，中书门下奏：

> 纠辖之任，时谓外台，宰字之官，古称列爵，如非朝命，是废国章。近日诸道多是各列官御，便指州县，请朝廷之正授，树藩镇之私恩，颇乱规程，宜加条制。自今后，大镇节度使管叁州已上者，每年许奏管内官三人，如管叁州已下者，许管内官二人，仍须有课绩尤异方得上闻。①

长兴元年（930）五月又下制勘覆各种授官文书，重新确认资格②。但这种努力却受到了强有力的挑战。五代十国的统治者大多数出身行伍，通过武力上台，他们虽然时刻防范自己辖境内的方镇坐大，甚至不惜以武力清洗，但还是阻止不了雄藩骄帅的出现③。方镇一旦坐大，他们也会要求墨制的权力，“墨制除官已经成为部分方镇军阀——节度使取代皇帝行使除授官吏权力的手段，这就意味着执行墨制除官的节度使已经与众不同了”④，最典型的便是孟知祥的例子。

孟知祥原是李克用之弟李克让的女婿，李存勖灭前蜀后以之为成都尹、剑南西川节度副大使。李存勖死后，他扩充军队至七万多，不向后唐输赋税，又灭董璋，兼有两川之地，部下遂请知祥称王，“以墨制行事”。⑤ 此时后唐明宗在位，孟知祥上表请“部内刺史令录官员，乞许行墨制”⑥，明宗一味姑息，封他为蜀王，诏许墨制：

> 自今已后，剑南诸道应节度使刺史并州县官军府文武将吏等，或升或降，贤愚或黜陟功过，一切委卿，遂使选择差署施行讫奏，朝廷更不除人。⑦

这样，孟知祥在两川的地位得到巩固，俨然一个独立王国，后唐对其无可奈何。等到明宗去世，孟知祥很快就自立为帝，建立后蜀政权。

由孟知祥的例子，我们不难看出，墨制在五代十国之所以不能禁止，在于分裂格

---

① 《宋本册府元龟》卷六三二《铨选部·条制第四》，第2042页上。

② 《宋本册府元龟》卷六三三《铨选部·条制第五》，第2048页下。

③ 关于五代军阀的情况，可参看日野开三郎：《五代史概说》第4章，收入《日野开三郎东洋史学论集》第2卷《五代史の基调》，第311—359页。

④ 郑学檬：《五代十国史研究》，上海人民出版社1991年版，第48页。

⑤ 以上见《新五代史》卷六四《后蜀世家·孟知祥》，中华书局1974年版，第797—802页。

⑥ 《宋本册府元龟》卷一七八《帝王部·姑息第二》，第437页上。

⑦ 同上书，第439页上。

局下所谓的“朝廷”权威不振，只能与方镇共同分享着对官员的任命权，它既然没有力量彻底解除方镇的权力，也就不可能消除方镇树立私恩、建立自己权威的欲望。在没有一个统一的强有力的权威出现之前，墨制是各方都愿意接受的一种过渡。

五　余论

通过以上的讨论，我们可以认为，墨诏、墨敕是“王言之制”以外的一类王言[①]，它的特性包括四方面。第一，发布者只能是皇帝，墨敕除官的文书虽然实质上是由藩镇下发，但名义上仍然是皇帝。第二，不经过三省的颁诏程序，由禁中直接发出。墨敕在门阙制度中虽然也要经过中书、门下，但那并不是执行颁诏程序，而是中书、门下在执行墨敕的旨意。第三，形式多样，非常灵活。墨诏、墨敕是一类没有纳入程式化的文书形态，除了墨敕除官有固定的文书形式外，其他的根据内容的不同，可以借用慰劳制书、论事敕书、发日敕、敕旨等的文书形式，只是在日期之后省去官员的签署。第四，具有同“王言之制”相同的效力和权威。今人常常引用贞元三年（787）陆贽的上疏来质疑墨诏、墨敕的合法性：

> 伏详令式及国朝典故，凡有诏令，合由于中书，如或墨制施行，所司不须承受，盖所以示王者无私之义，为国家不易之规。[②]

按照陆贽的说法，似乎唐代的律令早有规定，墨制所出者非正式诏令，有司“不须承受”。但这是一份被李肇指为“征据错谬”的奏疏，已有学者指出了陆贽上疏的背景是他与吴通玄兄弟的政争，意在通过撤销翰林学士之职而使吴氏兄弟和德宗自然疏远[③]，这就降低了奏疏所引“令式及国朝典故”的可靠性，至多可以说明有司有权对墨诏、墨敕表示怀疑，这一点在门阙制度中已有反映，在敦煌文书里也可以找到例子[④]：

> S. 2703V/1《唐天宝八载（749）十二月敦煌郡典王隐牒为分付合郡应遣上使文解总玖道事》

---

① 刘后滨认为，“所谓‘王言之制’，是关于唐前期以皇帝名义发布的处理国家政务文书的概括说法”，并不能涵盖所有的文书形式，见氏撰：《隋与唐前期的中书省》，《盛唐政治制度研究》，第164页；［日］中村裕一：《隋唐王言の研究》把王言分为四类：王言之制、临时的王言、私的王言和惯用的王言，墨诏和墨敕属于最后一类。

② 李肇：《翰林志》，洪遵编：《翰苑群书》卷一，第298页下。

③ 毛蕾：《唐代翰林学士》，社会科学文献出版社2000年版，第18页。

④ 2003年秋，笔者参加北京大学中国古代史中心“敦煌吐鲁番文书研读”课时，承荣新江教授提醒笔者注意这两件文书中的墨敕问题，在此特致谢意。

4　一牒上中书门下为勘修功德使　墨敕并驿家事①

S. 2703V/3《敦煌郡典王隐为诸司上使封牒事目事牒（天宝年间）》：

3　一为任使　墨敕并牌券不同事

9　二上和籴使李侍御为任使　墨敕牌券事②

由于材料所包含的信息有限，我们只能作出一些推测性的解释。第一条材料里，“勘”为动词，是覆核确认的意思，整句可以推测是敦煌郡给中书门下上牒，勘验修功德使所带的墨敕。同理，第二条材料可能也是向和籴使李侍御核实任使携带的墨敕。据笔者不完全统计，除门阙制度、墨敕斜封和墨制除官外，唐五代史料中明确提到墨诏、墨敕的有83处（不包括重复），只有上述三处对其产生怀疑，其他未见有拒绝执行的情形出现。

通过对83处史料的统计，笔者发现，出现在玄宗以前的有21处，玄宗至敬宗有59处，文宗以后仅3处，这样的时间分布体现了唐五代政务运行的变化。

开元以前，墨诏、墨敕主要用于对臣下的慰问、赞扬，有时担当“密旨”的角色。开元时期国家政务急剧增多，三省体制下宣署申覆的繁琐程序严重影响了效率，为适应变化了的情况，中书门下体制逐渐建立③，同时，为减少中间环节，迅速将皇帝旨意以政令形式颁布下达，玄宗擢用翰林学士起草诏书④。正是在这个时期，墨诏、墨敕的使用开始频繁，而且应用的范围扩展到一般性的政务，如召集学士及僧道讲论三教同异，批答臣下推让官职的表状，重定南郊星辰位次等。肃、代以后至敬宗，墨诏、墨敕的使用呈现一个高峰状态，大量用于对臣子的赏赐、慰劳及表状的批答，一些重要的信息绕开中书门下传递，这种非程式化的政务运行引起宰相的担忧，以至于李吉甫向宪宗建议“军国大事以宝书易墨诏”⑤，其目的就是要把政务运行重新纳入程式化的轨道。可见，墨诏、墨敕实际上成为中枢体制转变过程中政务运行的另一条途径。在这种方式下，皇帝直接决断，根本不需经过中书门下；或者让翰林学士代为批答后，直接由宦官或地方的进奏院甚至使者把旨意传达下去，更为迅速快捷。而且，皇帝借此可以向臣子表示“私恩”，如前引给刘禹锡的手诏后批云“朕自书”，显然是给予刘禹锡的特别恩惠了。刘后滨的研究表明，唐代中央的政务裁决是分层次的，“分别由皇帝亲自决断、由宰相和相关官员进行审议批复并报皇帝批准以及由宰相直接裁决”，中

① 图版见《英藏敦煌社会文献（汉文佛经以外部分）》第4册，四川人民出版社1991年版，第202页；释文见［日］菊池英夫《唐代敦煌社会の外貌》，《讲座敦煌》第3卷《敦煌の社会》，大东出版社1980年版，第119页；荣新江《唐代西州的道教》，《敦煌吐鲁番研究》第4卷，北京大学出版社1999年版，第133页。

② 图版见《英藏敦煌社会文献（汉文佛经以外部分）》第4册，第203页；释文见唐耕耦主编《敦煌社会经济文献真迹释录》第4辑，全国图书馆文献缩微复制中心1990年版，第477—478页。

③ “中书门下体制”是刘后滨提出的概念，简要的介绍请参看《唐代中书门下体制研究·导论》，第1—62页；袁刚：《隋唐中枢体制的发展演变》，文津出版社1994年版，第66—72页。

④ 毛蕾：《唐代翰林学士》，第11—16页；谢元鲁：《唐代中央政权决策研究》，第19—22、198—200页。

⑤ 《新唐书》卷一四六《李栖筠附李吉甫传》，第4739页。

书门下体制下，大量重要的人事任免都出自皇帝的旨意，皇帝走向处理国家政务的前台[①]。墨诏、墨敕的大量使用正因应了这一论断。

墨诏、墨敕作为一种政务运行途径在文宗以后迅速衰落，个中原因尚待考察。但它又以新的姿态出现在唐末五代的历史舞台上，方镇对于墨制除官权的褫夺正说明了它在政治上的特殊地位。墨制的发布一向由皇帝掌握，昭示的是帝王的权威，所谓“威柄一归于上则无咎”。当方镇掌握了墨制授官的权力，尽管表面上还要以“准诏行墨敕授某官”的形式来表示对皇帝权威的认可，其实是借助于墨制、墨敕把皇帝的权威加在了自己头上，取得了“代天子立言”的神圣光环，为自己的割据寻找合法性，这实则更凸显了帝王权威在中国古代社会的巨大影响力。

原载于《历史研究》2005 年第 5 期

① 刘后滨：《唐代中书门下体制研究》，第 353—354 页。

从新刊唐代《李仲昌墓志铭》看安史之乱后士人“北走河朔”

张天虹

陈寅恪在分析安史之乱以后的唐代政治社会史时，提出过一个士人“北走河朔”的问题①。他着重分析了两人：一是登进士第的李益，“不得意，北游河朔，幽州刘济辟为从事”②；二是未中进士的董邵南。陈氏指出，“虽已登进士第之李益以不得意之故犹去京洛，而北走范阳”③，而未中进士的董邵南之游河北，“盖是当日社会之常情，而非变态”④，进而说“若举进士不中，而欲致身功名之会者，舍北走河朔之外则不易觅其他之途径也”⑤。但是陈氏只举出上述两例，而且并未分析北游之后的士人在河朔地区的起伏升降。

近年来，随着大量唐代墓志的发现以及相关拓片图版和释文的印行，使得我们能够对士人“北走河朔”的问题进行更为广泛和深入的研究。

2001 年 8 月，河南省伊川县彭婆乡许营村北出土了《唐故摄相州刺史兼监察御史里行李公（仲昌）墓志铭》（以下简称《李仲昌墓志铭》）⑥。这方墓志叙述志主李仲昌（以下直呼其名）的生平、历官非常详细，包含了丰富的历史信息。李仲昌虽

---

① 陈寅恪：《唐代政治述论稿》上篇，《隋唐制度渊源略论稿（外二种）》，河北教育出版社 2002 年版，第 187—189 页。此外，学界在讨论唐代士人入幕时，对此问题也稍有涉及，参见张国刚《唐代藩镇使府辟署制度》，《唐代藩镇研究》，湖南教育出版社 1987 年版，第 182—199 页；宁欣《中华文化通志·选举志》，上海人民出版社 1998 年版，第 237—253 页；石云涛《唐代幕府制度研究》，中国社会科学出版社 2003 年版。

② 《旧唐书》卷一三七《李益传》，中华书局 1975 年版，第 3771 页。

③ 陈寅恪：《唐代政治述论稿》上篇，《隋唐制度渊源略论稿（外二种）》，第 189 页。

④ 同上。

⑤ 同上书，第 187 页。

⑥ 此墓志现收藏于千唐志斋博物馆，拓片图版见中国文物研究所、千唐志斋博物馆编：《新中国出土墓志·河南叁·千唐志斋壹》（以下简称《新中国·河南叁》），文物出版社 2008 年版，上册，第二五八号，第 258 页。释文见同书下册，第 190—191 页；释文另见吴钢主编《全唐文补遗·千唐志斋新藏专辑》，三秦出版社 2006 年版，第 316—317 页。经过比照图版，两份释文，各有得失。但以《补遗》错误较少，以下凡引文未作出处者，皆引自此书。校改之处则出注标明。

不见于史籍[①]，但他作为一个“北走河朔”的士人[②]，先后在昭义和魏博两镇供职，并两任魏博镇的支州刺史；此外，其妻郑氏的合祔墓志（以下简称《郑氏合祔墓志》）也一同出土[③]。两方墓志比较完整地揭示出李仲昌在北走河朔之后的沉浮起降，从而进一步丰富了我们对安史乱后士人北走河朔的认识。

一

从家世和出身两方面看，北走河朔的士人范围甚广。

《李仲昌墓志》虽然称“其先陇西人”，“识乎竹帛，式曰品族”，可能有陇西李氏的大族背景，但无法确切查证。但另一方面，此方墓志毫不避讳，称李仲昌“起于寒栖之间”，因为他的曾祖李泰“皇河南府福昌县尉，夫人范阳卢氏”，祖父李澄，“皇岐州司法参军，夫人荥阳郑氏”。父亲李祐“邢州参军，夫人范阳卢氏”。其曾祖父、祖父和父亲亦不见于史籍记载[④]，虽然他们一直任官，但品阶低下，分别为正九品下[⑤]、从七品下[⑥]和从九品上[⑦]。这个家世背景不十分显赫。

相比之下，李益具有非常深厚的家世背景。《唐故银青光禄大夫守礼部尚书致仕上轻车都尉安城县开国伯食邑一七百户赠太子少师陇西李府君（益）墓志铭并序》（以下

① 张彦远《历代名画记》卷九中记有一“李仲昌”，乃是画家尹琳弟子。尹琳“（唐）高宗（650—683）时得名”（《丛书集成初编》，中华书局1985年版，第1646册，第295页）。据此，则彼“李仲昌”与墓主的生活时代相距较远，且志文中无片言提及墓主书画方面的才能，应非一人；又《北京图书馆藏中国历代石刻拓本汇编》中收有《李仲昌等题名》。此题名上书“朝议郎行太子司议郎兼华阴县令李仲昌”，一同题名的尚有韦辦、韦允、崔颋、苏准等人。据图录下的注释称“此题名为广德二年（764）三月刻。石在陕西华阴华岳庙，刻于北周天和二年十月十日《华岳颂碑》左侧……韦辦正书”（北京图书馆金石组编《北京图书馆藏中国历代碑刻拓本汇编》第27册，中州古籍出版社1989年版，第35页。）。然墓志撰者自称“忝公姻末，幸陪从事”，应该对墓主的仕历十分熟悉。他对于墓主的任官记载十分详细，尤其是记载了其“四任县大夫”，如果墓主曾任“华阴县令”，他似乎不应漏掉；此题名中的另外四人在史籍中的记载十分简略或未见记载，且也尚未见他们与本方墓志志主有关的任何线索。因此，本方墓志志主“李仲昌”概亦非彼题名之“李仲昌”。

② 在志文中有多处信息可以表明李仲昌的士人身份，如“阅经籍如敬师傅”等。

③ 此墓志的拓片图版未见刊布，但有释文印行。参见《唐故魏博节度判官、监察御史里行、赐绯鱼袋李府君（仲昌）夫人荥阳郑氏合祔墓志铭并序》（以下简称《郑氏合祔墓志铭》），参见吴钢主编《全唐文补遗·千唐志斋新藏专辑》，三秦出版社2006年版，第362—363页。

④ 史籍中有“李澄”、“李祐”二人与墓主的祖父、父亲同名，然经考乃同名异人：《旧唐书》卷一二三《李澄传》载：“李澄，辽东襄平人，隋蒲山公宽之后也。居京兆。父镐，清江太守”（第3656页）；《旧唐书》卷七六《太宗诸子·庶人祐传》载：“庶人祐，太宗第五子也”（第2657页）。《旧唐书》卷一六一《李祐传》载：“李祐，本蔡州牙将。”（第4226页）

⑤ 《旧唐书》卷四二《职官一》载：“正九品下阶，……京兆河南太原府诸县尉。”（第1802页）

⑥ 岐州即凤翔府，“天宝领县九，户五万八千四百八十六”（《旧唐书》卷三八《地理志一》，第1402页）。按：李仲昌卒年推算，其祖父可能任职于天宝年间（742—756）。据《唐六典·府督护州县官吏》，户满四万已上为上州。上州司法参军的品阶为从七品下。参见《唐六典》卷三〇《府督护州县官吏》，中华书局1992年版，第745—746页。

⑦ 邢州为上州（参见《旧唐书》卷三九《地理志二》，第1449页）。上州参军事若干员，秩从九品上。参见《唐六典》卷三〇《府都护州县官吏》，第746页。

简称《李益墓志铭》）明确记载道："给事赠兵部尚书讳亶即公曾王父也，皇朝虞部郎中讳成绩即公之大父也。烈考讳存，皇大理司直赠太子少师。"[①] 李益的曾祖父和祖父的任官都在五品上下[②]，属于高官，享有门荫等特权。但李益之父的品阶已经降为从六品[③]，说明李益虽有家世背景，但却呈衰落趋势。至于其身为肃宗朝宰相的族父李揆[④]，似乎不愿提携族人。其兄李皆尚且"滞于冗官，竟不引进"[⑤]，李益与李揆的关系更远，自然难以攀附。李益后官至礼部尚书致仕，当时的太子庶子与其同名，尽管李益"兼门地焉"，但"时人谓尚书为文章李益，庶子为门户李益"[⑥]。可见，李益的家世背景与其仕宦升迁的直接关联并不紧密。

至于董邵南，尚未见有表明其家世背景的史料，具有显赫家世背景的可能性似乎不会太大。

李仲昌"贞元中，以门荫授唐州参军"。虽然家世不显，但他却有"门荫"作为出身。唐代的门荫制基本上针对三类人：一是高爵，二是皇亲，三是高级品官（五品以上）[⑦]。李仲昌父祖的官品皆在六品以下，并不符合此类严格的门荫制。但门荫制的范围在唐后期有进一步扩大的趋势。低品官（六品以下，九品以上）的子弟无高荫可庇，但可以通过品子身份叙阶入仕。《新唐书·选举志下》载：

> 凡品子任杂掌及王公以下亲事、帐内劳满而选者，七品以上子，从九品上叙，……九品以上及勋官五品以上子，从九品下叙[⑧]。

以品子身份充任各种杂职掌，考限一般为十数年，考满后经过本司简试合格，可以获得散官出身，再依散官参选的有关规定，经若干次简选，有可能获得流外乃至低级官职[⑨]。李仲昌可能是走的这一条途径。如其就任，根据唐代一般的迁转程序，上达的机会很少。

李益"大历四年，年始弱冠，进士登第"[⑩]。之后，虽有一些升迁，但是"由监察

---

① 释文见王胜明《新发现的崔郾佚文〈李益墓志铭〉及其文献价值》，《文学遗产》2009年第5期。这方墓志，纠正了《新唐书·宰相世系表》对于陇西李氏姑臧大房世系的错误记录。

② "给事中"正五品，参见《旧唐书》卷四二《职官志一》，第1804—1805页；"虞部郎中"从五品。参见《旧唐书》卷四三《职官志二》，第1841页。

③ 《旧唐书》卷四二《职官志一》，第1797页。

④ 《旧唐书》卷一三七《李益传》，第3771页。

⑤ 《旧唐书》卷一二六《李揆传》，第3560页。

⑥ 赵璘：《因话录》卷二《商部上》，上海古籍出版社1979年版，第78页。

⑦ 参见《旧唐书》卷四二《职官一》，第1805页；另见张泽咸《唐代的门荫》，《文史》第二十七辑，中华书局1986年版，第47—59页。

⑧ 《新唐书》卷四五《选举志下》，中华书局1976年版，第1172页。

⑨ 同上书，第1174页；另可参见宁欣《唐代选官研究》，文津出版社1995年版，第136—137页。

⑩ 王胜明：《新发现的崔郾佚文〈李益墓志铭〉及其文献价值》，《文学遗产》2009年第5期。

殿中历侍御史”[①] 之后便长期不见迁改。可见，李益在唐廷确实“不得意”[②]。

董邵南也是“举进士，连不得志于有司”[③]。

由此可见，安史乱后，北走河朔的士人不论家世背景如何，不计是进士出身抑或门荫出身，在中央不得意，难以升迁，就会谋求到河朔地区发展。即如陈寅恪所言，此为“当日社会之常情”[④]。

二

北走河朔的士人在河朔地区的升降起伏和命运如何？长期以来，我们只知道李益被“幽州刘济辟为从事，常与济诗而有‘不上望京楼’之句”[⑤]。《李益墓志铭》虽然详细记载了李益的家世、家庭、婚姻和仕宦，但是详于李益被召入长安后的经历，对于他在幽州的活动，有效的信息也只有“复为幽州营田副使，检校吏部员外郎，迁检校考功郎中，加御史中丞，以金印紫绶副焉”数语，至于“卒使逆流再顺”等语，则有待查考[⑥]。关于董邵南，更未见有其河朔经历的记载。

但是李仲昌在河朔地区的浮沉升降却被详细地记载下来。

并未上任的李仲昌，首先投奔了昭义军。结果“昭义节度使司空公李公，器其高族之良，抑以从事。公感知己之至，就洺州司仓参军。”此“司空公李公”当为李抱真[⑦]。河北道上的邢州属昭义镇辖区。此时，李抱真“雄视山东”[⑧]，必定需要用人。又“表（李仲昌）为曲周县令。”曲周为洺州属县[⑨]。史称，“李抱真为昭义军节度使，欲招致天下贤隽，闻人之才善，必令持货币千里邀致之。至与语无可采者，渐退之”[⑩]。李仲昌的祖、父只有低品官的仕宦经历，尤其是其父还有任职于“山东”邢州的经历，这或许是李抱真“器其高族之良”的原因之一。但李仲昌的家世背景毕竟不够显赫，因此，他更多的是依靠其才干。唐朝后期是一个等级制度再编制的时代[⑪]，原有的以自

---

① 王胜明：《新发现的崔郾佚文〈李益墓志铭〉及其文献价值》，《文学遗产》2009 年第 5 期。

② 《旧唐书》卷一三七《李益传》，第 3771 页。

③ 韩愈：《韩昌黎文集校注》卷四《送董邵南序》，上海古籍出版社 1986 年版，第 247 页。

④ 陈寅恪：《唐代政治述论稿》上篇，《隋唐制度渊源略论稿（外二种）》，第 189 页。

⑤ 《旧唐书》卷一三七《李益传》，第 3771 页。

⑥ 因为此语与“不上望京楼”的诗句似乎有矛盾。韩愈《送幽州李端公序》也称李益“为人佐甚忠”，还讽喻他规劝刘济归顺（见《韩昌黎文集校注》卷四，第 266 页）。所以李益使“逆流归顺”之事，需要详细查考。

⑦ 李抱真自建中元年二月起受昭义节度使，直至其病卒（见《旧唐书》卷一二《德宗本纪上》，第 325 页）；昭义原为河北相州军号，薛嵩死后，移往邢磁，至李抱真领昭义，遂合泽潞邢洺磁为一。（参见吴廷燮《唐方镇年表》卷四《昭义》，中华书局 1980 年版，第 475 页。）“朱滔之败”，李抱真“迁司空”（穆员：《相国义阳郡王李公墓志铭》，《全唐文》卷七八四，中华书局 1983 年版，第 8 册，第 8194 页）。

⑧ 《旧唐书》卷一三二《李抱真传》，第 3647 页。

⑨ 《旧唐书》卷三九《地理志二·河北道》，第 1497—1498 页。

⑩ 《宋本册府元龟》卷四一三《将帅部·礼贤》，中华书局 1989 年影印本，第 1052 页。

⑪ 参见侯外庐《中国封建制社会的发展及其由前期向后期转变的特征》，《中国封建社会史论》，人民出版社 1979 年版，第 201 页。

然血缘为纽带的门第观念有所消退，却仍然保持着影响。多为军人出身的藩帅也大多愿意和世家大族建立联系，考察家世门望。但藩镇（尤其是河朔地区）内外的繁杂事务也使得他们非常看重“才干”。所以仕于成德镇的郑濛（745—792）[①]，其墓志上说他“以才地称”[②]。“才地”是才干和门地的合称，短短数语，正反映那个时期河朔藩镇用人方面的特征。李仲昌可能有家世的背景，但其影响不能高估，若无真才实学，便不能得到李抱真的提拔。

安史之乱以后的河朔地区，不但有中央与藩镇的战争、藩镇之间的战争，还有藩镇内部的军乱，这些都对北走河朔之士人的前途产生重要影响。《李仲昌墓志铭》云：“李公薨，兵变于广平。公知势终不可固，乃缘东而趋于魏。”李抱真卒于贞元十年(794)[③]，其子李缄欲仿“河朔故事”袭领昭义军节度使，他还希图取得成德节度使王武俊的支持，但遭到了王武俊的严辞责让[④]。朝廷则将昭义军中之事受以王延贵，李缄外不得河朔强藩支持，内不得本军拥立，只好入朝东都[⑤]。但李仲昌的上级、时为昭义行军司马、摄洺州刺史的元谊对唐廷的安排不满，“表请以磁、邢、洺别为一镇”[⑥]，并“阴结田绪”[⑦]。田绪时为魏博节度使，虽然田绪子“季安纳谊女为妻”[⑧]在此事之后，但元谊和田绪的关系在贞元十年之时应该已经非常密切[⑨]。由于昭义镇内部以王延贵为首的河东集团和以元谊为首的河朔洺州集团存在激烈矛盾，最终爆发了分裂战争。关于这次战争，正史皆有著录，而《册府元龟·将帅部·讨逆》记载得最为详细：

王虔休为昭义军节度留后。贞元十年七月，昭义行军司马元谊据洺州以谋乱。八月，虔休统兵赴临洺以攻元谊。是月，谊除饶州刺史，不行，故虔休率兵攻之。谊又上疏，请率洺州军士防秋于京西，德宗许之，而未敢出。虔休以大兵临城，城中出师御之，颇相杀伤。虔休又引洺水以灌城，分兵收鸡泽。九月，虔休遣将李庭芝破元谊兵将李同悦于长桥，残杀居人男女数百口，同悦走魏州。庭芝进收鸡泽，又杀居人男女数百口，鸡泽守将、官吏悉走魏州，自是平息。洺水等数县将吏、居人闻虔休兵至，悉走魏州。十二月，虔休以洺州潼（漳）濠冰合，发卒数千人逾濠，搏城急攻之。元谊自城上督战，矢石乱下，又出兵拒斗。虔休军稍

① 郑濛与妻子博陵崔氏的合祔墓志称郑濛卒于贞元十二年（796），参见《唐故冀州阜城县令兼□□□史赐绯鱼袋荥阳郑府君夫人博陵崔氏合祔墓志铭并序》，收于周绍良主编《唐代墓志汇编》，大和〇四九，上海古籍出版社1992年版，第2130页。

② 《唐冀州阜城县令荥阳郑君墓志铭并序》（以下简称《郑濛墓志》），见周绍良主编《唐代墓志汇编》，贞元一一〇，第1917页。

③ 参见《旧唐书》卷一三二《李抱真传》，第3649页。

④ 同上。

⑤ 同上书，第3649—3650页。

⑥ 《资治通鉴》卷二三五“贞元十年七月”条，中华书局1956年，第7562页。

⑦ 《旧唐书》卷一三《德宗纪下》，第380页。

⑧ 《宋本册府元龟》卷一七七《帝王部·姑息第二》，第426页。

⑨ 洺州一度是魏博的支州，在地缘上和魏博镇的关系更为密切。田绪介入此事也就不难理解了。

却，会日暮冰解，涉濠者多沉溺。大将张沛、来浩皆中流矢，士卒死伤大半。自是虔休引漳、洺二水以灌之。①

广平即是洺州②，正与《册府元龟》记载的战争地点相符。王虔休的军队在洺州境内引水灌城，残杀居民，战争极其残酷，以至“洺水等数县将吏、居人闻虔休兵至，悉走魏州”③。贞元十二年正月庚子，元谊、李文通等“兵五千人及其家人万余口奔魏州”④。综上，李仲昌作为元谊洺州集团的成员之一，兵败后逃到魏博镇，时间应该不晚于贞元十二年正月。

三

李仲昌来到“河朔三镇”之一的魏博镇之后，其仕宦生涯有了更多的机遇和挑战。

唐廷方面在元谊入魏博之后不再追究，“命田绪安抚之”⑤。可能根据这种安抚的措置，李仲昌署“贝州录事参军”，“领印如旧”。

贞元十二年四月⑥，田绪卒，其子田季安按“河朔故事”，继任为魏博节度使。此后李仲昌先“改卫州录事参军”，又“迁相州尧城县令”，“转魏州大都督府录事参军、兼元城县令”，“寻为冠氏县令。离弊既复，再为录事参军”，随着任官地移向魏博镇治所魏州，他也一步步接近魏博镇权力结构的中心。

不久，田季安“请充节度巡官，权知博州刺史、兼防御使。”巡官在唐中叶藩镇使府僚佐系统中很常见，节度使、观察使下皆有巡官⑦。巡官也是士人入幕的初任幕职，虽然只是一种基层幕职，但是延请之仪隆重，需要一定的名望、才学和人脉关系才能得到⑧。巡官的职务虽然多样化且很有弹性⑨，但是用作阶官兼官的却很少见。张国刚曾指出，唐代后期使职有阶官化的趋势，在藩镇使府僚佐体系里，以押衙用作带职、兼官的现象十分普遍⑩。“河北之俗，刺史阙，其帅辄以僚属将校自为之，不请者有年矣”⑪。李仲昌既以僚属身份担任支州刺史，节度巡官就同押衙性质类似，象征李仲昌在魏博镇节度使府中与藩帅的密切关系。而博州刺史、兼防御使才是李仲昌的真正执

---

① 《册府元龟》卷四二三《将帅部·讨逆》，中华书局1960年影印本，第5037页。

② 参见《旧唐书》卷三九《地理志》，第1497—1498页。

③ 《册府元龟》卷四二三《将帅部·讨逆》，第5037页。

④ 《资治通鉴》卷二三五“贞元十二年正月庚子”条，第7570页。

⑤ 同上。

⑥ 参见《旧唐书》卷一四一《田承嗣附子绪传》，第3846页。

⑦ 参见严耕望《唐代方镇使府僚佐考》，《唐史研究丛稿》，新亚研究所1969年版，第199—200页。

⑧ 参见赖瑞和《唐代基层文官》，中华书局2008年版，第210页。

⑨ 同上书，第240—247页。

⑩ 参见张国刚《唐代藩镇军将职级考略》，《学术月刊》1989年第5期。

⑪ 李翱《金紫光禄大夫检校礼部尚书使持节都督广州诸军兼广州刺史兼御史大夫充岭南节度营田观察制置本管经略等使东海郡开国公食邑二千户徐公行状》，《文苑英华》卷九七六，中华书局1966年影印本，第5137页。

掌。武人出镇，一般以押衙兼官，而文人出镇则未必。李仲昌就是以巡官这一文职僚佐兼任博州刺史。所以，以何种藩镇使职兼官很可能是以出任人本人的文武性质所定，也许并无特定规律。唐后期藩镇军队分为牙军、外军镇（亦称外镇军）、支郡兵和县镇①。魏博镇只有天雄军一个军号，未见其他军号。博州的驻军应是支郡兵。李仲昌兼防御使，即表示他统领本州兵马。河北刺史治军戎始于先天二年（712）。玄宗以敕的形式宣布“河北诸州，加团练兵马，本州刺史押当”②。“至德之后，中原用兵，刺史皆治军戎，遂有防御、团练、制置之名”③。藩帅又为其“拜监察御史里行”，这是巡官的常带宪衔而非刺史的一般带职④，表明这个刺史虽非朝廷正授，但藩帅却又不得不为李仲昌的幕职在中央奏授一个相应的宪衔，由此折射出的正是魏博镇作为典型的河朔藩镇与唐廷若即若离的微妙关系。李仲昌的仕宦任官与这一背景密不可分。李仲昌又改相州刺史，任期三年，所以《李仲昌墓志》称其“两牧大郡”。此后，他又“加节度判官”。判官在幕府文职系统中地位仅次于节度副使和行军司马⑤，因此李仲昌的幕职由巡官升任判官，在使府中的地位进一步提高。

唐后期州刺史一般都兼领本州团练使或防御使等武职，所以武将为州刺史的情况比较普遍，在河朔藩镇尤其如此。田承嗣家族统治魏博时期，支州刺史多为武人：

《旧唐书·田承嗣附侄悦传》载：“魏将邢曹俊者，承嗣之旧将，老而多智，颇知兵法，悦昵于扈萼，以曹俊为贝州刺史。”⑥

《旧唐书·代宗纪》载，大历十年十一月丁酉，“田承嗣所署瀛州刺史吴希光以城降”⑦。又《新唐书·代宗纪》载，大历十年十一月丁酉，“魏博将吴希光以瀛州降”⑧。瀛洲刺史吴希光当为武人。

《资治通鉴》载，建中三年正月，“河阳节度使李艽引兵逼卫州，田悦守将任履虚诈降，既而复叛”⑨。守将任履虚即是卫州刺史⑩。

田承嗣家族统治魏博时期，另外一个特点是，各州刺史或州县级军事要职多为田

---

① ［日］日野开三郎《支那中世の军阀》，第二章《藩镇の权势》第一项“兵权と兵力”指出：藩帅控制下的有牙军、外镇军以及巡属州长（防、团、守捉、镇遏使）军团等（三省堂 1942 年版，第 39—59 页）。张国刚则根据藩镇军队的布置，将藩镇的军队分为住在藩镇治所的牙军，驻守在支州的军队（包括外军镇和支郡兵）以及县镇。（见氏著《唐代藩镇军队的统兵体制》，《晋阳学刊》1991 年第 3 期。）

② 《唐会要》卷六九《刺史》下，上海古籍出版社 1991 年版，第 1436 页。

③ 《旧唐书》卷三八《地理志一》，第 1389 页。代宗即位后，推行改革，将防御使改为团练使，陈志坚指出此意在表明全国由战争状态转化为和平时期（陈志坚：《唐代州郡制度研究》，上海古籍出版社 2005 年版，第 16 页）。但河朔地区似乎并没有受此影响。

④ 唐中后期刺史一般所带的宪衔是御史大夫，此例不胜枚举，姑且从略。

⑤ 参见严耕望《唐代方镇使府僚佐考》，《唐史研究丛稿》，第 182—194 页。

⑥ 《旧唐书》卷一四一《田承嗣附侄悦传》，第 3842 页。

⑦ 《旧唐书》卷一一《代宗纪》，第 308 页。

⑧ 《新唐书》卷六《代宗纪》，第 178 页。

⑨ 《资治通鉴》卷二二七，“建中三年正月”条，第 7313 页。

⑩ 郁贤皓：《唐刺史考全编》卷一〇一《卫州》，安徽大学出版社 2000 年版，第 3 册，第 1422 页。

氏家族成员所据，见下表：

田氏家族成员担任的魏博镇各州刺史及地方军事要职简表（763—812）

姓名	与节帅关系	任职	资料来源
田廷琳	田承嗣之弟	贝州刺史	《魏州开元寺新建三门楼碑》，《文苑英华》卷八六三
田廷玠	田承嗣从父兄弟	洺州刺史、相州刺史	《旧唐书》卷一四一《田弘正传》
田维	田承嗣之子	魏州刺史	《旧唐书》卷一四一《田承嗣传》
田季和	田绪之子	澶州刺史	《旧唐书》卷一四一《田承嗣附子绪传》
田兴（弘正）	田绪从父兄弟	临清镇将	《旧唐书》卷一四一《田弘正传》

此表仅列举了田氏成员掌管魏博镇地方武力的情况，而事实上，在魏博衙军的高级将领中，也有不少田氏成员。在田季安为魏博节度期间，其弟田季直为衙将；田弘正也曾为衙内兵马使①。可见，田氏统治魏博期间，也在一定程度上采取了“家镇”模式②。李仲昌一介文人，如何能两牧大郡、加节度判官，从而在上述这种权力结构中扮演如此重要的角色呢？

这一方面与李仲昌本人的才干有关，另一方面很可能与田氏家族内部的权力斗争有关。李绛曾指出：“臣窃观两河藩镇之跋扈者，皆分兵以隶诸将，不使专在一人，恐其权任太重，乘间而谋己故也。”③ 田季安统治魏博期间，要依靠田氏家族成员稳定魏博镇。而他在魏博镇的统治事实上并不得人心，田兴因曾规讽田季安，赢得军心。于是“季安以人情归附，乃出为临清镇将，欲捃摭其过害之”④。可见，田季安对田氏宗亲多有猜忌。对田季安来说，这时更为实际有效的做法就是利用另一个集团来牵制掌握魏博权力的田氏家族的其他成员。李仲昌以巡官的幕职先后出任博、相两州刺史，或许可以从这一背景中寻找原因。李仲昌是元谊在洺州时的旧部，又与元谊一同投奔魏博，而元谊是田季安的岳父，田季安重用一部分元氏旧部，就是利用妻族势力牵制田氏宗亲。河朔藩镇的支州刺史在藩镇的军事权力结构中往往举足轻重，在唐后期，魏博镇和幽州镇都发生过担任支州刺史的武将领兵夺取节度使之位的事情⑤。相

① 参见《旧唐书》卷一四一《田弘正传》，第 3848 页。

② “家镇”这一概念是由姜密提出来的。参见姜密《唐代成德镇割据的特点》，《河北师范大学学报》（哲学社会科学版）2000 年第 3 期。事实上，这能否构成成德镇割据的特点，尚可继续讨论。

③ 《资治通鉴》卷二三八，“元和七年八月辛亥”条，第 7692 页。

④ 《旧唐书》卷一四一《田弘正传》第 3848 页。

⑤ 在魏博镇，乐行达（乐彦祯）以澶州刺史夺得韩简的节度使之位（参见《旧唐书》卷一八一《乐彦祯传》，第 4689 页）。在幽州镇，支州刺史夺位之事则屡见不鲜。如张仲武、张公素以及李可举之夺位，多是以支州的外军镇前来夺位。（参见《旧唐书》卷一八〇《张仲武传》，第 4677 页；《旧唐书》卷一八〇《张公素传》，第 4680 页；《旧唐书》卷一八〇《李可举传》，第 4681 页。）

比之下，巡官则是使府正职中较低的文幕职[①]，李仲昌以此身份出任支州刺史，对藩帅的依附性就非常强。所以田季安的意图应该是通过他执掌地方武力，以起到以小制大、文武相维的作用。

四

元和七年八月田季安死后[②]，历事田绪、田季安的李仲昌，面临了新的抉择。

此时，元谊之女召诸将，欲立己子田怀谏为节度副大使，“众皆唯唯”[③]。而“怀谏幼，未能御事，军政无巨细皆取决于私白身蒋士则，数以爱憎移易将校”[④]。最终，衙军哗变，拥立田弘正为节度使。田弘正杀掉蒋士则等十数人，“移怀谏于外”[⑤]。

这是当时魏博镇上层一次重大的权力变动，受到朝廷方面的密切关注。节度使父死子继的“河朔故事”，作为一种习俗和惯例，在这个时期具有很强的稳定性[⑥]。而且，李仲昌本是元谊旧部，很有可能最初也应该赞成立元氏之子田怀谏为帅。只是此方墓志只用了“军府大变”四个字来描述魏博镇重要的一次权力更替，使得我们无法得知李仲昌在这次事件中到底持何立场，有何作为。

田弘正为魏博节度使之后，立刻表示服从唐廷。唐宪宗“仍令中书舍人裴度使魏州宣慰，赐魏博三军赏钱一百五十万贯”[⑦]。所以志文中的“公奉新命，只讶制使。”很可能是指李仲昌奉田弘正之命前往迎接裴度等人，但是元和七年九月八日，“善殁于卫州汲县之传舍”。是年十月，裴度等人才到达魏博[⑧]。关于李仲昌之死因，墓志撰者说是“肤腠颠疢”，并指出其得以善终。唐代墓志中一般都有墓主寿数的记录，而这方篇幅长达一千余字的墓志中却恰恰没有留下这一信息；其妻郑氏的墓志中又称“监察遘祸”[⑨]，似乎又与“善殁”的表述相左。加之，志文对李仲昌在“军府大变”中的表现竟无一言，这些都使得李仲昌之死显得有些扑朔迷离[⑩]。

---

① 严耕望认为巡官仅位于衙推、孔目官、逐要等之上（参见氏著《唐代方镇使府僚佐考》，《唐史研究论丛》，第177—236页）；赖瑞和则认为巡官“可说是使府正职当中最低一级的文官”（参见氏著《唐代基层文官》，中华书局2008年版，第240页）。

② 《旧唐书》卷一五《宪宗纪》，第443页。

③ 《旧唐书》卷一四一《田承嗣附绪子季安传》，第3847页。

④ 同上。

⑤ 元稹：《元稹集》卷五二《沂国公魏博德政碑》，中华书局1982年版，第562—564页。

⑥ 张天虹：《“河朔故事”再认识：社会流动视野下的考察——以中晚唐五代初期为中心》，收于严耀中主编《唐代国家与地域社会研究中国唐史学会第十届年会论文集》，上海古籍出版社2008年版，第194—241页。

⑦ 《旧唐书》卷一四一《田弘正传》，第3849页。

⑧ 《资治通鉴》卷二三九，“元和七年十月”条，第7696页。

⑨ 《全唐文补遗·千唐志斋新藏专辑》，三秦出版社2006年版，第363页。

⑩ 笔者认为，这可能和墓志撰者王建有一定关系，关于这一问题，笔者拟在考订墓志撰者的另一篇论文中做详尽分析。

五

“南北朝唐代之社会，以仕婚二事衡量人物”①。作为北走河朔之后的士人，李仲昌的婚姻也值得关注。《李仲昌墓志铭》记载较简略：“夫人荥阳郑氏……有子四人：孟曰贽，仲曰卞，叔曰元，季曰宗文。幼女在室，亦读诗书。”这四子在史籍中均不见记载。而《郑氏合祔墓志》记载，“庶子二人：长曰贽，次曰□”②，另有“庶女一人”③。郑氏所生之子两人“长曰丕，前任泮州慈利县令。次曰苿，而行义有闻”④。两方墓志所记载的子嗣名字有所出入。但“庶子”、“庶女”表明，李仲昌并非只娶了郑氏一人。郑氏开成三年（838）卒，享年五十有九⑤，推知其约生于建中元年（780）。郑氏“既嫁十六年，而监察遘祸”⑥。李仲昌卒于元和七年，则郑氏嫁给李仲昌的时间可能在贞元十二年至十三年间，这一年郑氏18岁左右。郑氏为“皇颍川郡太守讳长裕之曾孙，殿中侍御史讳欢之孙，魏州大都督府参军讳季熊之女”⑦。郑长裕、郑欢、郑季熊皆见于《新唐书·宰相世系表》（以下简称《新表》），为北祖郑氏一系，且郑长裕和郑欢的官称与志文上的官称相合⑧。又，郑欢还有子郑叔向⑨。《唐故河南府河南县主簿崔公（程）墓志铭并序》（以下简称《崔程墓志铭》）云：“公两娶一门，女弟继室，即颍川太守长裕之曾孙，殿中侍御史欢之孙，洺州司兵叔向之长女。今相国余庆、河南尹珣瑜、信安守式瞻、高平守利用，皆诸父也。”⑩其所载郑叔向世系与《新表》正合。即郑叔向是李仲昌之妻的叔父。他任“洺州司兵”时，极有可能与任洺州司仓参军的李仲昌共事元谊⑪。或许正是存在这样一层关系，李仲昌来魏博镇不久⑫，便有了这门亲事。郑氏的父亲郑季熊可能早逝⑬，但毕竟参与了魏博镇的地方政权。联系这种背景，李仲昌和郑氏缔结了婚媾，不但联姻了世家大族，沿袭了传统的门第观念，同时也意味着他及时向魏博镇的政治精英阶层靠拢。在中晚唐的河朔藩镇内部，藩帅与文武僚

① 陈寅恪：《元白诗笺证稿》，《隋唐制度渊源略论稿（外二种）》，第403页。

② 《全唐文补遗·千唐志斋新藏专辑》，三秦出版社2006年版，第363页。

③ 同上。

④ 同上。

⑤ 参见《郑氏合祔墓志铭并序》，《全唐文补遗·千唐志斋新藏专辑》，第363页。

⑥ 《郑氏合祔墓志铭》，《全唐文补遗·千唐志斋新藏专辑》，第363页。

⑦ 《唐郑氏合祔墓志铭》，《全唐文补遗·千唐志斋新藏专辑》，第362页。

⑧ 其中郑欢的官称，《新表》云“侍御史”，正是“殿中侍御史”的简称。见《新唐书》卷七五上《宰相世系表》，第3321—3322页。

⑨ 《新唐书》卷七五上《宰相世系表》，第3322页。

⑩ 此墓志拓片图版见陈长安主编《隋唐五代墓志汇编·洛阳卷》第12册，天津古籍出版社1991年版，第153页。释文见周绍良主编《唐代墓志汇编》，贞元〇九六，第1906页。

⑪ 据《崔程墓志铭》，崔程的卒年在贞元十四年，可知郑叔向的活动年代亦在贞元年间。而李仲昌时为洺州司仓参军。

⑫ 前文已考证出李仲昌来魏博镇的时间不晚于贞元十二年正月。

⑬ 《郑氏合祔墓志铭》称：“夫人幼失所怙，慈亲所育。”见《全唐文补遗·千唐志斋新藏专辑》，第363页。

佐以及各级僚佐彼此之间，往往通过联姻交织成各自的势力网，即所谓“姻党盘互”[①]。元谊的洺州集团进入魏博镇后，要迅速地融入这个网络，与魏博藩帅、僚佐的联姻便必不可少。所以，元谊将其女嫁给田季安。因此，李仲昌的婚姻可能体现了士族婚姻的门第特征，但明显沾染了河朔藩镇内部政治联姻之风。

结　语

陈寅恪一直强调，安史之乱以后的社会阶级之变迁，“可分为中央和藩镇两方叙述”[②]。士人“北走河朔”之后如何在河朔地区谋求发展，实现社会阶级之变迁，应该也是中晚唐区域社会变迁的一个重要方面。《李仲昌墓志》恰好丰富了我们对北走河朔之后的士人的认识。它和《郑氏合祔墓志》一起，为我们勾勒了北走河朔之后士人的婚宦生涯。河朔藩镇内部政治斗争起伏跌宕，与中央和临镇的关系变动不居，相应地，河朔地方社会也发生着剧烈的变动：选贤举能和门第观念此消彼长的同时，交错盘互的关系网络又正在形成。这一切都使得北走河朔的士人面临着更多的机遇和挑战。尽管只是一个个案，李仲昌的仕历、婚姻以及死因之谜展现的却正是唐中期以来处于变动中的河朔地方社会的一个侧面。

附记：

本文初稿完成后蒙郝春文、仲伟民教授提出意见，特此致谢。

此文原载于《河北大学学报》2011 年第 3 期；中国人民大学报刊复印资料《魏晋南北朝隋唐史》2011 年第 5 期全文转载；《新华文摘》2011 年第 17 期“篇目辑览”收录（推荐篇目）。

此次发表力图保持本文原貌；只修改了初刊时的错字，并补齐初刊时因版面原因被删减的注释。

2012 年 4 月 27 日

① 《新唐书》卷二一〇《藩镇魏博·罗绍威传》，第 5942 页。

② 陈寅恪：《唐代政治史述论稿》上篇《统治阶级之氏族及其升降》，《隋唐制度渊源略论稿（外二种）》，第 180 页。

唐代长江三角洲核心地区经济发展初探

翁俊雄

在长江流域的开发过程中，长江三角洲核心地区①占有突出的地位。本地区经东吴至隋代近四百年的开发，无论在经济和文化上都有长足的进展，特别是南朝的开发，业绩更为辉煌。然而，这时期本地区的人口数量有限，因而开发程度也受到限制。这一地区的充分开发是在唐代，特别是在唐后期。探讨本地区社会经济的发展，不仅对深入了解这一地区历史发展，而且对整个唐代历史的深入研究，都有重大意义。

一　本地区社会经济发展大势

唐代长江三角洲核心地区经济的发展，大致可分为前期和后期两个阶段。前期以开元、天宝时期为高峰；后期包括代、德、顺、宪、穆、敬、文、武，至宣宗各朝。此后，才衰落下来。

唐朝初年这一地区已经成为全国重要的产粮区。由于本地区雨量充足、土地湿润、日照强，自六朝以来又经数百年的开发，早已成为生产粮食的地方。唐朝甫建，本地区的粮食就源源不断地运向北方。武德中，扬州都督府长史李靖就曾“运江淮之米以实洛阳”②。武后时，“江南、淮南诸州租船数千艘已至巩、洛，计有百余万斛”③。这些“江淮米”也应包括长江三角洲核心地区出产的米。

本地区人口发展迅速，至开元末年较前有更大的增长。贞观十三年，润、常、苏、湖、杭、越六州民户为128.998万，而开元二十九年，此六州民户达525.202万④，是贞观年间的4倍。如果说，贞观年间，此六州已是全国重要的产粮区，那么，在人口

---

①　长江三角洲核心地区，指长江以南，自镇江至杭州湾。在唐代为润、常、苏、湖、杭、越等州，本文以考察这六州为主。

②　《册府元龟》卷四九八，《漕运》：“八月，扬州都督李靖运江淮米实洛阳。”按：《旧唐书·李靖传》载：武德六年“检校扬州大都督府长史”，八年离任。李靖未任都督，《元龟》有误。

③　《全唐文》卷二一一，陈子昂《上军国机要事》。

④　贞观十三年六州民户数依据《旧唐书·地理志》“旧领户”统计而得；开元廿九年民户数，依据《通志·州郡门》统计而成。

数倍增长后，势必出现大批过剩的劳动力。他们的唯一出路是发展多种经营。此六州的多种经营，可从“开元贡”和“天宝贡”中见到一斑。

《唐六典》卷三和《元和郡县志》卷二五，都载有不知具体年代的“开元贡”，现将二者加以综合，视为“开元贡”；《通典·食货六》所载为“天宝中贡”，视为“天宝贡”。现将六州的开元、天宝贡列表于后。

贡品名／年代／州	开元贡	天宝贡
润州	方綦、水波绫、纹绫、杂药	方丈绫七匹、水纹绫八匹。
常州	细苎、白纻布、红紫二色绵布、紫纶巾免褐、纸六十张	细青苎布十匹。
苏州	红纶巾，吴石脂、吴蛇床子	丝葛小匹。嫩藕三百段。鲅鱼皮三十头；鲅鱼腊五十头。肚鱼五十头。鸭胞七斤。春子五升，白石脂三十斤，蛇床子三升。
湖州	白纻布、丝布	纻布三十端。
杭州	白编、绯绫、纹纱，黄滕纸，橘，黄连	白编绫十匹。橘子二千颗。蜜姜十石。
越州	白编、吴绫、交梭白绫。柑橘、甘蔗、石蜜，葛根	白编绫十匹、交梭十匹、轻调十匹。朱砂一十两。

《通典》所载润、常、湖三州之天宝贡，品种过少，可能记载不全或所贡就不多。而所载苏州之天宝贡，种类繁多。看来，苏州经济在天宝年间有很大的发展。如果在经济上将开元、天宝作为一个时期，就可将开元和天宝贡作统一考察。

从表中可知，开元、天宝年间，本区的农、副、渔业有很大发展；手工业也很发达。

农业中的技术作物：

柑橘：本区的柑橘生产处于领先地位。天宝十载，玄宗对臣下说：“近于宫内种甘子数株，今秋结实一百五十颗。与江南、蜀道所进不异[①]”。上列杭、越二州“开元贡”有柑橘，而《唐六典》和《元和志》中所载剑南道开元贡中并无柑橘，只是到天宝年间才贡柑橘。由此可知，杭、越之柑橘在开元年间胜过其他各地。

藕：苏州天宝贡有藕三百段，这是天宝贡中绝无仅有的记载，说明藕在开元、天宝时是本地区的特产。

石蜜：唐太宗贞观年间，中印邦交自玄奘而促进，印度使者东来，唐派“王玄策等二十余人随往大夏，并就菩提寺僧招石蜜匠，乃遣匠二人、僧八人到东夏，寻敕往越州，就甘蔗造之皆得成就”[②]。贞观年间大夏之石蜜匠在越州用甘蔗造的，就是石蜜，

① 《太平广记》卷四一〇《天宝甘子》。

② 《高僧传》二集，卷五。

越州天宝贡有石蜜，说明经过近百年的生产，质量有很大提高，可作贡品。李时珍在《本草纲目》果部三三卷《唐本草》中出："石蜜即白沙糖也。……轻白如霜者为糖霜；坚白如冰者为冰糖。"从天宝贡中可知本地区是中国历史上最早生产冰糖的地区。

渔业：苏州天宝贡中有肚鱼和鲻鱼、鲅鱼的加工制品，说明本地区渔业的发展。

药业：润州的杂药，苏州的白石脂、蛇床子，越州的葛根、朱砂[①]，表明本地区采药业的发展。

手工业中的纺织品：常、湖二州的开元贡、天宝贡中都有麻织品，表明此二州出产麻织。在贡丝织品的各州中，以润、越二州为佳，方丈绫、水波绫、纹绫、白编绫、交梭和轻调，都属精丝织品。

纸。常、杭二州的开元贡中有纸张，特别是杭州的黄滕纸，质量尤佳。《元和郡县志·江南道一》杭州余杭县："由拳山……旁有由拳村，出好藤纸。"

开元、天宝年间本地区农业中的技术作物、渔业、副业的发展，手工业中丝织品种类的增多和造纸业的发展，表明此时期有更多的劳动人手从粮食生产中脱离出来。开元、天宝年间本地区社会经济的发展与此时期人口大量增多是有密切的联系的。

随着安史之乱后北方人口大量南流，元和年间本地区已成为全国人口最为密集的地区。在这种情况下，进一步发展多种经营，不仅成为安排剩余劳动力的需要，也为本地区的社会经济繁荣提供了重要条件。以《新唐书·地理志》所载"长庆贡"[②]与开元、天宝贡加以比较，可以看出唐后期这一地区经济发展的新水平。现将润、常等六州长庆年间贡品开列如下：

润州：黄粟、竹根、鲟、鲊、衫罗、方纹、鱼口、绣叶、花纹等绫、火麻布。

常州：大小香粳、薯蓣、紫笋茶、䌷、绢、布、纻、皂布、紧纱、红紫绵巾、兔褐、龙凤席。

苏州：大小香粳、柑、橘、藕、鲻皮、鲅□、肚鱼、鱼子鸭胞。白石脂、蛇粟、丝葛、丝绵、八蚕丝、绯绫、布、白角簟、草席鞵。

湖州：糯米、黄糙（糯?）、粳子、木瓜、乳柑、蜜、紫笋茶、御服、鸟眼绫、折皂布、绵、䌷、布、纻、金沙泉。

杭州：苎、橘、木瓜、干姜、蜜姜、牛膝、白绫编、绯绫。

越州：石蜜、橘、丹砂、葛粉、宝花、花纹等罗、白编、交梭、十样花纹等绫、轻容（调?）生縠、花纱、吴绢、瓷器、纸、笔。

可见，长庆贡比开元、天宝贡品种类要丰富得多，它是唐后期本地区经济发展的反映。现分类试析如下。

在农、副、渔业方面，首先是粮食品种增多。黄粟、大小香粳、粳子、糯米、黄

---

① 参见《本草纲目》石部第九卷、草部第一四卷、草部第一八卷。

② 参见王永兴《唐代土贡资料系年》，《北京大学学报》1982年第4期。

(糯?)、芑，都是本地区粮食的新品种①。糯米用于酿酒尤佳。大和中苏州刺史刘禹锡寄给寓居洛阳的白居易以苏州产的“酿酒糯米”。白居易有“金屑醅浓吴米酿”之句②。

其次是技术作物的发展。开元、天宝贡中只有杭、越二州有柑橘，长庆贡中，湖、苏二州也有了柑橘。长庆中越州继续贡石蜜，湖、杭二州在长庆贡中出现了木瓜。杭州又增添了干姜和吴蜜姜，后者属干果类。苏州天宝贡有藕，为天宝贡仅见。赵嘏有《秋日吴中观贡藕》诗作③。唐后期种莲藕在本地区已经很普遍。白居易在《杭州形胜》中写道：“绕郭荷花三十里。”④ 常州的“薯蓣”也值得重视。《本草纲目》菜部薯蓣条：又名“山芋”、“山药”。

唐后期饮茶之风兴盛起来。而长江三角洲核心地区出产的茶取得重要地位，特别是湖州顾渚山的紫笋茶享有盛名，成为贡品。《元和郡县志》湖州：“贞元以后，每岁以进奉顾山紫笋茶，役工三万人，累月方毕。”此后常州义兴县也产紫笋茶，与顾渚山紫笋茶一起列为长庆年间的贡品。当时二者都是名产。

渔业：苏州在长庆贡中继续贡肚鱼等外，润州长庆贡中增加了鲟和鲊，多少反映了唐后期本区渔业的发展。

药业：长庆年间，除苏州继续贡白石脂、蛇粟、越州继续贡葛粉之外，润州增添了竹根，越州增添了丹砂，杭州增添了牛膝⑤，也反映了本地区采药、制药业的发展。

手工业中特别是纺织和瓷器制造业较之前期有了突飞猛进的发展。纺织品，开元、天宝贡中有麻织品 4 种（苎布、白苎布、细纻、细青纻布）；丝织品 13 种（方綦或方丈绫、水波或水纹绫、纹绫白编绫、绯绫、吴绫、交梭绫、丝布、绵布、纹纱、红纶巾、紫纶巾、轻调）。而长庆贡中有麻织品 4 种（火麻布、折皂布、布、纻）；丝织品有 19 种（衫罗、宝花、花纹罗、方纹、鱼口、绣叶等绫、绯绫、鸟眼绫、白编绫、交梭绫、十样花纹绫、紧纱、花纱、吴绢、生谷、轻容（轻调?）、紬、绢、红紫绵布）。

代宗时已经能织出“盘龙、对凤、麒麟、狮子、天马、辟邪、孔雀、仙鹤、芝草、万字”⑥ 等图样的丝织品。敬宗即位下诏浙西“进可幅盘条缭绫一千匹”，其图形为“立鹅、天马、盘条掬豹”⑦ 等，说明这时期本地区已能够织造这些高级精美的丝织品。然而，唐前朝是没有这种工艺水平的。唐文宗曾对臣下说：“朕闻前时内唯二锦袍，饰以金鸟，一袍玄宗幸温汤御之；一即与贵妃。当时贵重如此，如今奢靡，岂复贵之?

① 《本草纲目》谷部：“粟，即梁也。……有青、赤、黄、白、黑诸色。”黄粱，即黄粟，秔，即粳。“苏颂(湖?)之香粳，长白如玉，可充御贡，皆粳之稍异者也。”芑，即芑实，亦名“薏苡”。可做“薏苡仁饭”、“薏苡仁粥”。

② 《全唐诗》卷四五五白居易《刘苏州寄酿酒糯米……》。

③ 《全唐诗》卷五五〇。

④ 《全唐诗》卷四四三。

⑤ 《本草纲目》木部有竹根，分为甘、苦、淡竹根多种。草部有牛膝，又名“牛茎，百倍，山苋菜，对节菜”。

⑥ 《旧唐书》卷一一《代宗记》。

⑦ 《旧唐书》卷一七四《李德裕传》。

料之富家往往皆有。”① 即使唐前期已有这种工艺，然而所织图样仅有“金鸟而已”，且数量极少。唐后期这种“饰以金鸟”图形的丝织品产量很多，以致“富家往往皆有”；盘龙、对凤等工艺极为复杂的丝织品也能织造出来。这虽与社会风气奢靡有关，但也反映了唐后期丝织业的进步，以及本地区丝织业工艺水平的提高。

此外，本地区的瓷器制造业有了很大的提高。陆羽在《茶经》中指出：越州瓷碗为“上”，超越鼎、婺、洪州。邢州瓷器也是贡品，然而，“邢瓷类银，越瓷类玉、邢瓷类雪，越瓷类冰。”越瓷居于全国之首。

以上说明唐后期本地区的社会经济大大超过开元、天宝时期。尤其是丝织业、制瓷业的工艺水平大大超过唐前期。在经济作物中茶叶的种植尤为突出；而莲藕、木瓜、薯蓣的种植也很重要。唐后期这些方面的发展，为人们开拓了果品、菜蔬和饮料的来源，提供了精美的服饰和器皿。这一切都是为“唐代的繁荣”增添了生动而具体的内容。

二 本地区各州经济的消长

由于本地区各州经济发展的基础不同，以及唐后期诸种因素对各州影响不一，大致说来，可分三种类型，第一类是基础雄厚，发展速度减缓，可称“减缓型”；第二类是基础较弱的，发展速度快，可称“高速型”；第三类，基础雄厚，然而，经过大落大起，可称为“U”字形。

“减缓型”。润、常二州属此类型。润州，在开元、天宝年间，民户仅次于越州，有 10 万户。肃宗上元初刘展叛乱，陷本州。不过历时两月，未造成很大破坏。建中年间，为镇海军节度使所在地，领润、升、常、苏、湖、杭、越等 15 州，是江东重镇。此时镇海军节度使韩滉，在泾原兵变、德宗逃梁州时，能“遣使献绫罗四十担诣行在”，“又运米百艘以饷李晟”②，对平叛和收复长安起了重要作用。元和初，李锜又据润州反，不过历时仅月余，也未造成更大的破坏。元和十年，宪宗平淮西，时润州刺史、浙西观察使李翛“设法鸠聚财货，淮西用兵，颇赖其赋”③。可见，韩滉、李翛能力援唐王朝平叛，多赖长江三角洲核心地区的财富。

就润州本身来说，唐后期也有一定的发展，丹阳县境内之练湖，为东晋陈敏所筑，“周回四十里”，“溉田数百顷”④。由于年久失修，练湖一带“旱则悬耜，水则具舟。人罹其害九十余祀（按：从代宗在位上溯九十余，应是自唐高宗在位时。）”。永泰至大历初润州刺史韦损，大修练湖：“畚锸盖野，浚阜成溪，浚理故塘，缭而合之，广湖为八

① 《旧唐书》卷一七三《郑覃传》。
② 《资治通鉴》卷二三一兴元元年。
③ 《旧唐书》卷一六二《李翛传》。
④ 《元和郡县志》二五《江南道一》润州。

十里。”结果，不仅丹阳、延陵、金坛“三县无灾”，而且“遐迩受利”[①]。这对唐后期润州的农业发展有积极作用。

润州在唐后期的发展，主要表现在手工业上，特别是丝织业和金属加工业。以丝织业来说，长庆贡比天宝贡多了三种精美丝织品。敬宗即位，诏浙西进“盘条缭绫一千匹”，而“绫纱等物，犹是本州所出，易于方圆”[②]，可知润州丝织品的精美。金属加工业尤为发达。由于邻近扬州，润州的铜器制造，质量也大有提高。长庆贡有“伏牛山铜器”，就说明了这一点。李德裕在上敬宗奏中说道：“昨又奉宣旨，令进妆具二十件，计用银一万三千两。金一百三十两。”然而，“金银不出当州，皆须外处回市”。于是“差人于淮南收买，旋到旋造，星夜不辍”[③]。可知金、银器的工艺水平也居上乘。

不过，唐后期润州经济的发展受到限制。润州元和二十年左右的编民只有5.5万户，比开元、天宝时几乎减少了一半。虽然，浮寄客户不在其中，但至少没有显著增长。编户数量减少不能不制约当地经济的发展。而且，润州的技术作物没有明显地发展，也影响了唐后期润州社会经济的进一步发展。

常州，在开元、天宝时有户10万，与润州相埒。安史之乱后，北人南徙，常州民户有些增加。永泰二年，李华在《常州刺史厅壁记》中指出当州“领五县，版图十余万。望高地剧，此关外名郡”[④]。正因如此，独孤及在《常州刺史谢上表》中说：“伏以江东之州，常最为大。”[⑤] 上元初，刘展为乱，波及常州，一度影响极大。永泰初至大历三年，李栖筠为常州刺史。“时寇乱之后，旱暵仍岁，编户转徙，庐井半空。”由于李栖筠“乃濬河渠，导江流，以资灌溉”，结果，“是岁大稔，流民毕复”[⑥]。元和中常州刺史孟简兴修水利颇有成效：“州有孟渎，久淤阏，简治导，溉田凡四千顷。”[⑦] 李栖筠，孟简兴修水利，对常州农业的发展有积极作用。

常州唐后期的发展，主要表现在茶叶的种植上。与开元、天宝时期相比，丝织业没有明显发展，在粮食生产上长庆贡增加了“大小香粳”；在蔬菜上，长庆贡增加了“薯蓣”。前后相较，“紫笋茶”最为突出。

常州义兴县的紫笋茶，仅次于湖州顾渚山之紫笋茶。大和中常州刺史杨虞卿寄给寓居洛阳的白居易以紫笋茶。白居易有“渴饮毗陵远到茶”[⑧] 诗句。由此可知常州紫笋茶的名贵。常州的茶税成为唐王朝的一项税收。卢商在《请增加盐额税奏》中说：“常州自开成元年七月二十六日敕，以茶务委州县。至年终所收，以溢额五千六百六十九

---

① 《文苑英华》卷七七九李华《润州丹阳县复练塘颂并序》。

② 《旧唐书》卷一七四《李德裕传》。

③ 同上。

④ 《全唐文》卷三一六。

⑤ 《文苑英华》卷五八六。

⑥ 《册府元龟》卷六七八。

⑦ 《新唐书》卷一六〇《孟简传》。

⑧ 《全唐诗》卷四五四《晚春闲居杨工部寄诗杨常州寄茶……》。

贯，此类盐铁场院正额元数，加数倍已上。伏请增加正额。”①

然而，常州与润州一样，元和民户比开元、天宝时减少了一半，加以常州其他技术作物没有明显地发展，这都限制了当地社会经济发展的程度。

“高速型”。与润、常二州相比，苏、湖、杭三州情况大不相同。苏州是在唐后期大发展起来的。开元、天宝时，苏州只有六七万户，但到元和中，民户已超过润、常二州，突破10万户。宝历元年苏州刺史白居易也指出：“版图十万户，兵籍五千人。”②

苏州人口的猛烈增长与北人南流有关。梁肃《吴县令厅壁记》：“当上元之际，中夏多难，衣冠南避，寓于兹土，参编户之一。由是人俗舛杂，号为难治。”③ 安史之乱后，北人徙苏州的人占其总人口的1/3。这就是唐后期苏州人口猛增的主要原因。苏州面临的因人口增加过速而出现的种种问题，经韩滉、于頔。王仲舒等苏州刺史先后的治理。“境内称理。”④

随着苏州人口的增长，劳动力增多，社会经济迅速增长，主要表现在粮食生产、技术作物品种多和鱼盐行业的发展上。

广德初年，“分命诸道节度、观察、都团练使统其事：择封内间田荒壤、人所不耕者为之屯”。苏州嘉兴县之“嘉禾屯”于此时建成。李翰《苏州嘉兴屯田纪绩颂并序》：“浙西有三屯，嘉禾为大”，“嘉禾土田二十七屯，广轮曲折，千有余里”，“故嘉禾一穰，江淮为之康；嘉禾一歉，江淮为之俭”⑤。

唐后期苏州粮食品种增多，长庆贡中有“大小香粳”，苏州的糯米也很有名。前面提到刘禹锡曾寄“酿酒吴米”给白居易。技术作物有显著发展。唐末杜荀鹤在《送友游吴越》中写道：“吴疆与越连，有园多种橘，无水不生莲。”⑥ 这说明唐后苏州的莲藕广泛种植，柑橘的种植也普遍了。

唐后期苏州不仅拥有浙西最大的屯田；还拥有“淮海闽骆”中最大的盐监。顾况《嘉兴盐记》：“天宝末，天下兵起。乾元初，上司奏议：宜以盐铁之职总以社稷之臣，斡乎山海之利以富人也。淮海闽骆，其监十焉，嘉兴为首。……十年六监，兴课特优。至是末期，从百万至三百万。盐人、贾人，各得其所。”

嘉兴盐监，自乾元初至元和、开成年间，都很兴旺。《太平广记》卷四〇二《守船者》载：“苏州华亭县，有陆四官庙。元和初，有盐船数十只，于庙前。”可见其盛况。开成初苏州刺史卢商鉴于“郡人苦盐法太烦”，放宽了限制，“籍见户量所要自售，无

---

① 《全唐文》卷七五九。

② 《全唐文》卷四四七《自到郡齐仅经旬日……》。

③ 《文苑英华》卷八〇五。

④ 《册府元龟》卷六九二：“韩滉，德宗建中初继为苏州、润州刺史、安辑百姓，均其租税，未及逾年，境内称理。”卷六七七：“于頔为苏州刺史，扩沟渎，整街衢，至今赖之。”《新唐书》卷一六一《王仲舒传》，元和中“徙苏州，隄松江为路，变屋瓦，绝火灾，赋调尝与民为期，不扰自办”。

⑤ 《全唐文》卷四三〇。

⑥ 《全唐诗》卷六九一。

定额。苏人便之，岁课增倍”[①]。盐业更为发展。长庆贡中的鱼和鱼制品比开元、天宝时也有增加，多少反映了唐后期渔业的兴盛。

唐后期苏州的商业也很发达。苏州常熟县元阳观以清法师“大历中，常往嘉兴，入船中，……遍目船中客，皆贾贩之徒”[②]。杜荀鹤《送友游吴越》中的“夜市桥边火”[③] 诗句都反映了唐后期苏州商业繁荣的景象。

湖州。安史之乱后，湖州局势平稳。杨夔《湖州录事参军新厅记》：“自兵兴十五载，事隳宿贯，守国之法制、禀朝之政令者由关而东，郡亦无几，为吴兴遵国经、体旧章，上下谦敬，确然不论。”[④] 贞元中湖州刺史于頔兴修水利，颇见成效。于頔“因行县至长城方山，其下有水曰西湖，南朝疏凿，溉田三千顷。久湮废，頔命设堤塘以复之。岁获粳稻、蒲鱼之利，人赖以济”[⑤]。社会的安定、水利的兴修，为以后本州经济的发展提供了有利条件。

唐后期湖州经济的发展也较显著，主要表现在粮食品种增多和技术作物的蓬勃发展上。湖州开元、天宝贡中无米，长庆贡中列有糯米、黄（糯?）、粳子，所列品种之多，居本地区首位。在技术作物中发展了木瓜、乳柑和蜜，这是开元、天宝贡中没有而长庆贡中却有了的贡品。特别是紫笋茶，尤应特别重视。前面提到湖州“贞元以后，每岁以进奉顾山紫笋茶，役工三万人，累月方毕”。从此，顾山紫笋成为宫廷生活中不可缺少的物品。贞元中湖州刺史于頔曾“遵奉诏命，诣顾诸茶院修贡”[⑥]。开成三年湖州刺史裴充死，“吏不谨，进献新茶不及当年。”朝廷派浙西监军判官王士玫充“湖州造茶使”[⑦] 进行监督。可见朝廷的重视。而《茶经》的作者陆羽“置园顾诸山下，岁取茶租，自判品第”[⑧]。作为当时首屈一指的茶叶专家所置茶园之地选择于此，也说明顾诸山的茶叶质量之高。此外，湖州还产名酒。《元和郡县志》湖州乌程县：“若溪水，酿酒甚浓，俗称‘若下酒’。”“若下酒”与郢州的“富水”、荥阳的“土窖春”齐名。湖州的水质很高。长庆贡中的“金沙泉”看来即金沙泉水。唐后期达官贵人讲究饮高质水。《太平广记》卷三九九载：“李德裕在中书，常饮常州惠山井泉。自毗陵至京，致递铺。”这样看来，湖州贡品金沙泉，大概与常州惠山井泉一样，都是上好的泉水。

唐后期湖州经济的蓬勃发展，与这里的人口增长分不开。湖州天宝中有7.6万余户，元和中下降为4万余户。然而，此后似乎又大为发展。大中年间，吏部员外郎杜牧《上宰相求湖州第一启》：“十万户州，天下根本之地。曰吏部员外郎不可为其刺史，

① 《旧唐书》卷一七六《卢商传》。

② 《太平广记》卷二九《李卫公》。

③ 《全唐诗》卷六九一。

④ 《文苑英华》卷八〇三。

⑤ 《旧唐书》卷一五六《于頔传》。

⑥ 《两浙金石志》卷二《唐于頔题目》。

⑦ 《册府元龟》卷四九四。

⑧ 《新唐书》卷一九六《隐逸传》。

即是本末轻重颠倒乖戾莫过于此。”[①] 他虽未直说湖州有10万户，然而，揣摩其意，看来大中年间湖州已有10万户，否则不会在求做湖州刺史时提到十万民户为“天下根本之地”之类的话。也就是说，湖州自元和以后，至大中年间，无论人口，还是经济，都有突飞猛进的发展。

杭州唐后期也大为发展。唐前期杭州经济发展的程度已属可观，从开元贡中可见一斑。然而杭州自元和以后才大发展的。天宝中杭州只有8.6万余户，元和中下降为5.1万余户。而大中年间杜牧在《上宰相求杭州启》中明确说“杭州户十万，税钱五十万”[②]。

杭州唐后期大发展主要表现在商业上。这与杭州所处的地势有关，它“咽喉吴越，势雄江海”，既是江苏、浙江的枢纽，又是入海的门户。然而更重要的是本州技术作物和食盐的生产发达。

杭州与越州一样，是本地区最早的柑橘产地。《新唐书·地理五》杭州富阳县：“王洲有橘，以供贡。”开元和长庆贡中都有橘。杭州长庆贡中无藕，但白居易指出余杭县“绕郭荷花三十里”。说明此时已遍种莲藕。余杭县由拳村的黄滕纸质地甚高，已如前述。此外鲜干果品，有木瓜、蜜姜先后列为贡品。

杭州与苏州一样也有盐监，盛产食盐。长庆中，沈亚之《杭州场壁记》：国家始以轮边储塞不足于用，遂以盐铁榷酤为助。使吏曹计其入于郡县，近利之地得为院场之署，以差高下之等。顾杭州虽一场耳，然时南派巨流，走闽禺瓯越之宾（滨?），货而盐渔，大估所来交会，每岁官入三十六万千计[③]。本州生产的盐、鱼和技术作物及其他特产，既“走闽禺、瓯越之宾（滨?）”；又为“大估所来交会”。说明与外地贸易十分发达。正因如此，杭州城“骈樯二十里，开肆三万室”，成为“万商所聚，百货所殖”[④]的大都会。

杭州唐后期的大发展与杭州在唐后期成为旅游胜地有密切关系。随着唐后期江南经济的发展，到江南游览者渐多，尤其是长江三角洲的核心地区。《唐诗中》中以“游吴越”为题的诗作，屡见不鲜。杭州胜景更为人们所向往。长庆初杭州刺史白居易将《杭州郡楼登望画图》寄给在长安的张籍，张籍即兴赋诗，曰：“画得江城登望处，寄来今日到长安，乍惊物色从诗出，更想工人下手难。将展书堂偏觉好，每来朝客尽求看。”[⑤] 可见杭州风景的巨大魅力。

唐代后期的杭州能够吸引大量游客，主要是有三大奇观。钱塘江观潮、观日出。对此张籍《赠李杭州》有“开门长望浙江潮”[⑥] 之句；白居易有“早潮才落晚潮来……

① 《全唐文》卷七五三。
② 同上。
③ 《文苑英华》卷八〇七。
④ 《全唐文》卷三一六李华《杭州刺史厅壁记》。
⑤ 《全唐诗》卷三八五张籍《答白杭州郡楼登望画图见寄》。
⑥ 《全唐诗》卷三八五。

杭州老去被潮催"[①] 句；罗隐有《钱塘江潮》[②] 诗作；徐凝有《观浙江涛》："钱塘郭里看潮人，直至白头看不足。"[③] 杨巨源还生动地描绘了钱塘江看日出的情景："曾过灵隐江边寺，独宿东楼看海门。潮色银河铺碧落，日光金柱出红盆。"[④] 西湖胜景。白居易在《春题湖上》中描绘西湖景色："湖上春来似画图，乳峰围绕水平铺。松排山面千重翠，月点波心一颗珠。"他留恋西湖："未能抛得杭州去，一半句留是此湖。"[⑤] 寺观。杭州有天竺、灵隐、孤山等著名的佛寺和龙泉道观。白居易《答微之见寄》中说："可怜风景浙东西，先数余杭次会稽。禹庙未胜天竺寺，钱湖不羡若耶溪。"[⑥] 正因杭州风景独胜，吸引了大批游人。牟融有《处厚游杭州诗寄之》[⑦]，说明韦处厚曾专程游览杭州。"唐龙纪中，有士人柳鹏举游杭州。"[⑧] 唐后期士人大批来游，对杭州社会经济的繁荣和文化的发展，都有积极作用。

越州的发展经过了大起大落的过程。开元、天宝时期，越州是本地区人口最多的州。这里的手工业和技术作物都很发达。开元、天宝贡就能说明这一点。然而，"永泰中，妖贼杀郡将以叛"[⑨]。这次动乱对越州社会经济影响很大。元和年间越州与明州编户不足 25000，只占开元、天宝年间的 1/4。在编民大量减少的情况下，越州的经济也呈下降趋势，主要表现在丝织业的萎缩上。宝历初至大历五年任越州刺史、浙东节度观察使的薛兼训，鉴于"越人不工机杼"，"乃募军中未有室者，厚给货币，密令北地娶织妇以归，岁得数百人，由是越俗大化，竟添花样，绫纱妙称江左"[⑩]。开元、天宝间，越州丝织品有"白编、吴绫、交梭白绫"，所产精美丝织品不下润、杭二州，而在宝历、大历间，越人却"不工机杼"，这只能说明至德至大历初年，越州丝织业受到极大的摧残。薛兼训的措施，只是重振越州的丝织业而已。

越州的编户虽然大减，但是，各地陆续逃来的客户大大补充了这里的劳动人手。贞元十二年六月，越州刺史皇甫政奏："贞元十年进绫縠一千七百匹，至汴州，镇兵逆叛，物皆散失。请新来客户续补前数。"上使谓宰臣曰："百姓有业则怀土，失业则去乡。彼客户者，咸以遭罹苛暴，变成疮痍之人，岂可重伤哉？可罢其率，特免所失物。"[⑪] 贞元年间，越州客户可将越州进奉的 1700 匹绫縠补足，可见人数之多。大批居住在越州的客户，为本州经济的恢复与发展提供了劳动人手。

---

① 《全唐诗》卷四四六白居易《潮》。

② 《全唐诗》卷六五八。

③ 《全唐诗》卷四七四。

④ 《全唐诗》卷三三二杨巨源《送章孝标校书归杭州，因寄白舍人》。

⑤ 《全唐诗》卷四四六。

⑥ 同上。

⑦ 《全唐诗》卷四六七。

⑧ 《太平广记》卷三五四《柳鹏举》。

⑨ 《文苑英华》卷九五六梁肃《越州长史李公墓志铭》。

⑩ 《唐国史补》卷下。

⑪ 《唐会要》卷八五《逃户》。

经过一个较大的曲折，越州的社会经济又向前发展了。《元和郡县志》越州："自贞元之后，凡贡之外，别进异文吴绫及花鼓歇单丝吴绫、吴朱纱等纤丽之物，凡数十种。"元和、长庆年间越州的丝、绫罗、衫都很名贵。元和进士施肩吾《江南织绫词》："卿买得越人丝，贪弄金梭懒画眉。"[①] 看来越州生产的丝供应外州。越州的丝织技术更是技高一筹。越州天宝贡中有"轻调"，长庆贡中有"轻容"看来"容"字系"调"字之误。都应指轻绢而言。《太平广记》卷二三二载："唐丞相令狐绹，因话奇异之物。……复展看轻绢一匹，度之四丈无少，评之才及半两。"看来，越州的"轻调"，大概就是这种轻绢，本州能产这种"奇异之物"，表明越州丝织业水平之高。白居易寓居洛阳，越州刺史李绅寄来的"杨柳枝舞衫"，乃是"越娃裁"[②]，由知越州缝制的衫也很名贵。

越州长庆贡中有纸，说明唐后期越州造纸业的发展。剡县有溪，"剡溪上绵四五百里多古藤，……溪中多纸工，刀斧斩伐无时，擘剥皮肌，以给其业"[③]。剡县藤纸"剡藤苔笺"是当时的名产[④]。剡溪纸工在造纸技术上有惊人的突破，竟用纸制成纸帐和纸被。干宁进士徐夤在《纸帐》中有"避寒深入剡藤中……自宿嫦娥白兔宫"诗句，看来这种纸帐透明极佳。而"纸被"则是："细柔轻缀好鱼笺，……数尺白云笼冷眠。"[⑤] 可知纸被轻而暖。《太平广记》卷二八九《纸衣师》："大历中，有一僧，称为苦行，不衣缯絮布绝之类，常衣纸衣，时人呼为纸衣禅师，"纸衣与纸帐、纸被一样，是当时的新产品，这禅师将就衣着，时人不解，误以"苦行"视之。文中未明言纸衣产地，看来也应是剡县的产品。最后，越州的瓷器，居于全国之首，前面已经提及，不再多叙。

总之，越州经济自永泰以后一度跌落，而贞元以后出现回升，并在丝织、纸帐和瓷器生产上遥遥领先，越居本地区之首。在此期间，国家编户虽大为减少，而外来的客户数量很大，在本州经济恢复与发展上起了举足轻重的作用。

综上所述，长江三角洲核心地区的经济在唐代获得了长足的发展。其发展速度是后期超过前期（当然，各州发展的程度、时间有差异）。因此，认为"安史之乱是唐代由盛转衰的转折点"，这从政治、军事而言无疑是正确的；但是，如从经济、文化而论就与事实不符，就值得商榷了。正确地认识唐后期历史的真实面貌，恢复它在唐代乃至整个中国历史上的地位，是中国历史研究的重大课题，还有待于史学工作者做更为深入细微的研究。

附记：此文选自《古代长江下游的经济开发》，三秦出版社 1989 年版

① 《全唐诗》卷四九四。

② 《全唐诗》卷四五五《刘苏州寄酿酒糯米李浙东寄杨柳枝舞衫……》。

③ 《全唐文》卷七二七舒元舆《悲剡溪古藤文》。

④ 《唐国史补》卷下。

⑤ 《全唐诗》卷七一〇。

宋神宗与王安石共定“国是”考辨

李华瑞

余英时先生的《朱熹的历史世界》① 首次系统论述了宋代的“国是”问题，并对宋代党争作出了新的解释，是近年来关于宋代政治走向的一篇大制作。余先生在第五章“国是考”序言中说：“如果我们说：不通过‘国是’便无法彻底认识朱熹的历史世界，那也不算太夸张。但据我浏览所及，这个重要的政治现象，尚未见有人作过系统的讨论。所以本章拟专以‘国是’问题为中心，根据原始资料，勾画出一个大体的轮廓。”余先生在讨论宋朝国是起源时，将“国是”的起始年系于变法全面展开的熙宁三年，“国是”的核心是不许“异论相搅”，并且是由宋神宗与王安石等人共定。这个看法又在沈松勤先生所著《南宋文人与党争》一书得到引申和发挥。② 然仔细考量似与相关史实有一定出入，故提出来进行再讨论。

一

余先生和沈先生论及宋代“国是”问题，均是以熙宁三年四月甲申，宋神宗与司马光的一次对话为起点。

> 上曰：“今天下汹汹者，孙叔敖所谓‘国之有是，众之所恶’也。”光曰：“然。陛下当察其是非，然后守之。今条例司所为，独安石、韩绛、吕惠卿以为是，天下皆以为非也。陛下岂能独与三人共为天下耶？”③

对于这段对话，余先生说这是“‘国是’观念在宋代朝廷争议中的第一次出现，”并从其史源、历史背景和对话的意义作了很详细的考订和解读，最后得出“神宗接受了《新序》的一项基本原则，即‘国是’不能由皇帝‘以合其取舍者’为标准而作单

---

① 余英时：《朱熹的历史世界》，生活·读书·新知三联书店2004年版。

② 沈松勤：《南宋文人与党争》，人民出版社2005年版，第163—164页。

③ 李焘：《续资治通鉴长编》卷二一〇，神宗熙宁三年四月甲申，中华书局1985年版，第5224页。

方面的决定；相反的，皇帝必须'与士大夫共定国是'"[①] 的结论。但是现存宋代文献记载"国是"之事，似始见于宋神宗熙宁元年五月右正言孙觉《上神宗论所急者近效所勤者小数》："臣近陈愚款愿陛下时御便殿，召大臣或从官，各以其类数人偕进侍坐，以讲求治道，因定国是，兴太平之功。臣窃计陛下日力且不足矣。何则？陛下御前殿，复御后殿，退则览中外章奏而可否之，往往至于暮夜。大禹勤俭，文王日昃不遑暇食，亦何以过此。臣愚窃以谓此所急者近効，所勤者小数，而于远图或有所遗，大道或有所蔽也。……"[②] 孙觉这道奏书有两点值得注意，一是神宗即位之后，即汲汲于治道，"励精图治，将大有为，"[③] "国是"的商定已在积极进行中。在这里"国是"的商定尚未有特别的政治意义。

二是宋神宗选择王安石的思想或施政纲领作为"国是"或"国论"，是在王安石新法推行之前，而不是在其后。根据多种文献记载可知，孙觉上奏书之前，宋神宗在熙宁元年四月曾先后向富弼和王安石问以治道。神宗诏富弼入见，"坐语，从容访以治道。弼知帝果于有为，对曰：'人主好恶，不可令人窥测；可测，则奸人得以附会。当如天之鉴人，善恶皆所自取，然后诛赏随之，则功罪无不得其实矣。'又问边事，对曰：'陛下临御未久，当布德行惠，愿二十年口不言兵。'帝默然"。[④] 显然宋神宗在富弼处未得到他所期望的东西。于是三天后神宗诏新除翰林学士王安石越次入对。宋神宗谓王安石曰："朕久闻卿道术德义，有忠言嘉谋当不惜告朕。方今治当何先?"王安石对曰："以择术为始。"宋神宗又问："祖宗守天下，能百年无大变，粗致太平，以何道也?"王安石退而上《上神宗论本朝百年无事》。第二天，宋神宗谓王安石曰："昨阅卿所奏书至数遍，言本朝事可谓粗尽，计治道无以出此。所条众失，卿必已一一经画，试为朕详见施设之方。"[⑤] 至此，宋神宗选定王安石的思想和施政纲领为"国是"。因而，孙觉的奏书里就有"讲求治道，因定国是，兴太平之功"的说法。翌年二月，神宗擢拔王安石任参知政事。王安石《辞免参知政事表》云："皇帝陛下绍膺皇统，俯记孤忠。付之方面之权，还之禁林之地，固已人言之可畏，岂云国论（此处"国论"即是"国是"的同一语，）之敢知。忽被宠灵，滋怀愧恐。伏望皇帝陛下考慎所与，烛知不能，许还缪恩，以允公议。"[⑥] 亦证明宋神宗在确定以王安石的施政纲领为"国是"，

---

① 《朱熹的历史世界》上册，第254—255页。

② 赵汝愚：《宋朝诸臣奏议》卷八，上海古籍出版社1999年版，第67页；黄淮、杨士奇：《历代名臣奏议》卷三五，上海古籍出版社1989年版，第467页。文中"因定国是"，文渊阁四库全书影印本《历代名臣奏议》作"商定国是"。

③ 《宋史》卷一六《神宗纪三》，中华书局1977年版，第314页。

④ 《宋史》卷三一三《富弼传》，第10255页；又见彭百川《太平治迹统类》卷一二《神宗圣政》，江苏广陵古籍刻印社影印1990年版，第250—251页。

⑤ 《宋朝诸臣奏议》卷一〇九，《财赋门·新法一·上神宗论本朝百年无事》注，第1179页。又见《长编纪事本末》卷五九；《续资治通鉴长编拾补》卷三上，熙宁元年四月乙巳。

⑥ 王安石：《临川先生文集》（二）卷五七，四部丛刊初编集部，上海书店出版社1989年版。又见《王文公文集》卷一六，上海人民出版社1974年版，第167页。

是在起用王安石变法之前，而不是在变法全面铺开的熙宁三年。

应当说宋神宗在熙宁元年以王安石的思想或施政纲领为“国是”，很大程度上符合朝野士人的政治诉求，所谓“天下盛推王安石，以为必可致太平。”① “当时天下之论，以金陵（王安石）不作执政为屈。”② “窃见介甫独负天下大名三十余年，才高而学富，难进而易退。远近之士，识与不识，咸谓介甫不起则已，起则太平可立致，生民咸被其泽矣。”③ “新法之行，诸公实共谋之，虽明道先生（即程颢）不以为不是，盖那时也是合变时节。”④ 然而当王安石任参知政事、宰相，开始大力推行新法之时，却遭到守旧大臣的激烈反对，宋神宗选定的“国是”也因之受到质疑，因而直到元丰四年才又有定“国是”之举。

由以上所论可知，宋神宗选定“国是”的做法恰恰与余先生和沈先生所论相反，即由皇帝“以合其取舍者”为标准。实际上，宋神宗不仅在初次选定王安石的思想和施政纲领为“国是”，是“以合其取舍者”为标准，而且在王安石第二次罢相后，最终将新法定为“国是”，依然是“以合其取舍者”为标准。李焘《续资治通鉴长编》卷三一三，元丰四年六月甲子记事云：

> 有上书乞审择守令者，上谓辅臣曰：“天下守令之众，至千余人，其才性难以遍知，惟立法于此，使奉之于彼，从之则为是，背之则为非，以此进退，方有准的，所谓朝廷有政也。如汉黄霸妄为条教以干名誉，在所当治，而反增秩、赐金。夫家自为政，人自为俗，先王之必诛。变《风》、变《雅》，诗人所刺。朝廷惟一好恶，定国是，守令虽众，沙汰数年，自当得人也。”

同书，卷三五〇，元丰七年十二月戊辰条：

> 初，元丰五年，将行官制，上于禁中自为图，帖定未出，先谓辅臣曰：“官制将行，欲取新旧人两用之”。又曰：“御史大夫非司马光不可。”蔡确进曰：“国是方定，愿少迟之。”王珪亦助确，乃已。

元丰四年，正是“事皆自做”的宋神宗大力改革官制之时，元丰改制不仅在一定程度上改变了宋初以来混乱的官僚体制，而且为朝廷“惟一好恶，定国是”提供了坚定的政治保障。同时也说明元丰时期定新法为“国是”是出自“宸断”。正是由于元丰四年初

---

① 朱熹：《三朝名臣言行录》（一）卷三之三，《参政吴文肃公（奎）》，四部丛刊初编史部，上海书店出版社1989年版。

② 马永卿编：《元城语录》卷上，文渊阁四库全书影印本，（台北）商务印书馆1986年版，第863—363页。

③ 司马光：《温国文正司马公文集》（二）卷六〇《与王介甫书》，四部丛刊初编集部，上海书店出版社1989年版。

④ 黎靖德编：《朱子语类》卷一三〇，中华书局1994年版，第3097页。

定国是，因而翌年蔡确等人才有“国是方定”之说，而力沮反对新法的司马光入朝，这也就贯彻了宋神宗“立法于此，使奉之于彼，从之则为是，背之则为非”的国是宗旨。

二

余先生引《续资治通鉴长编》卷二一三，熙宁三年七月壬辰条记事云：“因代吕公弼为枢密使的问题，神宗和执政大臣曾公亮、韩绛、王安石三人有下面一番辩论，可以看作‘新法’正式定为‘国是’的开端”：

> 吕公弼将去位，上议所以代之者，曾公亮、韩绛极称司马光，上迟疑未决……安石曰：“司马光固佳，今风俗未定，异议尚纷纷，用光即异论有宗主……事无可为者。”绛徐以安石所言为然，公亮言：“不当以此废光。”固请用之，上弗许，乃独用（冯）京。明日，又谓执政曰：“京弱，并用光如何？”公亮以为当，安石曰：“比京差强，然流俗以为宗主，愈不可胜……”
>
> 公亮曰：“……真宗曰：‘且要异论相搅，即各不敢为非。’”安石曰：“若朝廷人人异论相搅，即治道何由成？臣愚以为朝廷任事之臣，非同心同德、协于克一，即天下事无可为者。”上曰：“要令异论相搅，即不可。”……上遂不用光。

“王安石坚决反对起用司马光，因为怕他成为朝廷上‘异论’或‘流俗’的‘宗主’。曾公亮虽抬出真宗‘且要异论相搅’的祖训，也阻止不了安石压制‘异论’的决心。神宗最后一句话则是这次辩论的总结。‘新法’从此不再是王安石个人的关于改革的设计，它已是皇帝和士大夫共定的‘国是’了。‘国是’等于现代专制体制中所谓‘最高国策’或‘正确路线’，自然不能容许‘异论相搅’。这正是神宗为什么要在政治系统中增添这一新范畴的根本原因。”[①]

如果余先生所言是指神宗“事皆自做”的元丰年间及其宋哲宗绍圣以后的绍述，大致与事实相符，而指熙宁年间则不一定如此。虽然熙宁时期王安石欲“一道德以变风俗”，也罢黜了一些持异论的官员，并以宫观闲局安插他们，但是这与元丰以后至宋徽宗、高宗时期尊奉“国是”，打压“异论”，铲除反对派，有的被编管，有的甚至被贬死于荒远州县的做法大相径庭。更何况，反对派是在“尽力争之而不能止”时，“往往多自引去”，[②]“逡巡引退”。[③] 宋神宗虽然说了上述的话“要令异论相搅，即不可”，但是实际上在熙宁时期依然奉行“异论相搅”的祖训，这有两种表现形式，一是从熙宁二年至五年、熙宁五年至九年，宋廷内部形成两次大的异论高潮，前者以非议、攻

---

① 余英时：《朱熹的历史世界》，生活·读书·新知三联书店2004年版，第256—257页。

② 《宋史》卷三三一，《列传第九十·论》，第10671页。

③ 《宋史》卷三二一，《列传第八十·论》，第10426页。

击青苗法、免役法为主，异论奏折连篇累牍，他们的攻击直接影响了宋神宗的态度；后者则是随着王韶开边、市易法推行及与辽朝定边界形成又一次异论高潮，在野的韩琦、富弼、司马光等异论持有者都曾应诏言事。只要看一下赵汝愚编撰的《宋诸臣奏议》卷一九〇至一一九《财赋门·新法》一至十一所收反对派的96篇奏议即可略见两次大的异论高潮之一斑，二是在用人上也贯彻异论相搅的精神，如反变法派的核心人物司马光，宋神宗起用王安石为参知政事的同时即欲用司马光为枢密副使，虽然王安石说这“是为异论之人立赤帜也。”但是宋神宗还是坚持要用司马光，只是司马光因与王安石势不两立，“上章力辞至六七”，宋神宗才不得已同意他离开朝廷。① 又如反变法派重要成员文彦博自宋英宗治平二年七月为枢密使，至宋神宗熙宁六年四月罢，判河阳，“在枢府凡八年”。② 再如富弼的女婿冯京，在王安石变法之初，即上章反对变法，宋神宗却于熙宁三年连连提升他任枢密副使和参知政事，“士大夫不逞者，以京为归”③。特别是神宗对司马光的眷任，南宋初年朱胜非对宋高宗讲的一番话就很能说明问题。建炎二年三月甲午，诏经筵读《资治通鉴》，遂以司马光配飨哲宗庙庭。

> 侍读朱胜非尝言：“陛下每称司马光，度圣意有恨不同时之叹，陛下亦知光之所以得名者乎？盖神宗皇帝有以成就之也。熙宁间，王安石创行新法，光每事以为非是，神宗独优容，乃更迁擢。其居西洛也，岁时劳问不绝。书成，除资政殿学士，于是四方称美，遂以司马相公呼之。至元祐中，但举行当时之言耳。若方其争论新法之际，便行窜黜，谓之立异好胜，谓之沽誉买直，谓之非上所建立，谓之不能体国，谓之不遵禀处分，言章交攻，命令切责，亦不能成其美矣。”上首肯久之。④

在朱胜非看来，司马光其所以成为一代名臣，正是宋神宗听任异论“独优容”所致。这从一个侧面说明当时对待“异论”者并没有“便行窜黜，谓之立异好胜，谓之沽誉买直，谓之非上所建立，谓之不能体国，谓之不遵禀处分，言章交攻，命令切责”。而这些做法恰恰是元祐党人，或绍述派对待“异论”者所使用的处置办法。

另外，值得一提的是，宋神宗虽然选定王安石的思想和施政纲领为“国是”或“国论”，但是在推行新法的进程中他们的政见不尽相同。目前学界有关他们之间政见分歧的讨论有四种意见：1. 宋神宗与王安石的关系，自始至终在思想境界和战略方面存在着巨大差距。⑤ 2. 对待豪强兼并的态度不尽相同。元丰时期，宋神宗主持的新法

---

① 徐自明著，王瑞明校补：《宋宰辅编年录校补》卷七，中华书局1986年版，第412页。

② 同上书，第433页。

③ 《宋史》卷三二七《王安石传》，第10548页。

④ 李心传：《建炎以来系年要录》卷一四，建炎二年三月甲午，（台北）文海出版社1980年版，第606—607页。

⑤ 同上。

在“摧抑兼并”方针上发生逆转。[①] 3. 王安石以“富民”为变法宗旨，而宋神宗以“富国”为宗旨。[②] 4. 王安石两次罢相的深层原因与宋神宗难以容忍相权对君权的干涉，更不能容忍大权旁落密切相关。[③] 正是由于他们之间存在着政见分歧，[④] 因而宋神宗对王安石的信任并不是一般人所认为的那样：得君之专，在北宋一代宰相当中几乎无人能与之相比。事实上并不如此，当王安石制定和推行新法时，只有在不太明显地触犯祖宗家法的项目时，宋神宗才肯全力予以支持，而凡触犯到祖宗家法的项目，宋神宗就会表现出犹疑以至深切的疑虑。从而使得王安石的变革工作经常从神宗那里得不到支持，有时甚至遭遇挫折，如王安石欲改革宋初把财政和军政大权都从宰相职权中分割出来的立法；欲以兵农合一的保甲制度替代被宋太祖称作“可以为百年之利”的募兵制；欲更革“将从中御”这一宋太宗所确立的防范武将专权的治军家法等问题上，就均未得到宋神宗的支持或完全认同。[⑤] 正是由于君臣之间有着诸多不同的政见，因而神宗需要用“异论相搅”这一祖宗家法来掣肘王安石。王安石早在熙宁三年就曾告诫宋神宗“陛下方以道胜流俗，与战无异。今日稍却，即坐为流俗所胜矣。”[⑥] 但是事实上，王安石每每感到“众人纷纷”“陛下已不能无惑矣”[⑦]。熙宁八年，王安石曾无奈地对宋神宗说：“天下事如煮羹，下一把火，又随下一勺水，即羹何由有熟时也。”[⑧] 王安石两次罢相不能不与“异论相搅”密切相关。随着王安石的去位和宋神宗对局面的完全操控，新法开始按宋神宗的“宸意”发展。对于元丰时期宋神宗不用王安石这个问题，朱熹是这样回答弟子的：“神宗尽得荆公许多伎俩，更何用他？到元丰间，事皆自做，只是用一等庸人备左右趋承耳!”[⑨] 朱熹的回答可谓是鞭辟入里。因而到元丰初期不许“异论相搅”的政治氛围业已形成，于是既定“国是”再次应运而生。

三

其所以造成熙宁时期宋神宗与王安石共定“国是”，并由此党同伐异的假象，这与宋哲宗、徽宗时期绍述派打着尊崇王安石的旗号，给“国是”赋予新意分不开，更与陈瓘对绍述派尊奉王安石的抨击紧密相关。宋哲宗定绍述为“国是”是承继先父遗志，

① 漆侠：《王安石变法》(增订本)，河北人民出版社 2001 年版，第 207—216 页。

② 葛金芳：《熙宁新法的富民与富国之争》，《晋阳学刊》1988 年第 1 期。《王安石变法新论》，《湖北大学学报》1990 年第 5 期。

③ 王广林：《论王安石的两次罢相》，《史学集刊》1986 年第 3 期。

④ 当然也有论者认为宋神宗与王安石的分歧，没有质的不同，只是程度上的一些差异。参见拙著《王安石变法研究史》，人民出版社 2004 年版，第 474—476 页。

⑤ 邓广铭：《邓广铭学术论著自选集》，首都师范大学出版社 1994 年版，第 158—161 页。

⑥ 彭百川：《太平治迹统类》卷一四，《神宗朝臣议论新法》，第 285 页。

⑦ 李焘：《续资治通鉴长编》卷二二三，熙宁四年五月丙午，中华书局 1986 年版，第 5433—5434 页。

⑧ 李焘：《续资治通鉴长编》卷二六二，熙宁八年夏四月己丑，中华书局 1986 年版，第 6414 页。

⑨ 黎德靖编：《朱子语类》卷一三〇，第 3096 页。

而将国是内涵与王安石联系起来则起自蔡卞。李焘在绍圣四年四月乙未，校书郎陈瓘通判沧州条下记事说："初，太学博士林自用蔡卞之意，倡言于太学曰：'神考知王荆公不尽，尚不及滕文公之知孟子也'。士大夫皆骇其言。于是瓘谒章惇求外任，因具以告惇。惇大怒，召自而骂之，章、蔡由是不咸。"在这条记事下，李焘又注曰："瓘自叙云，初在太学，与林自同为博士，自以主张国是自任，为蔡卞所厚。"①

对此，陈瓘在《四明尊尧集序》中有更直接的描述：

臣闻先王所谓道德者，性命之理而已矣。此王安石之精义也。有三经焉，有字说焉，有日录焉，皆性命之理也。蔡卞、蹇序辰、邓洵武等用心纯一，主行其教，其所谓大有为者，性命之理而已矣；其所谓继述者，亦性命之理而已矣；其所谓一道德者，亦以性命之理而一之也；其所谓同风俗者，亦以性命之理而同之也。不习性命之理者，谓之曲学；不随性命之理者，谓之流俗；黜流俗则窜其人，怒曲学则火其书。故自卞等用事以来，其所谓国是者，皆出于性命之理，不可得而动摇也。……臣伏见治平中，安石唱道之言，曰：道隆而德骏者，虽天子北面而问焉，而与之迭为宾主。自安石唱此说以来，几五十年矣，国是之渊源，盖兆于此矣。②

显然，陈瓘认为"国是"之说，到蔡卞这里，已不仅仅是简单地绍述新法，而是将王安石的性命学说上升到作为解释"国是"的唯一根据。不仅如此，陈瓘认为绍圣以后的党同伐异亦源自蔡卞等人祖述王安石的思想。他说：

安石所撰《士师八成义》，以谓守正特立之士，以邪诬而不容于时，此祸本之所注而大盗之所以作也。蔡卞继述之说，其本在此。守此意者，谓之守正，不然则指为邪朋，立此说者谓之特立，不然则指为流俗，非我类者皆邪朋也。异我说者，皆邪诬也。于是用其所谓守正特立之士，废其所谓邪朋邪诬之人，从而喜曰，"祸本消矣，大盗息矣。"此卞之所谓国是也。人主不得违，同列不敢议，惇、布在其术内而不知也。③

陈瓘，字莹中，号了翁，历仕神、哲、徽三朝。《宋史》有传。早年曾尊王安石学说，也与变法派章惇、蔡卞等有过交往。后膺服二程学说。哲宗亲政绍述熙丰，陈瓘开始"极论蔡卞、章惇、安惇、邢恕之罪"。其后"瓘尝著《尊尧集》，谓绍圣史官专

---

① 李焘：《续资治通鉴长编》卷四八五，中华书局 1993 年版，第 11529 页。

② 陈瓘：《四明尊尧集》，四库存目丛书，齐鲁书社 1998 年版，史 279—711—712。

③ 《续资治通鉴长编》卷二三四，"神宗熙宁五年六月辛未"条注引，中华书局，第 5686 页。

据王安石《日录》改修《神宗史》，变乱是非，不可传信”[①]。陈瓘抨击王安石和绍述派的做法，为他在士林中赢得清誉。宋廷南渡以后，宋的最高统治集团把亡国罪责由蔡京等人追溯至王安石，对王安石变法进行了彻底否定。陈瓘被视为反王安石的斗士，得到士林和朝廷高度地褒扬。“绍兴二十六年，高宗谓辅臣曰：‘陈瓘昔为谏官，甚有谠议。近览所着《尊尧集》，明君臣之大分，合于《易》天尊地卑及《春秋》之法。王安石号通经术，而其言乃谓：‘道隆德骏者，天子当北面而问焉’，其背经悖理甚矣。‘瓘宜特赐谥以表之。’谥曰忠肃。”[②] 其后，陈瓘将“国是”之说溯源至王安石的有关议论，得到了南宋人的认同。吕中在《宋大事记讲义》中云：

> 自治平四年九月安石之召，至熙宁九年十月安石之去，凡十年之国论，皆安石变法之国是也。[③]
>
> 元符三年，安惇罢。惇奏邹浩是先朝所弃，不当复用，国是所系，不可轻改。陈瓘言：是非之心，人皆有之，圣人以百姓之心为心，故朝廷所谓是非者，乃天下之公是非也。是以国是之说，其文不在于二典，其事不出于三代，惟楚庄王之所以问于叔敖者，乃战国一时之事，岂圣时宜用哉。惇乃极天下之公议所非，以为是是；极人臣不改之孝，以为善述。

在此正文下，吕中论道：

> 国是一言之误国也。夫国以为是，即人心之所同是也。又安有众之所非，而自以为是，使人皆不得越国是之外者，此特孙叔敖之妄论，唐虞三代之时，孔孟之明训，初无是也。秦汉至五代，其言未尝闻也。本朝自建隆至治平其说未尝有也。自熙宁王安石始有是论，而绍圣之蔡卞，崇宁之蔡京，皆祖述其说而用之。熙宁以通变为国是，则君子为流俗矣；绍圣以绍述为国是，南岭之间皆逐臣矣。蔡京之国是，又曰丰亨豫大之说而已，则立党、刻党碑，凡所托以害君子者，皆以国是藉口，曰此神考之意，安石之说也。缙绅之祸多历年，所岂非一言可以丧邦乎？[④]

魏了翁在宋理宗淳祐二年对宋朝“国是”的由来亦有相似的看法：

---

① 《宋史》卷三四五《陈瓘传》，中华书局 1977 年版，第 10963 页。

② 同上，第 10964 页。

③ 吕中：《宋大事记讲义》卷一七《惠卿叛安石、安石复罢相》，文渊阁四库全书影印本，（台北）商务印书馆 1986 年版，第 686—363 页。

④ 吕中：《宋大事记讲义》卷二一《小人妄主国是》，文渊阁四库全书影印本，第 686—394 页。

(太祖以来)曷尝揭揭然标一说以立国是，而使天下必为是说之从……自熙丰大臣始以私意误国，以祖宗神明博大、休养生息之政为不足，以快其意也。乃始创为出治之名，以竦动群听，颁之有司者，曰新法，颁之学官者，曰新义，上之人既立为一说，以风示天下，新进用事之人，又相与而朋翼之牢不可破，由此者进，异此者黜。[①]

另外，李焘《续资治通鉴长编》卷二三一，熙宁五年三月丙午记颁市易法条下注“四月七日检继宗文字。《国是论》曰：‘兴利之中，其罪亦有轻重，青苗、均输、助役，世以是为安石大罪，犹可恕也，何者？安石之始学在此，而始谋出此也。市易、免役、征利及于琐屑，此皆小人之附安石者为之，而安石亦以为王政，将谁欺乎？’”此处李焘并未标明《国是论》作于何年、出自谁手，但从所引文意来看，出自“惟是直书王安石之罪”的南宋绍兴本《神宗实录》重修之后的时期，则是无疑的。

要之，本文旨在说明四点：1. 宋神宗以王安石的变法思想和施政纲领定为“国是”，不是始于熙宁三年，而是在熙宁元年。2. 宋神宗选定“国是”的做法不是“不能由皇帝‘以合其取舍者’为标准而作单方面的决定；”而是恰恰与余先生和沈先生所论相反，是由皇帝“以合其取舍者”为标准。3. 熙宁时期宋神宗虽然对王安石变法给予大力支持，但是并未放弃“异论相搅”的祖训。4. 笔者并不否认“余先生率先指出，宋代是中国历史上第一个将国是体制化、法制化，并给予政治制度的保障，以及为政治争论涂抹上道德的色彩，使党派分极化的王朝。”并“说明皇帝和大臣怎样以操纵‘国是’的修辞权压制其他士大夫的异议。质疑‘国是’，最终会被顽冥不化的官员视为犯罪或不忠。”[②] 但是笔者强调的是，这种将“国是”体制化、法制化的做法始于宋神宗元丰以后，而不是王安石执政的熙宁年间。以“国是”作为党同伐异的政治工具，则更是宋哲宗、徽宗，乃至宋高宗朝的事。

原载于《文史哲》2008 年第 1 期

① 魏了翁：《重校鹤山先生大全集》卷三三，《代南叔兄上费参政（壬寅）》，《宋集珍本丛刊》，北京线装书局 2004 年版。

② 田浩：《余英时：〈朱熹的历史世界〉》，《湖南大学学报》（社会科学版）第 18 卷，2004 年第 5 期。

两宋荒政的发展与变化

李华瑞

"荒政"一词，最早出自儒家经典。它有两个含义：一是荒废政事，一是救荒之政。前者见于《尚书》中的"怠忽荒政"，疏家释曰："虑怠惰忽略，不能恪勤，则荒废政事。"① 后者则见于《周礼》："以荒政十有二聚万民。"② 从《周礼》所示的荒政内容来看，实际上就是儒家倡导"仁政"的一种翻版或诠释。尽管"荒政"一词出现甚早，先秦至宋代以前历代官府在救荒之政方面也有诸多建树，但是，诚如南宋学者吕祖谦在《历代制度详说·荒政》和董煟在《救荒活民书》中的较为系统的梳理和总结所言，广泛使用"荒政"指称官府救荒的行为、政策和措施，则是出现在北宋的中期以后，乃至影响到了王安石变法。及至南宋，随着理学的发展和朱熹大力倡导推行"荒政"，"荒政"在国家大政方针中的地位，更得到了空前的提升，并对后世产生了重大影响。③

一　北宋前期对汉唐以来救荒制度的继承与发展

北宋建立在唐末五代的乱世之后，宋代统治者为了长治久安，在革除唐末五代种种弊端和积极发展经济文化的同时，把救荒之政放在了十分重要的位置来对待，"水旱、蝗螟、饥疫之灾，治世所不能免，然必有以待之"，"宋之为治，一本于仁厚，凡振贫恤患之意，视前代尤为切至"④。宋太祖建隆三年（962），扬州、泗州发生了灾荒，

---

① 孔氏传，陆德明音义，孔颖达疏：《尚书注疏》卷一七，中华书局1980年版。

② 郑氏注，陆德明音义，贾公彦疏：《周礼注疏》卷一十："一曰散利、二曰薄征、三曰缓刑、四曰弛力、五曰舍禁、六曰去几、七曰眚礼、八曰杀哀、九曰蕃乐、十曰多昏、十有一曰索鬼神、十有二曰除盗贼。注：荒，凶年也。郑司农云：救饥之政，十有二品，散利，贷种食也；薄征，轻租税也；弛力，息徭役也；去几，关市不几也；眚礼，掌客职所谓凶荒杀礼者也；多昏，不备礼而娶昏者多也；索鬼神，求废祀而修之，《云汉》之诗所谓'靡神不举，靡爱斯牲'者也；除盗贼，急其刑以除之，饥馑则盗贼多，不可不除也；杜子春读蕃乐为藩乐，谓闭藏乐器而不作玄，谓去几，去其税耳；舍禁，若公无禁利。眚礼谓杀，吉礼也。杀哀谓省凶礼。"

③ 学界有关两宋荒政的研究成果主要有王德毅：《宋代灾荒的救济政策》，（台湾）商务印书馆1970年版；张文：《宋朝社会救济研究》，西南师范大学出版社2001年版；另有多篇散见各类刊物的论文，不具引。

④ 《宋史》卷一七八《食货志·振恤》，中华书局1977年版，第4335页。

户部郎中沈义伦在出使吴越的归途中，就上书建议："扬、泗饥民多死郡中，军储尚有余万斛，倘以贷民，至秋收新粟，公私俱利。"有人反对："若来岁不稔，孰任其咎?"沈义伦坚持说："国家以廪粟济民，自当召和气致丰年，宁忧水旱邪? 此当断自宸衷。"[①] 宋太祖采纳了沈义伦的意见，专门遣使开"军储"赈贷扬州、泗州两地饥民。建隆四年（963）三月，宋廷又专门下诏，下令在各县建立备荒的义仓，诏书说："多事之后，义仓尽毁，岁或少歉，失于预备，宜令诸州于属县各置义仓，自今官中所收二税，每石别输一斗，贮之以备凶歉，给与民人。"[②] 这道诏令虽然只执行了四年，就因为劳扰而停废，但它是有宋一代恢复汉唐仓廪救荒的最初尝试，从中也可以看出宋太祖在百废待兴的开国伊始，仍然十分重视对救荒之政的建设。

宋太宗同样如此。雍熙二年（985），宋太宗就曾对宰相训令说："国家以百姓为本，百姓以食为命，故知储蓄最为急务。昨江南灾旱甚，亟遣使振贷，果无流亡盗贼之患，若非积聚，何以救之?"[③] 端拱二年（989），开封以及河南、河北同时发生大旱，宋太宗"以岁旱，减膳，遍走群望，皆弗应。是夕，手诏赐宰相赵普等曰：'万方有罪，罪在朕躬。自星文变见以来，久愆雨雪，朕为人父母，心不遑宁，直以身为牺牲，焚于烈火，亦足以答谢天谴。当与卿等审刑政之阙失，念稼穑之艰难，恤物安民，庶祈眷佑。'"[④] 淳化二年（991），河北、京东等地旱蝗，宋太宗又手诏吕蒙正等曰："元元何罪，天谴如是，盖朕不德之所致也。卿等当于文德殿前筑一台，朕将暴露其上，三日不雨，卿等共焚朕以答天谴。"[⑤] 宋太宗上述两次要以投火自焚的方式来答谢天谴，祈求消弭灾荒，尽管都难免有政治作秀之嫌，但在唯我独尊的皇权时代，这样做已经是非常难能可贵了，它毕竟表现了太宗对消弭灾荒的认真关切态度。正因为如此，在宋太宗时期，宋代的荒政又取得了长足的进步，史书记载说："太宗恭俭仁爱，谆谆劝民务农重谷，毋或妄费。是时，惠民所积，不为无备，又置常平仓，乘时增籴，唯恐其不足。真宗继之，益务行养民之政，于是推广淳化之制，而常平、惠民仓殆遍天下矣。"[⑥] 对此，南宋学者董煟也评论说："汉之常平止立于北边，李唐之时亦不及于江淮以南，本朝常平之法遍天下，盖非汉唐之所能及也。"

体恤下情，关心民瘼，重视人的生命价值。这是北宋前期统治者救荒之政的一大特点和突出亮点。乾德元年（963）四月，宋太祖就下令"诏诸州长吏视民田旱甚者，则蠲其租，不俟报"。董煟对照他所处时代的现实（南宋宁宗嘉泰年间）情况，比较说："臣见今时州县或遇灾伤两次，差官检覆，使生民先被骚扰之苦，然后量减租入之数，所得几不偿所费矣。"因此对宋太祖的做法甚为推崇，倡议："宜以乾德之诏为

① 《文献通考》卷二六《国用考四·赈恤》，中华书局1986年版。

② 《玉海》卷一八四《宋朝义仓》，江苏扬州广陵书社2003年版，第3377页。

③ 《续资治通鉴长编》卷二六"雍熙二年秋七月"，中华书局2004年版，第596页。

④ 《续资治通鉴长编》卷三〇"端拱二年九月戊子"，第688页。

⑤ 《续资治通鉴长编》卷三二"淳化二年三月己巳"，第713页。

⑥ 《宋史》卷一七八《食货上六》，第4337页。

法。”至道二年，宋太宗“诏官仓发粟数十万石，贷京畿及内郡民为种”，有司言请量留以供国马，宋太宗回答说：“民田无种不能尽地利，且竭廪以给之，国马以刍槁可矣。”董煟评论此事说：“厩焚，子退朝曰：伤人乎？不问马。孟子曰：厩有肥马，民有饥色，野有饿殍，此率兽而食人也。圣人、贵人贱物如此。饥荒之年，其忍以菽粟给马哉?”又，大中祥符年间，澶州的地方官上奏建议：“民诉水旱二十亩以下求蠲租者，所伤不多，望勿受其诉。”宋真宗批示说：“若此贫民田少者常不及矣，朕以灾沴蠲租正为贫民下户，岂以多少为限耶，独虑诸州不晓此意，当遍戒之。”对此，董煟评论说：“自田制坏而兼并之法行，贫民下户极多，而中产之家赈贷之所不及，一遇水旱，狼狈无策，只有流离饿莩耳。今真宗以灾沴蠲租正为贫民下户，此非圣谟宏远，灼见闾阎之病乎!?”[①] 董煟上述的评论，确乎中肯而有见地。

宋太祖、太宗时期对后世救荒之政产生较大影响的政策，还有如下几项：

其一，募饥民、流民隶军籍。这是宋初以来的重要荒政措施，宋人邵博在《邵氏闻见后录》中记载道：“太祖既定天下，尝令赵普等二三大臣，陈当今已施行、可利及后世者。普等历言大政数十，太祖俾更言其上者，普等历毕思虑，无以言，因以为请。太祖曰：‘吾家之事，唯养兵为百代之利，盖凶年饥岁，有叛民而无叛兵，不幸乐岁变生，有叛兵而无叛民。’”[②] 这项政策，一直为宋太祖之后宋代诸朝奉为圭臬传承不怠。范仲淹、王安石等人在庆历新政和熙宁变法时，都曾想改革因无节制募兵而造成的冗兵、冗费弊政，均遭到宋最高统治者的反对而未果。所以邵博说：“予谓议者以本朝养兵为大费，欲复寓兵于农之法，书生之见，可言而不可用者哉。”元符三年（1100），晁以道说：“行之至今百四十有一年矣。”[③] 南宋时期，这一政策仍被延续，宋孝宗时张栻推荐吴儆入朝召对，首陈恢复大计，他在《论募兵》中就发展了宋太祖的养兵思想，他说：“臣闻饥岁莫急于防民之盗，而防盗莫先于募民为兵。盖饥困之民不能为盗，而或至于相率而蚁聚者，必有以倡之闾里之间，桀黠强悍之人不事生业，而其智与力足以为暴者，皆盗之倡也。因其饥困之际，重其衣食之资，募以为兵则其势宜乐从。桀黠强悍之人，既已衣食于县官而驯制之，则饥民虽欲为盗，谁与倡之？是上可以足兵之用，下可以去民之盗，一举而两得之，孰有便于此者。”[④]

其二，宽减饥民“强盗”死罪。按宋朝法律，“因饥持杖劫家藏粟，止诛为首者，余悉以减死论”。淳化五年（994），蔡州饥民多相率持棒投券富家取其粟，坐强盗弃市者甚众，张渚等三百一十八人皆犯死罪。当时知州张荣、判官江嗣宗共议，取其为首者杖脊，余悉减杖，并以其事上报朝廷。宋太宗“下诏褒之。令本州大发廪振饥民，遣使分诣诸道巡抚”。太宗还专门训令所遣使臣说：“彼皆平民，因饥取糇粮，以图活

① 董煟：《救荒活民书》卷一，百部丛书集成，台湾艺文印书馆印行。

② 邵博：《邵氏闻见后录》卷一，中华书局1983年版，第1页。

③ 晁以道：《景迂生集》卷一《元符三年应诏封事》，文渊阁四库全书影印本。

④ 吴儆：《竹洲集》卷二《论募兵》，文渊阁四库全书影印本。

命尔。若其情非巨蠹，悉为末减，不可从强盗之科。其凶狠难制为患闾里者，可便宜从事。”于是全活者甚众[①]。宋真宗咸平元年，“京兆府言：‘本府谷贵，民多持杖发窖藏，合从强盗法。察其情本止为艰食，请自今犯者，特贷死，徒罪减等，俟麦登仍旧。’从之”[②]。《宋史·刑法志》亦载：宋仁宗天圣初年，“有司尝奏盗劫米伤主，仁宗曰：‘饥劫米可哀，盗伤主可疾。虽然，无知迫于食不足耳。’命贷之”[③]。天圣三年(1025)，又“诏：陕西灾伤州军，持仗劫人仓廪，非伤主者，减死，刺配邻州牢城，非首谋者又减一等，仍令长吏密以诏书从事。自是，诸路灾伤，即降下有司敕，而民饥盗取谷食，多蒙矜减，赖以全活者甚众”[④]。对于这项政策，部分士大夫持有反对意见，史书记载：“帝尝御迩英阁经筵，讲《周礼》‘大荒大札，薄征缓刑’。杨安国曰：‘缓刑者，乃过误之民耳。当岁歉则赦之，悯其穷也。今众持兵杖劫粮廪，一切宽之，恐不足以禁奸。’帝曰：‘不然，天下皆吾赤子也，一遇饥馑，州县不能赈恤，饥莩所迫，遂至为盗，又捕而杀之，不亦甚乎?’”[⑤]

其三，募富民出钱粟，酬以官爵，推广“劝分”救荒。淳化五年（994）正月，许多州县发生水灾，宋太宗于是下诏“许有物力户及职员等情愿自将斛斗充助官中赈贷”，并明确规定：“当与等第恩泽酬奖：一千石赐爵一级，二千石与本州助教，三千石与本州文学，四千石试大理评事、三班借职，五千石与出身奉职，七千石与别驾，不签书本州公事，一万石与殿直、太祝。”[⑥] 大中祥符九年（1016）九月，宋真宗也下诏：各受灾的地方州军，“有以私廪振贫民者”，“二千石与摄助教，三千石与大郡助教，五千石至八千石第授本州文学、司马、长史、别驾”[⑦]。从总体上看，这一政策，在北宋时期，主要是作为官府赈灾的辅助性和补充性的措施之一，到了南宋中后期，更发展成了官府赈灾不可或缺而备受依赖的主要救荒措施。

宋仁宗、英宗统治时期，在经济文化高度发展的同时，社会矛盾趋向尖锐，自然灾害也频频发生。但这一时期的救荒之政，同样得到了传统史家们的好评。马端临就在《文献通考》中，对宋仁宗、英宗朝的救荒政策及措施作过如下概括的叙述：

> 仁宗、英宗一遇灾变，则避朝变服、损膳彻乐、恐惧修省，见于颜色，恻怛哀矜，形于诏令，其德厚矣。灾之所被，必发仓廪赈贷，或平价以粜，不足则转漕他路粟以给；又不足则诱富人入粟，秩以官爵，灾甚则出内藏，或奉宸库金帛，

---

① 陈均:《皇朝编年纲目备要》卷五“淳化五年春正月”，中华书局2006年版，第96页。

② 《皇朝编年纲目备要》卷六“咸平元年春三月”。

③ 《宋史》卷二〇〇《刑法志》，第4987页。

④ 《续资治通鉴长编》卷一〇三“天圣三年三月戊寅”，第2378页。

⑤ 《宋史》卷二〇〇《刑法志》，第4988页。宋英宗时，司马光也曾表达过与杨安国相类似的意见，见《传家集》卷三三《言除盗札子》，治平元年十月十日上。

⑥ 《宋会要辑稿》职官五五之二九，中华书局1957年版。

⑦ 《续资治通鉴长编》卷八八“大中祥符九年九月己巳”，第2020页。

或鬻祠部度僧牒。东南则留发运司，岁漕米或数十万或百万石济之，赋租之未入，入未备者，或纵不取，或寡取之，或倚格，以须丰年，宽逋负、休力役，赋入之有支移折变者省之，应给蚕盐若和籴及科率追呼不急妨农者罢之，薄关市之征，鬻牛者免算，利有可与民共者不禁，水乡则蠲蒲鱼果蓏之税，民流亡者关津毋责渡钱，过京师者分遣官诸城门振以米，所至舍以官第为淖糜食之，或赋以闲田，或听隶军籍，老幼不能自存者，听官司收养，因饥疫若厌溺死者，官为瘗埋祭之，厌溺死者加赐其家钱粟；蝗为害则募民捕，以钱若粟易之，蝗子一升至易菽粟三升或五升，下诏州郡戒长吏存拊其民，缓缧系、省刑罚，饥民劫囷窖者薄其罪，且以戒监司俾察官吏之老疾，罢愞不任职者，间遣内侍存问，灾甚则遣使安抚，其前后所施大略如此。[①]

元代史臣在《宋史》中也有类似的高度评价：

庆历初，诏天下复立义仓。嘉佑二年，又诏天下置广惠仓，使老幼疾贫者皆有所养。累朝相承，其虑于民也既周，其施于民也益厚。……若是之政，不可悉书，故于先王救荒之法为略具焉。[②]

这两段概述，虽然字里行间不免有溢美之词，但也基本上反映了当时救荒之政的基本特色。

宋仁宗、英宗时期，救荒之政出现新的变化，这就是随着儒学复兴运动的高涨和士大夫在政治上的崛起，儒学经典中的《易经》、《春秋》、《周礼》等受到了特别的重视。士大夫们在推进政府救灾救荒之时，往往在其奏疏中，以《周礼》等儒家经典中的荒政思想，作为阐述自己观点的理论基础。如司马光的《论荒政上殿札子》就说："臣窃闻淮南、两浙水灾，民多乏食，往往群辈相聚，操执兵仗，……盖由所司摧太急，故抵冒为奸，臣闻《周礼》以荒政十有二聚民，近者朝廷略以施行，惟舍禁、除盗贼二者似未留意。"[③]《言除盗札子》（治平元年十月十日上）也说："臣窃闻降勅下京东、京西灾伤州军，如人户委是家贫，偷盗斛斗，……若果如此，深为不便。臣闻《周礼》荒政十有二，散利、薄征、缓刑、弛力、舍禁、去几，率皆推宽大之恩，以利于民，独于盗贼愈更严急。"[④] 李觏的《刑禁第六》亦然，他说："狱市不可以不治，奸人不可以不禁。大司徒以'荒政十有二聚万民'。其三曰'缓刑'，而十有二曰'除盗

① 《文献通考》卷二六《国用考四·赈恤》，第252页。

② 《宋史》卷一七八《食货志上·振恤》，中华书局1977年版，第4337页。

③ 司马光：《传家集》卷二二《论荒政上殿札子》，文渊阁四库全书影印本。

④ 《传家集》卷三三《言除盗札子》。

贼’，是救饥之政，虽则缓刑，至于盗贼，不可不急其刑以除之也。”① 又如前揭杨荣国、司马光以《周礼》荒政“除盗贼”为据反对宋廷宽减饥民为盗的政策，等等。

儒家的荒政思想，由此受到了宋廷空前的重视和传播。一个比较明显的标志，就是“荒政”一词，首次正式地出现在了宋廷的诏令当中，见于宋仁宗的《约束提转赈济诏》：“探荒政之前典，能究心于事。”② 绍圣四年（1097），宋廷更明确地下诏“两浙路转运、常平司应荒政并举行及预那移廪粟”③。更为重要的是，儒家的荒政思想随之就被直接地贯穿于宋神宗朝的王安石变法之中。

二　王安石新法与北宋后期的救荒之政

宋神宗起用王安石主持变法，这是北宋历史上的一件大事。王安石变法，既是当时最高统治者为改变长期积弱不振的国势、缓和社会矛盾进行的一场政治自救运动，也是一场士大夫们欲实践其回到三代政治理想的社会变革运动。王安石的政治思想，就是深受孔、孟以来儒家正统派的影响，特别是推崇孟子的“仁政”思想。众所周知，宋神宗熙宁八年（1075）颁行的《三经新义》，就是王安石进行变法十分重要的理论基石。对此，四库馆臣以为：《三经新义》“皆本王安石经说，三经：《书》、《诗》、《周礼》也”，“然则三经义中，惟《周礼》为安石手著矣”④。王安石变法失败后，说王安石以《周礼》乱宋，也是历代批评王安石的学人所共同持有的一个观点。可以说，王安石新法中的青苗法、免役法、方田均税法、农田水利法、保甲法等新法措施，就是对《周礼》散利、薄征、弛力、缓刑、除盗贼等救荒之政的新发展。因此也可以说：王安石变法，是把汉唐以来以临灾救济和时断时续的常平、义仓等为主要内容的救荒之政，首次提高到了作为国家大政方针重要组成部分的新阶段。

青苗法，也称常平法，是对宋初建立的常平仓制度的改革。宋代的常平仓，始建于景德三年（1006），“正月，始置常平仓也。先是，言事者以为水旱灾沴，有备无患，古有常平仓，今可复置。请于京东西、河东、陕西、江淮、两浙，计户口多少，量留上供钱，自千贯至二万贯，令转运使每州择清干官主之。专委司农寺总领，三司无得辄用。每岁夏秋，准市估加钱收籴，贵则减价出粜，俟十年有增羡，则以本钱还三司。诏三司集议，请如所奏，而缘边不增置。于是，司农官吏创廨舍，藏籍帐，度支别置常平仓案。大率万户岁余万石，止于五万石，或三年以上不经粜，则回充粮廪，别以新粟补之。其后，又诏灾伤州军粜粟，斗勿过百钱”⑤。常平仓，司马光称其为“三代

---

① 李觏：《李觏集》卷一〇《刑禁第六》，中华书局1981年版。

② 《宋大诏令集》卷一八五，中华书局1962年版，第673页。

③ 《宋会要辑稿》食货六八之四九。

④ 《四库全书总目》卷一九，中华书局1987年版，第149—150页。

⑤ 《续资治通鉴长编》卷六二“景德三年正月辛未”，第1385页。

之良法也”，所谓“常平仓法，以丰岁谷贱伤农，故官中比在市添价收籴，使蓄积之家无由抑塞农夫，须令贱粜。凶岁谷贵伤民，故官中比在市减价出粜，使蓄积之家无由邀勒贫民，须令贵籴。物价常平，公私两利。”①

但是，常平仓从建立至宋仁宗朝，已经出现了愈来愈多的种种弊端，其积极作用并不能充分发挥。对此，李觏曾作过专门的论述，认为“其所未至，则有三焉”：其一，数少之弊：“一郡之籴不过数千万，其余毕入于贾人，至春当粜，寡出之，则不足于饥也，多出之，则可计日而尽也。于是贾人深藏而待其尽，尽则权归于贾人矣。”其二，道远之弊：“仓储之建，皆在郡治，县之远者，或数百里，其贫民多籴则无资，少籴则非可，朝行而暮归也，故终弗得而食之矣。”其三，吏奸之弊：“举掌之人，政或以贿，概量不均，行滥时有，及其出也，或减焉、或杂焉，名曰裁价，实则贵矣。”②枢密直学士杜衍亦曾尝批评说：“常平仓制度不立，有名而无实”，“今豪姓蓄贾，乘时贱收，而拙业之人，旋致罄竭。水旱则稽伏而不出，须其翔踊以牟厚利；而农民贵籴。九谷散于穰岁，百姓困于凶年，虽劝课官家至日见，亦奚益于事哉”。不特如此，常平仓所储的钱谷，又常常被以“供军为名而假借”③，致使仓空本竭。熙宁二年（1069）九月，制置三司条例司就指出：“比年灾伤，赈贷多出省仓……此朝廷所以难于施惠，而凶年百姓或不被上之德泽也。”④ 遂颁行青苗法，规定：

> 今诸路常平广惠仓略计可及千五百万以上贯石，敛散之法未得其宜，故为人之利未博，以致更出省仓赈贷。今欲以常平广惠仓见在斛斗，遇贵量减市价［出］粜，遇贱量增市价［收］籴，其可以计会转运司用苗税及钱斛就便转易者，亦许兑换。仍以见钱依陕西青苗钱例，取民情愿预借，令随税输纳斛斗，［半为夏料，半为秋料］，内有愿给本色，或纳时价贵愿纳钱［者］，皆许其便。［务在优民］。如遇灾伤，亦许于次料收熟日纳钱。［若此行之］，非惟足以待凶荒之患，又民既受贷，则于田作之时，不患阙食，因可选官劝诱，令兴水土之利，则四方田事自加修益。……常平广惠之物，收藏积滞，必待年歉物贵然后出粜，而所及者大抵城市游手之人而已。今通一路之有无，贵贱发敛，以广蓄积、平物价，使农人有以赴时趋事，而兼并不得乘其急。⑤

青苗法具体的做法是：其一，官府将常平广惠仓现有的一千五百万贯石粮米，由各路转运司兑换为现钱，而以现钱普遍借贷给城乡居民。其二，为了有效地推行青苗

① 《传家集》卷五六《乞趁时收籴常平斛斗白札子》。

② 《盱江集》卷一六，《富国策第六》。

③ 《续资治通鉴长编》卷一一五“景祐元年秋七月乙巳”，第2691页。

④ 《宋会要辑稿》食货四之一六。

⑤ 漆侠：《王安石变法》（增订本），《王安石新法校正》，河北人民出版社2001年版，第261—262页。

法，各路设常平官专司其事，全国共设四十一员。各州还置常平案，由通判一级官员担任，负责转移出纳事宜；在各县，则由县令、佐直督率耆、户长，管理借贷。其三，借贷遵循民户自愿的原则，借贷钱、粮可以互折，但不许亏蚀官本。民户每年在正月、五月分夏秋两次借贷，并随夏秋二税缴纳贷款，即在五月、十月前。遇有荒灾，则于下次收成之时归还。归还之时，除所借原额之外，还得缴纳百分之二十的利息。一年两次贷款，故利息率实际上是百分之四十①。

农田水利法，或称《农田利害条约》，颁行于熙宁二年（1069）的十一月。这项新法，主要是鼓励各地开垦荒田，建立堤防，修筑圩岸，兴修水利。这些水利工程，主要由受益人户按照户等的高下，出资兴修。如若“工役浩大，民力不能给者”，允许受益人户“于常平广惠仓系官钱斛内，连状借贷支用。仍依青苗例，作两限或三限送纳。如是系官钱斛支借不足，亦许州县劝谕物力人出钱借贷，依例出息，官为置簿及催理。诸色人能出财力、纠众户、创修兴复农田水利，经久便民，当议随功利多少酬奖。其出财颇多兴利至大者，即量才录用”②。在王安石的大力倡导之下，一时间在朝野上下形成了“四方争言农田水利”的高潮。

保甲法，颁行于熙宁三年（1070）的十二月。此法规定：“凡十家为一保，选主户有［材干］心力者一人为保长。五十家为一大保，选主户最有心力及物力最高者一人为大保长。十大保为一都保，仍选主户最有行止、心力材勇为众所伏及物力最高者为都副保正。”施行保甲法，目的主要有两个：一是寓兵于农，逐步替代募兵制。二是维护地方治安，即“每一大保逐夜轮差五人于保内往来巡警，遇有贼盗，画时声鼓告报，大保长以下同保人户即时前去救应追捕”，“同保内有犯强窃盗、杀人放火、强奸、略人、传习妖教、造畜蛊毒，知而不告，并依从伍保法科罪”③。由于“兵农合一”触犯了宋代的祖宗家法，没有能够得到宋神宗的大力支持，保甲法的功效，主要在于后者。

方田均税法，颁行于熙宁五年（1072）的八月。此法分为方田和均税两个部分，规定：官府于每年九月丈量土地，以东南西北各千步为一“方”，计四十一顷六十六亩多。依据方、庄账籍，检验土地的肥瘠，分为五等，确定税额。同时，各县以原有的税数为定额，禁止使用合零就整等手段超过此额。荒地归耕佃之家所有，不再追查。瘠卤不毛之地，也允许占有佃种。方田均税法，主要是为了改变“天下之税，割移逃徙，多或不均”④ 的状况而制定的。

免役法，又称募役法。此法从熙宁二年（1069）开始酝酿，到熙宁四年（1071）十月方正式颁行，“诏曰：天下土俗不同，役重轻不一，民贫富不等；县大民庶而富，

① 漆侠：《王安石变法》（增订本），河北人民出版社 2001 年版，第 122—124 页。
② 同上书，第 263—265 页。
③ 同上书，第 272—273 页。
④ 同上书，第 271 页。

输钱少易募，僻而贫、输多难招。然大县事众役烦，募直故多；县僻事简役少，募直亦寡。以一州一县之力供一州一县之费，以一路之力供一路之费，诸路从所便为法。凡当第人户以等第出钱，名‘免役钱’。其坊郭等第户及未成丁、单丁、女户、寺观、品官之家旧无色役出钱者，名‘助役钱’。凡敷钱先视州若县应用雇直多少，而随户等均取。雇直既已足用，又率其数增取二分，以备水旱欠阁。虽增，毋得过二分，谓之‘免役宽剩钱’”[①]。免役法的实施，希望达到的目的是：“所宽优者村乡朴蠢不能自达之穷甿，所裁取者乃仕宦并兼能致人语之豪户。”

总括而言，若从救荒之政的角度考察，王安石变法的终极目的，是为了培育农民抵御自然灾害的能力和建立合理的社会救济制度。“救荒之政”从而被赋予了新的时代内容，即将摧抑兼并与救荒之政紧密地联系起来，“凡所以使之有丰而无凶，损有余以补不足，皆王政之纲也”[②]。青苗法条令中的“［是］亦先王散惠兴利以为耕敛补助，裒多补寡而抑民豪夺之意也”，“非惟足以待凶荒之患”，就都表达出了这层含义。元丰五年（1082），宋神宗在殿试进士策问中，亦表达了这层含义：

> 朕闻王道之始，必本于农，故为之常平之政，使仓廪之积，农夫得以取其陈。为之免役之法，使官府之徭耕者，无或妨其力。然天下之民犹且力本者寡，趋末者众，一遇水旱之灾，则强者散而之四方，弱者转而蹈沟壑。朕甚悯焉，永惟所以强本抑末之道，而未得其方也。呜呼！井田废而为阡陌，疆理之法不可复讲矣，口分世业之田坏而为兼并，限田之令不可复行矣，然则率市廛之民，归南亩之业，使天下游手者寡，土著者固，丰年足以乐室家，凶岁有以御冻馁，子大夫以为何道而能臻此乎？[③]

宋代的科举考试，往往关乎国家的大政方针，元丰五年的殿试策问，实乃是荒政日益受到宋朝最高统治集团高度重视的重要标识。这一殿试策问，较深刻地揭示出了“天下之民犹且力本者寡，趋末者众，一遇水旱之灾，则强者散而之四方，弱者转而蹈沟壑”的社会根源，就在于唐代中叶以降土地制度发生了根本性的变化，“口分世业之田坏而为兼并，限田之令不可复行矣”。也就是说，土地占有的不公，既是贫富分化的根源，也是救荒之政不能有效实施的根源。所以，摧抑兼并，“损有余以补不足”，就成为王安石、宋神宗，乃至北宋中后期及南宋救荒之政的主要内容。

王安石新法颁行之后，由于触犯了官僚、皇室、豪强兼并势力的既得利益，因而新法受到了朝野许多士大夫们的反对，变法派与反变法派之间围绕着新法的斗争，异

① 漆侠：《王安石变法》（增订本），河北人民出版社2001年版，第268页。

② 程珌：《洺水集》卷五《弭盗救荒》，文渊阁四库全书影印本。

③ 王安礼：《王魏公集》卷四《元丰五年殿试进士策问》。另外，陈师道：《后山集》卷一四《学试策问四首》其三；邹浩：《道乡集》卷二九《策问》，亦载有相类的内容，文渊阁四库全书影印本。

常尖锐激烈。与此同时，每项新法在推行之后，新法本身也都会产生一些或大或小的弊端，有的是因变法派自己改变了初衷，有的是因执行新法出现了偏差。尽管如此，从总体来看，新法还是部分地收到了预期的效果。

以方田均税法为例，从熙宁五年（1072）八月颁布，至元丰八年十月废止，官府已经在开封府界、河北、陕西、河东、京东等五路，共清丈了田地2484349顷，约占当时全国征税田亩的54%。农田水利法推行七年后，据统计，全国共兴修水利工程10793处，水利田36万余顷，疏浚河汊、湖港之类不计其数，成就也相当可观。

又如青苗法。南宋初期，孙觌就曾提到其所取得的成效，“臣伏见神宗皇帝修讲常平之政，置提举官行其法于天下，尔时钱谷充斥府州，大县至百万，小县犹六七十万贯，朽粟陈不可胜校。臣又闻役法初行，取宽剩钱不得过二分，以备水旱。至元丰八年，计所积有三千余万贯石。元祐二年（1087），京东转运使范纯粹欲以此钱米买田，举行熙宁给田募役如边郡招弓箭手之法，是时宽剩钱米尚有此数，则常平之所积天下不可胜校，可见矣”[①]。值得注意的是，青苗法实施后，虽然原常平仓的平籴功能，被借贷所替代，但是常平仓原来的赈济功能，不仅没有被削弱，而且因府库仓廪的充实和新的措施的实施，得到了进一步的加强。

首先，是青苗法对农田水利事业发展的推动，把临灾救济与灾后重建紧密结合在一起的方法，为救荒之政另辟了新的途径。这就是：在兴修水利、垦辟荒田的地方，官府贷予的青苗钱归还限期和年息，都可以享受到优惠的政策，缴还限期可延至一年至二年，年息只收10%。在若干遭受灾荒的地区，则将三五万贯石乃至十万贯石的常平钱谷，赈济饥饿的贫民，使他们兴修水利，如熙宁六年（1073）六月，中书门下即言：“检正刑房公事沈括状，乞今后灾伤年分，大段饥歉，更合赈救者，并须具合修农田水利二役人夫，数月及召募，每夫工直申奏当议，特赐常平仓斛钱召募阙食人户，从下项约束兴修，如是灾伤本处，不依勅条赈济，并委司农寺点检察举。从之”[②]。当时许多受灾的地区，如淮南、京东、两浙一带，都是在这种办法下，减轻了灾情的危害。当地那些积年湮塞了的陂湖河港，在受灾农民的紧张劳动下，同时也得到了修浚[③]，堪称一举两得。

其次，常平钱直接用于赈贷或赈济。实施之初，青苗法就明确规定：在出售原常平仓本钱的时候，必须留有一定的数量来用于赈济。熙宁三年（1070）五月丁未，“诏青苗钱委诸路转运、开封府界提点、提举司，每年相度留钱谷，以备非时赈济出粜”[④]。这一规定，在后来实施过程中，得到了较严格的贯彻执行。因此，随着常平钱数量的增加，其赈济的功能亦得到了加强。例如：宋廷于熙宁四年（1071）正月，“诏鬻天下

① 孙觌：《鸿庆居士集》卷二七《给事中上殿乞复常平札子》，文渊阁四库全书影印本。

② 《宋会要辑稿》食货六八之三九。

③ 漆侠：《王安石变法》（增订本），河北人民出版社2001年版，第142—143页。

④ 《续资治通鉴长编》卷二一一“熙宁三年五月丁未”，第5131页。

广惠仓田为三路及京东常平本，其当赈济，即以广惠、常平等仓所贮粟麦给之”[①]；熙宁五年（1072）二月，“赐两浙转运司常平谷十万石，赈济浙西水灾州军，仍募贫民兴修水利”[②]；熙宁六年（1073）五月，“诏出常平钱万缗，赈贷延州诸县阙乏户”[③]；同年十月，“赐江南东路常平米七万石，赈济灾疫”[④]；熙宁七年（1074）冬十月，“诏两浙西路提举司出米三万石，赈济常、润州灾伤。癸巳，诏赐淮南路常平米二万石下淮南西路提举司，易饥民所掘蝗种。又赐五万石下河北东路提点刑狱司，赈济流民，许出粜，仍先于常平仓拨见钱赈济”[⑤]；熙宁八年（1075）三月，“赐两浙路常平米二万石，赈济润州饥民”[⑥]；元丰元年（1078）闰正月，“又诏河北路以常平米赈济饥民”[⑦]，等等。

在充分估计宋神宗、王安石变法时期对荒政实施取得巨大效果的同时，也应对这一时期滥用公权力强行推行青苗法、免役法、农田水利法等所造成的危害有足够的认识。像青苗法中摊派、配额式的借贷，免役法向本不承担差役的民户征钱，农田水利法中的某些急功近利行为，都在不同程度上使本欲救民、济民的好政策、好措施变为被救助对象的负担，甚至走向反面。

元丰八年三月，宋神宗病逝，他十岁的幼子宋哲宗嗣位，由宋英宗皇后高氏以太皇太后的身份处理军国大事。高太后起用反变法派代表人物司马光等执政，王安石新法很快遭到反变法派的废除，已经被废止的旧常平法、差役法等随之恢复，号称“元祐更化”。元祐八年（1093），高太后病逝。宋哲宗亲政，又恢复和继承了宋神宗时期的政治路线，名为“绍述”。绍圣元年，颁行《常平、免役敕令》[⑧]；元符元年（1098），再度“以常平、免役、农田水利、保甲，类著其法，总为一书”，名《常平、免役敕令》，颁行全国[⑨]。

在宋哲宗统治的后期，各项新法虽稍有变动，基本上仍然按照熙宁、元丰时期的模式进行。元符三年（1100）正月，哲宗病逝，宋神宗的第十一子赵佶即位，是为宋徽宗。从总体上看，宋徽宗继续执行了宋哲宗以来的新法政策，但宋徽宗与蔡京等人所奉行的新法，已经逐渐失去了立法的本意，而成为他们搜刮民财的口实。宋神宗以来由常平、宽剩所积“天下不可胜校”的钱粮，也陆续被徽宗、蔡京等人挥霍殆尽。

不过，需要指出的是，尽管宋徽宗、蔡京等人在继承和执行常平、免役、方田均

① 《续资治通鉴长编》卷二一九“熙宁四年正月壬辰”，第 5321 页。
② 《续资治通鉴长编》卷二三〇“熙宁五年二月壬子”，第 5586 页。
③ 《续资治通鉴长编》卷二四五“熙宁六年五月丙午”，第 5950 页。
④ 《续资治通鉴长编》卷二四七“熙宁六年十月丙申”，第 6031 页。
⑤ 《续资治通鉴长编》卷二五七“熙宁七年十月戊寅”，第 6276 页；“熙宁七年十月癸巳”，第 6282 页。
⑥ 《续资治通鉴长编》卷二六一“熙宁八年三月丁酉”，第 6356 页。
⑦ 《续资治通鉴长编》卷二八七“元丰元年闰正月己丑”，第 7030 页。
⑧ 苏颂：《苏魏公文集》卷四三《谢赐常平免役勅令》，中华书局 1988 年版。
⑨ 《宋史》卷一七八《食货上六·役法下》，第 4330 页。《续资治通鉴长编》卷四九九“元符元年六月戊子”，第 11876 页。

税等新法上偏离了宋神宗、王安石确定的原本政治意义，但在继承和发展宋仁宗、英宗、神宗以来建立的社会救济制度方面，却可大书一笔。

宋仁宗时期，为收养鳏寡孤独不能自存之人，就开始在都城开封设置了东西福田院，但规模很小，“以廪老疾孤穷丐者，其后给钱粟者才二十四人”[①]。宋英宗时，扩大了东西福田院的官舍规模，“日廪三百人。岁出内藏钱五百万给其费，后易以泗州施利钱，增为八百万”。同时，又增置南北福田院。除了在京城设置福田院外，还诏令“州县长吏遇大雨雪，蠲僦舍钱三日，岁毋过九日，著为令”。宋神宗熙宁二年（1069）以后，宋廷专门下令：京师福田院遇雪寒季节，收养“老疾孤穷丐老疾孤穷丐”，不再硬性地限制人数，“听于四福田院额外给钱收养，至春稍暖则止”，“凡鳏寡、孤独、癃老、疾废、贫乏，不能自存应居养者，以户绝屋居之，无，则居以官屋，以户绝财产充其费，不限月，依乞丐法给米豆，不足，则给以常平息钱”[②]。在熙宁九年（1076）的时候，宋神宗更接受知太原韩绛的建议，将河东地区雪寒之季接济“诸老疾”的法定时间，“自十一月一日，州给米豆至次年三月终”，延长为“自十月一日起支，至次年二月终止，如有余，即至三月终”[③]。宋哲宗时，同样继续了宋神宗的做法，各地方陆续建置了收养老弱的居养院。

宋仁宗、神宗时，不仅由官府收养雪寒季节无助的贫困之人，对无人安葬者的遗骸，宋廷也下令由官府协助寺院予以妥善安葬，“天禧中，于京畿近郊佛寺买地。以瘗死之无葬者”，“诏开封府界，僧寺旅寄棺柩，贫不能葬，令畿县各度官不毛地三五顷，听人安厝，命僧主之”。

过去学界对宋徽宗统治时期的治世评价甚低，一般多认为是北宋政治上最黑暗、最腐朽的时期。不过从朝廷或官府推动荒政的角度来审视，宋徽宗时期呈现两个鲜明的特点，一是蔡京等人打着绍述王安石变法，在滥用公权力强行推行新法措施方面比熙丰时期走得更远，因此危害也更大。二是宋徽宗时期，蔡京主政，社会救济制度有较大发展，他把此前设置于京师地区和部分地区的救济机构，运用国家的行政力量向全国推广，崇宁初年“蔡京当国，置居养院、安济坊，给常平米，厚至数倍，差官卒充使令，置火头，具饮膳，给以衲衣絮被，州县奉行过当，或具帷帐，雇乳母女使，糜费无艺，不免率敛，贫者乐而富者扰矣”[④]。其中，居养院，就是在福田院的基础上改造和扩大；安济坊，则是与现代救治病患的医院相仿的机构。

宋徽宗崇宁三年（1104），在蔡京的主持下，宋廷又设置了漏泽园，即将宋神宗时协助寺院妥善安葬死尸的做法制度化，“至是，蔡京推广为园，置籍，瘗人并深三尺，毋令暴露。监司巡历检察。安济坊亦募僧主之”。大观、政和期间，更下令：“诸城砦、

① 《宋史》卷一七八《食货志·振恤》，中华书局1977年版，第4338页。

② 同上书，第4339页。

③ 同上。

④ 同上。

镇市户及千以上，有知监者依各县增置居养院、安济坊、漏泽园，道路遇寒僵仆之人，及无衣丐者，许送近便居养院，给钱米救济。孤贫小儿可教者，令入小学听读，其衣襕于常平头子钱内给造，仍免入斋之用。遗弃小儿，雇人乳养，仍听宫观寺院养为童行。”① 居养院、安济坊、漏泽园等，于是得以广泛设立于全国主要的州县。无论从哪个角度上讲，这都是值得大书特书的历史成就，是宋代文明进步的重要体现。

另外，宋初欲建立的义仓制度，经过几次反复后，也最终于宋徽宗朝蔡京执政时期得以确定，南宋理宗时人说：义仓“我朝乾德创之，未几而罢。元丰复之，未几亦罢。迨绍圣，复以石输五升，大观又以石输一斗。至于今日，而义仓输官之法，始定焉”②。义仓的粮食主要来源于主户，特别是三等户以上的主户，义仓设置从宋初至宋神宗元丰时期几起几落难以为继，不能不与豪强兼并势力强大密切相关，庆历元年，王琪复上建义仓之策，宋仁宗“纳之”，但很快遭到豪强兼并的反对，“已而众论纷然，以为不便，遂诏第令上三等户输粟，寻复罢。”③ 而宋哲宗、宋徽宗时期义仓其所以得以建置，这可说是王安石变法以来推行“摧抑兼并”政策的直接后果。所以，北宋义仓建置过程从一个侧面折射出宋朝官府运用国家权力大力推动荒政的发展历程。

三　南宋对荒政管理的加强

南宋荒政管理的加强，主要表现在以下两方面：

首先，南宋初年在政治上虽然否定了王安石变法，但是继承了设置常平官的做法。当然这种继承经过了一些反复。宋廷南渡以后，高宗表示“朕最爱元祐”，并把北宋亡国之罪由蔡京集团追及王安石，王安石新法被彻底否定。④ 建炎元年（1127），将提举常平司合并于提刑司。二年十月十一日，三省进呈复置常平官事，“拟诏语曰：‘近缘臣僚论列，已复置常平提举官……可除青苗散敛法依已降指挥永不施行外，应见行条法，委侍从官三员专一讨论……’上以手指‘青苗散敛，永不施行’八字，顾谓宰臣曰：‘此事宜令进奏院先报行，使远近闻之，知朕复常平官实为民也。’”⑤ 翌年，又诏诸路复置提举常平官指挥勿行。其后常平之政隶属不一，至绍兴七年（1137）设常平主管官，绍兴八年“李光请罢常平主管官，上曰常平本汉耿寿昌，今岂可以王安石废之，而提举自可复置，庶几不陷失一司钱穀”⑥。十五年八月，常平司与茶盐司合并，通置提举常平茶盐官。专职常平官的主要职责是总领常平、义仓、免役等诸事。熊克

① 《宋史》卷一七八《食货志·振恤》，中华书局 1977 年版，第 4339—4340 页。

② 林駉：《古今源流至论》后集卷十《常平义仓》，文渊阁四库全书影印本。

③ 《续资治通鉴长编》卷一三三，庆历元年九月乙亥。

④ 参见拙作《王安石变法研究史》，人民出版社 2004 年版，第 3—6 页。

⑤ 《宋会要辑稿》职官四三之一五，中华书局 1997 年影印本。参见梁太济、包伟民《宋史食货志补正》，杭州大学出版社 1994 年版，第 345—346 页。

⑥ 林駉：《古今源流至论》后集卷十，《常平义仓》，文渊阁四库全书影印本。

说："自建炎初省诸路提举常平官，并其职于提刑司。次年，朝议复置，且讨论其非，书成未颁，而上南渡。继而言者谓常平之法不可行，遂寝。中间常平之职尝隶发运司，亦隶经制司，已而复隶提刑司。至是王铁言：'常平之司，钱谷敛散，宜专使领之，乞复置诸路提举官。'已亥，诏以诸路提举茶盐官为提举茶盐常平公事。川广以宪臣兼领。"[①] 李心传亦说："提举常平官……建炎元年五月，复罢。二年八月，复诸道常平官，还其籴本，自青苗钱不散外，常平、免役之政皆掌之。绍兴九年，置经制司，改常平官为经制某路干办常平等公事。未几，经制司罢，复为常平官。久之，复置提举，东南以茶盐司兼领，四川、广西以提刑司兼领，仍别置官吏，及岁举升改员。"[②] 从常平官的复置过程来看，南宋朝廷虽然否定了青苗法，但对于王安石为推行青苗法而设负责常平专职官的做法，还是有保留的予以继承。只是职责已不尽相同，"建炎、绍兴以来诏令为常平而下者相踵，使名虽仍旧贯，而参绎润色则非二三条矣，亦可得而悉数乎?"[③] "然常平钱皆取以赡军，今特掌义仓及水利、役法、振济等事而已，无复平籴之政矣。"[④] "中兴以来，讲明荒政，常平钱谷专委一司而无陷失之弊。"[⑤] 可见提举常平司至南宋中后期成为中央管理地方荒政的主要机构，宋宁宗庆元四年，臣僚请求朝廷加强提举常平司对各地义仓的管理，"乞明诏诸路提举常平官讲求措置，亟去前弊，责令诸州每季以本州及属县收支常平、义仓等钱米，逐项细数申常平司，不得泛言都数，然后参照条法，逐一审订，稍有失收失支，勒令填纳，或有情弊，必寘于法"[⑥]。宋理宗嘉熙三年（1239）九月辛卯，"以江、湖、浙东、建、剑、汀、卲旱伤，诏诸路提举常平司核所部州县常平、义仓之储，以备赈济"[⑦]。

其次，加强对地方官吏躬行荒政的督责。救荒之政主要靠各级地方官吏奉行，[⑧] 他们的努力与否直接关乎着救荒措施执行的成败。南宋自高宗朝起就很重视这个问题，对地方各级官吏救灾是否"存恤有方"或"奉行不谨"，做出了相应的赏罚规定。史载："绍兴六年春正月甲午，以江湖、福建、浙东旱，命监司帅臣修荒政。辅臣进呈戒约旱灾路分监司帅守赈济饥民等文字。"宋高宗说："岁饥民多流殍，朕心恻然。官为发廪以赈给之，则民受实惠，苟为不然，虽诏令数下，恐徒文具耳。宜申饬有司多方措置米斛，江东、西、湖南、北、福建、浙东路，令逐路监司行下旱伤州县，恪意遵行，如奉行有方，别无流亡，当行旌赏。如流亡稍众，或聚而为盗，即重行窜责。并令帅臣监司比较优劣，保明来上，取旨赏罚。"李心传在这段文字后，引《中兴圣政》

① 熊克：《中兴小纪》卷三二，绍兴十五年九月戊午，福建人民出版社1985年版，第385页。

② 《建炎以来朝野杂记》甲集卷十一，《提举常平茶盐》，中华书局2000年版，第227页。

③ 《东莱吕太史外集》卷一，《策问》《宋集珍本丛刊》。

④ 李心传：《建炎以来朝野杂记》甲集卷十一，《提举常平茶盐》。

⑤ 林駉《古今源流至论》后集卷十，常平义仓。

⑥ 马端临：《文献通考》卷二一，籴考二，中华书局1986年版，考213。

⑦ 《宋史全文》卷三三，嘉熙三年九月辛卯。文渊阁四库全书影印本。

⑧ 董煟：《救荒活民书》卷三，"救荒杂录"把南宋荒政的实施者分作"人主、宰执当行"和"监司、太守、县令当行"两部分，后者当行之事多达46项，包括了解灾情、评估灾情、应对措施、安抚救济等。

作者留正的评论，以为是种创举，“至于戒饬监司，督州县以存恤有方，与奉行不谨者，而为之赏罚，则自太上皇帝（即宋高宗）始”①。此后这种做法亦为后世所继承。宋宁宗嘉定四年（1211）闰二月“诏恪守赈恤令：诸路帅守、监司、守、令，恪守朝廷赈恤之令”②。绍定二年五月“诏：成都、潼川路岁旱民歉，制司、监司其亟振恤，仍察郡县奉令勤惰以闻”③。绍定五年十一月甲寅，“臣僚奏乞戒饬诸道常平使者遵用淳熙诏令，每岁核州县丰歉分数或灾伤重处，即与赈邺，不许隐蔽不实，违者台谏按劾”④。淳祐七年（1180）八月壬寅，“诏监司守臣宜亟讲荒政，以赈乏绝。税租有合蠲减者，具实以闻”⑤。景定二年（1261）九月辛酉，宋理宗对大臣说：“湖、秀二郡被水最甚，闻守、令不以荒政为意，民户吝于劝分，宜立赏罚，以示信必。（贾）似道奏此事，监司守令不得辞其责，即当宣布圣训，更加戒饬。”⑥

与此相应，督责官吏遵奉朝廷宽恤诏令的文件汇编也随之问世。绍兴二十三年八月乙酉，“左朝奉郎郑康佐知惠州代还，言陛下临御以来，诏令为民而下者，十常八九，所以天佑一德，民怀有仁。然亲民莫如守令，按察莫如监司，若监司巡历或不周遍，则遐方僻壤郡邑官吏，循习弛怠，奉行必有不谨者，望申饬攸司。自中兴以来，省刑罚，薄税敛，凡恤民宽厚之诏令，编类成书，以赐守令，仍令监司岁内分巡所部，要务周备，以察奉行诏令之当否，官吏之勤惰，庶几咸思报举庶职，惠养黎元，以称励精求治之意，诏令敕令所编类。”⑦ 宋高宗欣然同意他的建言，“命敕令所编辑中兴以后宽恤诏令”。至绍兴二十五年九月丁巳，秦桧上《绍兴宽恤诏令》，⑧ 凡二百卷。⑨ 其后遂成定制，为南宋历朝所遵奉。宋孝宗淳熙六年秋七月戊辰，班《隆兴以来宽恤诏令》于诸路。淳熙十一年（1184）六月辛酉，“进呈王淮等上表，为敕令所编类，宽恤诏令成书，乞颁降施行。上曰：可谓详备，凡事在人举行，斟酌轻重尽之矣。”⑩ 十二年四月戊辰，班《淳熙宽恤诏令》；⑪ 宋宁宗庆元二年（1196）十一月壬辰，上《太上皇帝宽恤诏令》。壬辰，京镗等上《孝宗皇帝宽恤诏令》；三年六月戊辰，颁《淳熙宽

① 李心传：《建炎以来系年要录》卷九七。丛书集成初编本，中华书局 1985 年版，第 1606 页。

② 佚名编，汝企和点校：《续编两朝纲目备要》卷一二，中华书局 1995 年版，第 228 页。

③ 《宋史》卷四一，第 791 页。

④ 《宋史全文》卷三二。

⑤ 《宋史全文》卷三四，淳祐七年八月壬寅。

⑥ 《宋史全文》卷三六，景定二年九月辛酉。

⑦ 《建炎以来系年要录》卷一六五，第 2696—2697 页。又《建炎朝野杂记》甲集卷四，《绍兴淳熙庆元宽恤诏令》、《续编两朝纲目备要》卷五，庆元五年十二月均云：“宽恤诏令者，始绍兴二十二年八月，王瞻叔（王之望）知荆门军代还人见，请命有司编集中兴以来宽恤诏令，而知惠州郑康佐者，亦言守令奉行诏书不度，请编类成书以赐。从之。”

⑧ 《宋史》卷三一，高宗八，第 582 页。

⑨ 《续编两朝纲目备要》卷五，庆元五年十二月。

⑩ 《宋史全文》卷二七上，淳熙十一年六月辛酉。

⑪ 《宋史》卷三五，孝宗三，中华书局 1977 年版，第 683 页。

恤诏令》；六年五月丙辰，有司上《庆元宽恤诏令》。[①] 嘉泰元年（1201）三月戊辰，颁《庆元宽恤诏令》；[②] 嘉定六年五月戊辰，“修庆元六年以来宽恤诏令”。[③] 嘉定十四年五月乙巳，颁《庆元宽恤诏令》；[④] 宋理宗景定四年七月壬辰，“敕令所进《宁宗以来宽恤诏令》。”[⑤] 这些宽恤诏令虽不完全都是针对救荒所发，但是以救荒为主，则是无疑的。马端临说“宋以仁立国，蠲租已责之事，视前代为过之，而中兴后尤多。州郡所上水旱、盗贼、逃移、倚阁钱穀，则以诏旨径直蠲除，无岁无之，殆不胜书。”[⑥]

四 “荒政”理论的发展

首先，南宋荒政理论的发展与理学家们的积极推动分不开。南宋初期彻底否定王安石变法，王安石的新学虽然仍占据着官学的位置，但已明显显现出式微的发展趋势，理学便由此得到发展的机会，至宋孝宗统治时期则进入鼎盛阶段。楼钥说：“乾道、淳熙间，儒风日盛，晦庵朱公在闽，南轩张公在楚，而东莱吕公讲道婺女，是时以学问著述为人师表者，相望惟三先生，天下共尊仰之。”[⑦] 吕祖谦和朱熹均积极倡导推行荒政。只是吕祖谦的推动主要表现在理论的建构上，而朱熹则是在行动上积极实践，并在朝野上下奔走，大力呼吁，造成强大的声势。吕祖谦的理论建构主要是撰写《历代制度详说》和阐发《周礼》荒政思想。吕祖谦把“荒政”列为《历代制度祥说》十三门之一，《制度篇》叙述历代荒政条目：饥旱、祷旱、蠲放、降损、赈恤、缓刑、流移、移用、仓人；疾疫、火灾、水灾；捕蝗、劝分、平籴、常平、广惠仓、青苗、义仓、惠民仓、蔽匿、不赈救等的由来和变化，并列举重要史实为证。以为“荒政制度不可考，及至成周自大司徒以荒政十有二聚万民，其详又始错见于六官之书”，表明荒政之说主要始自《周礼》。《详说篇》条理分析历代荒政之得失：“大抵荒政统而论之，先王有预备之政，上也；使李悝之政修，次也；所在蓄积有可均处，使之流通，移民移粟，又次也；咸无焉，设糜粥，最下也。虽然如此各有差等，有志之士随时理会便其民。”最后总结说：“大抵天下事，虽古今不同，可行之法，古人皆施用得遍了。今但则举而措之而已。今所论荒政，如平籴之政条目尤须讲求，自李悝平籴，至汉耿寿昌为常平仓，元帝以后，或废或罢，到宋朝遂为定制。仁宗之世，韩魏公请罢鬻没官之田，募人承佃为广惠仓，散与鳏寡孤独。庆历、嘉祐间，既有常平仓，又有广惠、广济仓赈恤，所以仁宗德泽洽于民，三仓盖有力。至王荆公用事，常平、广惠量可以

① 《宋史》卷三七，宁宗一，第722、727页；《宋史全文》卷二九上。

② 《宋史》卷三八，宁宗二，第729页。

③ 《宋史》卷三九，宁宗三，第759页。

④ 《宋史》卷四〇，宁宗四，第777页，

⑤ 《宋史》卷四五，理宗五，第885页。

⑥ 《文献通考》卷二七，国用考五·蠲贷。考261。

⑦ 楼钥：《攻媿集》卷五五，《东莱吕太史祠堂记》，文渊阁四库全书影印本。

支给，尽粜转以为钱，变而为青苗，取三分之息，百姓遂不聊生。广惠之田卖尽，虽得一时之利，要之竟无根柢。元祐间虽复，章惇又继之，三仓又坏，论荒政者不得不详考。”① 吕祖谦的荒政制度、详说是《周礼》问世以后，首次对历代荒政得失给予系统全面的总结。

其次，阐释《周礼》荒政思想的微言大义。北宋中期以来，宋儒一反汉唐章句式的注经方法而为义理的方法，对儒家经典的微言大义进行阐释。此风延及南宋方蔚为大观。对《周礼》的阐释亦是如此。据《四库全书总目》所收汉唐至宋对《周礼》的注解著作主要是在南宋。譬如王与之《周礼订义》八十卷所引诸家释《周礼》的著作就很能说明问题。四库馆臣叙其成书经过时说：“与之字次点，乐清人。淳祐二年六月，行在秘书省准敕访求书籍，牒温州宣取是编。知温州赵汝腾奏进，特补一官，授宾州文学，后终于通判泗州。此本省牒州状，都司看详及勅旨均录载卷首。盖犹宋本之旧。前有真德秀序，作于绍定五年壬辰。下距进书时十年。又有赵汝腾后序，作于嘉熙元年丁酉，下距进书时六年。故汝腾奏称素识其人。又称德秀殁后，与之益删繁取要，由博得约，其书益精粹无疵也。所采旧说凡五十一家，然唐以前仅杜子春、郑兴、郑众、郑元、崔灵恩、贾公彦六家，其余四十五家则皆宋人，凡文集语录无不搜采。”② 是书集吕祖谦的议论作为其注解《荒政》的总论，于此可见吕祖谦对《周礼》荒政思想的阐释深受时人的推崇。吕祖谦不仅对《周礼》荒政十二项内容作了解释，而且提出要完整地理解《周礼》的荒政思想：“然周礼之书，六官分职，合之则有总，散之则有所司，其关节脉理皆自相应，只去大司徒上看未尽，若徧考六官，则荒政秩序可见。且如散利须考大府、天府、内府，凡掌财赋之官，如薄征须考九职、九赋、九贡，如缓刑须考司寇、士师所掌之刑，它莫不然参观徧考，然后可知。”③

南宋士大夫们不仅阐释《周礼》的荒政思想，而且把周礼的荒政思想运用于指导实施荒政的具体过程，这是南宋士大夫们学以致用在实践《周礼》荒政思想上的一个重要表现。宋宁宗、理宗时期人阳枋在《与约斋李守论时政书》中云：“今时大司屡有赈救灾祸之实政大惠，若闻此旱灾，未必不恻然动心于峡山千里刀耕火种之民也。昨曾言司徒荒政十有二，虽古今殊时，未可一一举行，亦宜略略依仿圣人好意，思择其可施行目睫者，行得一分则民受一分之赐矣。谨条明以呈，一曰散利……十有二曰除盗贼（饥馑则多盗）。此十二事看来都是救凶荒之政，惟缓刑、弛力、去几、眚礼、蕃乐、索鬼神则目前可行，更在斟酌，令得中而行之可也。惟申灾伤一事不容缓，不徒使遂州民隐上彻，将来秋冬千里可为乞籴通财赈救之备也。”④ 像这类用《周礼》思想指导救荒的议论，在南宋中后期人的著述中常跃然于纸上。

① 吕祖谦：《历代制度详说》卷八，文渊阁四库全书影印本。

② 《四库全书总目》卷一九，《经部·礼类一》，中华书局1987年版，第152页。

③ 王与之：《周礼订义》卷一六。又见吕乔年编《丽泽论说集录》卷四，文渊阁四库全书影印本。

④ 阳枋：《字溪集》卷一，文渊阁四库全书影印本。

最后，赵汝愚《宋诸臣奏议》，祝穆《古今事文类聚》，章如愚《群书考索》，林駉《古今源流至论》，方仁荣、郑瑶《景定严州续志》等史乘、类书、方志开始专门设置“荒政”条目。宋宁宗朝嘉泰年间还出现了讲求荒政的专门著作：董煟《救民活民书》，据是书原序可知：“困处闾阎，熟睹民间利病，与夫州县施行之善否，心口相誓，异时获预从政，愿少摅活民之志，于是编次历代荒政，厘为三卷。上卷考古以证今，中卷条陈今日救荒之策，下卷则备述本朝名臣贤士之所议论施行，可鉴可戒、可为矜式者，以备缓急观览，名曰：救荒活民书。”[①] 这部书实开中国古代荒政文献之滥觞，明清时期撰写的《荒政要览》、《荒政汇编》多以是书为蓝本，而清人俞森编纂《荒政丛书》亦将编自是书的《救荒全法》置于丛书之首。

五　朱熹创建社仓对荒政的推动

朱熹对南宋荒政的推动表现在创建具有互助性质的社仓上。虽然社仓的名称和形式并不始于朱熹，但是在南宋得到广泛推广的社仓制度则是由朱熹创建。在朱熹之前，建阳一带百姓常因岁歉艰食而啸聚“易动”，名士魏掞之为此建社仓以安百姓。绍兴二十年“及秋，乃请于本路提举常平公事袁复一，得米千六百斛以贷民，至冬而取，遂置仓于长滩铺，自是岁敛散如常，民赖以济，草寇遂息。议者谓掞之所请，乃古社仓遗意，使诸乡各有之，则缓急可以无忧，而民之从乱者鲜矣。”[②] 魏掞之的做法对朱熹有直接影响。朱熹创建社仓始自乾道四年（1168），成于乾道七年。朱熹《建宁府崇安县五夫社仓记》较详细地叙述了社仓的由来，其初衷是为远离州县城镇的乡村寻求抵御灾荒的途径：“山谷细民无盖藏之积，新陈未接，虽乐岁不免出倍称之息，贷食豪右，而官粟积于无用之地，后将红腐，不复可食。愿自今以来，岁一敛散，既以纾民之急，又得易新以藏，俾愿贷者出息什二，又可以抑侥幸，广储蓄，即不欲者勿强，岁或不幸，小饥则弛半息，大祲则尽蠲之，于以惠活鳏寡，塞祸乱原，甚大惠也，请著为例。”“放古法为社仓以储之，不过出捐一岁之息，”这些设想都得到官府的支持，“且命以钱六万助其役，于是得籍坂黄氏废地，而鸠工度材焉，经始于七年五月而成于八月，为仓三、亭一、门墙守舍，无一不具”[③]。

虽说朱熹创建社仓其渊源可上溯至隋朝的义仓，但从朱熹的陈述来看，其具体做法和主旨显然是直接取法于王安石新法中的青苗法。当时朱熹好友理学家张栻就曾批评说：朱熹以“王介甫所行独有散青苗一事是耳，奋然欲作社仓记以述此意，某以为此则过矣。”[④] 朱熹对此并不否认，且指出社仓制度对青苗法的改进和不同：“凡世俗

① 《救荒活民书》自序。

② 《建炎以来系年要录》卷一六一，绍兴二十年九月丙申，第 2623 页。

③ 《朱文公文集》卷七七，四部丛刊初编缩本，第 1427 页。

④ 张栻：《南轩集》卷二〇，《答朱元晦秘书》，文渊阁四库全书影印本。

之所以病乎此者，不过以王氏之青苗为说耳。以予观于前贤之论，而以今日之事验之，则青苗者其立法之本意固未为不善也，但其给之也以金而不以谷，其处之也以县而不以乡，其职之也以官吏而不以乡人士君子，其行之也以聚敛亟疾之意，而不以惨怛忠利之心，是以王氏能以行于一邑，而不能以行于天下。子程子尝极论之，而卒不免于悔其已甚而有激也。”① 如果朱熹创建社仓仅限于建宁府崇安县，那它的作用和社会意义就很有限了。朱熹并不满足于此，崇安社仓创设十四年后，淳熙八年，时任提举两浙东路常平茶盐公事的朱熹至临安上奏，详述崇安社仓的成功经验，请求向全国推广：

> 窃谓其法可以推广行之他处，而法令无文，人情难强，妄意欲乞圣慈，特依义役体例，行下诸路州军，晓谕人户，有愿依此置立社仓者，州县量支常平米斛，责与本乡出等人户主执敛散，每石收息二斗，仍差本乡土居或寄居官员、士人有行义者，与本县官同共出纳，收到息米十倍本米之数，即送原米还官，却将息米敛散，每石只收耗米三升。其有富家情愿出米作本者，亦从其便。息米及数，亦当拨还，如有乡土风俗不同者，更许随宜立约，申官遵守，实为久远之利。其不愿置立去处，官司不得抑勒，则亦不至搔扰。此在今日言之，虽无所济于目前之急，然实公私储蓄预备久远之计。及今歉岁施行，人必愿从者众，其建宁府社仓见行事目，谨录一通进呈，伏望圣慈详察，特赐施行。②

朱熹的奏疏在朝廷上引起不小的争议，主要原因是攻诋社仓取法青苗法，但几经酝酿朝廷还是接受户部的意见，将社仓法推向全国，淳熙八年（1181）十二月甲子，“下朱熹社仓法于诸路”。③ 朱熹创建社仓的意义有二：其一，社仓制度的主旨与青苗法“耕敛补助，裒多补寡而抑民豪夺之意也”的主旨颇为相近，也有“摧抑兼并”的意味。不同的是，青苗法是以国家的权力压抑豪强兼并，而朱熹追求的是人人各遂其所生的社会蓝图，④ 贫富相恤正是实现这种蓝图的途径之一。而贫富相恤的中心思想是启动和建立完备的民间救济机制。朱熹的弟子黄榦在《袁州萍乡县西社仓絜矩堂记》中就综采其师的思想阐发设置社仓的社会意义：

> 榦闻之师曰：絜，度也；矩，所以为方也。……富者田连阡陌而余粱肉，贫者无置锥而厌糟糠，非方也。社仓之设，辍此之有余，济彼之不足，絜矩之方也。

① 《朱文公文集》卷七九，《婺州金华县社仓记》，第 1449 页。

② 《朱文公文集》卷一三，《辛丑延和奏札四》，第 196 页。

③ 《宋史》卷三五，孝宗三，又见《朱文公文集》卷九九《社仓事目》勅命并跋语附。

④ 参见梁庚尧《中国历史上民间的济贫活动》，《宋代社会经济史论集》下册，台湾允晨文化实业股份有限公司 1997 年版。

君子之道，必度而使方者，乾父坤母，而人物处乎其中，均禀天地之气以为体，均受天地之理以为生，民特吾兄弟，物特吾党与，则其林然而生者，未尝不方也。①

其二，改变常平仓、义仓难以惠及乡村的弊端。常平仓、义仓是汉唐以来备受推崇的救荒制度，但是自实施之初就伴生了种种弊端，其中，常平、义仓都设在远离乡村的州县而遭到历代有识之士的诟病。北宋王安石改旧常平制度为青苗法就与此有很大关系，南宋初年彻底否定王安石变法，恢复常平旧制和实施义仓制度，其远离乡村的弊端并未改变。朱熹在创建社仓之制时就指出："常平、义仓尚有古法之遗意，然皆藏于州县，所恩不过市井惰游辈，至于深山长谷力穑远输之民，则虽饥饿濒死而不能及也"。② 显然朱熹将社仓建在广大乡村，无疑是对常平义仓的一种补益。"社仓之设，其常平之辅乎？有余则敛，不足则散，与常平无以异，然常平裒聚于州县，而社仓分布于阡陌，官无远运之劳，民有近籴之便，足以推广常平赈穷之意，此所谓辅也已。"③ 从而使得救济乡村贫穷农民的措施落到实处，才使得协助边远偏僻农民储蓄以改善生存环境成为可能。由于朱熹和他的弟子们的不懈努力，社仓制度至宋理宗时已遍行南宋全国，成为仓储制度中不可缺少的一环。

宋孝宗以后，社仓出现了四个新变化：其一，以田产作社仓的贷本，借田租的收入取代利息。其二，以常平仓经营方式移用于农村，出现平粜式社仓。其三，社仓和举子仓、义役两种社会互助组织相结合。其四，政府在社仓组织中所任角色增强。尽管有这些变化，社仓惠及乡村，和以民间为主导的优势没有变。特别是民间组织辅以政府的协调、监管，保持其扶助农民的功用，是南宋社仓所以能继续发展的重要因素；而社仓的民间组织性质之所以能够维持不坠，是与有一批宗奉理学仁政思想的士人在家乡主持各项事业，造福乡里分不开。如在镇江府金坛县设立社仓的刘宰，刘宰于举进士之后，入仕十余年，以不乐仕进，归隐乡里，买田百亩以自给，在家乡中联结乡人，设社仓，倡义役，修桥补路，普及医药常识，遇灾荒则设粥局赈济灾民。"儒家思想便是在这种社会结构中，转化成为社仓此一制度，而发挥其稳定社会的力量。"④

朱熹对南宋荒政的推动还表现在其任职南康军和提举浙东常平茶盐事时遇旱灾而大修荒政，为一方表率。黄榦《朱熹行状》云："岁值不雨，讲求荒政。凡请于朝言无不尽，官物之检放、倚阁、蠲减、除豁、带纳，如秋苗、夏税、木炭、月桩、经总制

① 《勉斋先生黄文肃公文集》卷一九，《宋集珍本丛刊》。

② 《朱文公文集》卷七七《建宁府崇安县五夫社仓记》。刘一止在绍兴九年是也提出过这类改革意见，《苕溪集》卷一四，《转对奏状》。

③ 袁燮：《絜斋集》卷一〇，《洪都府社仓记》，文渊阁四库全书影印本。

④ 详见梁庚尧《南宋的社仓》，《宋代社会经济史论集》下册，第467—468页。

钱之属，各视其色目为之条奏，或至三四，不得请不已。并奏请截留纲运，乞转运、常平两司发钱米充军粮，备赈济，申严邻路断港遏籴之禁。选官吏授以方略，俾视境内，具知荒歉分数，户口多寡，蓄积虚实，通商劝分，多所全活。其设施次第，人争传录以为法。讫事，奏乞依格推赏纳粟人者凡数四。郡滨大江，舟舣岍者，遇大风辄沦溺，因募饥民筑堤捍舟，民脱于饥，舟患亦息。先生视民如伤，至奸豪侵扰细民，挠法害政者，惩之不少贷，由是豪强敛戢，里闾安靖。”①

用现代手段检索《文渊阁四库全书》经、史、子、集四部，查询具有救荒之政含义的“荒政”一词得知：汉唐著述偶有提及或解释，而到宋朝其著述中出现的频率陡然剧增。以集部别集为例，汉唐五代别集类汉至五代 112 部 1518 卷提及荒政只有 3 次；北宋别集建隆至靖康 122 部 3370 卷提及荒政 36 次，南宋别集类南宋建炎至德祐 277 部 4978 卷附录 1 部 6 卷提及荒政 343 次，金元别集类金至元 175 部 2112 卷提及荒政 40 次，明朝别集类明洪武至崇祯 240 部 4254 卷提及荒政 87 次，清朝乾隆前别集 43 部 1661 卷提及荒政 27 次。这在一定程度说明南宋是从汉唐以来迄清初历代中最讲求荒政的历史时期，而南宋又主要是在朱熹、吕祖谦之后，统计表明，南宋别集提及荒政 343 次中朱、吕之前的别集只提及 42 次，之后则高达 301 次。这从一个侧面表明朱熹、吕祖谦积极倡导荒政的影响。正如宋理宗淳祐十一年，侍御史陈垓所奏：“朱熹近世大儒，有功斯道，曾任浙东常平使者，适值旱歉，讲荒政，立义仓，流风善政，逮今未泯。”②

六 常平仓“贵籴贱粜”功能在救荒仓廪中的广泛运用

常平仓“贵籴贱粜”功能在南宋救荒仓廪中的广泛运用包括两层含义。

其一，常平仓是南宋自始至终的主要救荒仓种。宋高宗曾说：“常平法自汉以来行之，乃是救荒之政。”③ 但是常平仓自北宋仁宗朝起，所储粮草屡屡被移作军饷之用的做法至南宋以后有愈演愈烈的发展态势，“言者论恤民、备灾、储蓄之政，莫如常平、义仓……艰难以来，用度不足，或取以给军须，至于州县他费，因以侵用，比年往往销费殆尽”④。“缘蜀中常平窠名，自军兴皆已移用。”⑤ 绍兴二十九年，殿中侍御史王珪上言：“窃见诸州郡每岁输纳秋租，自装发纲运之后，仓廪一空，所存止有常平、义仓斛斗，军粮、吏俸及捧发上供不足之数，皆取给于此，所在成例，是名为常平，而专以备州郡急阙。”⑥ 对此杨万里深刻地指出其中的原委：“今天下常平之粟不许他用，其

① 《勉斋先生黄文肃公文集》卷三六。

② 《宋史全文》卷三四，淳祐十一年闰十月丁巳朔。

③ 《建炎以来系年要录》卷九四，绍兴五年冬十月戊申，第 1554 页。

④ 《建炎以来系年要录》卷一三〇，绍兴九年秋七月辛丑，第 2102 页。

⑤ 《建炎以来系年要录》卷一九二，绍兴三十有一年九月丙子，第 3217 页。

⑥ 《建炎以来系年要录》卷一七七，绍兴二十有七年九月丙子，第 2933 页。

法至重也。然有至重之法而无不用之实，何也？州县穷空，军人待哺，不幸而省仓无粟，则不得不支常平之粟矣。故常平之粟往往徒有其数耳。”[①]

那么受到士大夫们严厉而又尖刻抨击的常平仓，是否失去了应有的救荒功能呢？回答是否定的。因为：1. 南宋政府始终把建置常平仓作为救荒之政的重要举措来倚重的政策，未曾改变过。现今所存宋代地方志（主要是反映南宋记载仓廪部分），常平仓占据最显要位置就是明证。[②] 2. 常平仓贮粮在宋高宗后期至宁宗朝时还有相当数量，比如：绍兴二十九年“科降本钱及取拨常平司作赈粜钱，令江、湖、浙西漕司选官置场，或就客贩增价收籴米，共二百三十万石，内浙西一百万石，并起赴镇江、平江府、常州，江东五十万石赴建康府、太平、池州，江西三十万石赴江州，湖南二十万石赴荆南，湖北三十万石赴荆南府、鄂、纯州，每石降本钱二千（一作十），西以关子茶引及银充其数。从之”[③]。宁宗庆元六年，据诸路提举司申户部的常平仓与义仓储粮合计约四百万石，缗钱一百二十万。[④] 这些数额仅比淳熙十五年南宋境内军粮“所有内外诸处申到今年见在的（桩积）米数二件，总计六百七十九万余石，”[⑤] 略少一些。3. 由于常平仓储粮平时被移用或挪用充作军需和官吏支出费用，及救荒之时，军储、州县仓又被调拨充作赈灾物质，绍兴二十七年十月二十九日，诏令四川制置司、总领所，并逐路转运，常平司，如常平钱米支用不足，则于宣抚司桩积钱米内量度取拨，赈济灾伤。[⑥] 乾道七年正月二十三日，朝廷同意襄阳府乞从寄桩大军米内支降三万硕赈济的请求。[⑦] 淳熙八年十二月十七日，诏镇江府以常平赈济外，更于桩管米内取拨三万石贴助赈济。[⑧] 淳熙十五年正月二十九日，诏建康府将所籴桩管米取拨二万石，赈济贫民。[⑨] 绍熙四年（1193）二月二十九日，诏江陵府于桩管米内部取拨七万石，将四万石充赈济之用，三万石赈粜。[⑩] 庆元六年八月十九日，诏令建康府于赈粜桩管米内借拨十万石，专充赈粜。[⑪] 可见这种用常平粮移作军须，又用军储充作赈灾之用的做法，在现实生活中已是司空见惯，并不妨碍救荒措施的正常进行。常平仓也就在一片指责声中继续维持前进，与宋朝的命运相始终。

其二，在南宋专设的常平仓之外，常平仓的“贵籴贱粜”功能则得到前所未有的

---

① 《诚斋集》卷六二，《旱暵应诏上疏（淳熙丁未七月十三日上）》，《宋集珍本丛刊》。

② 详见《宋元方志丛刊》《永乐大典方志辑佚》有关宋代仓廪的记载。

③ 《建炎以来系年要录》卷一八二，绍兴二十九年闰六月丁巳，第3033页。

④ 《救荒活民书》卷二。常平仓义仓申报数目往往与实际所储有一定距离，如“淳熙四年秋七月丙寅，尚书省言：信州常平义仓米元申帐状，管九万三千余石，今以提举司申有六万八千余石，及至盘量止得一万二千九百余石，其余皆是虚数”（《宋史全文》卷二六上）。因此庆元六年的数据很可能比实际数字要少些。

⑤ 周必大：《周益国先生文忠集》卷一五一，《桩积米数文字回奏》，《宋集珍本丛刊》。

⑥ 《宋会要辑稿》食货六八之六一。

⑦ 《宋会要辑稿》食货六八之六八。

⑧ 《宋会要辑稿》食货六八之七七。

⑨ 《宋会要辑稿》食货六八之八九。

⑩ 《宋会要辑稿》食货六八之九四。

⑪ 《宋会要辑稿》食货六八之一〇一。

广泛运用。有宋一代建立的救荒仓廪可谓名目繁多。据张文先生的研究，宋代救荒仓廪从地域和领属划分，全国性的有五种：常平仓、义仓、广惠仓、惠民仓、丰储仓；属于地方性的有二十四种：社仓、永利仓、赈粜仓、州济仓、平籴仓、平止仓、先备仓、平粜仓、平济仓、续惠仓、丰本仓、籴纳仓、广济仓、兼济仓、循环通济仓、济粜仓、州储仓、均惠仓、通济仓、均济仓、端平仓、出粜仓、节爱仓、通惠仓。[①] 当然在此之外，从文献上还可检索到一些，比如：桩积仓[②]、助济仓[③]、济粜仓[④]、平价仓[⑤]等等。如果按设仓的目的和实际功能划分，上述仓大致可分为两大系统：常平仓系统和义仓系统。南宋后期人在归纳宋代救荒政策时，有说："朝廷荒政有三：一曰赈粜，二曰赈贷，三曰赈济，虽均为救荒而其法各不同，市井宜赈粜，乡村宜赈贷，贫乏不能自存者宜赈济。"[⑥] "州县赈民之法有三，曰济、曰贷、曰粜，济不可常，惟贷与粜为利可久。"[⑦] 有说："救荒有二名，一曰赈济，二曰赈粜。夫赈济者，皆老幼病患、无依倚、无经纪之人也。既抄札姓名，审核给历，直计口食，而供养之而已。……夫赈粜者，减价收钱而授米也。"[⑧] 从宋代各类救荒仓廪的实施情况来说，各类仓廪的功能合流是北宋后期以来的一大趋势，亦即在不同程度上各类仓廪都兼具赈济、赈贷、赈粜功能。但是严格从设仓目的和各类仓实施的主要功能来说，赈贷、赈粜更多属于常平仓系统，而赈济则属于义仓系统。以此再来讨论张文先生所开列的各类救荒仓廪的归属。

广惠仓，始建于仁宗朝，起初其性质应属义仓系统：嘉祐二年"初，天下户绝田，官自鬻之。至是，枢使韩琦请留勿鬻，而收其租，别仓贮之，以赈穷乏。"[⑨] 王安石变法期间，广惠仓予常平仓钱谷充作青苗法敛散之本，元祐年间短暂恢复，绍圣元年再废。"其户绝田土并行出卖，本仓见管钱斛拨入常平仓，所有赈济合行事，令户部检举元丰勅令，立法以闻。"[⑩] 至此，以鬻户绝田而收其租赈穷乏的广惠仓完成了它的历史使命。及至南宋孝宗乾道年间在成都府复置和宁宗庆元元年在全国复置，其性质已变为常平仓系统，据袁说友《补籴蜀路十五州、创籴七州广惠仓米疏》，其中讲到广惠仓籴粜时云："三路七州共创籴米二万九百六十三石一斗九升六合二勺，每石价值不等，共约计籴本钱引一十一万二千八百七十九道四百六文、见钱三贯七百一文、三路七百三十三石七斗，庆元三年赈粜赈济支用过米粟，共一十一万九千六百三十石一斗六升

① 张文：《宋朝社会救济研究》，西南师范大学出版社 2001 年版，第 41—78 页。

② 阳枋：《字溪集》卷二，《与绍庆太守论时政书》；《武陵图经志》引自《永乐大典方志辑佚》，中华书局 2004 年版，第 4—2407—2409 页。

③ 《赤城志》，引自《永乐大典方志辑佚》，中华书局 2004 年版，第 2—937 页。

④ 《台州府志》，引自《永乐大典方志辑佚》，中华书局 2004 年版，第 2—948 页。

⑤ 《新淦县志》，引自《永乐大典方志辑佚》，中华书局 2004 年版，第 3—2018 页。

⑥ 《宋会要辑稿》食货六八之九八。

⑦ 《宋史全文》卷三一，绍定元年八月。

⑧ 王柏：《鲁斋集》卷一五，《述民志》，文渊阁四库全书影印本。

⑨ 陈均：《皇朝编年纲目备要》卷一五，嘉祐二年秋八月，置广惠仓，中华书局 2006 年版，第 352 页。

⑩ 《皇朝编年纲目备要》卷二四，绍圣元年九月，废广惠仓，第 588 页。

七合。"[①] 真德秀在《建宁府广惠仓记》云："初议用社仓法，谷贵时出以贷民，至秋责其入。既又虑其有督索之烦，均备之扰，或反以为病。于是祖常平敛散之旧，粜以夏，籴以秋。籴价视时之高下，而粜则少损焉。是冬条约成。"[②] 显然南宋时期的广惠仓的主要功能是赈贷与赈粜。

惠民仓。始建于宋太宗淳化年间，"令诸州惠民仓，遇籴稍贵，减价以粜，贫民每人不过一斛。"[③] 其属于常平仓系统甚明。虽然咸平二年在福建，天禧四年于荆、湖、川、陕、广南增置，但是随着天禧四年以后常平仓在全国普遍设置，惠民仓似即归属常平仓。因为此后文献再很少提及，及至南宋以后因地方官员的奏请，在一些地区才重新陆续复置。但仍属常平仓性质，如理宗绍定元年在潭州复置，"今拨缗钱一十万有奇，分下潭湘十县，委令佐粜米，置惠民仓，乞比附常平法。从之"[④]。魏了翁《潭州惠民仓记》："粜之日自二月讫七月，正新陈未接，民苦贵籴而计口给券，视时直加损焉。"[⑤]

丰储仓。始建于绍兴二十六年，"户部尚书韩仲通乞以上供米所余之数，岁桩一百万石，别廪贮之，遇水旱则助军粮，及减收粜，号丰储仓。壬午，诏从之。上曰：所储傥遇水旱，诚为有补，非细事也"[⑥]。"其后，又储二百万斛于镇江及建康。"[⑦] 丰储仓的主要功能是为荒年提供军粮，但在用于救济百姓上它属于义仓系统，"专以待饥馑发散之用，则旱干水溢有所恃而不恐，诚为当今莫大之急务也"[⑧]。

以上是全国性仓种的功能归属，显然都贯穿了"贵籴贱粜"的常平功能。地方性仓种从文献记载和张文先生归纳的功能看，几乎清一色属于常平仓系统。如果从这些地方仓种设置的原因分析，大致可分为五个方面：

其一，因常平仓不能惠及广大乡村而设，社仓最具典型，前已述之，不赘。

其二，因常平仓储粮有限，为补其不足而设。桂阳先有常平仓，但是"常平之米有限，发廪不能供"。于是撙节经费，用多收米斛，"别置廒眼，以备春时平粜之用。仍令本路常平使者核实，视多寡以议赏罚，"号先备仓。[⑨] 其后又建通惠仓，其原因依然是为补赈贷、赈粜仓廪之不足："本军旧有万石仓，又有节爱仓、先备仓，皆所以广赈恤也。然万石一仓，事关朝廷，非本军所得而专。止有节爱、先备二仓，可以岁续民食，往往局于所积，折于所粜，米尽仓空，殆成虚设，详究其弊，在于贵籴贱粜。夫籴不贵则伤农，粜不贱则伤民，二者难乎其两全也。嘉熙庚子，朱知军天锡乃合二仓之类以通惠名之，计叁阡硕充数，分作两年粜籴，循环不已，以广生生无穷之惠，

① 袁说友：《东塘集》卷九，文渊阁四库全书影印本。

② 真德秀《西山光生真文忠公文集》卷二四，《宋集珍本丛刊》。

③ 吕祖谦：《历代制度详说》卷八，《荒政·制度》。

④ 《宋史全文》卷三一，绍定元年八月。

⑤ 魏了翁：《重校鹤山先生大全文集》卷四三，《宋集珍本丛刊》。

⑥ 熊克：《中兴小纪》卷三七，绍兴二十六年六月，第445页。

⑦ 李心传：《建炎以来朝野杂记》甲集卷十七，《丰储仓（外路积粮）》，第389页。

⑧ 林之奇：《拙斋文集》卷六，《上丞相论丰储仓事》。

⑨ 《桂阳志》引自《永乐大典方志辑佚》，中华书局2004年版，第4—2385页。

庶几不困税户，可济细民。申请于朝，获旨报可。”①

其三，针对常平仓被违法支借、挪用的弊端而设。富阳县建丰本仓时，就是有鉴于常平仓“陈新不易而腐败之，省察不时而吏蠹之，甚者他用不足潜易而空之，于是民无所赖矣。”所以“比岁守牧之贤者市粟筑仓储之别地，盖虑异时侵易，如常平义仓也，”② 又如建康府所建平止仓也是出于同样的考虑，因此在须知中就明确规定：“不许本府及诸司占借，以开异时无穷之害，事当谋始，不可不谨。”③

其四，为革除常平仓与州县仓相混的弊端而设。如宜春州储仓规约之一：“本仓所贮米，系是别行储蓄，与州仓不相关涉，非遇水旱济粜，不可妄动。”④

其五，更多的地方救荒仓的设置，与常平仓管理体制中过于集中的弊端分不开。如徽州建平籴仓、明州平籴仓、兴化军平粜仓建仓的原因即是“虽常平有粟，然请于朝，告于部使者，率坐阻绝，赈恤不时”⑤。“常平置使自专一司，州县发敛皆禀命焉。虽河内有饥民，不容以便宜从事，此制置司所以自创平籴仓，盖有以也。”⑥“常平以使者典领，使者去民远，而不时发也，郡县去民近，而不敢发也，是仓属于郡，而不属于使者也，掌乎僧而不掌乎吏也，守以规约而不守以文法也，广先贤之遗意，辅常平之不及，不在兹乎?”⑦ 其他仓种大致也多是出于类似的原因，如建康府平止仓“撙节到钱一十五万贯，拨充循环籴本，更不申作朝廷之数，贱则籴，贵则粜，随粜随籴，循环无穷，权既在我，米价自平，实为永久之利”⑧。“江西号粳稻之乡，然民无贮蓄，一遇俭岁，常平所储既鲜，又必关白使者，待其符下每患不及事，公撙用度，凡厨传苞苴等事一切不为，既有余则储米几二万斛，名之曰州济仓。春夏籴贵则发以粜秋冬收成，复积之如常平法。”⑨ 李直节文《新创州济仓记》：“岁或俭，州得自专发，此平其直，以济吾民。期谷贱，补其数，若能增益之，而又继以常平之廪，吾州其永济矣。”⑩ 徽州府“虽有常平及平籴仓，然必待报，不得专发。”所以“太守宋济，别积米五千石，”建端平仓“以贮之，米价微踊，亟以元之直售民。”⑪

清人说：“汉耿寿昌为常平仓，至宋遂为定制。”⑫ 如果此说仅指常平仓在宋代的广泛建置，那还不够确切，因为到南宋后期常平仓多被移作他用，但是如果把“常平”功能在救荒仓廪中得到普遍推广的事实包括在内，说“至宋遂为定制”可视作确论。

---

① 《前桂阳府桂阳志》引自《永乐大典方志辑佚》，中华书局2004年版，第4—2385—2387页。

② 程珌：《程端明公洺水集》卷七，《富阳县创建丰本仓记》，《宋集珍本丛刊》。

③ 周应合：《景定建康志》卷二三，《城阙志四·诸仓》，宋元方志丛刊，中华书局1990年版，第1687页。

④ 《宜春志》引自《永乐大典方志辑佚》，中华书局2004年版，第3—1844页。

⑤ 程珌：《程端明公洺水集》卷七，《徽州平籴仓记》。

⑥ 罗濬：《宝庆四明志》卷六，《制置使司平籴仓》，宋元方志丛刊，第5062页。

⑦ 刘克庄：《后村先生大全集》卷二二，《兴化军创立平粜仓记》，四部丛刊初编本，上海书店出版社1989年版。

⑧ 周应合：《景定建康志》卷二三，《城阙志四·诸仓》，宋元方志丛刊，第1687页。

⑨ 真德秀：《西山先生真文公文集》卷四二，《通议大夫宝文阁待制李公墓志铭》，《宋集珍本丛刊》。

⑩ 《宜春志》引自《永乐大典方志辑佚》，中华书局2004年版，第3—1842页。

⑪ 《徽州府志》，引自《永乐大典方志辑佚》，中华书局2004年版，第2—1048页。

⑫ 《御览经史讲义》卷二五，《周礼》，文渊阁四库全书影印本。

七　余论

综上所述，笔者对两宋时期荒政的发展，有以下两点认识：

第一，北宋荒政的特点及影响。

1. 北宋对汉唐以来荒政的继承和发展，主要表现在两个方面：一是仓储制度日趋完善；二是集汉唐以来各类救荒措施之大成。

2. 北宋中期以后儒家荒政思想日益引起宋代最高统治者和朝野士人的重视，并得到有力的传播和推广。王安石变法，既是一场社会变革运动，同时也是我国历史上统治阶级利用国家政权第一次全面推进荒政的有益尝试。

3. 北宋初期以来所实施的募饥民、流民隶军籍、宽减饥民“强盗”死罪、募富民出钱粟，酬以官爵，推广“劝分”救荒，以及中后期不断改进的社会救济制度，对缓和当时的社会矛盾起了积极的作用，也是宋代荒政进步的重要表现。

4. 北宋时期的荒政对后世产生了深远影响，儒家的荒政思想随着理学在南宋的发展得到极大的推广，谈论荒政几乎成了一项专门的学问。王安石变法虽然遭到了否定和批判，但是王安石变法所体现出的儒家“损有余、补不足”精神，在南宋得到继承和发扬，不同的只在于王安石是用国家的力量推行“荒政”，到南宋更多的则是朝野士人在地方和民间，以自己的实际行动推演“荒政”。像在南宋产生重大影响的朱熹“社仓法”，就是直接导源于王安石新法中的“青苗法”。而且，常平仓的平籴功能，在南宋官府和民间的仓廪制度中，也得到了广泛的运用。宋徽宗时期的多项社会救济制度，亦得到了长足的发展，南宋的地方志在记载各地居养院、安济坊、漏泽园的建置和发展情况时，往往都将其缘起追溯至宋徽宗大观、政和年间。

第二，南北宋官府民间应对灾荒能力的消长。

下面再对马端临的一条有关南北宋救灾的记载，做一些分析。

> （淳熙）十年，江东宪臣尤袤召入，言东南，民力凋敝，中人之家，至无数月之储。前年旱伤，江东之南康、江西之兴国，俱是小垒。南康饥民一十二万二千有奇，兴国饥民七万二千有奇。且祖宗盛时，荒政著闻者，莫如富弼之在青州，赵抃之在会稽。在当时已是非常之灾。夷考其实，则青州一路饥民止十五万，几及南康一军之数，会稽大郡。饥民才二万二千而已，以兴国较之。已是三倍，至于赈赡之米，弼用十五万，抃用三万六千。今江东公私合力赈救，为米一百四十二万。去岁江西赈济兴国一军，除民间劝诱所得，出于官者，自当七万，其视青州一路，会稽一郡，所费实相倍蓰，则知今日公私诚是困竭，不宜复有小歉。①

① 《文献通考》卷二六，《国用考四·赈恤》，考256页。

这段材料揭示了两个重要问题，一是表明南宋时期官府调集救灾粮食的能力和范围似比北宋有所提高。文中提及富弼、赵抃救非常之灾事，分别发生在宋仁宗皇祐元年（1049）和宋神宗熙宁八年（1075），[①] 富弼、赵抃安集流民有方，宋代文献多有总结，其中尤值得注意的是救灾粮主要来自民间，富弼“逐醵于民，得粟十五万斛，”“第一等二石，第二等一石五斗，第三等一石，第四等七斗，第五等四斗，客户三斗，已上并米豆中半送纳。”赵抃“检富人所输及僧道士食之羡者，得粟四万八千余石佐其费。”[②] 富弼、赵抃这样做，是官廪无储吗？不是，其时“其间近河五州颇熟”，那么原因何在呢？“缘仓廪所収，簿书有数，流民不绝，济赡难周，”“故事：岁廪穷人，当给粟三十石而止。”显然原因是人为的，是救荒制度缺乏变通所致。这与南宋的通融有无很不相同。江东一路为赈灾筹集 142 万石是一个不小的数目，如果仅靠一县一州是很难筹集到的。尤袤正是通过“通融有无”的制度方才做到。史载尤袤“除淮东提举常平，改江东。江东旱，单车行部，核一路常平米，通融有无，以之振贷。”[③] 董煟称“通融有无，真救荒活法，然而其法有公有私。何谓公？曰：支拨官廪，借充内库，如假军储，以救民饥者是也。何谓私？曰劝人发廪，劝人粜贩，劝诱商贾率钱贩米归乡，共济乡人者是也。”[④] 显然尤袤所言公私合力当包括江东一路之间各州府常平仓、义仓、各级桩管及劝诱豪户所得粮食。由此可见，南宋政府在调集救灾粮食应对灾伤方面比北宋有较大的进步，从而也从一个侧面说明南宋官府救灾能力比北宋有所提高。

二是表明南宋时期民间抗灾自救能力比北宋有所下降。前引文中所言北宋皇祐元年青州、熙宁八年越州饥民数与南宋淳熙八年饥民数相比，其中青州饥民是“河北流移之民，逐熟青、淄五州，非如本界分灾伤而行赈济也，”而非青州当地因灾出现的饥民，故与南宋受灾的南康军、兴国军没有可比性。现看熙宁八年越州户数为 152922，按五口之家估算，约 75 万口。而南康军、兴国军在北宋最高的户数统计是 70615、63422，[⑤] 按照一户五口之家计算，大致分别是 35 万、31 万，到南宋淳熙时经过宋金战争的摧残，其人口很难恢复到北宋时期的最高统计数。就按北宋时期的人口算，熙宁八年越州 22000 饥民只占总人口的 1/30，而淳熙八年南康军、兴国军的饥民则分别占到总人口的 1/3 和 1/4 强。两两相交，充分说明南宋江南地区民间抗灾自救的能力比北宋时有很大的下降。饥民数额的剧增是民间缺乏储粮最直接的反映。虽然这只是一地的比较，但有典型性。因为东南是南宋的粮仓所在，尚且“民力凋敝，中人之家至无数月之储”，其他地区更可以想象；“中人之家”尚且储粮不足，那贫弱之家无储积也是可以想象的。

---

① 《续资治通鉴长编》卷一六六，皇祐元年二月辛未；董煟《救荒活民书》卷三。

② 《救荒活民书》卷三。

③ 《宋史》卷三八九，《尤袤》，第 11924 页。

④ 《救荒活民书》卷二。

⑤ 吴松弟：《中国人口史·第三卷辽宋金元时期》，复旦大学出版社 2000 年版，第 128、129 页。

那么，何以造成民间储积不足呢？究其原因有二，一是土地集中，两极分化严重。从南宋初期大将张俊岁收租米六十万斛，[①] 到南宋晚期，“今百姓膏腴皆归贵势之家，租米有及百万石者”[②] “至于吞噬千家之膏腴，连亘数路之阡陌，岁入号百万斛，则自开辟以来未之有也。”[③] 土地日益集中，粮食也由此日益集中到少数富贵者的粮仓，“小民百亩之田，频年差充保役，官吏诛求百端，不得已，则献其产于巨室，……兼并浸盛，民无以遂其生。”[④] 而贫弱之民则日渐贫困，“下五等人户，所仰数亩之田，以为卒岁之计”[⑤] “有田十亩，岁收不过十石，供输之外，赡养良难”[⑥] 这尚不包括占南宋总户数百分之三十五左右“率属役富贵者”的“耕田之夫”。[⑦] 可见占农村户口总数百分之九十的下户、客户，[⑧] 一遇非常之灾，只能是嗷嗷待哺，饿殍遍野。二是南宋时期粮食商品化、社会化程度已进入一个比较高的阶段。中家之“民计每岁种、食之外，余米尽以贸易。”[⑨] “田家自给之外，余悉粜去，曾无久远之积。”[⑩] 于是造成“岁虽熟而小歉辄不耐，地之所产，米最盛而中家无储粮。”“故每遇小歉，闾里不能自相给，惟仰州县赈救”[⑪] 的境况。

附记：该文原曾以《北宋荒政的发展与变化》、《略论南宋荒政的新发展》为题发表，分别刊于《文史哲》2010 年第 6 期；何忠礼主编：《南宋史及南宋都城临安研究》，人民出版社 2009 年版。

---

① 《建炎以来系年要录》卷一三五，绍兴丨年四月乙丑，第 2162 页。
② 《宋史》卷一七三《食货志上一》，第 4180 页。
③ 《后村先生大全集》卷五一《备对札子三》(端平元年九月)。
④ 《宋史》卷一七三《食货志上一》，第 4180 页。
⑤ 《宋会要辑稿》瑞异三之二八。
⑥ 《陈傅良先生文集》卷四四《桂阳军劝农文》，浙江大学出版社 1999 年版，第 563 页。
⑦ 《文献通考》卷二，田赋考二，考 43 页。
⑧ 梁庚尧：《南宋的农村经济》，新星出版社 2006 年版，第 89 页。
⑨ 《水心文集》卷一《上宁宗皇帝札子二》，《叶适集》，中华书局 1983 年版，第 2 页。
⑩ 周去非著，杨武泉校注：《岭外代答校注》卷四，《常平》，中华书局 1999 年版，第 176 页。
⑪ 《水心文集》卷一《上宁宗皇帝札子二》，《叶适集》，中华书局 1983 年版，第 2、3 页。

重建“王道”

——北宋诸家《春秋》学的“王道”论述及其论辩关系

江　湄

儒道复兴运动以及唐宋之际文化转型，作为中国史上的重大关节，向为研究者所关注，由于这一文化、思想运动终以理学为正果，故而论者在诠释唐宋思想文化转型时多以理学的发生、发展为主线，且多着眼于理学作为“内圣”之学、形而上学的一面。但是，自20世纪80年代以来，无论海外、大陆，学者日益强调将“新儒学”的兴起与发展置于具体的政治、历史情境之中加以考察，深入于新兴士绅阶层于时代变动的激荡下重建合理人间秩序、“为万世开太平”的实践活动，这是儒道复兴运动、唐宋文化转型背后更深层次的历史动力。正是在这个更广阔的历史平台上，才能呈现出包括“道学”在内的“宋学”其“内圣外王之学”的完整面貌。①

中唐至北宋的儒道复兴思想运动，贯穿着重新阐发六经大义、推明圣人本意的新经学运动。六经之中，《春秋》为孔子亲笔，以褒贬义例阐明行之于万世而不易的政治、伦理规范，这是无论今、古文经学皆认可的“事实”。而自西汉大盛的公羊春秋学，则继承孟子所阐发的《春秋》大义，以《春秋》为“王道”之学：孔子于《春秋》之中，圣心独断，立“素王”之法，创制超越周典的崇高政教理想与宪纲，以为后王取法。② 中唐时代的新《春秋》学派是儒道复兴思想运动的一篇重要序言，其“先驱”

---

① 侯外庐主编的多卷本《中国思想通史》以“唯物史观”为指导，从中国封建社会前期到后期的社会转型入手，指示了士绅地主阶级的兴起、中央专制主义的强化与唐宋之际思潮变迁的关联。但是，以唯心主义和唯物主义的斗争来把握各思想流派的特征及其关系，将“思想”与“社会背景”简单地对应起来，有着明显的时代局限性。侯外庐：《中国思想通史》第四卷上、下，人民出版社1959—1960年版。邓广铭在80年代著有《论宋学》一文，指出“宋学”的多元化面貌及其“经世”之旨。邓广铭：《邓广铭治史丛稿》，北京大学出版社1997年版。漆侠著《宋学的发生和演变》（河北人民出版社2002年版）即继承乃师的思想。又如余敦康的《内圣外王的贯通——北宋易学的现代阐释》（学林出版社1997年版）、卢国龙的《宋儒微言——多元政治哲学的批判与重建》（华夏出版社2001年版），皆力求开掘“新儒学”思潮中丰富具体的历史、文化内涵。海外学界对唐宋思想史的研究注重引入社会史、文化史视角，如包庇德：《斯文：唐宋思想的转型》，江苏人民出版社2001年版。田浩主编：《宋代思想史论》，社会科学文献出版社2001年版。余英时所著《朱熹的历史世界——宋代士大夫政治文化的研究》，从新的“政治文化”形成的角度对儒道复兴运动作出整体诠释，尤为引人注目。余英时：《朱熹的历史世界》，生活·读书·新知三联书店2004年版。

② 参见钱穆《孔子与春秋》，《两汉今古文平议》，商务印书馆2001年版。

意义不仅在于疑经辨伪、弃章句明大义的“新方法”，更在于它发挥春秋公羊学大义，以《春秋》明“王道”，于社会变动之际开启了重建“大一统”政教理想与宪纲的思想历程，可以说，这是与韩愈、李翱之学并行的一条“原道”之路，[①] 它势必在“大一统”秩序重建并巩固的时代得到回应与延续。至宋仁宗年间，啖、赵《春秋》学产生了“今之学者莫不观焉”的广泛影响，[②]《春秋》学大盛，在当时后世产生较大影响的，有孙复、孙觉、程颐、刘敞、苏辙五家。他们承袭啖、赵《春秋》学不为传注所囿、推明“王道”大义的精神统绪，在喜谈“尧舜三代之治”、“天人性命之理”的时代风气下，以《春秋》学的形式表达着对于若干重大、根本政治问题的理性深思，且形成了交锋抗辩的对话关系，这些问题包括了“大一统”人间秩序的理想形态及其形上依据、专制君权的正当性判准、“大一统”国家的政治宪纲、士君子“进退去就出处之道”即政治伦理与实践原则、于内忧外患之下立国兴国的改革之道等。关于宋代《春秋》学，已多有学者申论其时代性的思想意义，但一般着重于“尊王攘夷”。[③] 在这里，笔者试图描述一段随社会、政治变动同时进行的重建“王道”的思想历程。

一　孙复《春秋》学及其流裔：“述法而不通意”

在北宋“新儒学”运动中，孙复、石介最早提出复兴尧舜三代之“王道”的思想主题，并提出新的“经学”观念：“六经”内涵尧舜三代之“王道”，经学当阐发之以用于当世。[④] 六经之中，《春秋》“明王道”、《易》“穷理尽性”、《周礼》“明王制”，互相配合而成“王道”体系。[⑤] 在诸家《春秋》学中，孙复《春秋尊王发微》成书最早，被视为宋代思想主流的重要经典。

中唐《春秋》学抉发西汉今文经学“天下为公”的微言大义，重申“公天下”的“尧舜之道”与“家天下”的“文武法度”之差别。然而，孙复《春秋尊王发微》之明“王道”，不再强调“天下为公”之微旨，无复“尧舜之道”与“文武法度”之别，“礼乐征伐自天子出”、君臣上下贵贱尊卑之分的“周道”已尽“王道之极”、“圣人之蕴”。这是对中唐《春秋》学的最大修正。陆淳论“庄公三年秋，纪季以酅入于齐”、“纪侯大去其国”的书法，最能达“天下为公”、“民为贵，社稷次之，君为轻”的“尧舜之道”，故“辱身逾于绝祀，降国愈于残民”，纪季、纪侯所为高于“三代以降，家天下

---

① 本文有关中唐《春秋》学的论述参见江湄《以“公天下”大义正“家天下”之法——中唐〈春秋〉学的王道论述及其历史意义》，《中国哲学史研究》2006 年第 3 期。

② 程颢、程颐：《二程集·河南程氏文集》卷二《南庙试策五道》，中华书局 1981 年版。

③ 参见牟润孙《两宋春秋学之主流》，《注史斋丛稿》，中华书局 1987 年版。侯外庐等《宋明理学史》第 1 章《理学先驱“宋初三先生”及其思想》，人民出版社 1987 年版。漆侠《宋学的发展和演变》第 7 章《宋初三先生在经学上的贡献》，河北人民出版社 2002 年版。

④ 孙复：《孙明复小集》卷一《寄范天章书二》、《上孔给事书》，文渊阁四库全书影印本。

⑤ 石介：《徂徕集》卷七《二大典》，卷一九《泰山书院记》，中华书局 1984 年版。

之意。”[①] 而孙复于此则以不渝王命、为天子守土的“文武法度”贬斥之。[②] 孙复曾著《尧权》、《舜制》述“尧舜之道”，他认为尧舜禅让并不是“公天下”的理想制度，而是对“传嗣立嫡”之“周道”的权变，尧行此权变是为了“绝其争且叛也”；而舜的最大功业是增设“公、侯、伯、子、男”的“五等之制”，完善了黄帝创制的“君臣之分”，从此“僭陵篡夺之祸不作”。[③] 可见，孙复所明“尧舜之道”无非以君臣纲常为主的上下贵贱之分。

中唐《春秋》学着重探讨的士君子“进退出处去就”之道，继续成为北宋《春秋》学的共同议题。在鼎革频繁的中国历史上，“君君臣臣上下贵贱之序”其实始终不能成为绝对价值，所谓“顺天革命”之际即构成了典型的伦理困境，后人也通常借此讨论以民为本、选贤与能的“至公大义”与君臣纲常的矛盾冲突。中唐《春秋》学在其时代环境下，将“直道”置于“忠君”之上，孙复《春秋》学则努力弥缝两种大义之间的裂痕，探求将“直道”与“忠君”归于一理的“至德”，以为士人“行道”树立确当准则。孙复举出两位“至德”的典范，一是文王，如孔子所论“三分天下有其二，以服事商，周之德其可谓至德也已矣”[④]。二是周公，“虽有庇民之大德，不敢有君民之心，仁之厚也”。故鲁国僭用天子所行“禘礼”以尊周公，实非其志。[⑤] 柳宗元写《伊尹五就桀赞》，称美伊尹“五就桀五就汤”乃是“不夏商其心，心乎生民而已”。[⑥] 而在石介看来，伊尹之“五就桀”，则是能尽臣子之忠节，然后顺至公大义，佐汤以行革命，可谓得“君子去就之道”；而吕望则看准形势，弃绝其君，直归文王，故非全德之君子。[⑦] 孙复、石介所论“直道”与“忠君”归于至当的“中行之道”，得到广泛认同，奉为不易大义。孙觉据“孔子所以深褒夷齐，而盛美文王之至德”发明《春秋》书法“所以责臣子之备，而笃忠孝之深。”[⑧] 程颐说孔子斥鲁国以天子之礼祀周公，以为“周公之道衰”，[⑨] 还据以批评王安石认为周公之功足以当天子礼乐的看法，是“恃功责报而怏怏于君者”，不达周公之“至德”。[⑩] 如梁启超所论，儒家以“上天下泽君臣大防”为国民教育之中心点，自“宋贤大扬其波，基础益定，凡缙绅上流，束身自好者，莫不兢兢焉，义理既入于人心，自能消其枭雄跋扈之气，束缚于名教以就范围”。[⑪] 中唐

---

① 陆淳：《春秋微旨》卷上“庄公三年秋”，“丛书集成初编”本。

② 孙复：《春秋尊王发微》卷三“庄公三年秋”，文渊阁四库全书影印本。

③ 孙复：《孙明复小集》卷一《尧权》、《舜制》，文渊阁四库全书影印本。

④ 孙复：《孙明复小集》卷一《文王论》，文渊阁四库全书影印本。

⑤ 孙复：《春秋尊王发微》卷一“闵公二年夏五月乙酉，吉禘于庄公”，文渊阁四库全书影印本。

⑥ 柳宗元：《柳宗元集》卷一九《伊尹五就桀赞》，中华书局1979年版。

⑦ 石介：《徂徕集》卷一一《伊吕论》，中华书局1984年版。

⑧ 孙觉：《春秋经解》卷二“隐公四年春王二月戊申，卫州吁弑其君完”；卷五“庄公二年冬十二月，夫人姜氏会齐侯于禚”。“丛书集成初编”本。

⑨ 程颢、程颐：《二程集·河南程氏经说》卷四《春秋传》“隐公五年九月，考仲子之宫，初献六羽”。中华书局1981年版。

⑩ 程颢、程颐：《二程集·河南程氏粹言》卷二，中华书局1981年版。

⑪ 梁启超：《论中国学术思想变迁之大势》，《饮冰室合集》第1册，中华书局1989年版，第54页。

《春秋》学“直道”高于“忠君”之论从此成了绝响。

孙复、石介作为宋学第一期人物，未及于“熙宁变法”前后激烈的学术、政治论争，然而，其所发明《春秋》“王道”大义却直接为其后学者尤其是司马光学派所持，成为他们进行学术论争的重要理据。李觏于孙复病逝之年即嘉祐二年（1057）供职太学。其弟子孙介夫“尝作《春秋传》，泰山先生见而叹曰：‘吾力所未及者尽发之。’”[①] 李觏曾著《常语》，持《春秋》“尊王”义批驳孟子“以德行仁者王”、桀纣为“独夫”之论，说“孔子之道，君君臣臣也，孟子之道，人皆可以为君也”。“吾以为天下无孟子可也，不可无六经；无王道可也，不可无天子。”[②] 其说盖针对当时《孟子》的升格及其思想影响。他把“君臣上下贵贱之序”的正当性推至极端，而与“民为本，社稷次之，君为轻”相对立，甚至取消了“王”之上规范性的“王道”。针对王安石“新学”之尊孟与尚“王道”，司马光所著《疑孟》，其中一大主题就是指责孟子居然主张“贵戚之卿”可以易君位而自处之，遂使后世乱臣贼子以“篡”为“义”。[③] 他还极力反对所谓“王道”与“霸道”之辨，其实是将政治原理一统于以君臣纲常为本的礼治秩序。[④] 其弟子晁说之极力表彰李觏能以孔子《春秋》斥孟子，[⑤] 攻驳“新学”“颇谓仁义之用，不及道德之恍惚，有愧性命之微妙，但未敢明以孔氏下乎老庄耳。然黜《春秋》而尊尚伪《周礼》，弃《孝经》而以《孟子》配《论语》，几乎不使文武之道坠地也。”[⑥] 在他看来，任何对时王礼制所以然之理的推究，皆足以破坏其绝对性和确定性。

程颐曾批评孙复《春秋》学“述法而不通意”：“孙大概唯解《春秋》之法，不见圣人所寓微意。若如是看，有何意味乎？”[⑦] 这是说孙复《春秋》学之明尧舜三代“王道”，仅止于实然的“君臣上下贵贱之序”，而未达于“法”之所以然之“理”，未达于据以变革与重建人间秩序的超越性理想。程颐同样认为孔子以《春秋》明“王道”，但他所理解的《春秋》“王道”与孙复所论有重大的分歧，“王道”绝不仅仅是“周礼”的再现，而是“百王法度之中制，此其所以《春秋》作也。孙明复主以无王而作，亦非是”[⑧]。

---

① 黄宗羲、全祖望：《宋元学案》卷三《高平学案》，商务印书馆1934年版。

② 李觏：《李觏集》附录1《常语》，中华书局1981年版。

③ 司马光：《传家集》卷七三《疑孟》，文渊阁四库全书影印本。

④ 司马光：《资治通鉴》卷六九“魏文帝黄初二年”：“臣光曰：天生烝民，其势不能自治，必相与戴君以治之。苟能禁暴除害以保全其生，赏善罚恶使不至于乱，斯可谓之君矣。是以三代之前，海内诸侯，何啻万国！有民人社稷者，通谓之君。合万国而君之，立法度，班号令，而天下莫敢违者，乃谓之王。王德既衰，强大之国能帅诸侯以尊天子者，则谓之霸。”，中华书局2011年版。

⑤ 晁说之：《景迂生集》卷一四《杂著》，文渊阁四库全书影印本。

⑥ 晁说之：《景迂生集》卷一五《答勾龙寿南先辈书》，文渊阁四库全书影印本。

⑦ 程颢、程颐：《二程集·河南程氏粹言》卷一，中华书局1981年版。

⑧ 程颢、程颐：《二程集·河南程氏遗书》卷一八，中华书局1981年版。

二　道学家的"王道"理想

与孙复同时，胡瑗也在太学讲《春秋》学。[①] 孙觉、程颐皆受业于胡瑗，尤其是孙觉，其《春秋经解》作于晚年即元丰、元祐年间，后人以为能传安定《春秋》学。[②] 孙觉的《春秋》学与程颐有着共同的思想倾向，只是"说未透在"。程颐经历了自熙丰变法以来政局的数次重大动荡，徽宗元符元年（1098）四月，他复官还洛，方下笔著《春秋传》，"竟不能成书"，仅至"闵公"。[③] 今《二程集》中的《春秋传》应为后人所辑补。[④]《春秋传》与《易传》是集中表述程颐政治哲学与思想的论著。刘敞是当时享有盛名的经学家，其《七经小传》是经学史上转移风气之作，从此，章句注疏之学不行，学者多以己意解经著书。[⑤] 刘敞著有《春秋传》、《春秋权衡》、《春秋意林》、《春秋说例》等，[⑥] 其《春秋传》在当世的影响不及"近而易明"的孙复、苏辙，但他"知经而不废传，亦不尽泥传，据义考例以折中之，经传更相发明，虽间有未然，而渊源已正"，[⑦] 得到日后清朝汉学家的承认与赞赏。[⑧] 刘敞虽未列入《宋史》的《道学传》，然而他的学术思想深契于日渐勃兴的道学思潮，力主将儒家人伦礼教推究至于"性与天道"，[⑨] 其《春秋》学亦以申明"王霸义利之辨"为主旨，可归入程颐、孙觉同道。

重建"天人合一"的宇宙观乃是北宋思想界的大势所向，王安石曾深刻论述重建"天道"与"人道"之连续性的重大现实意义，其一即在于树立人间"分守"、"形名"、"因任"、"原省"、"是非"、"赏罚"的应然之理，为制定和变革礼制提供理据与规范，勿使礼制成为专断的苛法或是僵化的形式。[⑩] 贯通"天道"与"王道"，将"王道"建立于恒常"天道"之上，是北宋诸家《春秋》学的共同要旨。孙复之《春秋》学仅止于恢复较朴素的"天人感应"说，从而论证现实礼治秩序根基于客观

---

① 黄宗羲、全祖望：《宋元学案》卷一《安定学案》，商务印书馆 1934 年版。

② 《文津阁四库全书提要汇编·经部五·春秋类·〈春秋经解〉》，商务印书馆 2006 年版。

③ 程颢、程颐：《二程集·河南程氏外书》卷一二："昔刘质夫作《春秋传》，未成。每有人问伊川，必对曰：'已令刘绚作之，自不须某费工夫也?' 刘《传》既成，来呈伊川，门人请观。伊川曰：'却须著某亲作。'竟不以刘《传》示人。伊川没后，方得见今世《传》解至'闵公'者。"，中华书局 1981 年版。

④ 程颐《春秋传》后附有《春秋传序》，写于徽宗崇宁二年（1103）四月，其时程颐作为"元祐奸党"已经受到监察。另外，又有门人王苹辑录程颐有关《春秋》的议论成《春秋录拾遗》，收入《二程集·河南程氏外书》卷九，中华书局 1981 年版。

⑤ 皮锡瑞：《经学历史》，商务印书馆 1929 年版，第 221—224 页。

⑥ 《文津阁四库全书提要汇编·经部五·春秋类·〈春秋意林〉》："始为《权衡》，以平三家之得失；然后集众说断以己意，而为之《传》；《传》所不尽者，见之《意林》。"，商务印书馆 2006 年版。

⑦ 叶梦得：《刘氏春秋传原序》，文渊阁四库全书影印本。

⑧ 《文津阁四库全书提要汇编·经部五·春秋类·〈春秋权衡〉》，商务印书馆 2006 年版。

⑨ 黄宗羲、全祖望：《宋元学案》卷二《庐陵学案》附《侍读刘公是先生敞》，商务印书馆 1934 年版。

⑩ 王安石：《临川先生全集》卷六七《九变而赏罚可言》，中华书局 1959 年版。

宇宙秩序的自然性和确定性。而孙觉、程颐的《春秋》学以《易》理与《春秋》义例相发明，以形上、理则性的“天道”、“天理”推明“王道”，使之具有了抽象、超越的理念性格。

孙觉解释“春王正月”的书法说“欲示人君体元居正之法也”，他拈出“生成之德”、“生成万物之心”作为宇宙之“元”、“气”的本性，“天道”就是“仁”体，就是儒家崇尚的最高价值原理。而“王道”即是“体天地生成之德”，“生成天下之民物”。经过了中唐《春秋》学诸子对“天道”、“天命”的批判，孙觉再次回到西汉公羊家所阐发的“遍覆包含”、“溥爱无私”之“天道—王道”[①]。孙觉以孟子“民为本，社稷次之，君为轻”之义论“王道之极致”，往往以《孟子》之论与《春秋》义例相互发明，这一点是胡瑗后学共同的思想特征，与李觏、司马光等以《春秋》非难孟子适成对比。[②]

二程构造完成以“天理”为本体的世界观体系，这是中国思想史上为人公认之事实。关于二程“天理”世界的思想逻辑及其特征，学者所论多矣，在这里，笔者仅强调于程颐《春秋》“王道”之学关系密切的一个思想特点：“天理”作为“易”理，并非静止、抽象、固着的规范、法则，而是生生不息、大化流行的创造、生成机能。[③] 圣人之德本于“天理”，合于“天理”，乃是参天地之化育、随时创制以利民生的道德创造机能，正如“自然造化”之功，所谓“天地无心而成化，圣人有心而无为”[④]。程颐《春秋传·序》总论孔子作《春秋》明“王道”之大义。他强调“尧、舜三代之治”皆不执一定之法，不照搬因袭前代，而是能随“时”创制以利民生、以济世用，所谓“顺天应时之治”。故孔子于《春秋》所明“王道”并不主于“周礼”，非固定的一王之法制，而是先王所以为法之意：根据现实的具体的历史境遇，参酌其宜，或因或革，或损或益，而将微而不显、无形无兆之“天理”、“性体”显诸仁，藏诸用，以成开物成务之功、行道德创造之实，所谓“行夏之时，乘殷之辂，服周之冕，乐则韶舞。此其准的也”[⑤]。“王道”正如生生不已之“天德”，乃无法之大法，故为“通万世不易之法”：“三代而后，有圣王作，必四三王而立制矣。”[⑥] 正是在这个意义上，程颐常以“中庸”、“时中”、“权”来说明《春秋》大义：

---

① 孙觉：《春秋经解》卷一“隐公元年春王正月”，“丛书集成初编”本。

② 如胡瑗弟子徐积说：“治《春秋》当以孟子为折衷，盖知《春秋》者，惟孟子尔。”徐积：《节孝语录》卷一，文渊阁四库全书影印本。

③ 程颐解《易》之“恒”卦之彖辞曰：“‘恒’非一定之谓也，一定则不能恒矣。唯随时变易，乃常道也。”“观其所恒，谓观日月之久照，四时之久成，圣人之道所以能长久之理。……天地常久之道，天下常久之理，非知道者，孰能识之?”程颢、程颐：《二程集·周易程氏传》卷三，中华书局 1981 年版。解《易》之“复”卦之彖辞曰：“一阳复于下，乃天地生物之心也。先儒皆以静为见天地之心，盖不知动之端乃天地之心也。非知道者，孰能识之?”程颢、程颐：《二程集·周易程氏传》卷二，中华书局 1981 年版。

④ 程颢、程颐：《二程集·河南程氏经说》卷一《易说·系辞》，中华书局 1981 年版。

⑤ 程颢、程颐：《二程集·河南程氏经说》卷四《春秋传·序》，中华书局 1981 年版。

⑥ 程颢、程颐：《二程集·河南程氏粹言》卷一，中华书局 1981 年版。

《春秋》以何为准？无如《中庸》，欲知《中庸》，无如权，须是时而为中。①

程颐所说“明道”，非固执一定之法，而是“当其时作其事”，这首先需要“识时”即对现实状况有洞察、有判断，能识其弊，能把握现实所提供的变革、建设的可能条件。而“随时”并非无原则地顺应时势即“流徇”，“所谓‘时’者，必明道以贻后人”，即立于正大之本，能持时势以合于“道”②。

孙复以“传嗣立嫡”的君主世及制为“王道”之大者，而程颐却说：

五帝公天下，故与贤，三王家天下，故与子。论善之尽，则公而与贤，不易之道也。然贤人难得，而争夺兴焉，故与子以定万世，亦至公之法也。③

针对司马光等以《春秋》“尊王”义非难孟子之“乱常”，程颐指出：

孔子之时，诸侯甚强大，然皆周所封建也。周之典礼虽甚废坏，然未泯绝也。……至孟子时则异矣。……先王之政绝而泽竭矣。夫王者，天下之义主也。民以为王，则谓之天王天子，民不以为王，则独夫而已矣。二周之君，虽无大恶见绝于天下，然独夫也。故孟子勉齐梁以王者，与孔子所以语诸侯不同。君子之救世，时行而已。④

无论是维护现实君臣伦常以“尊周”，还是顺天革命与民更始，关键在于“识时”，在于“当其时作其事”，“前一日不可，后一日不可”，当孔子之“时”而“革命”，则为“篡逆”，当孟子之“时”而“尊周”，则“无救弊济世之心，失时而有咎也。”⑤ 在程颐看来，司马光等“疑孟”之论，乃“执一”而不知“时变”，不达于“王道”大义。

三　“王道”与“强国之术”

通观二程论著，他们予“王道”的规定性仅仅是一个“公”字，⑥ 而“公”就是

① 程颢、程颐：《二程集·河南程氏遗书》卷一五，中华书局 1981 年版。

② 同上。又，同卷载程颐之说：“礼，孰为大？‘时’为大，亦须‘随时’，‘随时’之义大矣哉！寻常人言‘随’时，为且和同，只是流徇耳，不可谓‘和’，‘和’则已是和于义。故学者患在不能识时，时出之，亦须有‘溥博渊泉’，方能出之。”，中华书局 1981 年版。

③ 程颢、程颐：《二程集·河南程氏粹言》卷一，中华书局 1981 年版。

④ 程颢、程颐：《二程集·河南程氏遗书》卷二一，中华书局 1981 年版。

⑤ 程颢、程颐：《二程集·河南程氏外书》卷九《春秋录拾遗》，中华书局 1981 年版。

⑥ 程颢、程颐：《二程集·河南程氏遗书》卷二：“《诗》、《书》中凡有个主宰底意思者，皆言帝；有一个包含遍覆底意思，则言天；有一个公共无私底意思，则言王。上下千百岁中，若合符契。”，中华书局 1981 年版。

"各正其性命而不妄"，"使各得其宜"，[①] 即"天理自然"，即"中"，"大公之道"与"大中之道"可以互训。[②] 故"天理流行"的"王道"世界就是要使人们的上下之分、尊卑之序能本于"洪纤高下"的本来差别，"礼"要合乎"理"即如其本来的自然秩序。

程颐《春秋传》解释书"天王"之义曰："王者奉若天道，故称天王，其命曰天命，其讨曰天讨。尽此道者，王道也。后世以智力把持天下者，霸道也。"[③] 程颢于熙宁元年上《论王霸札子》说："得天理之正，极人伦之至者，尧、舜之道也；用其私心，依仁义之偏者，霸者之事也。……故诚心而王则王矣，假之而霸则霸矣。"[④] "王道"、"霸道"之别不在于具体的"治术"层面，而在于"本"、"体"层面，即"王者"之"心术"如何，即君主、朝廷所持的政治理念为何：是奉"大公无私"之"天道"，反身而诚，发政施仁；还是行仁政以利一家一姓社稷长久之私。假"仁"行"霸"是秦汉以后最根本的谬失，欲行新政就要从此根本处下手。元祐初年，司马光、吕公著等推荐程颐任崇政殿说书，就是要于"人主心术处下工夫"，"引君当道，君正而国定矣"[⑤]。

"某公"在灾荒之后上奏朝廷要求赈济灾民，但所持理由"专以畏乱为主"，这在程颐看来乃是秦汉以至于当朝的主导性政治思维："后世苟私利于目前，以兵制民，以财聚众。聚财者能守，保民者为迂。秦汉而下，莫不然也。窃虑庙堂诸贤，未能免此。"以民为天下之本，"轻财而重民"，"得丘民"而"得天下"，是为"王道"；以民为一己大利之本，恃财聚民以自保，为"得天下"而"得丘民"，是为"霸道"。[⑥] 在这里，程颐讲明了什么是真正的"民本"主义，而唐太宗"水能载舟，亦能覆舟"的譬喻，作为"贞观之治"的纲领，虽为古今艳称，实乃"霸者"之论，有违"民本"真义。

二程皆推崇张载《西铭》，认为它讲透了"理一而分殊"的宇宙世界的本然秩序，讲透了"仁"、"义"之道，"仁"就是"以天地万物为一体，莫非我也"之自觉，此即

---

① 程颢、程颐：《二程集·周易程氏传》卷一解"干"之彖辞，以"保合太和"说明"天道"之"大公"："天道变化，生育万物，洪纤高下，各以其类，各正性命也。天所赋为'命'，物所受为'性'。'保合太和，乃利贞'，'保'谓'常存'，'合'谓'常和'，保合太和，是以利且贞也。"；又《二程集·周易程氏传》卷二解"无妄"之卦辞："无妄者至诚也，至诚者天之道也。天之化育万物，生生不穷，各正其性命，乃无妄也。人能合无妄之道，则所谓与天地合其德也。"解"无妄"之象辞："天道生万物，各正其性命而不妄。王者体天之道，养育人民，以至昆虫草木，使各得其宜，乃对时育物之道也。"，中华书局1981年版。

② 程颢、程颐：《二程集·河南程氏遗书》卷一七："识得则事事物物上皆天然有个'中'在那上，不待人安排也，安排著，则不中也。"程颢、程颐：《二程集·河南程氏粹言》卷一："子曰：事事物物各有其所，得其所则安，失其所则悖。圣人所以能使天下顺治，非能为物作则也，惟止之各于其所而已。"，中华书局1981年版。

③ 程颢、程颐：《二程集·河南程氏经说》卷四《春秋传》："隐公元年秋七月，天王使宰咺来归惠公仲子之赗。"，中华书局1981年版。

④ 程颢、程颐：《二程集·河南程氏文集》卷一《论王霸札子》，中华书局1981年版。

⑤ 程颢、程颐：《二程集·河南程氏粹言》卷一，中华书局1981年版。

⑥ 程颢、程颐：《二程集·河南程氏文集》卷一《答人示奏草书》，中华书局1981年版。

“理一”，将“仁”及于不同的人、事、物，而有一定的分别与止限，则为“义”，此即“分殊”。[①] 程颢解释《大学》之“八条目”说：“自天子以至于庶人，壹是皆以修身为本。其本乱而末治者，否矣。”[②] 这是说，“自天子以至于庶人”能识“仁”行“义”以合于“礼”，乃是治政之大本。这样的“政治”几乎否定了政治的权力性格，成了一种自上而下的对理想人格的教育养成，而其理想状态乃是人人自治而互助，所谓“其民暭暭，而莫知为之者”[③]。“王道”指的就是这样一种道德共同体理想。刘敞心目中的“王者之治”重在建设民间礼教风俗，使人人遂生成德，与二程的“王道”理想极相契合：

> 善为政者，使人自养而非养人也，使人自治而非治人也。[④]
>
> 圣人之治天下，结之不以恩惠，威之不以刑罚，不为而治者，民自治也，一曰宗族，二曰师友，三曰宾客，四曰祭祀，五曰丧纪。[⑤]

王安石所论“王霸义利之辨”，其主旨与程颢《论王霸札子》完全相同，皆重申“天下为公”的政治理念，申“民本”之真义。[⑥] 其与二程子所论时弊以及对治之术也相去未远。然而，在“新法”大规模展开之时，二程却首为异论。王安石首次复相不久，程颐在《代吕公著应诏上神宗皇帝书》中直指神宗之“心术”实有悖于“王者之公心”，而是“恃所据之势，肆求欲之心，以严法令举条纲为可喜，以富国家强兵甲为自得，”“以天下徇其私欲者”。[⑦] 这就是说，“新法”之实质与出发点不在于顺民心、厚民生，而是追求专制君权与国家的强大与威力。如此申“王霸义利之辨”，斥“富国强兵”之论，乃是道学派《春秋》学的共同主题，简直成了对“新政”路线的理论批判。孙觉于“隐公十年六月壬戌，公败宋师于菅”论《春秋》“败某师”之书法说：

> 案圣人之于《春秋》，用兵之诸侯未尝有一辞褒之。
>
> 孟子曰：“善战服上刑”，亦孔子之意也。[⑧]

论“隐公七年夏，城中丘”之书法说：

---

① 程颢、程颐：《二程集·河南程氏文集》卷九《答杨时论〈西铭〉书》，中华书局1981年版。

② 程颢、程颐：《二程集·河南程氏经说》卷五《明道先生改正〈大学〉》，中华书局1981年版。

③ 程颢、程颐：《二程集·周易程氏传》卷一，解“比”之爻辞“九五，显比，王用之驱，失前禽，邑人不诫，吉”，中华书局1981年版。

④ 刘敞：《公是集》卷四六《为政》，文渊阁四库全书影印本。

⑤ 刘敞：《公是弟子记》卷一，文渊阁四库全书影印本。

⑥ 王安石：《临川先生文集》卷六七《王霸》，中华书局1959年版。

⑦ 程颢、程颐：《二程集·河南程氏文集》卷五《代吕公著应诏上神宗皇帝书》，中华书局1981年版。

⑧ 孙觉：《春秋经解》“隐公十年六月壬戌”，“丛书集成初编”本。

《春秋》之义，兴作皆书，不以其时之得失，功之缓急也。……以著其残民之力耗民之财之罪。孟子曰："我能为君辟土地，充府库，今之所谓良臣，古之所谓民贼。"①

无怪乎孙觉虽与王安石友善并受其擢用，却于"新政"之初反对青苗法、常平法的实施，上言神宗："愿观《诗》、《书》之所任使，无速于小利近功，则王道可成。"②

刘敞的《春秋》学亦以"王霸义利之辨"为主题，申明"义利"之辨最为彻底，以至明确设置了"国家之利"与"人道之存"的伦理困境。他甚至说，即使是谋国家社稷之利也不过是"大私"，而非"公天下"之义：

天子之有天下犹诸侯之有国，诸侯之有国犹大夫之有家，大夫之有家犹庶人之有室，大者治大，小者治小云尔，非异物也。利之天下则谓之公，利之家则谓之私；利之国则谓之廉，利之室则谓之贪，是亦不知类也。③

在论卫国蒯聩、辄父子争君位之事时，他说：伯夷叔齐"夫不以能有其国家为贵，而以能全其志义为安，故孔子称之。"当"有其国家"与"全其志义"发生矛盾之时，必以后者为大，故舜为了父子之亲而弃天下，正是其所以为"圣人"者，与《春秋》大义若合符契。④

北宋时代，"中国"已经不过是与辽、夏并立的一"国"，不复为"天下"。基于当时尖锐的民族矛盾，研究者经常强调两宋《春秋》学有着一脉相承的"攘夷"主张。然而北宋道学派《春秋》学却高张"天地万物一体之仁"之理想，欲以"王道"化成天下，自不主张彼此人我的对立限隔。程颐虽然说"《春秋》华夷之辨尤谨"，主张"戎狄是膺"，但并不持"攘夷"之论："居其地，而亲中国，与盟会者，则与之。"⑤ 刘敞《春秋传》论"华夷之辨"接续了公羊春秋学"天下远近小大若一"的"太平世"理想，尤为特见。他说孔子之书"楚子使椒来聘"，是承认了"非我族类"的"荆楚"已成为"中华"：

能自藩饰以礼乐者，则谓之中国，不能自藩饰以礼乐，上慢下暴者，则外之

---

① 孙觉：《春秋经解》"隐公七年夏"，"丛书集成初编"本。

② 《宋史》卷三四四《孙觉传》，中华书局1985年版。

③ 刘敞：《公是弟子记》卷二，文渊阁四库全书影印本。

④ 刘敞：《春秋意林》卷下，"丛书集成初编"本。

⑤ 程颢、程颐：《二程集·河南程氏经说》卷四《春秋传》"隐公二年春，公会戎于潜"，中华书局1981年版。与孙觉之论对比，可见二者在这一问题上的思想分歧。孙觉：《春秋经解》卷一"隐公二年春"申论《春秋》"华夷之辨"曰："戎也者，王者以外裔畜之，而不以礼义治之。向化而来，则以恩德怀之，于其不来，则不以朝贡责也。故王者之治，内中夏外四裔，况与之会，与之盟哉！""丛书集成初编"本。

中国。内外之别，不在远近，而在贤不肖，苟贤矣，虽居四海，谓之中国可也，苟不肖矣，虽处河洛，谓非中国可也。①

程颐、刘敞如此强调以“王霸义利之辨”明“华夷之辨”，其现实意义在于主张一种与追求“富强”相反对的“立国之道”，即对内对外能行“至诚仁爱”之“王道”，以获得文化、道义上的优势，以德服四裔。刘敞曾著《喻客》以明此意：在西夏侵扰、契丹威胁的情势下，有人认为讲复兴尧舜三代之“王道”既“不可以厚财赋之入”，又“不可以助军旅之急”，“睢盱拳曲空言少实，不可图进取之益”。针对这种论调，刘敞特别申明“大宋受命之说”，其实就是他“还成康之俗，俨典谟之篇，包弓偃革无得踰焉”的立国理想，而“时王”的历史使命就是真正地实践这一理想。② 程颐曾论“自三代而后，本朝有超越古今者五事”：“百年无内乱；四圣百年；受命之日，市不易肆；百年未尝诛杀大臣；至诚以待夷狄”，这是明确“本朝”立国之本实不在武力强盛，威加四海，而在于“忠厚廉耻为之纲纪”，有望建成真正的“礼义之邦”③。

四 苏氏《春秋》学：“王道”乃“所以深取天下”之术

苏轼与苏辙兄弟曾在年轻时代一起研习《春秋》学，共同形成了终身不易的思路与观点，与当时《春秋》学主流有意作对。④ 苏辙因反对“新法”被谪后，遂开始撰著《春秋集解》以明己说，至元符二年成书，⑤ 自负“千载绝学”，苏轼亦“以为古人所未至”⑥。

其论《春秋》一反自中唐以来贬低《左传》甚至疑其不传《春秋》的新传统而特别推尊之，由而指出《春秋》要旨实在于究明治乱盛衰之故以求致治之术。⑦ 苏辙曾说：“父兄之学，皆以古今成败得失为议论之要。”又自述其学：“为《诗》、《春秋集传》，因古之遗文，而得圣贤处身临事之微意，喟然太息，知先儒昔有所未悟也。”⑧ 无怪乎他和苏轼会把孔子《春秋》理解为一种思想性强的史学。

---

① 刘敞：《春秋意林》卷上，“丛书集成初编”本。

② 刘敞：《公是集》卷四八《喻客》，文渊阁四库全书影印本。

③ 程颢、程颐：《二程集·河南程氏遗书》卷一五，中华书局 1981 年版。

④ 苏籀：《双溪集》附《遗言》：“颖昌吾祖书阁，有厨三只，《春秋说》一轴，解注以《公》、《谷》、《左氏》、孙复，卷末后题嘉祐元年读（是年，苏氏父子三人同游京师，次年，苏轼、苏辙兄弟试礼部中第——作者加）。次年，坡公书名押字。……籀偶开之，一一对拟，今黄门《春秋集传》悉皆有指定之说。想尔时与坡公同学，潜心稽考，老而著述大成，遗书具在，当以黄门《集传》为证据。”“丛书集成初编”本。

⑤ 苏辙：《春秋集解·引》，“丛书集成初编”本。

⑥ 苏籀《双溪集》附《遗言》：“《集传》乃成，叹曰：‘此千载绝学也。’既而坡公观之，以为古人所未至。”“丛书集成初编”本。

⑦ 苏辙：《春秋集解·引》，“丛书集成初编”本。关于《左传》以史传经以及《春秋》的“史学”性质，苏轼所论更加切要。见苏籀《双溪集》附《遗言》录苏轼《答张大亨问〈春秋〉学书》，“丛书集成初编”本。

⑧ 苏辙：《苏辙集·栾城后集》卷七《历代论·引》，中华书局 1990 年版。

与孟子“羞称桓文之事”不同，《左传》贵“霸”，把“礼乐征伐自诸侯出”乃至“自大夫出”的形势之变当作必须接受的前提，称颂春秋霸主于此衰乱之世尊王崇礼以维持世道。苏辙便说，孔子作《春秋》关心的是在春秋这样一个“知其犹可以此治”的时代如何“推王法以绳不义”，而《左传》即深知圣人之意。[①] 这与北宋以来流行的《春秋》大义“有贬无褒”、“尊王抑霸”，通过拨乱反正以发明理想原则之论真是大异其趣。自中唐《春秋》学以来，皆以“礼乐征伐自天子出”的“王道”秩序贬斥诸侯盟会，但苏辙却以为在“王室衰矣，然而周礼犹在”的“春秋之际”：

> 要之以盟会，威之以征伐，小国恃焉，大国畏焉，犹可以少安也。……故《春秋》因其礼俗而正其得失，未尝不予也。[②]

自中唐以来，诸家《春秋》学皆持“春秋无义战”之说，而苏辙则说：

> 《春秋》因其得失而正之，未有不善其争也。[③]

苏辙甚至认为只要能“以义服人”，维持“周礼”秩序，“政在大夫”亦为圣人所“可”[④]。这样一来，圣人之褒贬裁断不过是要于不合理的现实中求得治理的可能方略，是依据现实条件以求规范现实的政治学，卑之无甚高论。苏辙对《春秋》大义的这番理解特别能说明二苏政治思想的现实主义性格。

苏辙论圣人褒贬裁断所反映出来的政治哲学观点，与道学派有着意义重大的根本分歧。《春秋集解》居然重申《左传》“凡弑君称君，君无道也，称臣臣之罪也”的义例，[⑤] 还进一步发挥说，君虽无道，而罪不及民，则弑之为“恶”，若“陵虐其臣民，以及于祸”则“罪在君也”，“要之，失民而后不称臣子，以民为重也”[⑥]。此说在孙复、孙觉、程颐、刘敞看来，无异乱臣贼子之口实，害道甚矣。郑国忽、突争立之事，也是北宋《春秋》学诸家重点讨论的义例。孙复、孙觉、程颐、刘敞皆据孔子“正名”之旨，强调忽为世子，被立为君又“复归”于郑是“正义”的。但苏辙却认为忽所恃惟“世子”之名，而“国人不附，大国不援”、“郑人所不喜”，实从根本上丧失了政治正当性。[⑦] 甚至说：

---

① 苏辙：《春秋集解》卷一二“哀公十有四年，春，西狩获麟”。“丛书集成初编”本。

② 苏辙：《春秋集解》卷一“隐公元年三月，公及邾仪父盟于蔑”。“丛书集成初编”本。

③ 苏辙：《春秋集解》卷六“文公三年夏五月，秦人伐晋”。“丛书集成初编”本。

④ 苏辙：《春秋集解》卷九“襄公十六年春三月，公会晋侯宋公卫侯郑伯曹伯莒子邾子薛伯杞伯小邾子于溴梁。戊寅，大夫盟”。“丛书集成初编”本。

⑤ 苏辙：《春秋集解》卷一“隐公四年春王二月戊申，州吁弑其君完”。“丛书集成初编”本。

⑥ 苏辙：《春秋集解》卷七“宣公十年五月癸巳，陈夏征舒弑其君平国”。“丛书集成初编”本。

⑦ 苏辙：《春秋集解》卷二“桓公十一年九月，宋人执郑祭仲，突归于郑，郑忽出奔卫”。“桓公十五年五月，郑伯突出奔蔡，郑世子忽复归于郑。”“丛书集成初编”本。

突篡其兄（忽）而立，《春秋》以君许之，何也？诸侯虽以篡得，苟能和其民而亲诸侯，内外君之，则以君书之，不没其实也。虽君而实篡，虽篡而实君，皆因其实而已，不然则否。①

苏轼在当时的“正统”之辨中表达了相同的意思：

天下无君，篡君出而制天下。汤武既没，君安所取正哉？故篡君者，亦当时之正而已。②

可见，苏辙所论君权的正当性在于“以民为重”，但与程颐所明“民本”不同，其实质是以一时民心之向背为重，只要大多数人承认、服从，只要能维持大局秩序的稳定，其政治权威不论如何获得都具有合法性，这在道学立场看来，无疑是势利之论。这也说明苏辙、苏轼所理解的政治“正义”卑之无甚高论，不过是“能君”，即建立有力政权使天下有法有制可循，以免“众暴寡，强凌弱”之患。

然而，苏辙又指出，政治权威的合法性并非道义上的正当性，这两者并不是一回事。如他于“庄公四年夏，齐侯郑伯遇于垂”申论说，《春秋》虽因其能“有国”而予以“君”之名，然“皆不与也，突之入也以篡，邗之出也以恶，仪、剽虽国人之所立，而突、邗在焉，非所以为安也。故四人《春秋》莫适与也，皆不没其实而已。君子不幸而处于此，如子臧、季札可也，不如是，则乱不止”③。苏轼在“正统”之辨时也说，在“天下有君”之“正”之上还有“至公大义之为正”，得“正统”者能以“力”、“利”统一天下、维持国家，但无关乎“圣人之盛节”，如此，“天下然后知贵之不如贤，知贤之不能夺贵，故不争。”④ 在“理一分殊”的天理世界中，“功利”不具有自明的正当性而必须服从于“义理之正”，而二苏则认定“天下之贵”与“天下之贤”未能合于一，政治原则与道德价值应各有其立处。

孙觉、程颐、刘敞皆强调《春秋》褒贬之大法在于“原情逆志”，即从动机与用心而非实际效果上判断一事之善恶是非，即所谓“别嫌明微”，这是要讲清楚什么才是真正的道德行为，而其他的一切标准与价值在此“元”价值面前都是次要的，都要服从于“理一”。而苏辙则一再申辩圣人直书善恶，各据其实而已，绝无所谓“原情逆志”之大义。如“定公八年冬，从祀先公”，苏辙解释说，这是鲁国当政者阳虎“欲去三桓，故顺祀而祈焉”，动机可谓不良，但“虎之谋去三桓，乱也，而其顺祀则礼也。

① 苏辙：《春秋集解》卷二“桓公十二年冬十一月丙戌，公会郑伯盟于武父。”“丛书集成初编”本。

② 苏轼：《苏轼文集》卷四《正统论三首》，中华书局1986年版。

③ 苏辙：《春秋集解》卷三“庄公四年夏，齐侯郑伯遇于垂。”“丛书集成初编”本。

④ 苏轼：《苏轼文集》卷四《正统论三首》，中华书局1986年版。

《春秋》善恶不以相及，各书其实而已。”[①] 苏辙的意思是要明确，评价政治行为的标准与道德原则应该有所不同，政治事业的功过得失就是要从客观实际效果上论，就是要言“功利”，这显然是针对道学的“义利之辨”而发。他论汉景帝“于君臣父子兄弟之际，背理伤道者一至于此”，同时“犹称贤君，岂非躬行恭俭，罪不及民故耶?”他论荀彧追随曹操最后又反对其加九锡并非“不智”，而是他一开始就认清了“天下不归曹氏而将安往”的客观大势，而反对曹操之加九锡是“要之必得而免争夺之累”，这表明荀彧比曹操更有政治远见；他说，管仲不死公子纠，相齐桓公以成霸业，孔子之所以许其“仁”，就是据其九合诸侯之“功”而论之，而无所谓其不死子纠究竟是否有违道义；而“（冯）道之所以不得附于管子者，无其功耳”，但仍然充分肯定了冯道能于乱世因时济人之“仁”，“议者诚少恕哉!”[②]

“王道”、“王霸之辨”乃庆历以至熙、丰年间的主题词，苏辙、苏轼亦详论之，但以道学派观点而论，其中实在是充满了“非常异义可怪之论”。在苏辙看来：“力田者，民之最劳，而孝悌廉耻者，匹夫匹妇之所不悦”，故“王道”之关键在于顺应此民“性”之自然，“使天下之人，时获孝悌忠信之利，而明知天子之所欲”，“强所最劳，而使之有自喜之心；劝所不悦，而使之有相爱之意。”“庶乎其不待教而忠信之俗可以渐复。”[③] 可见，“王道”是最高明的“富强”之术。据此，他尖锐批评王安石“新政”不知“因势利导”，实悖逆人“性”之举：

以为天下之私欲，必有害于国之公事，而国之公事亦必有所拂于天下之私欲，分而异之，使天下公私之际，譬如吴越之不可以相通。[④]

然而，从道学立场看来，这种以“利”求“义”无异缘木求鱼，实非“王道坦坦”。与程颐一样，苏辙之论“王霸之辨”，显然也是针对王安石“新政”而发。他把商鞅治秦作为“霸道”之典型，但其弊并非在于“以富国家强兵甲为自得”，而在于独断专行，压制异议，以暴力推行己见，虽然收效甚速但基础不稳；而三代之王则“其议及于百姓”，“又反覆而谕之”，“是以其民亲而爱之。”[⑤] 可见，苏辙所论“王道”、“霸道”并非不同的政治原理而不过是两种政治策略，“王道”使“天下自附”、使“天下自至”，“使之求我而后从之”，“使之不忍去我而后与之”，“是宽缓不速之行者，乃其所以深取天下者也”；“霸道”之治天下，“备虑而固守之者甚密如此”，“重失天下而防之太过”，“立于万民之上而常有猜防不安之心”，“制为严法峻令，以杜天下之变”，

① 苏辙：《春秋集解》卷一一“定公八年冬，从祀先公”，“丛书集成初编”本。

② 苏辙：《苏辙集·栾城后集》卷七《历代论·汉景帝》；卷九《历代论·荀彧》；卷一一《历代论·冯道》，中华书局1990年版。

③ 苏辙：《苏辙集·栾城应诏集》卷九《进策·民政》，中华书局1990年版。

④ 苏辙：《苏辙集·栾城应诏集》卷八《进策·臣事》，中华书局1990年版。

⑤ 苏辙：《苏辙集·栾城应诏集》卷四《进论·书论》，中华书局1990年版。

虽收效甚速，但正如秦、隋之速兴暴亡。[①] 在孙复、程颐等人那里，文王是“有庇民之大德而有事君之小心”的“至德”典范，而苏辙却认为这是周文王的大阴谋：“故以文、武之贤，退而修德，以待其自溃。”[②] 讲“王道”是在讲好的政治，而政治就是求国家社稷之利，就是要讲“功利”标准，若如程颐所说“虽尧舜之事亦只是如太虚中一点浮云过目”，而“只是有那些秉彝卒殄灭不得”，[③] 那么也就无所谓“王道”了。

既然“王道”与“霸道”是两种政治策略，就必须有“时”而用。“使齐桓、晋文而行汤、武之事，将救亡之不暇，虽欲霸，可得乎？”尤其是在敌国相峙的状况下，“有可以得天下之道，而无取天下之心，乃可与言王矣”，否则不如像范蠡、张良那样，“刚毅果敢，卓然不惑”，“以为区区之仁义，不足以易吾之大计”[④]。在道学家看来，二苏之“王道”实在是杂驳不醇的“功利”之说，无异于霸者之诡道。而二苏的“王霸之辨”也似乎在有意批评道学家于当时立国形势下鼓吹“王道”，可比宋襄公之迂阔。

五　结语：儒家大传统下的“诸子”时代

钱穆称北宋思想界“五光十色而又元气淋漓”，此后时代鲜有其匹。[⑤] 熙宁、元祐、绍圣年间，“国是”屡易，诸家《春秋》学的对话与论辩深刻反映了在“洛党”、“新党”、“蜀党”的政争背后，乃是分歧、对抗的“王道”路线，当时的思想局面真堪称儒家大传统下的“诸子”时代。在当时形势下，“新政”所代表的“富国强兵”路线其实是最有力的政治逻辑。而道学派《春秋》学在此霸者“功利”之说的激发下，基于“天地万物一体之仁”的人性理想、文化价值理想透彻阐发了儒家社会政治理想。梁启超在《先秦政治思想史》中曾说：“儒家之理想的政治，则欲人人将其同类意识扩充到极量，以完成所谓‘仁’的世界。此世界名之曰‘大同’。”而“儒家理想中最完善的社会组织”，则是一种“宗法制农村的互助生活，所谓‘王者之民皞皞如也。’”[⑥] 可见，道学派的“王道”理想，在某种意义上，确实是先秦儒家“大同”义的透出，秦汉以后不得闻也。而道学派《春秋》学重要的思想意义与历史意义之一，应在于标志儒家政治思想传统之中的理想性所在。宋以后，“大公”、“大同”义日益湮没不显，但始终不绝如缕，至于近代则用以比附、转承“民主”义。不过，道学派所强调的“格君心”、农村宗法礼制风俗的建设，却成为宋以后儒家士大夫政治实践活动的主流。苏氏兄弟一面批评王安石的“激进”主义是“急于财利而不知本”，一面对司马光的尽废新

① 苏辙：《苏辙集·栾城应诏集》卷二《进论·隋论》，中华书局1990年版。

② 苏辙：《苏辙集·栾城应诏集》卷一《进论·秦论》，中华书局1990年版。

③ 程颢、程颐：《二程集·河南程氏遗书》卷三，中华书局1981年版。

④ 苏轼：《苏轼文集》卷四《乐毅论》，中华书局1986年版。

⑤ 钱穆：《宋明理学概述》，台北学生书局1984年版，第30页。

⑥ 梁启超：《先秦政治思想史》，天津古籍出版社2003年版，第88、109页。

法也持反对意见，程氏兄弟在他们眼中更是“泥古而不知今”的迂儒，不足与论政。[①]相对于道学派道德理想主义的政治观念，其所论“王道”着意确立政治的“功利”性质，明确“政治”要遵循与“道义”不同的规范，未可合于一，颇具“现代性”色彩。二苏或可归入功利主义儒家传统，但他们更有思想的深度与复杂性，实在是值得朱熹为之著《杂学辨》。

原载于《哲学研究》2007 年第 7 期

① 苏辙：《苏辙集·栾城后集》卷一二《颍滨遗老传》，中华书局 1990 年版。

从"专行诰词"到"分押制敕"
——北宋外制官在诏令颁行程序中的职事变化

张 祎

宋代的外制官——北宋前期包括知制诰、直舍人院等舍人院官员，元丰改制以后则指供职于中书后省（一度曾称"中书外省"）[①] 的中书舍人等——一直是以负责起草朝廷诏令文书的词臣身份，而为学界所熟知。众所周知，宋廷的词臣分为两班，分别负责起草两类不同的诏令文书——内制和外制，[②] 合称"两制"。翰林学士等供职于学士院的内制官员，负责草拟册书、麻制等宣布重大政令和重要人事任命的内制文书。其余诏令——主要是一些用于人事任免的制书，则由外制官负责，是为外制。作为词臣，两制官员的职任主要不在于参与朝政处理，而只是负责相关诏令文辞的起草工作，称为"草制"、"命词"或"行词"等。

不过，就外制官而言，元丰改制后，他们在宋廷诏令运行中的职能发生了重要变化，一定程度上参与政务决策，已不仅仅是纯粹的"词臣"了。元祐元年（1086），侍御史王岩叟就指出，中书舍人"未行官制以前，谓之知制诰，专行诰词，不预政事。自改官制，遂为中书属官，分押制敕，凡国之政令无一不预"[③]。元丰改制前曾任外制官的苏颂，也在诗作的自注中提到"近制，舍人分预朝政，与昔时事体不同"[④]。可见，与北宋前期相比，元丰改制后外制官在朝廷诏令运行中发挥着更为重要的作用。

改制前后的这一变化，以往的研究论著没有充分注意，因此本文打算做一些正面的论述和探讨。南宋以后，中枢机构与文书程序，在继承元丰制度的基础上，又有一些新的调整，本文不拟过多涉及，只将讨论的时段限于北宋时期，并重点突出元丰改

---

① 参见张东光、李中《唐宋中书舍人院名物制度述略》，《河南教育学院学报》1996 年第 4 期。

② 宋代文献中，"内制"、"外制"既可以指称宋廷使用的某类诏令文书，同时又可指代负责草拟此类文书的官员。所谓"内制"，除了指带有翰林学士承旨、翰林学士、直学士院等头衔，秉承皇帝旨意撰述各类文辞的学士院官员外，也特指其职掌的诏令文书。"内制"之外的其余诏令文书，则由知制诰、直舍人院、中书舍人等舍人院或中书后省官员负责起草，这类文书与这批官员都被称为"外制"。为便于讨论，本文拟稍作区分，"内制"、"外制"概念专用于指称相关诏令文书，其相应草拟者则改称为内制官和外制官。

③ 李焘：《续资治通鉴长编》卷三九二，元祐元年十一月戊寅，中华书局 2004 年版，第 9527 页。

④ 苏颂：《苏魏公文集》卷一二《律诗·诸公唱和多记经历之事因感昔游复用元韵凡三首》之"四户贵同公鼎重"句自注，王同策等点校，中华书局 1988 年版，第 148 页。

制前后外制官在宋廷诏令颁行程序中的职事变化。

一　北宋前期外制官“专职诰命”

北宋前期，外制官供职于舍人院。《两朝国史志》记载：“中书在朝堂西，是为政事堂。其属有舍人，专职诰命。阙则以他官知制诰，或直舍人院，院在中书之西南。”①可见外制官的办公地点离朝堂不远，就在宰相机构——中书门下（简称“中书”）的西南边。除了这一相对位置关系外，又有材料称，舍人院“在中书制敕院内”。② 李焘指出，“凡中书堂后官以下所处吏舍，总名曰制敕院”③。换言之，舍人院的建置其实就附着于中书机构，杂处在宰相属员办公的吏舍之间。

北宋前期，外制官在朝廷诏令运行中的主要工作，就是《两朝国史志》所谓的“专职诰命”。当时，中枢权力格局为二府体制，国家的行政事务与军政事务分别由中书、枢密院协助皇帝处理。在宋代，一切军国事务，最终都必须获得皇帝的裁决或首肯，才能形成具有法律效力的命令。这些命令或者落实为诏令文书予以发布，或者以二府文书——敕牒、宣或札子等——转发皇帝旨意的形式下达。凡重大政治举措和重要人事任免，皇帝会亲自授意学士院官员起草内制文书（有的命令，如宰相、枢密使的任免，二府官员甚至不得预闻），于朝堂宣布后，交付二府施行。其余的一般举措和任命，视情形，皇帝或者与二府官员当面商议决定，或者通过文书往来而裁定，然后由中书、枢密院以敕牒、宣札等文书形式将相关命令转达给执行部门。其中，人事任命的下发，按制度规定需同时出具一份委任文件——官告，颁给受命者作为凭证。官告上抄录有以皇帝口吻训勉的制词，称为“诰词”。宰相、枢密使、节度使等以内制任命的官员，其诰词就使用朝堂宣读的内制文辞；而宰相、枢密使、节度使以下官员的任免官告，就必须由外制官专门起草诰词。草词之时，宰相机构会交给外制官一份写有除授命令以及基本命词要求的文件，称为“词头”。外制官必须根据词头拟定诰词，完成后由宰执审阅过，再交官告院制作官告。官告制成后，与敕牒等文书一起颁发给受命者，相关任命程序才最后完成。综上所述，北宋前期的诏令运行中，外制官基本处于人事任命颁行程序的终端，主要负责宰相、枢密使、节度使以下绝大多数官员任免所需诰词的起草工作。

表面看来，这是一种相对事务性的工作。实际上，外制官草拟诰词，是为皇帝代言。官员受命之际，读到官告中以皇帝口吻发出的训勉之词，会有拉近君臣距离、强化任责关系的特殊效果。同时，诰词中寓有的褒贬之义，对官员心理及其日后前程都具有实际影响，也是策励机制的实际体现方式。因此，宋代士大夫对于诰词相当重视。

① 徐松辑：《宋会要辑稿·职官》1之16。

② 徐松辑：《宋会要辑稿·职官》3之13。

③ 李焘：《续资治通鉴长编》卷四三，咸平元年七月壬戌，第913页。

外制官负责草词工作，褒贬轻重之际具有一些自主空间，对于人事问题也能发挥一种潜在的影响力。

在宋代的制度规定中，官告是下达相关人事任命必不可少的文书形式，起草诰词因而也就成为这一程序中不可或缺的关键环节。正是在这一环节上，外制官争得了人事方面的封驳权力。北宋之初，唯通进银台司具有制度规定的封驳权力。作为负责朝廷文书上传下达的机构，通进银台司正式成立于宋太宗时，它有权驳回朝廷诏令文书，不予颁行。① 起初，外制官并无相应权力。但由于他们在人事任命颁行程序中的特殊位置，外制官可以通过缴还词头、拒绝草制的方式，来表达反对意见，阻止“不合理”的任命行下；此外，还有唐代词臣拒不草制的“故事”，可以取资。于是，经过几任外制官积极主动的努力，仁宗时期缴还词头成为宋廷君臣普遍认可的惯例，外制官获得了封驳诏命的合法权力。②

综上，北宋前期，外制官在宋廷诏令运行中的主要职事就是负责官告制词的起草工作，所谓“未行官制以前……专行诰词”或“专职诰命”。至于附着其上的人事封驳权力，并无制度规定作为依托，是仁宗时期的外制官通过现实的政治运作而赢得的。

北宋前期的外制官通常并置多员，并号称因袭唐代中书舍人故事，以六员为额度，③ 其日常分工方式值得一提。可能因为外制官常常兼任其他官司职事或差遣，甚至衔命出使的缘故，④ 他们草拟制词采用轮流值日的方式。当天值日、主要负责草词工作的外制官，被称为“当制舍人”。这一工作方式，可以“熙宁三舍人”事件为例，稍加说明。

熙宁三年（1070）四月，宋敏求、苏颂、李大临同在舍人院供职，轮日负责外制命词。十九日，宋敏求当制，中书送来秀州军事判官李定特除权监察御史里行词头一道。宋敏求认为该任命不合制度，便封还词头，拒不草制。次日旬假，二十一日轮到苏颂值日，神宗再次批下李定除命，又被驳回。二十二日，由李大临负责当日词命，仍将第三次颁下的除命缴还……此事闹得沸沸扬扬，直到五月才平息，李定除命由新任外制官草词通过，而宋敏求等三人则均被罢职，是为“熙宁三舍人”事件。⑤

上述过程非常清晰地展示了北宋前期外制官轮日草制的分工方式。该分工方式，被苏颂称为“更直承受体例”。此外，他还指出：

---

① 参见李全德《文书运行体制中的宋代通进银台司》，邓小南主编《政绩考察与信息渠道：以宋代为重心》，北京大学出版社 2008 年版，第 293—299 页。

② 参见张东光《唐宋时期的中枢秘书官》，《历史研究》1995 年第 4 期；宋靖《封还词头与北宋的封驳制度》，《史学月刊》2007 年第 11 期。

③ 参见杨果《两宋外制官考述》，邓广铭、漆侠主编《中日宋史研讨会中方论文选编》，河北大学出版社 1991 年版，第 233 页。

④ 同上书，第 240 页。

⑤ 参见宋敏求、苏颂、李大临《上神宗缴李定词头》奏议三篇，赵汝愚编《宋朝诸臣奏议》卷五二，上海古籍出版社 1999 年版，第 575—576 页；金圆《苏颂封还词头述评》，《上海师范大学学报》1990 年第 4 期。

……自来本院凡有中书送到词头，并是当制舍人奉行。唯是当制日曾封还词头，其词头再下，若元封还之官却再当日，即转送以次官命词。[①]

可见，该“体例”的执行比较严格，唯有词头再次颁下之日，又遇到曾封还该除命的外制官轮值，才可以考虑将词头转送其他外制官起草。

二 北宋后期外制官“以行词命、书录黄为职”

元丰改制后，北宋中枢格局由二府体制变为三省枢密院体制。二府体制是一种以事任为中心的分权制衡体系，中书门下、枢密院在各自管辖的权限之内，实行决策、执行一体化的政务处理模式。元丰时期，神宗及其臣僚根据他们对于唐代三省制的理解，又将以命令颁行程序为中心的分权形式植入原二府格局，形成了独特的三省枢密院体制。

在新体制下，宰相机构一分为三，中书省取旨出令，门下省审覆驳正，尚书省督责实行，原先决策、执行一体化的政务处理程序，按照命令颁行的不同环节分割开来，交由不同的机构分别负责。而三省机构旁边还横亘着按照原先事任区分原则设立的枢密院，掌握军政事务的处理权。在这种繁复的体制之下，据南宋陈均《皇朝编年纲目备要》记载，朝廷政务运行程序调整为如下模式：

三省之制，中书省掌进拟庶务，宣奉命令，中外无法式应取旨者……大事奏禀得旨，留所得旨为底，别以黄纸书，中书令宣、侍郎奉、舍人行讫，录送门下为“画黄”。小事受批降，若覆请及入熟状拟进得旨者，亦以黄纸书，宣、奉、行讫，录送门下为“录黄”。

枢密院掌军国机务，大事则禀奏，其付授者用宣；小事则拟进，其付授者用札。先具所得旨，关门下省审覆。面得旨为“录白”，批奏得画者为“画旨”。

门下省掌受天下之成事，审命令，驳正违失。凡受中书省画黄、录黄，枢密院录白、画旨，皆留为底。及尚书六曹所上有法式事，皆奏覆审驳之。给事中读，侍郎省，侍中审，进入被旨画闻，则授之尚书省、枢密院。即有舛误应举驳者，大则论列，小则改正。[②]

从整体架构来看，元丰改制后，门下省成为三省枢密院体制下运作流程的枢纽部门，

---

① 苏颂：《上神宗缴李定词头》，《宋朝诸臣奏议》卷五二，第579页。

② 陈均：《皇朝编年纲目备要》卷二一，元丰五年四月纪事，许沛藻等点校，中华书局2006年版，第504—505页。元丰改制后，三省、枢密院之间的文书流转程序，在《宋会要辑稿》、《续资治通鉴长编》等文献中有更为翔实、原始的记述，因《皇朝编年纲目备要》这一段概括表述更为集中、精练，故而在此引用。

凡中书省、枢密院征得皇帝首肯而制定的命令，都需经过门下省审核并进呈皇帝“画闻”认可之后，才能交付尚书省、枢密院下达执行。在这种新体制下，枢密院与三省纽结在一起，但相当程度上仍保留了决策、执行一体化的特点。就宰相机构而言，由于各部门在运作流程中的位置以及与皇帝的关系不同，三省内部的权力结构实际上并不平衡，负责拟令取旨的中书省权力偏重。

在上述机构调整的背景下，舍人院废置，负责草拟诰词的外制官转而供职于中书省属下的中书外省——后改称中书后省，其职衔也改为中书舍人等。《神宗正史·职官志》叙述改制后外制官的职能为：

> 中书舍人四人，正四品，掌为制词，授所宣奉诏旨而行之。分治六房，随房当制。若有失当，则论奏，封还词头。①

这段表述稍嫌含混，引人注目的仍然是“掌为制词”、“当制”、“封还词头”之类关键词，并没有突出王岩叟、苏颂所谓元丰以后外制官“分押制敕”或“分预朝政”的职能变化。这或许就是以往的研究没能充分注意到外制官新职事的直接原因，下文将多用一些篇幅予以梳理。

徽宗初年，中书舍人曾肇在一次论奏中提及“舍人专以行词命、书录黄为职”②，这是宋代文献中少有的对于元丰改制后外制官职事的明确概括。可见，草拟制词之外，改制后，外制官在朝廷诏令颁行中的文书工作，又增加了处理录黄的新内容。据此，反观《神宗正史·职官志》对中书舍人职事的表述，也可以看出两类职任——“掌为制词”和“授所宣奉诏旨而行之”，与“行词命”、“书录黄”分别对应。

如前所述，元丰改制按照分割命令颁行程序的制衡理念，将宰相机构划为三省，分别负责出令、审覆与执行。根据《宋会要辑稿》中的记载，“中书省掌承天子之诏旨及中外取旨之事……皆承制画旨，授门下省。令宣之，侍郎奉之，舍人行之，书其所得旨为底”，③ 在出令环节，又由中书省系统的官员分层把关，细分为“令宣之、④ 侍郎奉之、舍人行之”三步程序。《神宗正史·职官志》提到“授所宣奉诏旨而行之”，也就是“舍人行之”的程序。而“所宣奉诏旨”，即已经过“令宣之、侍郎奉之”程序的画黄和录黄。

元丰改制后，关于行政事务的命令，都要落实为画黄和录黄，先在三省内部流转审核，最后尚书省以札子等文书形式下达给执行部门。新制规定，“大事则奏禀，其底

---

① 徐松辑：《宋会要辑稿·职官》3之15。
② 徐松辑：《宋会要辑稿·职官》3之17。
③ 徐松辑：《宋会要辑稿·职官》3之3。
④ 元丰官制不设中书令，这一程序当由尚书右仆射兼中书侍郎负责。

曰画黄；小事则拟进，其底曰录黄”，[①] 具体说来，“中书省面奉宣旨事……录送门下省为画黄；受批降若覆请得旨，及入熟状得画事……录送门下省为录黄”[②]。由此可知，画黄、录黄的区别，主要表现为两者应对事务的重要程度以及相关命令的形成方式有所不同：处理较为重要的行政事务，需由宰执与皇帝当面议定，形成的文书就是画黄；至于一般性的事务，则通过皇帝与中书省的文书往来而形成命令，落实为录黄。画黄、录黄都要经过中书省官员宣、奉、行，从承载行政命令、需要遍历三省这一文书特性来看，画黄、录黄并无本质区别。在日常政治生活中，绝大多数行政事务都是以录黄形式处理，画黄的使用相对较少，因此曾肇将“授所宣奉诏旨而行之”直接概括为“书录黄”。由于史料所限，本文关于中书舍人处理画黄、录黄文书的讨论，也是以录黄材料为主。

元丰改制后，朝廷一切行政命令都会落实为画黄、录黄，必须经过“舍人行之”的处理程序，才有最终下达执行的可能。因此，外制官依托于“书录黄”的新职事，获得了参与颁行所有行政命令的权力，而不再仅限于人事方面。这正是王岩叟、苏颂所说，元丰以后外制官“分押制敕，凡国之政令无一不预”及“分预朝政”的缘由。

与此同时，外制官的封驳权力也发生相应变化。《神宗正史·职官志》记载，中书舍人“掌为制词，授所宣奉诏旨而行之……若有失当，则论奏，封还词头”。首先，这是对外制官封驳权力的明文规定，北宋前期外制官通过努力争得的、表现为政治运作惯例的封驳权力，从此获得了制度规定的切实保障。而更重要的是，借助于“书录黄”的职事，外制官对于朝廷诏命的封驳，不再局限于人事方面，扩展表现为对一切行政命令的审核把关。以下列举北宋后期中书舍人陈述封驳理由的一些奏议，稍加论证：

时间	上奏者	篇目	内容节略	出处
元祐元年（1086）三月	苏轼	缴进吴荀词头状	今月十六日，准吏房送到词头一道，朝散郎吴荀可广东运判者……所有告词，臣未敢撰。[③]	《苏轼文集》卷二七
元祐元年（1086）八月	苏轼	乞不给散青苗钱斛状	准中书录黄（录黄内容，略）……所有上件录黄，臣未敢书名行下。[④]	《苏轼文集》卷二七
元祐二年（1087）三月	曾肇	—	吏房送到词头，右谏议大夫鲜于侁除集贤殿修撰、知陈州，臣已撰辞、签书录黄去讫……所除集贤殿修撰，窃虑未应得前项条贯，伏乞下三省改正施行。[⑤]	《续资治通鉴长编》卷三九六
元祐三年（1088）五月	曾肇	上哲宗缴王觌外任词头	臣今月十八日吏房送到词头，五月十五日奉内降旨挥“王觌言事不当，与一外任合入差遣，不得带职”，十八日三省同奉圣旨，差知润州者……所有制辞，未敢修撰。[⑥]	《宋朝诸臣奏议》卷五五

① 徐松辑：《宋会要辑稿·职官》3之3。

② 李焘：《续资治通鉴长编》卷三二三，元丰五年二月癸丑，第7775页。

③ 苏轼：《苏轼文集》卷二七，孔凡礼点校，中华书局1986年版，第773—774页。

④ 同上书，第783—785页。

⑤ 李焘：《续资治通鉴长编》卷三九六，元祐二年三月戊寅，第9664页。

⑥ 曾肇：《上哲宗缴王觌外任词头》，《宋朝诸臣奏议》卷五五，第607—608页。标点略有改动。

续表

时间	上奏者	篇目	内容节略	出处
建中靖国（1101）元年三月	邹浩	上徽宗论太学生不当以言事殿举	臣准中书省刑房送到录黄一道，为太学生张寅亮等妄言裁减皇太后园陵浮费，各殿一举事……所有录黄，臣未敢签书行下。①	《宋朝诸臣奏议》卷一九
宣和元年（1119）	许翰	—	右臣今月日承中书省兵房送到词头一道，为赵戣化谕夷人，并赵隆、赵吉顿习礼义等，各特与转官事……除赵隆等转官，臣已草词外，所有赵戣转官词头，未敢具草。②	《历代名臣奏议》卷一八〇
靖康元年（1126）九月	胡安国	上钦宗论四道置帅	臣准中书省兵房送到录黄一道，臣僚上言：……乞分置四道帅臣，以都总管为名，付之一面，为卫王室、御狂虏之计……伏望圣慈更赐裁酌，特降圣旨施行。③	《宋朝诸臣奏议》卷六五

其中，苏轼《缴进吴荀词头状》、曾肇《上哲宗缴王觌外任词头》及许翰奏议，反映的是北宋前期外制官所获人事封驳权力的延续，具体表现为缴还词头、拒不草制，其封驳措辞仍是“所有制辞，未敢修撰”、转官词头“未敢具草”之类。而苏轼《乞不给散青苗钱斛状》、邹浩《上徽宗论太学生不当以言事殿举》和胡安国《上钦宗论四道置帅》，则体现了元丰改制后外制官封驳权力的新内容，表现为对于朝廷政治措施的异议，封驳措辞是“所有上件录黄，臣未敢书名行下”或“未敢签书行下”的形式。

由“未敢书名行下”或“签书行下”的措辞可知，元丰改制后，外制官负责的“书录黄”或“授所宣奉诏旨而行之”的文书处理工作，具体而言，其实就是审读画黄、录黄内容，若无疑义，即署名放行。

值得一提的是，元丰改制后，中书舍人放行人事任命，既需要签署相关画黄或录黄，转交门下审核，同时又要根据词头起草诰词，以备最后尚书省下达该任命时制作官告之用。表格中，曾肇请求改正鲜于侁除命，是他已然放行该除命后，才省悟到违碍之处，从而提出改正申请的。曾肇对于此前放行工作的表述为“臣已撰辞、签书录黄去讫”，可见放行人事任命，必须完成起草制词与签署画录黄两项工作。关于这一点，还可以举一些更明确的事例加以证明：

例如，元祐六年（1091），中书舍人韩川对张方平带宣徽使致仕表示异议，宰相刘挚认为这一缴驳没有什么道理，“于是令依前旨，而当制乃孙升也。升既书行，词头却送川”。④“书行”即“签书行下”的缩略。“升既书行，词头却送川”，也就是说，在这一事件中，孙升（当时也是中书舍人）负责签署画录黄行下，而草拟制词的工作却交

① 邹浩：《上徽宗论太学生不当以言事殿举》，《宋朝诸臣奏议》卷一九，第186页。

② 黄淮、杨士奇编：《历代名臣奏议》卷一八〇，影印明永乐本，上海古籍出版社1989年版，第2366页。

③ 胡安国：《上钦宗论四道置帅》，《宋朝诸臣奏议》卷六五，第728页

④ 李焘：《续资治通鉴长编》卷四六一，元祐六年七月乙丑，第11023—11024页。

给了韩川。

又如，元符三年（1100）四月，中书舍人曾肇上奏说："臣三月二十六日本省刑房送到孔平仲复单州团练副使、饶州居住词头，寻撰词，签书录黄，送门下省讫。却于今月初二日刑房别写到录黄，付臣签书，其制词内有不是臣元行词语，系左仆射章惇改定……今来章惇改定词语，即非臣所行，难以却作臣签书录黄行出。"① 从曾肇奏议来看，这件事的原委是：起初，中书舍人曾肇承接到中书省刑房送来的孔平仲复单州团练副使、饶州居住词头，当即起草制词，签署录黄，予以放行。但相关文书流转到尚书左仆射兼门下侍郎章惇手中时，章惇因对制词内容不满，便"改定词语"，让中书省刑房重出录黄，再交中书舍人曾肇签署行下。然而，曾肇认为该制词并非自己起草，拒绝签署录黄，并上奏申诉。

由此可见，凡颁行人事任命，外制官必须同时应对"行词命、书录黄"这两种文书处理工作。另外，从"升既书行，词头却送川"之"却"字，以及曾肇奏议所谓制词"即非臣所行，难以却作臣签书录黄行出"来看，似乎在原则上，同一项除命的"行词命、书录黄"工作应该由一位外制官全权负责。

综上，元丰改制后，外制官被纳入三省系统之中，主要负责中书省所拟政令的审核把关工作，表现为审读画录黄文书并决定是否签押放行。此外，仍然履行北宋前期以来起草制词的职责，凡放行人事任命，既要签署画录黄，同时又要负责相关诰词的草拟工作。

因应于上述职事变化，北宋后期，外制官的分工方式也作了调整。神宗元丰六年（1083）九月，下诏"中书舍人分领六房，随所领命词"，② 所谓"六房"，即中书省吏、户、礼、兵、刑、工六房。但当时外制官员数不足六人，因此中书舍人赵彦若等请求"六房公事，乞据舍人员数分领，以吏、户、礼、兵、刑、工为次。其主事、班簿、制敕库房并通领"，获得批准。③ 十月，一番除改之后，中书舍人共有蔡卞、蔡京、王震三员，便下诏"中书舍人蔡卞领吏、兵房，蔡京领户、刑房，王震领礼、工房，如有妨碍文字，送别房行之"。④ 因此，《神宗正史·职官志》"中书舍人四人……分治六房，随房当制"，应理解为中书舍人以四员为额度，按实际在职人数分别对应承接中书省六房的事务。

元祐元年（1086）正月，对于外制官分工方式，又因应"行词命、书录黄"两种工作内容，作了合理的补充规定，《续资治通鉴长编》记载：

中书省言："元丰六年九月敕，舍人各随所领房命词。今除刑房间有责降牵复

① 徐松辑：《宋会要辑稿·职官》3之16至17。
② 李焘：《续资治通鉴长编》卷三三九，元丰六年九月乙巳，第8160页。
③ 李焘：《续资治通鉴长编》卷三三九，元丰六年九月丙寅，第8171页。
④ 李焘：《续资治通鉴长编》卷三四〇，元丰六年十月己卯，第8180页。

> 及兵房有蕃官迁转外，其余差除并在吏房日常行词，余并无词命。欲令依旧各佥押逐房文字，其命词止依故事，轮日分草。”从之。[①]

“佥押逐房文字”，即签署放行画黄、录黄的工作。中书省引述的“元丰六年九月敕”就是上文提到的元丰六年（1083）九月诏令“中书舍人分领六房，随所领命词”。[②] 从“依旧各佥押逐房文字”来看，改制之初，所谓“分治六房”不仅意味着“舍人各随所领房命词”，即负责所领房的草制工作，还必须负责该房画录黄的把关放行，两部分工作内容适用统一的分工原则。到此时，中书省认为各房牵涉的命词工作繁简不均，外制官分工不甚合理，因此建议“行词命”的工作，像元丰改制前那样，由所有舍人按日轮流负责，而“书录黄”工作则仍旧适用改制后确立的“分治六房”原则。该建议最后获得允准，因此北宋后期，外制官因应“行词命”、“书录黄”的不同工作内容，而采用“轮日分草”与“分治六房”相配合的分工协作方式。

三　结语

元丰改制，使得北宋的中枢权力结构由二府体制转变为三省枢密院体制。前者体现为一种以事任分割为中心、系属事任之内决策与执行一体化的分权制衡模式，改制通过切分政令颁行程序的形式引入了另一种制衡机制，使得中枢权力格局显得颇为繁复。

在元丰改制的背景下，外制官的职事发生了深刻变化。北宋前期的外制官，供职于中书门下的附属机构——舍人院，主要负责官告制词的起草工作，基本处于朝廷人事任命颁行程序的终端。当时的外制官员利用这一独特位置，汲取前代制度资源，通过积极的政治运作，获得了限于外制任免范畴的人事封驳权力。北宋后期，舍人院废置，外制起草工作转由供职于中书后省的中书舍人等负责，但他们的权力并不仅仅是舍人院官员职权的延续。元丰改制将宰相机构分作三省，外制官被纳入负责拟旨出令的中书省系统，成为朝廷政令在宰相机构内部流转的必经环节。同时，制度规定明确赋予他们封驳诏命的权力，使之承担起为朝廷出令监督把关的责任。经过体制上的调度安排，外制官在北宋后期成为宰相系统之中参预朝政、约束制衡的关键岗位和正式力量。

借用宋人的说法，元丰改制前后，外制官的职权变化，经历了一个从“专行诰词”到“分预朝政”的过程。北宋后期，外制官一定程度上参预行政决策，已不仅仅是单

① 李焘：《续资治通鉴长编》卷三六四，元祐元年正月丁巳，第8731—8732页。“轮日分草”，点校本作“论日分草”，据《宋会要辑稿·职官》3之16改。

② 李焘：《续资治通鉴长编》卷三三九，元丰六年九月乙巳，第8160页。该书卷三六四元祐元年正月丁巳条小注指出“元丰六年九月敕”在元丰六年九月乙丑（第8732页）。乙巳、乙丑，未知孰是。

纯的“词臣”了。元丰以后的文献中，作为外制文书的起草者，他们继续扮演朝廷词臣角色，与学士院官员并称“两制”；而另一方面，作为朝廷颁行政令的把关者，他们与三省系统内部同样具有封驳权力的给事中相提并论的情形越来越多，形成了“给舍”这样的固定称谓。

原载于《北京大学学报》2009 年第 2 期

明初耕地数额考察

田培栋

据目前的明史研究，洪武时期有两个土地数字，一个是《明太祖实录》卷二一四记载洪武二十四年，“天下官民田地三百八十七万四千七百四十六顷七十三亩”；另一数字是《诸司职掌》记载洪武二十六年，“十二布政司并直隶府州田土总计八百四十九万六千五百二十三顷零”。究竟哪一个数字代表当时的实际耕地数字，学界多年来争论不休。

洪武二十六年（1393）三月《诸司职掌》一书完稿，朱元璋遂诏令“颁布中外”。从此，该书记载的田土 8496523 顷便成为最权威的田土数字。正德刊本《大明会典》及正德至嘉靖后修订的《后湖志》、万历重修的《大明会典》及清初编写的《明史》等书，都采用这个数字。再加上景泰六年户部尚书张凤奏疏：“洪武年间，天下征纳粮草天地山塘共八百四十万余顷”[①]，嘉靖八年（1529）詹事霍韬奏疏：“洪武初，天下田土八百四十九万六千顷有奇”[②]，进一步肯定了 800 余万顷的记载，更增加了《诸司职掌》的可信度。

至 20 世纪 30 年代，日本和中国的学者曾对此问题进行了研究。最近十几年，明史界又开展了讨论，其中影响较大的一种看法是“定位错误”观点。有人认为洪武时期湖广布政司在统计时，极可能在该地区耕地数字 202175.95 顷之前，多写了一个“二”字，这一笔误使耕地虚增了 2 亿亩。河南的耕地也极可能是在 449469.82 顷前多抄了一个“一”字，虚增了 1 亿亩。按此推理，《诸司职掌》记载的数字多写了 3 亿亩。对这一种观点，顾诚先生曾进行反驳。他说：“《诸司职掌》是遵照朱元璋的指示编纂的重要法典，成书之后又由他下令颁行中外。朱元璋并不是个昏庸的皇帝……如果出现这样明显的重大错误，他不能不发现或漠然处之。”又说：“当时造册书写数字的表达方式是‘几百几十万……’，不用阿拉伯数字，也就不可能出现多写‘一’字头、‘二’字头的问题。”[③] 顾文发表之后，仍有人坚持此种观点，只是另换说法，认为

---

① 《英宗实录》卷二五四。

② 《霍文敏公文集》卷三《修书疏》。

③ 顾诚：《明前期耕地数新探》，《中国社会科学》1986 年第 4 期。

当时计算数字是用珠算，而珠算错位是完全有可能的。我认为，在明初严刑峻法之下，湖广、河南布政司的官员在统计田土时，怎能会出现相差10倍的定位错误呢？而且《诸司职掌》一书是由吏部尚书负责编撰，又由许多学识渊博的翰林儒臣集体参与，决不会出现这样重大的错误。

明初政府对田土总数的登记有两个系统：一个系统是由户部负责根据全国黄册统计的数字，亦即《太祖实录》记载洪武二十四年的3874746顷，这一部分土地明朝称为"额田"或"赋田"，系实际纳税的土地。另一个系统是由吏部负责编纂的《诸司职掌》所记载洪武二十六年的8496523顷，即"额田"和全国可垦荒地的合计。本文拟就《诸司职掌》所记载数字的内涵、来源以及它与明代耕地扩大的关系作初步探讨，就教于史学界同仁。

一　宋元明初时期田土的内涵及其统计方法

根据史书记载，宋元明初时期田土的内涵十分庞杂。例如金华府属兰溪县仍保存了南宋时登记的土地种类：水田39545亩，山陆地29064亩，平田178145亩，竹脚8288亩，山桑17933亩，竹筱8322亩，平陆35705亩，屋基15222亩，塘28393亩，坟地8013亩，杂木53385亩，茶地146亩，桐果木15699亩，石灰山280亩，柴山508935亩，坊墩基地20825丈，白地24685亩[①]。该县土地之中只有前五项应属农田，其他都是非农业土地。这种非农业的项目到明代更为繁杂。以浙江省为例，田土之中包括田、地、基、山、塘、荡、池、濠、滩、泾、滨、漤、埂、潭、河、水确基地、坎、湖、沥、溜、河涂、蚶田、蚶塗、溪、蛤戽、壳货、屿、海涂、沙岸、漕、园、水坑、沙演、草涂、沙水等[②]。具体到州县田土的计算，其范围更为广泛。如江西临安府计算田土时，"窟"也包含在内，福建龙溪县把"蛏场"也计算在内。以上所增加的项目已远远超出了耕地的范围。《明史·食货志》记载明朝绘制鱼鳞图册时说："诸原、坂、坟、衍、下、湿、沃、瘠、沙、卤之别毕具"；"则一县之田土，山乡、水乡、陆乡、洲田与沿河有水利常稔之田，其间道路之所占几何，皆案图可见"[③]。由此可见，在州县的田土数字中还加进了坟、道路的面积。

宋元时期的地方志在统计田土或调拨土地时，总是按政府要求把各种荒地与耕地一起计算。如南宋时政府拨赐给宁波地区学校位于昌国县宜山的学田，其中就包括了几种类型的荒地：

增拨养士田产

① 万历《金华府志》卷六。

② 参见嘉靖《浙江通志》卷一七《贡赋志》。

③ 《天下郡图利病书》卷二五《江南》一三。

开庆元年八月钧劄拨下汪登道没官田产，昌国宜山

山田地共九千七百三十一亩

山熟地二千一百九十二亩

山坑田四亩三角三十步

石山七千五百三十四亩四十五步

涂田共六百八十亩三角二十三步

已耕种田五十五亩

已开垦未种田五十二亩

未开垦田二百七十三亩三角二十三步

未曾就海涂田三百亩

水田四亩三角①

元朝各地的土地统计数字也包含大量的荒地。如延祐年间（1314—1320），政府拨给宁波地区官员的职田，其中就含有荒田。当时四明路有“职田标拨各官九十九顷三十九亩五分，（包括）各处旧有成熟田九十一顷八十六亩三分五厘，荒闲田七顷五十三亩一分五厘”②。又如镇江路下辖丹徒、丹阳、金坛三县“田、地、山、荡、塘、杂产，实计三万六千六百一十一顷二十七亩九分，杂产（指山冈、园、滩、白地、荒荡之类）一千一百六十四顷十亩七分四厘八毫”③。正因为各地的田土中都包括着大量的荒田、荒地，所以元政府在进行田土统计时，同样也把荒地与耕地加在一起计算。如仁宗延祐年间，元政府下令括田增税。当时全国田赋收入最多的三省田土数字为：河南省总计官民荒熟田 1180769 顷，江西省总计官民荒熟田 474693 顷，江浙省总计官民荒熟田 995081 顷④。元朝湖南省郴州的土地面积：“元六县官民荒熟田地总一万七千二十九顷。”⑤ 在元朝有些地方又把“白地”称作“荒地”，因之也称“荒熟地”为“熟白地”。如至元时陕西耀州美原县（今富平县属地）《列真观公据》记载：该观常住地七段土地的四至如下：

一段观东熟白地　东至吕遂，西至观墙，南至道，北至道。

一段观西熟白地　东至观墙，西至阡道，南至道，北至道。

一段观前道南熟白地　东至曹进，南至道，西至道，北至道。

一段曹家庄前熟白地　东至曹进，南至道，西至河涧，北至道。

① （宋）开庆《四明续志》卷一《学校》，《宋元方志丛刊》第 6 册。

② （元）延祐《四明志》卷一二《赋役考·田土》。

③ （元）至顺《镇江志》卷五《田土》，《宋元方志丛刊》第 3 册。

④ 参见《元史》卷九三《食货志·经理》。

⑤ 万历《郴州志》卷一〇《食货》。

一段移山庙东熟白地　东至刘长，南至道，西全道，北至口刘。

一段曹家庄东熟白地并枣园子一所　东至道，南至道，西至曹进，北至道。

一段扑鼠沟东熟白地　东至刘通事，南至道，西至尉都口，北至道。

右给付道士马知章收执照用准此　至元二年三月日给（发）拾给施主惠明

耀州管内威仪司徐押

在市大夫马骥施石[①]

以上七段地，皆以“熟白地”一起计算。这种传统的计算方法，到了明初仍被沿袭。如洪武二十七年十月乙卯“应天府溧阳知县卢何生言：本县荒熟田计一万三千二百七十四顷，丁男七万四千六百余，若量力均种，则官不缺租，民有恒产。上敕户部议行之。户部言：若附近田地，令其量力均种，如僻远不便于民者，宜候生齿蕃息，以渐开耕，从之”[②]。从陕西的情况来看，“明初，土田三十一万五千顷有奇，而草场至十三万三千顷有奇”[③]。再如永乐元年五月，“北京行部言：顺天八府所属见在人口十八万九千三百有奇，未复业八万五千有奇，已开种田地六万三千二百四十三顷有奇，未开种十八万一千四百五十四顷有奇”[④]。又如明朝陕西的平凉苑马寺下辖诸苑的土地，也是荒熟地一起计算：

开诚苑　荒熟地　36470 余顷

广宁苑　荒熟地　25880 余顷

黑水苑　荒熟地　11627 余顷

清平苑　荒熟地　25910 余顷

武安苑　荒熟地　2957 余顷[⑤]

以上材料都证明当时的田土数字中包含着大量的荒地。

纵观历史，从唐末宋元以来，战乱屡作，北方游牧民族的多次入侵，尤其是金、元王朝推行了一些野蛮破坏性政策，给农业带来了非常沉重的损失。直到明初，恶果完全暴露出来，全国出现了大量的荒地。明朝建立后，朱元璋采取屯田、移民、永不起科等政策，奖励垦荒，收到很好的效果。这一现象在研究我国封建社会经济史时，应特别注意。

通过以上考察，对于宋元以来田土的概念就可以有较准确的认识。田土也可称

① 《续陕西通志稿》卷一五九《金石二十五》。

② 《太祖实录》卷二四二。

③ 《续文献通考》卷六。

④ 《成祖实录》卷一九下。

⑤ 《枣林杂俎》，《赜动·马》。

土田，内容复杂，包括范围广泛。耕地在明代也有称为“地亩”的，一般人称为熟田，包括官田和民田。在研究明代经济史时，绝对不能把“田土”与耕地画等号。耕地只是“田土”中的一部分。如河南省的田土，《诸司职掌》数字为1449469.82顷，顺治《河南通志》卷一二记载洪武二十四年全省耕地为275313顷；凤阳府的田土，《诸司职掌》记载为417493.90顷，而成化《中都志·贡赋》却记载永乐十年全府耕地为53077.54顷；徽州府的田土，《诸司职掌》记载为35349.77顷，而弘治《徽州府志》卷二记载洪武二十四年全府耕地为24270顷。这些情况，都反映了耕地只是“田土”一部分的事实。由此可以肯定，洪武二十六年《诸司职掌》的850余万顷这个数字应是全国的“田土”总数，其中包括已耕地和可耕的荒地。而《太祖实录》记载洪武十四年的3667715顷与洪武二十四年的3874746顷，是指已耕地的面积。

二 《诸司职掌》记载洪武二十六年田土数字的来源

洪武十三年（1380），朱元璋罢丞相，设五府、六部、都察院、通政司、大理寺等衙门，分掌全国政务，“彼此颉颃不敢相压，事皆朝廷总之，所以稳定”[①]。最终集大权于皇帝一人之手，使专制主义中央集权更为完备。为了巩固这套制度，充分发挥其作用，朱元璋特别需要一部详述各机构内部职司、官佐、品序、职权范围的典志。《诸司职掌》一书遂应运而出。

《诸司职掌》一书由翟善与翰林儒臣集体编纂，历时十余年，于洪武二十六年三月完成。翟善是直隶泰兴人，朱元璋对其十分信任。该书不仅记载全国田土的总额数字，也记载了洪武二十六年全国各布政司及直隶的田土数字：浙江517051.51顷，山东724035.62顷，湖广2202175.75顷，山西418642.48顷，河南1449469.82顷，广东237340.56顷，江西431186.01顷，四川112032.56顷，北平582499.51顷，福建146259.69顷，陕西315251.75顷，南直隶1259274.52顷，广西102403.90顷。全国田土总计8496523顷。

这些数据大致上有两个来源：第一个来源是吏部保存的大量地方官朝觐时上交的事迹文册。这类卷册中有许多州县田土的原始统计数字。明朝建立后，朱元璋为了掌握全国地理形势，曾采取各种办法。郑晓说：“先是，上令（魏）俊民等类编天下州郡地理形势降附始末为书，凡行省十二，府一百二十，州一百八，县八百八十七，安抚司三，长官司一。东至海，南至琼崖，西至临洮，北至北平。（洪武）六年，令州府上山川险易图。十六年，诏天下都司上卫所、城池、地理、山川、关津、亭堠、水陆道路、仓库。”[②] 其中最重视的项目为户口与土地数字，早在“洪武元年，令各处府州县

① 《典故纪闻》卷五。

② 郑晓：《今言》卷一。

官，以任内户口增，田野辟为上，所行事迹，从监察御史按察司考核明白，开坐实迹申闻，以凭黜陟"[①]。后来推行的户帖制度、黄册制度，对地方官来说，都是强调户口和土地的准确登记。对于基层临民的县令，诸如"征赋之浩繁，期会之急速，讼狱之纠纷，簿书之杂遝……又户口待之增，田野待之辟，学校待之兴……"[②] 之类，始终是作为衡量地方官员政绩的重要标准。在日常工作中，明政府对县令的赏罚也极其严格。如洪武十五年谢肃在送绍兴府上虞县县令王子良朝觐记中说："上以共治天下者，府州县于民最亲，故俾守令及佐贰，每岁终则更互朝觐，以所行之事及山川人物土产，具书奏闻。天子既览之，乃命所司以综核治状，视其赋役能平，户口能增，学校能兴，土田能垦，狱讼能诀，奸盗能弭，即有以赏之，其不能者罚及之，则是守令奉其职不敢不具，天子责其实不得不严，凡以为安生民计也。"[③] 由此可见，在县政之中，户口与田土成为头等大事。岁终地方官必须把这两件事列入政绩文册，以便朝觐，"进京奏交吏部"，文册列举功绩，必须真实。因为"国初朝觐，凡州县老人亦与焉"[④]。老人对地方官有监督权，可以直接上奏。洪武十八年的朝觐乃是明初规模最大、最隆重的一次朝见仪礼，皇帝提前下令，要求地方"正官绘制土地人民图本，如期至京"。洪武十七年六月戊辰，"诏天下诸司官吏来朝，明年正旦者各书其事功于册，仍绘土地人民图本来上"[⑤]。这次朝觐据洪武十八年正月"吏部言：天下布、按、府、州、县朝觐官，凡四千一百一十七人"[⑥]。如此兴师动众，朱元璋本人也感到浪费，遂于本年五月戊申，谕吏部曰："外官一岁一朝，未免旷官滋费，自今定位三年一朝，著为令。"[⑦] 总之，明初经过历次地方官的朝觐，吏部已积累大量功绩文册，尤其是洪武十八年的文册，更具有特别重要的意义。这些文册记载了各地的具体户籍、土地数字，成为非常重要的历史资料。翰林儒臣编写《诸司职掌》中的田土数字，不可能不参考这样重要的数据。

第二个来源是宋元时期的地方志。不少明朝编写的地方志，其中的土地数都是沿袭宋元时的数字，有的只是稍加改动而已，但脉络十分清晰，所以顾炎武在《天下郡国利病书·浙江上》中说："本朝田土，多因前代旧籍。"现据一些地方志，制表如下：

---

① 《明会典》卷一二《吏部·考核一》。

② 吴宗伯：《荣进集》卷四《送邓伯恭赴渭南令序》。

③ 谢肃：《密庵集》卷六《卷邑大夫王侯朝觐记》。

④ 《七修类稿》卷九《毛老人》。

⑤ 《太祖实录》卷一六二。

⑥ 《明史》卷七一《选举三》。

⑦ 《明会要》卷一二《诸司朝觐》。

表一 宋、元、明初田土数字统计表 （单位：顷）

地方	宋	元	明初	资料来源
镇江府		36611.27	(38452.70)	至顺《镇江志》卷五
徽州府	29195.53	33592.78	24270.49 (35349.77)	弘治《徽州府志》卷五
松江府		45722.61	47605.01 (51322.90)	正德《松江府志》卷六、七
绍江府	61229.52	62577.40	65171.55	乾隆《绍兴府志》卷九
台州府	26282.83	26342.92	25545.86	民国《台州府志》卷五
保定府	28609.60		28609.60	成化《保定郡志》卷六
琼台（琼州府）		15519.00	19856.00	正德《琼台志》卷一一
上海县		21390.73	22062.04	弘治《上海县志》卷三
常熟县		11725.02	13425.00	嘉靖《常熟县志》卷五
沙县	2417.38	2397.41	2623.72	民国《沙县志》卷五
龙溪县	2063.42	2263.64	2678.30	嘉靖《龙溪县志》卷三

说明：括号内为《诸司职掌》一书所记载数字。

明初，翰林儒臣们阅读了大量的六部案牍，又参考了宋元地方志，从而完成了《诸司职掌》一书中的田土统计数字。此举对于明朝农业经济发展具有特别重要的意义。明朝于洪武十四年、二十四年两次编造黄册，全国耕地面积的统计已告完成。洪武二十六年《诸司职掌》一书的完成与颁布，更标志着全国田土数字统计的完成。《诸司职掌》记载洪武二十六年全国田土总额为8496523顷，从中减去《太祖实录》所记载的洪武二十四年全国耕地总额3874746顷，余额为4621777顷，此即全国荒地总额。明政府鉴于大量荒地的存在，除坚持以前颁布的各项奖励垦荒政策之外，又于洪武二十八年再次颁布“永不起科”政策，完全免赋，鼓励山东、河南等地的农民大力开垦荒地，收到很显著的效果。

三　明代垦荒对《诸司职掌》记载田土数字的突破

明朝农民的开荒，使耕地面积不断扩大，大大促进了社会经济的发展。

表二 明代各布政司耕地变化统计表 （单位：顷）

	洪武二十六年（1393）	弘治十五年（1502）	嘉靖二十一年（1542）	万历六年（1578）
直隶	1259274.52	696720.12	716298.21	773946.72
北平	582499.51	北直隶 274033.01	276326.70	492568.44
浙江	517051.51	473896.00	473170.77	466969.82
湖广	2202175.75	209026.58	249593.91	2216199.40
河南	1449469.82	416293.61	416321.79	741579.52
江西	431186.01	402465.27	401739.13	401151.27
陕西	315251.75	263717.54	263785.60	292923.85

续表

	洪武二十六年（1393）	弘治十五年（1502）	嘉靖二十一年（1542）	万历六年（1578）
广西	102403.90	92473.04	92868.67	94020.75
山东	724035.62	555866.62	555883.93	617499.00
山西	418642.48	391554.47	391567.14	368.039.27
广东	237340.56	255788.40	256965.34	256865.14
四川	112032.56	107956.96	109907.41	134827.69
福建	146259.69	135259.92	135475.33	134225.01
云南		17279.12	17660.91	17993.59
贵州			2951.62	5166.86
总计	8497623.68	4292330.66	4360516.46	7013976.33＊

资料来源：《诸司职掌》，《后湖志》卷二《黄册事产》，《万历会典》卷一七《田土》。＊万历六年湖广布政司的耕地数字太大，不符合事实，应根据《后湖志》卷二记载嘉靖二十一年湖广田土数字为249593.91顷。因此这年全国总额也应改为5047370.79顷。

根据表中数字计算，自洪武二十六年至万历六年，经过185年的时间，荒地已减少到3449152.21顷。再从《诸司职掌》记载洪武二十六年的田土数字与《后湖志》记载弘治十五年的额田数字相比较，可知全国各地都保留着程度不同的荒地。其中数额最多的是湖广、河南、南直隶。

湖广在中国历史上是一个较大的地区，“本朝分省，亦惟楚为大，其辖十五郡……动数千里，入省逾月，文移之往复，夷情之缓急，皆所不便”①。洪武二十六年《诸司职掌》记载湖广田土为2202175.75顷，成为全国各布政司之冠。这个数字包括大量的荒地。经湖广人民长期辛勤开垦，至明代成化八年（1472），官民田地塘共249026.54顷，军队屯田11315.25顷②，再至嘉靖二十一年，湖广耕地增至249593.91顷③，万历十年田地山荡湖共916281.67顷④，直至清朝光绪十三年全省耕地才达到939510.20顷⑤。耕地面积要达到明初的田土数字，距离还是相当大的。这一现象的出现，是因为本地区地形复杂，山地丘陵约占全区75%，平原不到25%。以湖北为例，湖北地处长江中游，河流有1100多条，著名的江汉平原古为云梦泽，到了明代，“沔湖广八百六十里，袤五百四十里，为江汉诸水所汇潴者之处”。这里湖泊密布，估计面积在100亩以上的湖泊近1000个，总面积近9000平方公里。湖广地区在历史上是著名的水灾区，

① 王士性：《广志绎》卷四《江南诸省》。

② 嘉靖《湖广图经志》卷一《田赋》。

③ 《后湖志》卷二《黄册事产》。

④ 《神宗实录》卷一二九万历十年十月癸丑，“湖广巡抚陈省题：清丈过所属武、郴等府州官民田地山荡湖共八十三万八千五百二十五顷零……武左等卫屯田地山塘堰七万七千七百五十六顷二十一亩零”。

⑤ 《光绪会典》卷一七《户部》。

每年雨季来临，长江、汉江等河流水位高涨时，云梦泽与洞庭诸湖汇为巨壑，一片波涛，庐州湖泊隐没，“故民田必因地高低修堤障之，大者轮广数十里，小者十余里，谓之垸……其不可堤者，悉弃为莱芜之地，常多于垸”。这些“湖田”和退滩地，往往被淹没或者被冲塌，岁收难保，基本上属于半耕性质。在湖南地区田土数字中，包括许多种植林木的山地，“国初民间地有不可为田者，令民植桑而薄其征，所谓桑田也。若土性不宜桑者听植他木，其征亦如之，故云农桑绢”①。总之，明初湖广地区的地方官把许多“湖田”、退滩地、荒芜地以及不能种植谷物的山地都统计在田土数字之中，这样就大大膨胀统计数字。尽管如此，湖广总面积约为 40 万平方公里，而明初的田土数字只占全省总面积的 1/3 而已。

关于河南布政司耕地的变化，据《诸司职掌》记载洪武二十六年河南田土为 1449469.82 顷。但实际耕地变化如下：

表三　　明朝河南布政司耕地扩大统计表　　（单位：顷）

时间	洪武二十四年	永乐十年	成化十八年	弘治十五年	嘉靖二十一年	万历六年
耕地面积	275313	277052	286979	416293	416322	741579

资料来源：弘治十年、嘉靖二十一年数字根据《后湖志》卷二，万历六年数字根据万历《明会典》卷一七《田土》，其余数字根据顺治《河南通志》卷一二《田赋》。

洪武二十六年河南有荒地 1174156.82 顷，后经过 185 年的开垦，至万历六年，荒地仍有 707890.82 顷，再延至清朝乾隆十八年，全省耕地 730284 顷。这是清朝历代最高的耕地数字，却未能达到明朝万历年间的耕地数字。直至 20 世纪 90 年代，全省耕地才达 1.3 亿亩。这就是说洪武二十六年全省的荒地，经过将近 600 年全省人民的开垦，才完成了垦荒任务。

南直隶的田土数字，据《诸司职掌》记载，洪武二十六年为 1259274.52 顷。该地区的荒地主要集中在淮河流域，洪武二十六年凤阳府田土为 417493.90 顷。又据成化《中都志·贡赋》记载，永乐十年凤阳府官民田地山荡池为 53077.54 顷。按此计算仅凤阳府的荒地就可达 364416.36 顷。又据万历《明会典》卷一七，淮安府的荒地也有 92257 顷。明清时期南直隶实际耕地面积是不断扩大的。据《后湖志》记载，弘治十五年为 696720.12 顷，嘉靖二十一年为 716298.21 顷。又据万历《明会典》记载，万历六年为 773946.72 顷，直到清朝光绪十三年，该地区耕地已达到 1162418 顷②，荒地所剩无几。

万历六年，全国耕地虽已达到 5047370.79 顷，仍未突破洪武二十六年全国的田土数字。但在全国范围内却有若干省与府的耕地已突破洪武二十六年的田土数字。

① 嘉靖《常德府志》卷六《食货·田赋》。

② 参见《光绪会典》卷一七《户部》。

表四　　万历时期已突破洪武二十六年田土数字的地区统计表　　(单位：顷)

地方	洪武二十六年田土数	万历六年耕地数
陕西	315251.75	315331.00
四川	112032.52	134827.67
广东	237340.56	256864.14
云南		17993.59
贵州		5166.86
庐州府	16223.99	68389.11
扬州府	42767.34	61085.00
安庆府	21029.37	21905.31
和州	4252.28	6215.80

资料来源：万历《明会典》卷一七，陕西数字据嘉靖二十一年《陕西通志》卷三〇《田赋》。

万历六年，张居正以“苟利社稷，死生以之”的决心[①]，在全国范围内开始进行耕地的清丈工作，把豪强隐瞒的土地以及明初以来开辟的“永不起科”地，都要求“履亩丈量”，登记在册。结果，江西在官民地原额外共丈出 61459 顷；山东民地原额 763858 顷，丈出 363487 顷，本地原额 36915 顷，丈出 2268 顷；河南官民地原额 949493 顷，丈出 8093 顷，湖广、陕西也有大幅度增加[②]。通过这次清丈，可知全国各地的耕地都在增加。边远省份如云南、贵州两省耕地也增加很多，东北地区“全辽二十四卫一监，共田三万八千四百十五顷零”[③]。即是农业发达的浙江省，其额地也较万历六年的数字增加 14902 顷，而达到 481871 顷[④]。这次清丈，最初安排是“限三载竣事”，实际上拖延至万历十年才告完成。最后各地都是以“溢额”而完成了清丈工作，“总计田数七百一万三千九百七十六顷，视弘治时赢三百万顷”。若从以上明朝耕地面积的增长和大片荒地的开垦等方面考察，就会发现这些活动虽是在 8496523 顷的范围内进行，但在田土的内涵方面，却发生了很大的变化。明初田土数字的内涵是荒地面积大于熟地面积，而后来则恰恰相反[⑤]，熟地占绝对优势，从全国范围看其比例几乎是 7∶1。这一巨大的变化，更反映了明初推行垦荒政策所取得的成效。

万历时期是我国封建社会后期的一个重要发展阶段。旧的生产关系发生了一些新

---

① 其实张居正早在万历五年十一月，就下“今天下度田，凡庄田、屯田、民田、职田、荡地、牧地，皆就疆里，无有隐奸，其挠法者，下诏切责，天下奉行凛凛焉。”(《国榷》卷七〇)

② 参见《神宗实录》卷一一九、卷一一六、卷一二八、卷一二九、卷一三一。

③ 《罪惟录》卷九《田土志》。

④ 孙承泽：《山书》卷二《太仓旧饷》。

⑤ 根据山东济南府万历《青城县志》卷一《土田》记载：旧志官民地共二三六四顷八四亩。今实在地三〇三九顷〇九亩，其中包括上地田九九顷一一亩、中地一六七四顷八八亩、下地三六八顷四二亩、成熟地四六九·三八亩，荒地二七顷二八亩。另据济南府滨州万历《蒲台县志》卷三《土田》记载：洪武十四年官民地共五六三六顷一九亩，嘉靖四十四年官民地共五四五三顷三七亩，万历七年知县秘事谦，九年知县于翰相继清丈过官民熟地四七九七顷八二亩，荒地七四六顷二五亩。由以上两县的记载，可知至万历时青城县的荒地占全县耕地的 1/112、蒲台县的荒地占全县熟地的 1/6。

的变化，不仅商品经济发展水平超过以前，而且在东南沿海地区，除原有的工商业城市如苏、杭、嘉、湖之外，大批新兴市镇如雨后春笋般地破土而出，又在江南长江三角洲经济发达地区出现了许多具有资本主义生产关系的手工工场。农民大力种植经济作物，除满足市场之外，还要供给手工工场所需要的原料。巨大的社会需要促使耕地面积迅速扩大。于是许多荒地、弃地都得到了开垦，山区经济发展尤为突出。原来许多低洼地、砂渍地、盐碱地都得到改造和利用，海滩、河滩地等也大量开发。这样，万历三十年就出现了明朝耕地的最高数字记录，"是岁官民田土共一千一百六十一万八千九百四十八顷八十一亩有奇……屯田子粒地共六十三万五千三百四十三顷七亩八分六厘三毫有零"①。这个数字不仅超过洪武二十六年的田土数字，又突破了一千万顷的大关，在我国垦荒史上，无疑是个惊人而辉煌的成就。

四 余论

上文对《诸司职掌》记载洪武二十六年全国田土数字的内涵、数字来源以及明代耕地面积扩大与该数字的关系，作了初步研究，可以进一步澄清自明中叶出现的对该数字的错误认识。本来《太祖实录》卷二一四只记载洪武二十四年全国耕地总额，而缺少直隶及十三布政司的分省数字，后来又由于政治腐朽，统治阶级对户口、土地数字不重视，使这段历史的土地数字成为空白。明中期官修的两部地方总志，都没有户口、土地数字的记载。如景泰时修《寰域通志》，叶盛参与编修工作。他主张该书内容"要须有资军国有益劝戒，如地图、道里、户口之类，皆未可阙。必如永乐中志书凡例，而充益之可也。主议者其或未之思乎？近尝议请于翰林友人，则曰当时亦有以户口为言者，泰和陈先生（陈循）执议不从，曰：'此非造黄册子，何用户口耶！'"② 又如天顺时期《大明一统志》，当时"学士钱溥为副总裁，尝欲志户口，而李文达以户口户部自有数，虑伤繁而止"③。结果使该书缺少了户口、土地数字的记载。始修于弘治十年完成于正德四年的正德《大明会典》，把《诸司职掌》记载洪武二十六年的田土数字与弘治十五年全国的耕地数字排列在一起，完全混淆了两个数字的不同内涵。这一错误一直延续到嘉靖八年。当霍韬奉命重修《大明会典》时，对以上两个数字的差额

---

① 《神宗实录》卷三七九，这一年的统计数字，似乎偏高，也有可能是把一些地区的小亩统计数字包括进去。例如直隶广平府所属九县，普遍实行小亩折大亩的计算方法。顾炎武《日知录》卷一〇《地亩大小》就记载了这种计算的方法。现据雍正《肥乡县志》卷四《艺文》所收隆庆元年肥乡县知县李栻《均征派议》记载：广平一府所属九县，其壤土之高下不至甚悬，然而征派之轻重，居然迥异。盖由国初地多荆棘，后渐开垦，俱未起科，故原额地少而丈量地多，当事者不欲增多，以取骇于上而贻累于民，遂以小亩折算大亩。是故有七亩以上折一亩者，则威县、清河是也；有三亩以上折一亩者，则曲周、鸡泽是也；有二亩以上折一亩者，则邯郸、成安、永年是也；而肥乡、广平则以一亩八分折算一亩。皆不过即以一县丈出之地，仍投一县原额之数，非以壤地高下而分等则于其间也。

② 《水东日记》卷二五《寰域通志》。

③ 《菽园杂记》卷一〇。

产生了怀疑，因之上疏说：

> 窃见洪武初年，天下田土八百四十九万六千顷有奇，弘治十五年存额四百二十八万八千顷有奇，失额四百二十六万八千顷有奇，是宇内额田存者半，失者半也。赋税何从出？国计何从足耶？臣等备查天下额数，若湖广额田二百二十万，今存二十三万，失额一百九十六万；河南额田一百四十四万，今存额四十一万，失额一百三万。失额极多者也，不知何故致此？非拨给于藩府，则欺隐于猾民，或册文之讹误也。不然，何故致此也？……伏望敕行户部，考求洪武初年额田原数，备查弘治十五年失额田数及今日额田实数，送馆稽纂焉。①

霍韬只是把问题提了出来，而明统治者并没有认真调查，疑问仍然遗留下来。但客观上他肯定了《诸司职掌》记载洪武二十六年的田土数字，进而又指出土地失额的各种原因。这一观点在社会上产生了很大的影响，许多人都沿袭他的说法。至万历年间，申时行最后修订《万历会典》时，又把万历六年全国的耕地数字写在弘治十五年耕地数字之后。这样在万历《大明会典》中就出现了洪武二十六年、弘治十五年、万历六年三个时期耕地数字按顺序排列的现象。这三个数字不仅掩盖了洪武二十六年田土数字的错误，又进一步膨胀了万历六年耕地的数字 7013976.28 顷（这一错误已在前面纠正为 5047370.79 顷）。再至清初修《明史》时，仍沿用了这一系列数字。

明初《诸司职掌》记载的洪武二十六年田土数字，之所以能够长期沿用，原因有二：一是明朝前期缺少耕地数字的记载；二是由于明朝负责修纂典志的官员对宋元明初时期"田土"的内涵理解错误，把"田土"与耕地等同了起来，不知"田土"是熟荒地之和，耕地只是"田土"的一部分。

从农业经济发展的一般规律来考察，生产工具的改进，生产技术水平的提高，人口的增加，商品经济的发展，经济作物的种植，都会促进耕地面积不断扩大。明朝各时期土地状况如下：

表五　　明朝各年代土地发展的数字统计表

年代	耕地（顷）	资料来源
洪武二十四年	3874746	《太祖实录》卷二一四
宣德四年	4501565	《宣宗实录》卷六〇
正统元年	4373187	《英宗实录》卷二五
景泰七年	4267449	《英宗实录》卷二七三
天顺七年	4293503	《英宗实录》卷三六〇

① 《霍文敏公文集》卷三《修书疏》。

续表

年代	耕地（顷）	资料来源
成化二十二年	4881900	《宪宗实录》卷二八五
弘治十五年	4292317	《后湖志》卷二①
正德年间	4697233	《武宗实录》②
嘉靖元年	4387526	《世宗实录》卷二一
隆庆元年	4677750	《穆宗实录》卷一五
万历六年	5047370.79	万历《明会典》卷一七③
万历十年	7013976	《明史》卷七七《食货志》
万历三十年	11618948.81	《神宗实录》卷三七九

由表中数字可知，明朝的耕地数字是逐渐增加的，呈上升趋势。如从洪武二十四年（1391）至弘治十五年（1502），经过111年的时间，全国耕地实际净增417671顷，绝对不是如霍韬所说“是宇内额田存者半，失者半也”。霍韬以洪武二十六年的田土数字代替了洪武二十四年的耕地数字，因而才产生了这样重大的错误。上表中的数字，又可以说明明朝在210年的时间里，耕地面积扩大3倍多。这样的耕地增长速度，在我国封建社会中是不多见的，充分体现了中国人民的勤劳开拓精神。

原载于《历史研究》1998年第5期

2000年9月20日修改

① 根据《孝宗实录》卷一九四记载：弘治十五年全国田地面积8357485顷，这个数字可能是“田土”数字，故不采用。

② 自正德元年至十五年，数字完全一样，故不写具体年代。

③ 其中湖广的土地数字来源于《后湖志》卷二。

八旗值（月）年旗的建置及职能研究

郗志群

一 前言

清代统治者一向以八旗制度为国家之根本，各旗事务由各旗都统管理，而为了八旗军事政治管理的整齐划一，会理八旗旗务的机构——值（月）年旗应运而生，一直延续到民国年间，在处理八旗事务中发挥着独特的作用。对于八旗制度，以往中外学者多有探究，成果堪称卓著，但其中也仍然存在着一些薄弱之处，即如本文所探讨的八旗值（月）年旗建置及职能问题，就是一个例子。根据笔者的检索，有关这一问题此前多见于一般性的叙述而少有深入的研究，《20 世纪世界满学著作提要》（阎崇年主编，民族出版社 2003 年版）、《八旗制度研究论著索引》（载阎崇年主编《满学研究》第七辑，民族出版社 2002 年版）等目录书中均未见专著、专文的记载。佟佳江先生《清代八旗制度消亡时间新议》（《民族研究》）1994 年第 5 期）一文中，涉及值年旗官员的任命及衙门最终消亡的情况，但时间仅限于民国年间，而且篇幅不大。本文则在全面搜集相关资料特别是档案资料的基础上撰写而成，系统地探讨了值（月）年旗建立的缘起及发展、人员的构成、职能的变迁、经费的来源等问题，基本廓清了延续了近二百年的值年旗衙门的历史沿革，为今后进一步研究奠定了基础。

二 雍正元年到乾隆十六年的值月旗

1. 值月旗的设立与办公地点

雍正元年（1723）九月十八日，雍正帝在召入多罗果郡王允礼时谕令："嗣后八旗着各当值一月，每月将应当值之旗下大臣等职名开列具奏。俟朕派一人总承八旗公办事件及传集立稿等事。若于齐集之时有不到者，于会议折内不必列其职名。"[①] 这标志

① 《世宗宪皇帝上谕八旗》，《钦定四库全书》第 413 册，上海古籍出版社 1959 年版，第 14 页。同样记载可见《钦定八旗通志》和《钦定大清会典（嘉庆朝）》。

着值月旗的正式设立。由此史料可见，雍正帝建立值月旗的目的是使八旗制度有一个整齐划一的统领机构，可以用来办理八旗通行的事务和记录档案、召集旗务会议等不属各旗分别办理的事宜。雍正皇帝一直期望八旗事务能达到划一办理，而值月旗恰当地行使了这样的功能。

值月旗初设时，当月旗没有公署用以办事，轮到哪旗当值，当月的已结档案也就留在哪一旗，后来发现遇到“复检之事”的时候十分不便，还要逐旗查找，影响工作效率，故于雍正六年建立值月旗公所：“八旗轮流值月并无公所，每月未结案件移交下月承办，已结者上月该旗收贮。遇有复检之事，挨旗稽考，必致延误。嗣后设立值月公署，不论旗分，每翼委派值月官四人在署办事，一年更代，凡已结未结之事均令注册。”[①] 可知在值月公署办事的有值月官左右两翼各出四人共八人，概是每旗一人，任期一年，期满轮换。

值月旗公所在乾隆十六年随值年旗的改置亦改称值年旗衙门，一直到民国年间都没有再搬家，直至八旗制度消亡。《日下旧闻考》记载：“值年旗衙门在地安门外雨儿胡同，南向。前后四层，共房四十楹。雍正六年始设，名当月旗，八旗轮流当月。乾隆十六年奉旨改今名，每岁终，兵部奏派王大臣等各司其事。”[②] 另《光绪顺天府志》也有：“雨或作鱼，值年旗衙门在此。”[③] 可知雍正年间设值月旗到乾隆十六年设置值年旗，其衙署位置一直在雨儿胡同，坐北朝南，四进院，有四十间房子。到了民国六年对此衙门仍有记载：“谕查明值年旗并八旗二十四固山都统衙署地点开具清折恭呈钧鉴。值年旗，地安门外雨儿胡同路北。”[④] 但今日是否有衙门遗址保存还有待进一步调查证实。

2. 值月旗的人员构成

上引史料中，皇帝要求各旗在即将当月时就把八旗各都统、副都统的人员名姓列单进呈御览，然后由皇帝亲自从中挑选值月旗大臣，以统一办理八旗事务和“传集立稿”等事。具体规范如下：“（乾隆）六年议准，八旗值月，每月于二十六日交代，应值月都统等，由下月该旗豫行开列本旗各都统职名奏请简用。”[⑤]

在《雍乾两朝镶红旗档》第 13 条“奏请钦定当月大臣折”[⑥] 中，乾隆三年十一月十六日，镶红旗满洲、蒙古、汉军都统和硕恒亲王弘祉等为派当月大臣事上奏，“自本月二十六日起，由臣等满洲、蒙古、汉军三旗当月。值此即将当月之时奉旨：嗣后，着于十日前即须执掌事务。……当日奉旨：着派弘祉、爱因图、阿克敦、托保。”同样

① 《钦定大清会典事例（嘉庆朝）》卷六八五《八旗都统二十九·公式·公署办事》，第 5696 页。
② 《日下旧闻考》卷七二《官署·八旗都统》，北京古籍出版社 2001 年版，第 1208 页。
③ 《光绪顺天府志》卷一三《京师志十三·坊巷上》，北京古籍出版社 2001 年版，第 354 页。
④ 费莫瑞丰辑：《镶白旗满洲公牍》，全国图书馆文献缩微复印中心，国家图书馆 2004 年版，第 273 页。
⑤ 《钦定大清会典事例（嘉庆朝）》卷六八五《八旗都统二十九·公式·公署办事》，第 5706 页。
⑥ 关嘉录译，佟永功校，王钟翰审：《雍乾两朝镶红旗档》，辽宁人民出版社 1987 年版，第 86 页。

档案中第 29 条也是乾隆七年十月十六日的“奏请钦定当月大臣折”①，所派当月大臣为“恒亲王弘祉，多罗贝勒弘明、副都统罗善、李元良等”。至乾隆初年，值月旗大臣的选派皆依照此例进行。

除值月旗大臣外，值月旗机构下还有一些必要的办事人员，比如值月官、笔帖式、当月章京、骁骑校等，他们都要受值月大臣的委派和监督。其中具体人数和来源如表 1 所示：

表 1　　当月公署办事人员职能表

官职	人数	来源	职责	任期
值月官	8	左右两翼每翼各四员	注册已结未结之事	均为一年更代
领催、马甲	24	八旗满蒙汉每旗一名	缮写	
当月章京	4	左右两翼每翼各两员	缮写档案	
骁骑校	4	左右两翼每翼各两员	缮写档案	

资料来源：《钦定大清会典事例（光绪朝）》卷一一四四《八旗都统三十四·公式·公署办事》，《续修四库全书》第 813 册，上海古籍出版社据清光绪石印本影印，第 719 页；《钦定八旗则例》卷之二《忠部公式·八旗当月》，《钦定中枢政考三种》第一种，故宫博物院编，海南出版社 2006 年版，第 394 页。

以上所列各类人员再加上约 4 名由皇帝简派的值月大臣，在值月公署办事的总人数至少可以达到 44 人，这样的规模也是由相应的规定而形成的，除值月大臣外的办事人员在任都是一年，这就赋予了值月旗更加固定规范的人员构成，可以说也为后来值年旗设立打好了基础。

3. 值月旗的主要职责和功能

上文已经提到值月旗设立的目的为“总承八旗公办事件及传集立稿之事”，“公同议奏及通行知会等事”②，也就是说值月旗主要负责统办八旗事务，具体包括以下几个方面：

（1）负责召集八旗大臣会议

值月旗召集八旗大臣公议旗务的步骤大致如下，一旦上级下达有令交予旗共议之事，按照八旗事务整体划一的原则，由当月旗将会议时刻地点说明并通知八旗大臣来开会。会议中，“如系条奏事件，原奏之大臣，亦入班会议，前议大臣立稿，与后议大臣公同阅看。所议皆符，即行具奏，意见不符，另行定议。将另议之处，仍告知同议大臣，有愿另奏者，亦准其另奏”③。最后由当月旗和八旗大臣共同细拟立稿，在稿末开列大臣职名并画押。对于因故不能当时画押的大臣，则有如下一系列规定：“如有别项差事不得会集之大臣，即将定议之稿照写送阅。如无意见不和之处，俱各画押，然

① 关嘉录译，佟永功校，王钟翰审：《雍乾两朝镶红旗档》，辽宁人民出版社 1987 年版，第 105 页。

② 《钦定八旗则例》卷之二《忠部公式·八旗当月》，《钦定中枢政考三种》第一种，故宫博物院编，海南出版社 2006 年版，第 394 页。

③ 同上。

后转发该旗遵照办理。”[①] 从此督促大臣按期会议画押可谓三令五申，终于在乾隆三年订下最终实施办法：“八旗会议之事，各大臣务须会齐画稿，其有故不到者，于次日会集补画。如次日仍托故不到，值月都统等查参。交部议处其送稿画押之处，永行停止。”[②] 对于多次托故不到的会议大臣，乾隆帝不再姑息，直接将查参权力赋予值月都统，惩治拖延推诿办事的大臣。值月旗不但担当安排会议事宜的责任，还要对会议始终尽到监查督促的职责，且以其查参权间接起到了提高旗务办理效率的作用。

（2）掌控主持具体旗务

值月都统也要在业务上对八旗事务有比较清楚的了解，就此雍正五年规定了在这方面值月都统的主要责任。

凡是有关八旗的特旨交办事务以及拣选引见人员，值月都统等都应做到心中有数，其中已结未结之事，要求其“详察奏闻”[③]。《钦定八旗则例》和《世宗宪皇帝上谕旗务议复》中亦有具体说明：“再八旗每月派有一旗之都统、副都统等当月，一应特旨所交并拣选引见人员事件皆系当月之大臣等所悉知者，其已结未结之处即交当月大臣之都统副都统等详查奏闻，如此则各处俱有专司即易于稽查而事件亦不致有迟误矣。”[④] 这都说明雍正年间值月都统当值期间要对八旗会同事务有具体了解，并且主持具体办理。

值月旗在发展过程中不断优化办事流程，如雍正十三年十月十三日，管正黄满洲事务宗室弘升奏请简化当月旗行文办法，他认为除了特旨交办事件外将其他咨文先行至值月旗再到满洲、蒙古、汉军旗实在降低了工作效率，恐怕在誊抄过程中还会有很多错误，所以他请求“除当月旗与八旗会奏之事，或一体办理之事，特旨交付之事外，所有各部、各处一切应行之事，俱照原定之例，由各处将钤印文书立即行文各旗。如此则事不繁，且不致耽延舛误”[⑤]。雍正皇帝后来批准了他的奏请，这样一来值月旗专办八旗会理之类事，减少了不是必须由值月旗传达的命令的一层周转，也使值月旗的办事内容更加专业化。

（3）负责八旗与其他各机构之间的信息沟通

值月旗最有特点的功能就是将皇帝和各级机构要传达给八旗的命令接收并向八旗传播，同时也将八旗事务向上汇报皇帝知晓。

如雍正五年四月六日，办理旗务王大臣等骁骑校赫伦泰将行贿事揭发，得雍正皇帝欣慰，即赏其银一百两，记录一次，并下令将这样应予嘉奖的事例发送到当月旗，以使八旗上下皆知且作为榜样，“嗣后凡恩赏与处分事件俱着该旗咨送当月旗，令其遍传八旗，再部院已结案内，其恩赏处分有关于旗务者，亦着咨送当月旗，由当月旗传

① 《钦定大清会典事例（嘉庆朝）》卷六八五《八旗都统二十九·公式·公署办事》，第5705页。

② 同上书，第5706页。

③ 同上书，第5692页。

④ 《世宗宪皇帝上谕旗务议复》卷五，《钦定四库全书》第四一三册，上海古籍出版社1989年版，第395页。

⑤ 中国第一历史档案馆译编：《雍正朝满文朱批奏折全译》下册，黄山书社1998年版，第2420页，第4845条“管正黄满洲旗事务弘升奏请简化当月起行文办法折”。

谕八旗，交该参领佐领等将施以恩赏与加以处分”[①]。即见值月旗的宣传作用之重要，好人好事与不当之事都由各旗上交值月旗，由值月旗向整个八旗宣传，以鼓励八旗内好人好事，惩戒当处分之事，而所有案件中有关八旗中恩赏与处分的事务也交到值月旗传遍八旗各旗分，这种传达作用是很典型的，对八旗整体事务的管理起到了积极作用。

除此类事务之外，值月旗还要将皇帝和各机构下发的有关八旗的文件传遍满洲、蒙古、汉军二十四旗，并及时将八旗内发生的事情定期汇报给皇帝。

(4) 值月旗的稽察作用和自我约束

值月旗要对各种八旗事务办理的时限进行监督催促，凡是“各参领会理之事，限内不能完结者，呈该旗都统，二十日，即将扣限之处，行原行衙门及稽查衙门值月旗。……如逾余限，查参议处”。[②] 值月旗还有对于各旗办理事务的完结期限的知情权，要申请延期办理，必须向值月旗报告，这一方面加强了值月旗建立时所被期望的使八旗事务划一办理的目的，另一方面也限定了各旗事务办理的时限，在各旗之上发挥了值月旗的督促办事者提高效率的作用。

上文提及当月公署建立的目的之一即将当月的档案妥善存放以便随时查核旗务，同时值月旗保有参奏逾期不复咨文的衙门的权力。“当月旗行查各部院衙门事件，逾限不行咨复，当月旗参奏。已结者交当月旗公署抄案存贮，未结者移交下月办理。”[③]

值月之旗在监督其他事务的同时其本身也要受到他旗监督，雍正八年三月四日雍正皇帝谕令“八旗轮班当月之处，着查旗参领侍卫等稽察。如镶黄旗当月，着正黄旗查旗参领侍卫等稽察，其七旗俱照此例，以次稽察”[④]。这是八旗之间互相监督，一旗都统当月，别旗参领侍卫稽察值月旗事务，以除去舞弊嫌疑。

雍正帝为了约束值月旗也规定了一般旗务办理的限期，“(雍正五年七月二十七日)其八旗及当月旗所办已结事件具拟定十日完结”[⑤]。

4. 值月旗的经费

值月旗会理旗务也需要经费，初始并不规范，后来经过大臣建议，经费的来源数目也有了保障。

雍正七年八月二十日，镶白蒙古旗都统奇尔萨上奏，他注意到八旗轮值当月时，皆动用各旗房租银两且向无定额多寡不一，恐怕日久滋生情弊，“嗣后当月宜用多少银两之事交付八旗臣等会议，视足定额具奏，一旦有定额，断不致过多挪用也”[⑥]。这里

---

① 《钦定八旗通志》卷首九《敕谕三》,《文津阁四库全书》第 222 册，商务印书馆 2005 年版，第 66 页。

② 《钦定大清会典事例（嘉庆朝）》卷六八五《八旗都统二十九·公式·公署办事》，第 5706 页。

③ 《钦定八旗则例》卷之二《忠部公式·八旗当月》，第 394 页。

④ 《钦定大清会典事例（嘉庆朝）》卷六八五《八旗都统二十九·公式·公署办事》，第 5696 页。

⑤ 《世宗宪皇帝上谕旗务议复》卷五，《钦定四库全书》第四一三册，上海古籍出版社 1989 年版，第 397 页。

⑥ 中国第一历史档案馆译编：《雍正朝满文朱批奏折全译》上册，黄山书社 1998 年版，第 1846 页，第 3487 条“镶白蒙古旗都统奇尔萨奏陈当月轮值之银限定数额折”。

要求值月旗用银最好有定额，以免生弊。

后来值月旗有了公费额度规定，“八旗公费满洲每旗一年留房租银一千两，……当月公费每次银二十六两，由满洲旗分支给”[①]。此规定限定轮到哪旗当月时，就由各旗满洲旗分支取当月公费银二十六两，轮到当月一次即支一次，成为定例，防止任意挪用房租银的情况发生。

如上所述，值月旗在雍乾两朝为一体划一管理八旗事务做出了很大的贡献，同时也滋生出了一些弊病，最显著的就是苟且推迟办事的不良工作作风。

雍正三年，雍正帝发现八旗岁底所奏黄册既迟奏又书写各异，彼此并不划一。而之前命令的八旗轮班当月也是想要事件速行完结不令堆积，但是“今当月大臣但图苟且过去，至下月交代，自谓其责已塞，所行如此，因而事件益至堆积迟误矣。朕前于八旗派御史八员令查旗务，其当月旗之事件不曾交与，是以伊等未行稽察，今交稽察旗务御史等，将以前当月旗之事件，于限内已完结未完结之处，一并稽察。其一月所承接事件若干，已完结事件若干，未完结事件若干，俱着查明。如有逾限堆积等事，一经查出，即行参奏”[②]。雍正帝建立值月旗一心以求八旗事务整齐划一，这在将八旗缮写黄册样式统一上体现得很充分。可是值月大臣容易将事件堆积之下月待下月值月旗大臣办理，所以雍正帝给予查旗御史稽察当月旗的权力以督促值月旗提高工作效率，将各种旗务速行完结，但是这样的措施似乎并不有效。

到了乾隆十一年，值月旗弊病更加突出，“当月旗分并不迅速办理，惟耽延至交月时奏交接月以图塞责，是以朕特降旨谕令伊等循例速办。今当月旗分虽已奏办一二事件，其余未完者，……此皆由该都统等并不实心办理，潦草行查，托故耽延所致。当月旗分虽系汇总承办，然行查时仍由各该旗办理，即外省之事亦统之于京城八旗，其当月大臣等，具系八旗都统内派出，伊等如奋勉办理，将后旗应办者实力办理，其当月都统等有作速完结，至行查外省者，并赶紧催令完结，则何至有耽延耶？将此严行申饬八旗都统等，……查有逾限者，即行参奏交部议处，断不可仍前互相推诿以至耽延”[③]。可见，到了乾隆年间值月旗还是存在相互推诿堆积应办事件到下一当月旗的积弊，乾隆帝严厉申饬了八旗都统们，要求他们当月时要将各种京内外省旗务从速查办。由于各旗都统各自只当值一月，故而一月之后便有了可推诿的对象——下一值月旗，虽然两朝皇帝都曾严厉督促值月旗提高效率，不可推诿耽延，但似乎成效并不令皇帝满意，终于在乾隆十六年，乾隆帝下令将值月旗改为值年旗。

---

① 《钦定八旗则例》卷之五《孝部仓库·八旗公费》，第411页。

② 《钦定八旗通志》卷首九《敕谕三》，第64页；《钦定大清会典事例（嘉庆朝）》卷六八五《八旗都统二十九·公式·公署办事》，第5685页。

③ 《钦定八旗通志》卷首一一《敕谕五》，第83页；《钦定大清会典事例（嘉庆朝）》卷六八五《八旗都统二十九·公式·公署办事》，第5708页。

三　乾隆十六年到民国年间的值年旗

乾隆十六年（1751）值月旗改为值年旗，在一些方面进行了比较大的变动，值年旗的功能日趋强化，并且一直延续到民国年间，值年旗大臣仍会理八旗事务，发挥着对八旗人员来说不可小视的作用。

1. 值年旗的建立

乾隆十六年十二月初一乾隆皇帝谕令："近来八旗都统办事迟延，虽有值月大臣，率皆意存推诿，苟且了事，并不实力经理，殊属无益。嗣后八旗大臣等停止值月，着将都统、副都统等职名由部开列进呈，候朕简派数人，一年轮流一次并带能事之章京承办事件，年终缮折奏闻。"①还明确说明"一年一次轮流值年，不必论旗……将一年内所完事几何、未完事几何，逐款缮折奏闻……将此永着为例。"②自此，值年旗确定，不再论旗分值，而从八旗所有都统副都统中由皇帝指定拣派人选，仍然承办八旗汇总事务，年终要向上详细奏闻，延长当值期限以除值月旗"推诿成习"的陋风。

2. 值年旗的人员构成

值年旗大臣的选派与值月旗大为不同。值月旗即各旗都统轮流值月，而值年旗大臣则是将当时的八旗满洲、蒙古、汉军的所有都统副都统职名全部列出，由皇帝圈选由谁值年，每旗一人。"值年旗大臣八人，旗各一人于都统副都统内特简，岁终则更代，掌八旗会理之事。"③值年大臣已经有定员，规定每旗从都统副都统中派一人共计八人。"奏派值年旗大臣兵部将八旗都统副都统等职名全行开列缮写绿头牌进呈恭候钦点数员管理，如遇调补外省以及奉差等事出有员缺，由值年旗开列职名随时奏明请旨，派员管理。"④可见选派值年大臣，由兵部上报皇帝，具体则由兵部内武选司办理，第一历史档案馆藏《兵部—陆军部案卷》第1号《原兵部事宜各单》"武选司事宜单：奏派值年大臣"。即可证明。

值年大臣的选派方法在《清季兵部武选司奏疏公牍》有记载："兵部谨奏为请旨更换值年大臣事。查例载值年大臣，每届年终更换等语，本年值年大臣都统锡珍、都统乌拉喜崇阿、都统多罗克勤郡王晋祺、都统宗室灵桂、副都统宗室恩全、都统多罗贝勒载澂，都统和硕礼亲王世铎、都统宗室延煦，现届年终更换之期，臣等谨将八旗满

---

① 《清高宗实录》卷四四〇，中华书局1986年版，第304页。

② 《钦定大清会典事例（嘉庆朝）》卷六八五《八旗都统二十九·公式·公署办事》，第5711页。同样记载可见《钦定八旗通志》、《钦定大清会典事例（光绪朝）》。

③ 《钦定大清会典（嘉庆朝）》卷六九《八旗都统·值年旗》，《近代中国史料丛刊三编》第639册，文海出版社1991年版，第3127页。

④ 《钦定中枢政考》卷之五《奏派》，《续修四库全书》第853册，上海古籍出版社2002年版，据辽宁省图书馆藏清道光五年兵部刻本影印，第125页。

洲、蒙古、汉军都统副都统职名按翼缮写清单进呈，每旗恭请钦派一员，共更换八员，管理值年旗务，为此谨奏请旨。于光绪十年十二月二十四日具奏。奉朱笔圈出镶黄旗满洲都统和硕惇亲王、正白旗满洲都统科尔沁扎萨克和硕博多勒嘎台亲王伯彦讷谟祜、镶白旗满洲都统亲王衔多罗郡王奕祥、正蓝旗满洲都统多罗庆郡王奕劻、正黄旗满洲都统固伦额驸景寿、正红旗满洲副都统明秀、镶红旗满洲副都统富勒浑泰、镶蓝旗汉军都统和硕肃亲王隆懃。”① 后面所列职名分左右翼开列，左翼应列王大臣二十四员，右翼应列王大臣二十八员。镶黄旗满洲都统副都统各一员，蒙古都统副都统各一员，汉军副都统两员；正白旗满洲都统一员、副都统两员，蒙古副都统一员，汉军都统副都统各一员；镶白旗满洲都统副都统各一员，蒙古都统一员、副都统两员，汉军副都统一员；正蓝旗满洲都统副都统各一员，蒙古副都统一员，汉军都统一员，副都统两员；正黄旗满洲都统副都统各一员，蒙古副都统两员，汉军都统一员、副都统两员；正红旗满洲都统一员、副都统两员，蒙古副都统两员，汉军副都统两员；镶红旗满洲副都统两员，蒙古都统副都统各一员，汉军都统副都统各一员；镶蓝旗满洲都统一、副都统两员，蒙古副都统两员，汉军都统一员、副都统两员。此清单每年各旗都统副都统所列比例皆不同，概是都统副都统缺所致。

另将《清季兵部武选司奏疏公牍》与《清光绪兵部奏稿》② 相互对比补充，可以得到详细的光绪十年、十一年、十二年、十三年、十六年、十八年、十九年、二十年、二十二年、二十三年、二十四年奏派更换值年大臣折，每年奏请更换的具体日期都在十二月二十四日到二十七日之间，行文规范，前后连贯可以成为一体，交接清晰，亦可发现中途因故换人的情况。根据值年旗建立时的规定，选派值年大臣的工作流程到光绪年间还是依此程序实行。折中一般都列清依例更换缘由、现值年期大臣职名、更换值年应列王大臣职名以供查看圈选。这些奏派事宜也仍然一应由兵部管理。

在皇帝确定人选后下达任命到兵部，再达值年旗，由值年旗统一通知各旗都统知晓派员来任。中国第一历史档案馆藏《八旗都统衙门全宗》第799号《镶红旗正副都统奏旨补署及值年旗大臣有关文书》内有折可证实这一流程如下：“兵部为片行事武选司案呈所有奏派更换值年大臣一折，本部于上年十二月初三日拜发，十四日奉朱笔圈出镶红旗满洲副都统英信，钦此。相应片行贵旗查照可也。须至片者，右片行镶红旗满洲都统。光绪二十七年正月十一。”

其他办事人员包括参领、印房章京和笔帖式等，具体分工及人数见表2。

---

① 《清季兵部武选司奏疏公牍》(全四十册)第三册，全国图书馆文献缩微复制中心，国家图书馆藏历史档案文献丛刊，原书藏者国家图书馆2005年版，第1075页。

② 《清光绪兵部奏稿》(全十三册)，全国图书馆文献缩微复制中心，国家图书馆分馆编2004年版。

表 2 **值年旗办事人职能表**

<table>
<tr><th>时间</th><th>官职</th><th>人数</th><th>来源</th><th>职责</th></tr>
<tr><td rowspan="2">嘉庆朝</td><td>笔帖式</td><td>无定员</td><td>各旗印房笔帖式内派委</td><td>掌翻译</td></tr>
<tr><td>参领、章京</td><td>无定员</td><td>各旗参领章京内派委</td><td>掌奏章文移</td></tr>
<tr><td rowspan="4">道光朝</td><td>参领</td><td>24</td><td>八旗满蒙汉旗各一员</td><td rowspan="2">轮流办事</td></tr>
<tr><td>印房章京</td><td>48</td><td>八旗满蒙汉旗各二员</td></tr>
<tr><td>执事骁骑校</td><td>无定员</td><td rowspan="2">各该期派出由值年旗大臣选用</td><td rowspan="2">缮写</td></tr>
<tr><td>缮写笔帖式</td><td>无定员</td></tr>
</table>

资料来源：《钦定大清会典（嘉庆朝）》卷六九《八旗都统·值年旗》，第 3128 页；《清史稿》卷一一七《职官四》，第 3368 页；《钦定中枢政考》卷之一一《八旗卷十一·公式》，《续修四库全书》第 853 册，上海古籍出版社 2002 年版，第 324 页。

以上所列人员加值年大臣八员，其总数已经至少达到值月旗的两倍以上，规模扩大，人员分工更加详细，各种办事人员有了具体固定的规定，选派人员有规则可循。

3. 值年旗的工作内容与职责

乾隆皇帝要求值年旗要“承办八旗公同议奏及应行汇办通行知会等事”，即值年旗主要负责八旗旗务的总议上报，各旗相关事务的办理和在上级与八旗各旗分之间互相传达命令和汇报等事务。可具体为以下几个方面：拣选公中佐领之拟补官员；驻跸热河时带领各旗营官员引见，验放六品以下官员；兼管事之大臣请简时，咨取各旗大臣衔名请简；请袭世职，查办事件限期办法；会各旗大臣定议特交事件；汇奏八旗年例之事。[①]

其中，“查办事件限期办法”的功能在值月旗制度阶段就已经完善，其他增加的和强化的职责在如下几个方面得到了体现。

（1）选派旗官

即拣选公中佐领拟补官员，驻跸热河时带领各旗营官员引见、验放六品以下官员，兼管事之大臣请简时，咨取各旗大臣衔名请简，请袭世职，查办事件限期办法一类的职责。“凡官之拟补于公中者则拣选，其引见于热河者，则总各旗各营之官而带领焉。驻跸热河，凡各旗各营官之应引见者，皆由值年旗大臣带领前往。稽查旧营房新营房及管理官房、稽查城内七仓、稽查坛庙齐戒王大臣，由值年大臣咨取各旗大臣衔名请简。管理铁匠局副都统缺出亦如之。岁终请袭世职亦如之。在京及各处驻防世职官缺出，统俟岁终，由各该旗拣选应袭之人咨报值年旗，由值年旗奏请进呈折谱及引见日期，得旨后，由各该旗按奏定日期办理。”[②] 史料中提及的管理各种事务的人选都要向值年旗汇报上行确定引见日期等再发回本旗办理，或者统一由值年旗管理，可以说，相比于值月旗，值年旗对八旗总体管理事务掌控的能力再次得到加强，职责和功能都有了相应的扩展。

---

① 李鹏年、朱先华、刘子扬等编著：《清代中央国家机关概述》，紫禁城出版社 1989 年版，第 348 页。

② 《钦定大清会典（嘉庆朝）》卷六九《八旗都统·值年旗》，第 3127 页。

(2) 负责召集八旗各级会议

无论是值月旗还是值年旗，它们的最重要的功能就是召集八旗各层级的管理人员召开有关的旗务讨论定议的会议。开会程序很严格，建立值年旗时乾隆皇帝再次进行强调："凡奉旨交议及画一定议之事，由值年旗会同八旗都统等公议。值年旗定稿之后，八旗都统等会集阅看，有应改者即改正画押。其有不得会议者，值年旗交该旗官送阅画押，即交回值年旗具奏完结。"[①] 值年旗有为与八旗都统公议的文件定稿的责任，故而多派笔帖式等职人员也是必要的需求，会后交各旗都统阅看签名确认才再向上一级汇奏。

直到道光年间开会流程也大略如此，文件仍由值年旗定稿，将会议时间通知到八旗大臣，与雍正年间值月旗初设的程序雷同，会议时御史前往查验，对多次托故不到者惩罚更严厉，"如有事故不能到班，将情由声明咨送值年旗即于次日补行画题，如托故不到，罚俸一年。……如有迟延照违限例议处"[②]。这样不再是如值月旗"值月都统指名参奏"，但是值年旗在大臣缺席会议上有更大的监管力度，大臣必须向值年旗请假。

中国第一历史档案馆藏《八旗都统衙门全宗》第 778 号《值年旗通知各旗都统印务参领等官员参加会议事的咨文》内有相关通知会议咨文 8 件，最早的为光绪二十二年正月三十日："值年旗准镶黄旗满洲印务参领同山、兜钦为知会事，现有应传之件相应知会值年旗转行镶黄蒙等二十三固山，各请印务章京一员于二月初一日准午刻赴值年旗会晤可也。右咨镶红汉。"这是很典型的通知会议咨文，镶黄旗印务参领得到上级命令有事要通知二十四旗的各印务参领，即行文值年旗代请传知其他二十三旗，规定各旗出一名印务章京按规定时间到值年旗衙门开会。有时是如此文所述有应传达事件开通知性质的会，有时就是下面所列咨文中要求的开会商量紧要事件。档案中最晚的为宣统二年四月咨文："值年旗准镶白旗满洲知会事，本旗谨请各旗印务夸兰达于本月二十九日午刻在值年旗会商紧要事件，相应行文值年旗转行镶黄满等二十三固山知悉可也。右咨镶黄旗满洲。"其通知形式与其他咨文同，有时咨文中也会列出开会商议的主要议题，如《全宗》第 843 号《吏部转知设立资政院抄谕及值年旗王大臣等筹办京旗宪政咨文》中有宣统三年闰六月二十七日："值年旗准正白旗蒙古文开为咨请事准宪政研究会函告选举时间，兹本旗定于本月二十八日准午刻请印钧在值年旗署内研究选举办法务希早临万勿吝玉可也。右咨镶红满。"

(3) 岁末汇奏事宜

值年大臣负责一年之中从初一至岁止的值年旗务，于年底向皇帝汇奏。"凡事之应结者立其限，有特交者，则会各旗大臣以定议。……岁终将八旗已结未结事件、及官

---

① 《钦定大清会典事例（嘉庆朝）》卷六八五《八旗都统二十九·公式·公署办事》，第 5711 页。

② 《钦定兵部处分则例》（七十六卷）卷之四《限期·会议事件》，《续修四库全书》第 856、857 册，上海古籍出版社，据上海图书馆藏清道光兵部刻本影印 2002 年版，第 54 页。

兵人等有无放重利债、官房有无租典、送挑各处拜唐阿大臣官员子弟分别已去未去、分给罪人为奴有无逃亡，具由值年大臣汇奏。”① 即八旗官兵的一些日常在经济、政治方面的主要情况的汇报。

其中比较重要的是八旗营房管理状况的稽查。“岁终将官房有无租典倒坏之处，会查旗御史公同出结，咨值年旗汇奏。”② 值年旗要将每年有关八旗营房的事件汇总具奏皇帝，若有关于营房的命令也由值年旗将执行情况汇报。如乾隆三十七年十月二十九日乾隆帝由高朴奏查验修八旗营房工程折发现有新修房屋就被破坏的情况，十分心疼，并怀疑是为八旗都统等办事不力，谕令：“嗣后八旗营房遇有零星伤损，即令随时查明，分别粘修，使住房各兵共知爱护，不得任意残毁，并交查旗御史随时详查纠核，仍令各该旗于岁底将查过有无修理，是否完整之处咨报值年旗汇总具奏一次，倘有不行修理以致损坏过甚者，为各该旗都统及查旗御史等是问。”另外，《全宗》第 523 号《各房事宜折》中记录八旗都统衙门的机构设置，其中有“折房应办：……每月有无特旨事件咨报值年旗等处”。是为各旗向值年旗汇报事务的机构。

每年年底值年旗还要将汇奏的和已经办妥的事务存档备案，“值年旗行查各部院衙门事件逾限不行咨复，值年旗参奏，已结者交值年旗公署抄案存贮，未结者移交下年办理。”③《全宗》第 41 号内有咨文称：“现在办理完竣一切公事除各部旗稿册原数缴回外，所有与各旗往返文件拟均咨交值年旗衙门，以备存案。”可证实规定的具体执行情况，其变化只是在周期上由一月改为一年。

(4) 其他需值年旗管理的事务

第一历史档案馆藏《八旗都统衙门全宗》中，标明值年旗的档案 34 种，共计约 1000 册，内容庞杂，涉及八旗事务的各个方面，见其目录即可知值年旗负责相关事务的内容。

①政法类：第 535 号《值年旗、刑部关于变通秋审旧制秋审案及科场滋闹案等文件》，547 号《值年旗等关于呈报被太平军处死人员和镇压回民起义义和团运动马贼以及反映辛亥革命运动清政府恐惧革命党人等文件》，524 号《值年旗等关于预备立宪简派大臣赴各国考察政治遵议宪法大纲议院选举法及选举资政院咨议局京旗议员章程议员名册等文件》，548 号《值年旗等关于八国联军侵入北京慈禧光绪逃跑西安派庆亲王奕劻接收大内载勋币饬八旗及联军退出定期回玺商办八旗公事奏报遗失档案枪炮军载派人员守护皇史城等文件》，832 号《值年旗为抄转京所稽查保甲章程及整修各城难拨派驻兵弁咨文》，833 号《值年旗抄转禁烟上谕及关于惩办旗员兵丁吸食鸦片咨报文书》，843 号《吏部转知设立资政院抄谕及值年旗王大臣等筹办京旗

---

① 《钦定大清会典（嘉庆朝）》卷六九《八旗都统·值年旗》，第 3128 页。

② 同上书，第 3132 页。

③ 《钦定中枢政考》卷之一一《八旗卷十一·公式》，第 324 页。

宪政咨文》。

②外事活动类：615 号《值年旗为接见英美日德法意墨朝鲜等各国使臣日期及出使美日秘国大臣杨儒带随员等给镶红旗满洲都统的咨文》，617 号《值年旗等为查拿用砖块掷打英随员甘伯乐伤害德国人福和水事给镶红旗汉军都统的咨文等》。

③工程类：672 号《值年旗关于修盖正阳门外偏吉厅竣工派员接收看管事给镶红满洲、汉军都统咨文》。

④房屋田地类：674 号《值年旗处等关于详查京旗徙户开囤计口授田各节并酌拟办法咨镶红旗汉军办理的文件》，678 号《值年旗农工商部等为借拨荒地作农业试验场事给镶红满都统的咨文》，682 号《值年旗等关于查复新旧营房无私典与坍塌事故及通知会议营房变通旗民交产旧制等奏咨》，685 号《镶红旗汉军造送城外居住兵丁册行值年旗的咨文》。

⑤教育类：698 号《值年旗总理学务处为挑选学生入学停止学生差使及学生毕业安排给各旗的咨文》，699、700 号《值年旗国子监等为官学生开缺挑补发扣伙食银两等事与各旗来往咨文》，708、709、710 号《值年旗礼部等关于奏派监考弹压考场大臣事的来往咨文》，711 号《值年旗等关于咨派官兵监考事给兵部各旗的咨文》。

⑥礼仪类：714 号《值年旗为考试应封宗室事与各旗的来往咨文》，820 号《值年旗传知关于宫廷令节典礼并封王大臣颁赏物品咨文》，821 号《关于慈禧光绪隆裕万寿庆典值年旗及礼部等衙门传知咨片》，822 号《值年旗转传颁行光绪遗诏礼节及办理梓宫奉移差使咨文》，824 号《值年旗抄转礼部奏事王公百官到现摄政王礼节》，825 号《值年旗钦天监等传知年例颁发时宪书赴午门具领咨文》。

⑦文图庶务类：767 号《值年旗给镶黄满的咨文合订本》，770 号《值年旗步军统领衙门等为公文制度格式运转手续书写规定等事宜的来往咨文》，771 号《值年旗为本年有无续奉加恩谕旨事件知照军机处事与各旗的来往咨文》，775 号《值年旗为册室玉牒送往盛京事给各旗的咨文》，778 号《值年旗通知各旗都统印务参领等官员参加会议事的咨文》，781 号《值年旗镶红旗喀拉沁东旗印务处等来文簿收文簿发文簿》，799 号《镶红旗正副都统奉旨补署及值年旗大臣有关文书》。

4. 值年旗的经费

《雍乾两朝镶红旗档》内第 120 条“奏报入官房屋及收取房租银两数目折”内：“支给值年处公费银二十六两”[①]。说明值年旗所用经费已经纳入各办事衙门的支出体系了。

另可见夏日支给值年旗衙门冰块记载：“各衙门应领冰块数目……八旗值年处每日给冰一块。”[②] 冰块支出也已纳入各衙门体系，与六部同，只是冰块数目多寡不一。

---

① 关嘉录译，佟永功校，王钟翰审：《雍乾两朝镶红旗档》，辽宁人民出版社 1987 年版，第 218 页。

② 《钦定工部则例三种（第五册）》卷七八《藏冰》，光绪十年刊本，故宫博物院编，海南出版社 2000 年版，第 160 页。

5. 民国年间的值年旗

1911年后，八旗制度并未随着清政府的灭亡而消亡，相应的八旗都统衙门和值年旗衙门也仍然在办公。值年旗事务在民国年间八旗事务中占有十分重要的地位。

佟佳江先生《清代八旗制度消亡时间新议》[①] 一文详细说明了民国二年到民国十六年任命值年旗王大臣的情况可供参考，民国二年一月六日任命镶黄旗蒙古都统载功、正黄旗蒙古都统景沣、正白旗满洲都统贡桑诺尔、正红旗汉军都统色楞额、镶白旗满洲都统魁斌、镶红旗满洲都统溥伦、正蓝旗满洲都统桂祥、镶蓝旗满洲都统博迪苏。最后一次在民国十六年十二月三十一日，北洋政府任命镶黄旗满洲都统那彦图、正黄旗汉军都统张广建、正白旗蒙古都统恩泽、正红旗满洲都统衡永、镶白旗满洲都统乌拉喜春、镶红旗汉军都统费毓楷、正蓝旗汉军都统载搏[②]、镶蓝旗蒙古都统端绪管理值年旗事务，说明值年旗在民国十七年之前仍然存在。

值年旗在民国年间具体管理的事务也与“前清”不同。“中华民国四年五月九日奉大总统策令派瑞丰管理值年旗事务。……调查二十四固山学堂停办者若干旗，现办者若干旗，由值年旗函间再本旗官产在何处，有无收租之处，此交印务参领等知悉分晰开列细单呈阅酌核。”[③] 费莫瑞丰为民国四年大总统任命的镶白旗满洲都统兼副都统，当时清朝虽亡，但八旗制度未亡，只是凋敝的趋势无法控制，瑞丰竟可兼任镶白旗满洲都统与副都统，而纵观瑞丰尽心所辑录的《镶白旗满洲公牍》，值年旗为八旗兵丁向大总统恳求减免税银、减轻兵丁生活负担的要求分外多见，辛酸状况下的诉求也显露了此时的值年旗正在扮演着为八旗制度下的旗人谋生路的角色，《公牍》中另一显著之处，即瑞丰格外重视教育的发展，督促办学，鼓励在读的镶白旗子弟，比如上条史料就是对八旗官学的关注。

值年旗在维持八旗旗员已经极度困苦的生活不再恶化上做出了应有的努力，如“（民国八年）三月三日，值年旗为通知事前准财政部咨开本部具呈自本年三月一日起将京外政军各费暂按八成支发一案。……今各旗营堂宪于三月二日在本值年旗开议表决，兹将各堂宪拟就呈底令即缮写正呈由各旗营堂宪派委代表持据，各堂名章于三月四日准午刻赴值年旗署钤盖后即行呈递，事关要件，幸勿迟误，并录呈底一并通行各机关希为查照此咨，计原呈底”[④]。其他方面还有新政府要求居住在八旗营房的兵丁按月纳租，值年旗请求其勿施行以使旗人在当时的情况下生活水平不再下降，亦有“旧历年关，天寒粮贵，领饷之户眼望欲穿困窘之状人所共闻共见，前有值年旗公呈恳请大总统饬部查照前咨定期按月发放以济兵艰而维市面”[⑤]。类似语句多次得见，可见旗

① 佟佳江：《清代八旗制度消亡时间新议》，《民族研究》1994年第5期。

② 字库未存字注释：原字搏改寸为攵。

③ 费莫瑞丰辑：《镶白旗满洲公牍》，全国图书馆文献缩微复制中心，国家图书馆2004年版，第18页。

④ 同上书，第400页。

⑤ 同上书，第510页。

人生活之困苦及值年旗责任之重大。

除此之外，值年旗仍然掌管着一些在清朝时保有的功能。如“（民国四年）七月二十一日……咨行请袭世管佐领事，据印务参领广祥等详称前有值年旗咨准陆军部咨拟请恤请奖各项章程变通办法，暂作办事准则。第九条八旗之请补武职有管理人民之责者”[①]。即请袭世职仍然为值年旗需要参与的有关旗务。

四 结语

八旗制度作为清朝特有的军政民合一的组织制度，占有极其重要的地位。值年旗从值月旗发展而来，他们之间也有明显的异同之处。

在当值大臣的选派上，值月旗为由值月的一旗都统及副都统内选派，八旗轮流，而值年大臣则是在整个八旗的都统副都统内选派，不论旗分。

在当值人员的拣选上，值月旗仍处在比较简单的阶段，人数较少，包括值月官、领催、马甲、当月章京、骁骑校，而值年旗各类分工趋于完善，有了专门的笔帖式用于缮写，可见其所掌业务的扩大，人数高于值月起两倍之多，去除了值月旗中等级较低的人员，派入了更加专业的“贤能参领”和“贤能印房章京”，办事人员的素质有所提高。

在功能职责上，值年旗相对于值月旗新增了一些比如引见官员、管理营房等功能，从所见档案的目录来看，其扩充的内容不少，而值年旗发挥的作用也越来越重要了。

值年旗与值月旗最大的不同就是当值任期上的不同，根本目的就在于清除值月旗的推诿堆积之风，由一月改为一年，可以说是对值月旗的一次优化，使其具有较长的生命力一直延续到清朝灭亡。

而值月旗作为值年旗的前身，它的大部分特点和规则都在值年旗上得到了应有的延续和规范。他们存在的最大目的就是要八旗事务整体划一，使八旗在各旗都统统领的基础上，有共同会理的机构，这也就造就了从值月旗到值年旗不变的最重要的召集八旗大臣会议的功能，从雍乾两朝皇帝对会议程序细致入微的规定可见值月旗、值年旗这一关键性作用的重要所在，这也是他们存在的最大意义。正是这样的意义，值年旗的地位也愈发重要，甚至在金启孮先生所著《北京城区的满族》[②] 中描述的民国年间请愿的旗人队伍也先到值年旗衙门前聚集，足见其重要性。其传达命令的功能也发挥到了最大，从档案的各项情况来看，所有要通知的有关八旗的事务由各部院衙门发至值年旗后，皆由其传谕八旗，在这一点上，值月旗与值年旗是一样的，他们联系了各旗分之间、八旗全体与上级或平级之间，使机构的运行更有效率。

在查阅和整理有关值月旗、值年旗的资料过程中，正是通过值月旗、值年旗重要

① 费莫瑞丰辑：《镶白旗满洲公牍》，全国图书馆文献缩微复制中心，国家图书馆2004年版，第33页。

② 金启孮：《北京城区的满族》，辽宁民族出版社1998年版。

的上传下达和会理旗务的功能，才既可以非常直接地触摸到清代旗人的生活，又可以了解到政府机构的运转方式，生动而严肃，深刻地感受到各个时代的起伏，与历史做了最亲近的接触，这或许就是研究历史之乐趣所在。

原文经阿部由美子翻译，发表于［日］《满族史研究》第7号，2008年12月，与徐晓倩共同署名。

京师八旗都统衙门建置及现状调查

郗志群

一　缘起及建置沿革

八旗制度自努尔哈赤时代创建后，各旗都统（入关前称“固山章京”）一直在家办公，没有固定的都统衙门。雍正元年（1723）九月十四日，正白旗汉军副都统哈达上奏，请求设立八旗各都统办公衙门，奏折曰：

臣有一见，目下所有臣员皆有办公之所，唯八旗之臣在府办事。臣愚以为，居府办公，不惟事不速结，日久天长，致滋私弊，亦未可料。伏乞准将左右两侧闲置公房赐八爿与八旗，作为办公之所。于此，满蒙汉三旗合分一处，分旗理事，所有档册亦恭存公所。如此可绝传递错误之弊。①

翌日，雍正帝即给和硕庄亲王允禄等下达谕旨：

和硕庄亲王、内务府大臣来宝，现今八旗并无公所衙门，尔等将官房内，拣皇城附近选择八处，立为管旗大人公所，房舍亦不用甚宽大。②

八旗各都统自此始设立固定的办公衙门。史料记载，八旗都统各衙门中都悬挂堂额，上书“公忠勤慎”四字；堂额前列有雍正帝亲笔撰写的一篇“训辞”：

八旗为国家之根本，时廑朕怀。教必先而率必谨。而等司统率者，立心则教

① 中国第一历史档案馆译编：《雍正朝满文朱批奏折全译》上册，黄山书社 1998 年版，第 345 页。需要说明的是，该奏折后并无雍正朱批。另查中国第一历史档案馆编《雍正朝汉文谕旨汇编》，亦无雍正对该奏折的朱批。

② 《八旗通志初集·营建志一》，东北师范大学出版社 1986 年版，第 453 页。又：《清世宗宪皇帝实录》卷一一亦载：“命以官房八所，为八旗大臣等公衙门”，中华书局影印本 1985 年版。

以及吴长元《宸垣识略》也记载了八旗都统衙门，[①] 其中有两处与“通志”所载不同，即：

正黄旗　蒙古都统衙门在德胜门大街石虎胡同。

正红旗　蒙古都统衙门由巡捕厅胡同迁至水车胡同。

尽管二书上对这两处衙门地址变迁的时间没有作出明确的说明，但依据上文中对正黄旗、正红旗蒙古都统衙门迁移时间的叙述，再考虑到《日下旧闻考》、《宸垣识略》的成书年代，判定这两处衙门地址变迁的时间是在乾隆朝，应该说不会有很大问题。而且从后来官修的《嘉庆重修一统志》、《畿辅通志》、《光绪顺天府志》[②] 等书记载的八旗都统衙门中都包含这两处地址看，《日下旧闻考》等的记载也应该是真实的。

由上可见，本阶段八旗都统衙门的变迁几乎经历了乾隆一朝，但主要的变化集中在对原有衙门房屋的维修与扩建上，而真正迁出另设新址的只有镶黄旗满洲、蒙古；正黄旗满洲、蒙古；正白旗满洲；正红旗蒙古；镶白旗蒙古和镶蓝旗满洲 8 处。

3. 最终确定阶段（光绪中期至宣统年间）

成书于光绪早期的《畿辅通志》和《光绪顺天府志·衙署》记载的八旗都统衙门地点与《日下旧闻考》所载完全一致，这说明经过乾隆年间长达近六十年的调整，八旗都统衙门建置已相对稳定，直至光绪早期，在近百年的时间里没有大的变化。而对于这一时期八旗都统衙门的地址及方位，曾用作《光绪顺天府志·坊巷》部分，后又经过增补单独刻印出版的《京师坊巷志稿》[③] 还有一些更具体的记述，兹亦摘记如下：

镶黄旗　满洲都统衙门在安定门大街交道口。汉军都统衙门在满洲都统衙门以北。蒙古都统衙门在东直门大街北新桥街。

正黄旗　满洲都统衙门在德胜门大街德胜桥南。蒙古都统衙门在石虎胡同路北。汉军都统衙门在丁家井（另一处记为在“宽街路北”）。

正白旗　满洲都统衙门在老君堂胡同路南。[④] 蒙古、汉军都统衙门俱在大报房胡同。

正红旗　满洲都统衙门在锦石坊街路西。[⑤] 蒙古都统衙门在东水车胡同东口。汉军都统衙门在鹫峰寺街路北。

镶白旗　满洲都统衙门在灯市口路北。蒙古都统衙门在干鱼（甘雨）胡同。汉军都统衙门在灯草胡同路北。

镶红旗　满洲、蒙古、汉军都统衙门俱在东、西石驸马大街路北。

---

① 参见《日下旧闻考·官署》，北京古籍出版社 1983 年版，第 1206 页；《宸垣识略·内城三》，北京古籍出版社 1983 年版，第 139、158 页。

② 参见《嘉庆重修一统志·京师四》，上海书店出版社 1984 年版；《畿辅通志·帝制纪·京师一》，河北人民出版社 1989 年版，第 425—426 页；《光绪顺天府志·京师志七·衙署》，北京古籍出版社 1987 年版，第 202—203 页。

③ 朱一新：《京师坊巷志稿》，北京古籍出版社 1982 年版。

④ 据实地踏查，正白旗满洲都统衙门应在老君堂胡同路北，参见下文论述。

⑤ 据实地踏查，正红旗满洲都统衙门应在锦什坊街路东，参见下文论述。

正蓝旗　满洲、蒙古、汉军都统衙门俱在本司胡同路北。

镶蓝旗　满洲都统衙门在华嘉寺胡同。蒙古都统衙门在太仆寺街路北。汉军都统衙门在宽街。

上列所记，除方位上比《畿辅通志》和《光绪顺天府志·衙署》记载更详细外，还必须提出的一点是，正黄旗汉军都统衙门的地址在“丁家井”之外，又出现一处“宽街路北”。根据《京师坊巷志稿》对此“宽街”周边地名的记载，对照《清（乾隆）北京城图》、《（宣统）最新详细帝京舆图》、《北京街道胡同地图集》[①] 所示，可知此“宽街”的大致位置应在今新街口北大街以西潜学胡同。不过，考虑到这处地点仅见于《京师坊巷志稿》一书记载，其真实可信度较之数书记录有序的“丁家井”一处则要相差不少。因此，即使真有此一处衙门地址，至多也不过是正黄旗汉军都统衙门的一处分支办公地点，故不应计入八旗都统衙门地址之中。而这处分支办公地点出现的原因当与丁家井只“有官房一所，计 34 间”，无法满足整个衙门办公需要有关。

另据民国时期《秘密调查八旗都统衙门二十四处大略情形》档案（详见下文）记载，当时八旗都统衙门地址较之光绪年间又新增五处，即

镶黄旗　蒙古都统衙门在东直门草厂 16 号。

正黄旗　汉军都统衙门在西城半壁街 29 号。

镶红旗　蒙古都统衙门在西城回回营 4 号。

汉军都统衙门在西城授水河 8 号。

镶蓝旗　汉军都统衙门在西城太仆寺街 2 号。

这说明从光绪中期至宣统年间，八旗都统衙门地址又有五处变更。

综上所述，自雍正元年八旗都统衙门始建至光绪、宣统年间最终确定，京师内城在不同时期作过都统衙门办公地点的共有 34 处（见“附表”），若再加上“值年旗衙门”（设于地安门外雨儿胡同），则总数达到 35 处之多，远远超出其他军政衙门所设公所的数量，由此亦可充分显现出京师内城为“八旗兵营”之特点。

二　民国年间的秘密调查

中国第一历史档案馆《八旗都统衙门全宗》681 号中，收有一份民国年间《秘密调查八旗都统衙门二十四处大略情形》（以下简称《情形》）档案。该件按镶黄、正白、正蓝、镶白、正黄、镶蓝、正红、镶红八旗顺序，分别记载了 24 处都统衙门的地点及现状情况。尤其重要的是，上述清代相关文献记载的八旗都统衙门地点只具体到某某街道胡同，而院落的位置却难以确定。该《情形》档案则将 24 处都统衙门所在的街道

---

① 《清（乾隆）北京城图》，见中国社会科学院考古研究所编《明清北京城图》，地图出版社 1986 年版；《（宣统）最新详细帝京舆图》，中国画报出版社翻印 1999 年版；《北京街道胡同地图集》，中国地图出版社 1998 年版。

胡同及门牌号码一一标明，这为寻找现存八旗都统衙门旧址提供了重要的依据。故兹先照录原文如下：

镶黄满都统署　东城交道口东 39 号。现大中学校占住，不克入内，亦不得外窥，故未绘草图。

镶黄蒙都统署　东直门草厂 16 号。中院禁闭，旁院杂户居住，外窥，拟绘草图。

镶黄汉都统署　东城交道口南街 79 号。现住军警督察处第四分处，不得入内，亦不得外窥，故无草图。

正白满都统署　东城老君堂 30 号。房间半坍塌，现有杂户居住。绘有草图。

正白蒙都统署　东城报房胡同 9 号。本署员役住守，外窥，拟绘草图。

正白汉都统署　东城报房胡同 14 号。本署员役住守，外窥，拟绘草图。

正蓝满、蒙都统署　东城本司胡同 33 号。现已新修，并存军用大车，有军人看守。不克入内，故不得绘具草图。

正蓝汉都统署　东城本司胡同 34 号。现有军人看守，不克入内，故未得绘具草图。

镶白满都统署　东城王府大街 67 号。现有京师一带稽查处占住，不克入内，故未得绘具草图。

镶白蒙都统署　东城甘雨胡同 22 号。现有木厂占住，并住有眷属。外窥，绘具草图。

镶白汉都统署　东城灯草胡同 9 号。大门禁闭，不克入内，亦不得外窥，故无草图。

正黄满都统署　德胜门大街 39 号。现京畿宪兵第五全营并营本部。南院系该旗都统办公处并本旗兵士居住。拟绘草图。

正黄蒙都统署　西城石虎胡同 2 号。现有本旗兵士，房间多有残破。拟绘草图。

正黄汉都统署　西城半壁街 29 号。该署闻于去岁经本部来文，拟将北半部处分，彼时被前张都统广建不认可，终止。绘具草图。

镶蓝满都统署　西城华嘉寺 14 号。现住三四方面输送队马号。外窥，绘具草图。

镶蓝蒙都统署　西城太仆寺街 10 号。现住恒善社长陈梁。十四年成立，据云在部已立有案。绘具草图。

镶蓝汉都统署　西城太仆寺街 2 号。现住军警侦缉处第四分队。绘具草图。

正红满都统署　西城锦什坊街 149 号。曾经江将军派翟副官看守。现住三四方面输送队队（长）杜长春。旁门院内，现租马车行，租约五年。

正红蒙都统署　西城水车胡同 6 号。后院设立该旗小学校。西院后门内，该旗兵丁开设煤铺。绘有草图。

正红汉都统署　西城卧佛寺街 6 号。现住京师宪兵督察处第四队。由去年七月，住队长赵心斋。外窥，绘具草图。

镶红满都统署　西城石驸马大街48号。现住八旗王公世爵清理京兆旗产代办处并清室内务府五司联合清理地亩办公事务所。不准入内，故无草图。

镶红蒙都统署　西城回回营4号。现住三四方面军团军乐队。后部住有该旗官员眷属。外窥，绘具草图。

镶红汉都统署　西城授水河8号。现住警察第二分驻所。绘有草图。

该《情形》档案未标明具体形成时间，但从文中所叙情形分析，应形成于1926年前后，理由有三：

1. 镶蓝旗蒙古都统署下提及“恒善社”，并云“十四年成立”，此“十四年”显指民国十四年，即1925年。这说明此次调查应在该年或之后。

2. 镶红旗满洲都统署下记载：“现住八旗王公世爵清理京兆旗产代办处。”据北京市档案馆藏相关档案显示，该机构成立于1926年。[①]

3. 据《北京市志稿·警察四》记载：京师警察厅“民国十四年一月，增设侦缉处。……民国十七年六月，改组为公安局”[②]。则镶蓝旗汉军都统署住“军警侦缉处第四分队”，同样说明此次调查应在民国十四年或之后，但至迟不超过民国十七年六月，因为原文里始终未出现“公安局”字样。

从文中内容可见，至20年代中期，八旗都统衙门大多已破败，并且多数被警察、军队或其他部门所占用，只有正白旗蒙、汉都统衙门尚由“本署员役住守”。另外，文中提及有十二处衙门房屋情况曾“绘具草图”，但现卷宗中未见，不知下落何处。还有，由于正蓝旗满、蒙都统衙门同在东城本司胡同33号，虽各自独立办公，但地址只有一处，故可知至民国间八旗都统衙门旧址实际上是23处。

三　旧址现状调查

根据该《情形》档案所载，我们对23处旧址及现状进行了实地调查。具体情况可分为如下两类：

（一）目前尚保留有部分遗迹的衙门旧址4处

1. 德胜门内大街大石虎胡同甲1号，雍正元年至六年，正黄旗三军都统衙门旧址；乾隆至清末，正黄旗蒙古都统衙门旧址。

《八旗通志初集·营建志一》载：“正黄旗满洲、蒙古、汉军都统衙门，初设于石虎胡同。”另据《日下旧闻考·官署》、《宸垣识略·内城三》、《嘉庆重修一统志·京师四》、《畿辅通志·帝制纪·京师一》、《光绪顺天府志·京师志七·衙署》等记载：正黄旗“蒙古都统署在德胜门大街石虎胡同”。《情形》档案记载在“西城石虎胡同2号”。

---

① 参见《八旗王公世爵清理京兆旗产代办处章程》，档号：J54—1—40—42。

② 《北京市志稿》，北京燕山出版社1998年版，第506页。

按："德胜门大街石虎胡同"即今西城区德胜门内大街大石虎胡同。该胡同东西走向，现门牌单号为1—11号，双号为2—28号，街道基本保持原貌，但两侧房屋已多经改建。采访中，当地居民没有人能确指老门牌"2号"的具体位置，但根据民国时期门牌编号的规律，东西走向的胡同应是自东至西、由北及南顺序编号，因此老门牌"2号"应该在胡同东口的北侧一带。经过寻找，在今大石虎胡同东口路北确有一处比较典型的清代官式建筑①，现在的门牌为"大石虎胡同甲1号"。该院现为北京市公安局所属，大部分辟为"北京市公安局幼儿园"，小部分为市公安局房修队所用。该院因长期为机关占用，大部分房屋虽已经过翻建，但院落格局、房屋结构尚基本保留，殊为难得。踏查结果，该院为一带有后花园的四进四合院，其原有形制及现状保存情况大致如下：

大门位于四合院东南角，原应为三间五架硬山式大门，现已被改建为三间临街铺面房，房屋结构未变，但门窗均经改装，目前被出租为"低价商店"。原大门两侧的护墙各开了一个窗户，变成两间临街房。该大门虽改建较大，但形制面貌尚能依稀分辨。

进门影壁已被拆除。倒座房已经改建，面貌尽失。一进院与二进院之间原有垂花门保存基本完好，为典型的一殿一卷式样。目前门廊已经被封建成一间小房，并由此将该院分成南北两部分，南部为"房修队"所用，北边为"幼儿园"使用。

二进院厅房三间有檐廊，两侧耳房各一间，东西厢房各三间，屋顶均为鞍子脊阴阳瓦屋面，院落格局基本保持原貌。

三进院院落宽敞，现有正房十五间，为院内最高一组建筑，另有西厢房三间。正房和厢房原均有檐廊，今已扩建为房间，屋顶亦均为鞍子脊阴阳瓦屋面。与西厢房相对应，东部也应该有厢房三间，今因建道路已被拆除。此外，院子南部以中央甬道为界，东西两侧还各建有五间北房，与四合院建筑的形制不合。这十间房前均无檐廊，屋顶用瓦亦为新中国成立后常见的灰渣板瓦，显系后建。

四进院有后罩房十五间，有檐廊，已扩建为房间；后罩房东侧有过厅一间，当系通向后花园的通道，现已封建为耳房，屋顶亦均为鞍子脊阴阳瓦屋面。院子西部有厢房一间，无檐廊，似为后建。院落格局基本保持原貌。

另外，从四进院东侧有过厅的情况分析，该院应有后花园。不过现在后罩房以北已建有两排居民房，居民房以北为北京雕刻厂的厂区，花园形制已了无遗迹可寻。

综上所述，应该可以得出这样一个基本结论：该院中屋顶为鞍子脊阴阳瓦屋面的房间是旧有房屋②，目前尚存四十五间，而以四合院对称布局的原则计算，加上现已不存的东厢房及倒座房，总数应在七十间以上。尽管相关文献中没有记载"石虎胡同2号"院的官房间数，但文献中记载的其他都统衙门所占官房多在数十间，与此七十余间数颇合。还有该院正房和后罩房均分为十五间的情形也与私家四合院的格局差异较

---

① 参见白丽娟、王景福编著《清代官式建筑构造》，北京工业大学出版社2000年版。

② 《情形》档案曾记载：民国间调查时，该院落"房间多有残破"。现状当是新中国成立后依原貌重新修缮过。

大，这样的布局显然不利于家族式的居住，而更适合衙门式的办公的需要。

由此看来，今德胜门内大街大石虎胡同甲1号极有可能就是雍正元年至六年正黄旗三军都统衙门和乾隆至清末正黄旗蒙古都统衙门旧址之所在。从现状显示极有可能是目前保存最为完好的一处八旗都统衙门旧址。

2. 朝阳门内北竹竿胡同101号。乾隆十八年后，正白旗满洲都统衙门旧址。

《钦定八旗通志·营建志一》载："乾隆十八年，因满洲都统衙门坍塌，由大佛寺西大街移于朝阳门内老君堂胡同。"《嘉庆重修一统志·京师四》、《畿辅通志·帝制纪·京师一》、《光绪顺天府志·京师志七·衙署》亦有相应记载，可见其相沿未移。《情形》档案更明确记载在"东城老君堂30号"。

按：老君堂胡同，1965年与北井儿胡同等合并，统称北竹竿胡同[①]。此胡同位于朝阳门内南小街东侧，东西走向，原有门牌单号为1—129号，双号为2—96号。目前这一地区正在进行危房改造，2002年7月22日笔者来此地踏查时，胡同西段尚存。采访中，位于胡同西段路北[②]第101号院内关汉生老人（88岁，满洲正黄旗）明确表示：这个胡同以前就叫"老君堂胡同"，这个院子老门牌是"30号"。踏查结果，该院大门形制尚基本保留原貌，为标准的三间五架硬山式建筑，屋面为筒瓦清水脊结构，金柱式大门，门道东西各有门房一间，屋内横梁上尚残留有彩绘，门前有"五福捧寿"抱鼓石一对，抱鼓石上依稀有小卧兽形象。大门外两旁有八字形照壁，其中东侧照壁保存较完好，中部为方砖、三角砖镶嵌的菱形图案。另据院内居民介绍，大门外原有"石狮"，今已不存。该院原来的格局已经被破坏，现存院落大致可分为二进，约有房屋20余间，观察所见只有北房四间为硬山式人字顶屋宇，较为古旧，其他房屋据院内居民讲均为1958年以后改建的新房，已无遗迹可寻。

2002年9月15日，当我陪阎崇年先生再次来此考察时，北竹竿胡同已基本被拆毁，101号院大门及院内房屋也已拆掉大半，可以想见不久就将彻底消失在推土机的隆隆声中。

3. 西单北大街太仆寺街5号，光绪至宣统年间，镶蓝旗汉军都统衙门旧址。

据《嘉庆重修一统志·京师四》、《畿辅通志·帝制纪·京师一》、《光绪顺天府志·京师志七·衙署》记载：镶蓝旗"汉军都统署在堂子胡同宽街"。而《情形》档案则记载在"西城太仆寺街2号"。当系光绪至宣统年间移迁。

按："西城太仆寺街"即今西城区西单北大街太仆寺街。该街东西走向，原有门牌单号为1—81号，双号为2—58号。目前西段已被改建为"府右街宾馆"和居民楼，遗迹全无。东段路北仅存1、3、5、7号院，依据民国门牌编号的规律，老门牌"2号"应该在胡同东口的北侧一带。经过寻找，其中5号院应该就是老门牌2号。采访中，该院女住户刘敏（47岁）说：听老人讲，此院在日伪、国民党时期曾作为"侦缉大队

① 王彬、徐秀珊主编：《北京地名典》"竹竿胡同"条，中国文联出版社2001年版，第101页。

② 朱一新：《京师坊巷志稿》卷上"老君堂"条载："正白旗满洲都统署在南。"不知何据。

队部”，“文革”期间在院子里挖“防空洞”时还挖出过“人骨头”。刘敏女士的话至少与两条史料基本吻合，一是上述《情形》档案“现住军警侦缉处第四分队”的记载；另外，《北京市志稿·官署》也记载：“警察局侦缉四小队在太仆寺街路北 2 号，院 4 座，房 28 间。”① 由此基本可以证明 5 号院就是老门牌 2 号的判断。

该院现为北京市供电局宿舍，大门已经过改造，但依然能辨认出为硬山式三间五架结构，只是大门已从中间改到西侧。进院门有一棵杨树，树龄当在百年以上。院落可分为二进，东侧有一过厅相通。院内建筑只有二进院的北房三间基本保持硬山式仰瓦灰梗原结构，但已旧损严重。其他遗迹已荡然无存。

4. 西城区新文化街 137 号，雍正六年后，镶红旗三军都统衙门旧址；光绪至宣统年间，镶红旗满洲都统衙门旧址。

《八旗通志初集·营建志一》载：“镶红旗满洲、蒙古、汉军都统衙门，初设于石驸马街南。雍正六年准奏，将石驸马街北官房一所，共一百零四间作为三旗都统衙门。”《钦定大清会典事例》(嘉庆朝)卷八五九、《嘉庆重修一统志·京师四》、《畿辅通志·帝制纪·京师一》、《光绪顺天府志·京师志七·衙署》记载略同。但《情形》档案则记载镶红旗满洲都统衙门在“石驸马大街 48 号”，而蒙古、汉军都统衙门分别在“西城回回营 4 号”和“西城授水河 8 号”。鉴于《畿辅通志》、《光绪顺天府志》均主要编纂于光绪初年，仍记载三旗同址，可知，蒙古、汉军都统衙门的迁出应是光绪初年以后发生的事情。②

按：“石驸马大街”即今西城区新文化街，1969 年为纪念新文化运动的倡导者鲁迅先生而改名。该街东西走向，原有门牌单号为 1—213 号，双号为 2—142 号，今街道两侧多处地点已拆建为楼房，但因道路未向两侧扩展，故街道原貌大致尚存。依据北京市档案馆藏《八旗王公世爵清理京兆旗产代办处章程》(档号：J54—1—40—42)中有关“本处设在石驸马大街西口路北镶红旗满洲都统署内”的记载，踏查主要集中在新文化街西口路北一带。采访中，新文化街西口路北 135 号老住户王大妈(75 岁)确认：“137 号的老门牌就是‘石驸马大街 48 号’。新中国成立前作过粮库，新中国成立后改为‘新文化街一小’。”踏查结果，该院大门虽有所改建，但硬山式三间五架结构之旧貌尚基本保持，屋面为仰瓦灰梗过陇脊，与院内正房、厢房的屋顶结构有所不同，或为后来进行过改建。另外，大门的相关附属设施如抱鼓石、拴马桩等也已不存。院内现为大杂院，约住居民 20 余家，院内空地虽多已为自建房占据，但由于北、东、西三面房屋还基本保持旧貌，故院落的形制尚没有大的变化。北房五间(带耳房二间)、东西厢房各五间，原均有檐廊，今已扩建为房间。北房和东厢房屋面均为仰瓦灰梗清

① 《北京市志稿》，北京燕山出版社 1998 年版，第 424 页。

② 日本东洋文库现藏的所谓《镶红旗档》，就是镶红旗满洲都统衙门的档案，共计 2400 多件。这部分档案原存于石驸马大街镶红旗满洲都统衙门内，后流入书肆，1936 年被东洋文库收购。其中未见镶红旗蒙古、汉军都统衙门的档案，可见后来三旗的办公地点及档案文献确实是分开的。

水脊，西厢房屋面已经过翻修，失去原貌。

另外，还应该提及的是与137号相邻的135号院。该院为三进四合院，并附带花园。大门为广亮式，屋面为阴阳瓦鞍子脊，门楼彩绘依稀可见，门簪上写有“厚德载福”四字，大门两侧各有一个抱鼓石。院内虽有一些自建房屋，但原有建筑基本保存完好，屋面亦多为阴阳瓦鞍子脊，与137号院房子屋面有所不同，当系民国时期后建，故总体状况好于137号院。据老住户王大妈讲：此院新中国成立前为“山西驻京办事处”。参照上引《八旗通志初集》关于镶红旗三军都统衙门有“官房一百零四间”的记载，则135号和137号院极有可能当时都属于三军都统衙门范围。民国年间，其东侧一部分院落经过改建，另开新门，成为“山西驻京办事处”的所在地。

（二）已被改建拆毁或遗迹无寻的旧址19处

从上列《情形》档案记载可知，民国年间八旗都统衙门房产多数已经易主，有些院落房屋当时就已被改建，遗迹无存。新中国成立以后，随着北京城市建设和旧城改造的进程，不少的街道胡同或被拆除或被扩路拆迁，而位于这些地点的八旗都统衙门也多随之消失。经过实地踏查，在上述23处地点中，有19处已无遗迹可寻。

1. 镶黄旗满洲都统衙门，原在东城交道口东39号。

2. 镶黄旗汉军都统衙门，原在东城交道口南街79号。

按：上述二处地点应分别位于今交道口东大街和交道口南大街上。踏查可知，这两条街道新中国成立后都经过多次扩路整修，路两侧的建筑大多为新建。特别是交道口东大街为东西一线交通要道，道路几经改造，如今已原貌尽失，道路北侧现为东城区文化馆、图书馆、北京市第二十二中学等单位，南侧一线正在建设“交东危改小区”。

3. 镶黄旗蒙古都统衙门，原在东直门草厂16号。

按：依据《清（乾隆）北京城图》、《（宣统）最新详细帝京舆图》、《北京街道胡同地图集》[①] 所示，东直门草厂即今东直门南小街草园胡同。踏查结果，草园胡同总体呈东西走向，胡同道路虽未见大改，但两侧房屋多已拆建为居民楼和办公楼，如北侧有“北京稻香村食品集团”，南侧有“太钢宾馆”等，已无遗迹可寻。

4. 正黄旗满洲都统衙门，原在德胜门大街39号。

按：德胜门大街即今德胜门内大街。据《光绪顺天府志》记载：该署在“德胜桥南”，则大致位置可定。踏查结果，今德内大街德胜桥迤南街道虽未见大变迁，但东西两侧房屋几乎都已改建为商店，原来面貌尽失，已无遗迹可寻。

5. 正黄旗汉军都统衙门，原在西城半壁街29号。

按：依据《清（乾隆）北京城图》、《（宣统）最新详细帝京舆图》、《北京街道胡同地图集》所示，西城半壁街即今西直门南小街的前半壁街。经踏查，该街东西走向，南北两侧的房屋多已经改建，遗迹难寻。

① 《清（乾隆）北京城图》，见中国社会科学院考古研究所编《明清北京城图》，地图出版社1986年版；《（宣统）最新详细帝京舆图》，中国画报出版社翻印1999年版；《北京街道胡同地图集》，中国地图出版社1998年版。

6. 正白旗蒙古都统衙门，原在东城报房胡同 9 号。

7. 正白旗汉军都统衙门，原在东城报房胡同 14 号。

按：东城原有大、小两条“报房胡同”，据朱一新《京师坊巷志稿》卷上载：“正白旗蒙古、汉军都统署俱在大报房胡同。”[①] 大报房胡同即今东城区王府井大街报房胡同。该胡同东西走向，街道保存较完好。采访中，胡同东部 17 号院戴先生（66 岁）明确表示，该院老门牌就是“9 号”，30 年代初由他父亲买下，现存的大门和院内建筑均为当时重建，已经没有清朝的“老房”了。经踏查，17 号院大门为广亮式，影壁、石台阶、抱鼓石俱在，院内虽私建房很多，但四合院的结构不变，应属比较典型的官吏式住宅，与戴先生所述相符。据此可知，今报房胡同 17 号应该就是正白旗蒙古都统衙门所在地，只是遗迹已荡然无存。

沿 17 号院向西 31 号也是一个标准的四合院，该院老住户孙先生（74 岁）告诉我：他所住的 31 号院的老门牌是“13 号”，该院西侧今报房胡同 33 号、35 号都是老门牌“14 号”的地方，新中国成立前院子里种有大片果树，新中国成立后分成两个院子，33 号现在是“外交部宿舍”，35 号为“改革开放论坛”社租用。经踏查，33 号院内已建成住宅楼，无遗迹可寻；35 号院门紧闭，门额上挂有一块张劲夫题写的“改革开放论坛”匾额，院内情况不详，但据孙先生言，院子已经改造，没保存下什么“古迹”。

8. 正红旗满洲都统衙门，原在西城锦什坊街 149 号。

按：西城锦什坊街即今阜成门内大街锦什坊街。该街南北走向，颇为狭长，目前正在进行拆迁，已有不少院落房屋被拆毁。采访中，家住锦什坊街 80 号的老住户张中音老人（88 岁）回忆道：“老门牌 149 号应该就在（顺承）郡王府的北边，新中国成立后建‘政协’时就被拆了。”看来该都统衙门可能早在 50 年代就已不复存在了。但据《京师坊巷志稿》卷上“锦什坊街”条记载：“正红旗满洲都统署在西。”[②] 由于锦什坊街为南北走向，所谓“在西”当指在街道西侧一线，这与上述张中音老人的说法正好相反，因为今天仍能确指的顺承郡王府恰恰是在街道的东侧。从相关资料显示，正红旗满洲都统衙门自雍正元年设置后一直未见迁移，可见其所在位置就是《情形》档案记载的“149 号”。而按照民国时期门牌编号的规律，南北走向的胡同应是自北至南、由西及东顺序编号，尽管锦什坊街颇为狭长，但老门牌“149 号”也应该在胡同东侧一线。《北京市志稿·官署》在“自治事务第四区分所”条下，明确记载其办公地点为“锦什坊街路东 149 号”[③]。由上可证《京师坊巷志稿》的记载有误。

9. 正红旗蒙古都统衙门，原在西城水车胡同 6 号。

按：今阜成门内大街南侧分别有大水车、小水车、横水车、南水车等四条叫“水

---

① 朱一新：《京师坊巷志稿》，北京古籍出版社 1982 年版，第 112 页。

② 同上书，第 134 页。

③《北京市志稿·官署》，北京燕山出版社 1998 年版，第 427 页。

车”的胡同，其中大、小水车胡同为东西走向，横水车和南水车胡同为南北走向。查《清（乾隆）北京城图》，阜成门内只标有“水车胡同”；《（宣统）最新详细帝京舆图》分别标有“水车胡同”和“横水车胡同”；《京师坊巷志稿》卷上则记载有“东、西水车胡同”，同时还明确指出：“正红旗蒙古都统署在东水车胡同之东。”[①] 实地踏查显示，横水车胡同正好南北向把水车胡同一分为二，东边为大水车胡同，西边为小水车胡同，从方位来看大、小水车胡同正是朱一新所说的“东、西水车胡同”，而《情形》档案所载的“西城水车胡同”即今大水车胡同无疑。另外，朱一新所谓“东水车胡同之东”当是指衙门所在位置在胡同的东段，这与《情形》档案“6号”的记载也是吻合的。该地区目前正在进行危房改造，包括民康胡同（旧称巡捕厅胡同，雍正至乾隆间，正红旗蒙古都统衙门曾在此）南侧、大水车胡同已全部拆毁。大水车胡同已不复存在。

10. 正红旗汉军都统衙门，原在西城卧佛寺街6号。

按：《八旗通志初集·营建志一》载：正红旗“汉军都统衙门原设于鹫峰寺街”。《钦定大清会典事例》（嘉庆朝）卷八五九、《嘉庆重修一统志·京师四》、《畿辅通志·帝制纪·京师一》、《光绪顺天府志·京师志七·衙署》亦载，可见相沿未变。《京师坊巷志稿》卷上载：“鹫峰寺街，俗称卧佛寺街。”[②] 查《清（乾隆）北京城图》、《（宣统）最新详细帝京舆图》，卧佛寺街在城隍庙街（今成方街）南，1956—1957年，该街与相邻的报子胡同、旧刑部街、邱祖胡同一起被拆除，辟为复兴门内大街。

11. 镶白旗满洲都统衙门，原在东城王府大街67号。

按：《北京地名典》“王府井大街”条记载：“民国四年（1915）《北京四郊详图》上将此街分为三段：北段从五四大街到灯市口西街称王府大街；中段从灯市口西街到东安门大街称八面槽；南段称王府井大街。”[③] 可见，“王府大街67号”应该位于五四大街到灯市口西街区域。该街区东西两侧新中国成立后多次扩路改建，如今商家、机关林立，著名者如华侨大厦、首都剧场、中华书局、商务印书馆等，旧有院落及房屋早已荡然无存，无迹可寻。

12. 镶白旗蒙古都统衙门，原在东城甘雨胡同22号。

按：东城甘雨胡同即今王府井大街甘雨胡同。该胡同为东西走向，经踏查，胡同已经扩路与拆迁，现名为“甘柏小区”。

13. 镶白旗汉军都统衙门，原在东城灯草胡同9号。

按：东城灯草胡同即今东四南大街灯草胡同。该胡同东西走向，门牌单号为1—41号，双号为2—66号，街道原貌虽尚在，但两侧房屋已多有修缮。采访中，44号院老住户马先生（70岁）指着对面路北的19号院明确说：“19号的老门牌就是‘9号’。新

---

① 朱一新：《京师坊巷志稿》，北京古籍出版社1982年版，第139页。

② 同上书，第134页。

③ 王彬、徐秀珊主编：《北京地名典》，中国文联出版社2001年版，第72页。

中国成立前这里住的是协和医院耳鼻喉科主任，现在是‘台办招待所’。”该院大门紧闭，院内情形不详，但据马先生讲，院子前几年刚刚“整修”过，已经没有“老房子”了。

14. 镶红旗蒙古都统衙门，原在西城回回营 4 号。

按：“西城回回营”对应的今地尚难以确指。根据朱一新《京师坊巷志稿》卷上记载，“东、西石驸马大街”后还有“石驸马后宅”、“回子营”、“东、中、西铁匠胡同”等地名①，其中“回子营”与“回回营”一字之别，当指一地。查《（宣统）最新详细帝京舆图》，“石驸马后宅”位于西石驸马大街北侧，即今西城区文华胡同，“中铁匠胡同”位于石驸马后宅北侧，即今西城区文昌胡同，而“回子营”当位于这两条胡同之间或附近。《（宣统）最新详细帝京舆图》和《北京街道胡同地图集》②都显示，在文华、文昌胡同之间有一条南北向小巷，但均未标名。实地踏查，今文华、文昌胡同之间已没有南北向的通道，不知是相关地图标注有误，还是后来有所改筑。另据《实用北京街巷指南》记载，文华、文昌胡同西侧的闹市口中街 29 号为“副食店（清真）”③，这说明该地区确有回族聚居。“闹市口中街”新中国成立前称作“半截碑”，后因其南北分别为“南闹市口”和“北闹市口”而改名，此街是否又称“回子营”，尚无文献或口碑可证，待考。

另外，根据文献的记载，西城区还有两处叫“回子营”的地方：一处即今西长安街南东安福胡同，据《日下旧闻考》卷七一载：“乾隆二十五年奉旨授白和卓为回子佐领，以投诚回众编为一佐领，于西长安街路南设回营一所居之。”④此地遂称“回回营”，亦称“回子营”；另一处即今白塔寺以北的安平巷，该巷在《清（乾隆）北京城图》、《（宣统）最新详细帝京舆图》均标为“回子营”胡同，《京师坊巷志稿》卷上“阜成门大街”范围内也载有“回子营”⑤。东安福胡同虽位于石驸马大街东边不远，但属于宣武门内，而该地区归属镶蓝旗管辖；安平巷虽远在石驸马大街迤北，但在阜成门内，属镶红旗管辖范围，按理该旗蒙古都统衙门选择在这里的可能性应较大。踏查结果，“东安福”和“安平巷”均为东西走向，街道原貌虽未尽失，但两侧房屋多数都已经过改建，当地居民也无人能知晓相关历史沿革。

15. 镶红旗汉军都统衙门，原在西城浸水河胡同 8 号。

按：西城浸水河胡同即今佟麟阁路受水河胡同。该胡同东西走向，街道原貌未失，但两侧房屋已多数经过改建。采访中，当地居民亦无人能确指老门牌 8 号院的位置，有居民估计胡同北侧的“受水河小学”可能就是老门牌 8 号院。

---

① 朱一新：《京师坊巷志稿》，北京古籍出版社 1982 年版，第 73 页。

② 《北京街道胡同地图集》，中国地图出版社 1998 年版，第 51 图。

③ 王彬主编：《实用北京街巷指南》，北京燕山出版社 1987 年版，第 156 页。

④ 于敏中等：《日下旧闻考》，北京古籍出版社 1983 年版，第 1193 页。

⑤ 朱一新：《京师坊巷志稿》，北京古籍出版社 1982 年版，第 143 页。

16. 正蓝旗满、蒙都统衙门，原在东城本司胡同33号。

17. 正蓝旗汉军都统衙门，原在东城本司胡同34号。

按：东城本司胡同即今东四南大街本司胡同。《八旗通志初集·营建志一》载："雍正七年奏准，将东四牌楼灯市口大街本司胡同西口官房一所，共五十三间，作为三旗都统衙门。"《钦定大清会典事例》（嘉庆朝）卷八五九、《嘉庆重修一统志·京师四》、《畿辅通志·帝制纪·京师一》、《光绪顺天府志·京师志七·衙署》亦均有相应记载，可见衙署位置一直相沿未变。由此可知，《情形》档案所记33、34号院也必在本司胡同西口。踏查结果，本司胡同西口路北现为"北京东华制浆造纸企业集团"用房，院内建筑均为新建，已没有任何遗迹可寻。

18. 镶蓝旗满洲都统衙门，原在西城华嘉寺14号。

按：查《清（乾隆）北京城图》，在锦什坊街附近，有一条"花椒寺胡同"；《（宣统）最新详细帝京舆图》则标明"华迦寺"，从地理位置判断，即今锦什坊街华嘉胡同。这是一条东西走向的小巷，胡同北侧已改建为"华嘉小区"。据16号院居民讲，北侧19号今"华嘉小学"所在地就是"老门牌14号"，已建成教学区，遗迹无存。

19. 镶蓝旗蒙古都统衙门，原在西城太仆寺街10号。

按：如上"镶蓝旗汉军都统衙门"条所述，太仆寺街是一东西走向大街，西段已被改建为"府右街宾馆"和居民楼，"10号"院正好位于拆迁范围，今已不存。

附表：

八旗都统衙门	地址及房屋
镶黄旗	
1. 雍正元年（三旗同址）	拐棒胡同（初设）
2. 雍正六年（三旗同址，迁至）	安定门内大街（官房一所，57间）
3. 雍正七年（满洲迁至）	东直门内大街（官房一所，75间）
4. 乾隆二年（满洲迁至）	安定门大街交道口东官米局（官房36间）
5. 乾隆十九年（蒙古迁至）	（北）新桥南（官房41间）
6. 光绪中期至宣统年间（蒙古迁至）	东直门草厂16号
正黄旗	
1. 雍正元年（三旗同址）	石虎胡同（初设）
2. 雍正六年（三旗同址，迁至）	德胜门内帅府楼胡同（官房一所，64间）
3. 雍正七年（汉军迁至）	西直门内丁家井（官房一所，34间）
4. 乾隆元年（满洲、蒙古同址，迁至）	德胜桥南大街（满洲官房71间半；蒙古官房30间）
5. 乾隆年间（蒙古回迁至）	德胜门大街石虎胡同
6. 光绪中期至宣统年间（汉军迁至）	西城半壁街29号
正白旗	
1. 雍正元年（三旗同址）	烟筒胡同（初设）
2. 雍正四年（满洲迁至）	大佛寺西大街（官房一所，24间）
3. 雍正七年（蒙古、汉军迁至）	东四牌楼报房胡同（官房一所，57间又二半间）
4. 乾隆十八年（满洲衙门坍塌，迁至）	朝阳门内老君堂胡同（官房96间半）
正红旗	
1. 雍正元年（满洲、蒙古同址）	锦石坊街（初设。官房一所，32间）
2. 雍正元年（汉军另一处）	鹫峰寺街（初设。官房一所，28间）
3. 雍正七年（蒙古迁至）	巡捕厅胡同（官房一所，20间）
4. 乾隆年间（蒙古迁至）	水车胡同

续表

八旗都统衙门	地址及房屋
镶白旗	
1. 雍正元年（三旗同址）	东单牌楼新开路胡同（初设）
2. 雍正四年（三旗同址，迁至）	灯市口西口（官房一所，101间）
3. 雍正六年（汉军迁至）	东四牌楼大街灯草胡同（官房一所，37间）
4. 乾隆十八年（蒙古迁至）	东安门外干雨胡同（官房54间）
镶红旗	
1. 雍正元年（三旗同址）	石驸马街南（初设）
2. 雍正六年（三旗同址，迁至）	石驸马街北（官房一所，104间）
3. 光绪中期至宣统年间（蒙古迁至）	西城回回营4号
4. 光绪中期至宣统年间（汉军迁至）	西城授水河8号
正蓝旗	
1. 雍正元年（三旗同址）	崇文门内大街西堂子胡同（初设）
2. 雍正七年（三旗同址，迁至）	东四牌楼灯市口大街本司胡同西口（官房一所，53间）
镶蓝旗	
1. 雍正元年（三旗同址）	宣武门内塘子胡同东宽街（初设。官房一所，68间）
2. 雍正七年（蒙古迁至）	太仆寺街路北（官房一所，35间半）
3. 乾隆三十五年（满洲迁至）	阜成门内华嘉寺胡同（官房91间）
4. 光绪中期至宣统年间（汉军迁至）	西城太仆寺街2号

原文经绵贯哲郎翻译，发表于［日］《满族史研究》第2号，2003年5月。

从“二重证据法”说开去

——漫谈历史研究与实物、文献、调查和试验的结合

宁 可

历史研究，要凭借史料。传统的也是最重要的史料是文字史料。但是，“文献不足征也”。王国维在晚年总结治学经验的时候，在他的《古史新证》里，提出了有名的“二重证据法”。说明了文献与出土的地下材料相结合对于历史研究中的重要作用。

> 研究中国古史，最为纠纷之问题，上古之事，传说与史实混而不分，史实之中，因不免有所缘饰，与传说无异，而传说之中，亦往往有史实为之素地，二者不易区别，此世界各国之所同也。在中国古代已注意此事。……至于近世，乃知孔安国本《尚书》之伪，《纪年》之不可信，而疑古之过，乃并尧、舜、禹之人物而亦疑之。其于怀疑之态度及批评之精神，不无可取。然苦于古史材料，未尝为充分之处理也。吾辈生于今日，幸于纸上之材料外，更得地下之新材料。由此种材料，我辈因得以补正纸上之材料，亦得证明古书之某部分全为实录，即百家不雅驯之言，亦不无表示一面之事实，此二重证据法，惟在今日始得为之。虽古书之未得证明者，不能加以否定，而其已得证明，不能不加以肯定，可断言也。①

王国维运用“二重证据法”的重要贡献，从他的《殷卜辞中所见先王先公考》等论著中可见一斑。但他所注重的地下材料其实是专指出土实物上的文字，即青铜器、甲骨、敦煌写本、汉晋简牍上的文字，而不及未见文字的地下实物，这和他所谓的“纸上之材料”外的“地下之新材料”不免有相去一间之憾。

一

出土的地下实物其实是真实的、直接的、原始的、本来的史料，但也有很大的局

---

① 王国维：《古史新证——王国维最后的讲义》，清华大学出版社1994年版，第1—3页。

限，那就是它只是僵化、物化的人类活动。它本身蕴藏了过去大量的人类活动的信息，但凭本身形式，直接地直观地传达出来的并不多。像它所蕴蓄的关于人物、事件、社会组织、社会关系、人们的思想等信息就是如此。在这一点上，它不如文字史料（包括语言和图像）。文字史料是经过人们意识处理过的历史信息，实的虚的、具体的抽象的、个别的综合的都有，实物往往做不到这一点。我们要了解和深入了解实物所蕴藏的更多的更深入的信息，还必须借助有关的语言文字图像，当然，也确实需要借助于原有文献上的记录，以期相互印证。实物上如果有文字图像，那情况就好多了，这时的实物就具有实物和文字图像的双重史料的功能。像中国先秦古青铜器，如果上面有铭文，不仅可以落实其功能，如礼器、酒器、食器、兵器、明器等，而且还会知道是何人、何地、何时为何制作了这件铜器，是为自己使用，为了祭祀，还是赠人。而且还能知道当时的一些重要史实，像大盂鼎铭文中所记的打仗杀人俘人的事，就是了解西周社会的极重要的第一手史料。如果没有这个铭文，大盂鼎仍不失为珍贵的实物史料，但其史料价值就不能跟有这个铭文的相比了。有了这个铭文，就有了关于大盂鼎的故事，亦即有关的人的活动。这是没有铭文的鼎所做不到的，或者那只是其中有关人的活动的一小部分（如铜器制作的原料、铸造技术、铜器的形式等）。有些实物如写卷、甲骨、绘画、雕塑等基本上就是文字图像史料，它们的质地、制作技术、书写方法等的史料价值反成为第二位的了。

要更多更好更深入更确切地发掘出实物所蕴藏的历史信息，往往还要靠实物以外的文字语言符号图像材料作为参证。这种将文献记载和实物互相参证的做法所取得的重要成果，不胜枚举。钟磬是我国古代最重要的乐器，所谓的“金声玉振”。但其编制即编钟编磬是怎样的，又是如何演奏的，文献记载佚失不详或不清楚，而以往出土的钟磬又都属零散的个别的实物，只是到随县春秋曾侯乙墓出土了整套的编钟编磬及悬挂的架子巽（加竹字头）虡（加竹字头），以文献和考古实物相印证，我们才弄清了这种乐器的真貌，并可再度用它演奏乐曲。

过去在汉墓中时见零散玉片或石片，不知是做什么用的。直到发掘了西汉中山靖王刘胜夫妇墓，出土了包覆在尸体外，以金丝连缀玉片做成的完整的尸衣，与文献印证，才知这是文献中所载的贵族葬法中的“金缕玉衣”（后来还发现次级的“银缕玉衣”、“铜缕玉衣”、“丝缕玉衣”）。北京大葆台汉墓棺椁之外覆盖的那层厚实的方木，与文献参证，知道是过去文献中弄不清楚的“黄肠题凑”、“西园秘器”。像马王堆汉墓出土的一幅覆盖于棺盖上的长约2米多点的彩绘帛画，根据文献可知为铭旌一类的东西，但又与文献记载的铭旌形制不甚相合，以致还不能最后确定下来。实物与文献的关系，由此可以想见。

二

文献与实物的互相参证，对有文字记载的历史时期如此，对当时没有文字记载的原始社会尤其如此。

要了解原始社会，我们当然需要有考古发掘出来的当时的遗址、遗物、遗迹，但光有这些例如石斧、石镞之类还不够，我们还需要有后来文献中像《礼记·礼运》写大同之世那样的关于原始社会的追忆。光有这两者还不行，还要靠现实生活中残留的原始社会的东西，特别是对一些地方的还处于原始状态的人群或次原始状态的人群的调查了解。经过这样三个途径，并且把三者结合起来，我们对原始社会就能有真正的比较科学的了解了。19 世纪中叶以后是人们对原始社会科学了解的一个关键时期。在这之前，原始社会对人们来说并不存在，至多是极模糊的记载和一些猜测。19 世纪的欧洲学者最初研究了德国残存的马克（公社），包括语言、社会组织、民俗等，并同古籍中所载的有关古日耳曼人社会（如罗马恺撒的《高卢战记》、塔西陀的《日耳曼人志》）相参证，确认了古日耳曼的马克（公社）制度。随后这一研究又扩展到东欧的社会（塞尔维亚、罗马尼亚、俄罗斯等），认识到了这种原始社会末期向阶级社会过渡时的公社形态的普遍性。但是在这之前又如何呢？美国人摩尔根作为北美印第安易洛魁族的养子，长期同他们住在一起，弄清了印第安部落的原始社会性质，并在 1877 年出版了《古代社会》。19 世纪末 20 世纪初文化人类学兴起，一批学者如马克莱、马林诺夫斯基等在非洲、大洋洲对原始部落做了大量调查，把公社以前乃至印第安部落以前的原始人群的情况弄得更清楚了。这样，我们才对原始社会有了比过去大为不同的清楚的科学的认识。人类历史上有一个最早的原始社会阶段已是确定无疑了，其基本面貌也大致呈现出来了。

中国的 56 个民族中，新中国成立时的社会发展程度不一样，有的处在典型的封建社会，如傣族；西藏则为封建农奴制；四川凉山彝族是奴隶制社会；还有些民族则处在原始社会阶段，如东北的赫哲族与鄂伦春族，云南的独龙族、佤族等都是。20 世纪 50 年代曾做过一次普遍的社会调查，对历史上已经逝去的社会形态提供了活生生的标本，大大加深了我们对过去社会形态的认识。例如婚姻关系，最古老的是乱婚；后来把不同辈分的人排除，氏族的同辈男女兄弟姊妹之间互为婚姻，是为血族群婚；然后是亚血族群婚，即氏族内部不通婚，而与另一个氏族的同辈男女互为婚姻；再往后是对偶婚，即一男一女互为夫妻，但均可与另外的男女有非固定的性关系；最后才是一夫一妻制（或一夫多妻、一妻多夫），以纳妾作为补充。匈奴的单于死后，其继承者可与他的阏支（王后）成婚；这里有把妻子作为财产加以继承的因素，看来也是古代乱婚的一种残留。古希腊传说俄狄浦斯在不知情的情况下杀父娶母，知情后造成内心的极大痛苦，成了古希腊悲剧中最悲惨的人物，可知在其传说形成的时代人们已经排斥了不同辈人间的婚姻，那已被视为不能容许的乱伦罪恶。希腊神话中的大神宙斯与天后赫拉原是兄妹，中国传说中的伏羲、女娲原来也是兄妹，后来结为夫妻，反映了古代血族群婚的状况。古希腊有一个风俗，每年有一天女子到神殿去，把自身献给任何见到的男人，这是从对偶婚制遗留下来的风俗。中国云南的摩梭人有一种“阿柱”制度，男女婚后，仍可有“阿柱”（朋友），越多越以为荣。有位老年妇女自诩有一百多个“阿柱”，这是一种对偶婚制的遗留。

王国维把文献与实物结合起来研究称为“二重证据法”，文献、考古和现实调查三者的结合互相印证，或者可以称之为“三重证据法”，它能大大促进对历史真相的认识。有些学者提倡，对没有文字时期的历史，考古和调查的作用极大。文字则由于是后出，记载少而又多经后人以后来的观念扭曲，仅凭它很难了解历史本来面貌。[①]《礼记·礼运篇》所记禹以前的大同之世，那是凭着春秋战国对过去的认识特别经过儒家思想加以扭曲的原始社会的记录，仅凭它不可能弄清原始社会的真貌。但是有了考古和调查的成果，《礼记》大同之世的记载就可以剥去和滤掉后世的不准确的叙述和儒家理想化美化的外衣，而成为原始社会真貌的一种印证了：“大道之行也，天下为公（公有制）。选贤与（尊重）能（酋长公选），讲信修睦（和平）。故人不独亲其亲，不独子其子。使老有所终（养老），壮有所用（工作），幼有所长（抚育），鳏（老男无妻）、寡（老女无夫）、孤（幼儿无父）、独（老人无子）废疾（残废）者，皆有所养。男有分（职业），女有归（婚姻不失时）。货恶其弃于地也，不必藏于己（生产品共同所有），力恶其不出于身也，不必为己（各尽所能），是故谋闭而不兴（不欺诈争利），盗窃乱贼而不作（不掠夺），故外户而不闭（没有私有财产，不用关大门），是谓大同。”[②]到了有文字记载的时期，尤其是保留下来的文字记载越来越多的时期，实物和调查不像对原始社会的认识那样极端重要，但它们仍可作为文字记载的重要参证，仍能发掘出一些文字所不载、或不详载、或未明载的东西。这是非常重要的认识历史的途径。

三

实物、文字、调查三者结合，是一个复杂的问题。一般来说，三者结合，能促进我们对历史认识的深化和具体化，但是也可能误导我们的历史认识。实物是历史最过硬的物证，然而对实物的解释却有赖于认识者的知识、科学技术水平和思维方式。有了实物不一定就能对它有科学的正确的认识。文字经过记述者的思维，是否真能反映真相很成问题，在于研究者对它进行判断。对现实社会中历史的多面的调查，也因为时间的经历，原来的东西并不能完全保留下来，而且往往不是原生的形态，而是次生的形态、萎缩扭曲的形态或衍生的形态，由此上推历史的原貌不是那么容易的。在这里，研究者的成果不仅要取决于他所处的时代总体的知识水平、技术水平、认识能力、认识方法，尤其要取决于他本身的品质、素养、研究目的、方向、知识水平、方法、

① 社会学或文化人类学的调查方法，早就有了，而且在中国早被“引进”过来（像马长寿先生就做过这方面的工作）。新中国成立以后，范文澜先生曾发表过一篇文章《介绍一篇待字闺中的稿件》（《光明日报》1956 年 5 月 6 日），特地介绍了刘尧汉先生关于彝族地区调查所得的有关彝族社会发展过程的变化。

② 引文见范文澜《中国通史简编》，第一编第一章第五节《原始公社制度》，人民出版社 1959 年版，第 99 页。

乃至个性、心态等。在这种主客观的交互作用下，认识主体的作用是决定性的，而出现的情况也是各色各样的，不算弄虚作假、蓄意歪曲、捏造篡改之类，正打正着不少，而歪打正着，正打歪着，打而不着，空打空着的也不少，有些甚至是非常有趣的。我们来举一些例。前几年出过一本书，讲人是外星人的产物，引用了很多中外神话传说，如嫦娥奔月、后羿射日等。又用了许多当代有关外星人的记述。在一些人中有相当的影响。问题是把古代神话传说一律信以为真，好像古人真能奔月射日；又把那些并没有或不能证实的外星人记录当成确凿真实的东西，再用想象把它们连接在一起得出了一个外星人以月球为基地进入地球，同猿杂交产生出人类的说法，达到这个荒谬结论用的方法就是这种两头全不落实的方法。又比如对浙江龙游石岩背村、黄山市屯溪区花山村地下石窟群的各种猜测①，最大的可能就是石窟是为了取石材，但不见记载，而石材的去向也不清楚。其实目前最好的答案是，所有的猜测还不能算数，只有进一步的调查发掘。再比方说像有名的阴山岩画和贺兰山岩画，人们对其年代作出了种种推测，但目前还没有一种科学的方法能够确定它们的确切年代。种种说法就无非都是一种假说。

想象力是促使人们进一步深入探究世界的动力，这是有意识有目的的人类活动的最大优点，想象力并非凭空而来，即使是那些最离奇空幻的想象，也是建立在人的现有知识水平和认识能力及技术方法的基础上的，但如果只保留在想象中而不去深入探究落实，在探究中排除不正确的可能性，寻求真实的答案，那并不能提高我们的认识水平认识能力。如果把想象就当作真实的答案，那就更糟，认识还会倒退。科学上的假说其实也是一种想象，但一般来说，它还不是那种纯然虚幻的想象，总要有几分事实根据。如果因此以假设作为结论，那就不好了。胡适和傅斯年说过，有几分证据说几分话，这是很有道理的。然而，这样拿想象当作真实的毛病，我们是时常会犯的。不仅是有意为之，即使是认真严肃的学者，也往往由于认识水平和认识能力的限制而不免出现这种情况。

也许是中国文化实用性特点所使然吧，中国古代诗歌往往是见物起兴，感事抒怀。中国又是一个历史悠久的国家，诗人具有丰富浓烈的历史感，好发思古之幽情。古今对应，古迹典故入诗很多，反映了一种现实的和文献所载史事、人物联系起来的历史手法。不妨举两段熟知的诗词：

苏轼的词《赤壁怀古（念奴娇）》，这是他在谪迁为黄州团练副使时写的：

大江东去，浪淘尽，千古风流人物。故垒西边，人道是，三国周郎赤壁。乱石穿空，惊涛拍岸，卷起千堆雪。江山如画，一时多少豪杰。遥想公谨当年，小乔初嫁了，雄姿英发，羽扇纶巾，谈笑间，樯橹灰飞烟灭。故国神游，多情应笑

① 王雪生：《追踪两千多年前的战备工程》，《炎黄春秋》2004年第6期。

我，早生华发。人间如梦，一尊还酹江月。

这里，故垒、赤壁是与由文献所知的周瑜、赤壁之战、火攻联系起来了。然而在这阕词里，苏轼的历史认识还是来自文献，故垒、赤壁这类古迹，只是由头，而且全靠不住，故垒，苏轼看来只看了一眼，没有调查与赤壁之战是否有关，至于三国周郎赤壁，则是“人道是”，即来自传闻。湖北中部的长江和汉水上有好几个赤壁，一说有五个。通常认为在赤壁市（蒲圻），但长年争论不休。现在一种看法认为，赤壁之战在武昌西南长江上游右岸的石矶，[①] 苏轼所游的赤壁则在武汉长江下游的黄冈城外，直线行程一百多里，可谓风马牛不相及。作为一个历史学家或考古学家，对于“人道是”这样的传闻，不去核实是不对的。如果苏轼轻信，是学风不缜密谨严，如果知道不对而还要用，那简直就近于弄虚作假了。但是作为诗人，这倒没有什么，《浪淘沙（赤壁怀古）》仍是一阕绝妙好词。好的诗人必须有学问，学者也不妨兼做诗人。但是学术与艺术的差距也还是存在的：诗人不妨尽力驰骋他们的想象编造，九天揽月，五洋捉鳖，白发三千丈，缘愁似个长，桃花潭水深千尺。而对学者来说，再丰富的想象也需要落实到事实的大地上。

再看一首杜牧的《赤壁》：

折戟沉沙铁未销，自将磨洗认前朝。
东风不与周郎便，铜雀春深锁二乔。

杜牧比苏轼好像更科学些，他简直是在作一次考古发掘，从沙中得到一个折断的戟头，自己磨洗清理认出是前朝（三国?）的东西（可能上边有铭记），这才引发他的历史感慨。然而，“东风不与周郎便”恐怕还不能从折戟上看出来，那是从文献上得到的历史知识，“铜雀春深锁二乔”的推断就更是如此了。

杜牧的考古是亲临现场，自己动手，但把发掘地点选错了。杜牧终身行迹没有到过嘉鱼或蒲圻，自然无从在那里“发掘”。他曾几次由北方经汉水、长江往返江南，并曾出任黄州刺史一年多。大概跟苏轼一样，误听传闻，把黄冈赤壁当成三国赤壁战场了。这样，他的“考古”与文献的结合也就是空的了。[②]

四

再举一个有趣的例子。那就是 19 世纪下半叶轰动欧洲的德国考古学家施利曼

① 张修桂：《“赤壁之战”的赤壁在何处》，《文史知识》2004 年第 6 期。

② 杜牧此诗一题李商隐作，杜、李集中均收。李商隐倒是几次经过武昌蒲圻一带，未见得不能写出《赤壁》这样的诗来。不知为什么，大家好像只把这顶桂冠加到杜牧头上。

(Heinrich Schliemann) 的发掘。[①]

其所以轰动，是由于施利曼发掘了欧洲几乎是家喻户晓的公元前 9 世纪希腊古诗人荷马史诗《伊利亚特》故事里的特洛伊古城。

古希腊是欧洲文明的摇篮，但 19 世纪中叶欧洲学者对古希腊的有纪年、有当时文字记载的历史只能追溯到公元前 776 年。再往前就只有神话和传说。荷马的史诗《伊利亚特》和《奥德赛》可说是集这些神话和传说之大成。《伊利亚特》讲的是公元前 12 世纪（1193B. C）希腊各邦国攻打特洛伊城的故事。可 19 世纪欧洲的学者们认为是纯属虚构，既没有荷马，更没有特洛伊战争，也没有特洛伊城。

这个在欧洲几乎家喻户晓的《伊利亚特》的故事大概是这样的：一次婚宴上，不和女神因为没有请她，偷偷抛下一只金苹果，上刻“给最美的人”。三个女神：天后赫拉（罗马名朱诺）、智慧女神密涅伐（罗马名雅典娜）、爱神阿芙罗黛蒂（罗马名维纳斯），争这个苹果相持不下，找特洛伊王子巴里斯来评判。各神许愿，如果评上自己，赫拉许以权势，让巴里斯当一个亚细亚王；密涅伐是让巴里斯当上百战百胜的伟大战士；阿芙罗黛蒂则许以世界最美的女人海伦。巴里斯把金苹果判给了阿芙罗黛蒂。海伦是斯巴达王墨涅加阿斯的妻子，在阿芙罗黛蒂的蛊惑下，跟来访的巴里斯私奔逃到特洛伊。墨涅加阿斯找到他哥哥阿加门农，与希腊各邦结成同盟，推阿加门农为统帅，渡过爱琴海攻打小亚细亚半岛上的特洛伊城。地上的英雄像希腊方面的阿奇里斯、大、小阿加克斯、涅克托、攸里西斯等，同特罗伊的英雄赫克托等互相厮杀，形成一个个故事。天上的神也分成两派，阿芙罗黛蒂、阿瑞斯（战神，罗马名马尔斯）等在特罗伊人一边；密涅伐、赫拉、赫非斯托斯（阿芙罗黛蒂的丈夫、火神，罗马名伏尔甘）等在希腊人一边。互相争吵，鼓动帮助双方的人打仗，甚至自己也打起来，大神宙斯（罗马名朱比特）累禁不止，天上地下，争斗不休。围攻九年，没有结果。到了第十年，在最聪明的攸里西斯策划下，希腊人假装撤退，留下一个大木马。特洛伊人把城墙拆了一段，将木马运回城里。晚上，特洛伊人睡着了，木马肚子里爬出来五十个希腊战士，配合在晚上偷偷赶回的希腊大军，攻下了特洛伊城，烧杀掳掠，把海伦掳了回去，特洛伊成了废墟。

当整个欧洲的学者都认为荷马的故事同他所描写的天神一样都属于子虚乌有的时候，一个 12 岁的德国孩子施利曼却相信那是真实的历史。他对他的小伙伴说，我要去找特洛伊和国王留下的珍宝。他家境贫寒，没有受过正规教育，当过学徒、店员、书记、船上的杂役，甚至一度求乞。但他发财的本事惊人，终于成了富翁，积累了发掘的资金。46 岁的施利曼决定退出商务活动，全力以赴地去实现他寻找特洛伊城的梦想。他的语言学天才使他学会了十几种文字。1856 年他用一个半月时间学会了现代希腊语，

① 参见［美］欧文·斯通《欧文·斯通文集：希腊宝藏》，刘明毅译，北京十月文艺出版社 1999 年版；［德］C. W. 西拉姆《神祇·坟墓·学者：欧洲考古人的故事》，刘迺元译，生活·读书·新知三联书店 2001 年版；郑振铎《近百年古城古墓发掘史》，广西师范大学出版社 2010 年版。

又过五个月已经精通了荷马的古希腊原文。

1868年他根据荷马的描写确定了特洛伊城位于土耳其小亚细亚濒临爱琴海的一个小山丘上。1869年他娶了一个在他看来像海伦一样美丽的希腊妻子。从1870年起开始了发掘，妻子成了他忠实的助手。他从小丘顶部开条大沟直至坡底。成百的工人熙来攘往，32500立方码的土石被移开。古城发现了，但不止一座，从最底层的还不知使用金属的石器时代遗址至最上层的希腊罗马作品中所传的波斯王泽西斯和亚历山大祭祀的地方，层层叠叠共有九层之多（施利曼当时认为是七层，今天知道有十几层），到底哪座城是特洛伊呢？在从下往上数的第二、三层之间，发现了焚烧的痕迹，残存着巨大的城墙和城门，荷马史诗片刻不离手的施利曼眼前出现了特洛伊城被焚的熊熊火光，这就是荷马描述的特洛伊城斯悉安门，美人海伦正是坐在那里看她的前夫墨涅加阿斯和拐走她的巴里斯王子单身相斗。他宣布：特洛伊城发现了！就在他准备于1873年6月15日结束工作的前一天，他在泥土里发现了金子。他遣走了工人，在摇摇欲坠的坍塌的古建筑石块下，用一把大刀以最快的速度挖掘这些财宝。他的妻子在旁用红披肩把挖出的金王冠、别针、链条、纽扣、耳环、金杯、金钱、手镯等包起来搬到屋里，特洛伊王普里阿摩斯的宝藏找到了！施利曼这样认为，特洛伊发掘达到了最高潮。

施利曼的发现轰动了欧洲的学界和公众，家庭中、马路上、驿车里、火车上、餐馆里都在谈论特洛伊，有的赞赏，有的怀疑，有的反对，像英国首相格莱斯顿和德国哲学家叔本华也都参加了争论。大多数学者不相信这座用小石头和和泥土筑成的城就是九年久攻不下的雄伟坚固的特洛伊城；而发现的古物，也比荷马所描述的粗糙，兵器是铜制，而荷马史诗里除青铜外还有铁兵器。后来大家认识一致了，施利曼发现的不是真正的特洛伊城。施利曼也承认了这点，但他仍坚信真正的特洛伊城还是在那土丘下面，1882年又回到那里继续挖掘。1892年他死后继续发掘才证明第六座城是真正的特洛伊城。施利曼当年认定的特洛伊城其实比真正的特洛伊还要早一千年。施利曼那种大面积开沟，一掘到底大量弃土的粗糙方法，不仅损毁丢失了大量文物，而且忽视了更上层面的考察，使他与梦寐以求的特洛伊城失之交臂，但却使他发掘出了比荷马时期更早一千年的文化。施利曼笃信荷马所述为真实的历史，促使他依据荷马的叙述去发掘和依据发掘所得去证实荷马的叙述，这里，我们看到文献（传说）与实物的结合。施利曼的成功在于此，而他的缺点与失误也在于此。他虽然把荷马史诗中关于神的记述排除在外，只信关于人的记述，但他还是太过信书了，把荷马的记述与考古的发现作一种固执的比附。而对于考古发现，他太执着于寻找荷马的特洛伊城了，以致缺乏根据地去急于用发掘所得去印证荷马时期的历史，在思路和方法上都出现了毛病。施利曼的这些毛病，和我们前边所说的苏轼杜牧诗词的情况颇有类似之处。其实，施利曼考古发现的重大意义是他所没有想到的，他的发现不仅在于证实荷马史诗的记述，而是发现了远在荷马之前的一种古文化，第一次使人们注意到去研究欧洲文明的源头，虽然施利曼的发现是在亚洲的土地上。

后来，施利曼特洛伊城的考古喜剧又以不同的脚本再演了一次，这次是在希腊的迈锡尼。1876 年，施利曼想到土耳其继续发掘特洛伊城，但由于他违反与土耳其政府的协定，把前次发现的"普里阿摩斯宝藏"[①] 偷运出去，土耳其政府制止他再度发掘。于是他在荷马史诗和传说的魔力下，转而去希腊寻找特洛伊战争中希腊联军统帅阿加门农的墓。

在传说中，阿加门农从特洛伊胜利归来，回到他的国家（其实是一个酋邦）迈锡尼，他的妻子克吕涅斯特拉和她的情人埃癸斯托斯共谋把他杀了。公元 2 世纪希腊人帕夫萨尼亚斯的《希腊指南》上载迈锡尼有一座狮子门（今天还在），那里有阿加门农的墓和宝藏。以前也有人发掘取宝，但不得其门而入。施利曼先是在狮子门内发现一处圆形的石坛和比这坛略高的地方的一圈石板，施利曼自信已经找到阿加门农和希腊英雄们的聚会商议攻打特洛伊城的会所。这些石板最低的也有 3 尺，最高的则达 5 尺，荷马的英雄们只有都是巨人才能围坐在这里。其实这更可能是祭地。施利曼认为当时习惯死者就葬在下边，这倒不错。再掘下去，果然发现好几座大坟，坟中出土有许多精美的金、银、铜、象牙的面具、手杖、指环、宝剑、酒杯等，施利曼惊喜地宣布，这就是阿加门农和其被杀同伴的墓。施利曼在迈锡尼的发现，同样轰动了欧洲，也同样引起了激烈的争论。学者们认为坟中器物并不属于同一时代，死者人数与男女性别，也和帕夫萨尼亚斯所记不同，至于葬式的纷乱，则是由于被杀后匆促下葬，以及坟顶坍陷所造成。这样，人们开始由惊羡转为讥笑施利曼的幻想与对于荷马的过度热心、轻信。然而人们又渐渐看到施利曼发现的真实价值，是否真是阿加绵农的墓虽然是有趣味的问题，但更重要的是他发现了荷马所述的那个英雄时代的希腊，证明那不是传说，而是真实的时代，从而把古希腊的历史从有文字记载的第一次奥林匹亚赛会上推了五百年。没有特洛伊城的发掘，迈锡尼的发掘，以及后来 20 世纪初伊文思在克里特岛对爱琴文化的宫殿城市的发掘（那里同样有希腊英雄提秀斯进入克诺孛斯王的迷宫，杀死人头牛身的怪物民诺托，救出美女美狄亚的传说），终于找到了欧洲文明的源头，把欧洲的文明史提到 3500 年以前，几乎与埃及和美索不达米亚鼎足而立。这是施利曼没有想到的。

人们既有的知识（有些不那么准确，或有疑义）引导人们去发掘未知遗物，探索新的未知领域，居然大有成就，而这种成就反转来又否定了或部分否定了人们既有的知识，却又开辟了新的境界，或者得出全新的东西，这在认识史或科学史上并不少见。天文学史上的第谷、刻卜勒和牛顿，物理学史上的居里夫妇的发现镭，哥伦布西航目

---

① 这批宝藏后藏柏林，第二次大战后期在战火中和其他一些古物被损毁，大部分陶器分散保存在小城利布斯，在战后散失了，最后只找到几个陶罐和一堆陶片。此后一位女学者找到利布斯，用 50 镑糖果刺激小孩去找，小孩们把找到的陶器打碎分送回来以便多得一些糖果。只有几件在乡民家的陶器还是完好的，这里希腊时代餐桌上的坛坛罐罐被当地居民拣来做生活用品了。另外的陶器命运更悲惨，德国战败后，利布斯的居民看到许多箱保持在古堡里的陶器，完全不知道是什么。随着生活与生产的恢复，村里办喜事时，村里的青年来到古堡，就推出一车陶罐，高兴地把它们砸在新婚夫妻的门框上。因此珍贵的遗物完全没有了。

标是印度，但却发现了美洲而又不自知，等等。正打歪着、歪打正着等情况比比皆是。那么，从学术的角度、历史地看，我们对前面那些诗人的诗词中所反映的历史认识缺陷，也许需要抱一种更为宽容，更为积极的甚至是赞赏的态度。

五

实物与文献的结合，如上所述，还有一个与调查即与现实生活中的历史的东西的结合的方面。除了观察与调查之外，还可以考虑有一个模拟或实验古人的活动，也许可以把它当成历史认识在文献、实物、调查之外的第四个方面，类似自然科学上的实验。历史不可能复制重演，但对某些方面的某种模拟还是可以的，而且对了解历史的真相很有帮助。原始石器的打制，原始陶器的制作，都可以模仿出来。用南美古印第安人一样的工具技术，伐树挖心作成独木舟，可以了解当时的生产效率；模仿古埃及的工具材料、技术、方法在现代人尸体上制作木乃伊；用相当于当时的工具、材料及技术（如不用当时没有的轮子及滑车，仅利用当时已知的斜面滚轴和杠杆的原理），采石运石树石，以了解方尖碑、金字塔以及英国的大石阵这些巨型石构是如何建造起来的，等等，都是以实验模拟古人的活动。这里我们再举一个挪威学者海尔达尔（Thor Heyerdahl）的模拟古人的航海活动的例子。①

在东南太平洋一座孤立的小岛——复活节岛上，充满了种种神秘的东西和气氛，最引人注目的是那几百尊矗立着的从几米至十几米高的大石像。它们的脸型完全不同于现在岛上的居民②，现时岛上的居民也完全不晓得它们从何而来，何人所雕塑，为什么雕建。

从 1722 年复活节岛被荷兰航海家发现时起，人们就纷纷企图破解复活节岛之谜。复活节岛的居民和文化是从哪里来的，它经历了什么样的变迁，众说纷纭，其中当然也少不了外星人和与亚特兰蒂斯（大西洲）相似的《太平洲》学说（好像除作者外，几乎没有什么严肃的学者相信）。岛民的一个传说是有一群由白色神王康谷率领的白皮肤、红头发、蓝灰眼睛、鹰钩鼻子的人，最早从东方太阳火烧的大陆渡过辽阔的太平洋，来到岛上。这群人很久以前就消失了，让位给后来的居民，现在岛上混血的居民中还有一些白肤红发的人。这些最早的居民应当是来自南美洲的秘鲁。现在岛上的建筑格局、宗教仪式、神话传说、语言等方面，还可以看出和秘鲁古印第安文化相似的痕迹。而秘鲁的印第安传说中，太阳神叫康提吉，他率领一群白皮肤长胡子的人从北

① 参见［挪威］托尔·海尔达尔《孤筏重洋》，朱启平译，重庆出版社 2005 年版；《太阳神号航海记》，李泽译，重庆出版社 2006 年版；《复活节岛的秘密》，王荣兴、董元骥、李乃坤、李成领译，重庆出版社 2005 年版。

② 据近来学者的研究，包括复活节岛居民在内的波利尼西亚人，来自南岛语族，他们最早来自台湾，辗转东移到太平洋诸岛，于公元 300 年到达复活节岛。通俗的描述参见阎守邕《扫描南太平洋岛国》，《中国国家地理》2008 年第 11 期。

方来到印加，教导当地印加人耕种、建筑和礼仪风俗。后来和一批印加人打了起来，遭到屠杀。康提吉带了一批属下逃到太平洋岸，航海而去，不知所终。

然而有一个问题，复活节岛与南美洲大陆相隔4000海里，其间没有陆地，在古代，只有石制工具的南美洲人怎能航行到复活节岛去呢？海尔达尔认为：利用一股从南美洲向西去的洋流，用古代印第安人的大木筏是可以漂流过去的。他做了一个试验，完全按照印第安人的做法，砍下安第斯山林产的高大质轻的筏木，用绳索捆绑，制成了一具15米长的有一个橹和一个帆的大木筏，带上食物和淡水，唯一的现代化的设备是一台无线电收音机，和四个同伴从秘鲁出海，顺西去的洋流漂流了101天，航程4300海里。在1947年4月到了复活节岛北面的土莫阿土群岛。此后又有人做过几次类似的试验。1960年的一次国际会议上，学者们终于有了共识——波利尼西亚文明的一个源头来自南美。这对解答复活节岛之谜大有帮助，虽然它仍有许多未解之谜。

复活节岛文明的一个源头来自南美那些“白人”。美洲大陆的印第安人是一万年——二万年前从亚洲大陆经过最北方的白令地峡来的亚洲黄种人。他们的文化传承的线索还不清楚。中南美洲的玛雅、阿兹泰克、印加等古文明发展程度远比北美从事渔猎的印第安人高。似乎不是从原来文明发展程度较低的印第安人那里来的。传说中，这些东西是从海外来的又被印第安人打败走了的长胡子的“白人”留下或教给印第安人的。其中有一支就败走到了复活节岛。

这些长胡子的“白人”及其文化又是从哪里来的呢？

比较各地古文明，常可发现有许多相似之处，对此的解释历来有传播说和孤立说之争。传播说认为，各地古文明的相似，是文化由一地向另一地传播的结果；而孤立说则认为各个古文明是独立发展的。相类似的环境和发展水平自然会使它们存在若干相似之处。一位孤立学派的学者曾指出秘鲁古文明和地中海古文明（特别是埃及）有60点相似之处，如金字塔、大石像、把太阳称为“拉”（Ra），鸟头人等等，都是世上少见，而又是这两个地区古代文明所共有的。但由于两地隔着大西洋，地中海古代仅有的芦苇船无法横越。所以这60个相似的文化特征只能是两地分别独立地发展起来的。

海尔达尔注意到了芦苇船。在复活节岛一些石像的胸前，以及石壁上，镂刻着几艘有桅有帆的大型芦苇船。复活节岛居民的祖先还用它出海捕鱼。造船的托托拉芦苇的故乡，则是南美的秘鲁。在秘鲁，大大小小的芦苇船至今还扬着布帆或芦苇编织的苇席帆在世界最高的大淡水湖（海拔3812米）的喀喀湖上行驶，最大的可载重50—100吨。这种芦苇中空，藏有很多空气，造成船在水里至多散架而不致沉没。而最古老的芦苇船的形象、模型，则出自埃及古王墓和绘在壁画上。迄今，非洲中部的乍得湖上，还行驶着芦苇船。

于是海尔达尔再做一次实验，证明古代浮力很大、不易沉没的这种芦苇船是可以横渡大西洋，把地中海古文明带到美洲去的。

海尔达尔从尼罗河上游的埃塞俄比亚找到了纸莎草，请来乍得湖的黑人，照古埃及芦苇船模型所显示的技术在金字塔下仿造，运到非洲摩洛哥西海岸下水；循大西洋向西去的洋流航行。但是在接近美洲的洋面上，芦苇船出了毛病，尾巴垂了下去，吸足了水拖在船下，船走不动了，也要散架了。这次航行失败了，距美洲陆地仅200海里。

总结经验，发现原来芦苇船并没有完全照古埃及的技术造作，系起那高高翘起的船尾的排架和缆绳的做法不对，以致船尾吃不住长期风浪而下垂散掉。这次，从的的喀喀湖请来了印第安工匠，严格地按照古埃及的技术制造，再度出海。航行57天，行程3270海里（6700公里），终于抵达了中美洲小安的列斯群岛中的巴巴多斯岛。

海尔达尔的航行证明了，古代地中海地区、美洲乃至复活节岛之间的文化是可以通过远航联系的。在古代，大海大洋虽然严重阻碍了两岸人们的交往，但打破这种阻隔并非绝不可能。文化孤立学派的一个重要根据被推翻了。不过两派的争论仍旧没完没了地继续下去。

此后，海尔达尔又乘两河流域苏美尔型芦苇船走出波斯湾，驶入阿拉伯海，再向西进入红海，他的航行和沿途的考古发现，充分证明了美索不达米亚、印度河谷和埃及这三大古代文明地区间的海上联系。

其实，实验的方法是我们认识历史的常用的方法，海尔达尔的远航只是最为瞩目。这种方法更多地采用，使得西方兴起了一个“实验历史学派”，即把考古和文献调查和实验结合起来，重新演绎历史活动的某些部分和某些方面，通过亲自体验以更好地理解历史。这也是对历史的摹写，或者应当叫做模拟。但已不是意识上、文字语言、音像上的摹写，而是照古代的办法，通过现代人的行为、活动所进行的摹写了。欧美各地的重要历史遗迹所在地，如古战场、古城堡、古民居等，常常有一种定期的表演，组织人员，穿上古代的服饰，拿着古代的兵器、古代的用具，表现一场场历史活剧的场景。如美国南北战争时期的葛底斯堡战役，仿古城镇威廉斯堡等，借以发展旅游，招徕观众，这也是模拟历史之一法。现在，计算机的发展出现了“虚拟现实”、“虚拟历史”，当会有很大的前途。

也许我们可以把这类实验和模拟从现实调查中分出来，作为认识历史的第四个途径。

原载于《文史哲》2011年第6期

附　关于历史重演和历史穿越的随想

宁　可

一

人们创造历史是一个连续的过程。“历史不外是各个世代的依次交替。每一代都利用以前各代遗留下来的材料、资金和生产力；由于这个缘故，每一代在完全改变了的条件下继续从事先辈的活动。另一方面，又通过完全改变了的活动来改变旧的条件。”①

人们创造历史，就是在这样特定的条件和活动的交集和互动中实现的。是在特定的时间界限里，在特定的物质世界范围里进行的。一般情况下，时间匀速流动，不会加速也不会延缓，更不可逆转。历史活动的条件则在不断变化。“子在川上曰：逝者如斯夫，不舍昼夜。”古希腊哲人赫拉克里特说：“人不能两次趟过同一条河流。”随着时间的流逝，作为历史活动背景和见证的条件也在变化。赫拉克里特的弟子克拉底鲁引申说：“人不仅不可能两次趟过同一条河流，连一次也不可能，因为当整个身体浸到水里的时候，水已经不是原来的水了。”其实，作为创造历史的主体的人自身，也在不断地逝去和老去，不能再维持原来的体貌、资质、能量和输出信息。我们也常常感慨“物是人非”，其实已是“物非人也非了”。

创造历史需要以传承原来的活动和条件作为基础和出发点，而创造与传承又是交错混杂不好分割。因此无法无时不对历史的认识打下后来的印记。这样历史也就无法复制重演和穿越了。即便做得出来，也只能是虚构、片断、残缺、变形、变味、变性的所谓“历史”。画虎不成反类犬，正如德国诗人海涅所言：“我播下的是龙种，而收获的却是跳蚤。”

二

正因为历史是一个连续的过程，正因为历史的创造需要传承，尽管历史不能复制

---

① 马克思、恩格斯：《德意志意识形态》，1845、1986年，《马克思恩格斯全集》第2卷，人民出版社1969年版，第51页。

重演和穿越，却为后来留下了各色各样或深或浅的印记，因此也就不会也不能阻挡人们去认识过去。认识过去的途径：一是凭借文字的口传的和图形音像史料；二是运用过去的遗物、遗址、遗迹，特别是考古发掘的材料；三是搜集和运用现实生活中留存的历史的东西，如文化人类学调查；四是利用对过去的认识模拟、仿制、实验和演示古代的事物和古人的活动，以此来拓宽、检验和加深人们对历史的认识。

这里专门说一下历史认识的第四个途径。这又可以分为几个方面。

第一个方面是模拟古人的某些活动。比如某些地方和人群沿袭和恢复古时的婚丧嫁娶礼俗和祭奠仪式。

第二个方面是仿制。利用已知的古人的知识、技术、设备和工艺，仿制古人的器物及其制作过程。像仿制远古时代的石器、独木舟、陶器，古埃及的木乃伊；以及采石运石树石，以印证古埃及金字塔、方尖碑和英国大石阵是如何兴建起来的。

第三个方面是实验。这比模拟和仿制又进了一步。更其类似近代自然科学的方法。最有名的例证是挪威科学家海尔达尔的两次远洋漂流，因以证明古人可以凭借洋流用原始的船筏远渡重洋传播文明。[①]一次是仿造南美印第安人的大木筏，漂流四千多海里，远航南太平洋，从南美到达复活节岛一带；另一次是仿造古埃及的芦苇船漂流三千多海里，横渡大西洋，从西非到达中美洲。

第四是演示。也就是所谓的秀（show）。例如在美国小镇葛底斯堡用真人化妆定期表演南北战争中葛底斯堡战役的过程。近来我国也出现了这类演示。但这并不是历史场景的真实重现，而更像一场或巧或拙的戏剧演出。

三

人们总是要热衷于回忆历史，也希望回归历史。改变历史，体察另一种时空的人情世态。物质手段之不足，便寄情于遐想。恰好大脑已经进化到了这个地步——思想是没有界限的，可以回溯，也可以跳跃和穿越。不仅可以遐思过去，也可以凝定现在，也不妨畅想未来。更可以借助于中介（现在主要是文字）保留下来，可以把这些遐想传递到另一些人的脑海里去。这些大脑的无边无际无尽无休的活动，尤其体现在文艺作品上。

在古希腊，人们常常专程登上得尔斐岛的阿波罗神殿的神示所，向预言女祭司祈求神示。希腊神话里也有古代闻人在冥界备受煎熬的故事。《圣经》有世界和人所自来的《创世纪》，也有预言末日审判的神秘可怖的《启示录》。中世纪法国巫师诺查丹玛斯的暧昧预言流传至今。西方的星占术和通灵术仍然长盛不衰。诸多邪教仍在不时渲染世界末日已经来临，蛊惑惊惧不安的信众集体自杀，仍时有所闻。

---

① 参见挪威托尔·海尔达尔《孤筏重洋》，朱启平译，重庆出版社2005年版；《太阳神号远征记》，李泽译，重庆出版社2006年版；《复活节岛的秘密》，王元兴、董元骥、李乃坤、李成领译，重庆出版社2005年版。

在古代中国，殷商甲骨卜辞左右了王室的行动。《周易》卦象正是开启了术数推演之门。此后，农民在“苍天已死，黄天当立”；“石人一只眼，挑动黄河天下反”这类原始宗教预言的激励下揭竿而起。《推背图》、《烧饼歌》更是在民间流传。

这些无边无际有目的无目的的遐想，使得穿越作品一直占有一席之地。其中有的回到过去，有的跨入未来，有的则在过去未来之间穿梭跳跃。其中也有让时间停顿的，那就是欧洲童话《睡美人》。阿拉伯还有荷兰水手中传说的“鬼船”，瓦格纳据此写作了歌剧《漂泊的荷兰人》。文艺复兴时意大利诗人但丁在《神曲》里就由古罗马诗人维吉尔引领去炼狱与古人对话。18世纪英国作家斯威夫特在《格利佛游记》中也描述了类似的场景。19世纪法国作家巴尔扎克的小说《再见》，描写了一个退役的法国上校，为了治愈他的情人在法军兵败莫斯科溃退途中因过度刺激丧失神智，不惜倾家荡产，极力布置一场溃退的实景以图刺激她恢复神智。不过，再次的过度的刺激虽然使得她清醒过来却又承受不了而死去。美国作家华盛顿·欧文的小说《李帕大梦（Rip Van Vinkle)》，和中国唐代观棋烂柯的故事有异曲同工之妙。马克·吐温的《亚瑟王朝的康涅狄克州美国人》则借时光倒流大大地宣扬了美国人如何连吹带骗地运用自己的知识和技术帮助中世纪的英国人搞近代化。

21世纪30年代末，英国作家H.G.威尔斯的《未来世界》虽然是一部政论，但却掺杂了许多对第二次世界大战的预测。在这以后，穿越小说和电影更是层出不穷。美国有小说《回到中世纪》及同名电影，还有好莱坞影片《回到过去》、《征兆》、《2012》、《后天》。而多集大片《终结者》正是来往穿梭于20世纪与21世纪之间。美国作家斯蒂芬·金的惊悚小说，描写一个有特异功能的青年预见到总统肯尼迪被刺，不遗余力想改变这个进程，但终于无力回天，而让历史胜利。

这种穿越作品在中国，最早可能要数《庄子》。他在梦中化为一只蝴蝶，翱翔在天地之间、古今之际，洒脱飘逸，连他自己醒来也搞不清他究竟是庄子还是蝴蝶了。此后，唐人小说《枕中记》、《南柯记》也都是借梦境来做出穿越。托名唐朝宰相牛僧孺的《周秦行纪》，更是借遇到古人而诬陷敌党。《聊斋》也有好些穿越之作。

现在中国的小说、影视作品颇多穿越题材，其中最好的一部可能要推黄易的《寻秦记》。

四

现代知识的积累和科技手段的进步，似乎又开辟了复制重演穿越历史的可能性。目前所知，这大概有三个途径：一、利用电子计算机像虚拟现实一样去虚拟过去和未来的历史；二、利用生命科学技术去克隆一个或一批古人，让他们去重演一遍过去的历史；三、像制造时空机器那样设法通过时空隧道（虫洞）回到真实的古代。这样，自然也包括了像蜻蜓和直升机那样在不同的时空里穿梭或者悬停。

一、虚拟历史。用电子计算机来虚拟真实的历史需要建立某种类型的模型。一个好的模型需要具备四个条件：简单性、清晰性、无偏见性和易操作性。[①] 但要具备这些条件却很困难，自然现象如天气预报如此，人文现象则更难达到。

简单性。推动历史的因素是极其复杂多样的，而且好些目前还不知道，其效应也是难于预料的。历史模型需要输入更多更复杂的因素、关系、结构，建构一个大系统以及几乎无数的子系统，并且使其运转互动、滋生和湮灭才能使之跟更接近历史的真实。还需要通过它们的不断增减、变动、转移、增生和湮灭，才能实现历史的运动。这样虚拟的历史，要实现是不可能的。否则就跟终究可以破解的电子游戏一样了。

清晰性。就像宇宙中的群星一样，计算机输入的数据几乎是无限量的。无数历史的因素的组合和运动偏偏并不具备清晰性。尤其是判定各种因素的数量、大小、强弱和性质，以及它们在系统结构中的地位、关系以及结合和运动的效应，这里会出现无数的不确定性和灰色地带，也会出现不可预计的历史效应。

无偏见性。人文现象很难做到。由于地位经历与处境的不同，人在现实的刺激面前，往往反应不一，甚至大相径庭。除了掌握其理性思维，也要考虑其感性的灵感的心理的思维和情绪的变化，还有价值判断。连区分因素的主次轻重，作出符合历史轨迹的应对，往往都是很困难的。

易操作性。各种类型的模型都有这个困难。尤其是对那些不可估量的因素掺入的接收、选择、反馈和应对更是如此。简单的模型难于反映真实的历史，跟美国定期演出的葛底斯堡战役秀也相差无几。而高层宏观复杂的模型需要每秒运行几千亿次的超级计算机去编程，操作更难或无法操作。至于涉及作为历史主体的人在历史活动中所显现的丰富复杂多变的意识（尤其是潜意识）的情况更几乎是不可测的。

二、克隆历史上的人，目前从技术上讲不是做不到，但是一旦克隆成功，完全重现他在历史上活动，还要表现出他的种种思想、心理、情绪上的活动，那确是难以控制的。雪莱夫人小说创作的人造人“佛兰肯斯坦”的最终失控，就是明显的一例。如果要造出的克隆人不止一个而是一群，构建一个历史上的社会，更要加上真实的历史环境和历史氛围，那就几近不可能了。因此即使营造了真正的历史环境和历史气氛，要那个或那批具有各自思想和意志的克隆人按照既定的脚本去重演历史或者改变历史，那也是匪夷所思的。据说美国正在有人研究“读心”技术，可以让士兵在战场上通过头盔传输像计算机联网一样进行思想的沟通。但又说离成功还有一段距离。这里是指活人的思想。至于获取已经湮灭的死人的思想并且与之交流，还没有提到日程上来。至于报载俄罗斯某大亨欲把人类思维转移给机器人，让意识与躯体脱离，使人类灵魂升华到“永生”，那也跟玄幻小说《哈利·波特》那样从盆里捞取黏稠的死人的思想和记忆一样，不过是一个美妙而不免失之荒诞的遐想。而且，在克隆人的过程中，如果

① 参见［奥地利］约翰·卡斯蒂《虚实世界——计算机如何改变科学的疆域》，王文祥、权利宁译，上海科技教育出版社1999年版。

操作失误或丢掉某个基因，或其排序有误，导致突变，并从而引起蝴蝶效应，就更是难于预料了。

三、至于利用时间机器或时空隧道回到历史，目前的技术还难以做到。时间要逆行，才有可能回到过去重演历史。关键在于运动的速度要超过光速。这就颠覆了光速是不可逾越的常数这样一个基本的物理定律。最近，欧洲核子中心宣布实验出现“中微子超光速”现象，立刻遭到多方质疑，主事者也因此引咎辞职。而时间逆行的理论设定，也是众说纷纭，目前还没有一个为多数科学家认同的理论。

即使最后可能做到时间可以逆行，历史可以回到某个起点而行重演，也会碰到不可解的难题，第一，进到过去的历史里去的你是作为参与者还是旁观者？如果是参与者，在身处当时的环境和条件下，必定受到自己的位置、角度的局限，只能接触到和作用到身旁较为有限的空间、有限的一些人、事物和活动，不能了解更多的历史进程。如果是旁观者，虽然可能视界开阔，鸟瞰全局，却又难于深入，尤其是了解当事者的思想、心理和情绪。第二，你既然参与了历史活动，哪怕只是细微的活动，不管是有意识还是无意识，有目的还是无目的，那也就改变了历史，使它已经不是过去的那个真实的历史的再现，而只能是另外一种完全不同于过去真实历史的“历史”。而人们最热衷的，还是借一己的力量去塑造历史扭转乾坤。那就必然同真实的历史大相倍蓰。第三，你既然从现在回到了过去的真的历史，那你就是带着现代人的意识和心态情绪和价值观去面对过去的历史人物、历史活动、历史环境和历史气氛，那就无法融会到古人的世界里去，只能是互不搭界，成了两股道上跑的车。那你所在的历史也就无从成为过去存在的真正的历史了。如果你真的回到过去，也就回到了过去的人所具有的一切知识、教养、技能、意识和心理素质，那你参与创造的“历史”也就无法为今天的人包括你自己所认识。换言之，要么就是进入历史的不是历史的人而是现代的人，那他的活动就不是历史；要么就是进入历史的是历史的人，他创造历史的活动却无法为现代的人所真正彻底地认识。这是一个悖论。

总之，在现代的知识、意识、技术环境的条件下，我们仍旧无法通过对过去历史的复制、重演和穿越去认识真正的历史，所能做到的只是在某些情况下近似真实的粗糙的或是甚至拙劣可笑的模拟和较为片断的历史的再现。那虽然有助于我们去认识过去的历史，但那不是历史的真实，也缺少了历史的精神。

也许，要真正复制、重演和穿越过去的真实的历史，大概只好寄希望于科学发展的遥远的未来了。

全球史视野下的中国历史文献学学科建设

陈晓华

一

中国历史文献学学科自20世纪初期建立至今，几经演变。其建立不久之后，曾迎来了第一个发展高峰。陈垣在开展史学研究的同时，集前人及自己文献考据的实践经验，用科学方法系统总结为各门具有法则和范例的、可供传授、便于研习、操作和成长的专学，其中尤其是校勘学、避讳学、史源学等最为典范，从而不断扩展了中国历史文献学的学科内容，为中国历史文献学不断充实完善奠定了基础。

20世纪六七十年代，历史文献学受"左"的形势影响，发展滞后。20世纪80年代以后，与"文革"后需要重塑国民精神相一致，中国传统文化得到倡扬，中国历史文献学随之迎来了第二个发展完善的高峰。在学科建设方面，张舜徽《中国文献学》、吴枫《中国古典文献学》在1982年出版，二书在数十年文献学发展积累的基础上，对有关古文献的源流、部类、数量、考释、注疏、版本、校勘与流通阅读以及类书、四部书、丛书、辑佚、辨伪等方面作出了较系统的梳理，建立了较为系统完善的文献学学科体系。与此同时，许多专家、学者对文献学学科涉及的对象、目的、内容和方法提出了自己的见解，尤其是白寿彝，更是对中国文献学的基本理论、发展历史和分支学科的建立，在理论上构建了运行系统的框架，他认为中国历史文献学分为理论部分、历史部分、分类学部分及应用部分四个部分，其中理论部分包括：历史和历史文献学的关系、历史学与历史文献的关系、历史文献作为史料的局限性、历史文献的多重性、历史文献和有关学科等问题。① 另外，白寿彝还谈到了研究历史文献学的意义，历史文献和历史文献学的发展史等问题。② 他们三人与这一时期其他专家、学者对文献学科的认识和见解一道建立了较为系统的历史文献学学科。此外，各大专院校纷纷设置中国历史文献学专业，招收了本科生、研究生等，并开设出配套课程，有的学校还推出了

① 白寿彝：《谈历史文献学》，《白寿彝史学论集》，北京师范大学出版社1994年版，第558—559页。

② 同上书，第507页。

函授课程。所设课程基本涵括语言文字，文献基础，及历史文化三方面内容。如上海师范大学开设有文字、音韵、训诂、版本目录学、校勘学、方志学、《诗经》研究、《史记》研究、《汉书》研究、《宋史》研究、古代诗词的整理与研究、历史地理及相关实习课。[①] 总之，教学与理论相长，中国历史文献学蔚然大兴。

其后，经济浪潮波及学术文化领域，而中国历史文献学学科本身所固有的传统学术痼疾以及历史遗留问题也在不断显现。当然，这无疑妨碍了其自身学理的推陈出新。而随着一批功力深厚的老专家的谢世，历史文献学界缺乏具有深厚功底的学术接班人，有后继无人之势。同时，中国历史文献学学科自身也忽略了建设与前进步伐，不但脱离了与其他学科的联系与交叉，也脱离了社会实际生活。此外，历史文献学的阵地主要在学术文化界，教学实践的不全面，当然不可能使之得到清晰完整的阐释和认识，其重要地位，无疑也很难得以突出。这一切遂令中国历史文献学学科在 90 年代后失去了发展后劲。至于中国历史文献学在广义方面的发展，更是无从谈起。[②] 但欣幸的是，20 世纪末以来，国家对传统文化的重视，又把中国历史文献学等传统学科推到了学术舞台前沿。近年来出现了选辑、影印为主的四库系列丛书，如北京大学季羡林主编《四库存目丛书》、上海图书馆编《续修四库全书》、王钟翰编《四库禁毁丛书》等四库系列丛书的出版等，均是新时期中国历史文献学兴盛的表现。

综观中国历史文献学学科建立后的发展演变可知，其发展是与中华传统的彰扬紧密联系在一起的，同时其自身的与时俱进也是必不可少的。中国历史文献学的演变史从某种角度而言就是中国传统文化精神在现代及当代的兴衰史，亦是一部社会、文化发展史，意味着回归传统，重塑民族精神的历史取向。这同时也说明了中国历史文献学学科地位的重要性。

不过，虽然形势有利于中国历史文献学学科的发展，但是如果其学科内部的痼疾无以妥善解决、自身学理得不到提升，也很难抓住时代机遇。因此，在经济全球化形势下，中国历史文献学学科自身改革日显重要，这对中国历史文献学学科未来及史学的发展均有重大意义。

笔者认为，当前就中国历史文献学的发展而言，其自身的改革与国际视野的拓展同等重要，而全球史研究的互动理念正可把二者统一起来，即从全球史视野出发深化中国历史文献学研究，以解决目前面临的问题。

全球史研究的特征之一是在于“把全球化历史化”，对全球化进行系统总结，了解世界一体化的起源和过程，从人类历史中寻找智慧；二是在于“把历史学全球化”[③]。

① 吕友仁：《历史文献学是历史系不能承载之重——历史文献学科建设刍议》，中国历史文献研究会第二十六届年会论文，大连，2005 年 10 月。

② 陈晓华：《历史文献学学科建设及教学的思考》，《历史教学》2007 年第 1 期，第 46 页。

③ 刘新成：《中文版序言》，载［美］杰里·本特利、赫伯特·齐格勒《新全球史》，北京大学出版社 2007 年版，第Ⅴ页。

“把历史学全球化”，就我个人理解而言，大而言之，即是突破了历史研究的国界局限，把笔触伸向全世界这个的广阔空间，在不同文化的碰撞中寻找历史的轨迹、生命的缘起、探究人类与世界的未来，建立“‘全球普适性的历史话语系统’，‘使历史学本身全球化’”[①]；小而言之，则是就不同国家的文化进行比较研究。文化之间的比较研究并非全球史流派产生后才有的，但全球史的出现，无疑赋予国别之间的比较研究以新理念。刘新成在《光明日报》撰文明确指出：全球史观是一种认识方法，一种把局部历史现象放在全球视野中考察的方法。全球史观的“高明”之处在于她的核心理念：文化互动，即关注大范围、长时段的整体运动，研究跨国家、跨文化、跨文明、跨学科、跨领域的各种互动关系或现象，试图通过互动研究去除旧框架，重新理解和认识历史，达到各国各民族文化之间的平等交流。

中国历史文献学的改革，在基本原理如目录学、版本学、校勘学等理论的革新之外，首先要解决的就是研究空间拓展的问题。这个空间的拓展实际就是加大与国内其他学科，与国外各种研究及其理论方法之间的联系，而这正是全球史互动研究理念的一种表现。从全球史视野出发并非仅仅局限于中西互动，或不同学科之间。中西之间各自的互动，以及各学科内部的互动都是全球史视野中的互动。

二

首先是中国历史文献学与考古学的互动。与中国考古学一样，中国历史文献学亦古老又年轻。中国历史文献学的历史可以上溯到孔子时期，而其学科体系的建立则仅在 20 世纪 20 年代。所不同的是，考古学的名称本身是从西方引进的，而中国历史文献学无论从名称还是内涵都是土生土长的。

中国历史文献学与中国考古学结合渊源有自。“文献”一词，最早见于《论语·八佾》。子曰：“夏礼吾能言之，杞不足征也；殷礼吾能言之，宋不足征也。文献不足故也。足则吾能征之矣。”[②] 文献的缺失，致使孔子找不到需要的证据去证明口耳相传下来的故事的正确。而封建统治者对文献的禁毁，也致使一些文献不复流传。当北宫锜问周朝所订班爵俸禄情况时，孟子曾这样回答：“其详不可得闻也。诸侯恶其害己也，而皆去其籍。”[③] 同时，孟子对历史上记载的事实也表示了自己的疑惑，如认为“纣之不善不如是之甚也”，对圣人德行也表示出了“流血”的怀疑，亦即对文献记载的真伪提出了思考。所以，统治者对孟子是有看法的。而这些有真伪的典籍，靠什么去鉴别

① 刘新成：《中文版序言》，载［美］杰里·本特利、赫伯特·齐格勒《新全球史》，北京大学出版社 2007 年版，第Ⅵ页。

② 《论语注疏·八佾》，（三国·魏）何宴集解，（宋）邢昺疏，（清）阮元校刻：《十三经注疏附校勘记》，中华书局 1980 年版，第 2466 页。

③ 《孟子注疏·万章》，（东汉）赵岐注，（宋）孙奭疏，（清）阮元校刻：《十三经注疏附校勘记》，中华书局 1980 年版，第 2741 页。

呢？流失的典籍，怎么才能见其真实面目？考古发掘就是一把开门的钥匙，因缘际会，某一天已经不存于世的典籍可能出土，典籍真实面目或真伪状况不证自明。如关于温文尔雅的禅让在古史传说中有各异的记载，真伪难辨，《竹书纪年》的出土彻底打破了禅让的神话。《竹书纪年》道："舜囚尧，复偃塞丹朱，使不与父相见"，"舜南面而立，尧帅诸侯北面而朝之。"原来禅让也是血腥的。

由中国历史文献记载的缺失而带来的对历史文献记载的怀疑，尤其是上古历史的怀疑，到清代愈演愈烈。崔述说："世益古则取舍益慎，世益晚则采择益杂。故孔子序《书》，断自唐虞；而司马迁作《史记》，乃始于黄帝。……近世以来……乃始于庖羲氏，甚至有始于开辟之初盘古氏者。"[①] 到 20 世纪 20 年代疑古派之时就彻底否定整个上古历史。顾颉刚认为古史的记载中，时代愈后，传说的古史期愈长，比如周代人心目中最古的人是禹，到孔子时有尧、舜，到战国时有黄帝、神农，到秦有三代，到汉以后有盘古。司马迁关于上古历史的著述在无坚实的文献材料下，只有任凭历史去评说优长。倘若我们确信疑古派所言，那么整个中国的上古史都将被推翻，中国的历史将大大缩短，我们民族的根基将消失殆尽，所以顾颉刚等的疑古确实过了头了。就这方面而言，后来顾颉刚自己也意识到了。因此，在建立起上古信史任务面前，考古学责任重大。因为这段历史本就没有文献可查，只有古老传说或历史遗迹。如司马迁上古历史记载的真实性，自 19 世纪末 20 世纪初到夏商周断代工程以来的考古成果，才终于彻底给予了肯定与褒奖。这个长跨度的其中"五四"以后的一段时期，面对上古历史真伪问题，中国历史学是在"信古"、"疑古"、"考古"、"释古"中度过的，各有论说，难有定论。当然，肯定中国考古学的成绩与重要性，并非就否定中国历史文献学的成绩与重要性。

从甲骨文发现到 1949 年以前，最能经受住时间考验，成就最大的史学理论还是王国维的"二重证据法"。"二重证据法"出自王国维并非偶然。19 世纪末至 20 世纪初大量出土文献以及西方近代哲学，特别是实证主义思想的影响，再加上王国维扎实的国学功底，多学科训练的经历，敏锐的思维与视野，促使王国维提出了"二重证据法"。正如他自己所说"古来新学问，大都由于新发现。有孔子壁中书出，而后有汉以来古文家之学；有赵宋古器出，而后有宋以来古器物、古文字之学。惟晋时汲冢竹简出土后，即继以永嘉之乱，故其结果不甚著，然同时杜元凯注《左传》，稍后郭璞注《山海经》，已用其说；而《纪年》所记禹、益、伊尹事，至今成为历史上之问题。然则中国纸上之学问者，固不自今日始矣"[②]。清末至民国初年，诸如甲骨文字的发现与著录、铜器群的发现与考释、考古学的发掘和古器物学的研究、西北文物的发现与著录、内阁大库军机处档案与太平天国史料的发现与著录，[③] 无疑为搜集史料开了新途，拓展了

① （清）崔述：《考信录提要》，（清）崔述：《崔东壁遗书》，上海古籍出版社 1983 年版，第 13 页。

② 王国维：《王国维文集》第四集，中国文史出版社 1997 年版，第 33 页。

③ 顾颉刚：《当代中国史学》，上海古籍出版社 2002 年版。

史料的空间。王国维适逢其会，并做出了积极的理论思考，这就使他走在了学界的前沿，开拓出了新学术。他的《殷卜辞中所见先公先王考》考证出王亥为殷之先祖，而长期以来存有疑义的《史记·殷本纪》中记载的报乙报丙报丁，也在卜辞中有了相应的位次。另外，又考证出殷人兄弟无论长幼，与已立未立，其名号典礼并无等别，化解了卜辞中父甲父乙等名称求诸世系不能通的疑惑。他的《续考》，则将殷先公之名完全考释清楚。《殷卜辞中所见先公先王考》及《续考》的问世，澄清了长久以来殷商世系不清的问题，也证实了《史记》等一批文献资料的可靠性，使中国可信古史可上溯至殷商时期，拓宽了历史研究的领域。其《古史新证》，则率先提倡以地下材料与纸上材料二重结合，即以甲骨文金文等出土文献结合传世文献考证古史的真伪，以甲骨证商史，以金文证周史，补证纸上之材料，证明古书之某部分全为实录，即百家不雅驯之言，亦不无表示一面之事实。“二重证据法”自提出后，遂成为中国历史学界及中国考古学界至关重要的法则。而有关甲骨文、金文的研究，发展到今天，其最大特色就是结合传世文献进行研究。

20世纪30年代末至70年代，时代之故，考古几乎寸步难行，文献学也举步维艰，更莫谈二者的结合研究。这种状况到20世纪70年代才被打破。20世纪70年代以来，思想禁锢逐渐打破，经济发展、社会安定，举国上下重视科学文化，知识分子地位提高，在解放思想、实事求是的学风中，学者们敢于摆脱迷信、教条主义和实用主义的精神枷锁，以求实求真的态度考辨典籍文献和史实。多年来在“左”的路线下，特别是在“文革”中随意歪曲历史、歪曲史料的现象，需要拨乱反正，亦加重了辨伪学的责任和任务。而70年代几次重大古文献出土，使人们不得不对前人的辨伪成果进行重新审视和反思，这为80年代中国考古学与中国文献学结合研究的发展带来了契机。80年代的辨伪热潮，更加显示了“二重证据法”的强大生命力。1971年安徽阜阳西汉汝阴侯夏侯灶墓出土了《晏子春秋》残简，1972年山东临沂银雀山汉墓出土了《孙子》、《六韬》、《尉缭子》、《管子》、《晏子春秋》、《墨子》、《孙膑兵法》等残简，1972年长沙马王堆汉墓出土了《老子》、《战国纵横家书》、《易经》以及阴阳、天文、五行、杂占等10多种12余万字的大批帛书，1973年河北定县汉墓出土了《晏子春秋》、《论语》、《儒家者言》、《哀公问五义》、《文子》、《太公》等8种残简，1975年湖北云梦睡虎地出土了《编年纪》、《日书》等10种秦简，1978年青海大通县上孙家寨汉墓出土了与《孙子》有关的竹简文献，等等。

这些简牍帛书的出土使其中历来被怀疑或断言是伪书的《文子》、《尉缭子》、《鹖冠子》、《晏子春秋》、《六韬》、《孙子兵法》等成了真书，促使学术界对前人辨伪成果重新审视考辨，这个时期结合出土文献辨伪的论作激增。对此，郑良树日后在《古籍真伪考辨的过去与未来》一文中有很好的总结，他认为，“七十年代竹简帛书的出土，无疑是辨伪这门学问的试金石……为古籍真伪研究最上乘的第一手资料”，因此，“竹简帛书的出土……同时也将检验千多年古籍真伪研究的成果。”“竹简帛书的检验之后，即知先贤在古籍辨伪的研究上，确实犯有值得重视的缺点”；“在态度上，有些学者感情用事，成见太深，主观太强，以‘每辨必伪’，‘逢书必假’为一逞快之事；在方法上，有些学者过分‘粗心大意’、‘跳级论证’，强不知以为知。”为此，他提出了古籍辨伪应该“在态度上要平实”，“在方法上要严密”，“在论证上要周备”，“在论断上要谨慎”的观点。[①] 郑良树的总结非常到位，在简帛大量出土基础上所做的学问，到这个时期已经形成一门出土文献与传世文献结合研究的学问即“简帛学”。

促进中国考古学与中国历史文献学研究的进一步结合，在全球化的今天亦越来越受到重视。而中国历史文献学与中国考古学之间的特殊关系，使得历史文献学与考古学相映生辉，共同前行，可取得更大的佳绩。

在中国历史文献学界，有关这方面的呼声很多，拓展空间非常大。从银雀山汉墓到马王堆汉墓及郭店楚简，都有大批出土文献可与传世文献相比较。如《孙膑兵法》、《尉缭子》、郭店《老子》等，都可以以马王堆本、传世本，或上海博物馆整理出版的战国简本，进行比较校勘，从而整理出更符合古书原貌的典籍。这亦是中国历史文献学开辟新领域、创建新的分支学科的一个途径。如 2002 年 6 月湖南湘西龙山县里耶古城出土了大批秦木简达 3 万多枚，是秦始皇时期的县府档案，非常珍贵。媒体称，据这些材料可以改写秦史。比如，竹简中有“洞庭郡”的记载，这就使秦郡的设置由原来的 36 个郡增为 37 个郡。此外，竹简中还反映了大量秦代行政、邮传、经济方面的信息，这些都是非常宝贵的。有学者建议中国历史文献学学科应该建立古文书学学科，运用古文书学的方法，对简牍的书写格式、内容类别、收发渠道、档案功能、时间地点和简牍形制等做深入、系统的研究，改变或增添文献学的内容。[②]

今天的中国考古学已开始脱离历史学，走上独立发展的道路，一些大学成立了考古学系，但是中国考古学完全与历史学绝缘是不可能的，它毕竟与中国历史学有千丝万缕的联系，而就考古而言考古也必然是单调的。就中国考古学与中国历史文献学结合研究而言，无论是甲骨学还是简帛学，究其实还是中国考古学与中国历史文献学的结合，如果把甲骨学、简帛学等与中国历史文献学及考古学均联系紧密的学科都统一在一个专名下，称为“考古文献学”，是否更有利于中国考古学与中国历史文献学的结合，是值得我们思考的一个问题。这方面具体实践的成果已经很多，只是还需要理论上的总结。

三

一部社会发展史、社会历史文化发展史，是可以在文献的产生、聚散、文献学的发展中体现出来的，它们之间密切相连。因此，中国文献学的研究如能与社会史、文

---

① 郑良树：《古籍真伪考辨的过去与未来》，载《文献》1990 年第 2 期，第 255 页。

② 周少川等：《世纪断想——中国历史文献学学科建设的思考》，《历史文献研究》第 22 辑，华中师范大学出版社 2003 年版，第 4—5 页。

化史研究相结合，会相得益彰，加深中国文献学研究的分量。比如有些学者近些年所做的古代和近代私家藏书文化研究，如黄建国、高跃新主编《中国古代藏书楼研究》(中华书局 1999 年版)、周少川《藏书与文化——古代私家藏书文化研究》（北京师范大学出版社 1999 年版)、李雪梅《中国近代藏书文化》（现代出版社 1999 年版)，就是文献研究与文化史、社会史研究结合的典型。他们的成果，“视野开阔，整体关照，都将藏书视作一种重要的社会文化现象，并将其置于一个大的历史文化背景下进行探讨。着眼点虽在藏书，但目光却是整个社会文化风气的深层变迁，这种文化视角采用自觉的，比如后两书都在卷首的绪论中对以前的研究工作进行总结，然后解释采用文化视角的必要性。这种探讨角度的转换无疑对中国藏书文化会有更新更深入的认识”①。其中，《藏书与文化——古代私家藏书文化研究》一书更是体现了文献与社会史文化史相结合的道路，它“将私家视为中国古代一种内蕴极其丰富的文化现象、中国文化史研究的一个重要课题，自觉采用文化的视角”，其研究角度的变化“必然会带来观点的变化，以前司空见惯的现象就此获得新的意义和价值，比如作者对古代私家藏书与社会历史环境相互关系的论述，这一问题以前涉及较少，作者结合丰富的古代藏书史料，详细论述了政治经济条件和学术文化演变对藏书文化的深远影响，探讨了北风南移和私家藏书文化中心的转移……对古代藏书楼、藏书章、藏书习俗、藏书嗜好等问题，以前只是作为典故趣话来谈论，但在作者眼里，它们都是古代藏书家文化心态的生动见证，对于揭示他们的文化心态具有重要的史料价值。如果不是文化视角的采用，是不易发现这些问题的重要价值的”②。由此可见，走中国文献学与中国文化史、社会史互动的道路，将会极大地拓宽现有研究空间。

然而，遗憾的是，虽然中国历史文献学与文化史、社会史的互动有一些实践，但鲜有理论高度的总结。当然，也有学者在呼吁三者之间的结合，但只是谈结合，没有统一的理论口号，没有明确的旗帜相号召，必然达不到在从事中国历史文献学者中广为推介，形成普遍意识之功效。因此，有必要从全球史视野出发，强调互动共生中长时段大范围的研究，使中国历史文献学与文化史、社会史的结合形成规模和意识，增强中国历史文献学的活力。

四

中国历史文献学的发展史，其实也是一部与学术之间的互动史。例如，西汉开国以来重视整理文献，口耳相传以当时文字记录的为今文经，秦火余烬下的文献为古文经。围绕二者的整理，形成了与之相适应的两门学问今文经学与古文经学。而古文经

① 淮茗：《中国藏书文化研究的新收获——评三部新出版的中国藏书文化论著》，《中国图书评论》2001 年第 2 期，第 16 页。

② 同上。

学又与注疏之学一脉相通，汉唐注疏大盛，遂有学界缜密的学风。其后期注疏泛滥，动辄千言之时，也是学风破败至无病呻吟之期。宋代大兴图籍，类书等大量问世，金石等广为整理出版，使需要广阅读方能疑经惑古，多见识方可考辨的学问有了坚实的基础。在此基础上，宋儒从儒家原典中寻找圣人之道。而宋儒对儒家经典的重读，直接引发对传世经典的怀疑与考辨，对汉唐传注的怀疑与批评，对汉唐传统经学的章句训诂式研究方法的抨击。因此，宋代的经学可以说就是对经典与汉唐传注进行的重新审视。明初，太祖朱元璋认为《四书》《五经》如五谷，不可一日不食。成祖朱棣命胡广将宋代理学家的著作辑成《性理大全》等，颁行天下，遂确立朱子学独尊的地位。由此，可以说，大约起自中唐，以明代初年《四书五经大全》的编纂为止的“宋明性理之学”时期，从某一个角度而言，就是对汉唐所累积而成的烦琐的义疏训诂的再批判与再出发。而明代中后期取代其朱熹理学地位的阳明心学也不过是朱子学的衍生。明人刻书而书亡，明人好藏书，明代藏书家为名而作伪也颇有名，也是与明人空疏浮泛的学风一致的。清代前中期整理书籍，开馆修书，既总结了学术又引导了学术风气，至乾嘉时期考据之风成为学术主流。而由刘向父子到《隋书·经籍志》确立，其后一向为主流并至四库修书达到顶峰的四部分类法，其发展史也是一部学术史，在中国学术史上也具有举足轻重的地位。而当四部分类法达到顶峰之时，其不能容纳所有书籍的弊病已显，学术的变革也从中露出了端倪。预示着中国的学术将走向新的征程，中国的时代也将翻开新的一页。

中国历史文献学与中国学术史的互动共生研究具有广泛的发展空间。学术史不仅要从思想、义理的角度去写，还要从文献、史实的角度去写，两者不可偏废。① 文献学研究也要从学术的角度去思考。中国历史文献学各个时代的各种经典的注释、校勘均能反映时代的精神，校勘注释的内容均能看到学术思想和学术观点、看到中国学术史的转变，同一著作的不同版本也足可反映出不同的思想和学术，文献学应该在这方面做出学术史的说明。而学术史也应该有文献学的基础，学术史很大程度上是各学派的发展史，以及错综复杂的关系史，而各学派的观点是靠自己学派的经典著作来诠释的。经典著作的历代解读，也是学术史不可或缺的部分。不同学派的时代、发展阶段，尤其是不同学派形成发展的说明，都需要以文献为线索。《明儒学案》、《宋元学案》实际就是学派史，但这方面的研究和陈述并不多。又如《四库全书》的研究，从事中国历史文献学研究者看到的多是纂修、版本、校勘、考辨等纯文献学方面的内容，忽略与学术史的互动。全球史的互动理念提醒我们，既然中国历史文献学与学术史有着互动共生的关系，那么二者的结合研究将是未来必然的发展趋势，应当引起我们的重视。

① 易丹：《李学勤谈清代学术的几个问题》，《中华读书报》2001年8月15日第9版。

五

下面，我们谈谈中国历史文献学和人类学的结合问题。

人类学（anthropology）是从生物和文化的角度对人类进行全面研究的学科群，词由 anthropos 和 logos 组成，从上理解就是有关人类的知识学问，它是以综合研究人体和文化（生活状态），阐明人体和文化的关联为目的的。人类学大致可区分为：主要研究形态、遗传、生理等人体的人体人类学；以风俗、文化史、语言等文化为研究对象的文化人类学，以及专门研究史前时期的人体和文化的史前人类学。自然人类学亦称为人体人类学。

中国历史文献学与人类学的联系很早就有了。历史文献的著述，需要的史料并非金匮石室及私家所藏所能涵括尽的，历史文献的著述者为了收集史料，往往遍访名山大川，搜集古老传说。《史记》就是司马迁在阅读官方藏书外，“网罗天下放失旧闻”，实地考察各地风俗而成，如司马迁亲历薛地，发现薛地闾里率多暴桀子弟，与邹鲁地区风俗不同。唐朝司马贞在《史记索隐后序》中说：“太史公之书，既上序轩黄，中述战国，或得之名山坏壁，或取之以旧俗风谣，故其残文断句难究详矣。”在没有文字的上古时期，要还原它的历史，只有靠口耳相传或考古发现。但考古对古代的中国人而言无疑是灭绝人伦、断子绝孙的大忌，即使有考古发现，亦多半是盗墓者所为。所以口耳相传、田野调查对历史著述就显得非常重要的，尤其是当历史记载空白时，口耳相传、田野调查的地位更是突出，司马迁《史记》的《五帝本纪》即口耳相传、田野调查的结晶。面对五帝史料的不可得见于历史文献，司马迁不惜四方游历，曾西至空桐，北过涿鹿，东渐于海，南浮于江淮，访问众多长老，听长老们讲述许多有关五帝的传闻典故并记载了下来。东晋史学家常璩《华阳国志》为展示民众缔造文化，把史笔深入民众生活里层，他搜集了大量所谓正统轻视的民间诗歌谚语。“这些都是民间实际生活的概括，用了这些，不仅更容易反映当时社会的现实，增强形象的真实感，而且也可使文字生动活泼。”[①] 他记载了巴人现存最早的诗歌及各地流传的俚语。诸如反映民风民俗的，如“川崖惟平，其稼多黍。旨酒嘉谷，可以养父。野惟阜丘，彼稷多有。嘉谷旨酒，可以养母”[②]、“惟月孟春，獭祭彼崖。永言孝思，享祀孔嘉。彼黍既洁，彼牺惟泽。蒸命良辰，祖考来格”[③]；反映人生道德的，如“惟德实宝，富贵何常。我思古人，令问令望”[④]；讥时政的，如“愿君奉诏，惟德日亲”[⑤]；颂

① 仓修良：《华阳国志》，《中国史学名著评介》第一卷，山东教育出版社 1990 年版，第 262 页。

② 刘琳：《华阳国志校注》，巴蜀书社 1984 年版，第 28 页。

③ 同上。

④ 同上。

⑤ 同上书，第 41 页。

功德的，如“没世遗爱，式镜后人”[①]、“汉德广，开不宾。渡博南，越兰津。渡澜沧，为他人”[②] 等等。这些诗歌、谚语都从不同侧面反映了当时民众生产生活的真实，可以说是史诗。“汉民族缺乏叙事史诗，但独有咏史诗一类体裁，吊古怀旧之篇章甚富。而此类诗章，多半也不是叙事或描述，而代之以象征、暗示、抒情等手法，虚化眼前景象，幻化所咏史事。”[③] 常璩采录的这些丰富的诗歌、俚语、民间故事，都是在人民中不断产生、流传和不断修改的口头创作，如果常璩不重视搜集，不深入民间实地采访，不广泛接近人民，体会人民的思想感情，是绝不可能办到的。[④] 这些诗歌俚语更生动、更真实地反映了当时的社会风貌和人们的思想活动，起着一般叙述所达不到的效果。[⑤] 仓修良道：“这些民歌，虽然形式比较简单，语言也较少加工，短小精悍，直叙其事。却都是当时社会现实最尖锐、最直接、最迅速的反映，富有浓厚的生活气息。……常璩在书中引用了这些民间歌谣，态度明朗，爱憎分明，说明他在采录这些民间流传的诗歌时，不单是注意它们的艺术性，而且也很注意诗歌的思想性。”[⑥] 从中既可窥见巴族之本身的文化特点，亦可看到中原文化的影响痕迹。这对探求古代巴文化的发展源流及与中原文化的关系，都具有重要意义。[⑦] 这就是口耳相传、田野调查所产生的著书魅力。

历史文献著述者与口述历史、田野调查二者联系的纽带就是历史文献著述者对历史资料的追寻，这种追寻把历史文献和人类学联系起来，而且为了避免历史材料的单一，叙述生动活泼，论证具有说服力，应更多地把口述史与田野调查引入历史文献研究中。而人类学概念与考古学概念一样，本是从西方引进的，其引入中国的过程就是一种互动，故而人类学与中国历史文献学的结合同考古学与中国历史文献学结合一样更能体现经济全球化背景下的学科互动研究。

六

我们还要重视中国历史文献学的跨国界研究，应具有深远的国际视野。历史文献学这个学科不仅中国有，外国也有。如法国有法国国立文献学院，法国信息科学院和图书馆高等学校，图书史教授弗雷德里克·巴比耶，即毕业于此。又如“国际文献工作联合会”（The International Federation for Information and Documentation）是由“国际目录学会”发展而来。

---

① 刘琳：《华阳国志校注》，巴蜀书社 1984 年版，第 41 页。

② 同上书，第 427 页。

③ 章益国：《史与诗》，《学术月刊》1999 年第 10 期。

④ 刘重来：《常璩与〈华阳国志〉》，四川人民出版社 1985 年版，第 80 页。

⑤ 同上书，第 77 页。

⑥ 仓修良：《华阳国志》，《中国史学名著评介》第一卷，山东教育出版社 1990 年版，第 263 页。

⑦ 刘固盛：《现存最早的巴人诗歌》，《文史杂志》1997 年第 3 期。

中国历史文献学要走向世界，那么加强中西文献的比较研究、重视域外汉籍研究，也是必要而重要的。当然，中西文献的比较研究以及域外汉籍的研究，这个工作早已开展起来，但形成规模，拥有更大的队伍，却还需要进一步的倡扬，也尚待时日，而且在研究方法和理论的自觉运用与总结上也较为薄弱。纵观当前的中西文献的比较或域外汉籍的研究，往往不自觉地会为作者所处的国度、成长背景，文化汲养以及喜好所局囿，难免会生出一些偏颇，因此有必要加强理论指导。当年，白寿彝有感于中西比较研究的重要，指出："文化是赖比较而更明白的，我们自己不能看到自己的面貌，用镜子照照和别人比比，才可以晓得自己的面貌是丑是俊，丑在哪里，俊在哪里。"①白先生的话明白晓畅、深入浅出，启迪后学，弥久愈浓。

如何通过全球史视野加强中国历史文献学学科建设，我的看法如下。一是把全球史的核心理念"互动"引入中国历史文献学研究中。历史文献学的研究往往是静止的，如果注重互动，那么中国历史文献学研究会动起来活起来，会增加活力。如七阁《四库全书》我们可以在研究其本身，比较异同之外，研究纂修人员、乾隆意志以及其他因素造成的七阁《四库全书》的不同状貌，挖掘时代对它们的影响，以及它们的优劣对纂修人员命运的影响。这些研究互有关联，环环相扣，就是一种互动，即同质文化的内部互动。还有一种异质文化的互动，如把中西文献的比较研究，建立在互动的前提上，中西文献流动及传播相互影响的特质就会凸显，会使中西文献的比较有更广阔的背景，揭示出中西文献交流传播中蕴含的深层次内涵，这就是一种发生在中西之间的外部互动，不是发生在中国内部文化之中的。当前时代条件下，同质和异质两类文化互动中，异质文化互动更见活跃。

二是注重长时段、大范围研究。就历史文献学而言，长时段、大范围要求历史文献学不局限于一人一事，而是注重纵向研究和横向研究的结合。如对《四库全书总目》的研究，我们可以跳出就《四库全书总目》而言《四库全书总目》的局面，而是在更广阔的空间研究《四库全书总目》，即广义的《四库全书总目》研究，也就是对《四库全书总目》及其撰修、补续、批评与研究，对《四库全书总目》研究的再研究，以及研究方法与理论的总结。同时把目光投向四库修书同时代的狄德罗《百科全书》的撰修，以见中西文化发展的不同趋势。当然，长时段、大范围研究，亦自然把考古学、人类学、学术史、文化史、思想史、经济史等与中国历史文献学研究结合起来。

三是要破除西方中心论等学术偏见。从全球史视野出发研究中国历史文献学，一个必然的结果就是科学评价历史文献及历史人物，尤其是对历史文献学中长期未得解决的疑难问题，态度一定要公允。讲究历史真实，去伪存真，这在我国历史文献学研究中，本身就是一个优良传统，加以全球史视野，无疑更是一个警醒，是学术不分中西，不分古今的客观与公正的体现。世界历史本来就是世界各国人民共同缔造和书写

① 白寿彝：《整理国故介绍欧化的必要和应取的方向》，《白寿彝史学论集》上，北京师范大学出版社 1994 年版，第 434 页。

的，任何偏颇的“中心论”都不利于时代的发展，不符合时代的主题。历史文献研究者，在面对中西学术问题、解析中西文献时，应力争同等对待本国及他国的历史与文化，努力去除“西方中心主义”等偏见，在跨国家、跨文化、跨文明、跨学科、跨领域研究中尽力持平。全球史视野下中国历史文献学研究，无疑加强了文化的内部与外部、同质与异质的互动，以及异质文化互动下的求同存异。

原载于《史学理论研究》2011 年第 3 期，《高等学校文科学术文摘》2011 年第 6 期转载于《历史学研究》栏目。

“四库总目学”研究论纲

陈晓华

我国古代学术发展到清代，进入了高度成熟和总结时期，表现之一便是大规模的图书整理和大型图书目录的编纂，《四库全书总目》即为其中最重要的一项成果。它总结了清乾隆以前中国古代学术文化。一经问世，便引起了同时代及后世学者的重视和关注。200多年来，《四库全书总目》本身所蕴含的学术信息源源不断地被开采，对它的补订和研究也越来越深入，产生了系列论著，客观上形成了一门专学。笔者就此作一总结，兹论述之。

一　“四库总目学”概念的提出

何谓“四库总目学”？顾名思义，就是指对《四库全书总目》进行研究的学问。这个概念，可以从广义和狭义两个方面来理解。广义的“四库总目学”包括三个部分内容。一是对《四库全书总目》及其编撰过程的研究，以及对《四库全书总目》补订、续编、批评与研究。二是对《四库全书总目》研究方法与理论的总结。三是对已有《四库全书总目》成果的批评和研究，实为间接的、二次的《四库全书总目》研究。狭义的“四库总目学”则只包括上述内容的第一部分，即专指对《四库全书总目》的编撰、补订等研究。

“四库总目学”的概念既是如此，那么“四库总目学”成为专学的依据是什么呢？这就涉及“四库总目学”的定位能否成立的问题。一个学术研究专题能否成为专学，取决于其自身储备的学术文化信息能否具备学术开采的价值。同时要考虑它在内涵上能否为展开系统的学术劳动提供足够的空间，能否容纳巨大的人力、智力的投入。对于“四库总目学”能否成立的评估可以从以下两方面来考虑：

第一，《四库全书总目》自身有较高的学术质量，蕴含丰厚的学术矿藏。《四库全书总目》是清中期总结中国古代学术文化的重要书目，它著录介绍了大量典籍，这些典籍基本上包括了清乾隆以前，特别是明代以前中国古代的主要著作，展示了中华民族文化的精华。它以目录的形式概括了中国古代的学术简史，以分类体系和取舍的方式系统总结古代各门学术的源流及传承关系，介绍作者事迹、图书内容、价值高低，并在提要中反映出当时学者校勘、辨伪和考据成果，反映了当时学者在经史子集各门学术中学术批评的思想和方法，它是对 18 世纪以前中国古代学术文化的一次大总结，许多学术观点至今仍值得借鉴。

由于它的内容涉及众多学科，因此为各学科展开系统的研究活动提供了丰富的研究论题，奠定了"四库总目学"的根基。

第二，大量补订、批评和研究《四库全书总目》的著作标志着"四库总目学"已有了丰厚的学术积累，同时也为"四库总目学"的深入研究提供了广阔的学术空间和前景。众所周知，由于乾隆皇帝四库修书时的"寓禁于征"政策以及当时搜集图书、编纂《四库全书》的仓促，使《四库全书》和《四库全书总目》的著录缺载甚多。因此便有大量补撰著作出现，这些补撰之作可分为两类，一类是对禁毁书书目的补撰，如孙殿起的《清代禁书知见录》；一类是对未收书目的补撰，如阮元的《四库未收书目提要》。

由于《四库全书总目》成书已过200多年，200多年来，随着文化的发展和学术的积累，各类学术著述不断涌现，于是产生了《续修四库全书总目提要》为代表的一批续编之作。由于《四库全书总目》编撰工作规模宏大，又加以编撰者水平参差不一，所以《四库全书总目》的讹误不少，故而出现了像余嘉锡《四库提要辨证》、胡玉缙《四库全书总目提要补正》之类的纠谬正误论著。又因《四库全书总目》所呈现的学术及其思想层面较复杂，因而有许多学者对其目录学成就及思想、经学观念以及学术批评方法、史学编纂理论与史学批评特点进行了探讨及总结，并进而研究《四库全书总目》所反映出来的思想文化背景。如周少川《〈四库全书总目提要〉论史书编纂》（《史学研究》1985 年第 1 期），黄爱平《论〈四库全书总目〉目录学成就及其思想内容》（《清史研究集》第七辑，光明日报出版社 1990 年版）、《〈四库全书总目〉经学观与清中叶的学术思想走向》（《中国文化研究》1999 年春之卷），周积明《〈四库全书总目〉与乾嘉"新义理学"》（《中国史研究》2002 年第 1 期）等。

概言之，由《四库全书总目》这部核心著作而引发出来的著述硕果累累，已经形成一个特定学术领域的著作群。《四库全书总目》之学已经延伸发展为一门专学，这门专学就是"四库总目学"。

另外，这里还应该交代一下"四库总目学"与"四库学"的关系。前些年中国台湾的昌彼得、胡楚生，以及内地的周积明提倡"四库学"的研究，[①] 他们在谈到"四库学"研究内容时，无不特别重视对《四库全书总目》的研究，这是因为，《四库全书总目》研究是《四库全书》研究的核心。研究《四库全书》的所有问题，无论是《四库全书》修纂的过程，还是《四库全书》收录的情况、抽毁的情况等，皆与《四库全书

① 参见周积明《"四库学"：历史与思考》，《清史研究》2000 年第 3 期。

总目》相关,《四库全书总目》具体记录了《四库全书》的面貌,如收录图书的种数、卷数、各书的内容、作者、版本等。《四库全书总目》反映了《四库全书》的学术价值和思想文化内涵,《四库全书总目》反映了编纂者的评价标准和时代的思想文化烙印。

总的来说,许多在《四库全书》上未能具体反映出来的问题都可以在《四库全书总目》中得到答案。而就“四库学”而言,也有广狭二义。广义的不仅指《四库全书》研究及其再研究,而且包括《四库全书总目》的研究及再研究;狭义的则仅指《四库全书》的研究及再研究。《四库全书总目》研究合之则可归入《四库全书》研究中,分之则可独立。因此,“四库总目学”研究和“四库学”研究是并行不悖的。甚至可以说,要搞好“四库学”的研究,首先必须做好“四库总目学”的研究。

以上分析表明,“四库总目学”的成立和定位,并非出自想象虚构或刻意标新立异,而早已是历史的客观存在,因此《四库全书总目》研究成为专学,在理论上、实践上都是完全有可能,也是非常必要的。

二 “四库总目学史”概念的提出及其研究意义

“四库总目学史”是对“四库总目学”的研究历程、研究成果、研究方法和研究思想等进行归纳总结和规律性探讨的学问。它以“四库总目学”为研究对象,以历来补续、辨证、批评、研究《四库全书总目》的著述为直接资料。就其学术品质而言,是批评之批评、研究之研究,具有学术史的性质与特征;就其学术归属而言,应属于广义“四库总目学”的范围。

回顾“四库总目学”的发展历程,可以看到,自《四库全书总目》问世以后,“四库总目学”以《四库全书总目》研究为中心,以目录学为阵地,不仅通过许多重要书目,对《四库全书总目》前后未予记载的典籍有广泛的著录,而且对典籍的内容和价值,典籍的版本和流传,包括对典籍的著录方法和分类方法,皆有详细的考证和分析,从而大大推进了目录学学科的进展。

“四库总目学”的大批著述还突破了目录学研究的局限,不但在版本学、校勘学、辨伪学、辑佚学等文献学领域内多有建树,而且还将文献学研究与文化史和学术史的研究紧密结合起来,如周积明《文化视野下的〈四库全书总目〉》(中国青年出版社2001年版)等论著,阐析了《四库全书总目》在中国文化史上的地位和各种影响。

“四库总目学”已有的成果还从各方面为学术界呈现了开展文献学、学术史、文化史综合研究的方法和途径,这也是值得深入总结的。还有学者就研究方法和理论进行了思考。当然,在“四库总目学”的大量著述中,学术水平和学术价值高低不等、良莠不齐也是必然存在的,甚至还有明显的缺误和低水平重复的现象,这也需要我们做细致的考察和分析。

遗憾的是,多年以来,虽然有对《四库全书总目》的大量研究,却未曾有过从专学的角度对“四库总目学”的具体成就作系统的归纳、总结和定位。近年来，虽然出现了总结《四库全书总目》研究成果的一些综述，如李杰《90年代〈四库总目〉研究论文综述》(《图书馆研究与工作》2001年第3期)、司马朝军《〈四库全书总目〉研究述略》(《图书馆杂志》2002年第6期)，但李文只是对20世纪90年代《四库全书总目》研究成果的概述，司马文是对他自己《四库全书总目》研究成果的总结，皆未从专学的角度对《四库全书总目》研究工作做有体系、有系统的分析研究，也未对各个阶段具体成果进行个案考察、分析。因而，从文献学史的角度，总结这门专学在学术史、文化史上的贡献及其所达到的水平，为文献学史提供具体的内容，为文献学的研究提炼出新方法，并让人们充分认识“四库总目学”的学术价值，是非常必要的，这便是“四库总目学史”提出的缘由。“四库总目学史”研究的提出，具有较重要的理论和实践意义。

首先，“四库总目学史”研究的提出，希望扼要地总结200多年来《四库全书总目》研究的基本成就，深入研究“四库总目学”各类代表性成果的学术价值，并初步构造起“四库总目学”研究的框架，为学术界提供一个具有整体性、多层次和可操作性的研究体系。

其次，从文献学的角度，特别是从目录学的角度，可以进一步阐明《四库全书总目》的学术价值，总结“四库总目学”，对建设文献学学科有重要意义。《四库全书总目》作为我国古代文化的重要结晶，200多年来吸引了不少名家对它进行研究，许多学者从不同的角度不断对它进行补订考证，拓展了《四库全书总目》的学术内涵，提高了《四库全书总目》的学术价值。众多名家是如何研究《四库全书总目》的，在《四库全书总目》研究中获得了哪些突出成就，有些什么创新？如果立足目录学，结合学术史，加以总结，阐释这些著作的学术成就和研究方法，可为文献学研究提供可资借鉴的范例，丰富文献学学科的内容。

再次，《四库全书总目》对清中叶以前的古代文化典籍作了一次较大较完整的清理，“四库总目学”的许多研究著作又对清以前及清以后许多文化典籍的记录进行了补录和续录。通过对“四库总目学”各类补续著作的研究，可以对我国古代文化典籍的发展状况有较全面的认识，有更准确的了解。

最后，“四库总目学史”的研究，还可以通过总结“四库总目学”研究的发展历程及阶段性特征，分析其经验教训，探讨“四库总目学”深入发展的方向和途径。从历史上看，《四库全书总目》的研究有得有失，有经验也有教训。总结这些经验教训，对“四库总目学”研究作为一门学科的发展将大有裨益。以这些经验教训为导航，可以指导未来的“四库总目学”研究不断深化、开拓发展。

三 解决的问题和研究的重点

“四库总目学史”是一个较新的、目前尚需探索的领域，拟主要解决下面三个方面的问题，争取在这几个方面的研究上有所突破。

（一）反映“四库总目学”的基本内容和研究范围。“四库总目学史”的研究对象是“四库总目学”，将通过对“四库总目学”自身的研究，反映出“四库总目学”的基本内容和研究范围。从理论上讲，“四库总目学史”应该涵盖历史上曾经出现的一切“四库总目学”的学术成果，并进行解剖和分析。剖析“四库总目学”已有成果的方式可以是多样的，既可以从时间纵向方面进行分段（即按时序分段论述），也可以从空间横向上进行切块（即按专题分块论述）。“四库总目学史”将采用专题剖析的方法，从对《四库全书总目》这部核心著作的讨论开始，到对“四库总目学”研究成果的分类研究，最后再归纳“四库总目学”的历史分期、研究方法和发展前景。这种以横向专题分析为主，配以纵向归纳历史分期的横纵向结合的研究结构，可以更好地反映出“四库总目学”的基本内容和研究范围。

（二）200 多年来，《四库全书总目》研究取得了丰硕的成果，系统整理与总结这些丰硕成果，是摆在我们面前的一个迫切任务。“四库总目学史”研究要根据以往研究的成果，区分为补编、续编、辨证、思想文化研究、文献学研究等类型，力图对 200 多年来《四库全书总目》研究的基本成就作一个较全面的清理。

（三）“四库总目学史”研究的根本目的是要挖掘以往《四库全书总目》研究的学术成果，用以丰富文献学、学术史的内容，推进这些学科的发展。因此，在对“四库总目学”的分类研究中，通过个案考察，集中分析各类型中的代表性成果，揭示其学术价值，是“四库总目学史”研究的重点。在重点研究中，要注意从以下几个方面挖掘代表性学术成果的学术价值：

第一，要分析有关的补编、续编书目对我国学术典籍的记载。重要的补编书目，如《清代禁书知见录》，共辑录禁书书目 2058 种，记载了被禁典籍的内容体制、卷数异同、版刻源流、禁毁原因以及禁书著者情况。对方便我们按图索骥、知人论世、论世知人以及“辨章学术，考镜源流”意义重大；又续编书目，如《续修四库全书总目提要》，把它们所著录的书籍与《四库全书总目》联系，可使我们对我国古代文化典籍的状况有一个较全面的了解。

第二，揭示有关著作考辨订正《四库全书总目》的重要成果。不少考订著述如《四库提要辨证》（中华书局 1980 年版）等，通过对《四库全书总目》所述作者、典籍内容、卷数、版本，相关史学的考证，纠正了《四库全书总目》的乖错违失。这些成果的揭示，为我们进一步研究《四库全书总目》奠定了坚实的基础。

第三，从文献学史和学术批评史的角度归纳研究《四库全书总目》的成果。以往“四库总目学”研究的许多著述，从文献学的角度，对《四库全书总目》在目录版本学、考据学上的价值进行了总结，从学术批评的角度，对《四库全书总目》的经学观、史学观、文学观等方面进行了研究。归纳这些研究成果，对于我们进一步认识《四库全书总目》在文献学史上的地位，尤其是认识《四库全书总目》在史学批评、文学批评和经学史研究上的作用，具有重要的学术史的意义。

第四，通过对《四库全书总目》的研究，透视清代中期的社会思想和文化特征，是“四库总目学”研究在20世纪开辟的新领域和新成果。这一新领域把目录学研究与学术史、文化史研究相结合，联系相关学科进行考察，去透视《四库全书总目》的思想文化特征。“四库总目学史”研究要加强对这一新领域的考察，总结出目录学研究的新途径。

第五，要从以往“四库总目学”研究的著述中，归纳出“四库总目学”研究的各种方法，为今后“四库总目学”的发展提供借鉴。

在具体研究方法上，拟采用综合研究与分类研究及个案研究相结合的方法进行研究，提炼“四库总目学”成就，并在研究重点上有所突破。综合研究，意在从总体上对“四库总目学”进行把握，以突出“四库总目学”研究的整体特色；分类研究，即专题研究，意在排比“四库总目学”研究的成果，展示“四库总目学”研究的结构体系，揭示“四库总目学”研究的各种特色；个案研究，意在突出“四库总目学”研究中价值重大的成就，总结其贡献，上升到理论高度，为文献学建设增添可供借鉴的内容。

四 “四库总目学”发展前瞻

正如许多学者所指出的，《四库全书总目》是一座学术文化的宝库，正因为它蕴藏了丰富的文化学术信息，所以“四库总目学”的确立才成为可能。《四库全书总目》问世200多年来，“四库总目学”的研究也有了丰厚的积累，那么，在跨入新世纪之后，“四库总目学”应该如何发展呢？笔者才疏学浅，仅凭兴趣和热爱，愿不揣冒昧地为“四库总目学”今后的发展略呈管见。

第一，对于《四库全书总目》的编撰过程的研究还需继续深入，《四库全书总目》编撰的原因，以往虽有讨论，但仍有一些细节值得深入研究。比如，乾隆征书，有人认为是一开始就“寓禁于征”，有人认为只是征集一部分图书后发现“违碍”严重，才开始大规模禁书活动的。究竟如何，应爬梳当时史料，如对《清实录》，乾隆的一些谕旨、起居注、档案等进行扎实的分析。另外，关于《四库全书总目》完成、付印的时间也众说不一，多数学者认为是乾隆五十八年在武英殿刊印（如来新夏等），又有据《故宫武英殿版书目》所藏认为是乾隆五十四年刻版（中华书局1965年《四库全书总目》影印本前言），再有中国台湾学者昌彼得先生的“乾隆六十年十二月刻印”之说，这是关于《四库全总目》编撰过程需研究澄清的一些问题。

又有关于《四库全书总目》提要文本和版本的比较问题。《四库全书总目》先后有几种主要的版本，殿本、浙本、粤本，中华书局本又先后印行过两次，这些版本孰优孰劣，需要比较研究。又《四库全书》在编纂过程中，先后产生了分纂提要、书前提要、《四库全书总目》提要等三种提要文本，各篇提要的不同文本虽然主题相同，可是内容有差异。有些什么差异，为什么会出现这些差异，都值得深入分析。民国时，曾刊印过文溯阁书前提要，文渊阁书前提要前些年也随《四库全书》的影印面世了，2005年年底文津阁《四库全书》影印完毕，书前提要随之出版。这些对于《四库全书总目》提要与不同阁本书前提要的比较，皆提供了有利条件，是可以大有作为的。

总之，《四库全书总目》本身编撰历史仍值得深入考究。黄爱平曾撰有《四库全书纂修研究》，虽涉及《四库全书总目》编修，但重点在于研究《四库全书》的编修。而目前仅有的司马朝军《〈四库全书总目〉编纂考》亦是不够的。因此，今后关于《四库全书总目》纂修考的研究也是非常必要的。

第二，《四库全书总目》完成后，相关的补编、续编、辨证工作成果累累，但也遗留了很多问题。关于补撰，已有的补编工作已经作出了重要贡献。然而，继续考证当时禁书的情况，以及《四库全书总目》未收图书的工作依旧有很多可做。比如绝大多数禁书书目未作解题，著录要素不全；已有未收书目还有大量可补的空白等等。至于邵懿辰、莫友芝所作的对《四库全书总目》版本情况的补注，随着时间的推移，有的版本已经消失了，新的版本产生了，变化很大。因此，可续作《四库全书总目》所收书现存版本情况的书目。这项工作的重要学术意义在于：可以了解《四库全书总目》所收书目前有无单行本，流传哪些版本等问题，以保证准确利用图书。有单行本，我们就要尽可能利用单行本，因为四库本可能因改动而失真。如果没有单行本，四库本的价值就凸显出来了。当然，单行本的流传也会有多种版本，自然也有一个比较版本优劣的问题。关于续编，诸如周中孚《郑堂读书记》，胡玉缙《续四库提要三种》，孙殿起《贩书偶记》、《贩书偶记续编》对《四库全书总目》续录的情况，至今研究者寥寥，可开垦的空间很大。如比较他们在书目类目以及著录书籍上的变化，以见知学术演变，至关重要。又《续修四库全书提要》因历史原因粗精不等，草草收场，缺陷不少，还有很多的问题等待我们去订正，以供利用。又如，由傅璇琮主编、众多学者参与、历时八年而成的《续修四库全书》1800册，2002年已经出版，收书5213种，其中乾隆以后问世的有2770种，这部大型丛书在学界引起巨大反响，但这部丛书至今尚未编撰书目提要，如果有关此丛书的书目提要问世，那么由它所反映出来的对《四库全书总目》续编的学术价值也必将是对“四库总目学”的重大贡献。至于对《四库全书总目》的纠谬补正工作，虽然已有余嘉锡、胡玉缙、崔富章、李裕民等著作问世，但由于《四库全书总目》涉及的图书数量多，时代广，作者繁多，内容丰富，因此值得辨证的问题依然不少。也正因为如此，相关的学术著作才会这样层出不穷。如近年出版的杨武泉《四库全书总目辨误》又提出、解决了不少问题，就是明证。

第三，关于《四库全书总目》文献学价值的研究尚待开拓新的领域。对于《四库全书总目》文献学的研究，在这方面发表的论文不少，但多数是目录学方面的论文。这方面高水平的成果不少，但低水平重复的现象也存在；数量虽多，但精品不足，内容多有重复。《四库全书总目》是一种书目，但它的文献学价值并非只有目录学价值这一项，局限于目录学方面的研究，对《四库全书总目》在校勘、版本、辨伪、考证方面的贡献关照不够，忽视它们的价值，因而这方面可开拓的领域是非常广阔的。

比如校勘方面。《四库全书总目》记录了四库馆臣许多校勘内容，其中校正了不少图书内容的脱误缺漏，指明书籍篇卷的残缺或重复。《四库全书总目提要》表现的校勘方法也是多样的，如陈垣先生总结的校勘四法：对校法、他校法、本校法、理校法，在《四库全书总目提要》的内容中都可以发现。此外，从《四库全书总目》大量的校勘实例可以看出，《四库全书总目》的校勘特点是广罗异本，以古本旧刻作为校勘依据，发掘我国古代校勘工作的"实事求是，多闻阙疑"的特点，在校勘中以平等的态度，不吹毛求疵，不无中生有。当然，由于时代局限和撰者的主观原因，《四库全书总目》在校勘方面也存在一些问题，张元济《校史随笔》曾表示了质疑，余嘉锡《四库提要辨证》也纠正了不少错误。无论是成绩还是错误，这个领域是需要开垦的。

辨伪方面，有学者曾撰文论《四库全书总目》辨伪 20 例，但对《四库全书总目》辨伪工作的特点，辨伪理论等方面还未深入总结。据统计，《四库全书总目》明确指为伪书的有 370 部，对于《四库全书总目》中辨伪的成就需要进一步加以总结。

在版本方面，《四库全书总目》虽然自身未对收录图书的版本作详细记录，但提要中论证图书版本的内容不少，如比较版本的优劣、版本的源流、论证善本的标准等。

在考证方面，《四库全书总目》提要考证史实的内容是非常丰富的，有大量考证人物、书名、古代典章制度、书名异同、史源、学术源流的内容，其考证成果和方法为后人提供了丰富的范例，其所反映出的考据学风及其优劣，对乾嘉考据学的作用，也需要认真总结。

而以上文献专题所体现出的种种价值，尚未有人做出系统总结，是尚需要致力的园地。

第四，学术和思想文化的研究，这是 20 世纪新开辟的领域，如何深入研究，是学界关注的问题。大而言之，比如在传统文化走向近代化乃至现代化过程中，《四库全书总目》扮演了什么角色，居于何种地位。18 世纪至 20 世纪 50 年代以前，中国对待西方文化的态度，《四库全书总目》与之关系何在。小而言之，则各个时代的人物及作品的文化蕴含，人文精神，地位问题，①《四库全书总目》的见解与他家的品评，可以作比较研究。又如对《四库全书总目》的经学、史学、文学的评论，刚刚开始，目前的成果，也只是少数学者努力的结果，至今尚无专著问世。此外，诸如《四库全书总目》的诸子学、对科技著作的评论，对兵学著作的评论等领域，尚鲜有人涉及。至于《四库全书总目》文化观的研究，目前也仅是周积明等为数不多的学者在从事研究，而诸

① 如杨晋龙：《王士禎在四库全书总目中的地位初探》，《中国文学研究》第 7 期。

如语言观、宗教观、艺术观等是值得思考的课题，[①] 有的研究者寥寥，有的尚无人问津。而关于中外互动研究，目前的研究也是非常薄弱的。如代表当时东西文化的狄德罗《百科全书》与《四库全书总目》前后相继而成，现有的戴逸、肖东发、黄爱平等少数几人仅就二书编撰、编撰目的、方法、思想内容，以及社会作用等方面的差异进行的对比研究是远远不够的。围绕二书，是可以找到突破口，开拓新视野，在更广阔的空间展开研究的。故而，总的来说，有关《四库全书总目》学术价值和思想文化的研究是目前“四库总目学”研究中最薄弱的环节，它蕴藏的内容相当丰富，可供开发和研究的空间也特别广阔，如何深化和开拓这一领域的研究，值得“四库总目学”研究者深入思考。

第五，注重从广义的“四库总目学”展开研究。比如对余嘉锡《四库提要辨证》的讨论和评析，以《四库提要辨证》本身就是《四库全书总目》研究的成果，对它的研究，自可视为对《四库全书总目》的再辨证、再补充和再升华。总之，对《四库全书总目》研究成果的再研究，不仅可拓宽《四库全书总目》研究的范围，而且可深化研究内容，提高研究层次。

第六，“四库总目学”研究还应注意加强国内外学术联系，开阔视野，注重中西互动研究，举办各种规模的研讨会，以求扩大研究队伍，提高整体研究水平，并倡导从“四库总目学”专学的宏观视角，不断开掘中外新书、新领域，从而形成风气。

可以说，随着狭义“四库总目学”研究的开展，广义“四库总目学”的研究空间将更为广阔，而广义“四库总目学”的研究又可促进狭义“四库总目学”研究更为深入。如此不断推动发展，“四库总目学”必将得到发展，为我国学术文化事业作出重要贡献。

原载于《图书情报工作》2003 年第 11 期，兹有所修订。

---

① 其中语言思想、宗教观的研究有黄丽丽《四库提要语言思想初探》，《学术月刊》1983 年第 9 期；陈樱宁《论四库提要不识道家学术全体》，《道协会刊》1982 年第 9 期等。

“国家与社会”分析框架在中国史领域的应用

邓京力

国家与社会的关系问题是当代政治学、法学、社会学、文化人类学乃至整个社会理论界的中心议题之一，并由此构成了自由主义与保守主义、新自由主义与社群主义等不同派别之间的广泛论争。“国家与社会”的分析框架也同时为多学科学者所应用，甚至被列入国家社会科学研究课题，成为一个具有重大理论和现实意义的问题。自90年代以来，“国家与社会”分析框架所预设的理论前提、核心内容、逻辑话语也开始比较广泛地渗透进中国史领域，特别是社会史研究。很多学者试图通过导入这一理论工具来建构新的历史解释模式和研究范式，进而突破原有的思维定式与历史视域，形成新的问题意识。本文则从这些有益的尝试出发，结合社会理论界与美国中国学界的相关讨论，初步探讨“国家与社会”分析框架的思想旨趣、价值取向及其所隐含的前提假设。

一　中国研究范式问题的反思：市民社会、公共领域与国家之间的关系

国家与社会关系的理论源于西方的政治思想，建立于近代西方市民社会的形成及与王权相对抗的历史基础之上，从宏观上可归为两大流派，即由洛克开掘的“社会先于、高于国家”的架构和由黑格尔传承的“国家先于、高于社会”的架构。这种将国家和社会分离的理论，反映了近代西方国家和社会权利的分疏以及二者达到某种制衡的过程。因此，它不仅成为西方世界社会实体建构的模式，而且也确立了其在学术领域的价值地位。20世纪后期，伴随着全球性的“市民社会”（civil society）思潮对抗传统的“国家主义”的泛滥和侵蚀，探究市民社会与国家之间的关系问题成为思想界的焦点性论域，并试图从这一路径上对国家与社会间的紧张乃至对立关系做出批判和反思，以此重构国家与社会间的良性互动①。

20世纪90年代初以来，美国中国学界在经历了规范认识危机论和中国中心论等关

① 邓正来：《邓正来自选集》，广西师范大学出版社2000年版，第3—23页。

于中国研究范式问题的种种争论后，又受到哈贝马斯《公共领域的结构转换》一书的直接启发，围绕中国的市民社会、公共领域（public sphere）与国家之间的关系问题进行了新一轮的讨论，试图为中国研究开拓新的分析理路和解释框架①。从整体上看，美国中国学讨论的中心是市民社会、公共领域理论和“国家与社会”二元解释结构在中国史领域的适用度问题。一些学者对此从根本上持怀疑态度，认为市民社会在中国缺乏历史资源；而更多的学者则在对其进行中国化修正的同时，把这些起源于西方经验的理论转化为自身的历史分析工具，借助它们来细密地审视中国历史上国家与社会间的多重互动关系②。

例如针对中国的公共领域问题，玛丽·兰金（Mary Backus Rankin）强调：“20世纪以前，在中国和西方是否存在相同的组织模式，并不是什么大问题，问题在于这些术语是否灵活到能应用于两种文化下不同的国家—社会关系。”她认为，清朝时期中国的部分地区就有了地方性公共领域，其与现代欧洲早期出现的公共领域的最大区别在于，“它们是国家—社会关系的产物，而不是经济发展的自然状态”③。

关于中国的市民社会模式，杜赞奇（Prasenjit Duara）提出，“当西方研究中国的学者判断晚清民初中国市民社会的存在及其作用时，他们不仅应承认西方社会中并非仅有一种模式，而且还应承认，较弱而非较强的市民社会模式，即社会与国家二者并立的模式，更有助于我们理解世界现代组织的出现”。他还审慎地认为，在中国历史的关键时期，市民社会在现代组织的崛起中发挥重要作用的潜在可能性是存在的，但“超过此点，则可能犯历史决定论的错误”④。

黄宗智就公共领域和市民社会概念应用于中国历史分析的状况指出，这预设了一种国家与社会之间的二元对立，很容易把问题简约化为“只不过是争论社会与国家何者对所讨论的现象影响较大”。进而，他认为“国家与社会的二元对立是从那种并不适合于中国的近现代西方经验里抽象出来的一种理想构造”，“我们需要转向采用一种三分的观念，即在国家与社会之间存在着一个第三空间，而国家与社会又都参与其中”，并且“这一第三领域随着时间的变化而会具有不同的特征与制度形式”⑤。

从以上这些代表性的洞见中，我们大概可以察觉到美国中国学对于国家与社会

① 这些讨论诸如1991年4月，亚洲学会年会组织了一次题为“市民社会在人民中国”的专题研讨会；5月，巴黎召开“东亚传统中的国家与社会”研讨会；11月，华盛顿威尔士中心召开“中国是否存在过市民社会?”讨论会；1992年5—6月，加州大学伯克利分校与复旦大学联合主办中国现代化问题研讨会；1992年10月，“欧美合作研究东亚问题联席委员会”主持召开蒙特利尔会议等都集中讨论了中国的市民社会和公共领域问题。

② 美国中国学关于市民社会、公共领域和国家关系的讨论详见黄宗智主编《中国研究的范式问题讨论》，专辑二“中国的‘公共领域’与‘市民社会’”，社会科学文献出版社2003年版；杨念群著《中层理论——东西方思想会通下的中国史研究》，第三章“‘市民社会’理论视野下的中国史研究”，江西教育出版社2001年版。

③ 黄宗智主编：《中国研究的范式问题讨论》，社会科学文献出版社2003年版，第197页。

④ 杜赞奇：《从民族国家拯救历史：民族主义话语与中国现代史研究》，社会科学文献出版社2003年版，第141、143页。

⑤ 黄宗智主编：《中国研究的范式问题讨论》，社会科学文献出版社2003年版，第260页。

关系的讨论路径和特点：（1）其议题主要是针对近代中国的市民社会与公共领域，以及与此相关的区域社会研究；（2）在借助市民社会、公共领域与国家关系理论的过程中，使中国研究带有了更强烈的社会科学化色彩，也不可避免地带有某些概念化倾向；（3）在援引西方经验为参照系的前提下，辨析中西社会与国家发展的历史差异，从而重新描述中国历史发展的过程与结果。上述讨论情况都被及时地引介到了国内史学界，构成了社会史领域重新思考自身理论解释架构与历史叙述之间契合度的思想来源之一。

二 现代化进程中的国家与社会：从"国家与市民社会"到"国家与社会"

在80年代末90年代初，中国思想界真正兴起了"国家与市民社会"的研究，形成了一场社会理论思潮的论争。在中国市民社会话语的建构过程中，最重要的论辩集中在两个层面：其一，作为源于西方历史经验的市民社会模式在中国能否作为社会实体而存在和发展起来；其二，市民社会作为一种解释模式及其所预设的理论思维架构能否成立及能否完全表达中国社会发展的实际状况。关于这两个层面的论辩清晰地反映出，市民社会理论对于中国学界的两大范畴的价值：一是对于建设中国现代化的实体社会的价值；二是对于认识和解释中国现代化道路的价值[①]。更值得注意的是，这场讨论并未止于"国家与市民社会"这一有着特定内涵与适用范围的理论，而是进一步倾向于建构一个普适性的分析框架——"国家与社会"，希望以此揭示中国在步入全球现代化进程中所可能遭遇到的各种问题与困境。显然，这一框架的提出并非偶然，自有其深刻的现实与学理根源。

首先，任何理论范式的出现总是与特定时空下的社会制度背景紧密相关，也与具体研究者对这种制度性背景的认识程度紧密相关。"国家与社会"分析架构在中国的兴起，可以说是在一定程度上反映了改革开放以来中国国家与社会关系的深刻变化及其对这种变化的认识。市场经济的发展促使社会各种资源得到流动，社会结构也出现了分化，这就向学界提出了"国家与社会之间边界的确立"、"国家与社会关系的建构"、"国家与社会互动样式及其影响"等新问题。同时，经这一视角观察中国的改革进程、改革路径又为研究者开放出一系列以往被其他范式所遮蔽的问题。从这个意义上说，"正是中国发展的现实进程提出了对这些问题做出分析和解释的理论需求"[②]。

其次，"国家与社会"框架的提出是对国家本位观的反思和批判。中国学术界在未经反思的情形下就把西方19世纪社会科学作为分析单位的国家也作为我们研究和分析

① 关于中国市民社会讨论的具体内容参见邓正来《国家与社会——回顾中国市民社会研究》，载张静主编《国家与社会》，浙江人民出版社1998年版，第263—302页。

② 邓正来：《市民社会理论的研究》，中国政法大学出版社2002年版，第266页。

中国社会发展的核心单元，并在实际操作过程中强化了这一观念。而对国家本位观的质疑，并不意味着要取消国家在历史解释中的地位，“而是对这种不经思考就将国家当然地视作分析单位并把国家实体化的预设不予追问的现象的批判”①。从这点上看，“国家与社会”问题的探讨恰恰表明中国思想界在开始摆脱传统的国家本位观，进而转向对社会力量的关注。

从某种程度上说，社会理论界以探索中国现代化道路为大背景的这场讨论为研究中国历史上的国家与社会关系提供了一种新的分析框架，它所包含的现实意义和对国家本位观念的反思直接触动了与社会理论界保持紧密联系的中国社会史的学术话语和问题意识的转变。同时，从有特定内涵的“国家与市民社会”理论到普适性的“国家与社会”框架的建构，似乎也为其在中国史领域的应用提供了不同的路径。

三 作为总体史的社会史:“国家与社会”分析框架的涉入

以往我们在中国史中看到的国家似乎大多是镇压社会的专政工具，而社会则存在于人民群众反抗国家的统治之中。将“国家与社会”这一分析框架运用于社会史研究，会使我们原本的史学观念、历史命题及其认识结果产生怎样的变化，我们视野中的历史会因此呈现出怎样不同于过去的面貌？从 90 年代以来若干社会史的热点领域的范例分析中，我们大致可以探寻到对这类问题的某些回应和解读，也许可以为我们勾勒出“国家—社会”分析框架对作为总体史的社会史的发展所具有的范式意义。这些有益的尝试大概可以分为两个层面：其一，直接以市民社会理论为解释工具，探讨中国近代历史上的国家与市民社会、国家与社会的关系问题；其二，在历史话语中趋向把“社会”理解为民间社会、基层社会的概念，使用普适性的“国家与社会”分析框架作为具体历史现象的整合和系统化的工具。

首先，第一个层面的尝试主要表现在商会史研究中。1997 年朱英在《转型时期的社会与国家——以近代中国商会为主体的历史透视》中，直接运用了“市民社会”理论，力图把商会放到近代国家与社会的互动关系中去考察，开始尝试探讨清末民初的中国是否出现了类似西方国家的、相对独立于国家权力以外的市民社会和公共领域。朱英一方面认为，史学界这些年来对近代中国商会的研究大体上没有突破原有的研究框架，而他要以近代商会与国家关系的市民社会研究来建构新的解释框架；另一方面，他还指出国内学术界对市民社会的研究基本局限于理论层面的探究而忽略了对这一问题的实证的历史关照，从而缺失了这一研究本应具有的历史支援，而西方近代中国学在运用市民社会解释模式讨论近代中国的问题时基本上忽略了对商会这一本应在市民社会框架中具有重要意义的一维，从而不足以证明市民社会解释模式的效力。这样看

① 邓正来:《市民社会理论的研究》，中国政法大学出版社 2002 年版，第 269—270 页。

来，朱英的研究有可能在两个方面作出贡献：其一，依据市民社会研究进路有可能提出新的问题。以往商会的研究一般都揭示出商会对国家的依附性，而从市民社会研究的角度看，便有可能发现商会发展过程中的自主逻辑以及它与社会的复杂关系、与国家间的互动或紧张。其二，从近代中国商会出发来探究国家与社会的关系，至少把握了市民社会概念中的核心即各种结社或社团的意义，从而弥补了西方中国研究中"地方史研究进路"中只强调"地方精英"而忽略新型商会之重要性的不足①。

在此基础上，朱英还进行了近代中国国家与社会新型互动关系的系列研究。其立论的起点是，清末的新政使传统的强国家、弱社会的状况发生了前所未有的变化，结果是工商业者获得了独立的合法社会地位和经济活动的领域，地方自治权有所增长和国家对社会控制权有所下移，民间社会享有了一定的结社、活动的独立性和自主权。这表明社会与国家在建构一种新型的互动关系，中国市民社会的雏形得以在其中萌生，但它始终在很大程度上存在着对国家的特殊依赖性，并难以与国家相抗衡和摆脱被扼杀的命运②。

王笛在《晚清长江上游地区公共领域的发展》一文中也首次将"公共领域"的概念和理论运用于区域社会研究中，提出"从传统社会向近代社会过渡的过程中，公共领域的发展成为市民社会的重要基础"，中国似乎也经历了类似的社会演变过程。他通过对清代长江上游地区社会重建中公共领域的产生、发展和变化的具体研究，认为一方面公共领域的扩张与国家有着密切关系，国家在很大程度上依靠公共领域来实施地方管理；另一方面，公共领域的发展则又有可能导致与国家权力对立的民权的扩张以及一个市民社会的形成③。

在直接运用市民社会、公共领域与国家关系理论于中国史的研究中，必须防止的是非历史的倾向，即需要不断推进解释模式与历史实际之间的紧密度。

更为重要的是第二个层面上的探讨，即将宏观历史过程中国家与社会之关系的建构内化于微观的史实性分析中。其学术宗旨从某种程度上说是要力图表达中国史的总体性与地方性之间复杂的运动过程，并在地方性知识的结构中建立历史的总体性。正如有的学者所指出的，国家与社会关系作为分析模式使社会史"从单纯的基层社会研究转向为以基层社会研究为切入点关于国家与社会之间的复杂关系，这对于中国社会史研究走向更为整体、解释模式日益多元的研究态势意义重大"④。具体来说，"这方面研究的突出成果是与区域社会史研究结合在一起的，这是因为一个区域社会的建构过程可以比较清晰地反映出国家与民间社会之间的关系。反过来说，区域社会的建构过

① 朱英：《转型时期的社会与国家——以近代中国商会为主体的历史透视》，华中师范大学出版社 1997 年版。

② 朱英：《关于晚清市民社会研究的思考》，《历史研究》1996 年第 4 期；《清末民初国家对社会的扶植、限制及其影响》，《天津社会科学》1998 年第 6 期。

③ 王笛：《晚清长江上游地区公共领域的发展》，《历史研究》1996 年第 1 期。

④ 赵世瑜、邓庆平：《二十世纪中国社会史研究的回顾与思考》，《历史研究》2001 年第 6 期。

程应该通过对国家与社会关系的梳理而得到理解，然后再进一步理解这一过程在整个国家的整合过程中的作用，由此区域社会史成为中国史研究的一种方法论。”因此，以国家与社会这一理论作为社会史研究的分析性话语，“使得各种选题分散的基层社会研究具有了相对统一的理论指向和更为深刻的问题意识及更加广阔、宏观的研究视野，关注基层社会与国家的互动关系，既是重新和深入认识传统中国的一个重要突破口——而且是过去被忽略的一个突破口，又是中国社会史研究走向整体所迈出的重要一步。”①

在社会经济史研究方面，有学者运用“国家—社会”理论框架来突破传统的制度层面的分析。1997年刘志伟出版这方面的专著，题为《在国家与社会之间——明清广东里甲赋役制度研究》。书中除传统经济史资料外还大量运用了私人和民间领域的材料，来考察明清时代国家的里甲赋役制度在广东地方的实施过程，着重反映在这一过程中国家、地方政府与基层社会之间的互动关系状况。其“问题意识”并不只限于制度本身的演变和延伸，而是透过这种制度在一个地方社会的实施，来寻觅制度在地方社会得以运行的社会资源、在地方社会秩序与社会组织建立和变动中的价值，以及地方社会对制度变革所起的不可忽视的作用。其间，作者还特别描述了民间社会集团在制度变迁过程中的社会地位、社会职能及与国家权力系统关系的变化，从而贴切地揭示出国家政策与地方社会两大空间的复杂和曲折的联系②。

在宗族研究方面，也出现了于国家力量和民间社会力量的交织中探索宗族发展的新趋向。人类学界有学者针对“宗族范式”的谱系指出，以往的人类学过分强调了宗族组织的自在功能，而缺乏对宗族在国家与社会互动中的进一步思考。事实上，社会史的考察已经表明，中国宗族现象是在特定的历史条件下国家与社会关系的产物。因此，对中国宗族的研究必须探讨宗族与国家力量、社会经济、文化差异如何互动并存的③。这种视角反映出宗族研究将“国家与社会”框架内化于本土化的关怀中的取向。例如，2000年科大卫与刘志伟合著发表的《宗族与地方社会的国家认同——明清华南地区宗族发展的意识形态基础》，文章提出明清以后在华南地区发展起来的“宗族”，并不是中国历史上从来就有的制度，也不是中国社会共有的制度。同时，这种“宗族”不是一般人类学家所谓的“血缘群体”，宗族的意识形态也不是一般意义上的祖先及血脉的观念。所以，考察明清时期“宗族”的历史，应该超越“血缘群体”、“亲属组织”的角度。华南宗族的发展，实际上是明代以后国家政治变化和经济发展的一种表现，是国家礼仪改变并向地方社会渗透过程在时间和空间上的扩展。这个趋向，显示在国家与地方认同上整体关系的改变。这种宗族的实践，是宋明理学家利用文字的表达，推广他们的世界观，在地方上建立起与国家正统相关联的社会秩序的过程。作者特别

① 赵世瑜、邓庆平：《二十世纪中国社会史研究的回顾与思考》，《历史研究》2001年第6期。

② 刘志伟：《在国家与社会之间——明清广东里甲赋役制度研究》，中山大学出版社1997年版。

③ 张静主编：《国家与社会》，浙江人民出版社1998年版，第222—258页。

强调，要研究作为一种独特的社会意识形态和独特的社会经济关系而存在的宗族，是如何把地方认同与国家象征结合起来①。实际上，这也就是在强调国家力量对宗族发展的建构作用。

关于民间宗教与信仰的研究，90 年代以后的社会史学界开始注重探寻国家信仰与民间信仰的关系问题，这为该领域的讨论开辟了新的解喻空间。赵世瑜在《国家正祀与民间信仰的互动——以明清京师的"顶"与东岳庙为个案》一文中，就北京地区存在的东岳崇拜（国家性信仰）和碧霞崇拜（民间性信仰）两者之间的互动关系进行了具体分析。他认为，在不同的地方，通过民间信仰表达的国家与社会的关系会有很大的不同。在北京这个首善之区，民间信仰表现出一个顺从的官方化过程，但同时民间社会的力量也还保持着相当的影响力。这里存在着两个方面的交互运动，即民间社会利用国家来壮大自己，国家则利用民间力量来控制社会。这种国家与民间社会的关系，表现出来的不是激烈的冲突，而是温和的互动②。

陈春声通过对广东樟林乡村社会史的田野调查，探索了樟林神庙系统的结构关系。他发现，过去在传统中国民间信仰研究中常用的"信仰圈"或"祭祀圈"的分析性概念并不足以说明乡村神明信仰和庙宇运作的复杂的实际情况。其成果之一《乡村神庙系统与社区历史的演变——以樟林为例》，还特别讨论到樟林"官方庙宇"的命运及与民间信仰的关系。他指出，"国家"作为一种政治和文化的"正统"始终存在于基层社会的集体无意识中，也始终影响着乡民的"信仰空间"。而更为重要的是，还需要揭示这种"信仰空间"得以形成的历史过程和历史场景，感悟与其相伴相生的社会心理情形③。这一认识避免了把人类学某些程式化的理论和方法套用于历史实际中的做法，并且尝试对其予以历史与理论的双重修正。

从上述实例我们可以明显意识到，"国家与社会"分析框架在社会史领域应用的最大意义在于——改变了社会史的问题意识，拓展出新的研究空间。从社会经济史到社会文化史，从社会结构到基层组织，从社会各阶层到个人史，从城市史到乡村史，都可以从"国家—社会"这一框架下发掘出新的视角和提问方式。虽然有学者认为这一框架还没有在中国史学界正式形成以方法论相号召的局面，但也承认其切入角度已开始广泛影响社会史个案研究的选题④。

基于西方的历史经验，"国家与社会"分析框架在西方学者的视野中更偏重强调其矛盾、分立、对抗的一面，而中国社会史学界则能够从中国历史自身的整体特点出发，更注重对国家与社会间复杂互动关系的探索。这既在一定程度上避免了简单

① 科大卫、刘志伟：《宗族与地方社会的国家认同——明清华南地区宗族发展的意识形态基础》，《历史研究》2000 年第 3 期。

② 赵世瑜：《国家正祀与民间信仰的互动——以明清京师的"顶"与东岳庙为个案》，《北京师范大学学报》1998 年第 6 期。

③ 周积明、宋德金主编：《中国社会史论》下卷，湖北教育出版社 2000 年版，第 725—761 页。

④ 杨念群：《中层理论——东西方思想会通下的中国史研究》，江西教育出版社 2001 年版，第 103 页。

套用西方模式，同时又形成了自己的学术论域，使社会史的发展与社会理论的应用之间保持了良性互动。对于区域史、地方史而言，从国家与社会间的关系出发，探索地方性与总体性间的关系，探索边缘与中心的关系，探索微观世界与宏观历史的关系，这似乎真正使地方史、区域史的个案研究带有了总体史的特征，从而提高了其学术境界与价值。

四　困惑与反思："国家与社会"分析框架在中国史领域的适用性

大凡历史学引入一种社会理论及其分析框架时，无外乎两种运用方式。其一，不加分别和反思地直接将其植入本身的历史解释中，依此重新修剪和编排史料，以适合理论框架的需要；其二，则是经过多重反思检视其适用度，吸纳其普遍性内核，并将其在具体的史实验证中加以本土化和学科化。这两种方式的优劣是显而易见的，但我们却往往要经历前者的教训才能达到后者的境界，从 80 年代到 90 年代的中国学术史也恰恰说明了这一点。当前中国学术界已经从"狂飙猛进的时代"进入"理智渐进的时代"，从"面向世界开放的时代"进入"关注本土的时代"。也许是由于学术界的这种整体氛围，使得中国史学在面对西方新一轮的理论转换时，表现出较以往更强烈的本土关怀和以历史学为本位的取向。

"国家与社会"框架在中国史领域运用的过程中，始终存在着怀疑和争论，焦点集中在对其适用性的质疑。现在看来，也正是这种质疑才使得这一理论框架并没有沿着它原有的论域发展下去，而是在其建构过程中正在得到一定程度的多重反思。目前，中国学者对"国家与社会"分析框架的理解与应用充满了分歧，虽然有很多学者认为这一框架有助于更准确地从整体上说明中国历史和现实的变化，并且能够更有机地把这两者联系起来，但同时也有不少学者指出这种分析理路的确当性是需要在不同场景下加以论证的。

1. "国家"与"社会"的界定和权利分疏

首先，我们很容易发现学界是在极为不同的范畴里使用"国家"与"社会"的概念的。对于探索中国市民社会的建构和应用市民社会理论重新整合中国历史的学者而言，"社会"在大多数情形下的核心内容是市民社会观念。按照西方社会理论的解释，市民社会是相对于国家的自主性空间，也可具体化为"市场之私域"（private sphere）与"非官方之公域"（public sphere）。市民社会观念则至少包含三个基本要素：（1）由一套经济的、宗教的、知识的、政治的自主性机构组成的，有别于家庭、家族、地域或国家的一部分社会；（2）在其自身与国家之间存在着一系列特定的关系以及一套独特的机构或制度，用以保障国家与市民社会的分离并维持二者之间的有效联系；（3）有一套广泛传播的文明或市民的风范[①]。而事实上，对市民社会的界定也历来存在着学

---

① 邓正来、J.C. 亚历山大主编：《国家与市民社会——一种社会理论的研究路径》，中央编译出版社 1999 年版，第 33 页。

派性的差异，我们这里仅举了一种较为一般性的解释。

对于大多数应用"国家与社会"分析理路的历史学者而言，"国家"与"社会"则从来都是历史性的、含有不同文化内容的概念，不能忽略这两者内在的历史与文化限度；它们并非同质性的实体，也不能做同质化或实体化的处理。比如，有学者解析"国家"与"社会"在中国传统观念中表现为三种范畴，即"家—国—天下"、"公—私"、"官—民"，而且它们从不同侧面反映了中国历史上的国家与社会关系①。

与此相关的另一个关键问题是，由于不同社会的权利结构、模式、发展的巨大差异，"国家"与"社会"的权利分疏也就不可避免地会呈现出不同的状态。这使"国家与社会"框架在应用于中国经验时，往往容易忽略中国区别于西方的权利分立而特有的交错秩序、模糊界限。也正是因此，我们似乎总是觉得中国并不具备与西方相同意义上的"国家"与"社会"。如有学者所作的比较分析，西方政治学和中国传统思想体系的中心关怀虽然都是秩序问题，但它们是从不同的立场进入秩序论证的。西方是从权利分化与交换讨论秩序，它的基本问题是权利的界定——"国家与社会"，"个人与公众"，重在限制国家组织的权力扩张。中国传统的秩序论证从"合"的立场出发，主张你中有我、我中有你的整体统一，并认为这是达成秩序的要件，权利分立在这里不仅不是讨论秩序的前提，而且可能被视为有悖于秩序建设。可以说，对权利的划分界定始终不是传统中国秩序论证的中心问题，其讨论通常的出发点就不是对应式（平衡相对关系），而是排列式（上下包含关系）②。

2. 二元或三元的解释模式

从西方经验抽象出的"国家与社会"的理想构造原本显然隐含着二元对立的理论预设，而如果盲目地固守这种二元格局就从根本上丧失了这一分析架构的生命力，因为在某种意义上社会与国家的二元对立既不能合理地概括中国的过去，也不能准确地说明中国现代化的现状，恐怕也不能作为中国未来发展的设计理念。例如，很多学者认为在中国现代化建设中，应建立的是"社会—市场—国家"三维动态平衡的关系，国家通过市场还权、放权于社会，社会对国家权力进行监督和制约，国家解决市场无法调节的问题③。

这样看来，"国家与社会"在中国史领域的应用也意味着必须突破其原有的二元对立的格局。美国中国学界关于国家与社会二元论的争论，特别是黄宗智所提出的关于探寻国家与社会之间的"第三领域"的观点，代表了中国论者在这方面所做的努力。但更重要的并非是用二元或三元的解释模式来重构历史，而是我们能否充分展开或有效利用"国家与社会"框架所提供的在空间上和在横向结构上的广阔视角与提问方式。诸如有论者提出的，"国家与社会"的分析视阈不应仅指国家与市民社会（城市），更

① 张静主编：《国家与社会》，浙江人民出版社 1998 年版，第 78—90 页。

② 同上书，序言。

③ 孙晓莉：《中国现代化进程中的国家与社会》，中国社会科学出版社 2001 年版，第 200—211 页。

应该把中国广大的农村囊括进来——国家与乡村社会[①]。

3. “自上而下”与“自下而上”

“国家与社会”分析框架原本似乎也隐含了“自上而下”与“自下而上”的立场对立，这两种对待“上”与“下”的态度在历史学中代表了传统史学与新史学观察历史方向乃至史学旨趣的差异。在中国史领域我们实际看到的是，国家与社会、中央与地方、精英与民众等所谓的“上”与“下”之间既有相互分离、对立的一面，更有相互结合、互动的一面。因此，这里我们还需打破的是单纯强调“自上而下”或“自下而上”的治史取向，在“国家与社会”框架中谋求“自上而下”与“自下而上”双向的分析理路，探寻国家的社会化与社会的国家化在中国历史上双向运动的过程。

4. 内部视角与外部视角

“国家与社会”分析框架在特别关注特定空间范围内“上”与“下”的关系时，突出的是内部视角，有可能忽略外部条件和环境的变化。特别是在中国近现代史的研究中，单纯强调“中国中心”，试图以中国社会内部自身的变化来完整说明其历史变迁的根源恐怕是不可能的。因此，有学者提出如果将“内部视角”与“外部视角”结合起来，将“国家与社会”框架与沃勒斯坦的世界体系的分析方法结合起来，在一定意义上可以克服“国家与社会”框架的局限性[②]。

5. “国家”与“社会”的内部分析及其相互关系

在“国家与社会”框架下，“国家”、“社会”系统单位内部的分析及其相互关系是交错着的一个问题的两个方面。当论者着重于关系分析时，有可能掩盖分别发生在其各自内部的变化、运动与冲突，使其丧失了各自相对自主的领域。而当着重于其内部分析时，“国家与社会”框架所隐含的二元对立格局还有可能导致另外一种误解，即把“国家”和“社会”看作是完全自生自发或自主自足的存在。事实上，“国家和社会都不是外在于传统的历史关系的存在，也不能等同于自生的秩序。在现代历史的发展中，各种原有的习俗、传统和秩序不断地被组织到社会或者国家的范畴之中，因而如果不对这些因素的转化进行历史分析，而是简单地把它们作为自生自发的存在，那么，我们怎么有可能理解现代社会的内在危机呢?”这里需要引起注意的是，当我们在批判国家中心的历史观念，而强调来自社会力量的时候，恐怕不能忘记——从历史的角度看，社会的形成与进化离不开各种超经济的力量，特别是政治权力的干预，这是国家的一种创制或制度安排的结果[③]。

6. 制度分析与策略行动分析

“国家与社会”框架的运用使中国史在具体分析中往往要对国家与社会这两方面的

---

① 强世功：《市民社会及其问题——评〈国家与社会〉》，学术批评网（www.acriticism.com/学术批评），2001年11月22日。

② 同上。

③ 汪晖：《死火重温·“科学主义”与社会理论的几个问题》，人民出版社1998年版，第123—160页。

活动作一个区分，表明哪些因素代表国家的力量、哪些因素代表社会的力量。在这种区分的过程中，政府制度及其组织通常被视作是国家，国家与社会的关系在中国的历史与现实经验中可能就被转化为国家的正式制度与民间社会的非正式制度的关系问题，而对这种关系的讨论促使研究者去寻找国家或社会在实践中的代理人。于是从一定程度上看，国家与社会的区分仅仅意味着两种不同的制度体系的区分。因而，有学者认为这样的分析是用制度结构的功能分析方法掩盖了从社会行动者入手的能动作用的视角。其原因在于无论是地方官员、士绅还是地方精英，他们不可能仅仅是他们所代表的制度和结构的奴仆，他们是可以自由选择行动策略的社会行动者，也许很难说他们代表的是国家还是社会①。

7. 民族国家分析单位的限度

在全球化的现实过程中，20 世纪的社会科学界似乎愈来愈意识到 19 世纪以来的民族国家分析单位所具有的天然限度。在国际史学界，随着全球史观的日益深化，传统意义上的民族国家的历史也受到质疑。这些质疑主要试图从两个层面来解构历史：一是从民族主义的话语中拯救历史；二是从国家权力的阴影下和国家本位主义的观念中拯救历史。"国家与社会"框架的提出本身就暗含有从社会内部的诉求来论证"国家"的意义，这一方面可能反映出"国家"传统的政治意义，也可以不断揭示出"国家"在经济领域、文化信仰与文明形成过程中的形象；另一方面，社会诉求的共性与差异性也提供了突破民族国家边界的可能性。但这样做的同时，也存在着夸大民族国家分析单位限度的趋向。民族国家在现代世界体系和历史发展中的客观存在是无以辩驳的事实，自觉意识到这种事实在历史知识中的投影是完全必要的，但这并不意味着要弱化或取消其在我们认识中的地位。民族国家分析单位在历史领域存在的必要性在某种情形下也许可以从社会内部的关系来加以考察，但它肯定可以在 19 世纪以来的国际关系中得到最充分的论证。

8. 学科界限与历史学本位

从学科角度看，"国家与社会"框架有着复杂的学术来源。在社会理论界，"国家与社会"是从"国家与市民社会"的理论演变而来的；在人类学界，"国家与社会"大概是从国家与家族的研究传统中发展出来的；在法学界，"国家与社会"是从国家法与民间法的研究中抽象出来的。在跨学科研究的趋势下，历史学运用其他学科的理论和方法是势所必然，这种必然不仅来自历史学外部的压力，而且也是历史学作为一门综合性和整体性学科发展的自觉要求。"国家与社会"框架的引入正反映了中国史领域对这一跨学科分析理论和方法的回应，问题是历史学应怎样从自身学科的特质出发对此做出卓有成效的回应。在历史学的视野下，"国家与社会"框架不应该只提供的是某些抽象的、概念化的词语，也不是生硬的某种模式，而是要求使用历史学的方法充分地

---

① 强世功：《市民社会及其问题——评〈国家与社会〉》，学术批评网（www.acriticism.com/学术批评），2001 年 11 月 22 日。

展示在异常复杂的历史过程中“国家”与“社会”的结构性变迁。也许这种探索的途径可以使我们继续坚守历史学本位，为历史学争得与其他学科平等对话的地位与价值[①]。

9. 西方经验与本土经验

“国家与社会”框架在中国史领域的运用，始终在理论意识和实践操作上存在着西方经验与本土经验的焦灼与矛盾。作为产生于西方社会且反映了西方经验的国家与社会理论，当运用于中国历史和现代化分析时，其所预设的西方现代化模式及其有效性存在着极大的示范性压力。因此，有学者认为应该改变历史学不得不借鉴西方理论的现状，“依据中国社会文化的实际，建立有中国特色的解释学”；“根据中国本身的实践，来提炼我们的理论”[②]。也有学人主张在谨慎辨析其应用界限的前提下，打开建设性的视野，以“国家与社会”分析框架推动社会史的整体性解释[③]。

从目前学界关于“国家与社会”理论框架的讨论来看，对其在西方兴起的社会思想背景、涉入中国分析的思想理路、切合中国史的解释范围等关键性问题皆有着相当自觉的反省。也正是这种自觉意识使得我们保持了对自身经验探索的主动性和对西方理论进行本土化修正的创造性。客观地讲，在当代国际学术交流和对话的过程中，任何一个国家的严肃学者都不可能无视其他文明的经验成果，中国经验也正在为西方学术界提供越来越多的不可忽视的思想材料。中国史领域能否具备与西方平等对话的地位，恐怕不取决于我们是采用外来的分析框架还是本土的解释理论（这两者都有可能成为僵化的模式），而取决于我们在多大程度上具有批判和反思既有的理论框架、建立新的研究范式的能力。

原载于《史学月刊》2004年第12期

① 刘志伟在《地域社会与文化的结构过程——珠江三角洲研究的历史学与人类学对话》（《历史研究》2003年第1期）一文中，结合他与人类学者合作研究的经验指出，人类学从历史学得到的是一种理解“结构”的“过程”方法；历史学从人类学那里应该反思的是对“过程”中的“结构”所做历史阐释的角度和方法。他同时也谈到，“在跨学科的对话中，历史学者不应该放弃历史学的视角、历史学的取向，以及历史分析的方法。”只有这样，才有资格与人类学及所有社会科学对话。

② 左日非：《“近代中国社会生活与观念变迁”学术研讨会综述》，《近代史研究》2002年第2期，刘志琴和侯旭东的发言。

③ 江湄：《社会史：新的史学范式与新的通史观念——评赵世瑜著〈狂欢与日常——明清以来的庙会与民间社会〉》，《史学月刊》2004年第2期。

试析历史评价标准内部的各种矛盾

邓京力

当代中国史学理论界主要从两个方面推动了历史评价的理论研究：其一是历史认识论范畴的建设与发展，主要针对历史认识的形式或层次问题提出了历史认知（事实认识）和历史评价（价值认识）的关系问题①，这为深入探讨作为价值认识的历史评价活动奠定了理论基础；其二是历史评价的个案研究和历史人物评价理论与方法的争鸣，主要针对人物评价的基本原则做出了较为具体的研究，还特别讨论了历史人物的评价标准问题②，这为进一步思考历史评价活动的基本规律提供了较为坚实的实践基础。

从总体上看，历史评价活动是评价主体向客体的对象性精神活动，而评价标准则是人们在评价活动中应用于对象的一种价值尺度，在评价中起着极其关键的作用。任何科学的历史评价，其首要环节都是选择正确、适宜、客观的历史评价标准。标准的客观性是决定历史认识和评价科学性的重要方面。英国著名史学家爱德华·卡尔曾指出："当我们赞扬历史学家的客观性，或者说一位历史学家比另一位更加客观时，……很显然，这并不意味着他把所收集的事实弄得很正确，而是说他选择了恰当的事实，或者换句话说，他运用了（衡量）意义的恰当标准。"③ 这就要求我们对历史评价标准做出系统的研究，对其基本来源、种类、等级、特性及其内部存在的矛盾分别加以反思④。本文则主要从隐藏在评价标准内部的种种矛盾出发，以矛盾分析的方法从一个侧面揭示历史评价标准的复杂性和特殊性，同时从整体上说明历史评价内在的一些普遍性问题。

---

① 关于当代中国史学理论界对历史认识论的研究可参见拙文《向历史学特性的回归——历史认识论研究与当代中国史学的理论建设》，《史学月刊》2000 年第 6 期；关于历史认知与历史评价之关系问题可参见拙文《事实与价值的纠葛——试析历史认知与历史评价的关系问题》，《求是学刊》2004 年第 1 期。

② 关于历史人物评价问题的讨论及评价标准的争论可参见方敏、宋卫中、邓京力合著《中国历史人物研究论辩》，第二章《人物研究理论与方法的探讨》，百花洲文艺出版社 2004 年版。

③ ［英］E. H. 卡尔：《历史是什么》，陈恒译，商务印书馆 2007 年版，第 227 页。

④ 关于历史评价标准的来源、种类、等级和特性问题可参见拙文《关于历史评价标准的反思》，《史学月刊》1999 年第 3 期。

一 多样性与统一性

历史评价标准的多样性是由评价主体需要的多层次性和多方面性决定的。不同的个人、阶级、民族、国家，都有其各自不同的需要，这些需要之间存在着大量异质的和相互冲突的可能性。例如在封建社会中，忠孝不能两全，这是国与家两种道德需要冲突的表现。在历史的长河中，沉积了很多人们对于义与利、美与利、真与利需求的冲突。由于这些需求的异质性造成了不可比性，人们就不得不将它们排列起来，在历史中进行切合实际的“为我”的选择。因而，就诞生了无穷无尽的、各执一词的历史评价标准。

但是，多样的、多维的历史评价标准又不可避免地具有共同的基础、统一的归宿，在其多样性中隐含着统一性。这种统一性并不意味着存在某种完全一致或唯一的历史评价标准，也并不意味着要在评价中抛弃历史评价主体而统一于客体，这种统一指的是要最终统一到历史评价主体自身某些共同的需要上去。历史评价主体不管有多少种互不相同甚至于彼此矛盾的需要，他们都只能是以主体自身最根本的需要——生存与发展，为出发点和归宿的。主体的其他各种需要都是由这一根本需要派生出来的，并最终要回归于它的。所以，历史评价标准虽然多得不胜枚举，但最根本的一条是是否有利于评价主体的生存和发展。隋炀帝时代的人们从炀帝广征耗损民力、只图一己之私欲出发，认为这种做法危及了自己当下的生存与发展，故而群起而攻之；隋以后的众多封建统治者从稳固自身的“万代江山”出发，认为隋炀帝的横征暴敛使民覆舟，这种做法有害于本阶级的生存与发展，故而把他作为应借鉴的历史教训；距隋代更远一些的后人从社会经济、文化的交流与社会整体的进步出发，认为隋炀帝开运河、修道路有利于整个社会长远的生存与发展，故而对他加以一定程度的肯定和赞扬。可见，评价主体的生存与发展是其进行历史评价的最终标准。评价主体在看待历史事物时，总是以是否有利于自身的生存与发展为原则的，不可能与此有意识的背道而驰。当然，由于评价主体受到自身认识能力与社会历史条件，以及其实践活动方面的限制，他对生存与发展的理解会在内容、形式、主旨上与现实和历史的走向有一定的，甚至有时是很大的差别。因此，虽然评价主体需要生存与发展是最终的历史评价尺度，但它仍然带有主体自身的特点，不是超主体的标准。

具体地说，历史评价标准中统一性与多样性的矛盾表现为：个体与个体之间评价标准的矛盾，如个人与个人之间；个体与群体之间的评价标准的矛盾，诸如个人与阶级、个人与民族、个人与国家、个人与社会之间；群体与群体之间评价标准的矛盾，诸如阶级之间、民族之间、国家之间，阶级与民族、民族与国家、国家与人类之间；评价主体所持的以不同规范与原则为核心的评价标准之间的矛盾，诸如经济与政治、经济与道德、经济与学术、政治与道德、政治与学术、道德与宗教、审美与道德之间等。

二 流变性与稳定性

历史评价标准的流变性是由评价主体需要的流变性决定的。评价主体的需要不但是多种多样的，而且是不断变化发展的。当外部环境不能满足评价主体的某种需要时，他就会以其内在的规定性为根据产生这种需要；当这种匮乏的需要得到一定程度的满足时，其需要的表现就会减弱以至消失。对于评价主体来说，需要的产生和消失、需要程度的变化，是随时随刻都在发生的，因此这就构成了需要的流变性。美国的一位史学家曾以人们对历史的兴趣举例说，“正如历史学家所知道的，对历史怀有持久的兴趣可能‘反映了人类的一种根深蒂固的需要’，但是诚实的历史学家也都知道，这种需要不是在所有的时期和所有的地方都一样的。”① 这种需要的流变性在观念形态中得到反映，就决定了评价主体所持的历史评价标准的流变性。

历史评价标准的流变性除了以评价主体需要的流变性为基础外，还与其确立评价标准的选择性与自由性相联系。由于评价主体自身需要的多样性与流变性，使其在观念中都存在一个历史评价标准体系。当评价主体对评价客体进行历史评价活动时，总要从自己的评价标准体系中选择一个或几个标准，由此出发进行评价，赋予评价客体一定的意义与地位。历史评价主体选择评价标准的过程，实质上是在评价主体与评价客体之间所形成的多种价值关系中，选择某种与评价主体需要联系最为紧密的价值关系作为评价活动反映对象的过程。因此，从这个意义上来看，评价主体对历史评价标准的选择具有一定的自由性，但这种自由并不等同于评价主体的主观随意性与任意性。历史评价标准的选择是有客观依据的——历史评价标准在其本质上是评价主体需要的观念反映，而这种需要的变化既和评价主体的内在规定性的变化有关系，又和评价客体满足主体需要的变化情况有关。因而，对历史评价标准选择的自由性必然导致评价主体对自己所做出的评价结论及其影响的责任归属性。

历史评价标准的流变性还与评价主体所具有的历史认识能力的变化和发展有着密切的关系。当评价主体对历史事物有了更加深入、更加全面的认知时，他所持的历史评价标准往往也会随之丰富和深化；当评价主体采用了某种新的历史认识方法与理论并对历史事物有了不同于以往的全新的认识时，他所持的历史评价标准就往往可能出现以新标准代替旧标准的变革。比如，当马克思主义的理论与方法被引入历史研究领域时，史学工作者们就开始以其为指导重新看待人类的历史发展，由此便对诸多的历史问题产生了与过去截然不同的看法，因而在他们的思想意识中慢慢也就形成了区别于其他各种历史评价标准的马克思主义的历史评价标准体系。

---

① ［美］艾弗里·O. 克雷文：《历史上的一次冒险》，见中国美国史研究会、江西美国史研究中心主编《奴役与自由：美国的悖论——美国历史学家组织主席演说集》，贵州人民出版社 1993 年版，第 69 页。

由于评价主体需要的流变性、评价主体确立历史评价标准的选择性与自由性，以及评价主体历史认识能力的发展性，就必然导致流变是历史评价标准绝对的本质与主流。但在这种流变中，并不是没有一贯的、稳定的线索可寻的。评价主体自身的生存与发展，仍然是永恒的主题与尺度，任何变化的历史评价标准都无法从根本上脱离它而存在。当评价主体自身的状态越具有稳定性，越带有普遍性时，其所持的历史评价标准就越在较大范围内显现出相对稳定性。比如，当一个阶级、一个民族、一个社会作为历史评价主体时，他所主张的历史评价标准对其成员来说本质上是相对稳定的。而任何历史评价标准的变化，又都是与评价主体本身的变化相伴而生的，因此历史评价标准绝对的流变性对评价主体来说总是具有相对的稳定性的。

三　理性与非理性

在评价主体确立历史评价标准的过程中，始终存在着理性与非理性的斗争，这种斗争是评价主体的需要反映在观念中的形式不同造成的。有一些需要，评价主体可以用规范、概念、推理等理性思维的形式来表达和驾驭，由此就形成了理性化的历史评价标准，它一般是与历史发展和历史认识的普遍性与共性相联系的。还有一些需要，评价主体难以用知识、经验或逻辑推断直接加以说明和控制，由此就形成了非理性的历史评价标准，它往往是与历史发展与历史认识的特殊性与个性相联系的。

理性化的评价标准在历史评价中常常表现为评价主体可以有意识地、主动地运用某种为人们普遍公认的科学化的理论与方法去进行评价活动；评价主体可以冷静而清醒地将其眼前的需要与利益和其长远的需要与利益结合起来，将自己的需要体系与社会整体的需要或规范结合起来；评价主体可以在与己相关的情况下，将那些非理性的需要控制在一定的范围之内，使它在适当的程度和层次上发挥有效作用。

从上述种种表现我们可以初步探知理性化的历史评价标准的特征：

(1) 理性化评价标准以论理为核心内容。它的首要任务是根据一定的规则、趋势或规律来寻觅历史事物的因果关系，以明晰的逻辑推理得出某种是非判断、某种得失评价。

(2) 理性化评价标准强调与评价客体的属性相对应。它要求评价主体尽可能克服自身的随意性与主观性，追求与评价客体的实际情况内在和外在的统一。

(3) 理性化评价标准具有强烈的普遍性、必然性特征。它在本质上否定个体性，要求摆脱个体的情绪、心态、个性的影响，以人类历史发展与历史认识的共同性质、一般趋向、必然归宿为标准来评价历史。

(4) 理性化的评价标准含有走向客观性与科学性的优势。理性化评价标准可以通过评价主体自身的历史专业知识、专业化理论及历史思维水准的不断提高，在原有的基础上逐步走向客观化、科学化。因此它是历史评价中最为重要、不可缺失的标准，也是史学界普遍认为在历史评价中起着支撑作用的标准。

非理性化的评价标准在历史评价中往往表现为评价主体以直觉、灵感或顿悟的思维方式来衡量历史事物的真假、善恶、得失、功过；评价主体在历史评价过程中还会渗透进大量的直接体现其需要的精神标准，如某种情感、信念、欲望等非理性标准，从而得出一些带有强烈个体感情色彩的评价结果。因此，非理性化的历史评价标准具有以下两个特征：

（1）非理性标准不以逻辑规则为依据，不诉诸道理。它要求评价主体超越历史评价应该经历的认识过程，不考虑是否合乎历史发展与历史认识的一般规律，迅速形成评价结果。

（2）非理性标准具有强烈的主体性和个别性。它要求评价主体在不完整的思维程序中，仅从其自身近期的、个别的需要出发，使评价客体在某种程度上屈从于这些需要，得出相对于评价主体是合理的评价结果。

显然，非理性化的历史评价标准与理性化的历史评价标准之间存在着严格的区别与矛盾，但是二者实际上却又彼此相互联系、相互渗透、相互补充。在任何理性化的评价标准中，非理性化的标准也在悄无声息、不知不觉地起着作用。对任何非理性化的评价标准，评价主体也可以用理性的态度去解释、说明它，并使它能够在历史评价活动的不同阶段起到恰如其分的调节与补充作用。要使历史评价科学化并不是要排除非理性化的评价标准，而是要在其非理性化的形式中填入理性化的内容，以理性的方式发展丰富它，使它为求真求善服务。

这里，我们试以历史评价中的情感因素为例窥探一下理性与非理性标准之间的矛盾与联系。情感对于历史评价的影响巨大，任何历史评价都无法真正彻底地避免评价主体内在的情感尺度的左右。阶级情感、民族情感、政治情感、宗教情感、个人情感等往往交织在一起，但这些情感之中既包含理性的成分又包含非理性的成分，它们对历史评价标准的运行共同起着作用。例如，评价外国资本主义的侵略对中国的影响。我国史学界长期以来过多强调了外国资本主义对中国侵略的负面影响，没有充分认识到它在客观上“不仅对中国封建经济的基础起了解体的作用，同时又给中国资本主义生产的发展造成了某些客观的条件和可能”①。20世纪80年代以后，史学界力求从理性的科学研究出发，使民族情感化为理性与非理性标准相统一的产物，对原来的观点做了修正，并对近代史上一系列历史人物、历史事件做出了重新的评价，甚而对中国近代史研究的整体框架和线索都进行了重新思考和解释，也取得了一定的共识。但有些人明显违背这一研究状况的客观实际，指责我国近代史研究是感情的宣泄，是以感情代替了科学。这种观点似乎没有认识到在历史评价中情感因素作用的必然性。问题的关键并不在于争论哪种评价包含情感因素、哪种不包含，而是我们是否能自觉地意识

① 《毛泽东选集》第2卷，人民出版社1991年版，第626页。

到对于评价主体自身的情感因素需要进行理性的反思，力求将理性与非理性标准有机地统一起来。

四 现实性与历史性

历史首先是一个时间问题，历史评价标准则集中体现了这种时间性。我们在这里，把时间划分为四个范畴，即当时—后世—现在—将来。在每一个范畴内，历史评价主体与客体都发生着转变，后一个主体与客体相对于前一个来说都存在着必然的联系与差别。评价主体与社会历史同时在连续不断地发展着，这使昨天的主体与今天的主体在质与量上都存在着差异，这种差异表现的一个重要方面就是他们的需要发生了或大或小的变化。有些需要是在社会历史发展过程中呈现出来的，它对于现在来说已成为转瞬即逝的、过去的需要，以其为核心形成的评价标准也就成为一种历史性的评价标准（包括当时与后世两个时间范畴）；另一些需要却应时地诞生了，它们既是评价主体的“新宠”，又是客观历史发展新阶段的“产儿”，以其为灵魂形成的评价标准是一种现实性的评价标准（包括现在与将来两个时间范畴）。这两种标准之间最坚实的共同基础是，它们都是评价主体的客观需要在主观意识中的产物。但它们之间却不可避免地存在着矛盾，这种矛盾归根结底是社会历史与评价主体的发展性造成的，而我们看到的表象是评价主体历史的需要与现实的需要之间的矛盾。在形式上，评价主体的需要可能已被满足而为现实所遗弃，或者已与现实的主体认识和客体发展不相融而被改变；在内容上，评价主体历史的需要大部分已融会到现实需要中去，有的改头换面成为现实标准的一部分，有的则与现代的认知水平相互综合成某些具有长时段效应的标准。在历史评价活动中，我们往往是历史性的标准与现实性的标准结合在一起运用，这主要是由于它们之间矛盾的地方又使它们在历史评价中展现出各自的优势与缺失。

历史的发展是一个不能随意割断的过程，对于历史事物的评价也必须从发展的全局来看，既不能只看现在而不问当时，也不能只看当时而不问现在。历史性的评价标准起码包含有两个合理的内核：一方面，它反映了历史上人们的某种需要和产生这种需要的历史条件；另一方面，它也能在一定程度和范围内反映出历史事物在当时历史条件下和在后世的历史发展中的地位与作用。

在历史上各个不同时期，人们首先从自己所处的那个时代的生产力发展状况，以及与此相适应的那个时代的阶级关系状况（包括不同阶级之间的斗争与各阶级内部的斗争）出发；首先从以上述状况为基础的需要出发，去评价社会发展中出现的种种现象和种种事物。他们的标准也会因时期、地区、阶级的不同而不同，但这些衡量客观事物的尺度既来源于其主观对历史事物的认识，也来源于这些认识产生与作用的那些既定的条件。虽然对于现实的评价主体来说，这些以往的、历史性的评价标准已经在毁誉褒贬之间距离他们越来越远，似乎已如过眼烟云一样不会留下多少令人回味的东西了，但实际上这些历史性的评价标准常常会通过它们的载体（这种载体有以物质形式存在的，也有以精神状态存在的）对现实的评价活动产生直接或间接的影响，以至于在很长时间内遥控着我们的评价活动与成果。例如，对曹操的评价。过去史学界有一种传统观点，认为曹操是奸臣、是乱臣贼子，应该予以鞭挞。评价者在这里自认为是从历史发展、人民利益的标准出发，而实际上却错误地奉行着封建社会中“唯汉”的正统标准。曹操“挟天子以令诸侯”是对汉室皇权的践踏，而同样割据一方的刘备却被看成忠臣、贵胄；曹操实行屯田、发展生产、平息战乱、统一北方，是奸雄之举，而刘备巧取荆州、进驻汉中，却有忠臣之貌。在这里，评价主体错误地继承了历史上统治阶级的评价标准，而这一评价标准对现实的评价主体来说，早已成了“过去时”，应该加以摒弃或批判，但它却依然在当代史学的评价研究和社会评价中影响过很长一段时间，甚而在大众的思想中作为一种心理积淀存留下来。

另一方面，历史性的评价标准是在以往的认识水平与范围内揭示了历史事物在当时条件下与后世的发展中的地位与作用。人们创造历史和认识历史都是在既定的条件下进行的，因此人们评价历史的标准也就是这些条件的产物。离开了这些条件，历史无法理解、历史性的评价标准也无法理解。例如，在原始社会盛行的人吃人的现象，当时人们从生存的需要出发，从较低的生产力水平出发，认为这种现象是合理的、无可非议的；但后世的人如果从发展了的物质与精神文明的水平出发，从尊老、养老的道德标准或人道主义的标准出发，就会认为人吃人是不可理解的历史现象，是极为野蛮的行为。再如，中国古代史学所倡导的所谓“秉笔直书”，其实却奉行着为尊者、亲者、贤者讳的原则。刘知几在他的传世之作《史通》中就曾直言说：“父为子隐，直在其中。”这种对“秉笔直书”的评价用现代人的标准看来简直就是“曲笔”，何谈“直书”。但刘氏是从封建社会的道德、名教标准出发看待“秉笔直书”的，正如他所说：“史氏有事涉君亲，必言多隐讳，虽直道不足，而名教存焉。”[①]

因此对于历史性的评价标准应予以一定的重视，它使现实的评价主体能够完成历史评价活动的初级阶段，为高级阶段评价活动的科学运行积累下丰富的思考资料，打下超越前人评价水平的坚实基础。但是，历史性的评价标准却无法满足现实的评价主体对于自己现在与将来意义上的高层次的评价需要。

首先，有一些历史事物的作用是多方面的，它往往除了预期的后果之外，还会产生其他出人意料的后果。它在当时与后世的成败得失主要来源于其直接的后果，而对于现在与未来的意义和作用却只有在那些直接的后果逐渐沉淀下来后，才会慢慢显露出来。评价主体如果不从其现实的需要与认识水平出发就不可能对其做出科学的、富有预见性的评价。比如，资本主义社会出现以后，现代工业迅速发展，从第一次产业革命开始，其社会化、现代化的程度就不断提高。工厂林立，产品如潮，人类社会随

---

① 刘知几著，浦起龙释：《史通通释·曲笔》卷七，上海古籍出版社1978年版，第196页。

之也步入了现代文明的发展阶段，资本主义由此创造了比以往社会所创造的财富的总和还要多的价值。资本主义现代工业对于当时社会和后来社会的发展无疑起了积极推动的作用，它不仅使人们的生活水平显著提高，而且也使整个人类社会完成了一次质的飞跃。然而，在当代也正是由于资本主义现代工业的高速发展，人类的生存环境不断恶化，大气污染、土壤污染、水源污染，生态平衡被破坏，一些动植物濒于灭绝，人类似乎自己在虐杀自己。评价主体只有从这种实际的状况出发，从有利于自身生存与发展的标准出发，才能对于资本主义现代工业的发展所带来的负面后果、消极作用做出较为全面的评价。由此，人们才可能认识到现代工业发展的前景规划必须与环境保护结合起来，再也不能先破坏后治理，只顾一时利益而贻害子孙万代了。

其次，有一些历史事物的发展进程很长，一段时间内它在质与量的形态上都还没有发育成熟，只有到了现代的历史条件下它的作用与意义才比较完整地展现出来。评价主体必须站在现代的认识水平上，从现实性的评价标准出发才可能获得客观的、符合未来发展趋向的评价结论。例如，中国的人口问题。历史上的中国就是一个人口最多的大国，而且在中国封建社会的很长时间内人口的数量被看作是地方行政长官政绩优劣的主要标尺，同时也被看作是国家兴衰的晴雨表。特别是在宋代以前，中国的人口发展与生产力的发展水平基本是处在一种良性循环的状态中。到了宋以后，人多地少的矛盾就愈来愈突出，但是由于当时大陆集约型农业的发展（精耕细作的生产方式需要投入相对较多的劳动力，而精耕细作的程度的提高又反过来可以养活相对较多的人口），在一定程度上解决了人口过剩的问题。近代以来，中国对内、对外战争不断，人多的优势仍然为当时和后来的人们所称道。“人多有利于生产”、“人多有利于打仗”，这样的历史性评价标准影响了几代人，以至于当马寅初提出应该控制人口增长的主张时遭到很多人的反对。可以说，以往的中国人口问题由于种种历史条件的作用还没有发展到今天这种程度，而当今中国人口的数量与质量问题都已经成为中国发展的一个沉重包袱，并由此还引发了粮食问题、能源问题、环境问题等诸方面的难题。这时，评价主体只有以现实的生存与发展的需要为标准，利用现代科学的认识成果，逐步认识并处理好人口与发展的关系，计划生育的政策正是这种现实性评价标准的产物。

因此，现实性的评价标准是历史评价活动高级阶段中至关重要的标尺。它不仅是评价主体的现实需要、现实的价值取向的产物，也是现代科学发展和与之相应的认识水平、认识能力、认识方法的产物，同时它更是现实实践的内容与目标的产物。从这种意义上说，历史学家“只有以当下的眼光看待过去，才能理解过去”，“历史学家不属于过去，而是属于现在”①。

但是，现实性的评价标准在历史评价活动中也存在一定的不利之处。评价主体从现实的某种需要出发，从现代的认识水平出发，往往会将历史与现实的界限模糊起来，

① ［英］E. H. 卡尔：《历史是什么》，陈恒译，商务印书馆 2007 年版，第 109、110 页。

不顾历史条件，而一味地将自己熟悉的概念、观点强加到古人身上，或者以现在的标准去苛求历史事物，又或者以“我”为中心随意附会历史，这都是将历史现代化的错误倾向。例如，对武则天的评价。有一种观点认为，武则天的功绩之一就是提高了中国古代妇女的社会地位，甚至把她描绘成一位现代意义上的女权主义者。评价者在这里将现代社会中妇女要求解放、要求有同男子一样平等地位的观点运用到了古代社会的评价中；为了替武则天翻案，而把武则天个人地位的提高、她个人的翻身看成了整个社会妇女地位的提高、翻身。在这里评价主体混淆了过去与现在的界限，把现实的需要当成了历史主体的活动目标。又如，“文革”时“四人帮”“以法画线”的标准，把那些凡属法家的历史事物都说成是爱国的、进步的，凡属儒家的历史事物都说成卖国的、反动的，并声称所谓儒法斗争一直继续到现在。因此，西方近代历史哲学家维柯曾指出：“人对辽远和未知的事物，都根据已熟悉的近在手边的事物去进行判断。”[①] 这样一来，历史评价就失去了历史感，同时也带来了试图以主观重塑客观历史的危险。

历史性的评价标准与现实性的评价标准之间复杂的关系集中体现了历史评价的特殊性，也集中体现了历史与现实、过去与现在之间互相渗透、互相交叉的错综关系。钱穆曾讲道：“历史上之过去非过去，而历史上之未来非未来，历史学者当凝合过去、未来为一大现在，而后始克当历史研究之任务。”[②]；法国历史哲学家马鲁这样指出：“H（历史）＝P（过去）/P（现在），历史是由历史学家的主动性在人类的两个画面——从前的人所生活过的过去和为了有利于人与以后那些人而展开的回复过去的努力的现在——之间建立的关系、连结。”[③]；法国历史学家雷蒙·阿隆如是说：“历史总是为生活服务的，它提供范例，评价过去，或者把目前这个时刻安放到生成——演变中去。历史展示出现在与过去的一种对话，在这种对话中，现在采取并保持着主动。”[④] 这些论述都从不同的角度揭示了过去与现在在历史认识与评价中体现出的千丝万缕的联系，也间接地使我们体会到评价标准中历史性与现实性的矛盾和联系。

五 制约性与超越性

在历史评价活动中，评价标准的确立主要是通过评价主体在一定的条件下对自身的需要与对评价客体属性的把握实现的，因而它既是超越客观条件与评价客体的尺度，又是必然会受到客观条件与评价客体限制的尺度。制约与超越在历史评价标准的体系

① ［意］维柯：《新科学》，朱光潜译，商务印书馆 1989 年版，第 99 页。

② 钱穆：《世界局势与中国文化》，台北东大图书公司 1977 年版，第 234 页。

③ ［法］亨利—伊雷内·马鲁：《历史知识》，见田汝康、金重远选编《现代西方史学流派文选》，上海人民出版社 1982 年版，第 76 页。

④ ［法］雷蒙·阿隆：《历史意识的范围》，见田汝康、金重远选编《现代西方史学流派文选》，第 97 页。

中始终是一对相互作用的矛盾。人们创造历史和认识历史的活动都是在既定的历史条件下完成的，历史评价活动及其运行的核心评价标准也是既定的历史条件的产物。无论是评价标准所依据的过去遗留下来的材料，还是现实的人们的历史实践活动，都明显地或潜在地、直接地或间接地会受到客观存在的生产力发展水平、社会生产关系的发展状况、文化科学的认识极限等多方面的限制。而这些既定的历史条件又决定了评价客体属性在评价主体的主观意识中呈现出的深度与广度，决定了评价主体对自己切身利益的认识能力。

具体来说，历史评价标准的制约性主要表现在以下三个层次上：

首先，历史评价标准无法避免时代的制约性。一方面，任何社会、任何阶级、任何个人的历史评价标准都不可能从根本上完全超越他们所处的那个时代特有的物质文明与精神文明的发展水平，以及在此基础上产生的一定时代对一切人类历史发展认识的总体水平和共同极限。也就是在这种意义上，黑格尔曾诙谐地说："没有人能真正地超出他的时代，正如没有人能够超出他的皮肤。"[①] 人们提出的这样或那样的历史评价标准大都只有在时代发展可能的情况下才会出现。例如，中国封建社会的农民评价封建国家及专制主义中央集权制度的标准，只能是其是否在一定程度与范围内满足了他们对于土地的要求，是否能够满足他们较低的生存需要。能够满足者，农民则载之；不能满足者，农民则覆之。这种评价标准来源于中国封建社会的经济基础，也来源于那个时代中国农民对于自身所处的社会地位及社会历史认识的总体看法。他们不可能在当时的时代背景下产生反封建的评价标准，因为推翻封建社会的物质条件还没有形成，农民自己还生活在封建社会的物质与精神力量作用的庞大氛围之中。另一方面，历史评价标准的时代制约性有时还表现出一定的顽固性与滞后性。前一时代的评价标准往往不但制约了当时人们的评价活动，还影响了后人的历史评价活动，造成了以过时的评价标准衡量后世或现在的情况。封建伦理纲常本来是封建社会在人们思想中居统治地位的一种封建道德标准，在中国封建社会中曾长期作为评价社会与个人行为的标准。然而，到了今天，仍然有许多人在运用这种评价标准来臧否历史与现实。可见，在历史评价标准中时代的制约作用有多么深远的影响。

其次，历史评价标准也常常无法避免一定阶级关系的制约性。在相同的时代背景下，不同阶级也会确立起不同的评价标准，这些标准之间往往又存在着不可逾越的界限。因为不同阶级是从其自身的需要与利益出发去评价历史事物的，这些需要与利益往往是相互冲突、不可调和的。在阶级社会中，统治阶级要以维护、巩固其统治的标准为尺度去衡量一切社会与个人行为，凡有利于此的则肯定，凡有害于此的则否定；而被统治阶级也是从有利于他自身近期需要或长远需要的标准出发的，凡能够为他争取到更广泛更深远的生存与发展权利的事物就必然肯定，反之则否定。故而，双方总

① ［德］黑格尔：《哲学史讲演录》第1卷《导言》，贺麟、王太庆译，商务印书馆1959年版，第57页。

是持有各自相互矛盾的评价标准，对同一历史事物褒贬不一。从这种意义上说，历史评价标准总是带有阶级的片面性的，对这一片面性克服的程度则取决于作为评价主体的某一阶级在多大程度上代表了历史发展的趋向。

最后，历史评价标准一般也无法避免个人条件的制约性。个人的生理条件、心理条件、知识条件的制约都决定了个人对于历史的认识能力是极为有限的，特别是时代与阶级的局限性反映到个人身上就更加加重了这种认识的有限性。在这种有限性的基础上营造起的历史评价标准就具有更大的片面性，它常常表现为“不同的历史学家在不同的时候为了不同的目的而研究同一部文献，这部文献就会奇怪地讲述不同的内容”[①]。对评价标准个人局限性的克服，在很大程度上依赖于评价主体个人的认识能力与活动能力的提高。故而，卡尔曾说：“人能超越社会环境和历史环境的能力似乎是由他认识自己陷入这种处境程度的敏感性而决定的。”[②]

时代的制约、阶级的制约、个人条件的制约，使得历史评价标准具有很大的局限性，因而评价主体常常运用了过时的、片面的，乃至错误的评价标准而不能自觉。但是，这些制约性与局限性又同时伴随着评价主体对既定条件与客体的超越性，在历史评价活动中呈现出更为复杂的图景。

由于客观历史条件的不断发展，有些现存的、被人们普遍认为是合理的事物逐渐表现出不合理、腐朽没落的一面，而另一些新生的事物却在旧事物的体内缓慢地滋长起来。随之，人们对事物的认识也在孕育着新一轮的发展，开始具有了超越前人的更为深刻和更为全面地把握客观事物的本质属性与运行规律的能力。例如，现代人在对社会历史发展的认识上，可以超越前人的关于历史是纯粹偶然性构成的、是今不如昔的，或是其他历史循环论的观点，而去进一步揭示历史发展的规律性和由低级向高级发展的趋势。由此，评价主体在主观意识中会产生一些超越前人或超越当时人的历史评价标准，它们在历史评价活动中常常表现为两个方面的内容。

一个方面，历史评价活动中评价主体经常运用超越过去时代、超越过去阶级的具有现代意义的评价标准去衡量历史。像对剥削阶级的评价，我们既要超越历史上的剥削者的立场、剥削阶级自己的评价标准，也要超越历史上被剥削者的立场、被剥削阶级的评价标准，来评价剥削阶级。我们应该站在今天的立场上，从有利于生产力与社会历史发展的标准出发，既认识到剥削阶级是生产力发展到一定阶段不可避免的产物，认识到它的出现在历史上曾经是合理的、正常的现象，从而应该肯定剥削阶级对于推动历史发展所起的进步作用；同时也应该看到剥削阶级的进步作用是在被剥削者从事艰辛的生产活动的基础上发挥创造出来的，它的进步性是具有很大局限性的，而其对于生产力与历史发展的反动作用却总是存在的。

---

① ［美］艾弗里·O. 克雷文：《历史上的一次冒险》，《奴役与自由：美国的悖论——美国历史学家组织主席演说集》，第69页。

② ［英］E. H. 卡尔：《历史是什么》，陈恒译，商务印书馆2007年版，第133页。

对被剥削阶级的反抗活动的评价，我们同样也要超越历史上压迫者与被压迫者双方的评价标准，还要超越这种活动在那个时代造成的短时段效应（反抗、斗争在当时不可避免地会造成某种破坏），而把他放到历史与现实的发展中做综合的、长时段的考察，以它是否在某种程度上推动了历史前进或创造了历史发展的契机为标准去评价他。因此，中国封建社会的农民战争在中国历史上所起的作用，不应该就只是破坏作用，也不会仅仅是一个“让步政策”就能够概括的，他还包含有政治、经济、文化与民族心理等多方面的影响。这些影响中必定有正价值的，也有负价值的，但从中国现代的文明成果与人类历史发展的趋向来看，其正价值大于负价值是不言而喻的。

再如，中国古代的史学家司马迁曾以“究天人之际，通古今之变”为治史宗旨，以他朴素的历史发展观为标准，对某些历史人物和历史现象做出了超越前人与当时人的评价。他将失败的农民起义领袖陈涉列入世家，把乌江自刎的项羽列入本纪，一反过去“成者王侯，败者寇”的评价标准，给予这些失败的英雄以一定的历史地位，这多少也超出了他所处朝代的利益的局限，成为那个时代、那种阶级关系下难得的优秀史家。

用超越前人的评价标准去评价历史是我们获得高于前人历史认识的一个重要手段。但这里却常常又会出现把历史现代化或苛求于古人的现象，应该说这种做法不仅不会使我们超越前人的认识，反而会使我们倒退或陷入某种误区，是历史评价标准的超越性所产生的负面效果。

另一方面，在历史评价活动中评价主体还经常运用超越现实的未来的评价标准来衡量历史与现实。在这种未来的评价标准中往往包含有评价主体天才的或科学的预见。例如，马克思、恩格斯创立科学社会主义理论体系之后，就经常运用是否符合社会主义、共产主义的社会发展总趋势要求的标准来评价历史。他们曾经赞扬法国18世纪的著名空想社会主义者、平等派的领导人格拉古·巴贝夫已经“产生了共产主义的思想”[①]，因为他不仅仇恨当时占统治地位的封建制度，而且认为资产阶级革命也并不可能减轻劳动人民的苦难，主张用暴力推翻一切剥削制度。恩格斯在谈到科学社会主义的思想来源时，也深刻地指出：“德国的理论上的社会主义永远不会忘记，它是站在圣西门、傅立叶和欧文这三个人的肩上。虽然这三个人的学说含有十分虚幻和空想的性质，但他们终究是属于一切时代最伟大的智士之列的，他们天才地预示了我们现在已经科学地证明了其正确性的无数真理。”[②] 在这里，凡是那些对于科学社会主义、对于共产主义思想的产生和发展起过积极作用的历史遗产，马克思、恩格斯都给予了赞扬。

马克思在研究了殖民主义的产生、发展及其在世界资本主义成长中的作用之后，又对殖民主义在殖民地与半殖民地所扮演的角色进行了分析与评价。一方面，他深刻

① 《马克思恩格斯全集》第2卷，人民出版社1972年版，第152页。

② 《马克思恩格斯选集》第2卷，人民出版社1972年版，第635—636页。

揭露了殖民主义以掠夺为目的的本质属性，揭露了它在建立和维护自己统治时所采取的种种卑劣手段及其所造成的史无前例的危害。另一方面，马克思却并未使自己对它的评价仅仅停留在上述如此单纯的程度上，而是把殖民主义放在整个世界历史发展的"天平"上，提出了著名的"双重使命"理论。他说："英国在印度要完成双重的使命：一个是破坏性的使命，即消灭旧的亚洲式的社会；另一个是重建的使命，即在亚洲为西方式的社会奠定物质基础。"[①] 他还说，尽管这种社会革命"完全是受极卑鄙的利益所驱使的，……但是问题不在这里。问题在于，如果亚洲的社会状态没有一个根本的革命，人类能不能实现自己的使命？如果不能，那么，英国不管干了多少罪行，它造成这个革命毕竟是充当了历史的不自觉的工具。总之，无论一个古老世界崩溃的情景对我们个人的感情来说是怎样难过，但是从历史观点来看，我们有权同歌德一起高唱：'我们何必因这痛苦而伤心，既然它带给我们更多欢乐？难道不是有千千万万生灵，曾经被帖木尔的统治吞没？'"[②] 马克思在总结以往资本主义发展的基础上，虽然肯定了殖民主义在客观上所起的某些历史进步作用，但也清醒地预见到："英国资产阶级将被迫在印度实行的一切，既不会使人民群众得到解放，也不会根本改善他们的社会状况，因为这两者不仅仅决定于生产力的发展，而且还决定于生产力是否归人民所有。但是，有一点他们是一定能够做到的，这就是为这两者创造物质前提。难道资产阶级做过更多的事情吗？难道它不使个人和整个民族遭受流血与污秽、蒙受苦难与屈辱就实现过什么进步吗？"[③]

同样，马克思也以未来社会发展的目标为尺度对资产阶级做出了有别于现实标准的富有创见的评价，他说："资产阶级历史时期负有为新世界创造物质基础的使命：一方面要造成以全人类互相依赖为基础的普遍交往，以及进行这种交往的工具；另一方面要发展人的生产力，把物质生产变成对自然力的科学统治。资产阶级的工业和商业正为新世界创造这些物质条件，正像地质变革为地球创造了表层一样。只有在伟大的社会革命支配了资产阶级时代的成果，支配了世界市场和现代生产力，并且使这一切都服从于最先进的民族的共同监督的时候，人类的进步才会不再像可怕的异教神怪那样，只有用被害者的头颅做酒杯才能喝下甜美的酒浆。"[④] 正因为马克思运用了超越前人与当时大多数人的历史发展标准，才既看到了资产阶级是社会进步的标志，也看到了资产阶级又是社会文明还不够发达的产物。

历史评价是需要预见的，在评价中预见未来是其最高的理想，而具有合理超越性的评价标准是达到预见的一种手段。当然这就必须克服无条件超越的盲目性，必须克服条件与客体日趋复杂的限制。在历史评价标准的体系中限制与超越总是同时存在的，

① 《马克思恩格斯选集》第 1 卷，第 768 页。
② 同上书，第 766 页。
③ 同上书，第 771 页。
④ 同上书，第 773 页。

它们往往是互为基础与条件，而又相互冲突与矛盾的两个方面。但也正是从这种意义上我们才能更深刻地理解李大钊所言：“历史是亘过去、现在、未来的整个的全人类生活。”①

原载于《史学理论与史学史学刊》2004—2005年卷，社会科学文献出版社2005年版。

① 《李大钊史学论集》，河北人民出版社1984年版，第204页。

三十年来中国史学思潮及史学发展

邹兆辰

30年前的真理标准讨论和十一届三中全会的召开，是一场真正的思想解放运动，这次运动所造成的结果，直接影响到中国历史学的发展。史学的发展变化，首先是史学工作者思想观念的变化，而这种观念的汇集就形成了种种新的史学思潮，这是史学自觉地顺应时代潮流和学术发展新趋势的结果。回顾30年来中国史学思潮变化的轨迹，即可以反观出这次思想解放运动对当代中国史学发展的影响。

一　突破思想禁区：史学理论和方法论的变革与创新

1978年5月11日，《光明日报》特约评论员文章《实践是检验真理的唯一标准》引发了一场震动全国上下的真理标准问题的大讨论。在同年12月的中央工作会议上，邓小平同志发表了《解放思想，实事求是，团结一致向前看》的讲话，在全国引起了强烈的反响。许多学者认识到，根据目前史学战线的现状，应该进行一次大规模的思想解放，以冲破“禁区”，解放史学。所谓“禁区”，是指在“左”的思想影响下，在一些历史问题上设置的禁锢人们思想，压制正常、科学的历史研究的区域。这些“禁区”及其相应的“禁条”，“把统一的历史整体肢解得四分五裂，使人们不能从整体上去研究历史，不准从整体上去考察历史，也就扼杀了历史科学。”[①] 它所造成的直接后果是“学术界死气沉沉，没有人敢说话。”因此，这场思想解放运动对于史学的影响，首先是史学理念的改变，也就是指导思想的解放，这涉及史学理论和方法论的根本问题。

（一）打破唯一动力论，全方位探索历史发展

史学界的思想解放，是从历史发展动力问题的探讨开始的。随着1978年5月真理标准讨论的提出，以及12月十一届三中全会的召开，中国历史学正式翻开了新的一页。

---

① 刘泽华：《打碎枷锁，解放史学》，《历史研究》1978年第8期。

1979 年 3 月，中国社会科学院在成都召开了历史科学规划会议。在这次会议上，戴逸作了题为《关于历史研究中阶级斗争理论问题的几点看法》的发言，提出了“推动社会历史前进的直接的主要的动力是生产斗争”。由此引发了历史动力问题讨论的热潮。这场讨论提出了一个重要问题就是如何用实践和历史实际去检验史学界长期奉行的所谓“流行的马克思主义”观点，并以此为契机努力抛弃“流行的马克思主义”，走向真正的马克思主义。

历史动力问题的讨论是直接针对“阶级斗争是历史发展的唯一动力”的流行观点展开的。马克思主义经典作家曾经对于阶级斗争的历史作用有过一些论述，毛泽东在《中国革命和中国共产党》一文中提出：“在中国封建社会里，只有这种农民的阶级斗争、农民的起义和农民的战争，才是历史发展的真正动力。”于是，这个观点成为历史研究的重要指导思想，凡是涉及农民战争问题的历史研究几乎都是在论证这个论述的正确性。这次讨论中，学者们提出了各种不同的动力观，如生产力是历史发展的根本动力、生产斗争是历史发展的根本动力、生产力内部的矛盾运动是历史发展的本源动力、生产方式是历史发展的根本动力、社会基本矛盾是历史发展的根本动力、生产斗争和阶级斗争是交替推动历史发展的两股动力、社会的“总的合力”是历史发展的真正动力、人民群众是历史发展的根本动力、人类的物质经济利益是历史发展的根本动力、人的欲望是历史发展的动力、科学技术是历史发展的唯一动力等不同的观点。讨论进行了几年，虽然没有得出一个完全统一的结论，但这次讨论的意义，并不在于它是否得出了人们一致认可的结论，因为它的思想解放的作用要远远超过问题讨论的本身。通过这次讨论，学术界打破了史学研究只能按照经典作家的某些现成“结论”来诠释历史的模式，形成了真正能够从历史本身出发去实事求是地探讨历史问题的新思路。

经过各种意见的充分表述和人们多年的冷静思考，对于历史发展动力问题也有了进一步的认识。20 世纪 90 年代，有学者谈到这个问题的争论时说：“认为生产关系与生产力之间的矛盾是社会历史发展的根本动力，或者认为生产力是社会历史发展的根本动力，或者认为生产方式是社会历史发展的根本动力，都是正确的。应当说，这是在不同层次上对历史发展的根本动力的理解。”同时文章也指出：“需要注意和重视历史发展的多样性、复杂性，重视影响历史发展的各种因素、各种力量及其相互作用，注意人的作用及其意志与抉择，注意偶然性的作用，而不能把经济与阶级斗争的动力作用简单化、单一化、绝对化”；当然，片面地、绝对地强调历史发展的多样性，夸大个人的自由意志的作用，或强调笼统的“合力论”，忽视或否定历史发展有终极的、决定的因素，也是不正确的。[①]

（二）打破史家主体不能参与历史认识过程的禁区，实现认识理论上的突破

长期以来，历史学家在考察历史问题的过程中，历史学家的主体作用是不能参与

① 宁可：《关于历史发展的动力》，《宁可史学论集》，中国社会科学出版社 1999 年版，第 104 页。

其中的，他们必须进行无主观意志的“客观”研究，否则就被认为会犯主观唯心主义的错误。这无疑是史学家必须遵守的一个信条。但是，20世纪80年代以来，历史认识论开始受到学者的关注，逐渐打破了这个禁区。

20世纪西方历史哲学的发展呈现出从思辨的历史哲学日益转向分析的历史哲学的趋势。这种思潮反映了现代西方史学理论上的一场大换位，即把史学的立足点从客位上转移到主位上来。西方历史哲学潮流的变化也影响到中国的思想界和史学界。80年代初，意大利哲学家克罗齐的史学理论代表作《历史学的理论和实际》的翻译出版，引起中国学术界的强烈关注。克罗齐提出“一切真历史都是当代史”的著名命题，认为历史绝不是用叙述写成的，只有现在生活中的兴趣方能使人去研究过去的事实。克罗齐的观点无疑会给那些希望认真了解西方史学理论的学者一种新鲜感。

紧接着，1986年由何兆武、张文杰翻译的英国哲学家柯林武德的代表作《历史的观念》出版，这使得西方分析的历史哲学思想在中国又一次产生新的冲击。柯林武德认为，历史的过程不是单纯事件的过程而是行动的过程，它有一个由思想的过程所构成的内在方面；而历史学家所要寻求的正是这些思想的过程。“一切历史都是思想史。”“一切历史，都是在历史学家自己的心灵中重演过去的思想。”尽管在基本的历史观上，柯林武德的观点与我们不同，但他所提出的问题，却引起了更多的中国学者的思考。

20世纪西方历史哲学从思辨的日益走向分析的趋向表明，历史哲学正从探讨历史过程本身的问题转向历史知识性质的思考，其思考的方向是对客观主义、实证主义史学传统的反动，思考的起点是自然科学方法在历史领域中的可适用性，思考的中心就是历史认识的主体性问题。这一趋势唤起了中国史学家自身主体意识的觉醒，具体表现就是80年代后期形成的历史认识论讨论的高潮。

1987年在成都召开了以历史认识论为中心议题的第四届全国史学理论讨论会，其后历史认识论的讨论不断深入开展，讨论涉及历史认识的主体性、认识主客体之间的关系、历史认识的一般过程、历史认识的特点、历史事实与历史解释、历史认识的层次与种类、历史认识的真理性及其检验等。当时的主要史学刊物如《历史研究》、《史学理论》、《世界历史》、《史学月刊》等都发表了有关历史认识论研究的文章。当时的学者们认为：西方学者在强调作为认识主体的历史学家在历史认识过程中的主观能动作用方面确有其合理之处。历史认识论问题的提出本身应看作是同整个史学的变革紧紧联系在一起的，是史学为了适应新时期现实生活发展的需要而要实行自身改革的一种反映。

学者们认为：最近几年，我国史学终于发展到再也不能无视西方史学，而要求与当代世界科学并驾齐驱的地步。当代西方批判的历史哲学发展的势头，理所当然地引起了人们的深思。多少年来，一种潜在的认识偏见，使我们忽视主体认识能力方面的研究，不敢承认在历史研究中加强主体意识、发挥史家主观能动性的正当性、合理性。这不能不说是在我国史学一定时期内沉闷、迟滞、缺乏活力的重要原因之一。他们也指出，柯林武德、克罗齐等人在强调作为认识主体的历史学家在历史认识过程中的主观能动作用方面，确有其合理处。但问题在于，历史学家在认识历史时发挥作用的那种“自我意识”究竟是一种什么性质的意识呢？它是从哪里来的呢？怎样才能使那种意识比较符合客观实际呢？如果不能对这些问题作出正确回答，就说不上科学的史学认识论。

在关于历史认识论讨论的基础上，有的学者进一步提出建立科学的历史认识论的问题。史学家们建议，需要对历史认识、历史思维的特殊规律进行系统的专门研究，需要自觉地将历史认识同现代科学的发展特别是现代思维科学的发展联系起来，需要对传统的及当代世界各国的历史研究实践及各种史学理论做认真的清理与总结，建立马克思主义的科学的历史认识论。建立科学的历史认识论的建议，得到了史学理论研究工作者的广泛响应。庞卓恒等学者提出历史学的理论体系主要由本体论、认识论、方法论三个部分组成，当时出版的各种史学理论专著和教材也把历史认识论问题列入到史学理论的总体框架之中。历史认识论问题越来越受到史学理论工作者的关注，在整个史学理论中的地位也越来越重要，这不能不说是史学界思想解放的结果。

(三) 打破封闭式的史学模式，实现方法论上的突破

中国马克思主义史学诞生以后，史学家在自己的论著中往往引用马克思主义经典作家的论述作为自己著述的立论根据，在说明历史问题时也往往以经典作家的言论作为理论和方法的依据。这种方法如果运用得当也是无可非议的，但长期以来，史学界在运用马克思主义作为研究工作的指导思想时存在一种教条主义的倾向，把这种“指导”变成对马克思主义理论的简单套用，或作为对马克思主义经典作家个人言论的注解或证明，这就严重地削弱了史学研究的科学性，史学研究工作不可能得到深入发展。

郭沫若的《中国古代社会研究·自序》中曾经把自己的著作看成是恩格斯《家庭私有制和国家的起源》的续篇，但在全书的具体论述中极少引用经典作家的言论。随着马克思主义著作的逐渐普及，史学家对马克思主义经典著作学习的深入，学者们在自己的论述中引用经典作家的言论逐渐多起来。到20世纪五六十年代，竟形成了一种模式：在史书论著的开始必定要引用经典作家论述，以作为立论的根据，到文章的结尾也要引证经典作家论述，说明自己的研究成果正好印证了经典作家的某一种观点。当然，在论述过程中也往往要引证经典作家的言论，以体现马克思主义的指导作用。这样一种模式愈演愈烈，引证的范围包括马克思、恩格斯、列宁、斯大林、毛泽东，“文化大革命”十年还把这种引用的文字排成黑体字，以表明突出马克思列宁主义、毛泽东思想的指导。似乎引用越多，越能体现突出马克思主义的指导。这样一来，形成一种僵化的公式，马克思主义历史观的指导被庸俗化成为简单的文字游戏，而真正的思想内涵反而被忽略。这样僵化的模式，不仅损害了史学，也损害了马克思主义本身。不突破这种教条主义的模式，历史学就不能得到发展。

在思想解放运动的影响下，史学工作者逐渐明确了如何才是正确地运用马克思主

义来指导史学研究。历史学家白寿彝在1978年的一次学术报告中指出："理论方面有两个问题，一是理解，一是运用。理解上，要求完整地、准确地学习，不容易。怎样才能做到呢？就是不能离开经典著作的当时的历史条件和经典作家的意图去理解当时的论断。离开当时的历史条件和经典作家的意图去理解经典著作，就不可能完整、准确。当然这要下更大的工夫。在运用上，往往在理论运用上运用得好，就是对马克思主义的发展。要求理论上的发展，是符合马克思主义的，不要求发展，停滞不前，让理论僵化，那不是马克思主义。"①

方法论方面还有一个重要问题就是历史著作的体裁问题，特别是如何编纂大型的中国通史的问题。长期以来，通史著作一直是章节体，即按照章节分述不同历史时期的政治、经济、文化等内容，逐渐形成一种固定的模式。这些通史著作不仅以社会经济形态理论作为指导思想，同时以之作为划分历史阶段的线索，甚至也把它们作为划分章节的依据。由于这个体系不断被沿用，所以这种编写模式逐渐呈现僵化的趋势，很难有所突破，于是造成了一些弊端。例如，由于以社会经济形态为划分历史阶段的标准，而经济形态的变化是个长期的历史过程，没有明确的划分标志，所以会造成各种通史著作在分期上的混乱。此外，通过这样的通史著作很难了解到一个历史时期的整体状况；人的历史活动被遮蔽，通过这样的通史著作无法了解到当时重要历史人物的全面情况；同时，对该时代的各种典章制度也无法获得较为系统的信息。

突破这样传统的历史编纂模式，不仅需要有相当的理论素养，而且要有非凡的创新魄力。只有经过思想解放的洗礼，才能突破传统的历史编纂模式的束缚，形成新的历史编纂模式。白寿彝先生主编的多卷本《中国通史》在编纂体裁的创新上进行了大胆的探索，实现了一次历史性的突破。

白先生的多卷本《中国通史》在历史编纂模式上的一个重要突破，就是他没有把马克思主义关于社会经济形态的理论简单地搬过来，作为剪裁中国历史的公式，并作为通史分卷的依据。他在分期问题上，把马克思主义关于人类历史发展阶段的理论与中国历史的特点结合起来，把中国历史划分为远古时代、上古时代、中古时代和近代四个大的阶段。例如上古时代，就包括了夏、商、周等朝代，这就没有因历史分期的不同观点而割断大历史阶段的完整。在近代部分，也没有像过去那样以革命性质来划分不同阶段，而将1940—1919年称为近代前期；1919—1949年称为近代后期。这样的划分历史阶段，既体现了马克思主义的指导，又坚持了中国历史本身的特点。

多卷本《中国通史》在编纂模式上的另一个重要突破是创立了一种"新综合体"。全书除第一、二卷外，其余十卷都各包含四个部分：1. 序说，阐述有关历史时期的历史资料、研究状况、存在问题和本卷撰述旨趣。2. 综述，阐述有关历史时期的政治、军事、民族等方面的重大事件，勾勒这个时期历史进程的轮廓，便于读者明了历史发

① 白寿彝：《关于史学工作的几个问题》，《白寿彝史学论集》（上），北京师范大学出版社1994年版，第328页。

展大势。3. 典志，阐述有关历史时期的各种制度及相关专题，丰富读者对“综述”部分的认识。4. 传记，记述有关历史时期的各方面代表人物，展现“人”在历史运动中的能动作用和历史地位。多卷本《中国通史》以章节体的形式而注入纪传体等传统史书体裁的风格，把古今史书体裁的优点结合起来，形成一种“新综合体”，从而容纳了极为丰富的历史内容，也活泼了历史编撰形式，使其具有突出的民族特色。[①] 史著编纂模式上的变革与创新，也是思想解放的结果。

二　打破学科藩篱：多学科、多视角地考察历史

真理标准讨论之前，史学工作者不仅在指导思想上受到“左”的思想的束缚，在实际的研究工作中，在对历史研究的视角和研究课题的选择上，也受到种种“左”的思想的束缚。历史研究一直是以政治、经济、思想三大块为主要领域，以阶级斗争史、农民战争史为研究重心，这样就忽视了许多非阶级的因素，如风俗习惯、生活方式、民族心理、人物性格及自然环境等因素对历史的影响，从而造成了研究视野的狭隘、分析的简单、理解的偏失。把一些本该属于历史的内容摒弃在视野之外，留下了许多无人问津的薄弱环节。30 年来的思想解放过程，也正是史学工作者拓展学术视角的过程，因而也是史学园地繁荣发展的过程。这里我们择要谈几个方面。

（一）社会史的兴盛拓宽了史学的研究领域

史学家思想的解放，促进了社会史的复兴。而社会史的复兴又极大地拓展了人们的历史视野，给史学注入了新鲜的血液，那些过去被排斥于历史之外的领域，都在其范畴内获得了研究价值。包括家庭宗族、婚姻风俗、服饰礼仪、乡土信仰、食俗游艺、社会心态、妇女儿童、人口生育等问题都成为经久不衰的史学课题。历史学改变了它苍老干瘪的形象，变得有血有肉起来。

1986 年 10 月召开的中国大陆首届社会史研讨会，对社会史研究的复兴起了重要的作用。在这次会上，学者们不仅探讨了关于社会史的研究对象、研究范畴，以及社会史与其他学科、专史、马克思主义的关系问题，而且提出了开展社会史研究的重大学术意义和现实意义在于开拓史学研究领域，改变史学研究现状，推动其他相关学科的发展。这次会议的成功举办，标志着中国史学界正式举起了社会史的大旗。《历史研究》于 1987 年第 1 期以大量的篇幅发表了一组有关社会史的文章，如冯尔康的《开展社会史研究》、陆震的《关于社会史研究的学科对象诸问题》等。《历史研究》评论员撰写了《把历史的内容还给历史》一文，“吁请史学界扩大视野，复兴和加强关于社会生活发展的研究”，认为这是一条可以“突破流行半个多世纪的经济、政治、文化三足鼎立的通史、断代史等著述格局”的重要途径，这样可以将原本属于历史却被排除于

① 参见瞿林东《白寿彝教授和〈中国通史〉》，《白寿彝史学的理论风格》，河南大学出版社 2001 年版。

历史之外的内容还给历史。

当社会史在新时期的历史条件下破土而出时，必定会有一些史学家迅速地转变观念，更新自己的知识结构，开拓新的研究领域。社会史发展的方向给这些史学家提供了重新思考、重新解释、重新综合历史的眼光和方法，给他们的具体研究工作带来了新的意义。社会史复兴以后，很快在一些方面产生了突破性的进展。

一是关于社会生活的断代性研究。如刘志远的《四川汉代画像砖与汉代社会生活》，宋德金的《金代的社会生活》，冯尔康、常建华的《清人社会生活》。这些著作分别展现了那些时代的社会生活，涉及人口、市民生活、服饰、食俗、礼俗、交通、民居等当时人们的日常生活的各个方面。二是关于社会结构的研究。如刘泽华的《士人与社会》，系统分析了先秦知识分子阶层的起源、理想、社会影响与历史作用；高世瑜的《唐代妇女》，分类研究了唐代妇女的十个阶层，对她们的社会地位、社会生活、心理状态，以及他们的社会影响与业绩都做了细密的探讨。三是关于婚姻、家庭、家族的研究：如彭卫的《汉代婚姻形态》，史凤仪的《中国古代婚姻与家庭》，李晓东的《中国封建家礼》，陈支平的《近五百年来福建的家族社会与文化》等。四是关于社会风俗的研究。如王可宾的《女真国俗》，王任兴的《中国年节食俗》等。五是关于市镇的断代性研究。如樊树志的《明清江南市镇探微》，傅宗文的《宋代草市镇研究》等。

进入20世纪90年代以后，社会史的系统性研究明显增强。1992年由乔志强主编的《中国近代社会史》问世，它是在宏观层次上系统研究中国近代社会的代表性著作，其间贯穿了作者对社会史理论的理解，开创性地提出了社会史的理论体系即中国近代社会史的模式。陈旭麓也于1992年出版《近代中国社会的新陈代谢》一书，此书将他独创地提出的中国近代社会史的理论模式进行了具体实践，即整体地、动态地反映出近代中国社会的变迁，并浓缩地把这种认识概括成“新陈代谢观”。冯尔康主编的《中国社会结构的演变》，则是国内第一部中国社会结构史的系统性研究专著，全书在中国社会结构的历史状况、演变过程、内部的矛盾斗争及其成因等方面都进行了一些新的探索。

社会史研究的兴盛是史家转变研究视角的结果，而研究视角的转变又极大地开拓了史学的研究领域，造成了一大批具有新思想、新内容、新方法的史学著作问世，促进了历史学的发展、繁荣。

（二）文化史研究的崛起促进了史学范型的更新

在过去的史学研究中往往简单化地看待经济基础在历史中的决定作用，文化是附属于政治、经济的，在通史的体系中处于一种次要的地位。在阐述特定时期的文化时，也是从哲学、宗教、文学、史学、艺术等文化的各个具体领域来分别介绍，这也形成了一种模式。在史学家的思想解放过程中，“文化”的作用被凸显出来。文化不再是历史内容的一些次要方面，它变成一种观察历史的新视角。从“文化”的视角观照历史，历史就是人类的文化过程，是人类文化的创生、积累和发展。人类历史上的一切活动，作为文化现象，体现着主体与客体的动态统一。全部的历史，即是一个以“实践”为中介的物质变精神、精神变物质的过程。而考察历史的“文化”视角，首先突出了主体意志、能动性在历史中的重大作用，强调了历史乃是被人制造、被人选择的人的命运。

文化作为“生活的样式”，是经“长时段”衍生的历史的深层结构，它尽管无踪无影，无声无息，却从过去流向现在，通往未来，潜在地支配着历史行程。“传统”一词就很好地形容了文化结构的延续性和稳定性。所以，对文化功能的认识，要求历史研究能够挖掘历史的深层，进入人们丰富而真实的精神与生活世界，去揭示“古今之变”中的因果联系，充分重视文化作为历史发展过程中的影响，深入探讨在特定社会文化中的历史发展道路的多样性、复杂性。

这种新的文化史是建立在“大文化”的概念之上的，并以此为前提来界定自己的对象和范围。文化史把握住“精神”这一主线，以人的精神活动和心灵世界为研究重心，研究精神如何外化、对象化而作用于历史进程，以及历史实践活动如何向内积淀而形成一定的精神世界。文化史研究对象和范围的特殊性决定了它在历史学科中的特殊地位，它不仅涵盖了意识形态领域的一切专史，而且与历史各分支学科都有交叉，是一门多层次、多维度的综合性学科。

30年来，文化史的研究非常兴旺。从1984年开始，文化史研究就以前所未有的态势崛起。文化史研究专刊《中国文化》、《中国近代文化史研究专辑》、“中国近代文化史丛书”、“中华近代文化史丛书”等都陆续开始推出。短短几年，文化史研究的专著、丛书、期刊陆续出版，民间文化团体、文化沙龙蓬勃兴起，各种层次的文化讨论会陆续召开，有力地推动了大众文化热的高涨。“文化”成为人们谈论最多的一个话题。

归纳起来，文化史的崛起应该包括几个层次：

第一，理论层次的研究。在文化史勃兴之始，以理论化了的社会意识形态为研究对象的思想史，曾是文化史的主要组成部分，如关于文化的基本概念和传统文化的特性，弘扬传统、批判传统等。以后研究视线出现下移，注重“大传统”与“小传统”之间的联系，并深入于一般民众的知识观念体系。如葛兆光所著《禅宗与中国文化》、《道教与中国文化》。1998年，葛兆光写成了《一般知识、思想与信仰世界的历史》，力求从“经典”以外的思想材料清理出“真正支配历史”的“思想世界”。陈来所著的《古代宗教与伦理——儒家思想的根源》，从早期文明社会“大传统”与“小传统”的分离过程考察儒学的起源与发展，着重于一个时代总的文化氛围的把握。

第二，各种专题的文化研究。有关饮食、服饰、丧葬、祭祀、节庆、集会、消费、婚俗、礼制等方面的论著在近年来文化史研究中占了最大的数量，对民众生活方式、礼俗风尚的研究成为文化史的主要部分。大规模“风俗文化”丛书层出不穷，如上海古籍出版社的“中国古代生活文化丛书”，陕西人民出版社的“中国风俗丛书”、中国社会科学出版社的“中国古代社会生活丛书”、“江湖文化丛书”，辽宁教育出版社的

“中国文化精神文库”、“人间透视大型书系之中国文化五大层面”，四川人民出版社的“中国民俗文化系列”，北京师范大学出版社的“中华雅风美俗丛书”等等。

第三，建立系统的文化史学科体系。为了使文化史学科的研究对象和范围进一步明确具体，需要进一步构架文化结构，以理清文化史学科体系。在这方面，冯天瑜等著的《中华文化史》，对文化结构的理解和剖析能够把握主客体动态统一的原则，体现出文化的“精神—心态”内核。

总之，近30年来，文化史的研究出现了与以前完全不同的面貌，它的复兴和发展，不仅扩大了历史学的研究领域，而且为历史学研究提供了一个新的视角，使历史研究的观念发生了深刻的转变，是非常值得注意的新学术发展趋向。它对于历史学科自身发展的意义远不止于领域的拓展。文化史，作为对历史的文化研究，展示一套从文化视角观照历史的独特方法体系。尤其是“大文化”概念对历史的阐释被广泛接受，这就活跃乃至更新了人们的历史思维，对新时期以来史学研究范型的变革确实起了重要作用。

（三）心理学方法的运用使史学研究的触角深入到群体及个人的内心世界

在真理标准问题讨论之前，史学工作者的思想受到严重的禁锢，不可能想象他们能够去关注某一时代的社会心理或某个历史人物的性格特征，因为这就难免会陷入唯心主义的泥潭。所以，无论个人心理还是群体心理，都是史学研究的禁区。史学家所写出的历史人物或群体往往都是千人一面，是没有个人性格特点的“人”。史学家思想解放的结果必然会冲开这个禁锢，向更深层次的历史领域去探究。

心理史学的出现有这样一些背景：一是转换研究视角和方法的需要。我国史学工作者人数众多，很多长期受到史学工作者关注的课题都已经被研究过，再加上海外的学者也都有些共同关注的问题，这样就容易造成研究课题老化，研究方法单一，研究成果重复的现象。这就促使一些学者转换视角，并力求在方法上有所突破。比如，史学界对五四运动的研究已经有几十年了，长期以来学者们所关注的主要是五四运动对中国的政治和思想文化方面所产生的影响和主要代表人物的研究。由于课题比较老化，于是在20世纪90年代，就有学者把五四运动时期的社会心理，作为博士论文的选题，并且写出了相关的著作。史学界对孙中山的研究自从他逝世以后就长盛不衰，除大陆学者外，中国港台地区、日本、欧美都有不少学者在研究，如果不从理论和方法上有所改进的话，研究的深化也是很困难的，这就促使一些学者去对孙中山的人格特征进行研究。二是我国社会史研究热的必然走向。当历史学家从政治形式的外表深入社会生活的深处时，社会史的研究就必然会得到发展，而社会史与心态史的区别也很难说清楚。正如法国年鉴派史学家伏维尔所说：心态史远不是社会史的对立面，而最多只是研究社会史的终结和归宿。因此，社会史的研究对象最后都表现为人们的态度和群体表象。也就是说，心态史的研究是社会史自然的延续和补充，所以有些社会史的研究者也就自然把研究视角转向心态史。

心理史学的关注点主要有以下几个方面：

第一，研究某一个特定历史人群在特定历史时期的社会心理或心态是我国心理史学研究的一个重点。比如，程啸的《晚清乡土意识》，把研究视角从个别思想家转向中国的乡里社会，研究他们的日常意识、政治意识、民族意识、宗教意识等。心理史不是系统的意识形态，而是“浮表层次”的心理活动，乐正的专著《近代上海人社会心态（1860—1910)》就是这方面的代表性成果。

第二，研究某一历史人物一生的人格或某个特定历史时期的心态，是当前心理史研究的另一个重点方面。胡波的《岭南文化与孙中山》一书，是运用心理史学方法研究孙中山人格的一部专著；陈雪良的《司马迁人格论》则全面论述了司马迁的人格状况。唐文权的《同盟会倡始时期宋教仁心态研究》，杨奎松《蒋介石从“三二〇”到“四一二”的心路历程》，欧阳跃峰的《义和团运动时期慈禧太后心态剖析》等是心理史方面的重要文章。

第三，研究某一历史时期或某一社会运动中的社会心理问题。周晓虹的专著《传统与变迁——江浙农民的社会心理及其近代以来的变迁》，是研究近代以来一直到改革开放时期江南地区农民的社会心理的著作，是历史学和社会学结合的著作，具有明显的跨学科特点。王跃的《变迁中的心态——五四时期的社会心理变迁》也是这方面的代表性著作。

从以上三个例子可以看出，史学的发展有赖于史家研究视角的转变，而研究视角的转变，必须有史家观念的解放这种视角的转换，是促进新时期史学发展的重要动力。

三 克服闭塞状态：在与国际史学交流互动中发展

长期以来，我国社会科学界忽视对现代西方学术的研究，更谈不上批判地吸收。在“左”的思想的禁锢下，把凡是哲学观点或世界观上不符合马克思主义基本观点的东西，就从总体上予以否定，而不管它是否有正确的东西与合理的内核。结果导致对当代国外的特别是西方的新学术、新观点、新理论持某种虚无主义态度，视而不见，从而把史学变成封闭的、僵化的自足体系。在30年来思想解放的潮流影响下，中国史学工作者越来越关注国外史学的发展趋势，而国际史学的发展新趋势也对中国史学本身的变革产生越来越大的影响。

（一）历史比较研究方法的运用首先受到中国学者的关注

比较史学是20世纪上半叶兴起到第二次世界大战后兴盛起来的国际史学新潮流、新方法，不仅在西方国家盛行，在苏联也受到重视。法国年鉴学派创始人马克·布洛克对比较史学的运用起了开创作用。他的《欧洲社会历史的比较研究》、《封建社会》等论著对比较史学的理论和方法产生过很大影响。“二战”以后，西方传统史学的理论和方法发生巨变，现代型的西方比较史学兴起。各国都为比较史学的发展开辟园地，如美国有《社会与历史的比较研究》杂志，国际性的比较史学讨论会也不断召开。

新时期以来，首先在我国产生较大影响的西方史学流派就是比较史学。20世纪80年代初的学术刊物上就有宣传、介绍比较史学的文章，也有些中国学者尝试运用比较方法研究中外历史。有关学术单位还举办过多次中外历史比较的学术讨论会。庞卓恒的《比较史学》和范达人、易孟醇的《比较史学》等专著也相继出版。

在西方比较史学的启示下，我国史学家以唯物史观为指导在比较史学研究中大大地推动了史学研究的深化。20世纪八九十年代以来，史学刊物上论述比较史学理论和方法的文章很多，而尝试运用比较方法研究历史问题的文章和著作更多。这些研究涉及古今中外的历史问题，包括政治史、经济史、文化史以及各种历史事件、历史人物、历史制度，甚至包括不同的历史著作。在这些历史比较中，大多涉及中外历史问题的比较，大大促进了对这些问题研究的深化。运用比较方法研究历史成为新时期我国史学研究工作的突出亮点，产生的成果非常丰富。这里，我们仅对涉及中外历史比较的一些研究成果加以梳理，如中外政治制度和政治改革的比较、中外经济发展的比较、中外社会状况的比较、中外文化发展和文化传统的比较、中外学术思想的比较、中外历史人物的比较等。这种广泛的历史比较，无疑会加深对中国历史与世界历史的了解。马克垚、刘家和、朱寰、庞卓恒、廖学盛、梁作榦等学者都有进行比较研究的著作，也有论述比较史学理论与方法的文章。学术刊物上运用比较方法研究中外史学问题的文章为数较多。新时期以来出版的20多本史学概论、史学方法论的著作大都将比较史学的方法列为史学研究的一种基本方法。

在西方比较史学的影响下，通过我国学者的多年努力实践，现在运用比较方法研究历史的重要性已经成为众多学者的共识。他们认为：世界历史就是要从宏观上把握世界历史发展的共同规律和特殊规律，具体阐明世界历史发展的同一性和多样性。要弄清世界历史中哪些是共同规律，哪些是特殊规律，社会发展的共同性怎样寓于特殊性之中，特殊性又如何体现了共同性，不经过比较和鉴别是很难取得共识的。此外，对于如何运用比较方法，历史比较的困难和局限，也受到很多学者的重视，他们分别提出了自己的见解。庞卓恒认为："西方比较史学真正的困境在于，他们普遍奉行一种非科学的社会历史观。""那些具有不同程度的科学价值成果只有在科学的历史观和方法论的指引下才能被纳入科学比较史学的严整体系之中，使之上升到探求因果必然性规律的科学高度。"①

中国学者在运用历史比较的过程中，对人类历史发展的普遍性与特殊性有了进一步的认识。他们指出：古代各国、各个社会虽然千差万别，但在大致相同的生产水平和经济条件下，它们的政治、经济、社会各种形态的结构应该是大致相同的，它们的发展趋势也是类似的；但是这种普遍性是寓于特殊性之中的，各国、各民族的历史发

① 参见何兆武、陈启能主编《当代西方史学理论》，中国社会科学出版社1996年版，第323—326页。

展有自己的特点，应该透过这些特点，来寻求其本质上的相似之处。

(二) 现代化进程研究的兴起，拓展了近现代史的范围

对现代化问题的历史研究是西方学术领域中的一个亮点，兴起于20世纪中期。改革开放30年来，学术界对于西方各种流派的现代化理论进行了介绍和引进，对于中国学人了解西方在现代化问题的各种理论，并且进一步分析、批判与借鉴起到了重要作用，这其中包括所谓的“原生现代化理论”、“后发现代化理论”和各种现代社会发展理论。在各种现代化的理论中，特别受到历史学家关注的是美国普林斯顿大学布莱克教授的比较历史研究方法，他的《现代化的动力——比较历史研究》、《日本和俄国的现代化》等著作较为受到关注。

如何对待这些西方学者的现代化理论呢？我国学者认为：西方学者按照各自的历史观和方法论去研究现代化进程，这是毫无疑义的。但这种情况绝不能成为马克思主义者忽视这个研究课题的任何理由。正相反，研究这个课题，正是今天马克思主义学术界的一个重要任务。

我国史学界对现代化问题的关注，一方面是受到了西方学者的现代化研究的启示，另一方面也是同中国现代化发展的现实要求密切联系的。罗荣渠在1984年就提出：“一个对当前我国四化建设具有直接现实意义、对过去的历史研究也能起推动作用的世界史研究课题，就是关于现代化问题的理论的和历史的研究。”① 华中师范大学章开沅教授也从中国史研究的角度提出了同样的问题，他说：“从我们的前辈到我们这一代，为中国现代化道路的探索，已经经历了一个半世纪以上的漫长岁月；然而我国对于现代化理论的探讨却起步甚晚，贻误甚多。中国理论界应该急起直追，加强现代化理论与实践的研究，力求为当前的‘四化’建设贡献自己的智慧。”②

1986年罗荣渠组建北京大学世界现代化进程研究中心，编辑《世界现代化进程研究丛书》。其中，罗荣渠的《现代化新论——世界与中国的现代化进程》和《现代化新论续篇——东亚与中国的现代化进程》受到了学术界广泛的关注。此外，《从“西化”到“现代化”》、《中国现代化历程的探索》、《各国现代化比较研究》、《东亚现代化：新模式与新经验》等对于人们了解现代化问题研究的历史及推动现代化问题的研究起到了重要的作用。章开沅主持的中外近代化比较研究课题也陆续出版了“中外近代化比较研究丛书”，如章开沅的《离异与回归——传统文化与近代化关系试探》、罗福惠的《国情、民性与近代化——以日中文化问题为中心》、易升运的《西学东渐与自由意识》、唐文权的《东方的觉醒——近代中印民族运动定位观照》、范铁城的《东方的复兴——中印经济近代化对比观照》、严昌洪的《西俗东渐——中国近代社会风俗的演变》、赵军的《折断的杠杆——清末新政与明治维新比较研究》。而由章开沅、罗福惠主编的《比较中的审视：中国早期现代化研究》则是这一课题带总结性的研究

① 罗荣渠：《有关开创世界史研究新局面的几个问题》，《历史研究》1984年第3期。

② 章开沅、罗福惠主编：《比较中的审视：中国早期现代化研究·序言》，浙江人民出版社1993年版。

成果。

中国学者还推出了一批关于世界现代化进程的著作，如丁建弘主编的《发达国家的现代化道路——一种历史社会学的研究》①，是全面研究和论述发达国家现代化—工业化各阶段具体的经济、政治、文化之间的互动互补作用和对世界影响的专著。此外，我国学者还推出了研究东亚现代化、中东现代化，以及美国、日本、德国、俄国等国家现代化历史问题的专著。

在对世界现代化进程进行宏观考察的过程中，也需要对中国的现代化问题进行新的考察。学者们认为：从中国现代化开始启动的19世纪中叶直到20世纪的最后历程，中国社会的一切变迁、动荡、冲突，中国所有的政治制度更替、经济结构转型、意识形态更新，都包含在现代化变迁的大框架之内，都可以在现代化这一宏大的主题下重新获得解释和价值意义。洋务运动、戊戌变法、辛亥革命、清末的立宪改革，以至近代的工商业、商会、学堂、文化、社会风尚问题，包括与现代化有关的各种人物的问题，都可以进行整体的研究。有的学者从某一特定方面来研究现代化问题，如近代中国的资产阶级、近代中国的市场和商会、晚清的改革、近代教育发展、城市发展、传统文化对现代化的影响等方面来研究现代化的问题。吴承明的《中国的现代化：市场与社会》② 一书考察了16世纪以来数百年间中国的市场、物价、人口与耕地、税收、货币、社会和思想等各方面的变迁情况。虞和平的《商会与中国早期现代化》③ 一书，深入探讨了商会发展的历史过程，着重论述了商会与资产阶级自身现代化的问题与商会在早期现代化中的作用。为深入、系统地探讨中国的早期现代化过程，虞和平还主编了三卷本的《中国现代化历程》④ 一书。

现代化的历史研究，打破了长期以来以阶级斗争为中心的单一的历史解释模式，学者们开始探索以现代化为中心的新的世界近现代史的新体系，推动世界近现代史研究的深化，受到了广大学者的关注。

（三）生态环境史研究的展开打开了探索人类与自然互动的新领域

生态环境史的兴起，是中国史学与国际史学接轨的新的史学领域。尽管在接触到西方环境史之前，我国学者也不乏研究历史发展的地理环境方面的论著，但是真正作为一个新兴的学科去研究，则是在20世纪末期。

从20世纪六七十年代以来，环境史研究在西方发达国家方兴未艾，他们不断推出引起学术界震撼的著作，提出一个个发人深省的问题。1959年S. 海斯的《保护与效率主义》和1967年R. 纳什的《荒野和美国思想》的出版，被认为是环境史出现的标志。美国学者R. 纳什在《美国环境史：一个新的教学领域》中第一次使用了环

---

① 丁建弘主编：《发达国家的现代化道路——一种历史社会学的研究》，北京大学出版社1999年版。

② 吴承明：《中国的现代化：市场与社会》，生活·读书·新知三联书店2001年版。

③ 虞和平：《商会与中国早期现代化》，上海人民出版社1993年版。

④ 虞和平主编：《中国现代化历程》，江苏人民出版社2001年版。

境史这个术语。他认为，环境史是“人类与其居住环境的历史联系，是包括过去与现在的连续统一体”，因而，环境史“不是人类历史事件的总和，而是一个综合的整体。环境史研究需要诸多学科的合作”。环境史要弄明白什么？美国学者沃斯特首先提出，环境史是“研究自然在人类生活中的作用和地位”的。显然，从广义上讲，这个观点是可以为众多学者所认可的。它概括了环境史的要义是说明人和自然的关系，而不是人事关系，从而使环境史与其他历史学科，如政治史、经济史，20 世纪中期活跃起来的社会史有了差别。这样一来，环境史的领域无疑要比先前的各种历史学科宽多了，它的范围扩展到了整个自然，从而打开了历史研究的一个新视角。环境史研究不得不向自然科学靠拢，必须进行跨学科研究，这些都是环境史不同于其他历史学科的地方。

在 20 世纪末，中国学者开始进行对外国环境史的介绍和引进。侯文蕙在 1995 年出版了我国第一本研究外国环境史的专著《征服的挽歌：美国环境意识的变迁》。此外，侯文蕙教授还翻译了美国学者唐纳德·沃斯特 1979 年推出的《尘暴——20 世纪 30 年代美国南部大平原》一书，此书在美国被认为是环境历史领域里的一部开山之作，是美国大学环境史教学与研究的必读书，是被环境史学家们经常引用的一部书。我国环境史家认为，《尘暴》虽然是一部美国环境史专著，但是它所呈现的环境史特质和它特有的研究方法，以及它的思考方式和写作风格都使我们得到启发。它是一部集生态学、经济学、社会学、地质学、气象学，以及农学等多种学科于历史学之中的佳作。

2004 年，德国学者约阿希姆·拉德卡的新著《自然与权力——世界环境史》翻译出版。该书作者认为，世界史总是潜在地由人与环境的相互作用决定的，环境史很快在世界范围内成为一个迅速发展起来的学科。作者同时指出，环境史绝不仅仅是危机和灾难的历史，同样也是人和自然的联系以及自然环境的默然再生的历史。

世纪之交，国内的一些学术期刊开始讨论环境史的问题。《史学理论研究》2000 年第 4 期发表了包茂宏的《环境史：历史、理论和方法》一文，从全球视野对环境史的兴起、发展、理论、方法以及存在的问题，进行了全面的分析。他认为，环境史就是以建立在环境科学和生态学基础上的、以当代环境主义为指导，利用跨学科的方法，研究历史上人类及其社会与环境之相互作用的关系；通过反对环境决定论、反思人类中心主义文明观来为濒临失衡的地球和人类文明寻找一条新路，即生态中心主义文明观。《史学月刊》2004 年第 3 期发表了一组环境史研究的笔谈，景爱、侯文蕙、梅雪芹、夏明方、石楠等学者分别发表自己的见解。《世界历史》2004 年第 3 期也发表了一组笔谈，其中包括美国学者唐纳德·沃斯特的文章《为什么我们需要环境史》。梅雪芹编著的《环境史学与环境问题》和王利华主编的《中国历史上的环境与社会》，集中探讨了有关环境史学的理论问题。

随着环境史研究在国内外兴起，一些学者开始从环境史的视角来研究传统的历史问题，包括政治史、经济史等。张敏的《生态史学视野下的十六国北魏兴衰》[①]一书，就明确表明受了生态环境史兴起的影响，通过对十六国北魏时期历史进程的考察，来揭示生态环境变迁与政权兴衰、社会经济发展之间的复杂的互动关系。钞晓鸿的《生态环境与明清社会经济》一书，也具有明显的环境史研究特色。

2005 年 8 月在南开大学举行的"中国历史上的环境与社会国际学术讨论会"，可以反映当代中国学者研究生态环境史的最高水平。这次讨论会不仅涉及问题的范围广，而且从理论视角和技术方法上看也趋于多元化。除了涉及生态学、农学、历史地理学、考古学外，还涉及民族学、人类学、社会学、经济学、民俗学、地质学、森林学、地貌学、水文学、气象学、灾害学、生物学、医药和公共卫生学等领域的专门知识和方法。

环境史学的兴起，得到了诸多史学工作者的关注，它不仅仅是史学领域中的一门新的分支学科，而且很大程度上改变了中国史学的传统模式，体现了一种史学研究的新面貌，意义深远。

（四）对全球史观的关注将形成中国的世界史研究的新模式

全球史也叫"新世界史"，20 世纪下半叶兴起于美国。一般认为，1963 年麦克尼尔出版《西方的兴起》一书是全球史诞生的标志。40 多年来，全球史在西方史学界蓬勃发展，在 20 世纪 80 年代走向成熟。1995 年第 19 届国际历史科学大会将"'全球史'是否可能"列为讨论主题之一，说明全球史已经得到世界各国学者的关注。全球史并不是全球的历史总和，不是全球每个国家或主要国家历史的累加。它是一种新的史学研究方法，一种以全球为视角来研究具体历史的方法。它把全球视为一个整体，研究这个整体如何运行，而不是单纯地罗列组成这个整体的每一具体国家的发展过程。

全球史的基本出发点是，在世界历史发展中，跨国家、跨民族的联系、交流与互动起着非常重要的作用。比如跨国贸易不仅促进各参与国的经济发展，而且通过贸易往来传播了文化，促进了不同民族之间的了解，有时甚至导致新文化类型的生成。比如现代美洲文化就是欧洲、非洲和印第安文化的综合体。更重要的是，这种联系还会导致植物、动物、微生物、疾病的传播，这对于各地区的发展也会产生非常重要的影响。再有，由于地理、气候、交通、文化、种族等方面的原因，在世界历史发展的某个特定时期，可能某个区域、某海洋周围、某一大洲、某个半球乃至全球的发展表现出某种共性或可比性；分析这些共性和可比性会使我们更加清楚地认识人类历史进程，也会赋予我们更多地解决人类问题的智慧。受当代全球化现实的启发，史学家们意识到"以国为本"的世界史认识误区，于是开始关注"跨国"现象。这就是全球史的贡献，所以只能说全球史是一种方法，一个认识的角度。

全球史学者关注较多的问题是疾病的蔓延、物种的交换传播、人口的迁移和文化

① 张敏：《生态史学视野下的十六国北魏兴衰》，湖北人民出版社 2004 年版。

的交流等。他们通过这些问题把世界各个地区联系为一个整体，跳出了民族国家的界限来研究整体的历史。最近十几年科学家对环境、疾病、语言、生态、天文和人类进化的研究有了新的突破，很快这些知识开始与历史研究结合起来，成为全球史学家研究的对象。他们认为，生活在地球上的人类文明由孤立、分散发展为联系和交流，期间也包括竞争与合作，这都是人类社会不断向前发展的动力。因此全球史家在空间上、时间上、学科上将研究范围不断扩大。在学科上，世界历史学家开始与环境学、人类学、语言学、天文物理学、化学、地理学、生态学等其他学科的学者合作交流，并将各个领域的成果和研究方法融入全球史的研究之中。

在中国也有一些学者持类似全球史观的见解。历史学家吴于廑在《中国大百科全书·外国史卷》撰写的“世界历史”一文中写道：“世界历史是历史学的一门重要分支学科，内容为对人类历史自原始、孤立、分散的人群发展为全世界成一密切联系整体的过程进行系统探讨和阐述。世界历史学科的主要任务是以世界为全局的观点，综合考察各地区、各国、各民族的历史，运用相关学科如文化人类学、考古学的成果，研究和阐明人类历史的演变，揭示演变的规律和趋向。”他认为，既然历史在不断地纵向和横向发展中已经在越来越大的程度上成为世界历史，那么，研究世界历史就必须以世界为一全局，考察它怎样由相互闭塞发展为密切联系，由分散演变为整体的全部历程，这个历程就是世界历史。

20世纪80年代末，斯塔夫里阿诺斯所著的《全球通史》被译为中文，从那时起，国内史学界开始更多地关注并讨论“全球史观”问题。进入新世纪这一讨论进入高潮。2005年，《史学理论研究》和《学术研究》均在其第1期编发了有关“全球史观”的笔谈。2005年10月，中外学者近两百人在北京讨论世界通史教育问题，这些表明全球史已经成为国内外史学界关注的热点。学者们认为，从史学思维的角度看，全球历史观属于宏观历史思维范畴，具有全球性和整体性、系统性和联系性、客观性和公正性的特点，是一个全方位、开放性的体系。他们指出，全球史观的第一个特征是力图摒弃西方中心论的传统，把每个地区或民族的历史以及这些历史的每一方面都纳入到相互联系的世界历史的整体的进程当中；第二个重大特征是十分重视整体与局部、中心与边缘的关系。

美国学者斯特恩主编的《世界文明：全球经历》(中译书名为《全球文明史》)，展现了最近西方学术界关于世界历史的一套系统观念，被认为是一个相对较为成功地用全球史观来撰写的世界历史著作。彭慕兰的《大分流：欧洲、中国及现代世界经济地发展》也是一部有关全球历史观的力作。该书不仅强调全球性的关联而且重视各国家间的大跨度比较，被称为一本以破为主的重估历史之作，引起了中国学者的关注。

近年来，国内也出现了一批以全球视野来思考世界历史发展进程的著作。如吴于廑、齐世荣主编的六卷本《世界史》、齐涛主编的《世界通史教程》、李植枏主编的《宏观世界史》、马克垚主编的《世界文明史》等。总之，全球史问题越来越受到中国的世界史学者的关注，成为他们认识与研究世界历史的新视角、新方法，并在这个基础上与外国学者进行交流。相信全球史会成为中国的世界史研究的一个新的学术增长点，中国学者的世界史著作将会更多地带有全球史的特点。

四 小结：思想解放与史学思潮及史学发展

以上，我们概述了自真理标准讨论以来的思想解放运动和30年来史学思潮变迁与史学发展的关系。这只是一个大致的趋势，这30年来史学思潮的变化是非常复杂的，绝不限于这些方面；但是这里所提出的几个问题，是这种变化的一些重要方面，我们应该看到。

第一，三十年来史学思潮出现的一系列变化，必然是思想解放的结果。没有真理标准讨论带来的思想解放，就不可能冲破“左”的思想在史学领域里所造成的思想禁锢，就不可能出现30年来中国史学前所未有的发展与繁荣。在这个意义上我们可以说：没有30年来的思想解放，就没有30年的史学发展与繁荣。

第二，真理标准讨论所带来的思想解放，是在马克思主义的科学原理指导下的思想解放。思想解放，不意味着摆脱唯物史观，而是在新形势下发展唯物史观。尽管这些年史学领域内也出现过一些不和谐的声音，但史学界的主流是健康的。

第三，30年来史学思潮的变化过程，是各种思潮此消彼长的过程。有些思潮只是一时的现象，有些则在持续地发展。实践是检验真理的标准。30年来所出现的各种新理论、新观点、新方法、新流派，都必须接受实践的检验而决定其弃取。只有那些能够经受历史和实践检验的理论、观点、方法，而不是昙花一现的东西，才能体现史学思潮的主流，才能真正促进史学的发展与繁荣。

第四，真理标准讨论所带来的思想解放已经走过30年的历程，大量的事实可以证明这种思想解放对于史学发展起到的促进作用。凡是从这个时代走过来的人都可以深刻地感受到30年来中国史学所发生的深刻变化。但是这个历程并没有结束，30年思想解放的成果必将作为一个新的动力，继续促进历史学的改革、发展和创新，推动中国的历史科学在21世纪出现更大的发展与繁荣。

原载于瞿林东主编：《史学理论与史学史学刊》2008年卷，社会科学文献出版社2008年版。

《增订书目答问补正》前言

孙文泱

一　如潮好评的《书目答问》

光绪元年（1875），身任四川学政的张之洞，撰写《书目答问》。二年（1876），在四川刊行。

张之洞不会想到，也没有谁会预见到，这样一本十几万字的小书，竟然是张之洞接近一千万字的著述中最有市场、重印次数最多、流行时间最长、流通范围最广的书。

综合水平高，体例得宜，信息量大，流传范围广，使《书目答问》成为经久不衰的推荐书目。

张之洞（1837—1909），字孝达，一字香涛，号壶公、无竞居士，直隶南皮（今属河北）人。同治二年（1863）进士，授编修。十二年（1873）授四川学政，设尊经书院，择郡县之俊秀者肄业其中，聘名儒督课之，著《𬨎轩语》、《书目答问》示士子读书之法。此后历任两广总督、湖广总督、两江总督、大学士、军机大臣等，卒谥文襄。有《张文襄公全集》、《张之洞全集》。

作为一个历史人物，张之洞生前身后的影响力都很大。孙中山甚至用“不革命的革命家”来评价他，尽管孙先生在武汉这样说，有些客套。

在清朝后期的政治家里，张之洞的深远影响力，来自他对“中学为体，西学为用”说的大力倡导，使之成为一个有丰富内涵的政治命题、文化命题和现代化命题。“中体西用”的幽灵，在中国的天空徘徊了一百多年。

张之洞的广泛影响力，又来自一本薄薄的小书——《书目答问》。100—150 年前的著作里，今天还有这样的影响力的实属凤毛麟角。蔡冠洛《清代七百名人传》将张之洞列入政治编教育类，虽主要从其办教育兴新学着眼，但就《书目答问》一书的影响力而言，称其为百年来最有影响力的国学教育家，亦可谓当之无愧。

张之洞《抱冰堂弟子记》说：“任四川提学时，撰《𬨎轩语》二卷、《书目答问》

四卷以教士，宗旨纯备，于学术源流、门径，开示详明，令学者读书即可得师。”① 可见张之洞对自己这两部书的水准十分自信，回忆起来，志得意满。

来自学生辈的评价，如谭献《复堂日记》卷四说：“南皮张香涛先生，予举主也。视学蜀中，撰《书目答问》，可谓学海之津梁，书肆之楬橥，固今日一大师。”②

江人度说：“目录者何？即读书之门径也。张南皮师《书目答问》，尤门径之精者也。”③

以工于批评闻名清季的李慈铭在日记里说：“所取既博，条例复明，实为切要之书。惟意在自炫，稍病贪多，非教中人之法。”④

清末民初学问广博的柯绍忞说：“张之洞《书目答问》一书，诠次部类，较《四库》为精，取择品类，较《四库》为广。天算西学，皆行采入，是张氏亦知时代之趋势，学术之攸归，非抱残守缺、笃守旧学者可比。其书足以启迪后进，便利学人。”⑤

罗福颐晚年追忆儿时从雪堂老人问学时，雪堂教以四子书及《书目答问》，并谓此书虽为书目，然其用实指示后人读书之津梁，尤其末附历来学者的名氏，能有条理地贯串为学的门类，实使后学能省力不少，是不可不知的。⑥

为《答问》作《补正》的范希曾说：“（《书目答问》）书成以来，翻印重雕不下数十余次，承学之士，视为津筏，几于家置一编。”⑦

目录学家余嘉锡说：“但欲求读其书而知学问之门径，亦惟《四库提要》及张氏之《答问》差足当之。”

又说：“书目无序释而能有益于学术者，自（郑）樵之外，惟张之洞所作庶几近之。”⑧

作为著名的目录学家，余先生的评价很有说服力。如此评价，足见《书目答问》达到的学术境界已非一般目录书可比了。

陈垣说：“《书目答问》为光绪元年张之洞督学四川时所刊布，不数年即翻刻数本，几于人手一编。康有为讲学桂林，至谓《书目答问》常置怀中，学问自然增长，其推

---

① 《张之洞全集》第12册，河北人民出版社1998年版，第10613页。清人谭献《复堂日记》评价《𬨎轩语》：“不必穷极高深，要为一字千字。”范旭全整理本，河北教育出版社2001年版，第96页。周作人《𬨎轩语》一文秉承谭说：“平实而亦创新”，“六十年来世事变更，乃竟不见有更新的学术指南书，平易诚挚，足与抗衡者，念之增慨”。见《书房一角》，止庵据新民印书馆1944年本校订，河北教育出版社2002年版，第126页。

② 范旭仑等整理：《复堂日记》，河北教育出版社2001年版，第82页。

③ 光绪三十年（1904）汉川江氏刊本《书目答问笺补》自序。

④ 《越缦堂读书记》，光绪己卯二月二十四日，上海书店出版社2000年版，第563页。

⑤ 《续修四库全书提要》，转引自生活·读书·新知三联书店1998年版，第455—462页，《书目答问二种》，《辑评》。

⑥ 《偻翁昔梦录》，见《学林漫录》第16集，中华书局2007年版，第1页。可参见罗继祖《蜉游寄痕》，上海古籍出版社1999年版，第205页。

⑦ 《书目答问补正跋》。

⑧ 《目录学发微》，中华书局1963年版，第10、15页。

重可想。”①

汪辟疆说：“(《书目答问》)或指示其内容，或详注其版本；其目皆习见之书，其言多甘苦之论。彼其所以津逮后学、启发群朦者，为用至宏。肩斯任者，然非殚见洽闻、疏通致远之儒，不足以膺此大业。”②

著名学者王伯祥说：“此本（指《輶轩语》）原为南皮张孝达（之洞）督学四川时对诸生之发落语。上取子云嘉名，易雅称为《轩》，《答问》乃其附录。末大于本，后多单刻《答问》者。服用蔚为大国，固执有所必至。况科举既废，谁复道及《輶轩语》者？实则张之发落语，闳大精实，洵足以树范士林，垂诸方来。去其科场用语，不皆昭示为学之方耶？”③

文献学家、历史学家张舜徽说：“近代达官巨人之言论，影响于学士书生最大者，厥惟曾国藩、张之洞两家。……至于辨章学术，晓学者以从入之途，则张之洞所为《輶轩语》《书目答问》影响最大。张氏为清季疆吏中最有学问之人，其识通博而不拘隘。《輶轩语》中《语学》一篇，持论正大，几乎条条可循。益之以《书目答问》，则按图索骥，求书自易矣。昔之巨人长德，莫不重视家教，及其子弟尚未成人之时，提撕诲迪，如恐不及。俾自少时习于谨厚，而不染纨绔之习，故能谨言慎行，不致取败。其训诱门弟子也，则又导之读书明理，示以坦途。何书宜先，何书宜缓，何本为佳，何本可校，莫不一一举列，以诰初学。俾及早正其蹊径，不使误入歧途。张氏二书，即督学四川时教士之作也。此种书，周详恳挚，感人至深。故百年内讲求为人、治学者，咸奉曾、张两家书为圭臬。影响所及，信广远矣。”④

著名学者每不讳言自己求学时代受《书目答问》之益。

梁启超说：“得张南皮之《輶轩语》《书目答问》，归而读之，始知天地间有所谓学问。”⑤

陈垣回忆自己求学求知的历程时说：“十三岁发现张之洞的《书目答问》，书中列举很多书名，下面注着许多这书有多少卷，是谁所作，什么刻本好。我一看，觉得这是个门路，就渐渐学会按着目录买自己需要的书看。”所以，根据自己的经验，陈先生对学生辈说：“在自修的时候，可以翻阅一下过去的目录书，如《书目答问》《四库总目》等。这些书都是前人所作，不尽合于现在使用，但如果要对中国历史作进一步的研究，看一看也还是有好处的。”⑥

顾颉刚《古史辨自序》说，他从小喜欢逛苏州观前街的新旧书肆，“《四库总目》

① 《艺风年谱与书目答问》，《陈垣史学论著选》，上海人民出版社1981年版，第382页。

② 《目录学研究》，商务印书馆1934年版，第4页。

③ 《王伯祥传》，中华书局2008年版，第288页。

④ 《曾国藩张之洞学术思想之影响》，《爱晚庐随笔》，华中师范大学出版社2005年版，第346—347页。

⑤ 《饮冰室合集·文集一》，中华书局1989年版，第19页。

⑥ 《谈谈我的一些读书经验》，《陈垣史学论著选》，上海人民出版社1981年版，第641、643页。参见刘乃和《书屋而今号励耘》，《励耘书屋问学记》，生活·读书·新知三联书店1982年版。

《汇刻书目》《书目答问》一类书那时都翻得熟极了。到现在虽已荒废了十余年，但随手拿起一册书来，何时何地刻的还可以估得一个约略”。他还把《国朝著述诸家姓名略》“补加了若干家，依学术的派别分作者，在作者的名下列著述，按著述的版本见存佚，并集录作者的自序及他人的批评，名为《清代著述考》。……粗粗地成了二十册”[①]。后来萧一山撰写《清代通史》之《清代学者著述表》，就曾借助顾先生的《清籍考》未刊稿。[②]

王伯祥回忆从学经历说：“南师（孙伯南）家世传经，示余先读《经典释文叙录》及《书目答问》。”

“每出嬉游，尊长所给饼饵之资，悉以易书。在草桥学舍时，同志益多，而以顾君颉刚好之尤笃。每散学归，必同过玄妙观旧书摊，各搜访所欲得，则《书目答问》乃唯一之顾问也。”

“居沪时，在西谛所得见同邑先辈胡绥之（玉缙）《补注书目答问》，即过录于范希曾《补正》本中。居京时，在（陈）乃干所见有周季贶（星诒）、叶奂彬（德辉）、余季豫（嘉锡）、伦哲如（明）、孙蜀丞（人和）及不知姓氏之俊华诸家用各色笔评补之本，亦假归逐一细书于原有范本之眉端行间，合之前后两钞，遂致书无隙地。”[③]

从传承学术、普及国学的角度说，张之洞确实可以说是成功的国学教育家，而《书目答问》则可以说是影响最大的国学书目。

二 关于作者的争论

关于《书目答问》的作者，争论了一百多年。

从光绪二年（1876）刊行《书目答问》以来，都是署张之洞名的。

《清史列传》说：“（同治）十二年（1873），充四川乡试副考官，旋授学政。四川地处西陬，寇氛甫靖，士未知学。之洞会商前总督吴棠奏设尊经书院，择郡邑之秀者肄业其中，聘名儒督课之，一切章程手自订定。著《輶轩语》《书目答问》，示蜀士以读书之法。”[④]

《大清畿辅先哲传》亦曰：“十二年，典四川乡试，旋授学政。蜀士多聪敏有才智，而习尚浮，专以时文帖括之学苟取科名为事，凡经史子集四部之书，多束而不观。间

---

① 参见刘起釪《顾颉刚先生学述》，中华书局1986年版，第16—17页。参见顾洪《顾颉刚先生藏书聚散考》，《学林漫录》第17集，中华书局2009年版，第121—122页。

② 见《清代通史》第5册，中华书局影印台北商务印书馆1980年修订第5版，1986年版，第397页。

③ 王湜华：《王伯祥传》，中华书局2008年版，第287—288页。国家图书馆出版社2008年已将王伯祥批注本《书目答问补正》影印出版。

④ 王钟翰点校本：《清史列传》卷六四《已纂未进大臣传》三《张之洞传》，第16册，中华书局1987年版，第5106页。蔡冠洛《清代七百名人传》政治编教育类《张之洞传》全抄上文，惟于“《书目答问》”前增一“刻”字，云“著《輶轩语》，刻《书目答问》”，似不无用意。见氏著《老乡亲》，（台北）大地出版社2007年版，第201页。

有向学者，亦苦无师资，茫然不得其途径。之洞奏设尊经书院，选高才生肄业其中。复建尊经阁，广置书籍。开印书局，刊行小学经史诸书。又撰《輶轩语》《书目答问》二书，发明宗旨，示以读书之法。"①

唐鲁孙《北平书摊儿》说："张香涛就是主张多往书铺看书的，他有两部专讲目录学的书，初稿就是在二酉堂写出来的。"②

质疑主要来自缪荃孙和叶德辉。

缪荃孙《艺风老人年谱》光绪元年（1875）八月条云："执贽张孝达先生门下，命撰《书目答问》四卷。"③ 缪荃孙作为《书目答问》的执笔者和当事人，"命撰"之说一出，得到很多声援。

早在光绪十九年（1893），叶德辉据传言已称《书目答问》非出南皮之手。叶说一出杨锐，一出缪荃孙本人。丙辰（1916）冬，叶氏在《书目答问斠补》说："此目本缪艺风老人原编，南皮相国督学四川刊以训士者也。"④

柯劭忞说：华阳杨叔翘锐曰："此目出江阴缪小山荃孙之手，实非之洞已书。荃孙固之洞门下也。"⑤

辛未年（1931），柳诒征《书目答问补正序》称："文襄之书，故缪艺风师代撰。"⑥

伦明批语云《书目答问》系据"江阴某君记录旧本而成"。伦氏《辛亥以来藏书纪事诗》云："江阴缪筱珊先生荃孙，为近代大目录学家。张之洞《书目答问》乃先生代作，据年谱则作于二十四岁时也。颇疑先生早岁从宦川滇，地既偏僻，又乏师承，何能博识若此？陈慈首云：是书盖江阴一老贡生所作。先生得其稿，又与张之洞共参酌成之。慈首尝令江阴，所言或有据。此书津逮艺林，至今治学者无以易之，功亦大矣。而先生一生以书为事业，实肇于此。"⑦

郑振铎批云："此书相传出于缪荃孙。又言缪氏得扬州百尺楼书肆书贾吴某本而为

---

① 卷七《名臣传》，《张之洞全集》第12册，河北人民出版社1998年版，第10666—10667页。

② 唐鲁孙：《老乡亲》，（台北）大地出版社2007年第3版，第201页。

③ 杨洪升《缪荃孙研究》引上海图书馆藏王秉恩跋语云："艺风京卿为余五十余年成都旧友，时余为诸生，与君同受业阳湖汤秋史师门下，君时即为目录版本学。……吾师张文襄公督学川中，君乃执贽，文襄知君熟于目录版本，命君草创《书目答问》稿。……癸亥中秋，华阳真逸识于海上后涪溪精舍。"杨氏并云："该跋长期埋没不为学界所知。据该跋《书目答问》初稿当系缪荃孙草创。""王秉恩在《书目答问》成书期间与张、缪二人均往来甚密，其说值得信赖。癸亥是民国十一年（1922），其时两位当事人均早已下世，王氏无所讳，不必偏袒任何一方，其说当符合事实，至于编撰之体例及指导思想，因编纂该书出于张之洞之意，可能系张氏拟订，成书后又经张氏修订。但缪荃孙草创之功不可埋没。"，上海古籍出版社2008年版，第128—129页。

④ 参见《郎园读书志》卷四《书目答问》诸条，杨洪升点校本，上海古籍出版社2010年版，第184页。按：叶氏《书林清话》《书林余话》凡言及《答问》，均以"张文襄"冠书名之前，故张新民《书目答问校补前言》称"叶德辉本胸无定见"，见吕幼樵《书目答问校补》前言，贵州人民出版社2004年版，第45页。

⑤ 参见《续修四库全书总目》，引自三联书店版《书目答问二种》第459页。按此说与《郎园读书志》同，仅称谓有异，见前引书第184、186—187页等。

⑥ 说又见氏著《缪荃孙传》，载中国历史文献研究会编《历史文献研究》北京新一辑，北京燕山出版社1990年版，第2页。

⑦ 杨琥点校：《辛亥以来藏书纪事诗（外二种）》，北京燕山出版社1999年版，第42页。

之增损。”

汪辟疆说：“（南皮）乃托江阴缪荃孙代撰此编，精写镂版。”① 又说：“张广雅督学四川时应诸生之请而作。其实原稿出福山王懿荣，张特略加增损耳。”②

苏州图书馆藏无名氏《莫郘亭手钞知见书目》抄本封面题识云：“此目录乃钞莫郘亭先生手钞本。标记半用邵位西所见经籍笔记，又汪铁樵朱笔于邵本勘注，并增入郘亭所见所知。惜仅有经史而无子集，倘他日钞补完全，亦一快事。近见张香涛学使新撰《书目答问》，以即以此书为蓝本。”③

可谓众说纷纭，那是相当热闹。④

1936年，陈垣撰《〈艺风年谱〉与〈书目答问〉》，阐述其对缪荃孙“命撰”说的怀疑。第一，从“命撰”说的由来，判断其不可信。就李慈铭光绪五年（1879）二月《越缦堂日记》和光绪九年（1883）陆心源致潘祖荫书，看当时未闻缪氏代撰之说。至光绪十九年（1893），叶德辉跋《书目答问》初印本，始言：“同年友杨叔翘锐为吾言，此目出缪太夫子小山先生手，实非南皮己出。”按叶氏此后屡为是说。至民国十年（1921），上海朝记书庄翻印《书目答问》，乃竟题曰“艺风老人原著”。第二，陈先生指出，缪艺风既以四川籍乡试中试为蜀绅，张之洞督蜀学，何至请蜀绅代撰一书，称为己作，以告蜀中生童？第三，从学风判断，《书目答问》所述，与张之洞平生所论，及其《劝学篇》诸作如出一辙，而与艺风学派不同，谓《答问》出艺风手，似乎不类。第四，就缪荃孙自己的“助理”、“命撰”两说自相矛盾来判断，“助理”之语在张之洞未卒之前，较可信据。第五，据光绪二年（1876）张之洞与王懿荣书，可为此事佐证。据此则光绪二年闰五月，《书目答问》由蜀刻成后寄京，由王懿荣转交缪荃孙，属其订正，与寄王懿荣之请为补正，及请潘祖荫指摘，同一用意。故陈垣先生的结论是，终觉《年谱》“命撰”之说较为过当。⑤

陈垣高弟柴德赓1963年为《书目答问补正》重印本作序，重申得自传闻之说不一定可信，《答问》作者应该还是张之洞。理由一，从张、缪关系立论，认为缪执贽张门下时，已中举，无所求于学政；且张仅长缪七岁，缪愿意执贽为弟子，一定是张的学术文章有可以为师之处。理由二，从张、缪学术水平立论，指出缪氏晚年的学术成就远非张氏晚年所能及，但《书目答问》一书的发凡起例，去取标准，亦非缪氏当日水平所能及。缪氏《半岩庐所见书目序》明言，自己乃“随同助理”；且张之洞在编《书目答问》时已经知道有邵懿辰批注《四库简明目录》，时缪尚不知有此书，此亦二人水

---

① 《工具书之类别及其解题》，《目录学研究》，华东师范大学出版社2000年版，第242页。

② 《读书举要》，《目录学研究》，第188页。

③ 《书目答问二种》，生活·读书·新知三联书店1998年版，第461页。

④ 徐雁《书目答问》说：关于《书目答问》的实际作者，是为中国学术史上的一大公案，素有张之洞依旧本改作、张氏亲自撰述、缪荃孙代张之洞撰作以及缪氏依江阴贡生所撰旧本之底与张之洞共同编著四说。见《沧桑书城》，岳麓书社1999年版，第170页。

⑤ 《陈垣史学论著选》，上海人民出版社1981年版，第382—385页。

平不同之一证。理由三，参与编写《书目答问》的还有章寿康，所以缪荃孙只是一重要助手。结论是，此书作者自当归之张之洞。

持中庸态度的如罗继祖、张舜徽。

罗继祖说："艺风未必志在掠美，特出于不经意。如改命撰为佐撰，斯无嫌矣。"《书目答问作者》条，《枫窗脞语》，第158页，中华书局1984年版。罗有调和两说之意。然五年以后出版之《墐户录》，说又有不同："陈援老此文（已收入1982年中华书局出版《陈垣学术论文集》第二集——原注），据张之洞与王懿荣手札证明《答问》非出缪荃孙代庖，颇具说服力。惟缪既参与其事，而张次年将《答问》刊本寄京请王补正，另寄一本请王转缪订正，盖缪既佐张搜讨成书，未几即去川回京应试，次年张又寄京再请其订正。此事始末，援老未据《艺风年谱》更着数语，易启人疑窦。按：《艺风年谱》：'光绪元年八月，执贽张孝达先生门下受业，命撰《书目答问》四卷。九月，到富顺游中岩千佛洞……十二月，到重庆，住姚彦侍川东官舍……二年二月廿一日始至京师。三月会试……四月榜发，中三十一名，殿试二甲一百廿五名……五月引见，以庶吉士用。留京候明春散馆。六月入庶常大课……'张札署'闰（五）月十八日，重庆行署'，时缪正在京，故张得再请其订正也。"① 则进一步强调对缪有利之证据解释。

张舜徽说："论者多谓此书实出缪荃孙之手，非张之洞所自编，斯盖臆测之辞也。考缪氏自订《艺风年谱》光绪元年条下云：八月，执贽张孝达先生门下受业，命撰《书目答问》四卷。是缪氏自言此书实出其手也。故《艺风堂文续集》卷五《半岩庐所见书目序》则谓同治甲戌，南皮师相督四川学，诸生好古者来问应读何书，书以何本为善，谋所以嘉惠蜀士，并以普及天下学人，于是有《书目答问》之编。荃孙时馆吴勤惠公督署，随同助理云云。两处措辞不同，易致人疑。故近世学者如陈垣论及此事，即谓《年谱》命撰之说，未可信据。余则以为两处措辞虽异，而其意无殊也。考缪氏为《半岩庐所见书目序》乃光绪三十四年（1908），时之洞健在，缪氏谦言助理，所以为之洞地耳。及其自订《年谱》时，之洞早已去世，缪氏自撰一生行事实录，势不得不据实直书矣。盖《书目答问》属稿之始，乃缪氏秉笔；迨稿成，由之洞审定订正，成为定本；终题之洞名以刊布之。此种事古代多有，不足怪也。自来学者如叶德辉、柳诒征、范希曾诸家，咸谓出缪氏手，良不诬矣。况缪氏一生著述甚多，刻书尤广，苟非己出，原不必贪此四卷编目之书以立名也。"②

中庸之说，不无左袒缪艺风之意，没有什么新的证据，只是从官员著述的一般通例来做推测。

---

① 《〈艺风年谱〉与〈书目答问〉一文之补充》条，《墐户录》，黑龙江人民出版社1989年版，第132页。光绪二年闰五月十八日张之洞致王懿荣书，见苑书义等主编《张之洞全集》第12册，河北人民出版社1998年版，第10124—10125页。

② 《缪荃孙与书目答问》，《爱晚庐随笔》，华中师范大学出版社2005年版，《张舜徽集》本，第235页。

张新民说："《答问》与《輶轩语》，无论意气语调、神情口吻、措辞用字，以及言述旨趣、谈吐方式、论说理路，可说都是同出一手并归属相同范型的著作，篇中开列著录之有用书目，褒贬去取之价值标准，规约范导诸生之方法路径，亦无一不密契深符，即使与后来晚出的《劝学篇》比勘，也有前后颇为一致的思想发展线索，可供寻绎。而取缪荃孙一生著述相较，便会发现无论治学路数或撰作风格，二者都迥然有别，明显分属不同的知识学家族系谱，是话语主体差异性较大的两种类型的著述。《答问》与《輶轩语》为姊妹书，乃是学术界公认的事实。如果代撰之说真能成立，则必须有坚强证据说明《輶轩语》亦出缪手，而张之洞则同时将两书据为已作，否则仍不过是想当然之臆说耳。"[①] 张氏的质疑很有逻辑说服力。

张之洞《抱冰堂弟子记》自述治学经历与宗尚："经学受于吕文节公贤基，史学、经济之学受之于韩果靖公超，小学受于刘仙石观察书年，古文学受于从舅朱伯韩观察琦。学术兼宗汉宋，于两汉经师、国朝经学诸大师及宋明诸大儒，皆所宗仰信从。汉学师其翔实而遗其细碎，宋学师其笃谨而戒其骄妄空疏，故教士无偏倚之弊。"[②] 李元度称他"实事求是，为时通儒"。[③] 以张之洞闳通的见识，有《輶轩语》、《书目答问》这样的作品，原非意外之事。

秦进才《张之洞著述的编纂与流传》指出，《书目答问》的著作权无疑应属于张之洞，但也不能否认有缪荃孙、章寿康等参与编撰，王懿荣等参与校订，以及其他门人的誊录、校对之功。[④] 是为全面通达之论。[⑤]

陈衍《张相国传》所说："遂督川学，著《輶轩语》、《书目答问》教士。道咸以来，士溺于陈腐时艺，愈益不学；自是后进乃略识读书门径。有诋《书目》不尽翔实，稿非己出，然不害其励学爱士勤勤意也。"[⑥] 可谓得其大者。

其实关于张之洞《輶轩语》、《书目答问》的知识产权问题还有一事可以申说一二。

刘声木说："临桂龙翰臣方伯启瑞撰《经籍举要》一卷，□□□□□□□经德堂家刊本。桐庐袁忠节公昶有增广本，于光绪□□□□□刊入《渐西村舍丛书》中。胪列各书，颇为简要，便于后人师资，是以流传甚广，学者可手置一编矣。声木谨按：仪征阮文达公于乾隆五十九年（1794）二月任山东学政时，亦刊有《经籍举要》一卷，

① 张新民：《古籍世界的目录学窗口——〈书目答问校补〉前言》，《书目答问校补·序》，贵州人民出版社2004年版，第49页。黄裳《谈张之洞》说："之洞以《书目答问》《劝学篇》驰名，然二书均为人所代撰。"原载《古今》第22期，收入《来燕榭集外文钞》，作家出版社2006年版。刘禺生《世载堂杂忆》则说："风行一时之《书目答问》及《輶轩语》为江阴缪荃孙原稿，之洞整理刊印颁示诸生。"辽宁教育出版社1997年版。

② 《张之洞全集》，河北人民出版社1998年版，第10631页。

③ 《光绪三年濠上书斋重印本〈轩语〉〈书目答问〉序》，见本书附三。

④ 《张之洞全集》第12册，河北人民出版社1998年版，第10800页。柯劭忞说："其书（指《书目答问》）时传为缪荃孙所纂，然当时实不止荃孙一人也。"转引自三联书店版《书目答问二种》第460页。

⑤ 罗继祖谓：文襄此书经三波折：第一，文襄纂录既成，知督幕艺风熟于目录学，邀请参订；第二，艺风离川就试，书同时在川刻成，文襄函致王懿荣，乞其审订，并另以一本托王转致在京之艺风；第三则王、缪得书后如何改订已不可知。见《枫窗三录》，《诸家论〈书目答问〉与文襄自述》，大连出版社2000年版，第401页。

⑥ 《张之洞全集·附录》，河北人民出版社1998年版，第10736页。

胪列较详，大抵偏于考据者居多。后列‘书法’一门，分篆、隶、楷、行草四门。以《石鼓文》、唐李阳冰《城隍庙碑》又《谦卦》等石刻为习篆碑，并注云：篆字当全以《说文》为主，考订六书偏旁，始可下笔，否则俗体斥散，不成声意云云。以东汉诸隶碑又魏隶碑为习隶碑，并注云：入手以《史晨》《礼器》为浅便，唐隶不必学云云。以褚临王右军《乐毅论》、王大令《洛神赋十三行》、虞永兴《夫子庙堂碑》、欧阳率更《九成宫醴泉铭》、钟绍京《灵飞经》、颜鲁公《多宝佛塔碑》、《麻姑仙坛记》、柳诚悬《玄秘塔碑》、蔡君谟《荔枝谱》、赵松雪小楷石刻，如《闲邪公家传》之类为习楷碑，并注云：各就笔性相近者临写云云。以定武摹本王右军《兰亭诗序》、颜鲁公《争座位稿》、《淳化阁》潭鼎以下诸法帖为行草书碑，前有示云：所有删本经书、小本高头讲章、策略考、墨卷、律诗等，已经前院翁□奏禁在案云云。用意甚善，列应读之书，亦应列不应读之书，明白宣示，庶使士子不入歧途，极为有用。光绪元年（1875），南皮张文襄之洞任四川学政时，撰《輶轩语》一卷，后亦教人习篆隶等字，其例实始于文达，而书中无一语道及，殊不可解。先河后海，例应于书中说明，文襄何讳言之？转近于掠美矣。”[①]

乾隆间阮元《经籍举要》一书未见传本，甚至不为大众所知，故道光二十九年（1849）湖北学政龙启瑞的《经籍举要》一般被视为是较早的推荐书目。[②] 龙氏《举要》常见者有光绪袁昶增订《渐西村舍汇刊》本，《丛书集成初编》第114册据以排印断句本。

龙书基本特征有二：（1）编撰目的是为诸生准备科举考试，故分类上除经史子集外，还有约束身心、扩充学识、博通经济、文字音韵、诗古文词、场屋应试六类，望文生义亦可见其教诲训诫的浓厚色彩。（2）著录图书较少，按语以部分内容简介连带读法提示等，指导阅读启迪后学的用心十分明显。龙启瑞《致杜继园书》有云：“拙著有《经籍举要》一书，颇示学者以读书学古之法。”[③]《覆邵蕙西书二》说得更明白：“某今拟一书目，凡学者应看之书，皆为分门制类，使之欲从何处用功，便有何等书可读。为目百有余种，凡过于浩博者及无关正业者不录。”[④]

今举数例以略见其例：

《十三经注疏》汲古本　阮刻连校勘记本　殿本有句圈并校勘：右十三经乃学问文章之根柢，比部精熟贯通，异日立身行事，读书作文，处处方有把握。然学者才智敏钝不同，兼习原非易事，莫若随其性之所近，量力专习一经，一经既毕，乃及他经。果能融会贯通，则一经亦自可发名成业。汉世诸儒多以专门名家，昔人教子弟各执一艺，亦此意也。至读

① 《苌楚斋四笔》卷八“阮元经籍举要”条，《苌楚斋随笔》下册，中华书局1998年版，第834—835页。文泱按，检王章涛《阮元年谱》（黄山书社2003年版），未著录阮元《经籍举要》。

② 程千帆、徐有富：《校雠广义·目录编》，齐鲁书社1988年版。参见1998年第2版，第274—275页。

③ 吕斌整理：《龙启瑞诗文集校笺》，岳麓书社2008年版，第488—489页。

④ 同上书，第481页。

经之法，陈文恭公《豫章书院学约》云：先将正文熟读精思，从容详味，然后及于传注，然后及于诸家之说。平心静气，以求其解。毋执己见，以违古训；毋傍旧说，以昧新知，本经既通，乃及他经。如未能通，不必他及。此数语诚为切要。又读书原所以明理，使我之身心受其约束，我之力身行事胥有范围。程子云："今人不会读书。如读《论语》，未读时是此等人，读了后只是此等人，便是不曾读。"诸生于此处尤当加意用功。学问所以变化气质，果能潜心体玩，则自己有不肖性质，犹将愧悔而悚惕，陶镕改换。安有口诵圣贤之言，身蹈玩嚣之行？纵他人以读书人待我，我能不愧于心？立身一败，万事瓦裂，虽淹博如戴圣、马融，讵能解免乎？此尤穷经之士所宜知也。

唐李鼎祚《周易集解》雅雨堂本　别有孙氏星衍所辑《周易集解》巾箱本：此书凡采子夏《易传》以下三十五家之说，专以发明汉学。盖其时去古未远，家法犹存，与王弼、韩康伯扫弃旧闻、独标新解者，用意各异，乃讲《易》之书之最近古者。

宋程正公《易传》：戴震亦盛称《易传》。以《易》理言《易》，莫善于伊川《易传》，王嗣辅不及也。以象数言《易》，莫善于李鼎祚《周易集解》，本朝惠、虞、姚诸家皆从此出。

朱子《周易本义》：黄梨洲、胡朏明皆力辨图书之谬，石斋先生《三易洞玑》已不取之。惠松崖有《本义辨证》二卷。

《廿一史》条下介绍二十四史作者、卷数、版本之后，说："案全史浩博，终身浏览亦不能尽，且卷帙繁复，寒士岂能家有其书？而《史记》为历代文章之鼻祖，班《书》实后世国史之权舆，斯二者定当熟复。至若范《书》之取材宏富，陈《志》之用笔简严，李延寿则号称良史，欧阳公则长于叙事，《明史》时事去今最近，观胜国之所以亡，即知本朝之所以兴，尤足为考证得失、通知世事之助，皆学人所当先务者。"

《资治通鉴》元胡三省注　胡刻本　陈仁锡本："是书用编年体，上起战国，下终五代，历朝事迹，若网在纲，淹通贯串，为自来史家所不及。学者既不能读全史，则是书首当寓目。苟能于此卒业，则古来得失善败之迹，固了然于心目间矣。案陈文恭公《豫章书院学约》云：凡读《通鉴》及紫阳《纲目》，读某帝毕，即须从头检点，记其大因革、大得失，宰相何人，几人贤而忠，几人奸而佞，统计一朝盛衰得失之故，如在目前。然后看第二代。阅二十二史，如看本传，又须看其何时出仕，居何等官，有何功业，殁于何年，统计一人之终始，如在目前，然后再看他传。如此则读史虽不能全记，而规模总在胸中矣。愚谓今日诸生，读史必须手边置一札记，随其所得，分类记之。记古人嘉言懿行，则足以检束其身心；记古人之善政良谋，则足以增长其学识；以至名物象数、片言单辞，无非有益于学问文章之事。当时记录一过，较之随手翻阅，自当久而不忘。且偶尔忆及与蓄疑思问，其检查亦自易易。此为读史要诀，诸生所宜尽心。"

汉许叔重《说文解字》汲古本　朱刻本　藤花榭本　五松园本："宋徐铉等补注、补音，增加新附字。原本十四卷，合目录为十五卷。是书发明制字之原，今赖以存古形、古义、古音者。读书而不读《说文》，是虽识字而不识字也。以孙渊如氏《平津馆丛书》内仿宋刻本为胜。”

以上《说文》条例举五种版本，特别指明“以孙渊如氏（星衍）《平津馆丛书》内仿宋刻本为胜”；为便初学，说明《说文》作者及补注、补音者；原本、今本之篇数、卷数；学术贡献在“发明制字之原”，价值在于“存古形、古义、古音”；最后强调《说文》的问学阶梯的决定意义：“读书而不读《说文》，是虽识字而不识字也。”《易》学三书中，李鼎祚《集解》“专以发明汉学”，“乃讲《易》之书之最近古者”，“本朝惠、虞、姚诸家皆从此出”。程子《易传》特点在于“以《易》理言《易》”。朱熹《周易本义》有调和图书（象数）与义理而进退失据之失，有清官学尊奉朱子学，故龙启瑞但举抨击图书象数的黄宗羲、胡渭等而已，委婉地表达出时代学术风尚。《十三经注疏》条，推崇其为“学问文章之根柢”，“立身行事”之准则；认为“比部精熟贯通”固佳，“量力专司一经”亦好；并且将读经治学的态度“平心静气，一求其解”，“毋执己见，以违古训”，“毋傍旧说，以昧新知”，其客观的立场，虚心的态度，都接近近代以来的科学精神；下文涉及的治学读经与做人修身的关系，也并非一般古板的说教，即便对于今天的读者，也仍然具有一点借鉴的意义。“廿一史”条，首推《史》《汉》，以为“二者定当熟复”，又表彰范晔《后汉书》、陈寿《三国志》、李延寿《南》《北史》、欧阳修《新五代史》及清修《明史》等书的阅读价值。在《资治通鉴》条，介绍此书“是书用编年体，上起战国，下终五代”，而且“历朝事迹，若网在纲，淹通贯串，为自来史家所不及”。针对一般书生，提出“学者既不能读全史，则是书首当寓目”。更转述陈宏谋的话，强调读史应注意“大因革”、“大得失”、“统计一朝盛衰得失之故，如在目前”。在为随手札记的读书方法和习惯，列举出“检束其身心”、“增长其学识”、“有益于学问文章”、“久而不忘”、“检查亦自易易”等五大益处。这真是指点治学，便利初学，行之有效的好方法。

大体说来，龙氏《经籍举要》以数页篇幅，开列约150部书籍，并附一些对书籍内容及阅读提示等方面的浅近说明，对于初学来说，不失为一种简明扼要的入门级书目。对于后来者《輶轩语》、《书目答问》来说，亦不无启迪与参考的意义。张之洞将正面开导与推荐书目分两书来写，仍然约略反映出龙启瑞《经籍举要》的影子。①

---

① 姚名达《中国目录学史》：“清道光末，龙启瑞撰《经籍举要》，始择取诸生急需精读之书，略述其内容得失，指示读法，……颇合初学之用。张之洞之《书目答问》，即仿其意而作。”商务印书馆1938年版，第419页。

孙钦善《中国古文献学》：“举要书目如《经籍举要》（龙启瑞）、《书目答问》（张之洞）等，其中举要目录为直接指导读书之作，尤其反映了目录服务于治学的明确目的性。龙启瑞的《经籍举要》虽过于简陋，为考据家所不取，但不无创始之功。张之洞的《书目答问》即仿其意而作，《书目答问》初刊于光绪二年（1876），是一部极有价值、流传不衰的指引读书目录，是清代考据学反映在目录方面的代表作之一。”北京大学出版社2006年版，第46页。

徐雁说：“张、缪两氏的《书目答问》是否受到元代学者程端礼的《读书分年日程》和清人李颙口授的《读书次第》或龙启瑞的《经籍举要》的影响，现今已无从考据了。但张之洞和缪荃孙就学时代曾接触过这种类型的举要书目却是无疑的。”《沧桑书城》，岳麓书社1999年版，第172页。

三 《书目答问》的价值

在一百三十多年的时间里，《书目答问》会一再翻印，其中或有偶然的因素，但也必有其一定的必然性。最根本的原因还是一部《书目答问》包含着多重价值。

我们先看一下《书目答问》的结构。

经部“举学有家法、实事求是者”，分正经正注、列朝经注经说经本考证、小学3类，其下再细分为十三经五经四书合刻本、诸经分刻本（附诸经读本）；易、书、诗、周礼、仪礼、礼记、三礼总义、乐、春秋左传、春秋公羊传、春秋谷梁传、春秋总义、论语、孟子、四书、孝经、尔雅、诸经总义、诸经、目录文字音义、石经；说文、古文篆隶真书各体书、音韵、训诂等26目。

史部“举义例雅饬、考证详核者”，有正史、编年、纪事本末、古史、别史、杂史、载记、传记、诏令奏议、地理、政书、谱录、金石、史评14类。其中正史类有3目：二十四史二十一史十七史合刻本、正史分刻本、正史注补表谱考证3目。编年类有司马通鉴、别本纪年、纲目3目。杂史类有事实、掌故、琐记3目。地理类有古地志、今地志、水道、边防、外纪、杂地志等6目。政书类分历代通制、古制、今制3目。谱录类有书目、姓名、年谱、名物4目。金石类下分金石目录、金石图像、金石文字、金石义例4目。史评类则分论史法、论史事2目。其余纪事本末、古史、别史、载记、传记、诏令奏议等6类没有再分细目。

子部“举近古及有实用者”，有周秦诸子、儒家、兵家、法家、农家、医家、天文算法、术数、艺术、杂家、小说家、释道家、类书等13类。

集部“举最著者”，有楚辞、别集、总集、诗文评等4类。

丛书类下有古今人著述合刻丛书目、国朝一人自著丛书目等2类。

著录的标准是，“多传本者举善本，未见精本者举通行本，未见近刻者举今日见存明本”①。

从目录学看此书结构的学术文化价值。

在《书目答问》之前，最经典的权威书目为《四库全书总目》。《书目答问》与之相比，在图书分类上有不少变通，颇为目录家所肯定。

《书目答问》经部3类的划分，突出了清朝学者对经学的大量细致研究成果和小学上的贡献。在《书目答问》经部里，与原《四库总目》相比，四书类的数量与地位都大幅度降低。《总目》四书类的独立，是尊朱的学术态度，是思想倾向，更是政治立场。把四书作为一类，没有《汉书艺文志》、《隋书经籍志》的目录学渊源，又必然带来图书分类的困扰，没有学术的必然，只是政治—文化立场的不得不然。到了《书目

① 见张之洞《书目答问·略例》。

答问》的时代，连围绕科举的书目里都已经逐渐减弱对四书类的重视程度，实际也是清代科举制度陷入困境不得不改良变通在学术思想上的反映，是朱子学全面没落的真实写照。经部的今古文并重，而且重视《春秋公羊学》，著录了刘逢禄《公羊何氏释例》、《公羊何氏解诂笺》等代表性著作，既反映了清代学术的特色和学术文化思潮的变化，也体现了张之洞个人的学术史修养和学术眼界心胸。

史部14类，如同经学神圣的旧观念，以正史为史学大宗的观念根深蒂固。对于正史的考辨补正，著录以钱大昕《廿二史考异》，王鸣盛《十七史商榷》，梁玉绳《史记志疑》，汪辉祖《元史本证》，洪亮吉《三国疆域志》、《东晋疆域志》、《十六国疆域志》等代表著作，凸显清代学者一批主流学术成果。正史类后面著录一批供读史参考的《历代纪元编》、《历代沿革图》、《历代地理沿革表》等工具书，这一思路，构成了正史类乃至史部的一个目录学亮点。但诸如以“古史”统括《逸周书》、《国语》、《战国策》、《山海经》、《竹书纪年》、《穆天子传》、《世本》、《家语》、《晏子春秋》、《越绝书》、《吴越春秋》、《列女传》、《新序》、《说苑》等14部古籍的35部校注考订著作，还有两部清人考证古史年代学的作品：《古史纪年》、《古史考年同异表》，使本类成为最为凌乱的一类：《逸书》为记言之书；《国语》、《国策》一般列入别史类；《山海经》乃中国传说神话之渊薮，近于志书；《竹书》为残存之编年史；《穆天子传》前五卷写周穆王西征故事，后一卷写盛姬之死及丧仪，其中写穆王与西王母宴会酬答及盛姬之死等部分，带有小说的性质；《家语》晚出，系王肃伪造之书，杂取古籍记制度与郑玄说不同的，借孔子名义抨击郑学；《晏子》名著，属早期传记文学；《越绝书》记吴越二国史地及伍子胥、范蠡、文种等人事迹，为最早的地方史；《吴越春秋》记吴自太伯至夫差，越自无余至勾践，增入民间传说较多，与前书也有出入，有补充史料的价值；《列女传》表彰女性，有眼光，“列女传”不是“烈女传”，一字之差，区别极大；《新序》、《说苑》出一人之手，皆纂集禹、舜至汉代史事和传说而成，与《左传》、《战国策》、《史记》等时有出入。但重要的是，《书目答问》不从图书体裁分类而从考史价值分类，其中体现的重视古史的学术眼光和强调古史史料的图书分类观念，有清代学术史及征实学风的明显影响，也有《答问》编纂者个人学术偏好的痕迹。史部书里特别重视清人成果极其丰硕的地理学、目录学、金石学三大领域，注重地理学经世致用的意义，注重目录学和金石学的学术价值。

子部将周秦诸子类列在前，儒家类列在后，彰显了《书目答问》对带有原创性思想资源和文化资源的重视。儒家类下理学之属54部，考订之属则有90部，明显表现出清代学术的类型及编选者的偏好。理学确实没落了，架子虽还没倒，说着已经没什么大劲，神采全无了。天文算法类构成子部一特色，收书约60种近200部，大半为清人撰述校订之作。编者提倡经世致用之学的用心亦十分明显。

与经史子三部注重经典作品的思路一致，集部最推崇的也是《楚辞》、《文选》及韩愈、杜甫等名著名家。清代学者对唐宋大家诗文集的注释考订校刻成果最令人瞩目。

桐城派营垒森严声势浩大，集部有10家入选（《国朝著述诸家姓名略》内则有14人入选）。阳湖派古文家5家，连同前面不立宗派古文家25家，总计古文家有40家之多。国朝骈体文家也有18家，亦可见有清一朝骈文的风行与成就。别集类唐宋较多，本朝则文集最多，诗集较少，所寓倡导文风诗风的用意，十分明显。

自明朝祁氏《淡生堂藏书目》开始设立丛书类。但《书目答问》更进一步把丛书类置于与经史子集四部并列的重要地位，形成经史子集丛五大部类。其后时有沿用者，最著名的例子，当然就属代表一时古典目录学界主流意见的《中国古籍善本书目》。虽说《答问》的分类是在四部分类法基础上的变种，其创始的意义还是不能抹杀的。丛书“其中经史子集皆有，势难隶于四部，故别为类”的考虑，是符合中国典籍的实际情况的。即便“一人自著丛书”一类引来些非议，《中国古籍善本书目》也还是一并沿用了《书目答问》的分类，这只能说明《书目答问》还是在实用的意义上解决或部分解决了古典图书分类上的难题的。

书目从来就不只是书名的堆砌，它是文字知识的系统整理，是知识背景的整体呈现，它还具有学术批评的价值，既是学术史的体现，也具有前瞻性的指导意义。正因为《书目答问》做到了，所以著名目录学家余嘉锡才说：“书目无序释而能有益于学术者，自（郑）樵之外，惟张之洞所作庶几近之。”[①]

叶德辉说：“（《答问》）其分类与《四库》不同，似略仿孙星衍《孙祠书目》之例，其分正目、附录亦本《孙目》内编、外编之意，而变易其名称。经主东汉；史部省去岁时；多以说部子书入之杂史；子部立古子一类，以括周秦间子书；又以杂家书典实者入儒家；儒家分经济、理学、考订三属；集部于汪洋大海中存历朝名大家有传本者。其北宋之西昆，南宋之江湖，但有精华，无不采择。至于明初之台阁，晚季之公安、竟陵，则概在摒弃之列。又前后七子之声调，去短取长，皆有别白。阅者据此目购书求学，不至误入歧途也。夫恬裕、海源，南北对峙；天禄、天一，朝野同风。寒畯之所望洋，书林之所裹足。宝山空入，人寿几何？惟此雅便巾箱，别裁书帕，远至朱明之嘉万，近则断代于同光。阅肆不惊，探怀可得。固不必如《简明目录》，烦邵位西之手批；述古《敏求》，学朱竹垞之贿得。其有功于士林大矣，讵独川士也哉！”[②]“虽仍四部之旧，与《四库》分类出入，多有异同。大致本之孙星衍《祠堂书目》，参以《隋志》、《崇文总目》，不倍于古，不戾于今，大体最为详慎。”[③] 都是十分精到的评论。

从了解古籍的角度看版本信息的价值。

先来看一下，《书目答问》到底著录多少书籍呢？

一般说在2200种左右。此说得自推算，由来已久，流传甚广，但与实际情况有相

---

① 《目录学发微》，中华书局1963年版，第10页。

② 《郎园读书志》卷四《书目答问》条，上海古籍出版社2010年版，第184—185页。

③ 同上书，第187页。

当出入。经笔者大致统计，按条目估算，经部有602部，史部548部，子部416部，集部473部，丛书类106部，以上合计在2145部，与常见的说法基本一致，可知传统说法是如何得出的。

但如果分别细算一下，可知其实不然。

经部以十三部儒家经典加《说文解字》等为核心，就著录有600多部书，其中《十三经注疏》和《永怀堂古注十三经》、稽古楼单注巾箱本《十三经》等部即各含13种（次）。明监本宋元人注《五经》一部则含6部（次），下文还提到张洽的《春秋集注》。御纂七经、《高密遗书》14种，分别包含7部（次）、14部（次）。小学类最后有附录《一切经音义》《华严音义》两种。即便不计稽古楼单注巾箱本《十三经》等，《玉函山房辑佚书》经编352种，经部著录书应在602部基础上至少再增加60种（次）为662种（次）。

史部548部外，加上二十四史、《明季稗史》14种，以及附录国朝省志府州县志善本25种、附录国朝各省金石书精审者22种等，已经有619种（次），《玉函山房辑佚书》史编8种未计。

子部计416部，其中《五种遗规》5种、《正谊堂全书》63种，尤其是天文算法类里部分丛书如《算经十书》、《杨辉算法六种》，《新法算书》30种，《勿庵历算全书》29种，《江慎修数学》9种，《李氏遗书》11种，《董立方遗书》算术5种，《里堂学算记》5种，《翠微山房数学》15种，《数学五书》、《六九轩算书》6种，《观我生室汇稿》11种，《夏氏算书遗稿》4种，《务民义斋算学》7种，《邹征君遗书》8种，《吴氏丁氏算书》17种，《则古昔斋算学》13种，合计子部已有645种（次）。《玉函山房辑佚书》子编153种，周汉42种未计入。

集部有461部。

丛书类下两类分别有57部、49部，合计106部。

这样，经史子集与丛书合计在2493种（次）以上。虽然其中已经注意到十三经的重复计算等问题，但“2493种（次）以上”实际上还是一个偏低的估算。

因为，我们对集部466部的统计原则基本以一人一集来计算的。比如孙星衍，有《问字堂集》《岱南阁集》《五松园文集》，仅计为1种。洪亮吉有《卷施阁文甲集》、《乙集》、《更生斋文甲集》、《乙集》4部，仅计为1种；因下文单列《更生斋续集》，才另计1种。国朝骈体文家集单列的《小仓山房外集》、《仪郑堂骈体文》、《述学外篇》、《问字堂外集》、《卷施阁乙集》、《更生斋乙集》等均不另计。如果把诗集、文集、续集、词集等集名有单独标题的都分别计算，则500种也不止。加之以上所有统计，原则上不包括各条后半之校勘记、补遗、卷首、卷末、附录、考证之类（为此本书初稿对这类篇目一般不加书名号），而其中某些有单行本的情况。

所以，经过对《书目答问》书目著录情况的研究，笔者认为《书目答问》四部实际著录书在2500种左右，比较切合实际。

当然，这是经史子集四类的数字，如果与丛书类所收丛书细目合计，则总数可达5500种（次）以上。剔除重复，涉及图书总数约有4000种以上的规模。因为丛书类仅著录总名，不录具体书名，所以涉及图书总量的问题可以不讨论。

民国时范希曾《补正》补充者约1200种。

以《答问》四部2500种加《补正》1200种的规模，比较适合各种需求的读书人自行选择适合的读物，所以它会流行一百多年。同时，它的著录规模，远比一般导读举要类书目为多，这也是一些饱学之士甚至藏书家乐于一再批注《书目答问》的重要原因。可以对比的是，在一个多世纪的时间里涌现出众多的针对初学及一般读书人的推荐书目，却都很少有《书目答问》这样的众多批注本以及《补正》这样的增补本，此间的规模效益的道理，是显而易见的，也是发人深省的。[①]

《国朝著述家姓名略》是《书目答问》一个很有特色的附录，更是一项带有创造性的贡献。《姓名略》按照经学家、史学家、理学家、经学史学兼理学家、小学家、《文选》学家、算学家、校勘之学家、金石学家、古文家、骈体文家、诗家、词家、经济家14类开列名单，初步清理了学术与文学的系统和代表人物，是清代学术文化史的首次有意识的全面且系统的总结，"以类叙的方法网罗清代著名学者，以弥补四部之法凸显典籍文献而淡化人物主体的缺憾"，是"目录学史上别开生面、极富创意的作法"[②]。超越了《汉学师承记》《宋学渊源记》乃至《明儒学案》《宋元学案》的汉宋藩篱和理学框架，用最简略的方式勾勒出清代思想文化的生动轮廓。

最后，在清朝一百多年学术发展的文化平台上形成的"实事求是"的精神，在《书目答问》里得到充分的体现。他提倡研经读史的治学路数与其成材致用的教育理念是相辅相成的。在《书目答问略例》声明："凡无用者、空疏者、偏僻者、淆杂者，不录；古书为今书所包括者，不录；古人书已无传本、今人书尚未刊行者，不录；旧椠旧钞偶一有之无从购求者，不录。"经部经注经说经本考证类标明"空言臆说、学无家法者不录"。

从导读举要的意义看国学教育观的价值。

首先，对学术路径的强调。

① 俞筱尧说："以前藏书家大致都以《书目答问》和《四库简明目录》为收藏标准，先购经史要籍、唐宋大家诗文集，再求旧刊善本。认为《书目答问》所载为必备之书，《四库简明目录》所载为应备之书。"见《版本目录学家陈乃干》，《学林漫录》第十五集，中华书局2000年版，第50—51页。说详陈乃干《海上书林》，见虞坤林整理《陈乃干文集》，国家图书馆出版社2009年版，第13页。

姚名达认为《书目答问》"其所以如此盛行者，固由张之洞之名望及提倡，亦由其书能予读者以正确之指导也"。《中国目录学史》，长沙商务印书馆本1938年版，第420页。至1957年商务印书馆重印第1版，因时代变迁，特改"名望"为"自炫"，第398页。

徐雁说：自《书目答问》行世以来，它在一个相当长的时期内，确实成为读书人自学求知之门径，藏书家之津筏，师生教学治学之教科书，乃至书贾书商之业务读本。《苍茫书城》，河北教育出版社2005年版，第197页。

② 张新民：《古代书籍世界的目录学窗口——书目答问校补前言》，见吕幼樵《书目答问校补》，贵州人民出版社2004年版，第21页。

《輶轩语》卷一《论学》说："泛滥无归，终身无得；得门而入，事半功倍。或经，或史，或词章，或经济，或天算地舆，经治何经？史治何史？经济是何条？因类以求，各有专注。至于经注，孰为师授之古学？孰为无本之俗学？史传孰为有法？孰为失体？孰为详密？孰为疏舛？词章孰为正宗？孰为旁门？尤宜抉择分析，方不致误用聪明。此事宜有师承。然师岂易得？书即师也。今为诸生指一良师，将《四库全书总目提要》读一过，即略知学问门径矣。"下文指示各种重要书籍的作用时，又一次强调"《四库提要》为读群书之门径"。

《书目答问》史部谱录类书目之属末注："此类各书，为读一切经史子集之途径。"

以目录学作为学问门径，是清代学术界的共识，也是清代学术发展的重要表现。王鸣盛说："目录之学，学中第一要紧事。必从此问途，方得其门而入。""凡读书，最切要者，目录之学。目录明，方可读书。不明，终是乱读。"①《书目答问》即秉承这一思想，并进一步发扬光大。"为学之道，岂胜条举，根柢工夫，更非寥寥数行所能宣罄。此为初学有志者约言之，乃阶梯之阶梯，门径之门径也。"《书目答问》2500多部书的规模，充分体现了这种"阶梯之阶梯，门径之门径"的指导思想与收录原则。

在知道书名、作者信息之后，紧接着就是要知道选择什么样的版本。因为图书与版本实际是密不可分的，任何一部书都有其具体的特定的版本信息。

张之洞说："读书不得要领，劳而无功。知某书宜读而不得精校、精注本，事倍功半。"② 与《四库全书》相比，《书目答问》的一大改进就是大量增加版本信息。这样，图书信息才是完整的，是具有实用价值的。

尽管在今天的大学里有很多所谓学者不通版本不讲版本不在意版本，但谁也不能否认，其实没有一本书与版本无关，我们只能阅读某一种具体的版本。

《輶轩语》指出："读书宜求善本。""善本非纸白、板新之谓，谓其为前辈通人用古刻数本精校细勘付刊，不讹不缺之本也。""善本之义有三，一足本，二精本（一精校，一精注），三旧本（一旧刻，一旧钞）。"

张氏的善本说法是从一般读者的角度立论的，与藏书家、鉴赏家不同。

所谓"足本"者，取其完备无缺，不得已则缺卷最少。这当然是从读书用书人的立场出发，以掌握资讯，获取知识，接触思想为目的，首要的一条是图书内容的完整。这是一基本前提。

所谓"精本"，指校勘精审注释准确，意思是最接近图书原貌、错讹较少、便于阅读理解的校本注本。这一条与后面的"旧本"是并列的，如果没有精校精注本，则以旧刻旧钞为参照标准。所谓"旧"就是钞刻时代较早较少经过传抄、翻刻、错误较少

① 《十七史商榷》卷一、卷七。
② 《书目答问·略例》。

的版本。[①]

总之，张之洞的定义不看重纸白板新的外在美，而主要看重的是内容，看重阅读价值。为把话说透，他用了很直白的表达方式："初学购书，但看其序，是本朝重校刻，而密行细字、写刻精工者即佳。"

至于大家拿张氏的说法当"善本"定义就有点麻烦了，把针对读书人普通阅读需求讲的选书购书的要点，当成鉴赏家购买古籍或图书馆评定古籍等级的标准，真是完全会错了意。我们看看今天讲"善本"的，基本上都是图书馆和旧书业从业人员谈善本，谈图书馆收藏定级的善本标准，谈偶尔在旧书流通界捡漏捡来的"善本"，而极少有读书人的"善本"意识，少有读者从自己需要出发的自觉的"善本"观念。看看近年的史料学教科书，不管是古代史史料还是文学史史料，这些教材大多欠缺完整的版本信息，对读者考虑得不够细致周到，或者说，我们的学者、教师，在掌握版本信息方面，往往也还不够自觉，不够专业。这一点，在今天处处标榜规范的学术论著和教材中也时时有表现，并非偶然。

比如同是《说文解字》，张之洞指出"孙本（星衍平津馆小字本）最善，陈（昌治）本最便"。又如《文选》，《答问》说明了六臣注本"不如李善单注，已有定论，存在备考"。在《輶轩语》先说明："李善注最精博，所引多古书，不独多记典故，于考订经史小学皆可取资。五臣注不善。"在《文选》李善注下，介绍"胡克家仿宋本"，"叶氏海录轩评注本亦佳"，"汲古阁本较可"。

其次，反复强调小学的重要性。

经部·小学类云："此小学谓六书之学，依《汉书·艺文志》及《四库目录》。"末云："此类各书为读一切经史子集之钤键。"

《国朝著述家姓名略》说："由小学入经学者，其经学可信；由经学入史学者，其史学可信；由经学、史学入理学者，其理学可信；以经学、史学兼词章者，其词章有用；以经学、史学兼经济者，其经济成就远大。"

"经邦济世"、"经世致用"是目标，其学术的根基在经史之学，而遍读群书的根基在通经，通经的根基在小学。不通小学，易流于穿凿附会，不会深入了解经学；不通经学，其史学就没有根基，既不通史学之源史学之意，也不懂史书志表的文化意义；不通经史，视界狭隘，腹笥枯窘，词章之学势必滞碍难通，其经邦济世之胸襟才略也难成大气候大格局。张之洞的治学理念是"读书宜博"，"先博后约"。"无论何种学问，先须多见多闻，再言心得。"在此前提下，才提醒读书人，"天下书，老死读不可遍"。所以，关键在"有要而已"。博而寡要，势必一事无成。今天的大学及大学以上的专业教育，都是走专精一路，博士、教授很多只知死守自己的一亩三分地，

① 作为"善本"的标准，张氏这一说法在版本学界是有争议的，肯定的意见如毛春翔《古书版本常谈》，上海古籍出版社2002年版，第6页；否定的意见如黄永年《古籍整理概论》，上海书店出版社2001年版，第14—15页。

出了这个圈如同文盲。张之洞的思路，虽然已不合今日之主流，对于今天的我们还是很有些启发的。

在《四库总目》里，《尔雅》、《说文》、《广韵》分别作为训诂、字书、韵书3小类的代表。《书目答问》将《尔雅》置于列朝经注经说经本考证类十三经最后的位置上。注云："讲《尔雅》不通小学者不录。"就是因为讲《尔雅》要通小学，所以，《尔雅》不具备国学基础的和主要路径的意义，把它从小学的领军位置改到经书之一的位置，还是看轻了《尔雅》的学术价值和基础意义；更加推重《说文》的地位，包括《说文》的学术价值、学术经典意义和《说文》作为国学基础的重要性。《答问》著录《尔雅》全注6种，分注9种。与之形成对比的是，小学类《说文》下所列相关书约50种。两者孰轻孰重，显而易见。张之洞《四川省城尊经书院记》说得明白："治《说文》者，知六书义例之区分，篆隶递变之次第，经传文字通假之常例，古今音韵之异同，足以治经矣。治经学者，知训诂之本义，群经之要指，经师授受之源流，儒先传注异同长短之大端，足以折中群籍矣。"经学的重要性，《说文》在经学里的重要意义都表达得非常透彻了。《说文》学的众多成果，使之成为清代学术史上最重要的代表领域之一。《书目答问》比较充分地展示了清代《说文》学的风貌，这也构成《书目答问》比较好的片段。

其他指引门径的提示还有不少，如子部儒家类考订各书"为读一切经史子集之羽翼"；经部列朝经注经说经本考证类为"读正经正注之资粮"；史部正史注补表谱考证各书"为读正史之资粮"等。

至于张之洞主张的"读经宜读全经"，"解经宜先识字"，"读史宜读正史"，"正史中宜先读前四史"，"地理为史学要领"等，都是张之洞对治学次第、步骤与要点的经验谈。①

注重经世致用的精神。

前引《国朝著述家姓名略》说："由小学入经学者，其经学可信；由经学入史学者，其史学可信；由经学、史学入理学者，其理学可信；以经学、史学兼词章者，其词章有用；以经学、史学兼经济者，其经济成就远大。"《姓名略》最后是"经济家"，这一殿于全书之末的名单寓意甚深。

"经济家"题下注云："经济之道，不必尽出学问，然士人致力，舍书无由，兹举其博通切实者。士人博极群书而无用于世，读书何为？故以此一家终焉。"

在列举黄宗羲、顾炎武、顾祖禹、秦蕙田、方苞、龚自珍、魏源等25人名单后，又在注里列出一个包括于成龙、林则徐、胡林翼、曾国藩等26人的补充名单，并说明"诸家皆经济显著者"："其奏议公牍即是著述，或在本集，或在《切问斋文钞》及《经世文编》中，或自有专书，寻览考求，尤为切实，不惟读其书，并当师其人耳。"

---

① 参见雷家宏《〈书目答问〉所见张之洞学术文化思想略论》，陈锋等主编《张之洞与武汉早期现代化》，中国社会科学出版社2003年版，第405页。

培养经邦济世的人才是教育的最高境界，是终极目标，是教育的价值所在，也是《书目答问》等书的精神追求。

在《輶轩语》里张之洞说："读书期于明理，明理归于致用。""国家养士，岂望其能作文字乎？通晓经术，明于大义，博考史传，周悉利病，此为根柢。尤宜讨论本朝掌故，明悉当时事势，方为切实经济。盖不读书者为俗吏，见近不见远不知时务者为陋儒。可言不可行，即有大言正论，皆蹈《唐史》所讥高而不切之病。"

在具体的书目里，也多处渗透着这种积极用世的精神。例如顾祖禹《读史方舆纪要》(130 卷）条，注云："此书专为兵事而作，意不在地理考证。"对原著精神的把握十分准确到位。在贺长龄、魏源《皇朝经世文编》下注云"此书最切用"。则突出了张之洞对现实问题的关心，对教育的社会效益的关注。

正因为本着经世致用的精神，所以在《书目答问》里也尽可能著录了一些介绍西洋科学技术知识的著作。如《新译西洋兵书五种》"皆极有用"。又如明朝徐光启等《天学初函器编》，西洋人伟烈亚力《数学启蒙》，利玛窦《经天该》，清李善兰译《曲线说》、《新译几何原本》、《代微积拾级》等。

另一方面，相对来说实用性较强的门类，比如兵家类，《答问》著录 12 部，只有 5 部清人著译；法家类著录 7 部，清人之作 4 部；农家 15 部，清人著作 8 部。这些数字直接反映出，在经世致用应用性强的领域，传统学术留下可供参考借鉴的作品，与经部、史部以及子部儒家类清人大量考订著作相比，实在数量极其有限。可选择的本来就不多，上档次的就更少了。在西学面前，中国传统文化的困窘处境一目了然。

《书目答问》的结构对目录学有特别贡献。

《国朝著述家姓名略》是《书目答问》一个极有学术特色的附录，更是一项带有创造性的贡献。《姓名略》按照经学家、史学家、理学家、经学史学兼理学家、小学家、《文选》学家、算学家、校勘之学家、金石学家、古文家、骈体文家、诗家、词家、经济家 14 类开列名单，初步清理了学术与文学的系统和代表人物，是清代学术文化史的首次有意识的全面且系统的总结，以弥补四部之法凸显典籍而淡化人物的缺憾，是目录学史上极富创造性的学术理念及成功实践，超越了《汉学师承记》、《宋学渊源记》乃至《明儒学案》、《宋元学案》的汉宋藩篱和理学框架，用最简略的方式勾勒出清代思想文化的生动轮廓。《书目答问》的书目与姓名略相辅相成，构建了目、书、人、学四重要素的新型书目范式，将知识体系、代表典籍、著名学者、学术领域整合起来，以目录建立学术体系，以典籍代表文化成果，以著名学人树立学术典范，以学术领域来育化新人。同时，《姓名略》的设置，既是对四部分类法的结构性补充，又在体制内最大限度地弥补了传统目录学著作缺乏检索功能的遗憾，这一点也是迄今为止的目录学史研究忽略的方面。

音韵学在清朝成绩斐然，著名者如顾炎武、潘耒、江永、戴震、钱大昕、段玉裁、王念孙、孔广森、江有诰、朱骏声、陈澧等，多数在《国朝著述诸家姓名略》"小学类”有著录，按《姓名略》就学术领域按人索书，《答问》著录有顾炎武《诗本音》、《音论》、《古音表》、《唐韵正》、《韵补正》，潘耒《遂初堂诗文集》，江永《古韵标准》、《四声切韵表》、《音学辨微》，戴震《声韵考》、《声类表》，钱大昕《声类》，段玉裁《六书音均表》，孔广森《诗声类》，朱骏声《说文通训定声》等，范希曾《补正》有王念孙《古音二十一部说》、《毛诗群经古韵谱》，江有诰《音学十书》，陈澧《切韵考》等。潘氏《类音》一书，《答问》虽未著录，然《遂初堂文集》有《声音元本论》、《南北音论》、《古今音论》、《反切音论》等，均音韵学名篇。所以，据《书目答问》可得清代音韵学之大概，且可知音韵与群经乃至集部诸目间相互为用的关联，于初学于深造皆可参考，知利用者方可称善于读书。

《书目答问》开启了近代以来推荐书目的潮流。

1923 年，胡适发表《一个最低限度的国学书目》，列出 180 余种。同年，胡又精简为 50 种书的《实在的最低限度的书目》。梁启超批评胡适的书目随意性太强，自己开一份 160 多种书的《国学入门书要目及其读法》，并在此基础上也开出一份《最低限度之必读书目》，收书 20 余种，又有《要籍解题及读法》。其后有支伟成《国学用书类述》、李笠《国学用书撰要》、陈伯英《国学书目举要》、杨济沧《治国学门径书》、陈钟凡《治国学书目》、汪辟疆有《读书举要》等。近一二十年出版有一定影响的书目如《中国学术名著提要》和《中国读书大辞典》。《中国学术名著提要》，复旦大学出版社从 1992 年起陆续出版，收录先秦至 1949 年的名著约 3000 种，已出《语言文字卷》、《哲学卷》(1992)，《历史卷》、《经济卷》(1994)，《艺术卷》、《教育卷》、《宗教卷》、《政治法律卷》、《科技卷》(1996)，《文学卷》(1999)。《中国读书大辞典》，南京大学出版社 1993 年版，徐雁、王余光主编，其中《中国古典名著导读》、《中国近现代名著导读》和《汉译世界名著导读》为举要书目。

在众多推荐、举要书目中，《书目答问》无疑是印量最大、读者最多的，笑傲江湖一百三十年，经历了时间和时代的考验，后来者尚无一种能出其右。在胡适之、梁任公这些文化名流的国学书目都被人们逐渐淡忘的时代，《书目答问》还能有生命力，还具备再开发的潜力。最根本的一条，是《书目答问》改变了书目的价值取向，此前的书目，都是针对皇家图书馆和私家藏书的，是针对少数人的书目，而《书目答问》是面向广大读书人的，把书目与读者的密切关系放在首位，这是目录学思想的一个带有划时代意义的发展与转变，从而为推荐书目和近代专业书目树立了学术典范。

《书目答问》原有的知识空间、学术价值和文化意义，有民国范希曾《补正》等为之继续扩展。又有蒋凤藻、叶德辉、伦明、周星诒、余嘉锡、王伯祥等很多藏书家、目录学家、学者的批校本，留下了丰富的版本学资料，亟待汇总整理。大量名家的批校本，为《书目答问》增添了版本学价值，更灌注了新的文人趣味，开拓了《书目答问》的欣赏空间，丰富了书目的文化内涵。《书目答问》之所以是《书目答问》，就在于它提升了书目在传统文化背景与现代文化范式的转换与衔接之间的多层次价值，使得《书目答问》不再是入门级的初级敲门砖，它有了文化使命和历史责任，它衍生出来可供继续扩展的研究空间，增多了一份回味的余地。

一百多年过去，《书目答问》依然值得我们去阅读。钱穆先生指出："《书目答问》算不得是一部指导人做学问的门径书，只好算是一部便于翻检的参考书。"① 更详细一些的阐述则是："他（按，指张之洞——引者注）明明要做一部指导初学的简约的门径书，而所开书目却如此浩繁。这只好说是编《答问》的人，自已就不知学问；或是他自己对学问上，便就不知辛苦，不知深浅，并未真实如此般下过工夫。所以罗列了两千余部书目，却叫初学的人'当知其约，勿骇其多'。其实《答问》中所告诉我们的，只是一些版本、目录之学，可说是一般校勘家、收藏家初步应有的常识。而版本、目录、校勘、收藏，还只是给做某种学问的人以一种方便，并算不得一个门径。"②

钱先生的批评有道理。

《书目答问》显然不同于其他一般的开具百八十种名著的举要导读书目，那样秩序井然，那样眉目清楚。《答问》二千多种图书，确实给人，主要是初学者，一种目不暇接的阅读感受。初学见此，往往目眩神迷，茫然不知所措。今天众多的本科生、硕士生、博士生，读之索然无味，毫无收获，主要原因就在这里。

举例来看。经部列朝经注经说经本考证类《易经》部分，著录48条，确实有杂乱无章无所适从的弊病，不仅初学读了不明所以，就是对《周易》和《易》学已有相当了解者，也未必都能一一说出个所以然。作为书目来说，如此编排，其指导作用势必大打折扣。

其后的《尚书》一目，共21条。正录5条，虽说阎若璩《尚书古文疏证》、孙星衍《尚书今古文注疏》都比较重要，但只有《尚书今古文注疏》是含今古文在内的读本，阎氏《疏证》则属于研究专著，是《尚书》学廓清古文《尚书》真面目的关键著作，也是考据学历史上的里程碑，但对初学者而言，并非易读之书，也可以说，非初学所宜涉猎。简单地将阎著与孙氏《注疏》并列，在以举要导读为宗旨的书目来说，确实有一点问题。

除孙氏《注疏》、阎氏《疏证》以外，陈寿祺《尚书大传定本》、王鸣盛《尚书后案》都有鲜明的尊尚汉学崇许崇郑的学术立场，在为秀才及以上层次的读书人开具的书目中，《尚书》"正录"目5部书彰显如此突出的汉学倾向，这对于求学者的影响力是非常明显的、直接的、有力的。这对于我们认识当时学界的风尚，也是很有启发的。

《尚书》释天释地一目5条、余录4条、论小学1条、纬书1条、纠伪孔传2条，相对而言，胡渭《禹贡锥指》、段玉裁《古文尚书撰异》、惠栋《古文尚书考》、江声

① 《近百年来诸儒论读书》三《张之洞》，钱穆《学龠》，九州出版社2010年版，第106页。

② 同上书，第107页。

《尚书集注音疏》等较为重要一些。初学可从孙星衍《注疏》入手，按照《答问》介绍，根据个人志向、偏好与需要，参考胡渭、惠栋、段玉裁、江声、王鸣盛等人作品，可以了解清人《尚书》学之大概，循序渐进，当无疑义。不过，《答问》的按语太少，评骘太少，就初学者的判断抉择说，肯定还是有不便之处。

顺便说一句，若就清人所撰《尚书》入门书来说，黄式三《尚书启幪》依江声、王鸣盛、段玉裁、孙星衍四家而略采他说，注说简明。蒙文通先生按语一句"黄书不善"，当就专家之学言之。

我们还可以从《书目答问》之《尚书》一目著录图书收入《四库全书》和《续修四库全书》的情况来看看《答问》以及《补正》的价值。

《书目答问》著录《尚书》学清人成果见于《四库全书》的，有阎若璩《尚书古文疏证》、胡渭《禹贡锥指》、蒋廷锡《尚书地理今释》、徐文靖《禹贡会笺》。另有一部《书经传说汇纂》一部，《答问》列入"御纂七经"。虽注内明言："此当敬遵，与正注同。"但所置之位置，毕竟相对来说不那么重要。

《答问》著录书见于《续修四库全书》的有：惠栋《古文尚书考》、盛百二《尚书释天》、江声《尚书集注音疏》、王鸣盛《尚书后案》、段玉裁《古文尚书撰异》、孙星衍《尚书今古文注疏》、焦循《尚书补疏》、丁晏《尚书余论》、焦循《禹贡郑注释》、丁晏《禹贡集释》附《禹贡锥指正误》、宋翔凤《尚书略说》等 11 条。范氏《补正》见于《续修四库》的则有皮锡瑞《尚书大传疏证》、王闿运《尚书大传补注》、皮锡瑞《尚书中候疏证》、程瑶田《禹贡三江考》、成蓉镜《禹贡班义述》、程廷祚《晚书订疑》、倪文蔚《禹贡说》、何秋涛《禹贡郑氏略例》、杨守敬《禹贡本义》、刘逢禄《书序述闻》和《尚书今古文集解》、陈乔枞《今文尚书经说考》、刘毓崧《尚书旧疏考正》、胡秉虔《尚书序录》、戴震《尚书义考》、皮锡瑞《今文尚书考证》、黄式三《尚书启幪》、王先谦《尚书孔传参正》、孙诒让《尚书骈枝》、简朝亮《尚书集注述疏》等 20 种。由以上几个数据，可见《续修四库》对《书目答问》和《补正》的参考，可见张氏《答问》、范氏《补正》对于清代《尚书》学的学术把握的能力，可见《答问》与《补正》在今天仍然对于治《尚书》学和清代经学史具有的重要参考价值。所以，尽管对初学者来说《答问》的主次不很清晰、路径不很明确、按语太少太简等问题都在，但对学者来说，《答问》还是在对清代《尚书》学的认识的基础上，提供了可供参考的多种治学的方向、用功的可能。

集部著录之唐人别集，李白、杜甫、白居易、柳宗元各有 2 部，李商隐 3 部，骆宾王在《初唐四杰集》之外还有 3 部，韩愈共列 7 部（其中《韩文考异》、《韩集点勘》已不属于别集），足见编者对韩愈的仰慕之情以及"文以载道"的传统文艺观的根深蒂固的影响。宋人别集里王安石、黄庭坚、陈师道、叶适各有两部，只有苏轼特殊，有《东坡七集》、《苏诗合注》、《苏诗编注集成》、《苏诗补注》4 种。韩潮苏海，毕竟不同。金元作家唯有元好问有 2 部。清人黄宗羲有 2 部。大体上，对作家别集著录数量是展示《答问》重视程度的模式，是编目的原则。其中的《韩文考异》、《韩集点勘》其实不能与《韩昌黎集》并列，因为性质不同。钱穆先生强调《答问》仅有版本目录之学，不免抑之太甚，有失公允。读者从《答问》集部可知唐宋以来历代主要别集总集的常识，所得当然不止一点版本目录之学方面的教益。

《答问》子部儒家类分议论经济之属、理学之属、考订之属，其中议论经济之属25条，其中《法言》2种；理学之属20条，朱子因为地位实在特殊，分《朱子语类》、《朱子全书》2条；考订之属达90条，清人作品占半数以上。儒家类考订属不仅在考订一目独占鳌头，在《书目答问》全书著录总数也占到近5%的比重！对考订之学的高度重视与极力揄扬，其意当然不仅仅在版本目录之学。这些，只要是读过《书目答问》的有心人都会看到，相信都会有印象，并有意无意受其影响。

《书目答问》本系一部草率成书的名著，成名实在相当侥幸。其各版本间内容互异、文字参差，难以合校为一个全面完整的版本。因为《答问》后刻本多系各地门生人自为战自作主张修订，或出于后学后进之补充完善，故与张之洞没有必然联系。《答问》体例不一，仓促之迹比比皆是。如《姓名略》内算学家一项则是最极端的例子，粗制滥造已经到了让人无法容忍的地步。

举要导读一类，也有广狭之别，有入门初阶与求学深造的不同类型。《书目答问》开列较为广泛的书目，目的在后者，《答问》为读者提供了较为广阔的学术平台，提供了不同方向上的学术空间，也就提供给读者更多的选择可能。这实际就是《书目答问》区别于一般导读书目而吸引很多学问家、藏书家、版本目录学家和大量普通读者的重要特征、基本特征。书目在前，抉择在己。不仅对《书目答问》是这样，对任何举要导读类书目来说也是这样。

钱穆先生对《书目答问》的批评过于严苛，有失公正全面的客观立场，不便一般读者对《答问》的理解与利用。只有具体分析《书目答问》的利弊得失，方能得出有意义的结论。

评价《书目答问》，不应该忘记《答问》与《輶轩语》间姊妹篇的关系。从更广泛的意义上说，理解或判断《书目答问》的参考意义与导读价值，应该从《輶轩语》、《书目答问》、《创建尊经书院记》到《劝学篇》等作品一贯的精神去看。张氏读书观念的核心就是“士大夫之学”，以修齐治平为人生各阶段目标而又一以贯之，类似于今天教育中提倡的“通识”，又绝非今日“通识”之层次可比，略观大义，能知儒家义理、词章、考据、经济之学的长处、大处、眼光、襟怀，并不着意于一城一地的得失，不必拘泥于细节，作为修养、涵养、学养的意义重于培养学问家，甚至主要的不是培养学问家，第一位的确实不是培养学问家。

在传统教育的格局里，学问家和士大夫并没有截然的界限，起步是作为人生修养的论学求道而已，逐渐到高层次的修养，玩儿着玩儿着就走高雅博通的路了。

士大夫之学或许有其值得反思值得探讨的自身弱点，比如整体来说，对经邦济世的技术层面太轻视，对于人格的独立与健康思考与追求不够，但在培养人才的思路上仍有借鉴的价值，值得玩味。

所谓“大处着眼”，是教育的基本倾向。士大夫之学，就是这个意思。

从读书角度立论，归结到“士大夫之学”，真是重要的结论。钱宾四先生《近百年诸儒论读书》，实为慧眼独具的书目之论。不仅百年诸儒论学之精要，曾国藩、张之洞等名臣论学之大旨，陈澧等的儒生意趣，康梁的用世之学，都在“士大夫之学”这一点上殊途同归，其间贯穿着绵延千古的中国文化精神。

《书目答问》的书目繁多与丛杂失序是一对并生的特点，如同大陆读者习惯说的“矛盾”。也就是说，我们没有必要因为推荐《书目答问》及《补正》，就讳言其丛杂失序的弊端。

书目有一定数量，有规模效益，读者的选择空间也大一些，容纳的读者类型也会更复杂一些。比如《答问》的读者群的自我期许肯定各不相同，对义理、词章、考据、经济当然各有所长，求学意向本应各有侧重。就是当年必读之列的四书五经，《答问》也要提示版本，开具相关参考书目或延伸阅读书目，以开阔诸生视野，何况其他典籍。

而《书目答问》的广博必须与《輶轩语》的简约结合起来，才有完整的印象。

经史子集的重要书目，在《輶轩语》中已经大致开列，读法也有所说明，所以《书目答问》里不再简单重复。从这个意义上讲，只有三联书店版《书目答问》把《輶轩语》一同整理刊行，接近张之洞的本意，理解张之洞撰著《輶轩语》、《书目答问》的用心。[①] 这也是本书将《輶轩语》、《劝学篇》的论学部分以及《尊敬书院记》等收入附录的原因。只有将有关文字联系起来看，把《书目答问》的广博与《輶轩语》、《劝学篇》的简约乃至《尊敬书院记》的极简主义书目对照，再来讨论《书目答问》的导读书目作用才有意义。

光绪元年（1875）《輶轩语》列举各类经典名著一百数十种，兼谈治学，与《书目答问》（1876）相表里，大体不差。如“读书宜博”，“读书宜求善本”，“读书宜有门径”，“读书宜读有用之书”等，当代读者仍可参考。

如“读书宜博”，不仅强调张氏“先博后约”的一贯论学精神，“无论何种学问，先须多见多闻，再言心得”，也实事求是地谈道：“天下书，老死读不可遍。博之为道将如何？曰：在有要而已。古书不可不解，有用之书不可不见，专门之书不可不详考贯通，如是则有涯涘可穷矣。”

“有用者何？可用以考古，可用以经世，可用以治身心三等。”

---

① 20世纪30年代北平文化书社曾将《輶轩语》、《劝学篇》等合编一册，题为《读书法》，体现了一种有参考价值的文化眼光。1930年陈援庵先生致三子陈约书略云：《书目答问》一书不可不备。卷末有清朝著作家姓名，尤须熟看，至紧至紧。《輶轩语》为讲旧学必看之书，其中所说学一门尤要，要常看。见陈垣《陈垣往来书信集》增订本，生活·读书·新知三联书店2010年版，第935页。

到光绪二十四年（1898）的《劝学篇》，书目数量进一步压缩到40种以内，“守约”之义更加发挥。

如：“《论》、《孟》、《学》、《庸》，以朱注为主，参以国朝经师之说。”“《论语》有刘宝楠《论语正义》，《孟子》有焦循《孟子正义》，可资考证古说，惟义理仍以朱注为主。”“《易》止读程《传》及孙星衍《周易集解》。”“《书》止读孙星衍《尚书今古文注疏》。”“《诗》止读陈奂《毛氏传疏》。”“《春秋左传》止读顾栋高《春秋大事表》。”“《春秋公羊传》止读孔广森《公羊通义》。”“《春秋穀梁传》止读钟文烝《穀梁补注》。”“《仪礼》止读胡培翚《仪礼正义》。”“《周礼》止读孙诒让《周礼正义》。”“《礼记》止读朱彬《礼记训纂》。”“《尔雅》止读郝懿行《尔雅义疏》。”“五经总义止读陈澧《东塾读书记》、王文简（引之）《经义述闻》。”“《说文》止读王筠《说文句读》。”而要点归结为“通大义”。《劝学篇》提供的也是一个简约而有水准的书目。

《𬨎轩语》讲到《说文》之学：“国朝讲《说文》之书甚多，段玉裁《说文解字注》最善。段注繁博，可先看徐铉注《说文解字》。”

《劝学篇》讲王筠《说文句读》：“兼采段、严、桂、钮诸家，明白详慎。段注《说文》太繁而奥，俟专门者治之。”“小学但通达旨大例”条又说：“无论汉学宋学，断无读书而不先通训诂之理。”同时也告诫诸生：“惟百年以来，讲《说文》者，终身钻研，汩没不返，亦是一病。”“要之，止须通其大旨大例，即可应用。大旨大例者，解六书之区分，通古今韵之隔阂，识古籀、篆之原委，知以声类求义类之枢纽，晓部首五百四十字之义例。至名物无关大用，说解间有难明，义例偶有抵牾，则阙之不论。”推究“大旨大例”，并非渺远难求，在张氏看来，“得明师说之，十日粗通，一月大通，”可以说指日可待，只要良师在前。

理学部分《劝学》建议读学案，以为“惟读学案可以兼考学行，甄综流派。”对《明儒学案》、《宋元学案》，“可以钩元（玄）提要之法读之，取其十之二即可。”《朱子语类》可以适当采择，不必受学案取舍的限制，推荐参考陈澧《东塾读书记·朱子》。

史学的要义在于“考治乱、典制”，在于“通今致用”。“史学切用之大端有二：一事实，一典制。事实择其治乱大端、有关今日鉴戒者考之，无关者置之。典制择其考见世变、可资今日取法者考之，无所取者略之。事实求之《通鉴》。《通鉴》之学约之以读《纪事本末》。典制求之正史、二《通》。正史之学约之以读志及列传中奏议，《通典》《通考》约之以节本，不急者乙之；《通考》取十之三，《通典》取十之一足矣。《通志·二十略》，知其义例可也。考史之书约之以赵翼《廿二史札记》。史评约之以《御批通鉴辑览》。若司马公《通鉴》，论义最纯正，而专重守经；王夫之《通鉴论》《宋论》，识多独到而偏好翻案；惟《御批》最为得中而切于经世之用。凡此皆为通今致用之史学。”

至于政治、地理、算学等，《劝学篇》都主张切近“今日有用者”。而词章之学，则建议“读有实事者”。盖张氏以为“一为文人，便无足关。况在今日，不惟不屑，亦不暇矣。”“当于史传及专集、总集中，择其叙事、述理之文读之其他姑置不读。”面对时局的一变再变，张氏的读书趋向在不变中还是有与时俱进的变化，只是张氏不便明言，不便讲得太露骨。

对于面对这一百多种、几十种的书目仍然“畏难”的读者，张氏提出两个有针对性的方案，

一个方案见于《创建尊经书院记》：“经学必先求诸《学海堂经解》（文泱按：即《皇清经解》)，小学必先求诸段注《说文》，史学必先求诸三史。总计一切学术，必先求诸《四库提要》。以此为主，以余为辅。不由此入，必无所得。”[1] 根基首先在《四库总目提要》，其次是段注《说文》、三史和《皇清经解》，这样的提示相当简约。但还有一部大部头的《皇清经解》，囊括七十多家一百八十余种著作一千多卷篇幅的大型丛书，经学的学术价值与政治意义都是不容忽视的。不过，简约的意义要因此大打折扣了，“简约”得很不“简约”。连张氏在《劝学篇·守约》里主张词章多读有关实事者、政治书读近今者、地理专在知今、算学取足应用等顺应时势的意见，都因为对经学对《皇清经解》（按即《学海堂经解》）的过分强调而淡化。

第二个最低限度书目是《劝学篇·守约》最后一段：“如资性平弱并此畏难者，则先读《近思录》《东塾读书记》《御批通鉴辑览》《文献通考详节》。果能熟此四书，于中学亦有主宰矣。”比之《书目答问》后面的《群书读本》、《考订初学各书》、《词章初学各书》所提到的约70种图书，《輶轩语》的一百多种，《劝学篇·守约》正文的40种，真是约而又约，简陋得可怜可悲可叹。也许更可悲的是，就是这样简约得简陋、简陋得寒酸的书目，也依然会有人“畏难”。

由《輶轩语》的一百数十种，《书目答问》的2500种，《劝学篇》的40种，前两种精博相济，后一种由博返约，综合起来看，可以适应多种类型求书问学人士的需索，书目的演变里也体现了百年来读书由博返约的趋向，就是张之洞一个人前后开的书目里也有明显的以简约驭繁博的体现。

书目里的由博返约，是传统文化的繁博走向近代以来学校教育与学术研究的简约化的直接反映。如钱宾四先生《近百年来诸儒论读书》对张之洞《书目答问》的批评，乃以引领潮流、规范学术之责任要求《书目答问》，以国学宗匠学界领袖要求张香涛，则既要弘扬旧学，弘扬文化，培育人才，既能培养考生也能培养官员也能培养文人还能培养学者，还要适应时局渐变的新需要，还能满足科举考试的旧需要，此岂是一本书目一本《书目答问》所能尽及应尽之责任？故曰：讥弹虽是，不免苛责。何况博识洽闻如钱宾四先生，却忽略《书目答问》与《輶轩语》之间的关联性，独立地贬低《书目答问》，有时也使人不知所云。

---

① 《张之洞诗文集》，庞坚点校本，上海古籍出版社2008年版，第229页。此文作于光绪二年（1876）。

时代变化太快，张之洞的繁简程度不同的书目，繁如《书目答问》，约如《輶轩语》、《劝学篇》，简如《创建尊经书院记》，对今天的读者都有相当的困难，治学的路数，由目录学引领下的重视小学和经学基础，改为越来越少系统接触经史子集常见书，越来越不熟悉经史子集经典著作，忽略传统经典的阅读价值、教育价值，片面强调“创新”却在教育层面忽略“传承”，是今天大学乃至中学教育体制内突出的问题，首先的和主要的不是学生的问题，而是师资的问题；是教师的问题，但不仅仅是教师队伍的问题，是教育观念、教育制度和评价体系的问题。对于面临中华文化复兴历史重任和历史契机的文化界来说，这可不是小事。

今天重读《书目答问》、《輶轩语》、《劝学篇》、《创建尊经书院记》，重读一百多年以来诸儒开具的各种国学书目，早些的如曾国藩，稍晚些的如胡适之、梁任公，近年的书目更是层出不穷几乎没有人能全部读完，感慨之外，要反思的东西，实在很多很多。

书目不仅是过去的文化和文化观的展示，也是今天学术和学术观的缩影，永远如此。

当然，《书目答问》的问题不少。《书目答问》毕竟只是一部推荐、导读书目，对它的价值和意义也不必过度诠释。诸如摒弃戏曲小说的陈旧观念，清朝一再禁毁图书的文化政策，作者自身的局限性，都给《书目答问》留下了时代的痕迹，不必为之掩饰。而且，《书目答问》的热销，如同《古文观止》、《唐诗三百首》的畅销，从某种意义上说，不能显现古典的魅力，只是客观地表现了古典的没落，如实凸显了所谓“国学热”浅薄的低层次，如是而已。

从《书目答问》写作至成书的时间看，是相当仓促的，所以草率成书的痕迹书中比比皆是，学界前辈多有指摘。叶德辉以其批注为素材整理的《书目答问斠补》、《书目答问斠补之余》订正甚多。[①] 王伯祥先生批注本汇集周星诒、伦明、余嘉锡、陈乃干等批语，间出己意，多有是正，足资参考。

今以《书目答问》附《国朝著述诸家姓名略》为例，可见周星诒云“此略漏与滥皆不免”是非常准确的批评。如臧镛堂、礼堂列于臧琳之后，钱大昕、大昭、塘、坫，孔广森、广林，王念孙、引之，洪榜、梧，惠士奇、栋，刘文淇、毓崧等或父子或兄弟，均连带及之，此即《姓名略》所谓“一门数人者类叙”，也说明名单开列时确实具有一定随意性。《姓名略》因各种原因漏收的学者、文人也不少，如方以智、吕留良、屈大钧、钱谦益、郭嵩焘、黄虞稷、陈梦雷、姚际恒、刘献廷、包慎

---

① 袁行云《〈书目答问〉和范希曾的〈补正〉》认为叶氏故作惑人之谈，他所改动有列入正录、附录或注里的书互相易位；有列人正录、附录又行删去，或增补未收书目，有先入此类后改隶别类者，在同一刻本中，初印本与后印本不可能有这么大的差别。叶氏摘列的200余条在原刻本见不到，细看后印本剜补初亦无一与之有关。怀疑叶氏至多见到辗转移写的某种底稿本。是说见李万健等编《目录学论文选》，书目文献出版社1985年版，第389页。

言、周寿昌等，有的是出于思想政治方面的原因，有些则只能归咎于编撰者的粗率疏略。

算学家列出120多人的名单，是按照《畴人传》的目录顺序抄录的，并没有经过认真严格的甄选，如梅家入选人数是《姓名略》家族之最，梅文鼎、梅文鼏、梅文鼐、梅瑴成、梅钫都有算学著作，至于梅以燕以下3人，以燕，《畴人传》云："文鼎子。早卒，未能竟其学。"梅"年二十六卒"。梅冲著《句股浅述》，本之《句股举隅》而详明之，杂取《算法统宗》难题数则，期便初学，无大精义。所以梅以燕、梅、梅冲这三人实在没有列入《姓名略》的必要。类似的还有李光地的弟弟李光坡、儿子李钟伦等。

又如，潘耒列入算学家，没有必要，潘氏本不以算学见长，《畴人传》卷三五谓："学历粗有端倪，不能竟学。"又如许伯政，著有《全史日至源流》。然《畴人传》以为许氏于推步之学，稍涉大端而已。再如杨大壮，世袭轻车都尉，官徽州营参将，"精"于算学，武官中为罕见。但这似乎并不能构成入选《姓名略》的理由。

凡此种种，只能以《姓名略》编纂者简单抄录《畴人传》目录来解释，这应该是张之洞叮嘱助手查《畴人传》，而助手不仅不通历算，缺乏别择，连工作态度也是敷衍了事，所以我们看到的《姓名略》就是张的助手们本着图省事的态度糊弄出来的活儿，是"命撰"说的铁证。当然，作为《书目答问》最差的片段，这一部分的"著作权"，是不会有人来和张之洞争抢的。

《书目答问》及《补正》还有一些错误，前辈驳正以外，还有一些遗留问题。例如史部正史类《补梁疆域志》下范希曾补有"乌程温曰睿《魏书地形志集释》三卷"（各本皆同），按此公名"曰鉴"，字霁华，号铁华，乌程监生。范补误作"曰睿"，诸本皆误。

子部小说类末注及范补均提到"《墨海人名录》"。按：《清史稿·艺文志》子部艺术类，有童翼驹《墨海人名录》十卷；《续修四库》1068册影印华东师范大学图书馆藏清道光十年《得月簃丛书》本"童翼驹《墨海人名录》一卷"；《丛书集成初编》1658册同。然"墨海"与小说家类无关，《书目答问》此处举"《墨海人名录》"，疑误，待考。

新出各点校本也有新的失误，如子部类书末小注"韵府字锦"，诸本均未断开，按此指《佩文韵府》和《分类字锦》二书，理应加顿号或以两书名号断开。

毋庸讳言，作为官场人物，政治正确永远是最重要的原则。比如，杨光先入选《国朝著述家姓名略·算学家》看上去就没有什么学术上的道理，却可能存在着他入选的理由。

杨光先（？—1669），字长公，江南歙县人。他认为耶稣会所奉非中土圣人之法，西洋历算"即使准矣，而大清卧榻之内，岂惯谋夺人国之西洋人鼾睡地也耶?"著《不得已》申述他的观点，又反对按西洋新法制定历书，状告钦天监耶稣会教士汤若望，指控新法"十谬"，使得鳌拜逮捕汤若望等，并擢升杨光先为钦天监监正。杨氏的代表观点为："宁可使中国无好历法，不可使中国有西洋人。"

杨光先实不通推步之学历算之数，唯以所谓祖宗传下来的历算之"理"与汤若望等争执，必欲置之死地而后已，其学问、人品、文化倾向均无可称道。所撰《不得已》，可以说是17世纪中西文化碰撞过程中的坚持所谓中国文化本位的一个政治上暂时成功、学理上彻底失败的典型例证，是葬送中华文化变革求新机遇的努力尝试。

张之洞承《畴人传》取杨光先以冠诸算学家之首，也许显示了他本人既不通历算之学又强为人师的执着，也许显示的正是他作为政治家的圆滑老到。张之洞《致宝竹坡书》，对宝廷（号竹坡）撰文驳斥西学《谈天》一篇，给出了抽象肯定、具体否定的意见，很有意思，可以参读。其肯定之处如说宝竹坡之文"用意极正大可佩"，尤其妙在"与杨光先《不得已》一书异曲同工"一句。接下来否定之说则句句敲打在实处，如"惟天算之术，究系专门。执事于推步未能了然，故攻击处尚未中其要害"云云。[①]读者诸君，可以自行体会。对《姓名略》算学家首标杨光先，我们也可以多一层"了解之同情"了。

四 版本与流传

《书目答问》有光绪二年（1876）四川初刻初印本、光绪二年修订四川写定本，以及多种重刊翻印写定本。校订工作比较突出的有光绪五年（1879）贵阳刊本，张氏弟子王秉恩校订各种讹误280余条。王秉恩的工作使他成为《书目答问》的功臣，贵阳本也成为《书目答问》较好的版本。[②]

《书目答问》的笺注补正本较著名的有光绪三十年（1904）江人度《书目答问笺补》，订正讹误，补充书目，并就原书"钩乙"标记加文字说明。

1931年范希曾《书目答问补正》由南京国学图书馆印行，订正原书错误，补录《书目答问》未收图书、版本、稿本，所补既与原书宗旨一致，又增加了光绪二年（1876）至20世纪20年代这50年间的学术成果。所补内容，均以"补"相区别，眉目清楚。范希曾《补正》补录图书、版本、稿本等约1200种，使得《书目答问》规模进一步扩大，由推荐书目变成综合性的古籍目录，并具有续补《四库全书总目》的作用，形成了《书目答问》的新版本，使得此后读书访书者逐渐将《补正》与《答问》视同一体。

50年来，重印及新版的《书目答问》，可以分为两类。一类包括影印本、点校本，

---

① 《张之洞全集》卷二八九《书札》八，河北人民出版社1998年版，第10343—10344页。

② 参见郑伟章《〈书目答问〉版刻、校补纪略及著作人归属问题》，见图书馆杂志《图书馆：文化的守望者（理论学术年刊2006）》，上海科学技术文献出版社2007年版；《书林丛考》增补本，岳麓书社2008年版。

如中华书局1963年版《书目答问补正》修订影印本，1981年重印，一时影响极大。像我这样赶上1977年高考的学子，很多就是读着1963年的版本或1981年的重印本，开始了解古籍版本，熟悉清代学术史的。

上海古籍出版社1983年瞿凤起、潘景郑点校本《书目答问补正》，以1935年南京国学图书馆修订重印本为底本，以1879年贵阳王秉恩刻本和中华书局影印本为校本。瞿、潘两位都是版本目录学名家，此本汇集众长、点校精良，甚便读者，奠定了汇集众家《书目答问》及《补正》版本的整理思路，把《书目答问》的版本层次提升了一个台阶，也成为此后《书目答问》整理工作的基础平台。徐鹏先生的序言也很详细。[①]在瞿、潘本的基础上，上海古籍出版社2001年改为简体字横排本出版，题徐鹏导读本《书目答问补正》，将原前言改为“导读”，收入《蓬莱阁丛书》。对于大陆年轻一代读者，简体字本的推出应该是更加方便参考了。2007年，上海古籍出版社再出此书的插图本，作为《古籍版本基本知识丛书》的一种，书后附新校勘记10条。瞿、潘点校本的最新版本为上海古籍出版社2010年版《世纪文库》本，然未采纳2007年插图本的10条校勘记。

以上海古籍出版社瞿、潘点校本为基础的，还有高明路点校本，北京燕山出版社1999年版和2008年第2版，错字均较多。其中第2版在版式上有所改进，但旧版错讹相沿多未订正，又增加了一些失误，估计都是采用电子扫描与校订不细所造成的。

此间比较特殊一点的有朱维铮点校《书目答问二种》（生活·读书·新知三联书店1998年版）。此本为繁体字竖排，优点很多，比如注意了《輶轩语》与《书目答问》的关联，合为一册点校出版；增加索引，极便利用；将叶德辉《书目答问斠补》、《书目答问斠补之余》附入；附录《书目答问》辑评等。缺点是《輶轩语》的标点断句错误太多。可见随着时代变迁，文化背景的转换，连当年针对生员、秀才的发落语，通俗读物、普及读物，今人读起来也很容易出现理解障碍了。

广陵书社版《书目答问补正》（2006），不出校记，版面大方醒目，便于阅读，适合一般参考。

孙广权点校《张之洞全集》本，[②]脚注附有很详尽的校记，尤其是充分利用《张文襄公全集校勘记》。可惜没有单行本，以致较少读者知道并利用这个本子。

除此以外，另一类为添加部分新近图书资料的整理本，如方菲整理本《书目答问补正》（江苏古籍出版社2001年版），吕幼樵《书目答问校补》（贵州人民出版社2004年版）。

方菲本所利用的书目参考面太窄，增添资料很少，使用价值不大，但添补新版图书资讯的设想很有启发。

---

① 徐鹏：《书目答问》，（台北）汉京文化事业有限公司2003年版翻印本，删去徐鹏序言，题“蒙文通点校”。

② 苑书义主编：《张之洞全集》第12册，河北人民出版社1998年版，第9823—9987页。

吕幼樵本“系迄今为止在《书目答问》版本校勘上用力最勤者；且注意搜集古籍新校本注本，用意极好，资料相当丰富，是目前比较便于使用的版本。不足之处在于，补录较多清代至民国时期版本，对一般读者参考价值不大。而《文渊阁四库全书》本在吕校本搜集范围之内，却有很多遗漏，如《御纂七经》、余萧客《古经解钩沈》等，历算类失收的就更多了。又如《广川书跋》，吕校本遗漏《四库》本，更没有注意到《文渊阁四库全书》有十卷、六卷两本之异（文津阁本同）。又如，《答问》史部史评类末云：“宋人《历代名贤确论》一百卷，明刻本，今罕见。”按此书《四库全书》已收入，又见于《文渊阁四库全书珍本》二集，可补入。新印古籍遗漏的不少，如吴树平、李解民点校顾栋高《春秋大事表》（中华书局 1993 年版），李勇先、王小红点校《舆地广记》（四川大学出版社 2003 年版），陈居渊点校《制艺丛话》（上海书店出版社 2001 年版），王百里《词苑丛谈校笺》（人民文学出版社 1988 年版）等。误补者，如《蛮司合志》，《答问》著录《西河集》本。吕校本补“毛氏《全集》本”。按，“《西河集》”即“毛氏《全集》”，此补属蛇足。又，第 157 页“戴校《水经注》四十卷”条吕补“丁谦《水经注正误举例》五卷，民国七年刘氏求恕斋刊本”一则，按下文“《水经注释地》四十卷《水道直指》一卷《补遗》一卷”条下，范希曾《补正》已有“丁谦《水经注正误举例》五卷，吴兴刘承干求恕斋刻本”，吕补重出没有必要。又如宋蔡襄“《蔡忠惠集》三十六卷”条补：“《四库全书》本。《端明集》四十卷，《摛藻堂四库全书荟要》本。”按《四库》收入蔡襄作品集皆题《端明集》四十卷，吕补不明所以。又有传抄书目致误的，如子部术数类“《易林》十六卷”条，吕云《四库全书》本十六卷。按吕补所据乃《四库总目》，《文渊阁四库全书》与文津阁本收录者则为四卷本。又，姚鼐“《法帖题跋》三卷”条，吕注：“《四库全书》本。”按，《四库全书》并未收录姚鼐著作，《四库》系列丛书也都没有收录《法帖题跋》，吕补有误。错字太多不便参考例，如第 20 页，“《尚书今古文注疏》三十卷”条下，补“杨筠如《尚书核话》、曾干运《尚书正续》、陈梦家《尚书通读》”。按吕补三书书名皆有误，应作《尚书核（核）诂》、《尚书正读》、《尚书通论》，“曾干运”则应作“曾运干”。版本资料不准确的，如 148 页补录傅璇琮主编《唐才子传》，标为“中华书局 1990 年版”。按，“1990 年版”之说不确，此书 5 册系 1987—1995 年陆续出版，又有 2000 年重印本。也有时过境迁，某些所补新点校本已经不是最新成果的例子，如黄怀信、张懋镕、田信东《逸周书汇校集注》（上海古籍出版社 1995 年版），吕校本云“此书为《逸周书》校注集大成之作”。按该书已出两种增订本，一为《逸周书校补注释（修订本）》，三秦出版社 2006 年版；一为上海古籍出版社修订本 2007 年版。简而言之，吕幼樵《书目答问校补》是范希曾《补正》以来最重要的成果。

“文革”前，《书目答问》仅有中华书局影印本一种，“文革”后，连同中华书局影印本重印在内，我见到的就有 12 种印本，其中 10 种为整理本，且大半在最近 10 年出版，这说明《书目答问》已跻身最畅销的古籍之列。[①]

五 整理新版的由来

因为教学与工作需要及个人偏好，一向对于史料学、文献学、古籍整理等信息比较关注，遇古籍信息，时而添注于数种新版《书目答问》上，以备查询。在教学实践中，每每将《书目答问》列入本科生的参考书，研究生的必读书。我一向认为，一百三十年来，《书目答问》不仅是推荐、举要、导读书目的潜力股，还是龙头股，这里的经验，值得身处“国学热”中的人们深思。

可是近年来学生阅读利用《书目答问》的困难越来越多，经过座谈讨论，我发现，问题出在多数学生对普通古籍越来越生疏；随着时代变迁，《书目答问》及《补正》所著录的版本越来越难以找到；大型影印古籍丛书的索引目前还不发达；新印古籍的目录编纂出版很不及时，编纂也不大考虑一般读者需要等方面。

也就是说，古籍和经典，永远有一个如何与现代读者、当代读者接轨的课题。

所以，我有了把手边资料，主要是新印古籍的资料，汇总起来做一部《增订书目答问补正》的想法和计划。

编目、写书，首先想到读者，读者的需要，读者的便利。这也是《书目答问》给我们的成功例证，人生的经验。

包括范希曾、方菲、吕幼樵的工作在内，前人的工作为我积累了很好的经验，提供了借鉴。

我的编纂意图是，力争做一本能够基本反映到2008年为止的古籍整理现状的《书目答问》新读本，全面著录《书目答问》涉及古籍的整理状况，包括影印本、排印本、新校本、新注本等；凡影印本尽量附底本信息；大型丛书尽可能附册数等具体信息，以便一般读者参稽使用。

读者对象应包括中学以上文化程度的爱好者，大学以上在校生、教师，旧籍从业者、图书馆工作人员等。

---

① 来新夏《书目答问汇补》已完稿，汇集清代版本信息甚详，见《我与〈书目答问〉》，《藏书家》第14辑，齐鲁书社2008年版，第5—6页。说又见《〈书目答问汇补〉叙》，载《中国典籍与文化》2008年第2期；《叙》又收入《书前书后——来新夏书话续编》，三晋出版社2009年版；《我为〈书目答问〉做汇补》，收入《一苇争流》，广西人民出版社1999年版；《我与〈书目答问〉及〈汇补〉》，收入《邃谷书缘》，河北教育出版社2005年版。又，刘修业先生撰《王重民教授生平及学术活动编年》提到，王先生“与胡道静先生通信中，曾计划为张之洞《书目答问》作校注，现家中还藏有《书目答问》校注本原稿”。见《冷庐文薮》下册，上海古籍出版社1992年版，第910页。孟昭晋《王重民讲授书目答问课》刊布王先生《〈书目答问〉讲授提纲》，见《图书情报工作》2000年第2期；收入氏著《书目与书评》，河北教育出版社2004年版，第96—99页。《书目答问》新校本尚有季羡林主编《青年文库》本，中国青年出版社1990年版；李学勤主编《中华汉语工具书库》本，安徽教育出版社2002年版；尹小林整理《四库家藏丛书》本，山东画报出版社2004年版。参见徐雁《书目答问》，载《苍茫书城》，河北教育出版社2005年版；郑伟章《书林丛考》增补本，岳麓书社2008年版。

《书目答问》的整理，可以有多种模式，绝对不是一两种书可以穷尽的，这里提供给各位的，只是其中一种侧重实用、便利的，供21世纪初的读者参考的版本。

前人的优劣容易评论，自身的得失难以衡鉴。在期待我的《增订书目答问补正》带给读者阅读参考的同时，也期待读者的批评指教，期待未来的增订完善。

为读书人而写，与读书人分享。是为序。

原载于《增订书目答问补正》，中华书局2011年版

跋

中国古代史学科是首都师范大学历史学院的一个具有悠久历史传统和坚实学术根底的优势学科。本学科始建于1954年，1984年获得博士学位授权点。2002年前，一直是北京市重点学科，2007年起，重新成为北京市重点学科。以宁可教授为代表的第一代教师开创的中国古代经济史（3－14世纪）、敦煌学等传统优势方向，多年来已经在国内外学术界形成良好的口碑，培养大批优秀专业人才。近些年来在保持传统优势方向的基础上，学科领域中的简帛与秦汉史、魏晋南北朝政治史、隋唐社会文化史、宋史、西夏史等方向的研究，在国内亦产生较大影响。

本次选编的这部《中国古代史论文选萃》，主要选编了近五年来中国古代史学科各位同人发表的部分代表性论文。所选45篇论文，从时间跨度来看，涉及自新时期考古到先秦已降诸断代史（1840年以前）；从论文的作者来看，既有为学科做出重大贡献业已荣休的老教师，也有目前承担着学科主要科研和教学任务的中年教师，还有近年崭露头角肩负学科未来发展的青年教师。从论文内容来看，兼顾了史学理论、经济史、文化史、政治史、宗教史、文献学等多种专业领域。其中既有传统的专业和研究方向，也有近年异军突起的新兴领域，可以说是对学科发展的一次阶段性检阅。

本次论文集选编得到北京市教委“学科与研究生教育—重点学科—中国古代史”项目2012年度经费支持，特此说明。

李华瑞

2013年3月12日星期二